Amazon sem limites

Amazon sem limites

Jeff Bezos e a invenção de um império global

BRAD STONE

TRADUÇÃO DE
ISABELLA PACHECO
LIVIA DE ALMEIDA
REGINA LYRA

Copyright da tradução para o português © 2021 by Editora Intrínseca Ltda
Copyright © 2021 by Brad Stone
Todos os direitos reservados.
Publicado mediante acordo com a editora original, Simon & Schuster, Inc.

TÍTULO ORIGINAL
Amazon Unbound

PREPARAÇÃO
Diogo Henriques

REVISÃO
Eduardo Carneiro
Juliana Pitanga

DESIGN DE CAPA
Math Monahan

FOTO DE CAPA
John Keatley/REDUX

ADAPTAÇÃO DE CAPA
Julio Moreira | Equatorium Design

DIAGRAMAÇÃO
João Zangrandi | Ilustrarte Design

CIP-BRASIL. CATALOGAÇÃO NA PUBLICAÇÃO
SINDICATO NACIONAL DOS EDITORES DE LIVROS, RJ
S885a

    Stone, Brad, 1971-
    Amazon sem limites : Jeff Bezos e a invenção de um império global / Brad Stone ; tradução Isabella Pacheco, Lívia Almeida, Regina Lyra. - 1. ed. - Rio de Janeiro : Intrínseca, 2021.
    509 p. ; 23 cm.

    Tradução de: Amazon unbound
    Inclui índice
    ISBN 978-65-5560-234-0

    1. Amazon.com (Firma). 2. Empreendedorismo. 3. Comércio eletrônico - Estados Unidos. 4. Sucesso nos negócios. 5. Bezos, Jeffrey, 1964-. I. Pacheco, Isabella. II. Almeida, Lívia. III. Lyra, Regina. IV. Título.

21-70213   CDD: 338.04
                                           CDU: 334.722:(004.738.5:339)

Camila Donis Hartmann - Bibliotecária - CRB-7/6472

[2021]
Todos os direitos desta edição reservados à
Editora Intrínseca Ltda.
Rua Marquês de São Vicente, 99, 3º andar
22451-041 — Gávea
Rio de Janeiro — RJ
Tel./Fax: (21) 3206-7400
www.intrinseca.com.br

Para meu pai, Robert Stone

Sumário

Introdução   11

PARTE I: Invenção

1. O gerente de produto *über*   31
2. Um nome insípido demais para despertar atenção   65
3. Caubóis e matadores   81
4. Um ano para engolir sapos   107
5. "A democracia morre na escuridão"   131
6. Bombardeando Hollywood   149

PARTE II: Alavancagem

7. A máquina de seleção   175
8. O futuro da Amazon é CRaP   199
9. A reta final   229
10. A mina de ouro no quintal   261
11. *Gradatim Ferociter*   283

PARTE III: Invencibilidade

12. Licença para operar   307
13. Complicadores   339
14. Ajuste de contas   371
15. Pandemia   405

Agradecimentos   433
Notas   437
Tradução dos tuítes citados no livro   489
Índice   491

"Sua genialidade não estava em inventar, e sim em inventar um sistema de invenção. Dezenas de pesquisadores, engenheiros e aperfeiçoadores de desenvolvimento trabalhavam sob o comando de Edison em uma organização hierárquica cuidadosamente construída que ele fundou e supervisionou."

Graham Moore, *Os últimos dias da noite*

"Sempre me pareceu estranho. As coisas que admiramos nos homens — a bondade e a generosidade, a franqueza, a honestidade, a compreensão e a sensibilidade — são os elementos do fracasso em nosso sistema. E aquelas que detestamos — a astúcia, a ganância, a avidez, a mesquinhez, o egoísmo e o interesse próprio — são os traços do sucesso. E, enquanto os homens admiram a qualidade das primeiras, eles amam o resultado das últimas."

John Steinbeck, *A rua das ilusões perdidas*

Introdução

Era o tipo de grande aglomeração em ambiente fechado que logo pareceria anacrônica, como um antigo costume de uma civilização perdida. Em uma noite de domingo em novembro de 2019, um mês antes de a Covid-19 aparecer pela primeira vez em Wuhan, na China, dando início à pior pandemia da história moderna, celebridades do mundo da política, da mídia, do mundo dos negócios e das artes se reuniram na Smithsonian's National Portrait Gallery em Washington, D.C. Michelle Obama, Hillary Clinton, Nancy Pelosi e centenas de outros convidados lotaram o pátio do museu para um evento de gala apenas para convidados. Eles estavam ali para comemorar a entrada de seis retratos na coleção permanente da galeria, que homenageavam americanos icônicos como o criador de *Hamilton*, Lin-Manuel Miranda, a editora da *Vogue*, Anna Wintour, e uma das pessoas mais ricas do mundo: Jeff Bezos, fundador e CEO da Amazon.

O retrato realista de Bezos feito pelo pintor fotorrealista Robert McCurdy o mostra contra um fundo branco, vestindo uma impecável camisa branca, gravata prata e o olhar severo que perturbara os funcionários da Amazon por 25 anos. Em seu discurso naquela noite, ao aceitar o Prêmio Retrato de uma Nação pelo compromisso com "o serviço, a criatividade, a individualidade, a percepção e o engenho", Bezos agradeceu a seu grande círculo de familiares e colegas na plateia e fez soar uma nota característica de humildade pública.

"Minha vida é baseada numa grande série de erros", disse ele, depois de uma eloquente introdução feita por seu filho mais velho, Preston, de 19 anos. "Sou meio famoso por isso no mundo dos negócios. Quantas pessoas aqui têm um Fire Phone?" A multidão gargalhou e depois ficou silenciosa — o smartphone da Amazon, de 2014, foi um fracasso retumbante. "Pois é, não, ninguém tem. Obrigado", disse ele rindo.

"Cada coisa interessante que fiz, cada coisa importante, cada coisa benéfica, passou por uma cascata de experimentos, erros e fracassos", continuou Bezos. "Isso me cobriu de cicatrizes." Revelou ter selecionado McCurdy a partir das pastas de artistas fornecidas pelo museu e disse que estava procurando "alguém que me pintasse de forma hiper-realista, com cada falha, cada imperfeição, cada pedaço de tecido cicatricial que tenho".

O público respondeu ao discurso de Bezos extasiado, com uma ovação de pé. Foi esse tipo de noite. A banda Earth, Wind & Fire tocou, os convidados beberam e dançaram, e o comediante James Corden entregou um prêmio a Wintour enquanto a representava de peruca loira, óculos escuros pretos e casaco forrado de pele. "Peça a Jeff Bezos para me trazer um café!", exclamou, sedutor. A multidão abastada caiu na gargalhada, encantada.

Fora dessa próspera reunião, no entanto, os sentimentos em relação à Amazon e a seu CEO no meio do 26º ano da empresa eram bem mais complicados. A Amazon crescia, mas seu nome estava manchado. Onde quer que houvesse aplausos, havia também críticas discordantes. A Amazon era admirada e até amada pelos clientes, ao mesmo tempo que se desconfiava de suas intenções ocultas. E o elevado patrimônio líquido de seu fundador, comparado com a difícil situação da força de trabalho nos armazéns da empresa, provocava questionamentos inquietantes sobre a distribuição assimétrica de dinheiro e poder. A Amazon não era mais apenas uma história de negócios inspiradora, mas um referendo sobre a sociedade e as responsabilidades que as grandes companhias têm para com seus funcionários, suas comunidades e a saúde de nosso frágil planeta.

Bezos havia tentado dar conta desta última preocupação ao conceber o Climate Pledge [Compromisso com o clima], uma promessa de que a

Introdução

Amazon eliminaria suas emissões de gases do efeito estufa até 2040, dez anos antes do prazo para as metas mais ambiciosas estabelecidas pelo Acordo de Paris. Os críticos martelavam a Amazon para que ela seguisse o exemplo de outras empresas e revelasse sua pegada de carbono — a contribuição para as emissões prejudiciais que rapidamente aquecem o globo. Sua divisão de sustentabilidade havia trabalhado durante anos para criar padrões mais eficientes para seus edifícios e para reduzir o desperdício de materiais de embalagem. Mas não bastava simplesmente divulgar o trabalho e seguir o que outras empresas faziam, lançando um relatório de impacto de carbono. Bezos insistiu que a Amazon lidasse com o problema de forma criativa, para que pudesse ser vista como líder e seus milhões de clientes ao redor do mundo ainda pudessem se sentir bem para visitar o site e clicar nos botões com os dizeres "Comprar Agora".

Não existia nenhuma maneira concreta de atingir esse objetivo, particularmente diante da frota poluente cada vez maior de aviões, caminhões e vans de entrega.[1] Mesmo assim, Bezos queria lançar o compromisso e convidar outras empresas a assiná-lo com um grande gesto. Uma ideia discutida ativamente dentro da empresa era que ele anunciasse a iniciativa com um vídeo gravado pessoalmente numa das calotas polares. Os funcionários dos departamentos de sustentabilidade e de relações públicas da Amazon de fato passaram alguns dias pensando em como realizar aquela façanha supercomplexa e intensiva em carbono, até que desistiram da ideia. Bezos faria o anúncio nos confins mais acessíveis e mais aquecidos do National Press Club em Washington, D.C.

Na manhã de 19 de setembro de 2019, dois meses antes do evento de gala no Smithsonian, algumas dezenas de representantes da imprensa se reuniram para uma rara audiência com o CEO da Amazon. Bezos sentou-se num pequeno palco com Christiana Figueres, ex-secretária executiva da Convenção-Quadro das Nações Unidas Sobre a Mudança do Clima. "As previsões feitas pelos climatologistas há cinco anos se mostraram erradas", começou ele. "As camadas de gelo da Antártida estão derretendo 70% mais depressa do que o previsto há cinco anos. Os oceanos estão se aquecendo 40% mais depressa." Para ajudar no cumprimento das novas metas, prosseguiu ele, a Amazon passaria a usar em suas operações 100% de energia renovável. Começaria pela encomenda de cem mil vans elétricas da Rivian Automotive, startup sediada em Plymouth, Michigan, que a Amazon ajudara a financiar.

Na entrevista coletiva que se seguiu ao anúncio, um repórter perguntou a Bezos a respeito do grupo de trabalhadores que se juntara sob o lema "Funcionários da Amazon pela Justiça Climática".[2] Eles exigiam, entre outras coisas, que a empresa retirasse apoio financeiro a políticos negacionistas das questões climáticas e rompesse os contratos de computação na nuvem com empresas de combustível fóssil. "Acho perfeitamente compreensíveis", disse Bezos, referindo-se às preocupações do grupo, mas observando também que não concordava com todas as suas demandas. "Não queremos que esta seja a tragédia dos plebeus. Temos que trabalhar juntos nisso." Poucos meses depois, em meio à pandemia de Covid-19, a Amazon demitiria dois dos organizadores do grupo.

Eu também estava na plateia naquele dia e levantei a mão para fazer a última pergunta da manhã para Bezos: ele confiava que a humanidade conseguiria agir com rapidez suficiente para escapar dos cenários mais terríveis de um planeta em aquecimento? "Sou de um otimismo congênito", respondeu, fixando em mim o olhar de laser que o artista Robert McCurdy capturou com tanta fidelidade. "Eu realmente acredito que quando há engenho, quando há invenção, quando as pessoas se tornam determinadas, quando a paixão surge, quando objetivos fortes são estabelecidos [...] é sempre possível inventar um modo de sair de qualquer caixa. Isso é o que nós, humanos, precisamos fazer agora. Eu acredito que é o que vamos fazer. Tenho certeza de que é o que vamos fazer."

Sua resposta sugeria fé total nas virtudes fundamentais da tecnologia e na capacidade dos inovadores mais inteligentes e determinados para sair de qualquer encrenca. Pelo menos naquele momento, ele parecia *o mesmo velho Jeff*, e não o bilionário que fundara e dirigia uma empresa que, a depender da perspectiva, ou estava impulsionando o mundo para um futuro empolgante, ou ajudando a apagar o sol nutritivo da concorrência leal e da própria livre-iniciativa.

* * *

Introdução

Hoje, a Amazon vende quase tudo e entrega suas encomendas prontamente, alimenta grande parte da internet em seus data centers, transmite programas de TV e filmes para nossas casas e vende uma linha popular de alto-falantes ativados por voz. Mas, há pouco mais de 27 anos, ela não passava de uma ideia circulando no quadragésimo andar de um arranha-céu no centro de Manhattan. Caso você não esteja familiarizado com essa narrativa fundamental da tradição da internet, a história foi assim:

Desejando aos trinta anos arriscar-se no empreendedorismo, Jeffrey Preston Bezos largou seu emprego bem remunerado no estimado fundo de hedge D. E. Shaw, em Wall Street, para iniciar um negócio aparentemente modesto: uma livraria on-line. Com a esposa, MacKenzie, de 24 anos, ele voou de Nova York para Fort Worth, tirou da garagem o Chevy Blazer 88 da família e pediu à mulher que dirigisse para o noroeste enquanto ele ia sentado no banco do carona, fazendo projeções financeiras numa planilha em seu laptop. Estávamos em 1994, o ano paleolítico da internet.

Ele montou sua startup na garagem de um rancho de três quartos num subúrbio ao leste de Seattle, com um velho aquecedor de ferro fundido no centro, e fez com as próprias mãos as duas primeiras escrivaninhas a partir de portas de madeira compradas por 60 dólares na Home Depot. Decidiu chamar a empresa de Cadabra Inc., então pensou melhor e considerou os nomes Bookmall.com, Aard.com e Relentless.com, antes de finalmente deduzir que o maior rio do planeta poderia representar a maior seleção de livros — Amazon.com.

A princípio, Bezos financiou a startup sozinho, contando também com um investimento de 245 mil dólares de Jackie e Mike, seus pais devotados. Quando o site foi ao ar, em 1995, a Amazon foi pega no exato instante em que começava a surgir a mania por uma nova tecnologia chamada World Wide Web. A cada semana os pedidos aumentavam em 30%, 40%, 50%, minando qualquer tentativa de planejamento cuidadoso e obrigando aquele primeiro lote de recrutas ecléticos a trabalhar num ritmo tão frenético que mais tarde eles compartilhariam uma sensação palpável de amnésia sobre aquela época. A maioria dos primeiros investidores em potencial recuou, desconfiando da internet e daquele jovem *geek* e autoconfiante da Costa Leste com uma risada incomum, que lembrava um latido. Mas, em 1996, os capitalistas de risco do Vale do Silício começaram a investir na startup, e a abundância de dinheiro acionou um interruptor no cérebro do CEO em formação, gerando um fervor otimista de ambições ferozes e delírios de dominação.

O primeiro lema para toda a empresa foi "Get Big Fast" [ficar grande depressa]. Foi épica a rápida expansão da Amazon, durante o período que ficaria conhecido como o *boom* das pontocom no fim dos anos 1990. Bezos contratou novos executivos, abriu mais armazéns, encenou um IPO bem divulgado em 1997 e lutou contra uma ação judicial desesperada de seu primeiro rival, a livraria Barnes & Noble. Bezos achou que a marca Amazon poderia ser maleável, como a Virgin de Richard Branson, e mergulhou de cabeça em novas categorias de produtos. Começou a vender CDs, DVDs, brinquedos e eletrônicos. "Vamos levar isso para a Lua", disse ele a Howard Schultz, da Starbucks, outro CEO de Seattle.

Bezos queria definir suas próprias métricas de sucesso, sem interferência de intrusos impacientes. Para isso, codificou sua filosofia operacional na primeira carta aos acionistas, na qual prometeu um foco não nos retornos financeiros imediatos ou na satisfação das demandas míopes de Wall Street, mas no aumento do fluxo de caixa e crescente participação de mercado a fim de gerar valor a longo prazo para os acionistas leais. "Este é o Dia 1 para a internet e, se executarmos bem o nosso trabalho, para a Amazon.com", escreveu ele, cunhando a expressão sagrada "Dia 1", que dentro da Amazon viria a representar a necessidade de invenção constante, tomada de decisão rápida e apoio entusiástico a tendências tecnológicas mais amplas. Os investidores aderiram à corrida, elevando o preço das ações a alturas inimagináveis. O CEO se tornou um milionário e uma celebridade, aparecendo na capa da revista *Time* como "Personalidade do Ano" em 1999, no crepúsculo do século, com sua cabeça careca despontando com ar de galhofa do interior de uma caixa de papelão cheia de amendoins de isopor coloridos.

Mas, nos bastidores, as coisas estavam uma bagunça. Os investimentos perdulários da Amazon em outras startups pontocom davam errado, uma série de aquisições não funcionou e muitos dos primeiros contra-

Introdução

tados, provenientes de varejistas tradicionais como a Walmart, viram o caos crescente com desconfiança e fugiram. Os primeiros armazéns ficavam tão sobrecarregados com os pedidos no período de Natal que os funcionários de Seattle tinham que deixar suas mesas a cada dezembro, arregaçar as mangas e trabalhar na linha de frente, empacotando e embrulhando presentes enquanto se acomodavam em quartos de hotéis econômicos.

Nos dois anos seguintes, a empresa sangrou dinheiro e quase morreu durante o período conhecido como o estouro da bolha das ponto-com. Um jornal financeiro apelidou a empresa de "Amazon.bomb", declarando que "os investidores começam a perceber que essas ações de contos de fadas têm problemas" — e o apelido pegou. Bezos foi amplamente ridicularizado e, em 2001, foi até investigado pela Securities and Exchange Commission (SEC) por *insider trading*. Um analista gerava manchetes frequentes ao prever repetidas vezes que a empresa estava prestes a ficar sem dinheiro. Naquela época, a Amazon havia se mudado para um hospital militar *art déco* dos anos 1930 no alto de uma colina com vista para o centro de Seattle. Quando o terremoto de Nisqually atingiu o noroeste do Pacífico, em fevereiro de 2001, houve uma chuva de tijolos e argamassa, numa situação que lembrava uma profecia sinistra. Bezos e seus funcionários sobreviveram ao encontrar abrigo sob as mesas feitas a partir de portas grossas.

As ações da Amazon despencaram para a casa de um dígito, arruinando sonhos de enriquecimento rápido. Bezos, com 37 anos, rabiscou "Não sou o preço das minhas ações!" num quadro-branco em seu escritório e dobrou os mimos aos clientes, como a entrega expressa do mais recente livro de Harry Potter no dia do lançamento.

Os funcionários estavam com medo, mas Bezos parecia ter gelo correndo nas veias. Por meio de algumas ofertas de títulos de dívida oportunas e uma infusão de última hora de 100 milhões de dólares do serviço on-line AOL no verão de 2001, a empresa levantou dinheiro suficiente para cobrir suas obrigações e escapar do destino que se abateu sobre a maioria das pontocom. Quando a Amazon finalmente cortou custos o bastante para obter lucro em um trimestre na primavera de 2003, o rancoroso CEO escondeu uma sigla, *milliravi*,[3] em um comunicado à imprensa, uma piada interna que ridicularizava o analista que previra a morte da Amazon.

A companhia tinha sobrevivido, mas havia pouco nela que parecesse muito especial. A loja on-line rival eBay tinha uma seleção muito maior de produtos à venda. O varejista físico Walmart tinha preços mais baixos. O motor de busca Google, em crescimento, estava atraindo os melhores engenheiros do mundo e direcionando compradores on-line para o site de mesmo nome, e cobrando então da Amazon para colocar anúncios nos resultados de pesquisas a fim de atraí-los de volta.

O que se seguiu foi uma das reviravoltas mais notáveis da história dos negócios. Depois de não conseguir igualar o sucesso do eBay nos leilões on-line, Bezos abriu o site para vendedores terceirizados e permitiu que eles listassem suas mercadorias ao lado dos próprios produtos da Amazon, deixando que os clientes decidissem de quem comprar. Aí ele teve uma epifania, reconhecendo o volante, ou círculo virtuoso, que conduzia seu negócio. Ao adicionar fornecedores externos e seleção adicional à Amazon.com, a empresa atraía novos clientes e ganhava comissões sobre essas vendas, que poderiam ser usadas para reduzir preços ou subsidiar entregas mais rápidas. Isso, por sua vez, atraía mais compradores e mais vendedores — e o processo se repetia. Invista em qualquer parte desse círculo, raciocinou Bezos, e ele se acelerará.

Bezos também contratou um executivo chamado Jeff Wilke, da gigante aeroespacial e automotiva AlliedSignal. Wilke era bem parecido com Bezos: precoce, ambicioso e focado em satisfazer os clientes acima de quase tudo, inclusive dos sentimentos de seus funcionários. Juntos, eles redesenharam os armazéns, batizando-os de "centros de atendimento de pedidos", e reescreveram o software de logística do zero. A capacidade de atender aos pedidos dos clientes de maneira eficiente e previsível permitiu à Amazon retomar a expansão em novas categorias de produtos, como joias e roupas, acabando por introduzir a sedutora garantia de remessa em dois dias ao custo de 79 dólares por ano, chamada Amazon Prime.

Com Andy Jassy, outro de seus encarregados com maneira de pensar semelhante, Bezos também se expandiu numa direção ainda mais surpreendente. Ao contemplar a forma como seus engenheiros trabalha-

Introdução

vam e a experiência que a empresa havia desenvolvido na construção de uma infraestrutura de computação estável que pudesse resistir a enormes picos sazonais de tráfego, ele concebeu um novo negócio chamado Amazon Web Services. A ideia era que a Amazon vendesse seu poder de computação bruto para outras organizações, que poderiam acessá-lo on-line e usá-lo para executar suas operações de forma econômica.

O plano de negócios mal era compreensível para muitos dos funcionários e membros do conselho da própria Amazon. Mas Bezos, aos quarenta anos, acreditava naquilo, microgerenciando o projeto e enviando recomendações e metas detalhadíssimas aos líderes de equipe da AWS, geralmente tarde da noite. "Isso tem que escalar ao infinito, sem tempo de inatividade planejado", disse ele aos pobres engenheiros que trabalhavam no projeto. "Infinito!"

Ao mesmo tempo, Bezos ficou chocado com a rápida ascensão da Apple nas vendas de música com o iPod e a loja iTunes. Preocupado com uma incursão semelhante no mercado de livros, ele iniciou um projeto secreto para a criação do leitor de livros digitais da Amazon, o Kindle. Colegas achavam que era loucura a Amazon, eternamente deficitária, se dedicar a dispositivos eletrônicos. "Eu sei que é difícil, mas vamos aprender a fazer", disse Bezos.

Ele colocou Steve Kessel, outro de seus homens de confiança, no comando e pediu-lhe que abandonasse as responsabilidades à frente do negócio original de venda de livros da Amazon e "agisse como se seu objetivo fosse tirar do mercado todos aqueles que vendem livros físicos". As disputas com as editoras tradicionais sobre os termos para o novo mercado de e-books duraram anos e geraram acusações de que a Amazon estava adotando uma conduta predatória. Paradoxalmente, também resultaram em um caso antitruste contra cinco grandes editoras de livros e a Apple, sob a alegação de que haviam conspirado para fixar preços digitais para e-books acima do padrão do Kindle, de 9,99 dólares.

A confluência dessas três iniciativas — dos centros de atendimento de pedidos, da AWS e do Kindle — trouxe de volta a simpatia de Wall Street. Em 2008, a Amazon ultrapassou o eBay em capitalização de mercado e começava a ser mencionada com o mesmo fôlego que a Google, a Apple e um recém-chegado ao Vale do Silício, o Facebook. Bezos usou então toda a alavancagem à disposição para superar a Walmart e adquirir dois rivais emergentes no comércio eletrônico: a varejista de calçados Zappos e um vendedor de bens de consumo chamado Quidsi, dono do popular site Diapers.com. As autoridades antitruste autorizaram esses negócios rapidamente — decisões que mais tarde seriam vistas com ceticismo à luz do crescente domínio da Amazon.

Descobriu-se que o CEO, cada vez mais em forma e agora com a cabeça raspada, era bem mais complexo do que qualquer um suspeitara. Ele era um leitor voraz, liderando executivos seniores na discussão de livros como *O dilema da inovação*, de Clayton Christensen, e tinha aversão absoluta a fazer qualquer coisa do modo convencional. Os funcionários eram instruídos a modelar seus catorze princípios de liderança, como a obsessão pelo cliente e alto padrão de talento e frugalidade, e foram treinados para ter em mente esses princípios no cotidiano, ao tomar decisões sobre qualquer assunto, desde novas contratações, promoções e até mesmo ao fazer mudanças triviais em produtos.

Apresentações em PowerPoint, com uma ladainha de tópicos e pensamentos incompletos, foram proibidas dentro da empresa, apesar da popularidade no resto do mundo corporativo norte-americano. Em vez disso, todas as reuniões começavam com leituras quase meditativas de relatórios de seis páginas, ricos em dados, chamados de "narrativas". O ato de construir negócios na Amazon era um processo editorial, com artigos sujeitos a inúmeras revisões, debates sobre o significado de palavras individuais e consideração meticulosa por líderes da empresa, principalmente do próprio Bezos. Enquanto isso, os grupos de trabalho dentro da Amazon foram divididos em pequenas unidades versáteis, chamadas equipes de duas pizzas (porque eram pequenas o suficiente para serem alimentadas com duas pizzas), e receberam ordens de agir com rapidez, muitas vezes competindo entre si.

Essa cultura corporativa incomum e descentralizada martelava na mente dos funcionários que não havia como escolher entre velocidade e precisão. Eles tinham que agir rápido e *nunca* quebrar nada. Metas, responsabilidade e prazos foram empurrados para a base da organização, enquanto as métricas foram alimentadas para cima, por meio de relatórios de negócios semanais e trimestrais e de reuniões anuais de planejamento e avaliação de toda a companhia, chamadas de OP1 (no fim do verão) e de OP2 (depois das festas de fim de ano). O desempenho de cada equipe era avaliado pelo consagrado conselho de liderança de Bezos, formado por gênios da matemática com ideias semelhantes: o S Team (S de "*seniors*", ou veteranos). No topo de tudo estava o próprio Bezos, que se concentrava em novos projetos promissores ou em resolver problemas de equipes com resultados decepcionantes com o mesmo foco e padrões exigentes que havia implementado nos primeiros dias da Amazon. Ele não dava nada como garantido, nem mesmo o crescente sucesso da companhia.

Suas explosões de irritação, dirigidas a funcionários que não cumpriam tais padrões, eram famosas dentro da empresa. "Por que você está desperdiçando minha vida?", perguntava ele, com desdém, a subordinados que não atendiam às suas expectativas. Ou os arrasava com tiradas como "Desculpe, será que tomei minhas pílulas de estupidez hoje?". Embora fossem enervantes para muitos funcionários, o estilo de liderança brutal e a cultura específica também demonstravam uma eficiência inegável. Na primavera de 2011, a Amazon foi avaliada em 80 bilhões de dólares. Impulsionado pela alta de suas ações, Bezos, aos 47 anos, era a trigésima pessoa mais rica do mundo, com um patrimônio líquido de 18,1 bilhões de dólares.[4]

Esse sucesso extraordinário começou a chamar a atenção. As legislaturas estaduais reconheceram que a crescente enxurrada de vendas isentas de impostos pela internet estava esvaziando seus cofres e aprovaram uma legislação que exigia dos varejistas on-line o pagamento de impostos sobre as vendas, fechando uma brecha criada antes da era da internet para as empresas de encomendas postais. Bezos estava preparado para lutar para proteger uma vantagem significativa de preço sobre os rivais off-line e até apoiou uma consulta aos eleitores da Califórnia para anular uma nova lei estadual que obrigaria o recolhimento de impostos sobre vendas pelos varejistas virtuais. Mas, no meio da luta, ele mudou de estratégia; a elisão fiscal sobre vendas gerou preocupação na empresa, exigindo que ela limitasse os locais onde podia abrir instalações e até mesmo para onde os funcionários podiam viajar. Ao admitir o imposto sobre vendas, Bezos abriu mão de sua valiosa vantagem. No lugar dela, ele adotou uma visão mais ampla, possibilitando que a Amazon abrisse escritórios e centros de atendimento de pedidos em estados mais populosos, muito mais próximos de seus clientes, estabelecendo as bases para uma das maiores expansões da história do mundo corporativo.

A Amazon estava se espalhando em todas as direções, tanto on-line quanto em sua sede. Deixou para trás uma série de escritórios dispersos ao redor de Seattle e se instalou em quase uma dúzia de prédios num novo distrito de escritórios perto de Lake Union, ao norte do centro da cidade. No início de 2012, panfletos anônimos afixados na região sul de Lake Union[5] davam um nome depreciativo para o quadro crescente de funcionários que se espalhava pela área com seus crachás de identificação: "*Am-holes* [um trocadilho com a palavra *asshole*, babaca, em inglês]." Isso pressagiava um crescente mal-estar entre a empresa e sua cidade natal, com tendências esquerdistas e operária.

Embora tenha triunfado sobre imensas dificuldades, Jeff Bezos preferia que artigos negativos — como a antiga matéria de capa da *Barron's*, "Amazon.bomb" — fossem afixados nas paredes de seu escritório, para que ele e seus colegas permanecessem amedrontados e motivados. "Ainda é o Dia 1!", lembrou ele disciplinadamente a seus funcionários e investidores na carta aos acionistas publicada naquela primavera. Afinal, havia muito a ser feito para aumentar a seleção quase infinita de produtos físicos e digitais nas prateleiras virtuais da loja de tudo.

***

Lancei um livro com o título *A loja de tudo* em outubro de 2013, tomado pelo fascínio crescente do mundo pela Amazon. Foi uma tentativa de explicar uma clássica história de negócios moderna — como o empresário de livros on-line quase foi à ruína e virou de cabeça para baixo não apenas o varejo, mas a mídia digital e a computação empresarial.

Em geral, houve resenhas positivas e algumas negativas infames. "Eu queria gostar desse livro", escreveu MacKenzie Bezos em uma crí-

Introdução

tica de uma estrela postada na Amazon.com. Ela alegou imprecisões factuais, um "retrato distorcido e enganoso das pessoas e da cultura da Amazon", e criticou minha caracterização dos discípulos de Bezos, que canalizavam suas máximas e seu estilo de liderança como robôs. Mais tarde, também soube que Bezos e a esposa ficaram chateados com a maneira como eu havia localizado o pai biológico de Bezos, o agora falecido Ted Jorgensen, um homem que abandonou a família quando Bezos era bebê e não sabia o que tinha acontecido com o filho até que eu o visitei 45 anos depois.

Na época, pensei ter escrito um livro abrangente sobre a ascensão da Amazon. Mas uma coisa estranha aconteceu. Em 2014, a Amazon lançou o primeiro Echo, um alto-falante ativado por voz com uma assistente virtual, a Alexa. O produto foi um sucesso e, nos cinco anos seguintes, a empresa vendeu mais de cem milhões de dispositivos, iniciando uma nova onda de computação conectada por voz e eliminando a aura de fracasso da Amazon na área de dispositivos para o consumidor, como o Fire Phone. A Amazon estava deixando a porta de seus clientes e entrando nas suas salas de estar, com acesso a uma ampla gama de solicitações e perguntas e, talvez, a suas conversas mais íntimas.

Quase ao mesmo tempo, a divisão AWS da Amazon expandiu sua linha de serviços de banco de dados a fim de atrair grandes empresas e agências governamentais para o futuro etéreo do empreendimento de computação conhecido como "nuvem". A Amazon divulgou os resultados financeiros da AWS pela primeira vez na primavera de 2015, chocando os investidores pela lucratividade e o crescimento, só para gerar mais uma rodada de entusiasmo febril pelas ações da Amazon.

Alguns anos depois, a Amazon abriu seu primeiro protótipo da Amazon Go, loja física em Seattle, usando a inteligência artificial e a visão computacional para que os clientes pudessem sair da loja e ser automaticamente cobrados, em vez de finalizar a compra com um caixa humano. A empresa também se expandiu geograficamente, entrando na Índia, no México e em outros países, a um custo enorme e em competição direta com a maior empresa do mundo em vendas: a Walmart. Ao mesmo tempo, seus investimentos em Hollywood, via Amazon Studios, rendiam sucessos de crítica como *Transparent*, *A maravilhosa sra. Maisel* e *Jack Ryan*, junto com alguns fracassos retumbantes, como *Crise em seis cenas*, de Woody Allen. Isso colocou a Amazon atrás da Netflix na corrida para redefinir o entretenimento doméstico para uma nova era.

Enquanto tudo isso se desenrolava, a Amazon também revigorava seus negócios mais antigos. O marketplace da Amazon, onde vendedores independentes apregoavam seus produtos na Amazon.com, explodiu com uma onda de produtos de baixo preço (incluindo falsificações e cópias baratas) fabricados na China. Em 2015, o valor total dos produtos vendidos no marketplace superou o valor das unidades vendidas pela Amazon no próprio site. A Amazon adquiriu a rede de supermercados orgânicos Whole Foods Market em 2017, salvando a icônica rede de mercearias americana de uma incursão indesejável de investidores ativistas e impulsionando seus próprios esforços até então ineficazes para entrar no negócio de produtos alimentícios.

A Amazon também refez suas operações de entrega, diminuindo a dependência de parceiros como a UPS com sua rede própria de centros de triagem, motoristas e aeronaves de carga com a marca Amazon Prime. E reativou o negócio de publicidade, incorporando anúncios em seus resultados de pesquisa, assim como a Google havia feito com pioneirismo uma década antes para irritação da Amazon, gerando uma nova linha de receita lucrativa para a empresa.

A Amazon sobre a qual escrevi valia quase 120 bilhões de dólares no fim de 2012. A capitalização de mercado da empresa atingiu 1 trilhão de dólares pela primeira vez no outono de 2018 — oito vezes mais valiosa em menos de cinco anos — e voltou a superar esse limite, aparentemente para sempre, no início de 2020. Minha Amazon tinha menos de 150 mil funcionários. No fim de 2020, ela somava a impressionante cifra de 1,2 milhão de funcionários. Eu estava escrevendo sobre a empresa do Kindle, mas ela havia se tornado a empresa da Alexa. E também a empresa da nuvem. E um estúdio de Hollywood. E criadora de videogame, fabricante de robótica, dona de uma mercearia, e assim por diante.

Enquanto seduzia investidores e clientes, a Amazon também se movia para o centro de uma luta política acirrada que tinha o potencial de redefinir o capitalismo de livre mercado. Seus críticos mais ruidosos achavam que um acúmulo tão descarado de riqueza e poder tinha um

Introdução

custo significativo, exacerbando a desigualdade de renda e criando um desequilíbrio em relação aos trabalhadores e aos negócios locais.

"As grandes empresas de tecnologia de hoje têm muito poder [...] poder demais sobre nossa economia, nossa sociedade e nossa democracia", escreveu a senadora Elizabeth Warren no começo da malsucedida campanha por uma candidatura à Casa Branca em 2019. "A Amazon esmaga as pequenas empresas ao copiar os produtos que elas vendem no marketplace e, em seguida, vender sua própria versão de marca." Ela insistiu para que a criação meticulosa de Jeff Bezos fosse obrigada a vender a Zappos e a Whole Foods Market e a se dividir em partes menores.[6]

* * *

À medida que a Amazon mudava, Bezos também passava por uma surpreendente transformação.

Nos primeiros anos da empresa, ele geralmente usava calça cáqui preguada com camisa azul-marinho e andava em sua scooter Segway de duas rodas pelo escritório, com sua risada ricocheteando nas paredes. Ele morava com a esposa e os quatro filhos no opulento subúrbio de Medina, Washington, nos arredores de Seattle, e protegia sua privacidade de modo feroz. Apesar da crescente riqueza, parecia ter pouco interesse em colecionar ativos como carros esportivos antigos ou pinturas caras obtidas em leilões exclusivos. Não era, de modo algum, aficionado por iates de luxo. Apenas seu jato particular parecia despertar entusiasmo, porque evitar voos comerciais lhe poupava um recurso que o dinheiro não podia comprar: tempo.

Mas, no fim da década de 2010, Bezos, como *geek* obstinado e sem senso de moda, estava se tornando obsoleto. Até mesmo o nerd mais ou menos melhorado do lançamento do Fire Phone em 2014, que se deliciava em recitar as especificações técnicas do malfadado smartphone, havia saído de cena.

Deixando de lado a imagem de *geek* desajeitado, embora seguro de si, Bezos emergiu como um chefão dos negócios que, a princípio, parecia ter uma aura quase mística de invencibilidade. Durante o verão de 2017, Bezos se tornou a pessoa mais rica do mundo, uma eventualidade matemática produzida pela alta das ações da Amazon e o crescimento relativamente mais lento da fortuna do cofundador da Microsoft, Bill Gates, que estava doando dinheiro para a filantropia, um processo que Bezos ainda precisava começar de forma significativa. Quando Bezos subiu ao topo da lista dos mais ricos do mundo, uma foto amplamente divulgada da prestigiosa conferência da Allen & Company em Sun Valley mostrou-o com elegantes óculos de sol dobráveis da marca Garrett Leight, camisa polo de manga curta e colete acolchoado, expondo bíceps enormes. A foto viralizou. Jeff Bezos era o herói de ação do mundo empresarial.

No início, os que tinham contato com ele tiveram dificuldade para perceber quanto Bezos de fato mudara. Colegas disseram que ele permanecia absorto na mecânica de novos negócios na Amazon, como a Alexa. Mas outras demandas exigiam seu tempo, incluindo seus esforços filantrópicos incipientes, sua nova e ambiciosa empresa espacial, a Blue Origin, e o *Washington Post*, o prestigioso jornal que ele comprou em 2013, um alvo contumaz do impetuoso presidente dos Estados Unidos, Donald J. Trump.

O CEO do JPMorgan, Jamie Dimon, um amigo de longa data, disse que "o Jeff que eu conheço é o mesmo Jeff de sempre". Mas enquanto trabalhava com Bezos em fóruns como o Conselho de Negócios, uma organização de Washington que se reúne várias vezes por ano para discutir políticas, e a Haven Healthcare, a iniciativa conjunta fracassada entre Amazon, JPMorgan e Berkshire Hathaway para reduzir os custos de saúde dos funcionários, Dimon observava que os olhos do amigo aos poucos se abriam. "Jeff era como uma criança numa loja de doces. Tudo parecia novo para ele. Ele esteve tão focado na Amazon por tanto tempo. Depois, foi se tornando aos poucos um cidadão do mundo."

Para outros, a metamorfose de Bezos indicava a presença de algo mais: a arrogância que acompanha um sucesso inimaginável. No outono de 2017, ele instruiu a Amazon a organizar um concurso chamado HQ2, uma competição entre cidades na América do Norte para receber uma nova sede da Amazon fora de Seattle. A competição pública sem precedentes criou um frenesi que durou dezessete meses, com 238 regiões fazendo malabarismo para atrair o gigante da tecnologia. A ci-

Introdução

dade de Nova York e a região norte da Virgínia foram consideradas as vencedoras, mas àquela altura o sentimento político havia se voltado fortemente contra a Amazon por (entre outras coisas) buscar generosos incentivos fiscais locais. Legisladores progressistas no Queens, como a popular congressista Alexandria Ocasio-Cortez, e seus aliados nos setores da organização trabalhista fizeram barulho suficiente para que a Amazon rescindisse, de forma vergonhosa, sua oferta de abrir o escritório em Long Island City, Nova York.

A partir daí as coisas tomaram um rumo ainda mais esquisito. Em janeiro de 2019, Bezos tuitou a notícia surpreendente de seu divórcio de MacKenzie, depois de 25 anos de casamento, atordoando até mesmo aqueles que acreditavam conhecer bem o casal. No dia seguinte, o *National Enquirer*, o infame tabloide vendido em supermercados, publicou uma matéria de onze páginas na qual revelava o relacionamento extraconjugal de Bezos com a celebridade da TV Lauren Sanchez, que incluía mensagens de texto picantes trocadas pelos dois. Bezos ordenou uma investigação para descobrir como o jornal havia obtido suas mensagens particulares e fotografias íntimas; no ano seguinte, o drama de mau gosto ampliou-se e passou a envolver acusações de espionagem global e indícios de uma conspiração que envolvia Mohammed bin Salman, o príncipe herdeiro da Arábia Saudita. *Como um dos homens mais disciplinados do mundo se mete numa situação dessas?* Foi o que mais de um executivo da Amazon perguntou a si mesmo na época.

O fundador da Amazon se tornara muitas coisas aos olhos do público, tudo ao mesmo tempo: um inventor, sem dúvida o CEO mais talentoso do mundo, um empreendedor espacial, salvador de um jornal e intrépido defensor da imprensa livre — bem como um monopolista ameaçador, inimigo dos pequenos negócios, explorador dos trabalhadores dos armazéns e objeto de fascinação lasciva dos tabloides. Uma gama disparatada de reações se manifestou com o anúncio, em fevereiro de 2021, de que passaria a se dedicar de forma mais intensa a novos produtos e projetos na Amazon, bem como a outros interesses, entregando o cargo de CEO ao antigo colaborador Andy Jassy e assumindo o posto de presidente executivo.

Apesar de seu otimismo em relação às soluções para o aquecimento global na coletiva de imprensa do Climate Pledge, estava muito claro que aquele *não era* o mesmo velho Jeff. Por isso, resolvi escrever este segundo livro e investigar como a Amazon cresceu tanto em tão pouco tempo. Eu voltaria a fazer uma pergunta crucial: será que a Amazon e Jeff Bezos são bons para a competição empresarial, para a sociedade moderna e até mesmo para o planeta?

A tarefa foi concluída com a ajuda da Amazon, do *Washington Post* e da Blue Origin, que facilitou entrevistas com muitos executivos veteranos. A Amazon, no fim das contas, não permitiu acesso ao próprio Bezos, apesar dos repetidos pedidos e súplicas pessoais. Também entrevistei várias centenas de funcionários atuais e antigos, sócios, concorrentes e muitos outros que foram tragados pelo ciclone rodopiante de Bezos, de seus múltiplos empreendimentos e dramas pessoais.

O resultado é este livro. Ele é a história de um CEO obstinado que criou uma cultura corporativa tão fértil que, mesmo colossal, repetidamente se livrou de sua própria burocracia para inventar produtos novos e empolgantes. É também a história de como uma empresa líder de tecnologia se tornou tão onipotente ao longo de uma única década que muitos passaram a se preocupar com a possibilidade de que ela crie uma vantagem injusta definitivamente, prejudicando empresas menores. E mostra como um dos empresários mais famosos do mundo pareceu se perder e, em seguida, tentou se encontrar de novo — bem no meio de uma pandemia global aterrorizante que aumentou ainda mais seu poder e lucro.

Este é um conto que descreve um período da história empresarial em que as antigas leis pareciam não mais dar limites às companhias mais poderosas do mundo. E ele explora o que aconteceu quando um homem e seu vasto império estavam prestes a estar totalmente livres de amarras.

PARTE I
Invenção

Amazon, 31 de dezembro de 2010

Vendas líquidas anuais:	34,20 bilhões de dólares
Funcionários de meio período e período integral:	33.700
Capitalização de mercado no fim do ano:	80,46 bilhões de dólares

Patrimônio líquido de Jeff Bezos no fim do ano: 15,86 bilhões de dólares

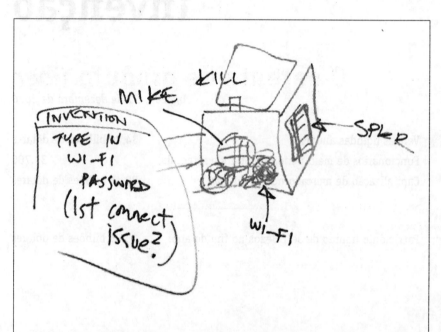

Esboço de Jeff Bezos para um alto-falante ativado por voz, fim de 2010

CAPÍTULO 1
O gerente de produto *über*

Não havia nada de particularmente distinto naquela dezena (ou pouco mais) de prédios baixos no florescente distrito de South Lake Union, em Seattle, para onde a Amazon se mudou durante o ano de 2010. Eram comuns do ponto de vista arquitetônico e, por insistência do CEO, não tinham nenhuma sinalização óbvia indicando a presença de uma empresa icônica da internet com quase 35 bilhões de dólares em vendas anuais. Jeff Bezos havia advertido seus colegas de que nada de bom poderia advir desse tipo de autoengrandecimento óbvio. Quem mantinha negócios legítimos com a empresa já sabia da sua localização, enquanto quem não sabia — como os incômodos repórteres que tentavam emboscar executivos — talvez não fosse capaz de descobrir.

Embora os escritórios agrupados em torno do cruzamento da Terry Avenue N com a Harrison Street fossem em grande parte anônimos, em seu interior eles traziam todas as marcas características de uma cultura corporativa única e idiossincrática. Os funcionários usavam crachás codificados por cores ao redor do pescoço, indicando tempo de casa (azul para aqueles com até cinco anos de casa, amarelo para até dez, vermelho para até quinze), e os escritórios e elevadores eram decorados com pôsteres que delineavam os catorze sacrossantos princípios de liderança de Bezos.

Dentro dessas paredes vagava o próprio Bezos, com 46 anos na época, comportando-se como um exemplo da ideologia operacional única da Amazon. O CEO fazia um grande esforço para ilustrar o princípio nº 10 da Amazon, "frugalidade": *Realizar mais com menos. Restrições geram criatividade, autossuficiência e invenção. Não há ganhos extras em aumentar o número de funcionários, o orçamento ou as despesas fixas.* Sua esposa, MacKenzie, o levava para o trabalho quase todos os dias numa minivan Honda, e, quando voava com colegas em seu jato particular Dassault Falcon 900EX, sempre mencionava que era ele quem pagava pelo voo e não a Amazon.

Se havia algum princípio de liderança que Bezos levava mais a sério — o que também definiria a próxima meia década na Amazon — era o princípio nº 8, "pense grande": *Pensar pequeno é uma profecia autorrealizável. Os líderes criam e comunicam uma direção ousada que inspira resultados. Pensam de forma diferente e se esforçam para encontrar maneiras de servir aos clientes.* Em 2010, a Amazon era uma varejista on-line de sucesso, uma provedora de nuvem iniciante e uma pioneira na leitura digital. Mas Bezos concebia muito mais. Sua carta aos acionistas naquele ano era um hino às disciplinas esotéricas da ciência da computação de inteligência artificial e aprendizado de máquina que a Amazon apenas começava a explorar. O texto iniciava com a menção de uma lista de termos incrivelmente obscuros, como "classificadores bayesianos naive", "protocolos Gossip" e "fragmentação de dados". Bezos escreveu: "A invenção está em nosso DNA, e a tecnologia é a ferramenta fundamental que brandimos para evoluir e melhorar todos os aspectos da experiência que oferecemos aos nossos clientes."

Bezos não estava apenas imaginando essas possibilidades tecnológicas. Ele também estava tentando posicionar a próxima geração de produtos da Amazon na fronteira mais avançada. Por volta dessa época, ele começou a trabalhar intensamente com os engenheiros da Lab126, subsidiária de pesquisa e desenvolvimento da Amazon no Vale do Silício, que desenvolveu o primeiro *gadget* da empresa, o Kindle. Em uma enxurrada de sessões de *brainstorming*, ele iniciou vários projetos para complementar o Kindle e os futuros tablets Kindle Fire, conhecidos internamente na época como Projeto A.

O Projeto B, que se tornou o malfadado Fire Phone da Amazon, usaria um conjunto de câmeras frontais e luzes infravermelhas para criar uma tela de smartphone aparentemente tridimensional. O Projeto C, ou "Shimmer", era um dispositivo em forma de lâmpada de mesa criado para projetar hologramas numa mesa ou no teto. Ele se mostrou caro e inviável, e nunca foi lançado.

Bezos tinha ideias peculiares sobre a forma como os clientes poderiam interagir com esses dispositivos. Os engenheiros que trabalhavam na terceira versão do Kindle descobriram isso quando tentaram eliminar um microfone planejado para o aparelho, pois não tinha sido previsto nenhum recurso para usá-lo. Mas o CEO insistiu que o microfone permanecesse. "A resposta que recebi é que Jeff acha que falaremos com nossos dispositivos no futuro", revelou Sam Bowen, então diretor de hardware do Kindle. "Parecia um pouco mais com *Jornada nas Estrelas* do que com a realidade."

Os designers convenceram Bezos a deixar o microfone de fora nas versões subsequentes do Kindle, mas ele acreditava piamente na inevitabilidade da computação conversacional e no potencial da inteligência artificial para concretizá-la. Era um tropo em toda a sua ficção científica favorita, desde o *Jornada nas Estrelas* da TV ("computador, abra um canal") a escritores como Arthur C. Clarke, Isaac Asimov e Robert A. Heinlein, que lotavam a biblioteca com centenas de volumes de sua residência à beira do lago, nos arredores de Seattle. Enquanto outros liam esses clássicos e apenas sonhavam com realidades alternativas, Bezos parecia considerar os livros verdadeiros projetos para um futuro empolgante. Era uma prática que culminaria no produto que definiria a Amazon para uma nova década: um alto-falante cilíndrico que gerou uma onda de imitações, desafiou as normas relativas à privacidade e mudou a maneira como as pessoas viam a Amazon — não apenas como um gigante do comércio eletrônico, mas como uma empresa de tecnologia inventiva que desafiava os próprios limites da ciência da computação.

A iniciativa foi projetada originalmente dentro do Lab126 como Projeto D. Ficaria conhecido como Amazon Echo e pelo nome de sua assistente virtual: a Alexa.

***

Como em vários outros projetos na Amazon, as origens do Projeto D podem ser rastreadas até discussões entre Bezos e seu "consultor técnico", o executivo promissor escolhido a dedo para acompanhar o CEO. Entre as funções do consultor técnico estavam: tomar notas nas reuniões, escrever o primeiro esboço da carta anual aos acionistas e aprender ao interagir com o mestre, de perto, por mais de um ano. Nesse papel, entre 2009 e 2011, encontrava-se o executivo Greg Hart, veterano das primeiras categorias de varejo da empresa, como livros, música, DVDs e videogames. Natural de Seattle, Hart frequentou o Williams College, no oeste de Massachusetts, e depois de uma temporada no mundo da publicidade voltou para casa no crepúsculo da era grunge da cidade, ostentando um cavanhaque e com uma queda por camisas de flanela. Na época em que estava seguindo Bezos, os pelos faciais haviam sumido e Hart era uma estrela corporativa em ascensão. "Você se sente mais ou menos como se fosse um treinador assistente observando John Wooden, sabe, talvez o melhor treinador de basquete de todos os tempos", disse Hart sobre seu tempo como consultor técnico.

Ele se lembrou de ter conversado com Bezos sobre reconhecimento de voz no fim de 2010, no Blue Moon Burgers em Seattle. Durante o almoço, Hart demonstrou entusiasmo pela busca de voz da Google, ao dizer "pizza perto de mim" e mostrar a Bezos a lista de links para pizzarias que aparecera na tela. "Jeff ficou um pouco cético quanto ao uso do recurso em telefones, porque achou que poderia ser socialmente inadequado", recordou-se Hart. Mas os dois conversaram sobre como a tecnologia estava finalmente ficando boa em ditado e busca.

Na época, Bezos também estava empolgado com o crescimento dos negócios em nuvem da Amazon e perguntava a todos os seus executivos: "O que vocês estão fazendo para ajudar a AWS?" Inspirado pelas conversas com Hart e outras pessoas sobre computação de voz, ele enviou um e-mail a Hart, ao vice-presidente de dispositivos, Ian Freed, e ao vice-presidente sênior, Steve Kessel, em 4 de janeiro de 2011, relacionando os dois tópicos: "Deveríamos construir um dispositivo de 20 dólares com cérebro na nuvem e completamente controlado por voz." Era outra ideia do chefe, que parecia ser uma fonte inesgotável.

Bezos e seus funcionários comentaram a ideia por e-mail por alguns dias, mas nenhuma ação foi tomada e tudo poderia ter terminado ali.

O gerente de produto *über*

Então, algumas semanas depois, Hart se encontrou com Bezos numa sala de reuniões do sexto andar na sede da Amazon, Day 1 North, para discutir suas opções de carreira. Seu período como consultor técnico estava chegando ao fim e por isso eles analisaram várias oportunidades possíveis para liderar novas iniciativas na empresa, incluindo cargos no streaming de vídeo da Amazon e em grupos de publicidade. Bezos anotou as ideias num quadro-branco, acrescentando algumas de sua própria autoria, e então começou a aplicar seus critérios habituais de avaliação de mérito: se funcionarem, crescerão e se tornarão grandes negócios? Se a empresa não os perseguisse agressivamente naquele momento, perderia uma oportunidade? Bezos e Hart acabaram riscando todos os itens da lista, exceto um — a ideia de Bezos para um computador em nuvem ativado por voz.

"Jeff, não tenho experiência em hardware e a maior equipe de software que chefiei tem apenas umas quarenta pessoas", lembrou-se Hart de ter dito.

"Você vai se sair bem", respondeu Bezos.

Hart agradeceu o voto de confiança e disse: "Tudo bem, lembre-se disso quando metermos os pés pelas mãos no meio do caminho."

Antes que cada um seguisse o seu caminho, Bezos ilustrou sua ideia para o computador de voz sem tela no quadro-branco. A primeira representação de um dispositivo Alexa mostrava o alto-falante, o microfone e um botão de *mudo*. E identificava o ato de configurar o dispositivo para uma rede sem fio como um desafio que exigia reflexão, uma vez que ele não seria capaz de ouvir os comandos ao sair da caixa. Hart tirou uma foto do desenho com seu telefone.

Bezos permaneceria intimamente envolvido com o projeto, reunindo-se com a equipe quase todo dia, tomando decisões detalhadas sobre o produto e autorizando o investimento de centenas de milhões de dólares antes que o primeiro Echo fosse lançado. Usando o superlativo alemão, os funcionários se referiam a ele como o gerente de produto *über*.

Mas era Greg Hart quem comandava a equipe no Fiona, o prédio do Kindle, que ficava do outro lado da rua, em frente ao escritório de Bezos. Nos meses seguintes, Hart contratou um pequeno grupo formado por gente de dentro e de fora da empresa, enviando e-mails para possíveis contratados com o assunto "Junte-se à minha missão" e fazendo, nas entrevistas, perguntas do tipo "Como você projetaria um Kindle para cegos?". E aí, tão obcecado pelo sigilo quanto seu chefe, ele se recusava a especificar em que produto os candidatos trabalhariam. Um entrevistado se lembrou de ter presumido que se tratava do famoso smartphone da Amazon e disse que Hart teria respondido: "Há outra equipe fazendo um telefone. Isso é bem mais interessante."

Um dos primeiros recrutas foi Al Lindsay, engenheiro que num emprego anterior havia escrito parte do código original para a assistência à lista telefônica ativada por voz da companhia US West. Lindsay passou suas primeiras três semanas no projeto de férias, em sua cabana no Canadá, escrevendo um relatório de seis páginas no qual imaginava como desenvolvedores externos poderiam programar seus próprios aplicativos habilitados para voz para execução no dispositivo. Outro recruta interno, o veterano John Thimsen, foi nomeado diretor de engenharia e cunhou um codinome formal para a iniciativa — Doppler — inspirado no nome Projeto D. "No início, para ser sincero, acho que ninguém esperava realmente que aquilo desse certo", disse Thimsen. "Mas, para crédito de Greg, no meio do caminho, todos nós já estávamos convertidos."

A equipe inicial da Alexa trabalhava com um senso febril de urgência por causa da notória impaciência do chefe. De modo pouco realista, Bezos queria lançar o dispositivo num prazo de seis a doze meses. Ele tinha um bom motivo para se apressar. Em 4 de outubro de 2011, quando a equipe do Doppler estava sendo montada, a Apple apresentou a assistente virtual Siri no iPhone 4S, o último projeto do coração de seu cofundador Steve Jobs, que morreria de câncer no dia seguinte. O fato de a ressurgente Apple ter a mesma ideia para uma assistente pessoal ativada por voz era tanto uma validação para Hart e seus funcionários quanto um fator de desânimo, uma vez que Siri foi a primeira a chegar ao mercado, suscitando críticas iniciais mistas. A equipe da Amazon tentou se reconfortar lembrando que seu produto era único, pois seria independente dos smartphones. Talvez a diferença mais significativa, porém, fosse que Siri, infelizmente, não poderia mais contar com o apoio ativo de Jobs, enquanto Alexa teria o patrocínio de Bezos e receberia uma atenção quase maníaca na Amazon.

O gerente de produto *über*

Para acelerar o desenvolvimento e bater as metas de Bezos, Hart e sua equipe começaram a procurar startups para adquirir. Foi um desafio nada trivial, uma vez que a Nuance, a gigante da voz com sede em Boston cuja tecnologia a Apple licenciara para Siri, havia crescido com o passar dos anos, engolindo as principais empresas americanas do ramo. Os executivos do Doppler tentaram descobrir quais das startups em atividade eram promissoras, pedindo a possíveis alvos que habilitassem o catálogo de livros digitais do Kindle por voz e em seguida estudando seus métodos e resultados. A busca levou a várias aquisições a toque de caixa nos dois anos seguintes, o que acabaria moldando o cérebro de Alexa e até mesmo o timbre de sua voz.

A primeira empresa comprada pela Amazon, a Yap, uma startup de vinte pessoas com sede em Charlotte, Carolina do Norte, traduzia automaticamente para texto a fala humana, como mensagens de voz, sem depender de uma força de trabalho clandestina composta de transcritores humanos localizados em países com baixos salários. Embora grande parte da tecnologia da Yap viesse a ser descartada, seus engenheiros ajudariam a desenvolver a tecnologia para converter o que os clientes diziam ao Doppler num formato legível por computador. Durante o longo namoro, os executivos da Amazon atormentaram os executivos da Yap, recusando-se a revelar no que vinham trabalhando. Mesmo depois de fechado o negócio, ao se encontrar com os engenheiros da Yap numa conferência do setor em Florença, Itália, na semana seguinte, Al Lindsay insistiu que fingissem não o conhecer, para que ninguém percebesse o novo interesse da Amazon em tecnologia de voz.

Depois que a compra foi finalizada, por cerca de 25 milhões de dólares, a Amazon desfez-se dos fundadores da empresa, mas manteve seu grupo de ciências da voz em Cambridge, Massachusetts, tornando-o a semente de um novo escritório de pesquisa e desenvolvimento em Kendall Square, perto do MIT. Os engenheiros da Yap voaram para Seattle e entraram numa sala de reuniões no primeiro andar do Fiona com portas trancadas e persianas baixadas. Lá, Greg Hart finalmente descreveu "um pequeno dispositivo, do tamanho de uma lata de Coca-Cola, feito para ficar na sua mesa e servir como um assistente inteligente, ao qual você poderia fazer perguntas em linguagem natural", lembrou o vice-presidente de pesquisa da Yap, Jeff Adams, um veterano de duas décadas no ramo da voz. "Metade da minha equipe revirou os olhos como quem diz: 'Ah, minha nossa, onde foi que nos metemos'."

Depois da reunião, Adams disse a Hart e Lindsay, com delicadeza, que seus objetivos não eram realistas. A maioria dos especialistas acreditava que o verdadeiro "reconhecimento de voz de campo distante" — compreensão da fala até dez metros de distância, muitas vezes em meio a outras conversas e a ruídos de fundo — estava além do reino da ciência da computação estabelecida, uma vez que o som reflete em superfícies como paredes e tetos, produzindo ecos que confundem os computadores. Os executivos da Amazon reagiram incorporando a determinação de Bezos. "Eles basicamente me disseram: 'Não ligamos. Contrate mais pessoas. Leve o tempo que for preciso. Resolva o problema!'", lembrou Adams. "Eles eram imperturbáveis."

***

Alguns meses depois da compra da Yap, Greg Hart e seus colegas adquiriram outra peça do quebra-cabeça Doppler. Era o antônimo tecnológico da Yap, que convertia a fala em texto. Em vez disso, a startup polonesa Ivona gerava discurso sintetizado por computador que lembrava a voz humana.

A Ivona foi fundada em 2004 por Lukasz Osowski, um estudante de ciência da computação da Universidade de Tecnologia de Gdansk. Osowski tinha a ideia de que o chamado *"text to speech"* [texto para voz], ou TTS, poderia fazer a leitura de textos digitais em voz alta com uma voz natural e ajudar os deficientes visuais na Polônia a apreciar a palavra escrita. Com um colega de turma mais jovem, Michal Kaszczuk, ele gravou a voz de um ator e selecionou fragmentos de palavras, chamados difones, e depois os misturou, ou "concatenou", em diferentes combinações para se aproximar de palavras e frases de som natural que o ator jamais poderia ter proferido.

Os fundadores da Ivona tiveram um primeiro vislumbre de como sua tecnologia poderia ser poderosa. Ainda estudantes, eles pagaram a um popular ator polonês chamado Jacek Labijak para registrar horas

O gerente de produto *über*

de fala e criar um banco de dados de sons. O resultado foi seu primeiro produto, o Spiker, que logo se tornou a voz de computador mais vendida da Polônia. Nos anos seguintes, ela seria amplamente utilizada em metrôs, elevadores e em campanhas de chamadas automáticas. Labijak começou a se ouvir em todos os lugares e recebia com regularidade telefonemas com a própria voz, incitando-o, por exemplo, a votar em determinado candidato nas eleições seguintes. Brincalhões manipularam o software para que o ator dissesse coisas inadequadas e postaram os clipes na internet, onde foram descobertos por seus filhos. Os fundadores da Ivona tiveram que renegociar o contrato do ator depois que ele tentou arduamente retirar sua voz do software.[1] (Hoje, "Jacek" continua a ser uma das vozes polonesas oferecidas pelo serviço de voz por computador Amazon Polly, da AWS.)

Em 2006, a Ivona começou a participar e a vencer repetidamente o Blizzard Challenge, uma competição anual pela voz computacional mais natural, organizado pela Universidade Carnegie Mellon. Em 2012, a Ivona havia se expandido para vinte outros idiomas e tinha mais de quarenta vozes. Depois de ficarem sabendo da startup, Greg Hart e Al Lindsay fizeram um desvio de rota para Gdansk durante uma viagem pela Europa em busca de alvos de aquisição. "Desde o minuto em que entramos em seus escritórios, soubemos que havia um encaixe cultural", disse Lindsay, apontando para o progresso da Ivona num campo onde os pesquisadores muitas vezes se distraíam com atividades nobres. "Sua combatividade permitia que olhassem para fora da academia pura e não fossem ofuscados pela ciência."

A compra, por cerca de 30 milhões de dólares, foi consumada em 2012, mas mantida em segredo durante um ano. A equipe Ivona e o número crescente de engenheiros de voz que a Amazon contrataria para seu novo centro de pesquisa e desenvolvimento de Gdansk foram encarregados de criar a voz do Doppler. O programa foi microgerenciado pelo próprio Bezos e sujeito às curiosidades e aos caprichos habituais do CEO.

A princípio, Bezos queria que dezenas de vozes distintas emanassem do dispositivo, cada uma associada a um objetivo ou tarefa específico, como ouvir música ou reservar um voo. Quando isso se mostrou impraticável, a equipe considerou listas de características desejadas numa única personalidade, como confiabilidade, empatia e cordialidade, e determinou que essas características eram mais comumente associadas a uma voz feminina.

Para desenvolver essa voz e garantir que ela não tivesse nenhum vestígio de sotaque regional, a equipe na Polônia trabalhou com um estúdio de locução baseado na região de Atlanta, o GM Voices, a mesma empresa que ajudou a transformar gravações de uma dubladora chamada Susan Bennett na Siri, a assistente da Apple. Para criar personalidades sintéticas, o GM Voices deu às dubladoras centenas de horas de texto para ler, desde livros inteiros a artigos aleatórios, um processo atordoante que podia se estender por meses.

Greg Hart e seus colegas passaram meses revisando as gravações produzidas pelo GM Voices e apresentaram as principais candidatas a Bezos. Eles classificaram as melhores, pediram amostras adicionais e finalmente escolheram a vencedora. Bezos assinou embaixo.

Sigilosa como sempre, a Amazon jamais revelou o nome da dubladora por trás da Alexa. Descobri sua identidade depois de conversar com a comunidade dos profissionais de locução: é a cantora e dubladora Nina Rolle, de Boulder. Seu site profissional continha links para antigos anúncios de rádio de produtos como o suco de maçã da Mott e o Volkswagen Passat — e o timbre caloroso da voz de Alexa é inconfundível. Rolle não retornou os recados que deixei em fevereiro de 2021. E, quando pedi à Amazon para falar com ela, eles recusaram educadamente.

* * *

Enquanto a equipe do Doppler contratava engenheiros e adquiria startups, quase todos os demais aspectos do produto eram calorosamente debatidos nos escritórios da Amazon, em Seattle, e no Lab126, no Vale do Silício. Numa das primeiras reuniões do Doppler, Greg Hart identificou a capacidade de reproduzir música com um comando de voz como o recurso mais chamativo do dispositivo. Bezos "concordou com a ideia geral, mas enfatizou que a música pode ser algo em torno de 51%, mas os outros 49% serão realmente importantes", revelou Hart.

O gerente de produto *über*

Nos meses que se seguiram, esse consenso amigável se transformou num cabo de guerra duradouro entre Hart e seus engenheiros, que viam a música como um recurso prático e comercializável, e Bezos, que pensava de forma mais grandiosa. Bezos começou a falar sobre "o computador de *Jornada nas Estrelas*", uma inteligência artificial que poderia lidar com qualquer pergunta e servir como assistente pessoal. O palavrão "plenipotenciário" foi usado dentro da equipe para descrever o que ele queria: uma assistente investida de plenos poderes para agir em nome dos usuários, como chamar um táxi ou fazer um pedido de mercearia. Com sua obsessão por ficção científica, Bezos obrigava a equipe a pensar mais além e a ultrapassar os limites da tecnologia estabelecida. Mas Hart, enfrentando a pressão para de fato entregar o produto, defendia um conjunto de recursos que chamava de "o mágico e o mundano" e fazia pressão para destacar recursos básicos e confiáveis, como permitir que os usuários solicitassem a previsão do tempo, bem como definir temporizadores e alarmes.

O debate se manifestou em infindáveis rascunhos do "PR FAQ" — o relatório de seis páginas que os funcionários da Amazon elaboram na forma de um comunicado de imprensa no início de uma nova iniciativa a fim de imaginar o impacto do produto no mercado. O documento, uma parte consagrada dos rituais da Amazon em torno da inovação, os obriga a iniciar qualquer conversa sobre um novo produto focando o benefício que ele cria para os clientes. Dezenas de versões do PR FAQ do Doppler foram escritas, apresentadas, debatidas, esquadrinhadas obsessivamente, reescritas e descartadas. Sempre que o comunicado à imprensa evoluía para destacar a reprodução de música, "Jeff ficava realmente bravo. Ele não gostava nada daquilo", lembrou um dos primeiros gerentes de produto do projeto.

Outro dos primeiros funcionários do Doppler especulou, posteriormente, que a famosa falta de gostos musicais sofisticados de Bezos teve um papel importante em sua reação. Quando estava testando uma das primeiras unidades do Doppler, por exemplo, Bezos pediu que tocasse uma de suas canções favoritas: o tema do clássico programa de TV *Battlestar Galactica*.[2] "Jeff estava se esforçando muito para garantir que este produto fosse mais do que apenas música", disse Ian Freed, chefe de

Greg Hart. "Ele não tirava da cabeça que deveria ser um computador mais generalizado."

Uma discussão relacionada girou em torno da escolha da palavra do chamado "despertar" — o enunciado que tiraria o Doppler do modo passivo, quando ouvia apenas o próprio nome, para passar à escuta ativa, onde enviaria consultas do usuário pela internet para os servidores da Amazon e retornaria com uma resposta. A equipe de ciências da voz queria que a palavra de ativação tivesse uma combinação distinta de fonemas e pelo menos três sílabas, para que o dispositivo não fosse acionado por uma conversa normal. Ele também precisava ser distinto (como "Siri") para que o nome pudesse ser anunciado ao público. Hart e sua equipe presentearam Bezos com centenas de cartões de memória, cada um com um nome diferente, que ele espalhou nas mesas da sala de conferências durante as deliberações intermináveis.

Bezos queria que a palavra de despertar soasse "melíflua" e opinou que o nome de sua mãe, Jacklyn, era "áspero demais". Suas próprias sugestões, rapidamente descartadas, incluíam "Finch", o título de um romance policial de fantasia de Jeff VanderMeer; "Friday", inspirado no assistente pessoal do romance *Robinson Crusoe*; e "Samantha", a feiticeira que pode mexer a ponta do nariz e realizar qualquer tarefa no programa de TV *A feiticeira*. Por um tempo, ele também acreditou que a palavra de despertar deveria ser "Amazon", de forma que qualquer aura de bom sentimento gerada pelo dispositivo fosse transferida para a empresa.

Os executivos do Doppler argumentaram que as pessoas não gostariam de falar com uma entidade corporativa dentro de suas casas, e isso gerou outro desentendimento prolongado. Bezos também sugeriu "Alexa", uma homenagem à antiga biblioteca de Alexandria, considerada a capital do conhecimento. Esse também era o nome de uma startup que a Amazon havia adquirido na década de 1990, sem qualquer relação com o assunto, que vendia dados de tráfego da web e continuava a operar de forma independente. Após debates intermináveis e testes de laboratório, "Alexa" e "Amazon" se tornaram os principais candidatos para a palavra de despertar, à medida que o dispositivo passava por testes limitados nas casas dos funcionários da companhia no início de 2013.

O gerente de produto *über*

Os dispositivos que os funcionários receberam se pareciam muito com o Echo original, que seria lançado pela Amazon menos de dois anos depois. Os designers industriais do Lab126 o chamaram de "lata de Pringles" — um cilindro alongado para criar separação entre o conjunto de sete microfones omnidirecionais na parte superior e os alto-falantes na parte inferior, com cerca de 1.400 orifícios perfurados no tubo de metal para expelir ar e som. O aparelho tinha na parte superior um anel de luz de LED, outra ideia de Bezos, que se iluminava na direção da pessoa que falava, reproduzindo a deixa social de se olhar para a pessoa com quem se fala. Não era um dispositivo de aparência elegante, pois Bezos instruíra os designers a deixar a função ditar a forma.

Os dispositivos experimentais Doppler nas casas de centenas de funcionários da Amazon não eram inteligentes — eram, segundo todos os relatos, lentos e burros. Um gerente da Amazon chamado Neil Ackerman se inscreveu para o beta interno, levando um aparelho para casa no início de 2013. Ele e a esposa tiveram que assinar vários acordos de confidencialidade, prometendo que o desligariam e esconderiam se visitas aparecessem. Todas as semanas, eles tinham que preencher uma planilha, respondendo a perguntas e listando o que eles perguntavam e o que recebiam como resposta. A esposa de Ackerman o chamava de "a coisa".

"Nós dois éramos muito céticos quanto ao dispositivo", revelou ele. "Raramente ele me dava a resposta certa, e a música que saía era inconsistente e com toda a certeza não eram as favoritas da família." De forma inexplicável, o Doppler parecia compreender melhor o filho de Ackerman, que tinha um problema de fala.

Outros testadores iniciais também não mediram as palavras em suas críticas. Parag Garg, um dos primeiros engenheiros a trabalhar no Fire TV, levou para casa um dispositivo e disse que "não funcionou pra merda nenhuma e não senti falta dele quando foi embora. Pensei: 'Bem, essa coisa não vai ter futuro'". Um gerente do Fire Phone lembra-se de ter gostado da aparência do hardware, "mas não consegui prever para que seria usado. Achei que era um produto estúpido".

Dois engenheiros da equipe do Doppler se lembram de outra crítica mortificante — do próprio Bezos. Aparentemente, o CEO andava testando uma unidade em sua casa, em Seattle, e num ataque de frustração diante da falta de compreensão do aparelho, mandou Alexa "dar um tiro na cabeça". Um dos engenheiros que ouviu o comentário enquanto revisava as interações com o dispositivo em teste disse: "Todos nós pensamos que seria o fim do projeto ou, pelo menos, o fim de alguns de nós na Amazon."

* * *

Estava claro que Alexa precisava de um transplante de cérebro. Os esforços contínuos da Amazon para tornar seu produto mais inteligente criariam uma batalha dogmática dentro da equipe do Doppler e levariam ao seu maior desafio até então.

O primeiro movimento foi integrar a tecnologia de uma terceira aquisição, uma empresa de inteligência artificial sediada em Cambridge, Inglaterra, chamada Evi. A startup foi fundada em 2005 como uma ferramenta de perguntas e respostas chamada True Knowledge pelo empreendedor britânico William Tunstall-Pedoe. Em seus tempos de universitário, Tunstall-Pedoe havia criado sites como o Anagram Genius, que automaticamente reorganizava letras em palavras para produzir outra palavra ou frase. Mais tarde, o site seria usado pelo romancista Dan Brown para criar charadas em *O código Da Vinci*.

Em 2012, inspirado pela estreia de Siri, Tunstall-Pedoe deu meia-volta e apresentou o aplicativo Evi para as lojas da Apple e Android. Os usuários podiam fazer perguntas digitando ou falando. Em vez de pesquisar na web por uma resposta como Siri, ou retornar um conjunto de links, como a pesquisa por voz da Google, Evi avaliava a pergunta e tentava oferecer uma resposta imediata. O aplicativo foi baixado mais de 250 mil vezes na primeira semana e quase travou os servidores da empresa.[3] A Apple ameaçou tirá-lo da loja de aplicativos iOS por parecer "semelhante de maneira confusa" a Siri, mas cedeu quando os fãs protestaram. Graças a toda essa atenção, a Evi recebeu pelo menos duas ofertas de aquisição e perspectivas de investimento de capitalistas de risco quando a Amazon prevaleceu, no fim de 2012, com um acordo de 26 milhões de dólares, segundo os rumores.[4]

Evi empregava uma técnica de programação chamada de gráficos de conhecimento, ou grandes bancos de dados de ontologias, que conectam conceitos e categorias em domínios relacionados. Se, por exemplo, um usuário perguntava a Evi "Qual é a população de Cleveland?", o software interpretava a pergunta e sabia recorrer a uma fonte de dados demográficos que o acompanhava. A revista *Wired* descreveu a técnica como uma "estrutura gigante em forma de árvore"[5] de conexões lógicas com fatos úteis.

Colocar a base de conhecimento da Evi dentro da Alexa ajudou com o tipo de bate-papo informal, mas culturalmente comum, chamado de fala fática. Se um usuário dissesse ao dispositivo "Alexa, bom dia, como você está?", Alexa podia fazer a conexão certa e responder. Tunstall-Pedoe disse que teve que brigar com colegas nos Estados Unidos sobre a estranha ideia de Alexa responder a essas deixas sociais, lembrando que "as pessoas se sentiam desconfortáveis com a ideia de programar uma máquina para responder a 'alô'".

A integração da tecnologia da Evi ajudou Alexa a responder a perguntas factuais, como solicitações para nomear os planetas no Sistema Solar, e deu a impressão de que Alexa era inteligente. Mas seria mesmo? Os defensores de outro método de compreensão da linguagem natural chamado de aprendizagem profunda acreditavam que os gráficos de conhecimento da Evi não dariam a Alexa o tipo de inteligência autêntica que satisfaria o sonho de Bezos de uma assistente versátil que pudesse falar com os usuários e responder a qualquer pergunta.

No método de aprendizagem profunda, as máquinas eram alimentadas com grandes quantidades de dados sobre o modo como as pessoas conversavam e quais respostas eram consideradas satisfatórias e, em seguida, programadas para prever as melhores respostas. O principal proponente dessa abordagem foi um engenheiro indiano chamado Rohit Prasad. "Ele foi uma contratação fundamental", disse o diretor de engenharia John Thimsen. "Muito do sucesso do projeto se deve à equipe que ele montou e à pesquisa que fizeram sobre reconhecimento de voz em campo distante."

Prasad foi criado em Ranchi, capital do estado de Jharkhand, no leste da Índia. Ele vem de uma família de engenheiros e se tornou viciado em *Jornada nas Estrelas* ainda jovem. Os computadores pessoais não eram comuns na Índia na época, mas desde cedo Prasad aprendeu a programar num PC na empresa de consultoria metalúrgica e de engenharia onde o pai trabalhava. Como a comunicação na Índia era prejudicada por uma infraestrutura de telecomunicações deficiente e altas tarifas de longa distância, Prasad decidiu estudar como comprimir a fala em redes sem fio quando se mudou para os Estados Unidos a fim de cursar a pós-graduação.

Depois de se formar, no fim da década de 1990, Prasad passou pela expansão das pontocom e trabalhou para a BBN Technologies, empreiteira da área de defesa com sede em Cambridge (mais tarde adquirida pela Raytheon), em alguns dos primeiros sistemas de reconhecimento de voz e linguagem natural. Na BBN, ele trabalhou num dos primeiros sistemas de reconhecimento de voz para automóveis e serviços automatizados de assistência à lista para companhias telefônicas. Em 2000, trabalhou em outro sistema, que transcrevia automaticamente os procedimentos de um tribunal. A gravação acurada de conversas de vários microfones colocados em torno de uma sala de tribunal apresentou-lhe os desafios do reconhecimento de voz em campo distante. No início do projeto, ele disse que oitenta em cada cem palavras estavam incorretas; mas, no primeiro ano, eles conseguiram reduzir esse número para 33.

Anos depois, enquanto a equipe do Doppler tentava melhorar a compreensão de Alexa, Bill Barton, que chefiava o escritório da Amazon em Boston, apresentou Prasad a Greg Hart. Prasad não sabia muito sobre a Amazon e foi para a entrevista em Seattle de terno e gravata (uma pequena gafe) e sem nenhuma ideia sobre os catorze princípios de liderança da empresa (uma gafe maior). Ele se mostrou relutante em se juntar a uma empresa de tecnologia grande e lenta, mas, quando voltou a seu quarto de hotel, Hart lhe enviou um e-mail que prometia: "Somos essencialmente uma startup. Embora façamos parte de uma grande empresa, não agimos como tal."

Persuadido, Prasad foi trabalhar nos problemas de reconhecimento de voz em campo distante, mas acabou defendendo o modelo de aprendizado profundo. Os gráficos de conhecimento da Evi eram muito sistemáticos para servir de modelo de resposta fundamental de Alexa; se

O gerente de produto *über*

um usuário dissesse "Toque música de Sting" [*Play music by Sting*], o sistema podia pensar que ele estava tentando se despedir [*bye*] do artista e ficar confuso, explicou Prasad mais tarde. Ao usar os métodos de treinamento estatístico de aprendizagem profunda, o sistema podia verificar rapidamente que, quando a frase é pronunciada, a intenção é quase certamente tocar "Every Breath You Take" a todo o volume.

Mas Tunstall-Pedoe, da Evi, argumentava que os gráficos de conhecimento eram a solução mais prática e desconfiava da abordagem da aprendizagem profunda. Sentia que era sujeita a erros e exigiria uma alimentação interminável de dados de treinamento para moldar adequadamente os modelos de aprendizagem da Alexa. "O problema dos cientistas de aprendizado de máquina é que eles nunca admitem a derrota, porque todos os seus problemas podem ser resolvidos com mais dados", explicou ele. Essa resposta talvez traga algum pesar embutido, porque para o gerente de produto *über*, o próprio Bezos, não havia dúvidas sobre a direção para a qual estava apontada a seta do tempo — a do aprendizado de máquina e redes neurais profundas. Com os vastos e sofisticados data centers da AWS, a Amazon também estava na posição única de ser capaz de aproveitar um grande número de processadores de computador de alta potência para treinar seus modelos de fala, explorando sua vantagem na nuvem de uma forma que poucos concorrentes poderiam explorar.[6] Derrotado, Tunstall-Pedoe acabou saindo da Amazon em 2016.

Mesmo que a abordagem de aprendizado profundo tenha vencido, Prasad e seus aliados ainda tiveram que resolver o paradoxo que confronta todas as empresas que desenvolvem inteligência artificial: elas não querem lançar um sistema que é burro, mas precisam de grandes quantidades de dados do usuário para treinar o sistema e torná-lo inteligente.

A Google e a Apple resolveram o paradoxo em parte ao licenciar a tecnologia da Nuance, usando seus resultados para treinar seus próprios modelos de voz e, em seguida, cortando os laços com a empresa. Durante anos, a Google também coletou dados de fala de uma linha gratuita de assistência à lista telefônica, 800-Goog-411. A Amazon não tinha esses serviços para explorar, e Greg Hart opunha-se ao licenciamento de tecnologia externa — ele achava que isso limitaria a flexibilidade da companhia a longo prazo. Mas os parcos dados de treinamento dos testes beta com funcionários totalizavam o discurso de algumas centenas de trabalhadores de colarinho branco, em geral proferidos do outro lado da sala em casas barulhentas pela manhã e à noite, quando não estavam no escritório. Os dados eram ruins e insuficientes.

Enquanto isso, Bezos ia perdendo a paciência. "Como saberemos quando este produto ficará bom?", continuava ele a perguntar no início de 2013. Hart, Prasad e sua equipe criaram gráficos que projetavam como Alexa iria melhorar à medida que a coleta de dados progredia. A matemática sugeria que eles precisariam quase dobrar a escala de seus esforços de coleta de dados para alcançar cada aumento sucessivo de 3% na precisão de Alexa.

Naquela primavera, apenas algumas semanas após Rohit Prasad ter ingressado na empresa, eles entregaram um relatório de seis páginas a Bezos que expunha esses fatos, propunha dobrar o tamanho da equipe de ciências da voz e adiar o lançamento do verão para o outono. Realizado na sala de reuniões de Bezos, o encontro não correu bem.

"Você está fazendo isso do jeito errado", disse Bezos depois de ler sobre o atraso. "Primeiro me diga o que seria um produto mágico, depois me diga como chegar lá."

O consultor técnico de Bezos na época, Dilip Kumar, perguntou quantas horas de dados de voz a Amazon tinha. Prasad, que fora convocado de Cambridge para participar da reunião, ofereceu uma estimativa. Segundo um executivo que estava na sala, Bezos aparentemente levou em consideração o pedido de aumento do número de cientistas da fala e fez o cálculo de cabeça em poucos segundos. "Deixe-me ver se entendi. Você está me dizendo que só por causa do seu grande pedido de tornar este produto um sucesso, em vez de levar quarenta anos, levaremos apenas vinte?"

Prasad tentou contornar a situação. "Jeff, não é assim que pensamos."

"Mostre-me onde minha matemática está errada!", retrucou Bezos.

Hart interveio. "Espere aí, Jeff, estamos ouvindo, vamos resolver."

Prasad e outros executivos da Amazon se lembrariam daquela reunião e de outras interações difíceis com Bezos durante o desenvolvimento da Alexa de maneira um pouco diferente. Mas, de acordo com

O gerente de produto *über*

executivos que estavam lá, o CEO se levantou, disse "Vocês não estão levando este produto a sério" e encerrou abruptamente a reunião.

* * *

Nos mesmos prédios em Seattle e Sunnyvale, Califórnia, onde a equipe do Doppler tentava tornar a Alexa mais inteligente, a campanha da Amazon para construir seu próprio smartphone estava descambando para o desastre.

Alguns anos antes, Apple, Google e Samsung haviam conquistado grandes posições no mercado emergente de smartphones, mas deixado a impressão de que ainda havia terreno para os inovadores novatos. Normalmente, Jeff Bezos não estaria propenso a ceder uma posição estratégica crítica no terreno digital em desenvolvimento para outras empresas, em especial quando acreditava que o terreno ainda era fértil para abordagens inovadoras. Numa sessão de *brainstorming*, ele propôs um robô que pudesse recuperar um telefone largado de forma descuidada e arrastá-lo para um carregador sem fio. (Alguns funcionários pensaram que ele estava brincando, mas a ideia foi patenteada.)[7] Em outra, ele propôs um telefone com display 3-D avançado, que respondia a gestos no ar, em vez de apenas toques numa tela sensível. Seria diferente de tudo que havia disponível nas lojas. Bezos se agarrou a essa ideia, que se tornaria a semente do projeto Fire Phone.

Os designers originais se decidiram por um aparelho com quatro câmeras infravermelhas, uma em cada canto da frente do telefone, para rastrear o olhar do usuário e apresentar a ilusão de uma imagem 3-D, junto com uma quinta câmera na parte traseira (como podia "ver" dos dois lados da cabeça, o projeto recebeu o codinome de Tyto, em homenagem a um gênero de coruja). As câmeras japonesas personalizadas sairiam a 5 dólares por aparelho, mas Bezos imaginou um smartphone premium da Amazon com componentes de primeira linha.

Durante três anos, Bezos teve reuniões com a equipe do Tyto a cada poucos dias, ao mesmo tempo que se reunia com a equipe da Alexa com a mesma frequência. Ele estava apaixonado por novas tecnologias e linhas de negócios e adorava lançar ideias e revisar o progresso da equipe. E, embora estivesse excessivamente focado no feedback dos clientes em outras partes dos negócios da Amazon, Bezos não acreditava que ouvi-los pudesse resultar em invenções drásticas de produtos, pregando, em vez disso, "divagações" criativas, o que ele acreditava ser o caminho para descobertas drásticas. "O que realmente empurrará os negócios para a frente serão coisas que os clientes não saberão pedir", escreveria ele anos depois numa carta aos acionistas. "Devemos inventar em nome deles. Temos que explorar nossa imaginação interior sobre o que é possível."[8]

Mas muitos funcionários do Tyto estavam céticos em relação à visão dele para smartphones. Ninguém tinha certeza de que a tela 3-D servia para alguma coisa além de aumentar muitíssimo o consumo de bateria do telefone. Bezos também tinha alguns pontos cegos preocupantes em relação aos smartphones. "Alguém de fato usa a agenda no telefone?", perguntou ele numa reunião. "Nós usamos, sim", respondeu alguém que não dispunha de vários assistentes pessoais.

Assim como no projeto Doppler, os prazos dados por Bezos não eram realistas, e, para tentar cumpri-los, a equipe contratou mais engenheiros. Contudo, colocar mais engenheiros em projetos de tecnologia fracassados apenas torna o fracasso mais espetacular. O Kindle era estrategicamente importante para a Amazon na época, então, em vez de roubar funcionários internamente, o grupo Tyto teve que procurar engenheiros de hardware de outras empresas como Motorola, Apple e Sony. Naturalmente, eles não contaram a ninguém no que trabalhariam até o primeiro dia. "Se você tivesse uma boa reputação na indústria de tecnologia, eles o encontravam", disse um gerente do Fire Phone.

O lançamento se encontrava perpetuamente a seis meses de distância. O projeto se arrastou enquanto a equipe tentava fazer o display 3-D funcionar. Os componentes originais de primeira linha logo ficaram desatualizados, então eles decidiram reiniciar o projeto com um processador e câmeras atualizados. Ele recebeu um novo codinome, Duke, ainda no tema das corujas.[9] O grupo começou e depois cancelou outro projeto de telefone, um aparelho básico de baixo custo a ser fabricado pela HTC e de codinome Otus, que também usaria o tempero Amazon do sistema operacional Android que funcionava nos novos tablets Fire, os quais se mostravam promissores como alternativa econômica ao iPad da Apple.

Os funcionários do projeto ficaram desapontados quando o Otus foi descartado, porque, no íntimo, acreditavam que a oportunidade da Amazon não estava numa tela 3D sofisticada, mas em sacudir o mercado com um smartphone gratuito ou barato. O moral da equipe começou a azedar. Um grupo ficou tão em dúvida sobre todo o projeto que em segredo comprou um conjunto de chapas de identificação militares onde se lia "discorde e se comprometa", de acordo com o princípio de liderança nº 13 da Amazon, segundo o qual os funcionários que discordam de uma decisão devem deixar de lado as dúvidas e trabalhar para apoiá-la.

Em sua carta anual aos acionistas, divulgada em abril de 2014, Bezos escreveu: "Inventar é complicado, e, com o tempo, é certo que iremos fracassar em algumas grandes apostas também." A observação foi curiosamente profética. A equipe estava se preparando para lançar o telefone num grande evento naquele verão. A esposa de Bezos, MacKenzie, apareceu nos ensaios para oferecer apoio e conselhos.

Em 18 de junho de 2014, Bezos revelou o Fire Phone num espaço de eventos em Seattle chamado Fremont Studios, onde tentou invocar um pouco da magia carismática do falecido Steve Jobs e manifestou seu entusiasmo transbordante pela tela 3-D do dispositivo e pelo rastreamento de gestos. "Na verdade, acho que ele acreditava", disse Craig Berman, vice-presidente de relações públicas da Amazon na época. "Acho mesmo. Se não acreditasse, ele certamente não demonstraria isso para a equipe."

As críticas ao telefone foram contundentes. O mercado de smartphones mudara e amadurecera durante os dolorosos quatro anos em que o Fire Phone esteve em desenvolvimento, e o que havia começado como uma tentativa de criar um novo produto agora parecia estranhamente fora de sintonia com as expectativas do cliente. Por não rodar a versão do Android autorizada pela Google, não contava com aplicativos populares como Gmail e YouTube. Embora fosse mais barato que o próximo iPhone 6, era mais caro do que inúmeros aparelhos de baixo custo feitos por fabricantes asiáticos, fortemente subsidiados na época pelas operadoras de telefonia celular em troca de contratos de dois anos.

"Havia muita diferenciação, mas no final os clientes não se importaram com isso", ponderou Ian Freed, o vice-presidente responsável pelo projeto. "Eu cometi um erro e o Jeff também errou. Não alinhamos a proposta de valor do Fire Phone com a marca Amazon, que é de ótima relação custo-benefício." Segundo Freed, Bezos lhe disse depois: "Você não pode, por um minuto, se sentir mal com o Fire Phone. Prometa que não vai perder um minuto de sono."[10]

Mais tarde naquele verão, os funcionários de um dos centros de processamento da Amazon em Phoenix notaram milhares de Fire Phones não vendidos que permaneciam intocados em enormes *pallets* de madeira. Em outubro, a empresa baixou 170 milhões de dólares do estoque e cancelou o projeto, reconhecendo ser um de seus fracassos mais caros. "E fracassou por todos os motivos que tínhamos previsto — essa é que é a loucura", disse Isaac Noble, um engenheiro de software do início do projeto que sempre teve suas dúvidas.

Ironicamente, o fiasco do Fire Phone foi um bom presságio para o Doppler. Sem uma fatia de mercado de smartphones para proteger, a Amazon poderia ser pioneira na nova categoria de alto-falantes inteligentes com uma ambição desenfreada. Muitos dos engenheiros dispensados que não foram contratados de imediato pela Google e pela Apple tiveram algumas semanas para encontrar novas funções na Amazon; alguns deles foram para o Doppler ou para um novo produto de sucesso, a Fire TV. Mais importante ainda, Bezos não penalizou Ian Freed nem outros gerentes do Fire Phone, transmitindo uma forte mensagem interna de que correr riscos era recompensado — sobretudo quando todo o desastre era principalmente culpa dele mesmo.

Em contrapartida, revelava-se assim um fato preocupante sobre a vida dentro da Amazon. Muitos funcionários que trabalharam no Fire Phone tinham sérias dúvidas sobre o projeto, mas ninguém, ao que parecia, fora nem corajoso nem astuto o suficiente para marcar posição e vencer o debate com seu líder obstinado.

* * *

O gerente de produto *über*

Depois que Jeff Bezos os abandonou, os executivos do Doppler que trabalhavam no protótipo da Alexa se retiraram com o orgulho ferido para uma sala de reuniões próxima e reconsideraram sua solução para o paradoxo dos dados. O chefe estava certo. Os testes internos com funcionários da Amazon eram muito limitados e eles precisariam expandir maciçamente o beta da Alexa, embora tivessem que, de alguma forma, manter o projeto secreto para o mundo exterior.

O programa resultante, concebido por Rohit Prasad e pela cientista da voz Janet Slifka durante alguns dias na primavera de 2013, e aprovado por Greg Hart, seria como uma aplicação de esteroides no programa do Doppler e responderia a uma pergunta que mais tarde incomodou os especialistas da voz — como foi que a Amazon surgiu do nada e conseguiu ultrapassar a Google e a Apple na corrida para construir um assistente virtual habilitado por voz?

Internamente, o programa foi denominado AMPED. A Amazon fechou contrato com uma empresa australiana de coleta de dados, a Appen, e começou a viajar com a Alexa, sob disfarce. A Appen alugou casas e apartamentos, primeiro em Boston, e depois a Amazon lotou vários cômodos com todos os tipos de dispositivos "iscas": microfones de pedestal, consoles de jogos Xbox, TVs e tablets. Também havia cerca de vinte dispositivos Alexa localizados ao redor das salas em diferentes alturas, cada um envolto num tecido acústico que os ocultava da vista, mas permitia a passagem do som. A Appen contratou em seguida uma agência de empregos temporários e um fluxo de trabalhadores contratados entrou nas propriedades, oito horas por dia, seis dias por semana, para ler roteiros de um iPad com frases preestabelecidas e solicitações em aberto como "peça para tocar sua música favorita" e "peça qualquer coisa que você gostaria que uma assistente fizesse".

Os alto-falantes estavam desligados, por isso as Alexas não davam um pio, mas os sete microfones em cada dispositivo capturavam tudo e transmitiam o áudio para os servidores da Amazon. Em seguida, outro exército de trabalhadores revisava manualmente as gravações e anotava as transcrições, classificando as consultas que poderiam confundir uma máquina, por exemplo, "ligar *Jogos Vorazes*", como sendo um pedido para reproduzir o filme de Jennifer Lawrence, para que da próxima vez Alexa acertasse.[11]

O teste de Boston se mostrou promissor e a Amazon expandiu o programa, alugando mais casas e apartamentos em Seattle e em dez outras cidades nos seis meses seguintes para capturar as vozes e os padrões de fala de outros milhares de voluntários pagos. Foi uma explosão de dados em forma de cogumelo sobre o posicionamento do dispositivo, ambientes acústicos, ruído de fundo, sotaques regionais e todas as formas gloriosamente aleatórias pelas quais um ser humano pode fazer uma simples solicitação para ouvir a previsão do tempo, por exemplo, ou para tocar um sucesso de Justin Timberlake.

O fluxo de pessoas aleatórias em casas e apartamentos, que durava o dia inteiro, fez com que vizinhos desconfiados chamassem a polícia repetidamente. Num dos casos, um morador de um condomínio de Boston suspeitou que havia uma quadrilha de traficantes de drogas ou uma rede de prostituição em funcionamento na vizinhança e chamou a polícia, que pediu para entrar no apartamento. A equipe, nervosa, deu-lhes uma explicação evasiva e um tour e, em seguida, fechou o local às pressas. De vez em quando trabalhadores temporários apareciam, achavam todo aquele roteiro muito vago e bizarro e simplesmente se recusavam a participar. Um funcionário da Amazon que anotava as transcrições se lembraria, mais tarde, de ter ouvido um trabalhador temporário interromper uma sessão e sussurrar para quem ele suspeitava estar ouvindo: "Isso é tão estúpido. A empresa por trás disso deveria se envergonhar!"

Mas a Amazon não estava envergonhada de modo nenhum. Em 2014, ela havia aumentado dez mil vezes seu armazenamento de dados de voz e fechado amplamente a lacuna de dados com a Google. Bezos estava tonto. Hart não pedira sua aprovação para o AMPED, mas, algumas semanas antes do início do programa, atualizara Bezos com um relatório de seis páginas que o descrevia e informava o custo multimilionário. Um sorriso enorme se espalhou pelo rosto de Bezos enquanto ele lia, e todos os sinais de irritação do passado desapareceram. "Agora eu sei que você está levando isto a sério! O que vamos fazer a seguir?"

O gerente de produto *über*

O que veio em seguida foi o tão esperado lançamento do Doppler. Trabalhando de oitenta a noventa horas por semana, os funcionários perdiam partes inteiras da vida de suas famílias e Bezos não dava uma trégua. Ele queria ver tudo e fazia novas exigências impetuosas. Num dia excepcionalmente claro em Seattle, com o sol poente penetrando pela janela de sua sala de reuniões, por exemplo, Bezos percebeu que a luz do anel do aparelho não se destacava o suficiente, por isso ordenou que se refizesse tudo. Quase sozinho, ele defendeu um recurso chamado Voice Cast, que vinculava um dispositivo Alexa a um tablet Fire próximo, para que as consultas aparecessem como letreiros na tela do tablet. Quando os engenheiros tentaram discretamente abandonar o recurso, ele percebeu a manobra e disse à equipe que não lançariam sem ele. (Poucos clientes acabaram usando.)

Mas ele também estava certo sobre muitas coisas. À medida que o lançamento se aproximava, uma parte dos funcionários estava preocupada que o dispositivo não fosse bom o suficiente para ouvir comandos no meio de música alta ou de conversas paralelas e defendeu um controle remoto, como aquele que a empresa fazia para a Fire TV. Bezos se opôs, mas concordou em enviar controles com a primeira leva de alto-falantes, para ver se os clientes o usariam.[12] (Não usaram e o controle desapareceu.)

Ele também evitou um quase desastre em relação ao nome que de fato seria dado ao dispositivo. Durante quatro anos não houve consenso sobre o assunto. A equipe debateu sem parar se deveria haver um ou dois nomes para a assistente virtual e o hardware. Depois de optar por nomes diferentes, eles alternaram entre várias opções para o equipamento e decidiram por… Amazon Flash. As atualizações de notícias seriam chamadas de "Flash briefings" e a embalagem com a marca Flash impressa estava pronta para ser enviada.

Mas aí, menos de um mês antes da apresentação do produto, Bezos disse numa reunião: "Acho que podemos fazer melhor." Na busca por um substituto, eles optaram por roubar o nome de um recurso da Alexa, o Echo, que permitia ao cliente pedir a Alexa que repetisse uma palavra ou frase. (O nome do comando foi então alterado para "Simon says".) Não havia tempo para imprimir novas caixas nem manuais do usuário, então os primeiros compradores do Echo acabaram recebendo caixas pretas sem nada escrito. Toni Reid, diretora que Hart contratou para o lançamento do produto, teve que escrever o manual do usuário sem nomear o produto. "Essa é uma habilidade que todos deveriam ter", disse ela.

O lançamento do Amazon Echo em 6 de novembro de 2014 foi moldado pelo fracasso do Fire Phone alguns meses antes. Não houve entrevista coletiva nem discurso visionário de Bezos — ele parecia ter se livrado para sempre de sua imitação desanimada do falecido Steve Jobs, que havia revelado novos produtos com muito entusiasmo. Em vez disso, Bezos parecia mais à vontade com uma abordagem nova e discreta: a equipe anunciou o Echo por meio de um comunicado à imprensa e um vídeo explicativo de dois minutos no YouTube que mostrava uma família conversando animadamente com Alexa. Os executivos da Amazon não venderam o novo dispositivo como um computador totalmente conversacional, mas destacaram vários domínios onde eles estavam confiantes de que o aparelho seria útil, como dar notícias e previsão do tempo, programar *timers*, criar listas de compras e tocar música.

Em seguida, pediram aos clientes que entrassem numa lista de espera para comprar um Echo e analisaram a lista com muita atenção, considerando fatores como se os candidatos eram usuários da Amazon Music e se possuíam um Kindle. Reconhecendo que era um mercado não testado, eles também encomendaram um lote inicial de apenas oitenta mil dispositivos, em comparação com um pedido preliminar de mais de trezentos mil Fire Phones, e os distribuíram aos poucos ao longo dos meses seguintes. "O Fire Phone com certeza deixou as pessoas um pouco cautelosas", disse Greg Hart. "Isso nos levou a revisitar tudo."

Depois de quatro anos de desenvolvimento, mais de um veterano do Doppler suspeitava que o Amazon Echo poderia abrir mais uma cratera fumegante no cenário da tecnologia de consumo, bem ao lado do Fire Phone. No dia do lançamento, eles se amontoaram sobre os laptops numa "sala de guerra" de seus novos escritórios no Edifício Prime, a poucos minutos a pé do Fiona, para ver a lista de espera excedendo suas projeções mais hiperbólicas.

O gerente de produto *über*

No meio da vigília, alguém percebeu que estavam deixando uma conquista significativa passar despercebida. "Era o nosso momento de lançamento e não estávamos prontos para isso", disse Al Lindsay. Cerca de cem funcionários se dirigiram a um bar próximo para uma comemoração há muito esperada, e alguns dos executivos e engenheiros de longa data do projeto o deram por encerrado naquela noite.

* * *

Nas semanas seguintes, 109 mil clientes se inscreveram na lista de espera para receber um Echo. Junto com algum ceticismo natural, surgiram críticas positivas, com citações como "Acabei de falar com o futuro e ele ouviu"[13] e "É o dispositivo mais inovador da Amazon em anos".[14] Os funcionários enviaram e-mails aos executivos da Alexa, Toni Reid e Greg Hart, implorando por dispositivos para familiares e amigos.

Depois que o Echo foi enviado, a equipe pôde ver que os dispositivos tinham sido ligados e as pessoas realmente os usavam. A intuição de Bezos estava certa: havia algo ligeiramente mágico em invocar um computador em sua casa sem tocar no vidro de um smartphone, havia valor em ter um alto-falante responsivo que pudesse tocar música, responder a solicitações práticas ("Quantas xícaras cabem em um litro?") e até mesmo reagir a brincadeiras ("Alexa, você é casada?").

Muitos funcionários do Doppler tinham a expectativa de poder recuperar o fôlego e aproveitar todo o tempo de férias acumulado. Mas não foi o que aconteceu. Em vez de cambalear em terra firme para descansar depois de uma travessia por mares agitados, outra onda gigante atingiu suas cabeças. Bezos seguiu sua cartilha para experimentos que produziam faíscas promissoras: jogar gasolina neles. "Tínhamos um sucesso nas mãos, e foi aí que minha vida mudou", disse Rohit Prasad, que seria promovido a vice-presidente e acabaria se juntando ao alardeado comitê de liderança da Amazon, o S Team. "Eu conhecia a cartilha para o lançamento da Alexa e do Echo. Mas não tinha a cartilha para os próximos cinco anos."

Nos meses seguintes, a Amazon lançaria o Alexa Skills Kit, que permitia a outras empresas criar aplicativos habilitados para voz para o

Echo, e o Alexa Voice Service, que permitia a fabricantes de produtos como lâmpadas e despertadores integrar a Alexa a seus dispositivos. Bezos também disse a Greg Hart que a equipe precisava lançar novos recursos com uma cadência semanal e que, como não havia como sinalizar as atualizações, a Amazon deveria enviar e-mails aos clientes todas as semanas para avisá-los sobre os novos recursos oferecidos por seus dispositivos.

A lista de desejos de Bezos se tornou o plano de produto — ele queria que a Alexa estivesse em todos os lugares, fazendo tudo de uma vez. Serviços que originalmente haviam sido deixados de lado na luta pelo lançamento, como fazer compras com a Alexa, se tornaram prioridades urgentes. Bezos encomendou uma versão menor e mais barata do Echo, o Echo Dot, do tamanho de um disco de hóquei, bem como uma versão portátil com baterias, o Amazon Tap. "Vai ficar tudo bem com a Amazon se alguém vier e nos ultrapassar", disse Bezos durante uma das reuniões anuais de planejamento OP1 no fim do verão, um ano após o lançamento da Alexa, comentando sobre a corrida para construir um assistente virtual e um alto-falante inteligente. "Mas não seria muito irritante se não pudéssemos ser os líderes na criação disso?"

A vida dentro do Edifício Prime, e de um número crescente de escritórios ao redor de South Lake Union ocupados pela equipe da Alexa, tornou-se ainda mais atribulada. Muitos dos novos recursos seriam lançados depressa, para que a Amazon pudesse começar a coletar feedback dos clientes. As startups do Vale do Silício chamam esse estilo de desenvolvimento de produto de "produto mínimo viável", ou MVP (do inglês *minimum viable product*). Na Amazon, Jeff Wilke popularizou a ideia de chamá-lo de "produto mínimo adorável", ou MLP (do inglês *minimum lovable product*), ao perguntar: "O que teríamos orgulho de levar ao mercado?" Não parecia importar que muitos recursos da Alexa, como a chamada de voz, estivessem ainda incompletos e que raramente fossem usados. Durante a temporada natalina de 2015, a Amazon vendeu um milhão de dispositivos Echo.[15]

O lema da Alexa em toda a divisão tornou-se "*Get Big Fast*", o mesmo usado nos primeiros anos para a Amazon. A história se repetia. Uma organização com algumas centenas de funcionários passou a ter mil no

O gerente de produto *über*

primeiro ano após o lançamento e, em seguida, incrivelmente, dez mil nos cinco anos seguintes. Em meio a tudo isso, como um piromaníaco ensandecido, Bezos continuava a espalhar fluido de isqueiro no fogo, pagando cerca de 10 milhões de dólares pelo primeiro anúncio da Amazon no Super Bowl em janeiro de 2016, estrelado por Alec Baldwin, Missy Elliott e o ex-zagueiro do Dolphins Dan Marino, tudo para promover Alexa.

Apesar de toda essa atenção, havia um sentimento na Amazon de que a organização Alexa não se movimentava com rapidez suficiente. Greg Hart, que havia produzido o dispositivo a partir de nada mais do que um e-mail de Bezos e de um desenho no quadro-branco, deixou a divisão e passou a ajudar na administração do Prime Video. "O que eu acordei amando fazer todos os dias foi a criação da Alexa", disse ele, melancólico, anos depois. Mas com a divisão Alexa crescendo depressa, "era provável que outro líder fosse uma opção melhor".

Quem ocupou o seu lugar foi um antigo favorito de Bezos, Mike George, calvo, carismático *amazonian* de botas de caubói com uma queda por pinturas faciais, que gostava de entrar nas reuniões com um Echo Tap debaixo do braço tocando música altíssima.

Mike George tinha o que Bezos chamava de energia "fungível". Ao longo dos anos, Bezos o despachou como um bombeiro para apagar as chamas do caos e instilar ordem em departamentos como Recursos Humanos, Mercado, Pagamentos e, mais tarde, a instituição privada de filantropia de Bezos, o Day 1 Academies Fund. Vários colegas carinhosamente se referiam a ele como um "bruto", um "atleta do ensino médio que nunca abandonou o jeito" e "totalmente cria da costela de Jeff".

Mike George dirigiu a Alexa por um ano, mas seu impacto ainda é sentido de forma ampla. A divisão não conseguia recrutar rápido o suficiente para atender às suas necessidades de contratação, por isso a Amazon instituiu uma espécie de recrutamento interno, encaminhando novos contratados para outras partes da Amazon — como a AWS e o varejo —, uma oferta alternativa para se juntar à divisão Alexa. Gerentes infelizes descobriram de repente que haviam perdido engenheiros requisitados que pensavam ter contratado.

George também instituiu uma mudança drástica na estrutura da divisão Alexa. Ela era uma organização funcional, com equipes centralizadas de engenharia, gestão de produtos e marketing. Mas não vinha crescendo de maneira harmoniosa, nem num ritmo veloz o suficiente para o gosto de Bezos. Em vez disso, George reorganizou a Alexa em torno do ideal amazônico de equipes bem pequenas, ágeis, cada uma devotada a um domínio específico da Alexa, como música, clima, iluminação, termostatos, dispositivos de vídeo e assim por diante.

Cada equipe era dirigida por um "líder de linha única de execução", que tinha o controle final e a responsabilidade absoluta pelo sucesso ou o fracasso. (A expressão vem da terminologia da ciência da computação; um programa de linha única executa um comando por vez.) A Alexa, como a própria Amazon, tornou-se uma terra de inúmeros CEOs, cada um operando de forma autônoma. Para unir todos eles, George supervisionou a criação de um documento "estrela-guia", para cristalizar a estratégia de uma plataforma de computação global habilitada para voz.

Enquanto isso, Bezos aprovava todas essas mudanças e mantinha-se intimamente envolvido, assistindo a análises de produtos, lendo a compilação de atualizações de todas as diversas equipes pequenas na noite de sexta-feira e respondendo com perguntas detalhadas ou com problemas que os grupos teriam de corrigir no fim de semana. Os executivos da Alexa, como líderes em outras partes da Amazon, tornaram-se destinatários frequentes dos e-mails e do CEO, nos quais ele encaminhava uma reclamação do cliente acompanhada por um único ponto de interrogação e esperava uma resposta em 24 horas. Ele também era o principal missionário da Alexa dentro da empresa. "O que você está fazendo pela Alexa?", perguntava a outros executivos, como havia feito na AWS anos antes. Todos na empresa tiveram que incluir a Alexa nos relatórios OP1 apresentados ao S Team, descrevendo os planos para o ano seguinte.

No fim de 2016, depois de oito milhões de residências nos Estados Unidos comprarem um Echo ou Echo Dot, o executivo de dispositivos Dave Limp anunciou internamente que a Amazon se tornara a empresa com o alto-falante mais vendido do mundo. Aquilo validava toda a cruzada. Mas é claro que Bezos queria se tornar a melhor empresa de inteligência artificial do mundo, e nesse aspecto estava prestes a ter uma concorrência significativa.

O gerente de produto *über*

Naquele outono, a Google lançou o alto-falante inteligente Google Home. Parecia consideravelmente mais elegante, "como algo onde seria possível plantar uma suculenta", noticiou a *Wired*.[16] Tinha também um som mais nítido e, como era de esperar, pesquisava a web e encontrava respostas com segurança. A equipe da Alexa "tinha entrado em cada temporada natalina esperando que a Apple ou a Google anunciasse algo, e, quando não o faziam, apenas festejávamos", disse Charlie Kindel, ex-executivo da Alexa. Mesmo tendo aversão ao que consideravam produtos imitadores, as duas companhias acabaram não resistindo ao crescente mercado de alto-falantes inteligentes.

Isso aumentou a pressão sobre a equipe da Alexa para agir mais depressa e ficar à frente com novos recursos e variações no hardware. No início de 2017, um cliente sueco enviou um e-mail a Bezos perguntando por que a Amazon estava esperando para desenvolver versões específicas da Alexa antes de apresentar o Echo na Europa. Por que eles não podiam simplesmente vendê-lo em todos os lugares primeiro em inglês? Na verdade, isso estava no roteiro do produto, mas não era uma prioridade. De acordo com um executivo, Bezos recebeu esse e-mail às duas da madrugada, horário de Seattle, e na manhã seguinte havia meia dúzia de grupos independentes trabalhando para vender a Alexa em oitenta países.[17]

Mais tarde, os executivos da Alexa diriam que o envolvimento próximo de Bezos dificultava suas vidas, mas também produzia resultados incomensuráveis. Jeff "nos dava a licença e a permissão para fazer algumas das coisas necessárias para ir mais rápido e crescer", revelou Toni Reid. "Você pode facilmente se regular ou pensar sobre o que vai fazer com os recursos existentes... Às vezes, você não sabe quais são os limites. Jeff só queria que fôssemos ilimitados."

* * *

Mas havia desvantagens na velocidade e no crescimento frenético. Durante anos, o aplicativo de smartphone Alexa parecia algo que um estudante de design havia inventado durante uma noitada. Configurar um Echo, ou conectar Echos em toda a casa, era mais complicado do que precisava ser. Também era difícil e confuso para os usuários formular comandos da maneira certa para acionar habilidades desenvolvidas por terceiros e recursos específicos.

A abordagem descentralizada e caótica de incontáveis equipes bem pequenas dirigidas por líderes de linha única de execução repercutiu na qualidade do produto. "Foi doloroso, muito doloroso para o cliente", concordou Tom Taylor, um executivo sardônico e equilibrado da Amazon que substituiu Mike George como líder da divisão Alexa em 2017. Ele se propôs a "encontrar todos os lugares em que os clientes estão sofrendo com nossa estrutura organizacional".

Havia muita turbulência que Taylor e seus colegas não conseguiram conter. Em março de 2018, um bug fez com que Alexas em todo o mundo soltassem risadas loucas e espontâneas de forma aleatória.[18] Poucos meses depois, um Echo inadvertidamente gravou a conversa particular de um casal em Portland, Oregon, e, de forma inexplicável, enviou a gravação para um dos funcionários do marido em Seattle, cujo contato se encontrava na lista de contatos dele. A Amazon disse que o dispositivo pensou ter ouvido a palavra para despertar e depois uma série de comandos para gravar e enviar a conversa. Era "uma ocorrência raríssima", disse a companhia, e que, "por mais improvável que tenha sido essa cadeia de eventos, estamos avaliando opções para tornar este caso ainda menos provável".[19] Depois daqueles incidentes, os funcionários tiveram que escrever um relatório de "correção de erro", que analisa um incidente em detalhes e tenta chegar às raízes de sua causa, passando por uma série de perguntas e respostas frequentes chamadas "os cinco porquês". O relatório chegou até Bezos, descrevendo o que havia acontecido e de que forma o processo responsável pelo problema inicial poderia ser consertado.

Alguns erros não puderam ser desfeitos, como a tendência da Alexa para assassinar Papai Noel na mente dos usuários mais jovens. Um desses incidentes aconteceu durante o Alexa Prize, um concurso da Amazon entre universidades para construir *chatbots* artificiais que pudessem manter uma sofisticada conversa em múltiplas partes. Quando os usuários da Alexa diziam "Alexa, vamos conversar", eles conversavam com um dos *chatbots* e avaliavam seu desempenho. Durante a primeira competição em 2017, o *chatbot* da Universidade de Washington estava recuperando algumas de suas respostas do Reddit, um fórum de discussão on-line, e informou a uma criança, de forma errática, que Papai Noel era um mito.[20] Os pais reclamaram e o *chatbot* foi temporariamente retirado do rodízio (mas depois ganhou o grande prêmio de 500 mil dólares).

Os problemas periódicos com Alexa ressaltavam como ela havia ido longe e quanto ainda precisava ir. Em 2019, a Amazon vendeu mais de cem milhões de dispositivos Echo. No espaço de uma década, um produto gerado pelo amor de Bezos, pela ficção científica e pela paixão pela invenção tornou-se um produto universalmente reconhecido, cujos tropeços e desafios às noções convencionais de privacidade foram amplamente cobertos pela mídia.

No entanto, Alexa ainda não era capaz de manter uma conversa da maneira que Bezos e Rohit Prasad esperavam no início. E, embora tenha gerado um pequeno e improvisado setor de startups e outras empresas que depositavam suas esperanças em serviços e dispositivos habilitados para voz, poucas pessoas usaram complementos de terceiros ou o Alexa Skills Kit, e os desenvolvedores ainda não estavam vendo muita receita em comparação com o que acontecia nas lojas de aplicativos da Apple e da Google.

Bezos acreditava com fervor em tudo o que aconteceria nos próximos anos. Funcionários impressionados e fãs da Amazon que o viram conceber a Alexa e forçar sua criação acreditavam que o CEO praticamente podia ver o futuro. Mas em pelo menos um aspecto ele não o fez.

Em 2016, ele estava analisando o Echo Show, o primeiro dispositivo Alexa com tela de vídeo. Executivos que trabalharam no projeto lembraram que em várias ocasiões, quando Bezos experimentava o protótipo, ele passava os primeiros minutos pedindo a Alexa que reproduzisse vídeos que ridicularizavam certo candidato presidencial do Partido Republicano.

"Alexa, mostre-me o vídeo 'Donald Trump diz 'China'", pedia ele, ou "Alexa, toque o monólogo de Stephen Colbert da noite passada". Então, "ele ria como se não houvesse amanhã", disse um vice-presidente que estava nessas demonstrações do produto.

Bezos não fazia ideia do que estava por vir.

CAPÍTULO 2

Um nome insípido demais para chamar a atenção

Em novembro de 2012, quando Donald Trump ainda apresentava um *reality show* na TV e os protótipos da Alexa estavam prestes a entrar nos lares dos funcionários, Jeff Bezos ouviu do apresentador de *talk show* Charlie Rose uma pergunta que se tornara a predileta de todos os jornalistas: a Amazon algum dia pretende comprar ou abrir lojas físicas? "Só se tivermos uma ideia de fato diferenciada", respondeu o entrevistado. "Queremos fazer algo que seja exclusivamente Amazon. Ainda não chegamos lá, mas, se conseguirmos encontrar essa ideia, será um prazer realizar esse projeto."[1]

A resposta era verdadeira apenas em parte, pois na Amazon uma pequena equipe já convergia para um conceito original de uma cadeia de lojas físicas, sob o comando do próprio Bezos. Essa equipe se preparava para o que viria a ser uma das apostas mais quixotescas e caras da história da empresa.

Na época, Bezos não apenas observava como os avanços na capacidade de processamento e as reduções nos custos de computação vinham ajudando os computadores a entender o discurso humano, mas também rastreava o potencial de computadores com câmeras para, efetivamente, *enxergarem* — reconhecerem e compreenderem imagens e vídeo. Mais cedo naquele ano, ele fizera chegar aos engenheiros graduados da Amazon um artigo do *The New York Times* que descrevia como um supercomputador Google havia examinado dez milhões de imagens e ensinara a si mesmo a reconhecer gatos.[2] "Jeff acreditava piamente que essa era uma tendência muito importante à qual devíamos prestar atenção", disse Joseph Sirosh, diretor técnico da atividade varejista da Amazon à época. "Assim como ele se entusiasmou com o reconhecimento de voz por computadores, também ficou animadíssimo com a visão computacional."

A sedução pela visão computacional, aliada ao interesse em aproveitar a posição vantajosa da Amazon na nuvem para expandir as fronteiras da inteligência artificial, voltou a atiçar a fértil imaginação do fundador da Amazon. Mais de 90% das transações no varejo eram realizadas em lojas físicas, de acordo com a divisão de recenseamento americana. Talvez houvesse um jeito de explorar esse vasto reservatório de vendas com uma loja física totalmente self-service que utilizasse tecnologias emergentes, como visão computacional e robótica.

Em 2012, Bezos apresentou essa ideia geral numa reunião com o S Team fora do local de trabalho. Sozinho, Bezos escolheu a dedo os membros para o conselho diretor, que tinham sessões de *brainstorming* todos os anos, em geral na casa em que ele morava às margens do lago Washington, a fim de discutir novas ideias e reforçar a importância de "pensar grande". Exigia-se dos membros que redigissem uma tese com uma ideia criativa capaz de expandir os negócios da Amazon.

A julgar pelos executivos aos quais delegou o acompanhamento de tal desafio, Bezos considerava significativa a oportunidade de entrar no varejo físico com uma loja self-service. Para liderar o projeto, nomeou Steve Kessel, o vice-presidente que dera início ao projeto Kindle quase uma década antes. Kessel, formado em Dartmouth e jogador de hóquei amador, funcionário da Amazon desde 1999, teve as primeiras conversas sobre a empreitada durante um período sabático que passou com a família no sul da França. Sua nova tarefa, no dialeto Amazon, era adotar "o foco em um segmento único" para implementar uma nova linha de lojas inovadoras. Para gerenciar o projeto, Kessel, por sua vez, chamou de volta Gianna Puerini, uma vice-presidente que ao longo dos anos administrara a homepage e as recomendações comerciais da Amazon.

Um nome insípido demais para chamar a atenção

Puerini, casada com Brian Valentine, membro do S Team, estava curtindo sua aposentadoria na época, restaurando casas em Seattle e vendendo-as depois, e não tinha planos nem necessidade financeira de voltar a trabalhar. Disse que considerou sedutor o convite de Kessel: "Perguntei a Steve: 'Por que eu?' Um fator decisivo foi ele ter me dito que, embora tivéssemos muito em comum, na sua opinião abordaríamos os problemas de ângulos distintos e encararíamos as coisas de formas diferentes", disse Puerini. "Adorei o fato de Kessel reconhecer a diversidade de perspectiva e de processo de reflexão. [...] Acho que mandei um e-mail para ele naquela mesma noite dizendo 'Conte comigo!'."

O consultor técnico de Bezos na época, Dilip Kumar, sucessor de Greg Hart no cobiçado papel de assessor, se juntaria a Kessel e Puerini no início de 2013 para gerenciar a engenharia. Como Bezos achava que os varejistas tradicionais cumpriam bem os papéis que lhes eram atribuídos, o grupo precisava satisfazer um alto padrão antes de seguir adiante. "Jeff deixou bem claro que não queria simplesmente criar uma loja, queria criar uma loja que fosse um divisor de águas — coisa que ninguém tentara antes, algo que mudaria a forma como o varejo convencional vinha sendo feito há centenas de anos", disse Bali Raghavan, que entrou no grupo como um dos primeiros diretores de engenharia.

O projeto precisava ser mantido em segredo até mesmo com relação a outros funcionários da Amazon. Por isso, a equipe se instalou no andar de cima de uma loja de equipamentos esportivos num prédio discreto de seis andares na Westlake Avenue. Uma das primeiras tarefas de Puerini foi escolher um codinome insípido o bastante para não chamar a atenção. Durante os anos seguintes, a equipe atenderia pelas iniciais IHM, abreviatura para o vago "Inventory Health Management". Bem mais tarde, depois de anos de laborioso progresso na direção da meta ambiciosa, o projeto viria a adotar o nome da loja peculiar que a equipe criaria e tentaria levar a praticamente todas as cidades importantes da América do Norte: a Amazon Go.

Naquelas primeiras semanas de *brainstorming*, o pessoal da IHM ponderou se deveria optar pelo estilo Macy's de lojas de departamentos, por lojas de eletrônicos ou grandes centros no estilo Walmart. Bezos não tinha uma escolha específica sobre o que vender, queria apenas virar do avesso o varejo tradicional. Uma ideia descartada considerou *outlets* de dois andares, com robôs móveis espalhados num andar superior lotado de mercadorias. Esteiras rolantes e outros robôs levariam depois tais mercadorias aos veículos dos clientes estacionados no andar inferior.

Os executivos da Amazon gostam de dizer e repetir compulsivamente que partem das necessidades do cliente e "trabalham daí para trás". Ruminando sobre o ato de fazer compras em lojas convencionais, a equipe de Puerini elaborou listas de suas vantagens, como a gratificação instantânea de sair da loja com os itens desejados. Foi feita também uma lista de desvantagens, sendo a principal a frustração de aguardar nas filas do caixa. "As pessoas estão sempre ocupadas. Provavelmente prefeririam estar fazendo outra coisa", observou Puerini.

Após meses de pesquisa sobre as necessidades do cliente e a tecnologia viável, a equipe de talentos da Amazon concluiu que o problema da espera poderia ser solucionado pela tecnologia. Os PR FAQs da época — com a caligrafia de Bezos nas observações nas margens, segundo quem teve acesso a tais rascunhos — cunharam uma marca registrada para um sistema ainda inexistente: "a tecnologia Just Walk Out". Tendo vislumbrado o resultado, eles tentariam agora inventar um sistema que permitisse aos consumidores escolher itens nas prateleiras e ser automaticamente cobrados sem precisar enfrentar uma fila para pagar.

Um Bezos animado aprovou a abordagem em 2013, sem saber que seriam necessários cinco árduos e dispendiosos anos de pesquisa para torná-la realidade. "Acho que, no começo, nem mesmo os cientistas tinham certeza se conseguiriam ou não fazer a coisa funcionar", revelou Doug Herrington, vice-presidente sênior encarregado do comércio eletrônico da empresa nos Estados Unidos.

Os engenheiros da Amazon Go a princípio pensaram em usar chips RFID (de identificação por radiofrequência) no setor de embalagem para rastrear quais itens eram tirados das prateleiras ou pedir aos clientes que usassem seus smartphones a fim de escanear o código de barras do produto. Bezos, porém, não queria que se optasse pelo caminho fácil, mas, ao contrário, que eles inovassem no campo de visão computacional, algo que considerava relevante para o futuro da Amazon. Assim, adotou-se a ideia de instalar câmeras no teto e algoritmos nos bastidores para tentar identificar o momento em que os clientes escolhem os produtos e fazer a cobrança. Balanças escondidas dentro das prateleiras proveriam um sensor confiável para determinar o momento da retirada dos produtos e corroborar quem comprava o quê.

Ao longo dos anos seguintes, Dilip Kumar recrutou especialistas de fora da Amazon, como o renomado cientista do departamento de visão computacional da Universidade do Sul da Califórnia Gerard Medioni, bem como engenheiros da Amazon que trabalhavam com tecnologias complexas, como precificação algorítmica. Todos estavam entrando no caldeirão mais fervente da Amazon — um *projeto Jeff*, algo sob o escrutínio do patrão incansavelmente curioso e exigente. Numa semana normal, trabalhavam de setenta a oitenta horas, lutando contra prazos iminentes e os limites da ciência. À noite e nos fins de semana, respondiam a e-mails, redigiam relatórios de seis páginas e, como seus pares nos projetos da Alexa e do tablet Fire, se preparavam para reuniões regulares de revisão com Bezos. "Nós todos vivíamos numa caverna", comentou o diretor de engenharia Bali Raghavan.

Próximo ao fim de 2013, decidiu-se que o foco seriam os gêneros alimentícios. Os americanos compravam, em média, roupas e produtos eletrônicos apenas um punhado de vezes por ano. Compravam comida, em média, 1,7 vez por semana em 2013, segundo o Food Marketing Institute, o que aumentava a inconveniência de entrar em filas. A equipe Go começou a contratar executivos com experiência em gêneros alimentícios, pedindo a eles que não alterassem seus perfis no LinkedIn e fornecendo-lhes celulares descartáveis e cartões de crédito sem qualquer vínculo com a Amazon. "No começo, era uma coisa bem 007 e fazia a gente se sentir bacana e importante", disse Steve Lamontagne, um veterano das redes de supermercados Albertsons e SuperValu. "Mas é uma forma solitária de trabalho, sobretudo porque não se pode ser sincero com os contatos adquiridos ao longo de décadas."

A equipe Go se reunia com Jeff Bezos a intervalos de poucas semanas. Uma reunião memorável teve lugar no dia 24 de junho de 2014. Os membros da equipe se recordam porque a Amazon mostrou nesse dia um desempenho financeiro fraco no trimestre e as ações despencaram 10% — a maior queda num ano em que a companhia fora atingida pelo fracasso do Fire Phone e por um crescimento incomumente morno das vendas. Mas Bezos se manteve impassível. Embora pudesse ser um chefe implacável, capaz de aterrorizar os funcionários quando estes não satisfaziam seus padrões exigentes, aparentemente não lhe faltava paciência com aqueles que na empresa praticavam a desafiadora arte da invenção. "Se havia uma hora em que o sujeito ficava animado, a hora era essa", disse Lamontagne. "Em todas as vezes que estive com ele numa sala, ele nunca nos perguntou 'Quanto isso vai me custar?' ou 'Em quanto tempo vamos ganhar dinheiro?'. Ele nos olhava e falava: 'Sei que isso é muito difícil e que inventar algo é bastante cansativo. Vocês estão no caminho certo.'"

Os executivos da Go imaginaram lojas de grande escala com pouco menos de três mil metros quadrados, aproximadamente o tamanho de um supermercado de bairro. Passados alguns meses, concluíram que tal megamercado era ambicioso demais e reduziram pela metade a loja proposta. A mercearia de porte médio ofereceria um leque de serviços, não apenas corredores de prateleiras com itens pegue e leve, mas balcões com queijeiros, baristas e açougueiros. Os funcionários imaginaram uma experiência calorosa e receptiva e adotaram a ideia de vender refeições quentes e café. A equipe de Puerini planejou a primeira loja conceito numa de suas salas de reunião, usando blocos de armar e estantes para livros, além de escrivaninhas, a fim de imaginar como seria o comportamento dos clientes nesse ambiente.

Conforme o projeto se aproximava da esperada apresentação em meados de 2015, a Amazon anonimamente alugou o andar térreo de um prédio de apartamentos luxuoso na zona abastada de Capitol Hill, em Seattle. As licenças requeridas à prefeitura incluíam projetos para um grande departamento de produtos naturais, refrigeradores para laticínios e uma cozinha no local para o preparo de comida fresca. A equipe da Go então buscou a aprovação de Bezos. A ocasião seria uma típica "reunião com Jeff" — os documentos incansavelmente reescritos e burilados, o dia coreografado nos ínfimos detalhes e todos prendendo a respiração e torcendo para que as coisas não saíssem dos trilhos.

Para expor o conceito, alugou-se um armazém na zona sul de Seattle, próximo à sede da Starbucks. Parte do piso foi trocada e simulou-se

Um nome insípido demais para chamar a atenção

então um supermercado de cerca de 1.500 metros quadrados. Paredes falsas de compensado delimitavam o perímetro, prateleiras moduladas podiam ser trocadas de lugar e catracas imitavam a tecnologia que escanearia os smartphones dos consumidores quando eles entrassem na loja. Bezos e os membros do S Team chegaram e se sentaram a uma mesa de conferência importada para examinar minuciosamente o relatório de seis páginas.

Bezos costuma ser o leitor mais vagaroso nessas ocasiões; parecia ponderar com cuidado cada frase. Dessa vez, porém, no meio da leitura, largou o relatório e disse "Querem saber? Vamos fazer compras", partindo com o S Team para uma excursão na loja de mentira. Todos empurraram carrinhos de supermercado pelos corredores de faz de conta com prateleiras contendo comida enlatada e frutas e legumes de plástico. Funcionários da Go fizeram o papel de baristas, açougueiros e queijeiros, anotando pedidos e acrescentando itens às faturas imaginárias.

Aparentemente as coisas correram bem, mas depois Bezos reuniu o grupo na sala de conferências improvisada. Disse aos presentes que, embora eles tivessem feito um ótimo trabalho, a experiência era complicada demais. Os clientes interessados em carne, pescados e frutas precisavam fazer fila para que esses produtos fossem pesados e adicionados à conta, o que ia de encontro ao principal suposto atrativo da loja: a ausência de perda de tempo em filas. A seu ver, a mágica era sair sem ter de esperar — o equivalente físico do famoso pedido com um clique, marca registrada da Amazon —, e ele queria concentrar o esforço nisso, com uma experiência menor e mais simples. "Era uma das coisas típicas da Amazon: 'Adoramos, vamos mudar tudo!'", relembrou Kristi Coulter, que atuava no projeto como designer de marca.

Steve Kessel reuniu a equipe da Go e deu a notícia: eles iriam abandonar os produtos *in natura*, a carne e o queijo e passar para um formato bem menor de loja de conveniência. Durante os cinco anos seguintes, a fachada da loja em Capitol Hill, onde seria construído o supermercado de médio porte, ficaria abandonada no coração de uma das áreas mais movimentadas da cidade, com os vidros misteriosamente vedados por papel pardo.

***

No início de 2016, o projeto Amazon Go havia chegado a uma encruzilhada: o caminho à frente seria difícil e caro. Kessel convocou outra reunião dos executivos da Go e perguntou se eles achavam que valia a pena seguir em frente, levando o projeto a uma fase gestacional de pesquisa e desenvolvimento, ou se deviam cancelá-lo. Embora um punhado de executivos tenha demonstrado ceticismo, o consenso foi seguir em frente.

Alguns dos engenheiros ficaram aliviados ao ver a redução de complexidade nas lojas com a eliminação de itens com pesos e preços variáveis, como filés, por exemplo. Outros estavam exaustos depois de dois anos de trabalho ininterrupto e se sentiam reféns de uma personalidade rude que os pressionava implacavelmente, gerando uma série de correrias para o cumprimento de prazos artificiais, até mesmo quando a corrida começava a parecer uma maratona cansativa. Surpreendentemente, dessa vez o responsável não era Bezos, mas o executivo que trabalhara com ele e ostentava algumas das características específicas de que os executivos necessitam para ter sucesso na Amazon: o ex-assessor técnico de Bezos, Dilip Kumar.

Kumar nasceu em Salem, na Índia, filho de um general de três estrelas do Exército indiano. A família se mudou bastante quando ele era criança, passando "dois anos em tudo que era lugar", como ele próprio afirma. Kumar frequentou o prestigiado Indian Institute of Technology e se mudou para os Estados Unidos em 1994 para fazer um mestrado em ciência da computação e engenharia na Universidade Estadual da Pensilvânia e um MBA em Wharton. Entrou na Amazon em 2003, quando ela ainda titubeava após o estouro da bolha das pontocom. Ao longo dos anos, Kumar aliviava o estresse trancando-se numa sala de conferências e treinando sozinho malabarismo e mais tarde se apresentando como humorista de *stand-up comedy* em noites para artistas amadores em bares locais.

Kumar encarnava alguns aspectos da fórmula de liderança da Amazon forjada por Bezos em sua época mais jovem e tempestuosa de CEO: agressividade, obsessão pelo cliente, prevalência do QI sobre o QE, força de vontade pura acima de capacidade inata de liderança. Para os colegas, Kumar tinha uma memória notável e a capacidade de se lembrar até de detalhes técnicos complexos. Diziam também que ele criava um ambiente em que não havia outra opção senão o sucesso. Como todo líder na Amazon, conseguia recitar os catorze princípios de liderança da empresa — e, como chefe, acreditava que a única forma de chegar a boas decisões era debater apaixonadamente problemas difíceis. "Se tenho de escolher entre o acordo e o conflito, opto sempre pelo conflito", costuma dizer Bezos. "Ele sempre gera um resultado melhor."

No entanto, ao contrário de Bezos, Kumar era um habilidoso usuário de palavreado chulo no local de trabalho, segundo os colegas, que recordam trocas de insultos tão épicas entre ele e Gianna Puerini que certa vez foi necessária a intervenção de Steve Kessel — embora, em vez de encerrar a disputa, Kessel tenha lhes pedido que brigassem de forma mais silenciosa. "Quando Kumar tratava alguém bem, era sinal de que esse alguém não tinha importância", comentou um cientista veterano do projeto. Bali Raghavan acrescentou: "Ele é um sujeito intenso como chefe, e isso me enlouquecia. Mas também fazia brotar o melhor nas pessoas." Claro que o mesmo costuma ser dito de Bezos.

Como os executivos da Go decidiram seguir em frente, Kumar precisava de cada gota de ímpeto e engenhosidade irascível. Depois da malfadada demonstração para Bezos e o S Team, o grupo Go reduziu o projeto ao tamanho de uma loja de conveniência do tipo 7-Eleven, de modo a focar exclusivamente no potencial da tecnologia. Os engenheiros de Kumar instalaram um laboratório secreto no andar térreo de um novo prédio da Amazon, chamado de Otter, na esquina da Quinta Avenida com a Bell Street. Só era possível acessá-lo pelo interior do prédio, passando cartões magnéticos para atravessar um par de portas trancadas. Nas prateleiras lotadas o que se via era comida falsa feita de argila e isopor e tiras de papelão verde imitando alface.

Kumar pedia aos funcionários da Go que visitassem o local e tentassem enganar as câmeras no teto e os algoritmos de visão computacional. Eles usavam casacões pesados ou chegavam de muletas ou em cadeiras de rodas. Um dia, pediu-se a todos que carregassem guarda-chuvas a fim de descobrir se eles vedavam a visão das câmeras. Numa outra ocasião, os funcionários vestiram camisetas dos Seahawks de Seattle para confundir os algoritmos que diferenciavam, em parte, os consumidores utilizando a cor de suas roupas.

A dificuldade era que, embora a tecnologia não fosse enganada com frequência, ela errava o suficiente para causar problemas constrangedores caso fosse amplamente empregada pela Amazon. Mudanças nas condições de iluminação e acúmulo de sombras, maior ou menor profundidade na posição de um produto nas prateleiras e mãos e corpos que escondiam adesivos grudados nos produtos podiam facilmente confundir o sistema. Crianças pequenas constituíam uma dificuldade extra — a baixa estatura delas dificultava a tarefa dos computadores de distingui-las dos pais, além de serem a fonte de todo tipo de estripulias anormais dentro de lojas. Os adultos podiam carregá-las nos ombros, por exemplo, ou no colo, ou empurrá-las em carrinhos, confundindo ainda mais os algoritmos de identificação de clientes que determinavam a conta a ser debitada.

Enquanto Kumar e seus engenheiros cuidavam desses desafios, Bezos e Kessel começavam a se impacientar. A despeito de três anos de trabalho, a Amazon não abrira sequer uma loja. Por isso, no estilo peculiar de invenção existente na empresa, foram criadas equipes especiais para bater a meta única de introduzir a Amazon no vasto reino do varejo físico. Bezos gostava de dizer que a Amazon era "teimosa na visão, flexível nos detalhes", e aqui temos uma ilustração disso: os grupos que trabalhavam em trilhas paralelas iriam basicamente competir para alcançar o ideal "Just Walk Out" e solucionar o problema de uma loja sem caixa registradora.

O grupo de Kumar continuava a desenvolver uma loja com tecnologia futurista de visão computacional embutida nos tetos e prateleiras. Enquanto isso, Kessel pediu a Jeremy De Bonet, um diretor de tecnologia baseado em Boston, para montar sua própria startup interna de engenheiros e cientistas da área de visão computacional. Eles acabariam virando do avesso o problema e integrando a tecnologia de visão computacional e sensores em um carrinho de compras, em vez de espalhá-los, escondidos, por toda a loja. Sob certos aspectos, esse era um problema mais difícil. Enquanto a loja Go podia em parte deduzir a identidade de um item com base no local onde estivesse localizado na loja, um "carrinho inteligente" teria de levar em conta a possibilidade

Um nome insípido demais para chamar a atenção

de um cliente escolher, digamos, um saco de laranjas num corredor de produtos frescos, mas escaneá-lo em outro lugar da loja.

Os esforços desse grupo exigiriam anos de desenvolvimento e culminariam em várias tecnologias que foram integradas à loja Go, bem como aos Amazon Dash Carts equipados com escâneres de visão computacional e *touchscreens* que permitem aos clientes pagarem suas compras enquanto circulam pelos corredores de um supermercado.

Bezos e Kessel criaram uma terceira equipe para alcançar um objetivo mais modesto e imediatamente realizável: abrir livrarias com uma fileira de caixas mais convencional. Os livros eram o oposto dos gêneros alimentícios — não perecíveis, precificados de forma confiável, fáceis de armazenar — e, claro, constituíam a categoria na qual a Amazon havia sido pioneira on-line. Os clientes compravam livros com menos frequência do que compravam comida, logo, esperar para pagar constituía um incômodo menor. E os livros podiam novamente servir de isca, atraindo consumidores para os dispositivos que podiam ser experimentados, como a Fire TV, o Kindle mais recente e o novo Amazon Echo.

No outono de 2015, enquanto a empresa preparava sua primeira loja Amazon Books em um shopping elegante de Seattle, as especulações sobre como ela iria finalmente entrar no varejo físico eram tamanhas que o blog local de tecnologia *Geek Wire* utilizou uma vara com uma câmera presa na ponta para xeretar o interior da loja.[3] Por volta da mesma época, Bezos entrou sorrateiramente por uma porta dos fundos para ver a loja pela primeira vez. Ficou encantado. Disse sentir que a Amazon estava fechando o círculo.

A loja foi inaugurada algumas semanas depois, em 2 de novembro de 2015. Funcionários que trabalharam no projeto contribuíram com seus livros favoritos para encher uma prateleira de "escolhas dos funcionários". O próprio Bezos escolheu três títulos, e, de certa forma, os três previam uma virada inesperada à espreita no horizonte. *Traps* [Armadilhas], um romance de autoria da esposa, MacKenzie Bezos, *As cinco linguagens do amor*, de Gary Chapman, sobre a preservação das relações afetivas, e *Virtudes do medo*, do amigo e famoso consultor de segurança Gavin de Becker.

Para alguns membros de longa data da Go, ver a Amazon Books abrir em poucos meses foi desanimador. Mas, no início de 2016, a equipe estava finalmente se preparando para a inauguração. Para definir um nome formal para a loja, a equipe de Puerini conduziu uma série de testes de marca, *brainstormings* e pesquisas de opinião sobre o que o nome deveria comunicar ao público. Decidiram por "Amazon Go" para transmitir velocidade. "Até a própria palavra tem apenas duas letras", disse Puerini. "Pode-se, literalmente, pegar e sair."

No laboratório no Otter, comida de mentira foi substituída por itens de verdade, e os funcionários da Go foram instruídos a fazer compras sob circunstâncias específicas. Por exemplo, recorda-se Puerini, "Você está correndo para uma reunião: compre uma salada e uma bebida para o almoço" ou "Você precisa correr para pegar as crianças na creche: compre leite, morango e cereais para o café amanhã". Ainda contemplando o desafio das crianças pequenas, foi pedido aos pais que levassem os filhos, que mexeram em tudo, correram de um lado para outro e pegaram coisas, num teste de estresse para o sistema.

Os funcionários tinham sentimentos conflitantes quanto ao próprio progresso. Muitos adoravam a conveniência, deleitando-se com a possibilidade de correr para o laboratório no Otter antes de uma reunião vespertina, pegar um sanduíche e voltar, vivenciando o mágico "pegar e sair" imaginado em PR FAQs do passado. Nos bastidores, porém, a tecnologia não era perfeita, e havia a necessidade de empregar humanos para escorá-la. Foram criadas equipes de funcionários para rever a filmagem quando o sistema não tinha certeza a respeito de uma compra, um chamado "evento de baixa confiança". A criação de tais grupos — o equivalente do trabalho de mago nos bastidores que estava sendo feito pelos fornecedores que revisaram e aperfeiçoaram as respostas da Alexa — levou alguns funcionários a questionar todo o trabalho. "Era uma questão delicada", contou a designer Kristi Coulter. "Se temos um exército de gente para ver as filmagens, será que as coisas estão progredindo direito?"

Os humanos também tinham outro papel: elaborar receitas para kits de refeições e preparar o cardápio diário de almoço, como sanduíches de cordeiro e saladas caprese. A fim de estar pronta para a abertura de uma loja protótipo de 170 metros quadrados no campus da Amazon em Seattle no fim de 2016, a empresa contratou chefs e empregados de cozinhas industriais e redes de restaurantes. Abriu, então, uma cozinha dentro da loja protótipo, bem como uma cozinha temporária de porte comercial no sul de Seattle, a fim de servir de modelo para cozinhas que viessem a ser planejadas para todo o país como parte do gigantesco lançamento das lojas Go.[4] Contrariando seus hábitos, a Amazon esbanjou, adquirindo fogões comerciais alemães a um custo de dezenas de milhares de dólares cada.

As cozinhas trouxeram outra série de dificuldades inesperadas. Quando algo provocou cheiro ruim na cozinha da loja, a Amazon contratou uma dupla de farejadores profissionais para solucionar o mistério (o culpado: rabanete em conserva). Uma vez que a segurança alimentar era uma prioridade, a cozinha comercial era mantida numa temperatura extremamente baixa, e a Amazon a princípio recusou os pedidos dos funcionários horistas para cobrir com piso emborrachado o chão de concreto gélido do local, conforme se recorda um funcionário. Depois que um gerente sênior da sede passou um dia observando as operações na cozinha, a empresa forneceu aos funcionários moletons com capuz e outros equipamentos contra o frio e finalmente concordou com o piso emborrachado. Os envolvidos na indústria de serviços de alimentação, constatou-se, vinham se mostrando tão difíceis de gerenciar quanto os algoritmos de Dilip Kumar.

A loja Amazon Go original abriu para todos os funcionários em dezembro de 2016. A abertura ao público foi programada para algumas semanas depois, mas acabou sendo adiada por um ano após o surgimento de uma nova série de problemas.[5] Segundo o *Wall Street Journal*, o sistema tendia a congelar quando vinte ou mais consumidores estavam na loja ao mesmo tempo e parava de rastrear os produtos quando os clientes os pegavam num lugar e depois os largavam numa prateleira diferente. Os funcionários precisavam ser avisados para devolver o item a seu devido lugar. O sistema também não era preciso, mesmo sob as circunstâncias mais favoráveis, e os executivos da Amazon não podiam se sujeitar a possíveis erros, cobranças indevidas aos clientes e ao risco de perder a credibilidade do consumidor.

Os próprios clientes se mostraram confusos com o formato inovador. "Reparamos que muitos clientes hesitavam na saída, perguntando se de fato podiam sair", comentou Puerini mais tarde. "Nos testes, penduramos um baita cartaz dizendo: 'Sim, você pode simplesmente ir embora!'" Uma versão dele ainda está na loja original.

Quando a primeira loja Amazon Go finalmente foi aberta para o público, em janeiro de 2018, o evento foi considerado um vislumbre do futuro. ("O processo todo era tão rápido e contínuo que eu quase me esqueci de que as mercadorias não eram gratuitas", resenhou um jornalista da *CNET*.)[6] Mas o espaço pequeno da loja, a escolha limitada de produtos, a enorme despesa com salários e operações e os números por trás do projeto horrorizavam os executivos financeiros. Um deles me disse que a loja Go original, suas cozinhas e o data center custavam mais de 10 milhões de dólares.

"Para um capitalista de risco, isso simplesmente já não fazia sentido", comentou outro executivo com acesso ao processo de decisões. Mas Bezos queria ir em frente. "Jeff era o mestre do 'não está funcionando hoje, mas pode funcionar amanhã'", prosseguiu. Em 2017, a Amazon gastou 22,6 bilhões de dólares em pesquisa e desenvolvimento, mais que a Alphabet (16,6 bilhões), a Intel (13,1 bilhões) e a Microsoft (12,3 bilhões).[7] O CEO versado em impostos provavelmente entendia que essas relevantes despesas de pesquisa e desenvolvimento em projetos como a loja Go e a Alexa não só ajudavam a garantir o futuro da Amazon, mas também podiam gerar créditos fiscais ou ser abatidas, baixando o custo com impostos da Amazon.

Ao longo dos anos seguintes, lojas Amazon Go foram abertas em toda Seattle e em San Francisco, Nova York e Chicago. A Amazon fechou suas cozinhas e passou a comprar comida dos mesmos fornecedores que faziam os medíocres sanduíches e saladas da Starbucks e da 7-Eleven. Os fogões alemães caríssimos permaneceram sem uso na loja original e o pessoal da cozinha foi demitido.

Insatisfeitos, os funcionários dispensados contavam histórias sobre a qualidade em declínio da comida e sobre as doações de refeições não vendidas a bancos alimentares e abrigos para sem-tetos, e por fim os executivos resolveram que não queriam ver produtos com rótulos da Amazon exibidos dessa forma e mandaram jogar fora a comida. "A única coisa que ainda existe de fresco são as verduras", reclamou um ex-funcionário. "É de cortar o coração ver esse projeto ir para o ralo", acrescentou outro.

Bezos imaginara milhares de lojas Amazon Go em todas as áreas urbanas do país.[8] Depois de sete anos, havia apenas 26, mal produzindo os resultados financeiros que ele pretendera ao conceber o projeto. As lojas também instigaram uma revolta política contra a Amazon por causa da eliminação dos empregos de operadores de caixa, o segundo mais popular do país, de acordo com a Secretaria de Estatísticas Trabalhistas americana. As lojas também supostamente excluíam consumidores de baixa renda e idosos, que não possuíam smartphones vinculados a cartões de crédito. Cidades como Nova York, Filadélfia e San Francisco aprovaram leis obrigando as lojas a aceitar dinheiro vivo.

Falei com Dilip Kumar em 2019, depois de sua promoção a diretor de todo o varejo físico. Restara apenas Kumar do trio IHM original — a essa altura, Steve Kessel havia se aposentado e Gianna Puerini voltado para sua aposentadoria. Kumar insistiu que "ainda era cedo" para o projeto Go e observou que "os clientes adoram a experiência" de sair sem parar para pagar. Isso, disse Kumar, dava ao projeto "bastante margem de manobra e liberdade para tentar outras coisas".

Uma delas era devolver a tecnologia em amadurecimento às mercearias urbanas de médio porte. Em 2020, pouco antes da eclosão da pandemia de Covid-19, a Amazon abriu seu prédio desativado na área de Capitol Hill, em Seattle, batizando-o de Amazon Go Grocery. Os queijos, as carnes e os pescados voltaram, e Kumar sugeriu que o sistema sem caixas poderia funcionar mesmo em estabelecimentos maiores. "Aprendemos muito", disse ele ao *Wall Street Journal*. "Não existe um limite máximo real. Pode ser cinco vezes maior. Pode ser dez vezes maior."[9]

A Amazon Go ainda dá prejuízo financeiro. Mas Bezos continuava a encará-la como uma aposta na visão computacional e na inteligência artificial, o tipo de experimento de longo prazo e alto risco que foi necessário para produzir resultados relevantes para grandes empresas. Como escreveu em sua carta aos acionistas de 2015:

> Todos sabemos que, se fizermos manobras arriscadas, vamos errar o alvo muitas vezes, mas também haveremos de acertar alguns *home*

runs. A diferença entre o beisebol e os negócios, porém, é que o beisebol tem uma distribuição de resultados truncada. Quando assumimos o risco, por maior que seja a nossa conexão com a bola, o máximo de *runs* possíveis são quatro. Nos negócios, de vez em quando, quando se vai rebater, é possível fazer mil *runs*. Essa distribuição de retorno em longo prazo explica por que é importante ser ousado.[10]

Quase uma década depois de ser concebida, ainda não estava claro se a loja Go iria ou não produzir uma chuva de mil *home runs* para a Amazon. Mas o caminho para novas metas interessantes fora aberto. A Amazon começou a licenciar o sistema "Just Walk Out" para vários outros varejistas, como lojas de conveniência e quiosques de aeroportos. A Amazon Books gerou algumas dezenas de lojas de quatro estrelas, em que a empresa usou sua valiosa coleção de dados sobre os hábitos de compra dos consumidores para planejar lojas com uma gama eclética de itens populares localmente. E, em 2020, a Amazon começou a abrir grandes mercearias Amazon Fresh, sem a tecnologia Go, mas com os longamente gestados Amazon Dash Carts, que permitem aos clientes escanear produtos enquanto empurram seus carrinhos pelos corredores, evitando a fila da saída.[11]

Outro resultado relevante foi a percepção, no início de 2016, de que a Amazon precisava ficar mais esperta em relação ao varejo físico se quisesse de fato competir com gigantes como a Walmart e a Kroger na indústria americana de gêneros alimentícios, que movimenta por ano 700 bilhões de dólares. Por volta dessa época, Steve Kessel uniu-se a um grupo de membros da Amazon, que incluía o vice-presidente sênior Doug Herrington e integrantes das equipes da Go e do setor de Fusões e Aquisições, para responder a uma pergunta crucial: se a Amazon deveria ou não adquirir uma cadeia de supermercados.

Eles examinaram mercearias locais, redes regionais e grandes nomes nacionais. Entre as empresas contatadas naquele ano estava a Whole Foods Market, sediada em Austin, a rede de alimentos orgânicos com vendas que vinham despencando, detentora da fama de praticar preços altos e com ações que apresentavam a menor cotação em cinco anos. Mas seu iconoclasta fundador, John Mackey, tinha confiança em seu projeto de virada e não estava pronto para vender — ainda.

CAPÍTULO 3
Caubóis e matadores

Enquanto Jeff Bezos buscava a nova onda de crescimento da Amazon apoiando projetos ambiciosos de tecnologia como a loja Amazon Go, a Alexa e o Fire Phone, ele também abriu uma loja on-line na Índia, um país com 1,3 bilhão de pessoas, onde as cidades cosmopolitas estavam rapidamente adotando os smartphones e o acesso à internet banda larga. Ao longo de vários anos, a Amazon investiria bilhões de dólares no país. A aposta era que haveria uma renovação do inegável destino da companhia: vender não só tudo, mas em todos os lugares.

Bezos tinha perdido uma oportunidade de investir na Índia anteriormente. Em 2004, a Amazon abriu um dos seus primeiros centros de desenvolvimento de software no exterior, em Bangalore, num pequeno escritório na sobreloja de uma concessionária. Funcionários que trabalhavam na instável área de engenharia de pesquisa, a A9, e no planejamento embrionário da nuvem, a Amazon Web Services, sugeriam repetidas vezes planos para iniciar uma loja on-line local. Mas, conforme a Amazon se recuperava do estouro da bolha das pontocom e concentrava suas energias no lançamento na China, a Índia estava praticamente em segundo plano.

Como resultado, alguns dos funcionários da Amazon recém-contratados na Índia pediram demissão para montar suas próprias empresas. Em 2007, dois engenheiros, Sachin Bansal e Binny Bansal — amigos sem relação de parentesco e ex-alunos do IIT, o Instituto de Tecnologia da Índia, em Nova Délhi —, saíram da Amazon para abrir sua própria empresa, a Flipkart, e tentar replicar a mágica original de Bezos de venda de livros on-line. Se a Amazon não iria atender à classe alta da Índia, cada vez mais próspera e conectada, eles mesmos tratariam disso.

O executivo da Amazon que havia ajudado a criar e gerir o centro de desenvolvimento de Bangalore era um discípulo de Bezos, um *workaholic* chamado Amit Agarwal, também formado no IIT. De 2007 a 2009, Agarwal voltou a Seattle para se tornar consultor técnico de Bezos, antecedendo Greg Hart e Dilip Kumar no papel crucial de ser a sombra do CEO em todas as reuniões. No fim do exercício de sua função, ele e Bezos tiveram uma discussão acalorada sobre o que o consultor técnico faria em seguida. Agarwal pediu para se juntar à divisão internacional e escreveu um plano de negócios para finalmente introduzir a Amazon no país em que havia crescido.

A essa altura, Diego Piacentini, então vice-presidente sênior da Divisão do Consumidor Internacional da Amazon, tinha dúvidas sobre a expansão na Índia. Embora empresas como a IBM e a Microsoft tivessem operações grandes e bem-sucedidas na Índia, o país possuía leis complexas para proteger o vasto e descentralizado setor das lojinhas de bairro, pequenos negócios tocados por famílias. Essas regulamentações de "investimento estrangeiro direto" proibiam empresas do exterior de adquirir ou operar diretamente no varejo. Piacentini, um italiano que havia saído da Apple para se juntar à equipe da Amazon no início do ano 2000, também achava que países com PIB mais alto deveriam ter prioridade. Em 2010, ele pediu a Agarwal que o ajudasse a levar a Amazon para a Itália, *seu* país de origem. Um ano depois, eles abriram mais um site em língua estrangeira, na Espanha. Essas iniciativas de sucesso, afirmou Agarwal, deram a eles confiança na "retomada da expansão global".

Enquanto a Amazon finalmente se preparava para a incursão na Índia em 2012, os executivos levavam em consideração algumas das lições difíceis que estavam aprendendo na China. A Amazon havia ingressado no mercado chinês de maneira favorável em 2004, adquirindo a startup de venda de livros joyo.com por cerca de 75 milhões de dólares, acreditando que a mesma abordagem que havia funcionado em todos os lugares funcionaria no país mais populoso do mundo. A Amazon planejou investir com paciência e conquistar clientes com uma ampla seleção de produtos, preços baixos e serviço ao consumidor confiável.

Mas, após alguns anos de progresso constante, de repente tudo pareceu dar errado na China. Um concorrente capitalizado no comércio eletrônico, o Alibaba, abriu uma loja on-line com preços fixos e populares de marcas conhecidas chamado Tmall, semelhante ao braço do eBay, o Taobao. Alguns anos depois, o Alibaba expandiu uma ferramenta chamada Alipay, que permitia aos compradores pagar digitalmente os produtos que compravam, enquanto a Amazon ainda aceitava dinheiro no momento da entrega na casa dos clientes. O Alibaba e outro concorrente crescente, o Jingdong, ou JD.com, tinham sites desorganizados, porém cativantes, que atendiam ao gosto estético da maioria dos usuários de internet chineses. O site amazon.cn era parecido com as outras páginas da Amazon no mundo todo. Os funcionários da Amazon na China dependiam do suporte técnico e de outros tipos de ajuda de Seattle, e por isso eram lentos para responder a essa e a outras demandas óbvias do mercado.

Um ano antes, em 2011, a Amazon abrira mais um capítulo na sua história global ao introduzir um marketplace na China, permitindo que negócios independentes vendessem seus produtos no site. Essa foi uma peça essencial no aclamado negócio: ao abarcar vendedores externos, a empresa atraía novos compradores e ganhava dinheiro com as taxas que cobrava dos vendedores. A receita extra era então usada para abaixar os preços, o que, por consequência, atraía mais compradores. Mas, novamente, a Amazon fracassou em adaptar as idiossincrasias do mundo da internet na China — os vendedores chineses estavam acostumados a pagar cerca de 2% a 5% de suas vendas ao Alibaba, além de ter anúncios para deixar as vendas mais proeminentes. Os executivos da Amazon estavam céticos quanto ao modelo de anúncios, por isso, em vez disso, cobravam de 10% a 15% do valor das vendas, o que soava absurdamente alto para os vendedores. Como resultado, o Alibaba deslanchou na frente.

Em seguida, um relatório prejudicial no canal de televisão patrocinado pelo governo da China, CCTV, voltou a atenção para a pirataria, como marcas falsas de cosméticos no marketplace terceirizado da Amazon;[1] quaisquer sinais de progresso no país evaporaram rapidamente. Os executivos da amazon.cn da época disseram que Bezos estava totalmente desinteressado em entender as manobras internas do governo chinês, cultivar laços com líderes chineses ou usar sua reputação de sucesso para ajudar a Amazon a prosperar no país, como Elon Musk faria anos depois ao lançar a megafábrica da Tesla em Xangai.

Sem uma relação próxima com o Partido Comunista Chinês, a Amazon acabou perdendo ainda mais território. Em uma análise dos negócios instáveis na China entregue ao S Team em 2014, a equipe internacional estimou que a empresa havia perdido 1 bilhão de dólares naquela década, desde a aquisição da Joyo. Preocupado com os gastos, Bezos decidiu limitar os investimentos da companhia na China e montar um plano para tornar o negócio lucrativo no país, em vez de aceitar as perdas adicionais necessárias para manter a competitividade.

Um executivo financeiro da Amazon descreveu o momento como o equivalente "a dar um tiro no próprio negócio". Entre 2011 e 2016, a fatia de mercado da Amazon na China caiu de 15% para menos de 1%.[2] "Havia sempre o medo de que, se investíssemos muito no país, ficaríamos ferrados de qualquer forma e perderíamos muito dinheiro", explicou Piacentini anos depois. "Não fomos ousados o suficiente para seguir adiante e competir no mercado. Sempre agimos como investidores tímidos."

Às vésperas da tão aguardada incursão da Amazon na Índia, Bezos considerou algumas das lições aprendidas arduamente: a empresa não havia investido nem inovado com ousadia suficiente na China, não cultivara laços com o governo nem executara a operação com independência em relação a Seattle. Com Amit Agarwal, sua antiga sombra, ansioso para levar a Amazon para seu país natal, ele não voltaria a cometer os mesmos erros.

* * *

Um dos primeiros movimentos da Amazon na Índia foi tentar atrair de volta seus dois ex-funcionários. Quatro anos antes de se lançarem sozinhos no mercado, Binny Bansal e Sachin Bansal transformaram a

Caubóis e matadores

Flipkart numa marca reconhecida em todo o país, que vendia não só livros, como também telefones celulares, CDs e DVDs. Amit Agarwal encontrou seus ex-funcionários no luxuoso hotel ITC Maurya, no centro de Nova Délhi, para conversar sobre a aquisição. Sentindo-se confiantes com o progresso da Flipkart, os Bansal pediram 1 bilhão de dólares.[3] Agarwal riu da quantia, e a negociação caiu por terra.

Depois que os Bansal torceram o nariz para a Amazon, Agarwal começou a montar uma equipe para competir com eles. Ele rondou os prédios de South Lake Union oferecendo com entusiasmo uma "oportunidade única na vida" para impactar a Amazon e "mudar a trajetória" da democracia da Índia. Seu alvo eram indianos dentro da Amazon que entendessem tanto a empresa quanto as peculiaridades culturais e as diversas línguas do vasto mercado indiano.

Em 2012, a equipe da Amazon na Índia, cerca de uma dúzia de engenheiros, ocupava um escritório no oitavo andar do grandioso edifício chamado World Trade Center, um prédio alto de vidro curvado no nordeste de Bangalore. A princípio, eles estavam incertos sobre como proceder. As regras de investimento estrangeiro direto da Índia pareciam impedir a abertura de uma loja on-line tradicional, onde a Amazon comprava produtos dos fabricantes a preços baixos e então os vendia para compradores on-line.

Portanto, no esquema típico da Amazon, eles tentaram ser espertos, introduzindo um site de comparação de preços de produtos, em fevereiro de 2012, chamado junglee.com. Ao vasculhar a internet e listar todos os preços de produtos à venda em outros sites, a Amazon poderia começar a reunir dados e ganhar comissão por indicação sem intermediar as transações e violar a lei. Mas a Flipkart viu esse movimento como uma possível avalanche incontrolável e se recusou a permitir que o Junglee rastreasse seu site para coletar informação. Após um frenesi inicial, o Junglee fracassou em conseguir movimentação.

Em 2013, Agarwal e sua equipe tinham traçado outra abordagem. Eles se desviariam das regras gerais da empresa e operariam a Amazon Índia somente como um marketplace de serviços terceirizados. Isso permitiria que vendedores externos vendessem seus produtos na recém-batizada amazon.in, em que a Amazon mediaria as transações e receberia comissão, mas sem ter seu próprio inventário. O ponto fraco evidente era que, naquela época, a Amazon não podia estabelecer os preços nem garantir a disponibilidade e a qualidade da maioria dos produtos mais populares.

Após atrasos recorrentes, a amazon.in entrou em atividade no dia 5 de junho de 2013. Um vídeo caseiro de imagem trêmula do lançamento, postado no YouTube, mostra uma sala de conferências lotada com uma maioria de homens indianos jovens e agitados.[4] Ao verem a nova operação entrar no ar, às duas horas da manhã, eles explodem num aplauso desenfreado. "Compre com confiança", dizia o novo site.

Em poucas semanas, a Amazon Índia expandiu de produtos de mídia, como livros e DVDs, para venda de smartphones e câmeras digitais. Produtos de beleza, acessórios de cozinha e o Kindle Fire, tablet da Amazon, logo entraram na lista. Agarwal queria introduzir uma nova categoria a cada semana — assim como seu chefe em Seattle, ele gostava de traçar objetivos ambiciosos. "Se havia uma semana em que não lançávamos produtos em uma categoria, nós nos sentávamos e concluíamos que havia sido uma semana frustrante", lembrou ele.

Embora o novo braço da Amazon estivesse a treze mil quilômetros de distância da sede principal, Agarwal havia conseguido importar elementos-chave da cultura da empresa. Ele pediu que lhe enviassem uma mesa que havia feito com uma porta quando tinha entrado na companhia, em 1999 — em parte, disse ele, porque se sentia mal por sua família não ter muitos móveis para enviar pela transportadora. Ele apresentou as práticas da Amazon, como escrever relatórios de seis páginas ou relatórios de correção de erros para abordar sistematicamente problemas como atraso de entregas durante as estações de chuva. Assim como Bezos, Agarwal costumava enviar e-mails de clientes para sua equipe simplesmente com um ponto de interrogação — eles os chamavam de "emergências de Amit A." em vez de "emergências de Jeff B." —, para chamar a atenção para problemas que deveriam ser solucionados de imediato.

Alguns meses após o lançamento, no outono de 2013, Agarwal e sua equipe voltaram a Seattle para apresentar um roteiro anual a Bezos e ao S Team, como parte das reuniões anuais de planejamento OP1 da companhia. O relatório de seis páginas oferecia uma gama de opções de investimentos, de conservadores a mais agressivos, de como expandir o mercado na Índia e competir contra a Flipkart, que contava seis anos de existência, em vendas e outros modelos de referência importantes. Também apontava prospecções para uma campanha de propaganda experimental, para que a companhia pudesse testar o que surtia efeito nos consumidores da Índia.

A essa altura, a aposta da Amazon na China ia mal e Bezos não queria abdicar do que parecia ser o próximo grande prêmio do mundo. Na maioria das reuniões OP1, ele geralmente era o último a falar, para não influenciar o grupo com sua opinião. Mas dessa vez ele interferiu quando Agarwal ainda estava no meio de sua apresentação. "Vocês vão fracassar", afirmou ele, de forma seca, à equipe da Índia. "Eu não preciso de cientistas da computação da Índia. Preciso de caubóis."[5]

"Não me venham com um plano que presume que eu só posso fazer um certo nível de investimento", continuou Bezos, segundo a memória de dois executivos que estavam presentes. "Quero que vocês me digam como vencer. E depois quanto isso vai me custar." Outro executivo indiano que participou da reunião, Amit Deshpande, disse que a mensagem foi: "Sejam ousados e se arrisquem. Façam acontecer. Nós seguramos a onda aqui."

Amit Agarwal, um cientista da computação com diplomas do IIT e de Stanford, ficou paralisado por um momento. Mas, ao retornar à Índia, transformou toda essa objetividade numa empreitada positiva. O comando de Bezos tornou-se tão parte da mitologia central da Amazon Índia que os executivos vez ou outra se vestiam de caubóis nas reuniões de equipe. Eles turbinaram o plano de marketing discreto das reuniões OP1 e tornaram-se os maiores anunciantes da Índia, promovendo a amazon.in na primeira página de jornais como o *Times of India* e em comerciais cativantes durante a Liga Principal de Críquete. Um dos objetivos da nova equipe, como os executivos da Amazon Índia descreveram, era obter um crescimento tão rápido que praticamente obrigaria Bezos a viajar ao país.

Os meses seguintes foram uma incógnita. Membros da equipe trabalhavam o dia inteiro, todo dia, viajando com frequência, pegando o primeiro voo da manhã e retornando no último da noite. Quando não estavam voando pelo país, iam à China observar as táticas aplicadas por Amazon, Alibaba e JD.com, um ambiente com competitividade semelhante. "Eu tinha uma mala pronta em casa e outra no escritório", disse Vinoth Poovalingam, gerente operacional que estava montando os centros de atendimento de pedidos da Amazon na Índia. "Alguns amigos brincavam, dizendo: 'Cara, estamos trabalhando num campo de trabalhos forçados.'"

A Amazon tinha que operar de forma diferente na Índia. Sem uma infraestrutura crucial, como estradas com diversas pistas e redes de cartão de crédito que a companhia tinha no Ocidente, os executivos tiveram que elaborar logísticas distintas e estratégias de pagamento para o país, como contratar pessoas de bicicleta para fazer distribuição e aceitar pagamento em dinheiro na entrega. Nos locais onde a empresa normalmente empregava uma base única de códigos para o site de varejo em todas as regiões, na Índia os engenheiros da Amazon desenvolveram novos códigos e um aplicativo para smartphone que exigia menos memória, já que os clientes acessavam o site predominantemente de seus celulares e utilizavam redes sem fio lentas. Para agilizar a operação, todos os departamentos reportavam a Agarwal, em vez de a seus chefes em Seattle. "O básico era questionarmos tudo e indagar: 'Essa é a coisa certa a se fazer na Índia?'", revelou um executivo da Amazon Índia.

Agarwal, o diretor internacional Diego Piacentini e Peter Krawiec, diretor de desenvolvimento corporativo da Amazon, também encontraram uma solução para operar um marketplace somente de vendedores terceirizados sem precisar ter um braço de varejo que poderia estabelecer preços e garantir a disponibilidade dos produtos. Em meados de 2014, com o bilionário Narayana Murthy, cofundador do gigante terceirizado indiano Infosys, a Amazon abriu uma sociedade conjunta chamada Prione Business Services, em que a Amazon possuía 49% das ações. A Prione gerenciaria uma empresa chamada Cloudtail, que venderia itens populares, como os smartphones e eletrônicos mais recentes do mercado. A Cloudtail logo se tornou o maior vendedor da amazon.in, responsável por cerca de 40% das vendas.[6]

Caubóis e matadores

A Prione era um exemplo evidente das regras, por vezes obscuras, para investimento estrangeiro direto na Índia (De acordo com uma notícia da Reuters na época, um slide interno da Amazon instruía: "teste os limites do que é permitido pela lei").[7] A negociação permitia que a Amazon oferecesse aos clientes oportunidades exclusivas de compra dos smartphones novos mais disputados, de empresas como a sul-coreana Samsung e a indiana OnePlus. A Flipkart, com estrutura financeira de empreendimentos capitalistas estrangeiros, havia pavimentado o caminho até aqui, criando seu próprio revendedor autorizado, a WS Retail, e oferecendo ofertas exclusivas de celulares da Motorola, Xiaomi e Huawei. As duas empresas jogariam esse jogo durante anos — disputando descontos e ofertas exclusivas com os quais o vasto mercado de pequenos negócios ao redor do país jamais conseguiria competir.

Em meados de 2014, o tráfego on-line estava excedendo as projeções mais otimistas, tanto da Amazon quanto da Flipkart. Em 29 de julho, alguns meses após adquirir a Myntra, uma rival do comércio de moda on-line, a Flipkart anunciou uma injeção de 1 bilhão de dólares em capital de risco e investimento em startups de inovação de pequeno e médio porte, avaliando a empresa em 7 bilhões de dólares — mais do que a soma de todas as startups de internet indianas.[8] No dia seguinte, a Amazon, tendo atingido o total de 1 bilhão de dólares em vendas no país após somente um ano de operação, divulgou um comunicado à imprensa anunciando uma injeção de 2 bilhões de dólares na Amazon Índia. A oportunidade apresentada pelo comércio eletrônico no país era um reflexo lucrativo da batalha prévia na China — a essa altura, Bezos estava determinado a não perder.

Naquele mês de setembro, ele cumpriu a promessa que fizera a Agarwal e foi à Índia usar sua fama crescente nos negócios para alavancar a causa da companhia. A Flipkart celebrou sua chegada com uma campanha de marketing em outdoors na fachada do aeroporto de Bangalore e ao redor dos escritórios da Amazon promovendo uma nova data comemorativa on-line da Flipkart, o Big Billion Day [Dia do Grande Bilhão], para marcar o festival Diwali, que se aproximava.

Bezos planejou sua própria aparição pública, na esperança de fazer um discurso impactante o suficiente que até os investidores da Flipkart lhe dariam ouvidos. Ele queria presentear Agarwal com um gordo cheque de 2 bilhões de dólares em cima de um elefante — um símbolo que representa sabedoria e força na Índia. Mas todos os elefantes estavam reservados para um festival religioso naquele momento, e, após pressionar com insistência seus colegas a encontrar um animal, ele acabou concordando em realizar seu espetáculo publicitário em cima de um caminhão com a caçamba aberta e decoração de festa. Vestido com um terno *bandhgala* creme formal e cachecol marrom *dupatta*, Bezos entregou o cheque de mentira, e Agarwal entrou na brincadeira.

A imprensa local cobriu a ostentação e explorou a rivalidade entre a Amazon e a Flipkart espalhada pela cidade inteira. Bezos tentou disfarçar, mesmo enquanto tentava derrotar a Flipkart na batalha. "Minha visão é que a maioria das empresas gasta tempo demais pensando na concorrência", disse ele à revista indiana *Business Today*. "O que deveriam fazer é pensar em seus clientes."[9]

Enquanto isso, em resposta ao Big Billion Day, Bezos criou um dia concorrente de promoções em comemoração à órbita bem-sucedida em Marte realizada por uma sonda espacial lançada da Índia, o que coincidia perfeitamente com sua paixão pelo espaço. A Amazon deu início a uma nova onda de marketing para anunciar a promoção, e choveram compras tanto na amazon.in quanto na Flipkart.

Durante um momento mais calmo da viagem, Bezos conversou com os executivos locais em um hotel próximo. Ele reiterou querer que todos pensassem como caubóis, com a Índia sendo a frente de comércio eletrônico do faroeste. "Há duas maneiras de se construir um negócio. Muitas vezes, você mira, mira, mira e depois atira", afirmou ele, segundo três executivos presentes, "ou você atira, atira, atira e depois mira um pouquinho. É isso que vocês devem fazer aqui. Não gastem muito tempo na análise e na precisão. Continuem tentando coisas novas".

Bezos, Piacentini e Agarwal também almoçaram com seu novo parceiro corporativo, Narayana Murthy, cofundador da Infosys, de 68 anos de idade. Ele divertiu a todos com histórias sobre suas viagens de mochileiro pela Europa quando era um universitário sem grana e sobre a Universidade Infosys, o enorme programa de treinamento interno da empresa para proporcionar habilidades técnicas práticas a estudantes recém-formados na faculdade. Bezos ouviu atentamente; Piacentini lembrou que Bezos e Murthy tiveram "uma química imediata".

Dali, Bezos e Agarwal voaram para Nova Délhi para encontrar a figura que de fato controlava as prospecções da Amazon na Índia: o primeiro-ministro Narendra Modi. Em entrevistas antes da reunião, Bezos alfinetou o espírito empreendedor indiano, cogitou a possibilidade de inserir os data centers AWS no país e afirmou sobre o líder eleito recentemente: "Estou a seu total dispor; ele possui uma reputação internacional fantástica."[10]

Mas Modi disse muito pouco em resposta. Comerciantes locais, parte essencial da coligação do seu governo, estavam desconfiados da Amazon. Se precisasse garantir o apoio deles dificultando as regras para o investimento estrangeiro, Modi poderia acabar em instantes com a economia do negócio estrangeiro mais promissor da Amazon.

***

Em Seattle, o progresso da Amazon na Índia era encorajador. Bezos e o S Team imaginaram que, se o comércio eletrônico estava deslanchando na Índia, deveria haver oportunidades inexploradas também em outros países em desenvolvimento. A prioridade seguinte para a expansão internacional, em 2014, veio por intermédio do executivo franco-canadense Alexandre Gagnon. Ele havia sido consultor técnico de Diego Piacentini, do S Team, e ajudou no lançamento da empresa na Itália e na Espanha, além de ter ficado encarregado de expandir a Amazon para o norte do Canadá. Gagnon percebeu que uma das primeiras vantagens naquele movimento havia sido a proximidade dos centros de atendimento de pedidos nos Estados Unidos, o que contribuía para a entrega de certos itens que não eram populares o bastante para serem estocados nos centros de atendimento de pedidos locais do Canadá. Uma cadeia de suprimentos única e conectada em todo o continente também poderia funcionar no México, que tinha o 15º maior PIB do mundo na época. O episódio que se desenrolou ao longo dos anos seguintes incluiria um dos experimentos mais curiosos da expansão internacional da Amazon, assim como um dos personagens mais notáveis de sua história.

Naquela época, a Walmart era a maior vendedora de varejo com lojas físicas no México e possuía também o maior site de comércio eletrônico. A startup argentina MercadoLibre também operava lá, mas o país representava menos de 7% do seu total de vendas na América Latina.[11] O comércio eletrônico era limitado no México pelos mesmos fatores que o restringiam na Índia: internet ruim, redes sem fio inconstantes e pouca penetração de cartões de crédito no mercado. Mas agora a Amazon tinha experiência para resolver esses problemas.

Gagnon apresentou o plano do México para o S Team em março de 2014. Sua proposta de seis páginas estabelecia paralelos com a Índia. Ela também mostrava que muitos mexicanos ricos já estavam comprando no site da Amazon nos Estados Unidos e pagando taxas extras para o envio de produtos até o outro lado da fronteira. Um dos colegas de trabalho de Gagnon disse que eles estavam nervosos ao entrar na reunião após ouvirem que Bezos estava com um péssimo humor naquele dia. Mas a reunião, programada para durar noventa minutos, durou somente 45 — o que é sempre um bom sinal. "A reação dele foi que nós não estávamos muito adiantados, mas também não estávamos atrasados", reportou Gagnon. "Ele achou que tínhamos um bom plano e deveríamos lançá-lo quanto antes."

O México recebeu somente uma fração do investimento multimilionário injetado na Índia. E, enquanto o próprio Bezos tomava a maior parte das decisões importantes sobre os níveis de investimento na Índia — um sinal da importância que ele dava ao país —, Gagnon reportava-se a Jeff Wilke, diretor de Negócios de Consumo Global, que estava a cargo de "qualquer coisa que esbarre na I-5", a rodovia interestadual que recorta a Costa Oeste dos Estados Unidos.

Uma das primeiras ordens de trabalho no México foi encontrar um CEO local que pudesse implementar e ser o rosto da Amazon no país. Após alguns longos meses de pesquisa, a diretora de recrutamento da Amazon, Susan Harker, conseguiu contratar o executivo de comércio eletrônico da Walmart no México, Juan Carlos Garcia, que estava pronto para viver uma mudança quando um notório escândalo de suborno no país forçou vários de seus colegas de trabalho a pedir demissão e afetou bastante o moral da empresa. Garcia já havia fundado e vendido uma série de startups de comércio eletrônico.

Cauboís e matadores

Ele visitou a sede da Amazon naquele mês de outubro e passou dois dias pulando de entrevista em entrevista. Pediram que ele escrevesse um relatório de seis páginas explicando "a coisa mais inovadora que já fiz" e "a coisa mais obcecada pelo consumidor que já fiz na minha carreira". Ao final dessa desgastante sessão, ele foi levado para uma última reunião-surpresa que não estava na agenda: com o próprio Bezos. Bezos gosta de dizer que fica "acanhado perto de empresários",[12] e a conversa de dez minutos estendeu-se por uma hora. Bezos revelou o que ninguém até então havia dito explicitamente a Garcia — que a Amazon estava abrindo suas operações no México.

Garcia aceitou o emprego e montou a pequena equipe da Amazon México, que se mudou para um escritório no espaço de coworking Regus, em Polanco, área nobre da Cidade do México. Então, começaram a fazer planos. A proposta inicial de seis páginas de Garcia para o projeto — apelidado de Projeto Diego, em homenagem ao pintor mexicano Diego Rivera — foi rejeitada por Bezos por ser conservadora demais. Garcia havia projetado um modelo de abordagem baseado na implementação metódica realizada na Itália e na Espanha, onde a empresa introduziu algumas categorias de produtos para começar e só depois acrescentou outras, junto a vendedores terceirizados no marketplace. Mas Bezos, reunindo o que havia aprendido na China e na Índia, queria alcançar depressa a Walmart e o MercadoLibre. Garcia refez o plano de negócio e "apostou todas as suas fichas".

No mês de março, enquanto se aproximava o início das operações da Amazon México, Garcia estava esquiando em Whistler Mountain, no norte de Vancouver, quando foi convocado para uma reunião de emergência em Seattle. Jeff Wilke estava cansado de pagar à Google de 3 a 4 bilhões de dólares por ano por anúncios de busca para promover produtos no topo da sua ferramenta de busca.[13] Na época, a Google também estava expandindo o serviço de compras Google Express para mais cidades e investindo em várias startups de comércio eletrônico a fim de desafiar a Amazon mundo afora. Wilke queria saber se era possível lançar a companhia em um país estrangeiro sem usar anúncios de busca — era só um teste para ver se a Amazon conseguia se desprender dessa dependência perigosa de um concorrente confesso. Wilke sugeriu usar a Amazon México como cobaia.

Garcia chegou à reunião e analisou o documento que explicava o plano. Ele se lembrou de Bezos entrando uma hora depois e pedindo para que quem discordasse levantasse a mão. Garcia me contou depois que foi o único que levantou. O Google Search era a ferramenta de busca dominante no México, com 24 milhões de visitantes diferentes por mês. Segundo a análise do documento, à qual tive acesso mais tarde, a Amazon estimava que iria abdicar de 20% do seu potencial tráfego on-line global na Amazon México somente por rejeitar a busca paga da Google. O documento também estimava que o corte dos anúncios no Google Search reduziria a porcentagem total de visitantes que clicavam em links de pesquisa gratuitos de 14% para 11%.

Para recuperar esse tráfego perdido, concluía o documento, eles teriam que suspender descontos, oferecer frete grátis e lançar uma campanha de marketing da marca para convencer os clientes a iniciar a pesquisa de compra direto na Amazon, sem usar o Google Search. Mais tarde, Jeff Wilke explicou por que apoiava tal movimento: "Nós confiamos em níveis variados na Google em todos os países em que atuamos. Eu sempre quis fazer essa pergunta: 'Os anúncios que fazemos realmente valem a pena?'"

Na reunião, Bezos estava cauteloso, lembrou Garcia. Ele parecia concordar com Garcia e discordar do plano. Mas Wilke o convenceu de que se tratava de uma "porta vai e vem" — a expressão de Bezos para uma decisão que sempre poderia ser revertida mais tarde, em oposição a "portas só de entrada", nas quais a escolha é permanente. Ele concordou em tentar. Garcia teve que "discordar e se comprometer", o jargão da Amazon para quando era necessário comprometer-se com uma ação à qual a pessoa se opunha.

A amazon.com.mx entrou no ar no dia 30 de junho de 2015, tornando-se a primeira loja on-line completa da Amazon na América Latina. O site era todo em espanhol e prometia *"millones de productos en nuestra tienda en línea"*. A equipe da Amazon México foi até Seattle para o lançamento, uma vez que a rede sem fio local no escritório do Regus não era muito confiável. Eles fizeram uma pequena festa naquela noite no lounge do andar térreo do Edifício Day 1 North, onde Wilke apresentou Garcia ao diretor internacional Diego Piacentini, que disse a ele:

"Aproveite seus cinco minutos de fama." Algumas semanas depois, os executivos da Amazon México fizeram uma festa mais pomposa no St. Regis Hotel, na Cidade do México, com show da Moderatto, uma banda mexicana famosa.

Nos trimestres seguintes, a Amazon evitou comprar anúncios da Google no México e tentou compensar com anúncios em outdoors, no rádio, na TV e com descontos no frete. Como Garcia temera, a estratégia enfraqueceu o site. Os anúncios offline eram mais caros e menos efetivos. A Google lucrava 70 bilhões de dólares por ano em receita de anúncios porque a busca paga *funcionava* e era uma forma relativamente barata de atrair visitantes aos sites. "Eu queria ver se conseguíamos iniciar as vendas em um país novo sem recorrer à Google", disse Wilker mais tarde, "e, no fim, a resposta foi que não [...]. Nós não estávamos conseguindo clientes o bastante".

Garcia e sua equipe encerraram o experimento e adotaram o sistema interno que a Amazon usa para gerenciar suas enormes campanhas de compra de anúncios na Google, chamado Hydra (em homenagem ao organismo marinho com várias cabeças, mas também, como supunham os funcionários da Amazon, à organização terrorista dos quadrinhos da Marvel). Um ano depois, em 2016, o demonstrativo de lucros e perdas da Amazon México havia se recuperado e começava a se mostrar um investimento promissor.

Entretanto, em Seattle, a reputação de Garcia estava piorando. Alguns executivos reclamavam que ele "não entendia a cultura da Amazon" e, segundo diversas fontes, ele não se dava bem com Jeff Wilke nem com seu gestor direto, Alexandre Gagnon. Enquanto muitos dos funcionários da Amazon México se lembram de Juan Carlos Garcia como um líder próximo que costumava trabalhar até tarde e representava muito bem a empresa na mídia, um colega de trabalho recordou-se de um momento em que Garcia revelou um temperamento alarmante, ao liderar a Black Friday em 2015. Ele estava discutindo com um gerente de categoria sobre equiparar o preço ridiculamente baixo de um televisor de sessenta polegadas em um site menor. O gerente insistia que o preço da concorrência deveria ser um erro e que a Amazon perderia muito dinheiro se cobrisse aquele valor. Conforme a discussão foi ficando mais tensa, Garcia bateu na mesa e disse: "Eu sou o CEO! Faça o que estou mandando!" A Amazon igualou o preço, vendeu rapidamente milhares de TVs e, de fato, perdeu muito dinheiro.

De acordo com Garcia, no fim de 2016, as tensões com os chefes em Seattle atingiram o limite quando um membro do conselho da Amazon solicitou um envio de sapatos para sua casa de férias em Punta Mita e só alguns chegaram. O problema foi transmitido a Jeff Wilke para ver se estava relacionado a uma questão maior. Wilke o encaminhou para Garcia e depois o questionou pessoalmente em uma reunião. Garcia não tinha sequer visto o e-mail e disse que não sabia de nada. "Essa não é a resposta correta!", retrucou Wilke e, segundo Garcia, jogou uma caneta na direção do quadro. (Wilke contesta que esse incidente tenha ocorrido.) Garcia foi demitido pouco depois disso, em fevereiro de 2017.

Garcia entrou em contato comigo em setembro de 2019 para relatar sua história na Amazon em uma longa conversa num café e numa caminhada pelo centro de San Francisco. Ele contou que havia verificado a compra dos sapatos pelo membro do conselho e concluído que fora feira por engano no site dos Estados Unidos, e não no do México. Disse que, antes de ser demitido, apontou o erro para Wilke, que nunca respondeu nem pediu desculpas pelo descontrole. Garcia afirmou ter se sentido "desrespeitado".

Alexandre Gagnon passou mais algum tempo no México depois que Garcia deixou a empresa e, em determinado momento, passou a função a um de seus funcionários canadenses. Sob sua supervisão, com acesso total aos anúncios da Google, a Amazon México prosperou. No fim daquele ano, a empresa era um dos líderes no mercado de comércio eletrônico de 7,1 bilhões de dólares do país — logo à frente do MercadoLibre e da Walmart.[14]

Mas há um acontecimento chocante nessa história. Após nossa conversa, Garcia e eu concordamos em manter contato. Mas, apesar de ter me enviado alguns e-mails logo depois, ele sumiu durante semanas. E então, em novembro de 2019, uma reportagem no jornal chamou minha atenção: o ex-CEO da Amazon México Juan Carlos Garcia estava sendo procurado para interrogatório sobre o assassinato de sua mulher, Abril Pérez Sagaón.[15]

A assustadora história começou em janeiro, oito meses antes de eu conhecê-lo. Após uma briga, Garcia supostamente bateu na mulher com um taco de beisebol e retalhou seu rosto com uma faca. O filho de quinze anos testemunhou o incidente e a filha adolescente documentou os machucados da mãe em fotografias pavorosas. Pérez se recuperou e conseguiu uma ordem de restrição contra Garcia, que foi mantido em prisão preventiva nos meses seguintes. Mas um juiz acabou reduzindo a pena para violência doméstica, o que aparentemente permitiu que ele me visitasse em San Francisco. Eu não fazia ideia desse incidente, que não tinha sido divulgado na mídia.

E então, algumas semanas depois, no dia 25 de novembro de 2019, Pérez pegou um voo para a Cidade do México para uma audiência de custódia dos três filhos do casal. Na volta para o aeroporto, ela estava sentada no banco do carona do carro de seu advogado, que dirigia, com dois de seus filhos no banco de trás, quando um assassino numa motocicleta passou pela lateral do carro e atirou nela duas vezes, pela janela. Pérez morreu naquela noite.

O assassinato despertou fúria no México e no exterior. "Ex-CEO da Amazon México é procurado nos Estados Unidos após misterioso assassinato da esposa", dizia a manchete de um jornal. Protestos se espalharam por todo o país, com ativistas acusando o governo de fracassar em proteger as mulheres em relacionamentos abusivos e de não levar a sério o crime de feminicídio. Numa terrível ironia, um funcionário da Amazon México me contou que a empresa teve que suspender temporariamente seu programa de compra de anúncios da Google para que anúncios da Amazon não aparecessem de maneira inadequada quando usuários pesquisassem sobre o crime.

Em março de 2020, dois homens foram presos e condenados pelo crime. Mas a polícia e até os filhos de Juan Carlos Garcia estavam convencidos de que ele havia contratado os assassinos, e ele permaneceu como o principal suspeito. Segundo a polícia mexicana, Garcia entrou nos Estados Unidos a pé, perto de Tijuana, alguns dias após o assassinato e não foi mais visto desde então — ao menos até o momento em que escrevo.

***

Na Índia, em 2015, a Amazon e a Flipkart travavam uma disputa como dois lutadores em busca do cinturão dos pesos-pesados. Elas brigavam por ofertas exclusivas com empresas de smartphone, ofereciam descontos agressivos durante as férias e construíam armazéns país afora a passos largos. Os cativantes anúncios da Amazon veiculados na TV ("*Aur Dikhao*", ou "Mostre-me mais", o que os clientes indianos dizem aos vendedores em lojas menores) alimentavam a competição. Para ajudar a ensinar vendedores indianos pequenos a comprar e vender na internet, a Amazon adquiriu três triciclos, chamados de Chai Carts [Carrinhos de chai],[16] que rodavam pelos coloridos mercados locais da Índia oferecendo chá, água e limonada de graça. Funcionários apresentavam aos vendedores ferramentas como e-mails e aplicativos, mostrando a eles como se cadastrar na amazon.in e fazer o upload de seu inventário.

Naquele outono, Agarwal e seus executivos retornaram a Seattle para as reuniões anuais de planejamento OP1. Dois anos antes, fora pedido a eles que revisassem suas projeções conservadoras, e agora Agarwal havia internalizado o direcionamento de Bezos para deixar de lado a cautela e conceitos chatos como "operar o lucro". O plano para o ano seguinte mostrava níveis elevados de investimento, crescimento de vendas e perdas. Ainda atordoado pela energia empresarial que havia testemunhado na Índia, Bezos estava inspirado. "O futuro será os Estados Unidos, a China e a Índia", declarou ele. "Para a Amazon ser uma empresa realmente global, temos que ser relevantes em dois desses três mercados." No fim, Agarwal e os executivos da Índia receberam aplausos de pé do S Team, elogio incomum num ambiente em geral solene e intimidador.

Em solo indiano, houve poucos aplausos, somente problemas graves para resolver. Agarwal logo percebeu que não podia depender totalmente de seus parceiros de logística, como o correio da Índia, um sistema de envio federal. Assim, a Amazon, como a Flipkart, criou sua própria rede de entregadores em vans, motos, bicicletas e até barcos, para chegar às partes mais remotas do país. Para deixar os indianos mais confortáveis com a ideia dos pagamentos digitais, a Amazon introduziu a opção de depositar o troco de uma transação em dinheiro como crédito na conta do usuário na Amazon.

Todos esses movimentos eram promissores. No verão de 2016, a Amazon estava se preparando para introduzir o Prime no país, com garantia de recebimento da compra em dois dias. E, em uma virada precisa da liderança de marketing, planejou ultrapassar a Flipkart em vendas. Animadíssimo, Bezos voltou a se reunir com o primeiro-ministro, Modi, em junho daquele ano, na sede norte-americana do Conselho de Negócios da Índia, em Washington, D.C., e anunciou que a Amazon injetaria mais 3 bilhões de dólares na Amazon Índia. Modi, fazendo uma passagem de cortesia para cultivar investidores estrangeiros, pareceu mais receptivo aos apelos de Bezos dessa vez. Ele posou para fotos com líderes empresariais e chamou a Índia de "muito mais do que um mercado"[17] e um "parceiro confiável"[18] que continuaria a facilitar a conduta dos negócios no país.

Conforme a Amazon dobrava seu progresso, seu concorrente começava a parecer instável. O CEO da Flipkart, Sachin Bansal, de 33 anos, estava lutando com o mesmo problema de dominação da Google que havia levado a Amazon a suspender os anúncios de busca no México. Ao analisar as tarifas dos anúncios da Google e o número relativamente baixo de pessoas que possuíam computadores na Índia, Bansal declarou que a Flipkart e o site de moda on-line que ela havia adquirido, o Myntra, concentrariam suas energias e os investimentos nos aplicativos para smartphones e descartariam o site para computador e celular de uma vez por todas. Em seguida, ele demitiu a maior parte dos gerentes da equipe que haviam discordado entusiasticamente do movimento.

A estratégia foi um tiro pela culatra. Os clientes não gostaram da inconveniência de ter que baixar aplicativos; enquanto isso, a Amazon comprava anúncios de página inteira nos jornais com uma carta de Jeff Bezos agradecendo aos indianos por tornarem a amazon.in o site de comércio eletrônico mais visitado do país.[19] As vendas da Flipkart diminuíram e a empresa começou a demitir funcionários. Entretanto, os acionistas ainda estavam confiantes; no ano seguinte, a Flipkart captou 1,4 bilhão de dólares em investimentos de um consórcio que incluía a gigante chinesa de tecnologia Tencent, o eBay e a Microsoft. Mas teve que aceitar uma avaliação de valor reduzida para 11,6 bilhões de dólares. "Se alguém nos deu um modelo de como ferrar com tudo, com certeza nós o seguimos", disse um membro do conselho da Flipkart. Logo depois disso, Sachin Bansal foi substituído como CEO pelo cofundador Binny Bansal, embora tenha permanecido na empresa como presidente executivo, um cargo bastante simbólico.

O tropeço da Flipkart foi só um dos fatores em um cenário estratégico complexo que Jeff Bezos estava avaliando em 2017. Investidores haviam apostado numa avaliação de valor estratosférica da Flipkart, mas tanto a amazon.in quanto a Flipkart estavam perdendo bem mais de 1 bilhão de dólares por ano. A grande varejista Walmart, sob o comando do CEO Doug McMillon, estava aparecendo de novo no comércio eletrônico global e tentando segurar a vantagem da Amazon ao redor do mundo; eles já tinham avaliado antes a possibilidade de investir na Flipkart.

Enquanto isso, Modi se preparava para concorrer ao segundo mandato e estava tornando as coisas mais difíceis na conduta dos negócios na Índia, apesar de suas promessas no sentido contrário. Seu partido, o Bharativa Janata, propunha um novo conjunto de regras para evitar que um único vendedor em um marketplace on-line estrangeiro como a amazon.in concentrasse mais do que 25% das vendas totais do site.[20] Isso era uma faca direcionada especificamente às subsidiárias da Amazon e da Flipkart, Cloudtail e WS Retail — e uma maneira encontrada por Modi para apaziguar sua base eleitoral poderosa de pequenos vendedores, cada vez mais inquietos com o frenesi do comércio eletrônico.

Durante esses acontecimentos conturbados, Sachin Bansal conheceu Jeff Bezos na The Weekend, uma conferência da elite em Aspen, Colorado, organizada por Ari Emanuel, CEO da agência de entretenimento e mídia Endeavor, e pelo presidente da Google, Eric Schmidt. Ele sugeriu uma aquisição, que daria fim ao conflito de capital intensivo entre as duas empresas, mas manteria ambos os sites independentes. A amazon.in venderia itens do dia a dia, como alimentos e livros, enquanto a Flipkart comercializaria produtos de valor mais alto, o que lhe permitiria fechar acordos melhores com os vendedores, como as fabricantes de smartphones. Após ser excluído na sequência da desastrosa tentativa de funcionar somente através do celular, Bansal poderia usar essa oportunidade como um caminho de volta ao comando da Flipkart.

Bezos, sempre "hesitante" diante de empresários jovens e impetuosos, ficou intrigado com a proposta. Ele pediu ao diretor de Fusões e Aquisições, Peter Krawiec, para dar início às negociações.

Krawiec começou com uma oferta baixa, apoiado em números que mostravam que a Amazon Índia havia crescido mais do que a Flipkart. A Flipkart discordou dessa análise de mercado. Cada lado, que confessava publicamente não se importar com a concorrência, dizia de maneira categórica que estava na frente. Uma vez que não conseguiam sequer concordar com acontecimentos em comum, as negociações foram lentas nos meses que se seguiram.

Em outubro, algumas pessoas da equipe de gestão da Walmart ficaram sabendo das conversas por banqueiros do Goldman Sachs. Convencidos pelo potencial da Índia e com medo de perder um mercado em crescimento significativo para a Amazon, elas voltaram para a briga. Naquele mês, executivos da Flipkart fizeram uma peregrinação até a sede da Walmart em Bentonville, Arkansas. A Amazon soube dessas negociações e também começou a levar as coisas mais a sério.

Os investidores e membros do conselho da Flipkart estavam divididos em grupos, a favor de três estratégias: vender para a Amazon, vender para a Walmart ou permanecer independente. Sachin Bansal apoiava a negociação com a Amazon, já que permitiria que ele retomasse a gestão da empresa.

Mas a maioria dos investidores da Flipkart estava cética de que as autoridades não confiáveis da Índia sancionariam uma fusão com a Amazon, o que consolidaria cerca de 80% do mercado de comércio eletrônico. Bezos parecia esperançoso com o relacionamento promissor com Narendra Modi e expressou confiança de que conseguiria fechar a negociação. Ele defendia a aquisição com seriedade, segundo alguns colegas — inclusive diante das preocupações óbvias de Amit Agarwal, que teria a responsabilidade assustadora de integrar duas marcas diferentes e duas cadeias de suprimento que estavam perdendo dinheiro.

Em março de 2018, Bezos recebeu Sachin Bansal e o CEO da Flipkart, Kalyan Krishnamurthy, no hangar atrás da sua casa em Lake Washington. Algumas semanas depois, ele conversou ao telefone com dois dos maiores investidores da Flipkart, o sócio da Tiger Global Lee Fixel e o presidente do Softbank, Masayoshi Son, conhecido como "Masa", que particularmente era a favor do negócio com a Amazon em detrimento da Walmart e parecia determinado a garantir que Bezos se tornasse um aliado a longo prazo.

O pomo da discórdia nas conversas entre a Amazon e a Flipkart era a taxa de ruptura. Os investidores da Flipkart temiam a incerteza do processo de revisão das leis e conheciam a reputação infame da Amazon de entrar numa discussão só para não seguir o fluxo ou de tentar aumentar o preço para uma concorrência mais firme. Sendo assim, a Flipkart determinou uma taxa de insucesso de 4 bilhões de dólares, paga à vista, para que, se a revisão da fusão demorasse dezoito meses e resultasse em resposta negativa, a Amazon não se beneficiasse por ter prejudicado a concorrente. A Amazon recusou a proposta, que significava financiar sua rival. Embora Masa tenha mantido as esperanças até o fim, o conselho da Flipkart recusou o acordo com a Amazon.

Enquanto isso, a Walmart vinha sobressaindo no jogo. O CEO Doug McMillon, a CEO internacional Judith McKenna e o membro do conselho Greg Penner construíam uma relação de empatia com a equipe executiva da Flipkart, nunca forçando medidas de exclusividade nas conversas (o que teria demandado que Masa reavaliasse seus sonhos de romance empresarial com Bezos), e cogitavam a ideia de deixar que a Flipkart continuasse a operar de forma independente.

Após um processo que se estendeu por seis meses e o qual dominou os calendários de todos os envolvidos com conferências intermináveis, o conselho dividido da Flipkart finalmente concordou em vender a participação para a Walmart. Logo no início, as conversas sobre o acordo vislumbravam que o varejista tivesse somente uma posição minoritária, mas, àquela altura, os investidores da Flipkart, já preocupados, queriam vender suas ações e transformá-las em dinheiro. Mesmo nesse último momento, o drama ainda assolava a Flipkart; Sachin Bansal quase arruinou o acordo ao insistir que a Walmart lhe garantisse o futuro controle administrativo da empresa. Exausto, o conselho da Flipkart insistiu para que ele deixasse a empresa de uma vez por todas.

Em maio de 2018, as empresas anunciaram que a Walmart pagaria 16 bilhões de dólares por 77% das ações da Flipkart. O CEO da Walmart, Doug McMillon, visitou a Índia após o acordo ser anunciado e disse aos funcionários da Flipkart: "Nossa intenção é apenas empoderá-los e deixar que vocês gerenciem a empresa. Velocidade é importante. Poder de decisão é importante."

Apesar da turbulência dos meses anteriores, Sachin e Binny Bansal eram agora bilionários e proclamados como dois dos empresários mais bem-sucedidos da história da Índia. Mas quem pode dizer o que acontece com o julgamento de homens famosos, donos de uma riqueza exorbitante, quando atingem a meia-idade? Binny Bansal foi prontamente dispensado de seu cargo de CEO do Grupo Flipkart no fim de 2018, após a Walmart investigar uma denúncia de que havia mantido uma relação consensual extraconjugal com uma ex-funcionária e tentara esconder o romance.[21] E, em 2020, um divórcio sórdido entre Sachin Bansal e a esposa fez com que ela divulgasse essa informação publicamente.[22]

Na Amazon Índia, que tinha perdido a acirrada disputa, os executivos estavam desgastados com assuntos banais. Embora tivessem um novo rival forte na Índia, estavam confiantes de que a Walmart encontraria um caminho adiante tão difícil para prosseguir quanto uma estrada indiana esburacada. "Se havia uma coisa que todos nós sabíamos era que a Walmart não fazia ideia do que estava comprando", disse um executivo da Amazon Índia de longa data. "Realmente é preciso ter vivido sete ou oito anos aqui e trabalhado em um ambiente como esse antes para entender como as coisas são conturbadas."

***

Em uma tarde de sábado no outono de 2018, a SP Road, mercado de venda de eletrônicos em Bangalore, estava desolada. Nas lojas pequeninas e quase sempre vazias que se estendiam pela rua, vendedores arrumavam e rearrumavam os produtos. Conforme as vendas de smartphones e computadores cresciam ferozmente na Amazon e na Flipkart, os produtos se acumulavam nas lojas.

No meio da queda brusca de vendas estava Jagdish Raj Purohit, dono de uma loja chamada Sunrise Telecom. Em um espaço do tamanho de uma caixa de sapatos, Purohit ficava sentado atrás da caixa registradora, na entrada da loja. De um lado havia centenas de capas de todos os modelos de smartphone já lançados. Do outro, uma combinação de telefones de preços baixos e médios, assim como o Vivo V11, um modelo recente da China vendido por 26 mil rupias.

Purohit não esperava vender tantos telefones. "Todas as vendas de telefone celular passaram a ser feitas pela internet", resmungou ele ao ouvir a típica pergunta hindu *"Dhanda kaisa hai?"* [Como vão os negócios?]. "A Flipkart e a Amazon estão sempre divulgando descontos nesses celulares, então quem é que vai vir aqui?" Ele estava tentando compensar a baixa de vendas de aparelhos com a venda de acessórios.

Na Raj Shree Computech, no fim da rua, Mahendra Kumar e seus dois irmãos vendiam computadores e acessórios havia doze anos. Nos últimos tempos, os negócios tinham ficado *"thoda thanda"* — um pouco devagar. O motivo não era tão misterioso. "Quem quer que venha aqui logo compara com os preços da Flipkart e da Amazon, mesmo antes de dizermos qualquer coisa", disse Kumar. Ou então "as pessoas vêm aqui, experimentam o som de vários fones de ouvido e vão embora dizendo que voltam depois. Nós sabemos que não vão voltar". Assim como seu colega dono de loja na mesma rua, Kumar relutou em começar a vender na Amazon ou na Flipkart, pois as margens de lucro eram baixas e as devoluções sempre geravam dor de cabeça.

As regulamentações de concorrência na Índia haviam sido criadas para evitar esse tipo de carnificina. A Amazon e a Walmart estavam trocando farpas, expandindo na entrega de vestuário, alimentos frescos e supermercado, e cada uma perdia mais de 1 bilhão de dólares por ano. Parecia que a corda da força do capitalismo global estava sendo amarrada no pescoço de milhões de pequenas empresas indianas.

Após Modi ser reeleito em 2019 em meio à recessão econômica mais séria do país em anos, o pêndulo balançava drasticamente contra os gigantes varejistas estrangeiros. Como já havia ameaçado, o governo de Modi endureceu as leis de investimento estrangeiro.[23] A Amazon e a Flipkart tiveram que vender parte de suas ações para as subsidiárias afiliadas e foram impedidas de entrar em acordos exclusivos com fornecedores ou de oferecer descontos absurdos.

Caubóis e matadores

As lojas pequenas e suas associações comerciais não eram os únicos tentando obter a proteção do Estado contra os gigantes americanos. A pessoa mais rica da Índia, Mukesh Ambani, também estava fazendo lobby para que o governo endurecesse as regras de investimento estrangeiro por interesse próprio. Em 2019, a empresa de Ambani, a Reliance Industries, dona da maior rede de supermercados da Índia, também entrou na briga do comércio eletrônico. Seu site, o Jiomart, não estaria sujeito às mesmas restrições impostas à Amazon e à Flipkart. Ambani, um aliado político de Modi, adentrou as correntes crescentes de nacionalismo hindu e convocou os cidadãos para "o lançamento coletivo de um novo movimento contra a colonização de dados".[24]

Em resposta aos novos obstáculos, Bezos diversificou seus investimentos na Índia e expandiu suas ambições, investindo no serviço de pagamento digital, promovendo o Kindle e a Alexa e adicionando um catálogo de filmes de Bollywood e vários programas de TV de língua hindu ao serviço local do Prime Video. Amit Agarwal não deixaria que as aventuras da Amazon Índia seguissem na direção errada. "Jeff diria que 'ainda é o Dia 1', e acho que ainda não é nem o minuto 1 do Dia 1 na Índia, no ponto em que estamos", disse-me ele.

Sob quaisquer parâmetros, a Amazon fez progressos surpreendentes na Índia. Clientes em cidades não só cosmopolitas, mas em todo o país, estavam comprando on-line, pagando digitalmente em vez de utilizar dinheiro e baseando-se no futuro tecnológico que Jeff Bezos havia vislumbrado. Pequenos negócios estavam aprendendo a vender on-line e encontrando compradores além do mercado de rua, cujo caráter essencial não havia mudado em um século. Mas a Amazon permaneceria sem lucro na Índia por um bom tempo, e a concorrência intensa com a Flipkart havia criado uma descontinuidade econômica e social confusa, que ajudara a convocar os cães do nacionalismo e da demagogia. A saga toda foi uma prévia das dores de cabeça políticas que aguardavam Bezos de volta nos Estados Unidos.

CAPÍTULO 4

Um ano para engolir sapos

Em outubro de 2014, algumas semanas depois que Jeff Bezos voltou de sua primeira viagem à Índia, o ex-CEO da Microsoft Steve Ballmer apareceu no *talk show* de Charlie Rose e deu sérias alfinetadas na rival localizada do outro lado da cidade. "Não sei o que dizer sobre a Amazon. Eu gosto da Amazon. Boa empresa. [Mas] eles não ganham dinheiro, Charlie! No meu mundo, você não tem um negócio de verdade até ganhar algum dinheiro."[1]

O desempenho da Amazon na época parecia fazer jus à avaliação de Ballmer. A empresa havia perdido 241 milhões de dólares naquele ano e, no período natalino, registrara seu crescimento mais lento de vendas desde os desastrosos dias do colapso das pontocom. Em 31 de dezembro de 2014, depois de cair 20% nos doze meses anteriores, a capitalização de mercado da Amazon era de parcos 143 bilhões de dólares.

É por isso que 2015 foi um ano tão crucial para a empresa e seu CEO: marcou o verdadeiro início da escalada da Amazon rumo aos píncaros que se situam além de 1 trilhão de dólares em capitalização de mercado.

Ballmer e outros céticos, como o investidor de fundos de hedge David Einhorn, que acrescentou a Amazon à sua "cesta de ações especulativas" naquele outono, estavam confundindo a lucratividade contábil da Amazon com sua lucratividade econômica subjacente. A Amazon era lucrativa, sobretudo em seus negócios mais antigos, como a venda de livros e o marketplace de vendedores terceirizados. Mas, em vez de acumular quantias astronômicas de dinheiro e reportá-las em sua demonstração de resultados, como faziam na época companhias como a Microsoft e a Apple, Bezos investia os lucros da Amazon como um jogador ensandecido numa mesa de dados em Las Vegas.

Anos antes, ele descobrira que não havia anuidades no varejo. Os clientes eram inconstantes e podiam transferir sua lealdade no momento em que encontravam uma oferta melhor em outro lugar. A Amazon só poderia ficar à frente de seus rivais se continuasse inventando tecnologias e aprimorando os níveis de serviço. Como vimos, Bezos perseguia avidamente esse objetivo, investindo bilhões em projetos como a Alexa, o Fire Phone e a loja Go, bem como no domínio futuro na Índia e no México e outras iniciativas secretas nunca divulgadas para o público.

Nenhuma dessas iniciativas tinha dado frutos até então. Mas, em 2015, uma aposta anterior finalmente começava a se pagar. Em seu relatório de lucros de abril, a Amazon revelou pela primeira vez a saúde financeira de seu negócio de computação em nuvem, a Amazon Web Services, que já completara dez anos, e chocou Wall Street com o crescimento de vendas e a lucratividade. Então, em junho, a Amazon copiou um concorrente na China e lançou o primeiro Prime Day, capitalizando uma década de crescimento de seu programa de remessas em dois dias. Tanto Wall Street quanto a mídia começaram a mostrar um novo interesse pela Amazon, e, logo após o 21º ano do lançamento desta, a empresa passou por um novo tipo de escrutínio proporcional ao seu tamanho crescente. Naquele mês de agosto, uma matéria explosiva do *The New York Times* transformou a combativa cultura corporativa da Amazon em assunto de interesse nacional.

No curso daquele conturbado ano de 2015, o preço das ações da Amazon mais do que dobrou. Como possuía cerca de 18% da empresa, Bezos foi catapultado para o ranking das cinco pessoas mais ricas do mundo, de acordo com o Índice de Bilionários da Bloomberg. Mas a investida de Steve Ballmer contra a Amazon indicava precisamente o contrário; ela marcaria de modo quase exato o início de um dos aumentos mais drásticos no valor corporativo e na riqueza pessoal de toda a história do capitalismo.

Um ano para engolir sapos

***

Ballmer, é claro, fazia pouca ideia de como estava se saindo o possível motor de lucratividade da Amazon, a Amazon Web Services — e era isso que Jeff Bezos queria. Durante a primeira década, as receitas e os lucros da AWS foram um segredo bem guardado. A divisão gerou 4,6 bilhões de dólares em vendas em 2014 e crescia a uma taxa de 50% ao ano. Mas a Amazon disfarçava esses números, junto com as receitas de publicidade nascentes, numa categoria diversificada denominada "outros" em sua demonstração de resultados, de forma que concorrentes potenciais como Microsoft e Google não percebessem a atratividade do negócio de computação em nuvem. Observadores e analistas só podiam imaginar as dimensões financeiras de um empreendimento singular de computação empresarial, aninhado de maneira invulgar no interior de uma varejista on-line.

Nos anos que se seguiram à introdução de seus primeiros produtos em 2006, a AWS foi usada sobretudo por startups e laboratórios universitários que precisavam de poder de processamento extra e se inscreviam com um cartão de crédito para executar seu software pela internet nos servidores da Amazon. Quando engenheiros dentro de corporações e governos desejavam realizar experimentos de computação, muitas vezes contornavam discretamente os rigorosos processos de aquisição de suas organizações via AWS. Como tantas outras revoluções tecnológicas, a computação em nuvem foi inicialmente domínio dos *geeks* e depois se espalhou.

As primeiras empresas a adotar a AWS se tornaram seus testadores beta e evangelistas. Startups do Vale do Silício, como Uber, Airbnb, Dropbox e o site de compartilhamento de fotos SmugMug executavam suas operações na AWS e logo puderam solicitar mais servidores à medida que seus negócios cresciam em taxas sem precedentes. A AWS foi uma das maiores facilitadoras do boom de tecnologia pós-recessão — sem dúvida mais importante até do que o iPhone, embora pessoas de fora tenham entendido muito pouco sobre o assunto. O Laboratório de Propulsão a Jato da Nasa em Pasadena, Califórnia, se inscreveu em 2009 e usou a AWS para armazenar e transmitir imagens do Curiosity

Rover na superfície de Marte. "Ainda tenho a apresentação que fiz aos colegas", disse Tom Soderstrom, diretor de tecnologia do laboratório. "Eles pensavam que eu estava falando sobre ciências da terra, de nuvens literais."

Mesmo alguns dos primeiros executivos da AWS tinham pouca percepção do potencial enorme da computação em nuvem. "Esse negócio pode ser realmente grande um dia, talvez chegue a render até 1 bilhão de dólares em receita", disse certa vez o gerente de produto Matt Garman a um incrédulo novato na Amazon, Matt Peterson, seu ex-colega de escola de administração, durante um almoço em 2006. "Você está brincando, não tem como esse negócio render 1 bilhão de dólares. Você tem ideia de como ele precisaria ser grande?", respondeu Peterson. Garman é hoje vice-presidente da AWS e membro do S Team; Peterson é diretor de desenvolvimento corporativo da Amazon e a AWS gerou 45,4 bilhões de dólares em vendas em 2020.

Os produtos de nuvem originais da Amazon foram concebidos por Jeff Bezos em conjunto com outros líderes técnicos entre os anos de 2004 e 2006. O Simple Storage Service, ou S3, e o Elastic Compute Cloud, ou EC2, forneciam a maior parte da funcionalidade de uma sala de computação da retaguarda — mas que podia ser acessada remotamente e existia dentro dos enormes data centers com ar condicionado que a Amazon gerenciava em outras partes do país. Esses seriam os tons de discagem da explosão da internet no século XXI. Em 2007, a Amazon também introduziu um banco de dados primitivo chamado SimpleDB, para permitir que os clientes armazenassem e recuperassem conjuntos organizados ou "estruturados" de dados.

Entrar no negócio de bancos de dados, uma parte aparentemente chata do comércio que é na verdade um setor próspero e competitivo de 46 bilhões de dólares por ano, seria um dos caminhos mais importantes para levar a AWS ao sucesso. A própria Amazon usava o banco de dados relacional da Oracle para gerenciar a Amazon.com, e o tráfego cada vez maior da empresa sobrecarregava o software e ameaçava periodicamente a estabilidade do site, frustrando Bezos. Em seus centros de atendimento de pedidos e em sua loja on-line, Bezos sempre quis minimizar a dependência da Amazon de outras empresas, mas seus próprios recursos primitivos de banco de dados não estavam à altura da tarefa. Quando o SimpleDB demonstrou ser muito pesado e complexo para ser usado, os engenheiros da AWS começaram a trabalhar numa versão mais sofisticada, chamada DynamoDB, para lidar com os enormes volumes de tráfego endêmico da internet.[2]

O SimpleDB também foi usado avidamente por outro dos primeiros clientes da AWS para armazenar títulos e imagens em miniatura de seu catálogo de entretenimento: a Netflix. A startup de DVDs enviados pelo correio de Reed Hastings queria mover outras partes de sua operação de tecnologia para a nuvem enquanto se transformava em uma empresa de *streaming*. Para acomodá-la, a Amazon precisaria construir as versões em nuvem dos bancos de dados relacionais e uma ferramenta chamada de armazém de dados. Em 2010, Andy Jassy, diretor da AWS, e um vice-presidente chamado Raju Gulabani começaram a trabalhar no projeto, atualizando mais tarde o S Team sobre o progresso.

No encontro, segundo um participante, Gulabani projetou que levaria uma década até a Amazon obter sucesso na área de bancos de dados relacionais. "Aposto que levará mais de dez anos para fazer isso", disse Bezos, causando consternação momentânea entre a equipe da AWS. "Então, é melhor você começar agora." Compreendendo que bancos de dados robustos seriam uma das maiores oportunidades na computação em nuvem, Bezos aumentou significativamente o orçamento pedido por Jassy.

Gulabani foi atrás de outro executivo indiano, Anurag Gupta, da Oracle, e eles abriram um escritório no Vale do Silício. Nos anos seguintes, Gupta montou uma equipe que construiria vários bancos de dados da AWS em torno de ferramentas de software de código aberto gratuitas e cada vez mais populares, como MySQL e Postgres. Em 2012, a AWS introduziu o Redshift, um armazém de dados que permitia às empresas a análise dos dados armazenados na nuvem; em 2015, lançou o Aurora, um banco de dados relacional. Eram nomes tipicamente amazônicos: coisa de *geeks*, obscuros e incessantemente debatidos dentro da AWS, pois, de acordo com um de seus primeiros executivos, Bezos certa vez refletira: "Sabe, o nome é cerca de 3% do que importa. Mas, às vezes, 3% é a diferença entre ganhar e perder."

O nome "Redshift" foi sugerido por Charlie Bell, ex-engenheiro da Boeing no projeto do ônibus espacial da Nasa e vice-presidente sênior encarregado das operações da AWS; é o termo para a mudança que os astrônomos veem na luz, a coisa mais rápida que existe, emitida por um objeto celestial como uma estrela à medida que se afasta do observador. No entanto, Larry Ellison, então CEO da Oracle — cujo logotipo por acaso é vermelho —, via isso como papo furado corporativo e começou ele próprio a ver vermelho. Isso "nunca nos ocorreu e achei meio engraçado", disse Jassy mais tarde, ao saber da interpretação da Oracle. A rivalidade acirrada entre a Oracle e a Amazon, que já fervia com a entrada da Amazon no ramo de bancos de dados, se intensificou.

O portfólio de bancos de dados baseados em nuvem da AWS, além dos clássicos como S3 e EC2, atraiu empresas grandes e pequenas para a computação em nuvem, envolvendo-as ainda mais no abraço da Amazon. Depois de passar seus dados para os servidores da Amazon, as empresas tinham poucos motivos para suportar a inconveniência de transferi-los de volta. Ficavam também mais propensas a serem atraídas por outras aplicações lucrativas criadas pela AWS. Ao longo dos anos seguintes, as vendas e as margens operacionais da AWS começaram a disparar. "De todos os serviços que adicionamos, foi o portfólio de bancos de dados que ampliou o apelo da AWS", disse Taimur Rashid, ex-gerente da AWS.

Quase tão notável quanto a evolução da AWS para um negócio lucrativo na primeira metade da década de 2010 foi seu surgimento como uma organização distinta, uma ablação originada da própria geleira da Amazon. Em 2011, a divisão deixou o campus principal da empresa em South Lake Union e se mudou para a Eight Avenue, 1918, a oitocentos metros de distância, num arranha-céu de vidro de 150 metros de altura que a Amazon apelidou de Blackfoot. Fiel discípulo de Bezos, Jassy não pendurou nas paredes os artigos elogiosos, mas os críticos, incluindo uma matéria da *Businessweek* de 2006 cujo subtítulo dizia: "CEO da Amazon quer administrar seu negócio com a tecnologia por trás do site da empresa. Mas Wall Street quer que ele cuide da loja."[3]

A cultura da AWS era um microcosmo da Amazon: dura, implacável e focada em atender a padrões impossivelmente altos. Jassy e seus colegas gerentes faziam perguntas cruéis aos subordinados e atacavam qualquer um que não tivesse respostas adequadas ou não assumisse a responsabilidade por um problema de sua competência. As operações diárias eram guiadas por relatórios de seis páginas repletos de dados e pela contemplação obsessiva das necessidades dos clientes. Quando os funcionários retornavam com resultados sólidos, o debate sempre passava para como poderiam ter feito ainda melhor. Um ex-executivo descreveu a mentalidade da seguinte maneira: "Éramos muito bons em subir ao pódio para receber o ouro e reclamar que nossas medalhas não reluziam o bastante."

Os engenheiros receberam *pagers* e foram designados para turnos de plantão, quando deveriam estar disponíveis a qualquer hora para lidar com interrupções do sistema. Se um problema técnico sério surgisse enquanto os dispositivos estavam silenciados durante as reuniões na AWS, o programa de *pager* da Amazon contornava automaticamente o "modo silencioso" e a reunião explodia numa orquestra contínua de pings eletrônicos.

Em muitos aspectos, a filosofia de negócios de Jassy era um destilado daquela de Bezos. Alguns anos depois de ingressar na Amazon, em 1997, vindo da Harvard Business School, Jassy escapou por pouco da demissão num expurgo precoce do departamento de Marketing. Bezos o salvou, chamando-o de "um dos maiores potenciais entre os nossos", de acordo com Diego Piacentini, ex-integrante do S Team. Por dezoito meses, ele foi a primeira sombra em tempo integral de Bezos — ou consultor técnico. Essa novíssima função envolvia seguir o CEO de modo quase servil, e os colegas faziam delicadas provocações a Jassy por causa disso.

Jassy incorporava plenamente os valores da Amazon, como a frugalidade e a humildade. Costumava usar casacos esportivos baratos e alardeava seu entusiasmo por diversões como times esportivos de Nova York, *buffalo wings* e Dave Matthews Band. Mesmo enquanto seu patrimônio líquido disparava junto com o valor da AWS — Jassy recebeu ações da empresa no valor de 35 milhões de dólares só em 2016 —, ele evitava as manifestações ostentosas do sucesso, como viajar em jatinho particular. Jassy organizava uma festa anual por ocasião do Super Bowl na réplica de um bar de esportes que construíra no porão de sua casa em Seattle. Bezos compareceu todos os anos até 2019, quando, em outro vislumbre das mudanças drásticas à frente, apareceu no jogo de verdade, sentado no camarote do patrocinador.

Bezos gostava de dizer que "boas intenções não funcionam, mas bons mecanismos, sim".[4] Dentro da AWS, Jassy aplicava esse lema com ferocidade. Os ritmos de uma semana na AWS giravam em torno de vários "mecanismos" formais, ou processos ou rituais bem azeitados. Ideias para novos serviços, seus nomes, mudanças de preços e planos de marketing eram meticulosamente escritos em relatórios de seis páginas e apresentados a Jassy na sala de reuniões no vigésimo andar, apelidada de "The Chop" (o nome que Jassy e seu colega de quarto deram ao alojamento em Harvard, a partir de um romance que tiveram de estudar na disciplina de literatura europeia, *A cartuxa de Parma*, de Stendhal). Os executivos faziam perguntas técnicas difíceis e Jassy geralmente falava por último. Colegas disseram que ele exibia níveis quase desumanos de disciplina, permanecendo sentado em reuniões durante dez horas por dia e digerindo documentos densos e complexos sem esmorecer.

Os destaques da semana na AWS eram duas reuniões matinais na quarta-feira. Ao meio-dia, Jassy fazia a revisão de noventa minutos, em que os duzentos principais gerentes discutiam minúcias dos clientes, desenvolvimentos competitivos e a saúde financeira de cada unidade de produto. Mas o verdadeiro ponto alto da semana era o fórum que antecedia a reunião: um encontro de duas horas para a revisão das operações e a avaliação do desempenho técnico de cada serviço da web. Realizado na grande sala de reuniões no terceiro andar, era comandado pelo intimidante e direto Charlie Bell, o ex-engenheiro do ônibus espacial da Nasa.

Os executivos e engenheiros da AWS geralmente descrevem essa notável sessão com uma combinação de espanto e transtorno de estresse pós-traumático. Ao redor da grande mesa no centro sentavam-se mais de quarenta vice-presidentes e diretores, enquanto centenas de outros (quase todos homens) ficavam em volta ou ouviam pelo telefone em todo o mundo. De um lado da sala havia uma roleta multicolorida, com diferentes serviços da web, como EC2, Redshift e Aurora, listados ao redor do perímetro. A cada semana a roda girava (até 2014, quando passou a haver serviços demais e o software imitava a função da roleta); o objetivo, segundo Jassy, era garantir que os gerentes estivessem "por dentro das principais métricas de seus serviços durante toda a semana, porque eles sabem que há o risco de terem de falar sobre isso em detalhes".

Ser selecionado podia ser um momento definidor da carreira na AWS. Os gerentes podiam dar novo fôlego a seus projetos com uma apresentação abrangente e confiante. Mas, se empregassem uma linguagem ambígua, errassem dados ou transmitissem mesmo o mais vago indício de enrolação, então Charlie Bell se intrometia, às vezes com um comportamento incrivelmente condescendente. Para os gerentes, a falta de compreensão e comunicação profunda do posicionamento operacional de seu serviço podia resultar em fim de carreira.

No entanto, conforme a AWS se aproximava de seu aniversário de dez anos e as receitas aumentavam e os lucros cresciam, ela se tornou a divisão mais desejável para a elite de tecnologia da Amazon, uma espécie de Ivy League entre todas as unidades de negócios. Ficar e prosperar entre os gênios e seus rituais diabólicos equivalia a ganhar uma medalha de honra.

* * *

Nos primeiros anos, Bezos mergulhou pessoalmente nos detalhes da AWS, editando páginas da web para os primeiros produtos, revisando relatórios de receita do EC2 e, por vezes, respondendo com emojis de rostinhos sorridentes. Com o tempo, conforme se fixava em empreendimentos mais novos, como a Alexa e as lojas Amazon Go, ele permitiu que Jassy comandasse a AWS de maneira autônoma, deixando de olhar para o negócio com regularidade, exceto para revisar decisões de investimento significativas e supervisionar as reuniões anuais de planejamento OP1 e OP2, quando em geral pressionava por maneiras de conectar a AWS com outras partes dos negócios da Amazon. "Jeff estava muito envolvido, quase como um investidor na empresa", disse Joe DePalo, um ex-executivo da AWS. "Ele fazia perguntas, cutucava e passava em revista. Mas, no dia a dia, Andy operava de forma independente."

Bezos também serviu como uma espécie de guru estratégico para Jassy e sua equipe de liderança. Quando a Google e a Microsoft despertaram para o potencial da computação em nuvem e começaram a investir pesadamente em suas iniciativas concorrentes, ele pediu a Jassy que pensasse em maneiras de proteger as vantagens da Amazon. "Você construiu este adorável castelo e agora todos os bárbaros virão montados em cavalos para atacá-lo", disse Bezos, de acordo com um ex-executivo da AWS. "Você precisa de um fosso; qual é o fosso ao redor do castelo?"

Em janeiro de 2015, uma das respostas de Jassy foi a aquisição, por 400 milhões de dólares, de uma fabricante de chips sediada em Israel, a Annapurna Labs, com o objetivo de construir microprocessadores de baixo custo e alto desempenho para os servidores da Amazon e buscar uma vantagem de custo nos data centers da empresa que os concorrentes não conseguiriam imitar.

Bezos teve outro impacto na AWS: tanto ele quanto Jassy defenderam o ocultamento dos detalhes financeiros da divisão da vista do público, mesmo em meio ao ceticismo generalizado que estrangulou a empresa e o preço de suas ações em 2014. No ano seguinte, porém, o departamento Financeiro da Amazon argumentou que a receita da divisão estava se aproximando de 10% das vendas gerais da empresa e, acabaria caindo na exigência de relatórios sob a lei federal. "Eu não estava muito interessado em revelar nossas finanças, porque elas continham informações competitivas úteis", admitiu Jassy.

No entanto, naquele mês de janeiro, a Amazon sinalizou que reportaria pela primeira vez os resultados financeiros da AWS em seu relatório trimestral, e os investidores se prepararam para isso. Muitos analistas previram que a AWS seria revelada apenas como mais um "projeto científico" da Amazon — um negócio ruim e de baixa margem que estaria minando a energia dos esforços mais avançados da empresa no varejo.

Na verdade, constatou-se o oposto. Naquele ano, a AWS teve uma taxa de crescimento de 70% e margem operacional de 19,2%, em comparação com a taxa de crescimento de 25% do grupo de varejo da América do Norte e margem operacional de 2,2%.[5] Jorrava dinheiro na AWS, embora ela consumisse depressa a maior parte desses recursos para ampliar ainda mais sua capacidade de computação e acompanhar as empresas de internet em rápido crescimento, como o Snapchat, que se amontoavam em seus servidores.

Esse relatório foi uma grande surpresa para os analistas e investidores que monitoravam e examinavam a Amazon, e provavelmente uma surpresa ainda maior para a Microsoft, a Google e o resto do mundo da computação corporativa. Zombeteiramente, o analista Ben Thompson chamou esse relatório de lucros de abril de 2015 de "um dos maiores e mais importantes IPOs da indústria da tecnologia".[6] Após ser revelado, a avaliação de mercado da Amazon disparou quase 15% num único dia, ultrapassando a marca de 200 bilhões de dólares pela primeira vez e eliminando o mito de que a Amazon era uma máquina destinada a perpetuamente perder dinheiro.

*　*　*

Alguns meses antes da publicação do relatório, o S Team vinha analisando a perda de terreno da Amazon na China e o sucesso da extravagância anual de compras de fim de ano do Alibaba, o Dia dos Solteiros. Nos últimos cinco anos, o rolo compressor de comércio eletrônico de Jack Ma transformou a data de 11 de novembro num híbrido de Black Friday e Dia dos Namorados, oferecendo um frenesi de ofertas que em 2014 gerou mais de 9 bilhões de dólares em vendas e um tsunami confiável de divulgação gratuita.[7]

Em sua apresentação sobre a China, o diretor internacional Diego Piacentini propôs que a Amazon criasse seu próprio festival de compras. Jeff Bezos achou que era uma boa ideia, mas na época estava obcecado em ligar tudo ao sedutor serviço Prime da Amazon. Ele sugeriu que a empresa estendesse a data globalmente e que a empregasse para tentar angariar novos membros ao Prime.

A atribuição foi transmitida a Greg Greeley, vice-presidente encarregado do Prime, que por sua vez a entregou a um de seus adjuntos, a veterana executiva Chris Rupp. Rupp sabia que os clientes da Amazon estavam acostumados a gastar livremente na Black Friday e na Cyber Monday, e que outro evento de compras de Natal apenas alteraria em algumas semanas a data de suas compras eletivas. Ela também sabia que a Amazon não explorava particularmente bem a temporada de compras de verão conhecida como "volta às aulas", um período marcado por rituais de varejo como a liquidação de aniversário da Nordstrom.

A proposta subsequente de Rupp — de realizar o evento no meio do verão — gerou um acalorado debate na Amazon. Ela argumentou que os clientes tinham dinheiro para gastar durante o verão, e que a Amazon poderia explorar o excesso de espaço dos armazéns construídos para a alta temporada. Os executivos da cadeia de suprimentos da Amazon, que passavam verões relativamente tranquilos se preparando para o fim de ano, tinham pouco interesse em lidar com um pico de vendas no meio do ano. "Eu enfrentei todo tipo de resistência, mas tinha bons motivos para insistir", disse Rupp.

Greeley e Rupp apresentaram a proposta ao S Team em janeiro de 2015 e obtiveram a aprovação de Bezos. "Não façam nada complicado. O Prime Day precisa significar uma coisa, e temos que fazer isso muito bem", disse.[8] No apêndice, ele destacou uma seção que visava a dez mil ofertas para o Prime Day, uma seleção maior do que da Black Friday.[9] Para cumprir esse objetivo, eles teriam que persuadir as equipes de merchandising da Amazon a se unirem por trás da meta e negociar com os fornecedores para obter descontos.

No início de março, uma integrante da equipe de Rupp, uma gerente de produto de trinta anos chamada Meghan Wulff, foi encarregada do evento. Wulff seria a "líder de linha única de execução" do Prime Day, com foco exclusivo no evento (e em tentar afastar a paranoia característica da Amazon de que, a qualquer momento, poderia arruinar as coisas e ser demitida). Por se tratar de um evento global e destinado a ser repleto de surpresas, Wulff e um colega o apelidaram de "Projeto Piñata", exigindo uma manobra de teclado estranha cada vez que escrevia o nome em um documento ou no e-mail. "Nunca mais vou colocar um ñ no nome de um projeto", brincou Wulff.

Ela agora precisava cunhar um feriado de compras inteiramente novo num prazo impossível. A Amazon queria realizá-lo em 15 de julho, para marcar o vigésimo aniversário da primeira venda na amazon.com. Em maio, Wulff embarcou numa viagem relâmpago para Tóquio, Londres,

Paris e Munique a fim de tentar juntar uma confederação de comerciantes, profissionais de marketing e executivos da cadeia de suprimentos da Amazon e conseguir seu apoio para uma iniciativa da qual quase todos duvidavam. O Prime Day ainda não existia, então havia poucos motivos para as equipes de varejo e publicidade da Amazon jogarem tudo para o alto e convencerem os fornecedores a apoiá-lo. "Eu tinha a sensação de que estava executando um esquema de pirâmide", disse Wulff. Somente o imprimátur de Bezos motivava outros executivos da Amazon a abandonar a apatia e entrar na linha.

Conforme a data se aproximava, Wulff e Rupp começaram a perceber que poderia haver mais interesse no Prime Day do que as duas suspeitavam. Bezos queria entrar nos detalhes e revisar os materiais promocionais. O programa *Good Morning America* estava interessado em fazer uma prévia do evento. "No início pensamos 'isso é fantástico'", disse Rupp, "e então, 'espere um minuto, isso pode ser maior do que pensávamos.'"

A Amazon em 2015 havia se movido para o *Zeitgeist* de uma forma que talvez nem mesmo seus executivos tivessem reconhecido. O Prime Day teve início no Japão, onde o site local saiu do ar rapidamente devido ao grande número de acessos, depois se espalhou pela Europa e, finalmente, pelos Estados Unidos, onde a reação da mídia social foi rápida — e brutalmente negativa. Os compradores remotos ignoraram a hashtag proposta pela Amazon, #HappyPrimeDay, e acessaram o Twitter para criticar a empresa por itens esgotados, descontos em produtos triviais como detergentes e uma abundância de ofertas sem graça. "Eu continuo enxergando a liquidação Amazon #PrimeDay como uma namorada convencida de que as coisas vão melhorar", dizia um típico post no Twitter. "O melhor negócio que vi até agora foi um desconto de 15% numa caixa de biscoitos recheados", dizia outro.

Rupp, Wulff e sua equipe transformaram uma sala de reuniões de Seattle no Edifício Arizona, da Amazon, em uma sala de guerra. Passaram dois dias e duas noites monitorando o tráfego e promovendo todas as ofertas que podiam. Wulff se lembra de ter ido para casa dormir algumas horas e depois voltar. Em meio ao caos, Jeff Wilke apareceu e fez uma preleção estimulante. O evento acabou sendo o maior dia de compras da história da Amazon, mas, considerando a dificuldade para que os fornecedores embarcassem naquele primeiro ano, Wulff não se surpreendeu com a reação negativa nas redes sociais.

Nos bastidores, "Jeff perdeu a cabeça" com a reação negativa on-line, disse Craig Berman, um vice-presidente sênior de relações públicas que estava numa competição de natação do filho em Oregon quando se abriram os portões do inferno. "Ele berrava para mim e para minha equipe que precisávamos deixar claro que aquelas não eram ofertas de merda. Ele agia como um maníaco, dizendo: 'Consertem isso! Vocês têm que mostrar que o evento é um sucesso!'"

Berman e uma colega de relações públicas, Julie Law, começaram a examinar os números de vendas e a liberar o máximo de informações possível sobre os produtos em oferta e com que rapidez eles estavam sendo vendidos. Isso não satisfez a multidão das mídias sociais, mas os relatos da imprensa sobre o Prime Day foram mais equilibrados. "Para crédito de Jeff", disse Berman, "existe apenas uma chance de causar uma primeira boa impressão. Ele tinha se envolvido pessoalmente".

Poucos dias depois, a equipe do Prime Day se reuniu na cozinha do escritório no Edifício Arizona para reconhecer o fim da jornada exaustiva e se revezou dando golpes numa *piñata* de verdade. Mas houve pouco tempo para comemorações. Rupp e Wulff foram convidadas a escrever um relatório de seis páginas resumindo os resultados mistos do dia: 34,4 milhões de itens comprados, incluídos 24 mil panelas de pressão programáveis 7 em 1 Instant Pot, e 1,2 milhão de novas contas Prime iniciadas em todo o mundo, de acordo com um documento interno. O texto também destacou que "alguns de nossos membros e a imprensa foram bastante eloquentes, sobretudo nos Estados Unidos, alegando que as ofertas eram aleatórias, a experiência desajeitada e que o evento foi uma decepção".

Anos depois, Wulff refletiu sobre o episódio com melancolia, considerando-o um bom exemplo do princípio de liderança da Amazon segundo o qual os líderes devem ser "verbalmente autocríticos". "Foi então que aprendi uma lição: a de que, apesar de você ter acabado de gerar o maior dia de receitas na história da Amazon, sua primeira frase é 'Estragamos tudo'."

Um ano para engolir sapos

* * *

Após a revisão do Prime Day, Chris Rupp estava exausta. Ela resolveu tirar um período sabático atrasado e, enquanto estava fora, aceitou uma proposta para trabalhar na Xbox, da Microsoft. Daquele primeiro Prime Day, ela dizia: "Foi duro, duro, duro."

Depois de viajar pelo mundo como líder de linha de execução única, Meghan Wulff estava cansadíssima. "Eu estava esgotada, emocional e fisicamente, e tirei algumas semanas de folga para me recuperar e refletir", disse ela. Quando Greg Greeley e a equipe do Prime começaram a trabalhar no evento do ano seguinte, Wulff se recusou a liderá-lo de novo e procurou outra função dentro da empresa. Nos anos seguintes, ela assumiria várias funções na Amazon, inclusive a de consultora técnica da nova vice-presidente sênior de recursos humanos, Beth Galetti.

Em 2019, Wulff tirou uma licença sabática da empresa e foi visitar a família na Carolina do Norte. Ela havia sido criada com quatro irmãos mais velhos numa família com dificuldades financeiras e, num momento de descuido, fez alguns comentários críticos no estilo Amazon para sua adorada mãe, que respondeu com calma: "Por favor, pare de usar os princípios de liderança em nosso relacionamento."

Como se uma névoa pesada tivesse se dissipado de repente, Wulff começou a pensar sobre seu tempo na Amazon sob uma nova luz. Sentia-se grata pela experiência, mas confusa. Ela adorava a "bela máquina de colaboração", a forma como aprendera sobre disciplina operacional e as amizades duradouras que havia feito. Ao mesmo tempo, também sentia que tinha "dado mais do que recebido" e que não gostava de quem estava se tornando como líder ou pessoa.

Wulff começou a se perguntar: será que o impacto geral da obsessão da Amazon pelos clientes sobre as empresas locais, o clima e os trabalhadores dos armazéns valia a pena? Por que não havia mais mulheres e outras minorias sub-representadas no S Team? Por que o ambiente de trabalho era tão punitivo e por que ela o perpetuava? Como funcionária, ela precisara conquistar a confiança de seus colegas e superiores todos os dias trabalhados na Amazon. E Jeff Bezos, ela se perguntou, teria conquistado sua confiança?

Wulff, então, se juntou às fileiras de um enorme clube: tornou-se uma ex-funcionária desiludida. "Em algum momento do caminho, a missão deixou de ser admirável e se tornou uma percepção desconfortável de que, a meu ver, Jeff Bezos muitas vezes não fazia escolhas admiráveis", disse ela. "Ele continua a acumular uma quantidade obscena de dinheiro e a fazer muito pouco com ele para o bem da sociedade."

Ela questionava até mesmo a farra anual de descontos que ajudara a criar. Quando uma matéria na *Fast Company* sugeriu que o Prime Day manipulava cinicamente os compradores para que adquirissem coisas de que não precisavam, ela se identificou com a sugestão.[10] "Era uma festa de compras", disse Wulff categoricamente. "Estávamos convencendo as pessoas a comprar Instapots e a aderir a um programa de fidelidade voltado para que gastassem mais na Amazon."

Wulff deixou a empresa em 2019 e ingressou na Zillow, uma imobiliária on-line de Seattle. Cancelou sua assinatura Prime pouco tempo depois, jogou fora seus Amazon Echos e fechou permanentemente sua conta na Amazon.

***

Apenas uma semana após o primeiro Prime Day, a Amazon anunciou seu segundo relatório consecutivo de ganhos arrasadores em 23 de julho de 2015, registrando lucro e capitalizando o impulso alimentado pela AWS. As ações subiram 18% da noite para o dia e geraram um realinhamento importante do universo empresarial. Pela primeira vez, a capitalização de mercado da Amazon ultrapassava a da Walmart; ela se tornava o varejista mais valioso do planeta.[11] Para comemorar o vigésimo aniversário oficial da primeira venda da empresa, mas também, sem dúvida, seu novo sucesso, os funcionários invadiram o CenturyLink-Field de Seattle um dia depois para desfrutar um show particular da dupla de hip-hop local Macklemore e Ryan Lewis.[12]

Mas a festança seria passageira. Se a emergência da AWS e a rápida execução do Prime Day foram testemunhos da cultura criativa e ágil da Amazon, os efeitos negativos também estavam à mostra — isto é, o ritmo implacável e a autocrítica que afastavam muitos funcionários e contribuíam para a alta rotatividade na empresa. Naquele mês de agosto, esses descontentamentos vieram à tona quando o *The New York Times* publicou uma matéria extensa e danosa intitulada "Inside Amazon: Wrestling Big Ideas in a Bruising Workplace" [Por dentro da Amazon: Brigando por grandes ideias num local de trabalho tóxico].[13]

Os repórteres Jodi Kantor e David Streitfeld descreveram um ambiente de reuniões combativas, padrões excessivamente elevados, semanas de trabalho de oitenta horas e funcionários que viviam chorando a suas mesas. Eles relataram que funcionários que sofriam de doenças graves, abortos espontâneos ou outras crises pessoais eram penalizados profissionalmente. E descreveram a prática de "classificação hierárquica", ou melhor, a dispensa regular dos trabalhadores menos produtivos, o que resultava num "darwinismo com propósito" que criava um ambiente de medo.

Em resposta à matéria, o combativo novo vice-presidente sênior de políticas e comunicações da Amazon, Jay Carney, rompeu com a aversão da empresa a enfrentar seus críticos publicamente e escreveu um post no *Medium* alegando que a matéria "deturpava a Amazon".[14] Uma contratação badalada do ano anterior, Carney era ex-secretário de imprensa da Casa Branca do presidente Barack Obama e diretor de comunicações do então vice-presidente Joe Biden. Ele alegou que os repórteres violavam os padrões jornalísticos e atacou uma fonte primária com detalhes privados de sua ficha funcional, afirmando que ele fora demitido por comportamento impróprio e guardava rancor da empresa. A partir desse momento, a Amazon se tornou muito mais aberta e belicosa quando se tratava de se defender na imprensa. Os executivos não se sentiam mais à vontade dizendo apenas a si mesmos que haviam sido "mal interpretados".

O post de Carney surgira após um e-mail interno enviado por Jeff Bezos a todos os seus cerca de 220 mil funcionários em tempo integral, no qual os incentivava a ler a reportagem, mas afirmava que ela "não descreve a Amazon que conheço nem os zelosos funcionários com quem trabalho todos os dias".[15] Bezos pediu a todos que enviassem histórias semelhantes de comportamento cruel dos gestores para o departamento de Recursos Humanos ou diretamente para ele em seu conhecido endereço de e-mail, jeff@amazon.com. Algumas centenas fariam isso, e os e-mails seriam encaminhados a um dos executivos de Recursos Humanos mais antigos da Amazon: David Niekerk.

Formado em West Point e veterano do Exército dos Estados Unidos com histórias de combate que não tinha liberdade para discutir, Niekerk estava no Brasil quando a matéria do *The New York Times* foi publicada, preparando-se para o lançamento da Amazon no país. Ele teve a mesma reação defensiva de muitos outros funcionários: a reportagem lhe parecia sensacionalista e usava anedotas negativas para chegar a conclusões injustas. "Trabalhar na Amazon é como estar num campo de treinamento olímpico", disse-me Niekerk alguns anos depois. "Existem padrões muito elevados e uma pressão para fazer tudo, o tempo todo." Ao mesmo tempo, ele havia testemunhado muitos casos de má gestão e podia admitir que havia algo de familiar no relato do *The New York Times*.

O próprio Bezos era o arquiteto da cultura da Amazon e via com ceticismo a maneira convencional como os recursos humanos eram geridos em muitas empresas. Outros CEOs do Vale do Silício tinham níveis variados de desinteresse em se envolver na sujeira do RH e da construção da cultura. Steve Jobs, por exemplo, ao retornar em tempo integral à Apple, em 1997, dirigiu-se a um público de funcionários de Recursos Humanos da empresa em Cupertino e disse-lhes sem rodeios: "Tenho a impressão de que vocês não passam de um bando de cracas."[16]

Bezos, em contrapartida, mergulhava nos detalhes tediosos de RH e tentava formular mecanismos para substituir as boas intenções. Ele era um estudante de organizações, cultura e inovação. No começo, sempre queria contratar as pessoas mais inteligentes em vez dos melhores líderes, e dizia aos executivos de RH como Niekerk que cabia a eles treiná-los para serem bons gerentes.

Bezos também defendia a prática de classificação hierárquica, em que os funcionários eram avaliados por seus gerentes com base no desempenho, com a eliminação daqueles de pior resultado. Niekerk lembrou que Bezos absorvera essa prática do livro *Topgrading*, de Bradford D. Smart, que ajudou o lendário CEO Jack Welch a estabelecer um sistema de contratação na General Electric que classificava os candidatos a empregos como Jogadores A, Jogadores B e Jogadores C. Bezos queria aplicar esses princípios não apenas no recrutamento, mas também dentro da empresa.

"A maior dor que um líder pode sentir são as vagas abertas em sua organização", disse a Niekerk certa vez. "Isso significa que os líderes hesitarão muito em deixar alguém ir embora." Bezos suspeitava que não se podia confiar que os gerentes aderissem voluntariamente ao incômodo de contratações adicionais, e temia que a tolerância com profissionais medíocres se espalhasse pela companhia e corroesse a "mentalidade do Dia 1". A classificação hierárquica obrigaria os gerentes a atualizar o talento em suas equipes. "As pessoas achavam que era um processo mesquinho, e até certo ponto era mesmo", disse Niekerk. "Mas, considerando o panorama geral, isso manteve a Amazon atualizada e inovadora."

Enquanto a Amazon crescia, demitir os funcionários com baixo desempenho não era suficiente. Bezos parecia crer que uma força de trabalho excessivamente confortável ou abastada também poderia condenar a Amazon. Os funcionários ainda tinham paixão pelo trabalho? Ou estavam apenas esperando recompensas cada vez maiores, drenando a energia da empresa enquanto aguardavam o enriquecimento e a aposentadoria? Bezos eliminou quaisquer cabides financeiros, como o aumento constante de concessões de ações, que poderia manter as pessoas na empresa, mesmo que já não estivessem mais envolvidas no trabalho.

O pacote de remuneração típico da Amazon refletia essas prioridades. Ele apresentava um salário-base padrão de cerca de 150 mil dólares, luvas e uma concessão de ações em parcelas de 5%, 15%, 40% e 40% ao longo de quatro anos. A combinação de salário e ações formava, portanto, a remuneração-alvo total de um funcionário.

Se não dessem certo na Amazon ou se perdessem o emprego nos primeiros anos, os funcionários não recebiam todas as ações nem o restante do valor das luvas rateado. E se o preço das ações da Amazon aumentasse mais de 15% em determinado ano e a remuneração anual total do funcionário excedesse o alvo, as concessões de ações subsequentes por desempenho seriam menores e se estenderiam por muitos anos, podendo até ser canceladas.

Assim, depois de anos em que o valor das ações da Amazon subiu muito além de 15%, muitos funcionários se depararam com aquilo que chamaram de "abismo" da remuneração total. Eles estavam ganhando bem mais do que o alvo e tinham visto suas concessões de ação sofrerem uma grande queda. Esse era mais um motivo para que a rotatividade dos executivos experientes na Amazon fosse relativamente alta. E explicava por que funcionários valorizados como Chris Rupp e Meghan Wulff aproveitaram oportunidades fora da empresa. (O próprio Bezos ganhava pouco menos de 82 mil dólares por ano e não recebia nenhuma compensação adicional baseada em ações além de sua grande participação acionária inicial; sua riqueza foi gerada puramente pelo aumento constante do preço das ações da Amazon.)

Bezos entendia que, em alguns setores, tudo isso poderia tornar a Amazon um lugar impopular para se trabalhar. Mas ele também sentia que os benefícios considerados nas badaladas pesquisas de mídia sobre a qualidade do local de trabalho — como remuneração generosa, férias ilimitadas e refeições e massagens gratuitas — tinham pouco a ver com a paixão e o propósito que os funcionários traziam para seus empregos. "Certa vez, ele me disse: 'Se um dia aparecermos entre os 'cem melhores lugares para trabalhar nos Estados Unidos', isso significa que você estragou tudo'", disse Niekerk. (Infelizmente, a Amazon logo se tornaria um esteio dessas listas.)[17]

Apesar de Niekerk estar se preparando para a aposentadoria em 2015, a Amazon tinha mais uma missão para o velho soldado. Quando cerca de 250 funcionários enviaram suas histórias de terror diretamente ao CEO e ao Recursos Humanos após a matéria do *The New York Times* e o e-mail geral de Bezos para a empresa, todos foram encaminhados para Niekerk. Nos quatro meses seguintes, ele consolidou e revisou as histórias e elaborou um artigo oferecendo dez cursos de ação que a empresa poderia tomar para resolver os problemas que emergiram. Por exemplo, ele sugeriu que todo líder deveria ser obrigado a fazer um curso chamado "As Life Happens" [Enquanto a vida acontece], para aprender como administrar com sensibilidade um funcionário cuja vida pessoal pode estar interferindo em suas obrigações de trabalho.

Niekerk lembrou que os colegas que leram seu artigo disseram ter sido uma das melhores análises que eles tinham visto dos desafios culturais que, obviamente, assolavam a empresa em seu vigésimo aniversário.

Um ano para engolir sapos

Mas, antes que o estudo fosse adiante, os advogados da Amazon o liquidaram. As histórias que os funcionários enviaram a pedido de Bezos, afirmaram eles, eram unilaterais e não verificadas. As recomendações, portanto, não passavam de "frutos de uma árvore envenenada". Niekerk aposentou-se logo depois e seu relatório nunca chegou ao S Team.

No entanto, depois da matéria do *The New York Times*, a Amazon fez várias mudanças em sua cultura que, segundo ela (de forma um tanto duvidosa), já estavam em andamento antes da publicação da reportagem. Apesar de reagir de forma defensiva em público, Bezos parecia reconhecer, no âmbito privado, que havia aspectos valiosos na crítica e que uma cultura forjada para apoiar o ritmo maníaco de uma startup precisava evoluir e acompanhar uma empresa em amadurecimento com 230 mil funcionários.

Por exemplo, a prática da classificação hierárquica e a definição de metas de desgaste para cada equipe foram amplamente descartadas; os gerentes não eram mais obrigados a passar por sessões polêmicas sobre quem despedir. Os funcionários tiveram a oportunidade de mudar de função sempre que desejassem, mesmo tendo ingressado recentemente na empresa, para que sempre fosse possível escapar de um mau gerente. Isso obrigou os gestores a serem mais solícitos com seus subalternos. A Amazon também instituiu um processo de recurso interno para julgar casos em que os funcionários eram colocados em planos de melhoria de desempenho ou enfrentavam a demissão.[18] Além disso, implementou um programa singular de licença parental que permitia aos funcionários dividir o tempo livre em intervalos diferentes dentro de um período de doze meses ou compartilhá-lo com um cônjuge cujo trabalho não oferecia tal benefício. Ele também instituiu mudanças menores, como permitir que as novas mães usufruíssem o Milk Stork, um serviço que lhes possibilitava enviar leite materno refrigerado para casa quando viajavam a negócios. Depois da matéria do *The New York Times*, uma executiva disse: "Temos muito mais liberdade para tomar decisões humanas."

A maior mudança talvez tenha sido no sistema de avaliação de desempenho, já em vigor havia uma década. O sistema antigo exigia que todos os colegas de trabalho de um funcionário escrevessem avaliações extensas e as enviassem para o seu gestor direto, que então as agrupava numa única avaliação para uma conversa individual com o funcionário, que tendia a culminar num emaranhado contencioso sobre as suas deficiências. "Em uma pesquisa realizada com os funcionários da Amazon, descobrimos que 90% ficavam mais desmotivados depois da resenha do que antes, mesmo se fossem considerados entre os melhores", disse a diretora do RH, Beth Galetti, a quem pediram que "simplificasse de forma radical" o processo de avaliação, após ela ter assumido o comando do RH, alguns meses depois da publicação da matéria do *The New York Times*.

Nesse sistema renovado de avaliação de desempenho, colegas e gerentes foram solicitados a escrever sessenta palavras descrevendo o "superpoder" de um funcionário e outras sessenta para descrever uma "ideia de crescimento" para o ano seguinte. "Era tudo uma questão de olhar para a frente e ser motivador", disse Galetti.

Bezos também admitiu que o antigo processo havia se tornado muito negativo, explicando sua repentina apreciação desse fato a um grupo de grandes investidores da Amazon numa reunião privada: "Imagine se você se sentasse com a sua esposa uma vez por ano. Você diz a ela todas as coisas incríveis que adora nela, mas então, no final da conversa, acrescenta: 'Além disso, você está um pouco gorda.' Essa é a única coisa da qual ela vai se lembrar depois!"

Depois de fazer a piada, Bezos começou a rir, de acordo com um investidor presente à reunião: "Queremos um sistema de avaliação de desempenho que não diga aos nossos funcionários que eles estão gordos."

***

No fim de 2015, havia poucas dúvidas sobre a ascensão da Amazon. A empresa registrara seu terceiro lucro trimestral consecutivo, junto com um crescimento de 69% nas vendas na próspera divisão AWS de Andy Jassy. A capitalização de mercado da Amazon dobrou no intervalo de um ano e ficou em 315 bilhões de dólares. Para Steve Ballmer e os outros céticos, foi um ano para engolir sapos. Ao mesmo tempo, a Amazon se tornou a empresa mais rápida da história a ultrapassar 100 bilhões de dólares em vendas anuais, cumprindo uma meta de longa data de Bezos e do S Team.

Em sua carta anual aos investidores no mês de abril seguinte, Bezos alardeou aquele marco e tentou dar a palavra final no debate sobre a cultura da Amazon. "Você pode pôr no papel sua cultura corporativa, mas, ao fazê-lo, você a está descobrindo, revelando, não a criando", escreveu ele. "A cultura corporativa é criada lentamente ao longo do tempo pelas pessoas e pelos eventos — pelas histórias de sucesso e fracassos passados que se tornaram uma parte profunda da tradição da empresa."

Os acontecimentos de 2015 se somariam a essa história já tão rica. Ao longo de doze meses críticos, a transformação drástica da Amazon aos olhos do mundo foi acompanhada apenas pela reforma da imagem do próprio fundador. Ele passara a ser conhecido como um capataz corporativo que arquitetara uma cultura de eficiência inquestionável; o genial inventor por trás do Kindle e da Alexa, mas também um CEO versátil que criara uma plataforma de computação corporativa capaz de gerar lucros. Jeff Bezos continuou a encarar com desconfiança a maior parte da cobertura da mídia sobre a Amazon; mas, ao mesmo tempo, por meio de um conjunto de circunstâncias improváveis, estava prestes a se tornar conhecido como um eloquente defensor da imprensa livre.

CAPÍTULO 5

"A democracia morre na escuridão"

O que levou Donald J. Trump a investir contra o *Washington Post*? Talvez os meses de cobertura crítica da sua campanha presidencial pelo terceiro maior jornal dos Estados Unidos. Ou a coluna "Fact Checker", publicada por Glenn Kessler em 7 de dezembro de 2015. Naquela manhã, o repórter examinou a absurda afirmação de que Trump previra a ameaça representada por Osama bin Laden antes do 11 de Setembro. "Previ Osama bin Laden", dissera num evento de campanha em Knoxville, Tennessee.[1] "Previ o terrorismo. Posso senti-lo, como posso sentir um bom negócio no ramo de imóveis." Por essa afirmação, Kessler atribuiu a Trump a nota mais alta em sua escala de desonestidade: "quatro Pinóquios".

Depois das sete da manhã na Costa Leste, Trump reagiu com um tiroteio de tuítes para a Amazon.com, o *Washington Post* e o seu proprietário: Jeff Bezos.

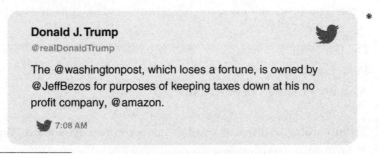

*

_____

* As traduções dos tuítes citados no livro estão na página 489.

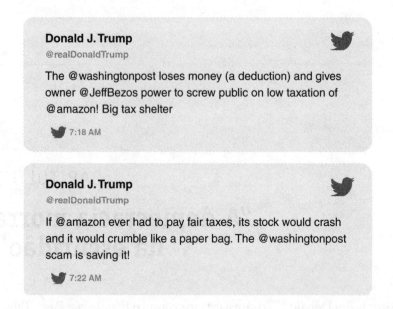

As alegações de Trump eram tão tênues quanto sua arrogância a respeito de Bin Laden; os resultados financeiros do *Washington Post* não tinham qualquer impacto sobre os impostos corporativos da Amazon. Em agosto de 2013, por 250 milhões de dólares pagos à vista, Bezos adquirira o jornal em apuros como pessoa física e tentava manter separados seus dois bens relevantes. No entanto, o oportunista candidato do Partido Republicano atropelava as cuidadosas tentativas de compartimentalização de Bezos.

Mais tarde na mesma manhã, do outro lado do país, em Seattle, Bezos enviou um e-mail a Jay Carney, seu vice-presidente sênior para assuntos corporativos globais. A resposta não apenas mostra o surpreendente apreço por emoticons da parte de Bezos, como também deu margem a uma conversa reveladora que me foi encaminhada alguns anos depois.

De: Jeff Bezos
Para: Jay Carney
Assunto: Provocações de Trump

Trump acaba de disparar insultos contra mim/a Amazon/o WaPo. Acho que lhe devo uma resposta malcriada. Não quero deixar passar.

"A democracia morre na escuridão"

É uma oportunidade útil (dever patriótico) de fazer a minha parte para esvaziar esse sujeito que seria um presidente de meter medo. Não sou um provocador experiente, mas estou disposto a aprender. :) Alguma ideia?

É uma questão estratégica também: vou dar uma entrevista a uns jornalistas alemães, agendada há muito tempo, e talvez me perguntem sobre isso.

O estilo de Carney com a imprensa no que dizia respeito a artigos sobre a Amazon que não agradavam à empresa (ou seja, a maioria) era partir para o pugilato. Ele conseguira convencer Bezos — que achava que reagir às críticas da mídia apenas estimulava seus ataques — a lhe permitir contestar certas coberturas, como a reportagem do *New York Times* que expôs a cultura corporativa da Amazon. Mas, com relação a Donald Trump, Carney, com sua habilidade política, percebeu um jogo cínico e aconselhou Bezos a não se envolver.

De: Jay Carney
Para: Jeff Bezos
Assunto: Re: Provocações de Trump

Discutimos o assunto e achamos melhor apenas garantir que os repórteres saibam que o WaPo e a Amazon não têm nenhuma conexão. Ele está jogando para a sua base de eleitores descontentes, batendo na imprensa e nos grandes negócios em um único tuíte. Para ele, politicamente, não importa se entendeu tudo errado. Por mais que eu gostasse de abaixar a crista dele, acho que você o estaria ajudando se reagisse na mesma moeda. Em toda briga que ele entra, a campanha ganha mais gás.

Se os alemães lhe perguntarem sobre isso, recomendo que diga: "Vocês sabem que a Amazon e o *Washington Post* são duas empresas completamente separadas. Não sei muito bem do que ele está falando."

Amazon sem limites

Em circunstâncias normais, Bezos prontamente aceitaria o conselho de Carney para ficar quieto, como vinha fazendo ao longo dos anos, mas agora as posições estavam invertidas. Os alvos de Trump àquela altura incluíam seus rivais nas primárias do Partido Republicano, jornalistas famosos e figuras empresariais importantes, como Barry Diller. Bezos estava aparentemente ansioso para se juntar a esse clube seleto. Desejava enfrentar Trump, contestar suas imprecisões e defender o jornal.

De: Jeff Bezos
Para: Jay Carney
Assunto: Re: Provocações de Trump

Essa parece ser uma das vezes em que eu talvez ignore um bom conselho! ;) Será que vocês podem me apresentar algumas boas opções para que eu possa avaliar os detalhes?

Ao longo das horas seguintes, Carney conversou por e-mail e telefone com os vice-presidentes de relações públicas da Amazon, Drew Herdener, Craig Berman e Ty Rogers. Eles ponderaram e descartaram a ideia de afirmar que a Amazon e o *Washington Post* "são tão separados quanto os dois lados do cabelo de Trump". Berman sugeriu reservar um assento para Trump na nave espacial Blue Origin, uma manobra inteligente que desviava o foco para uma terceira empresa de Bezos. Carney gostou da ideia e sugeriu-a a Bezos, que pediu que fosse incluída uma menção a seu sentimento de pesar pela "exclusão" que vinha sofrendo até então nas denúncias infundadas de Trump.

Finalmente chegaram a uma resposta perfeita e decidiram incluir um link para um vídeo de lançamento da Blue Origin:

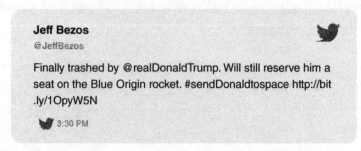

"A democracia morre na escuridão"

Inexoravelmente atraído para o caos e o conflito, Trump logo reagiu, denunciando numa entrevista na TV que Bezos adquirira o *Washington Post* para exercer influência política e prometendo que a Amazon iria "enfrentar problemas" caso ele fosse eleito.[2] Mais tarde, coroou sua tentativa de deslegitimar o jornal ao rotulá-lo de #AmazonWashingtonPost. Jeff Bezos entrara oficialmente no combate político.

* * *

"Que interesse eu poderia ter em comprar o Washington Post? *Não sei nada sobre a indústria jornalística."*

Com esse comentário em tom indiferente, feito aos banqueiros de investimentos que representavam o *Washington Post*, Jeff Bezos deu o pontapé inicial em um dos capítulos mais ilustres da sua carreira. O *Washington Post* se expandiria e fortaleceria a reputação de Bezos como um dos mais bem-sucedidos empresários da sua geração, um teórico organizacional cujas práticas administrativas podiam ser aplicadas não só dentro de empresas de tecnologia em rápida ascensão, mas também fora delas.[3]

O *Washington Post* pertencia à venerável família Graham. Administrado por Donald Graham, filho da lendária Katharine Graham, há anos vinha enfrentando instabilidades financeiras. Ele continuava sendo um jornal local, especializado em política nacional, numa época em que os anunciantes estavam migrando para a internet e os anúncios classificados haviam sido detonados por sites como o Craigslist. A crise financeira de 2008 apenas agravou sua decadência. Sete anos seguidos de queda de receitas levaria qualquer um a "centrar o foco",[4] como gostava de dizer Don Graham.

Graham era adorado na redação do *Washington Post* pela familiaridade com que tratava os funcionários, que o chamavam de "você", e pelo respeito que mostrava pela missão jornalística. Sob seu olhar cauteloso, porém, o *Washington Post* chegara a um impasse. Graham fechara um acordo em 2005 com o fundador do Facebook, Mark Zuckerberg, para investir na florescente rede social, mas depois permitiu que Zuckerberg se retirasse do acordo e pegasse dinheiro numa avaliação de mercado mais alta feita pela empresa de capital de risco Accel, no Vale do Silício. Tendo perdido uma histórica oportunidade de enriquecimento, Graham se juntou ao conselho de administração do Facebook, no qual, ao longo dos anos seguintes, ouviu Zuckerberg pregar que o conteúdo da rede deveria ser gratuito. Quando as grandes organizações midiáticas, como o rival *The New York Times*, começaram a exigir acesso pago em 2011, o *Washington Post* demorou para aderir à tendência; seu acesso pago era poroso e facilmente driblado pelos leitores.

Em 2013, uma melancólica atmosfera de declínio se instalara no atarracado prédio de concreto, construído em meados do século XX, que servia como sede da Washington Post Co., no número 1.150 da 15th Street NW, no centro de Washington. A Kaplan, sua divisão educacional, lucrativa no passado, havia sido dizimada por uma reformulação regulatória promovida pela indústria da educação com fins lucrativos, nem sempre bem-intencionada. A redação, que no passado reunia mais de mil jornalistas de peso, fora reduzida, devido a ondas de demissões, a pouco mais de seiscentos profissionais. O moral andava baixo, com profunda desconfiança entre os departamentos administrativo e editorial. A empresa não possuía recursos para investir em notícias e distribuição nem para se livrar da camisa de força das notícias regionais ou superar suas combalidas finanças. Assim, Graham concordou em vender o jornal.

Os executivos do *Washington Post* buscavam um comprador abastado e tecnologicamente sofisticado que se importasse com a missão do jornal. Jeff Bezos ocupava o topo da lista, ao lado de outros bilionários da internet, como o fundador do eBay, Pierre Omidyar. A reação inicial de Bezos aos banqueiros de investimento do *Washington Post* e nas esporádicas conversas com Graham, um amigo de longa data, foi fria. Apenas em julho de 2013, quando Bezos o chamou para um encontro privado na conferência anual da Allen & Company, em Sun Valley, Graham se deu conta de que Bezos havia estudado a oportunidade e estava mais interessado do que dera a entender. Nas breves conversas que se seguiram, Bezos aceitou o preço inicial proposto por Graham de 250 milhões de dólares e pagou à vista. O fundador da Amazon adquiriu o jornal — não através da Amazon, mas em seu próprio nome.

Bezos era o ideal platônico de um proprietário do *Washington Post* — um líder com recursos ilimitados, reputação amplamente reconhecida como inovador digital e um selo de credibilidade que aparentemente se estendia a tudo que tocava. Ele declarou seu firme compromisso com a independência editorial do jornal e parecia ter pouco interesse em utilizar o veículo para qualquer propósito político. Quando Fred Hiatt, editor da página de opinião, ofereceu sua demissão naquele outono,[5] dizendo que "é plenamente legítimo que o proprietário tenha uma página editorial que reflita sua visão de mundo",[6] Bezos recusou-a.

Bezos tinha uma visão tradicionalista da atividade da imprensa. Em seu primeiro pronunciamento aos funcionários do *Washington Post* no prédio da 15th Street, em setembro, ele declarou sua fé "no pacote", o conjunto de notícias, cultura e cobertura de entretenimento que constituem um jornal. Também lamentou a ascensão dos chamados agregadores, que resumiam o trabalho de outras organizações, como o *Huffington Post*.[7] Mas não sentiu remorso em deixar de lado as ambições locais do jornal e despriorizar a edição impressa em prol de um futuro on-line mais ambicioso. "É preciso reconhecer que a atividade de impressão física está em declínio estrutural", disse Bezos a seus novos funcionários. "Vocês têm de aceitar isso e seguir em frente. A sentença de morte de qualquer empreendimento é glorificar o passado, por melhor que ele tenha sido — sobretudo para uma instituição como o *Washington Post*."[8]

Bezos estava pronto para romper com as disciplinas do passado. Graham com frequência mantivera suas equipes administrativa e editorial separadas, respeitando os campos invioláveis, conhecidos na maioria das organizações de mídia como "igreja e Estado". No entanto, quando convidou a equipe administrativa do *Washington Post* para passar um fim de semana com ele em Seattle naquele outono, Bezos pretendia incluir no grupo o cerebral editor executivo Marty Baron — ex-diretor do *Boston Globe* que seria mais tarde retratado no filme *Spotlight: Segredos revelados*. "Se você vai mudar o restaurante, o chef precisa estar a bordo", justificou.

Baron se juntou à editora e CEO, Katharine Weymouth, ao presidente, Steve Hills, e ao diretor de TI, Shailesh Prakash, na viagem até o outro lado do país. Na primeira noite, o grupo jantou com Bezos no Canlis, um restaurante de luxo com uma vista majestosa para o lago Union; durante o jantar, os quatro testemunharam um arco-íris [*rainbow*] duplo perfeito acima do lago (daí veio a inspiração para o futuro nome da edição nacional para tablet em formato revista: o aplicativo Rainbow). Na manhã seguinte, o grupo foi apresentado a MacKenzie e aos quatro filhos de Bezos em sua casa de pouco menos de três mil metros quadrados às margens do lago Washington. Bezos fez panquecas para todos (mais tarde a equipe de líderes do *Washington Post* passou a se autointitular "Grupo da Panqueca"). Durante o dia integralmente dedicado a rever as estratégias editoriais e empresariais do jornal, nem uma só vez Bezos sequer olhou para o celular. Se tinha outras coisas na cabeça, ele as manteve compartimentadas.

Durante os anos seguintes, os amigos vez por outra o provocavam por causa da aquisição do *Washington Post*. "A piada era: 'Jeff, quando MacKenzie pediu que você comprasse um jornal, ela quis dizer apenas um exemplar'", contou o amigo de escola Joshua Weinstein. Mas entrevistadores e colegas sempre lhe perguntavam: por que, entre tantas coisas possíveis, ele decidira comprar aquela anacrônica relíquia digital, um *jornal*?

Talvez porque, com a sua fortuna crescendo, juntamente com a da Amazon, Bezos tenha entendido que podia usar seus recursos em coisas que valorizava, como a democracia e a garantia de uma imprensa forte e independente. Salvar o *Washington Post* não apenas ajudaria o amigo Don Graham, como seria também uma dádiva significativa para o *establishment* de mídia americano, além de uma contribuição simbólica ao país e à democracia. Mas sua resposta pública a essa pergunta sempre foi muito mais simples e sincera: "É o jornal mais importante na capital mais importante do mundo ocidental. Eu seria louco se não o salvasse." Alguns anos depois, numa conversa com o CEO do grupo de mídia alemão Axel Springer, Mathias Döpfner, Bezos declarou: "Quando tiver oitenta anos ficarei muito feliz por ter tomado essa decisão."[9]

Um ano após a aquisição, Fred Ryan, um dos cofundadores do site de notícias políticas *Politico*, fez a Bezos a mesma pergunta enquanto os dois tomavam café da manhã no Edifício Day 1 North. A conversa levaria Bezos a contratá-lo para substituir Weymouth no cargo de CEO e editor da empresa. Ryan, um ex-assessor de Ronald Reagan, fora convidado a Seattle depois de enviar um e-mail espontâneo a Bezos no qual expressava admiração pelo jornal. Mais tarde, ele se recordou de pensar

"A democracia morre na escuridão"

na época que "às vezes as pessoas ricas têm paixões e brinquedos ou podem querer comprar um periódico apenas para exercer influência".

Bezos o surpreendeu com sua resposta. "Lembro-me da resposta porque ele faz jus a ela até hoje", contou Ryan. "Ele disse que achava fundamental ter uma imprensa forte e independente para garantir a saúde da nossa sociedade e da democracia."

***

Se os membros do Grupo da Panqueca tinham noções fantasiosas de que Bezos resgataria o *Washington Post* gastando incontrolavelmente, o novo proprietário logo as enterrou. No início de 2015, o grupo voltou a Seattle e lhe apresentou um plano plurianual de operações que exigia que o jornal perdesse mais de 100 milhões de dólares ao longo dos quatro anos seguintes. Bezos o descartou na mesma hora. "Não estou interessado nisso" foi a resposta sutil de que se recorda um dos participantes. Após a reunião, Bezos e Fred Ryan se reuniram e elaboraram um plano para administrar o jornal como um negócio disciplinado, autônomo, e não como o passatempo de alguém com recursos ilimitados. Durante os anos seguintes haveria uma série de discretas e pontuais demissões no departamento de Publicidade Impressa da empresa, que foram parcialmente compensadas com um número pequeno, porém ruidoso, de contratações de especialistas em mídia digital.

Além de desejar que o jornal operasse dentro de suas possibilidades financeiras, Bezos utilizou no *Washington Post* elementos de sua apurada filosofia empresarial. Pregou a adoção generalizada da tecnologia, experimentação veloz e otimismo, em lugar de desespero quanto às oportunidades da internet. "Vocês sofreram todos os ônus da internet, mas ainda não aproveitaram integralmente seus bônus", disse a seus novos funcionários. "A distribuição é gratuita, e vocês têm um público gigantesco."

Uma de suas primeiras ideias foi dar aos assinantes de outros jornais acesso gratuito on-line ao *Washington Post*.[10] Cerca de 250 jornais, como o *Toledo Blade* e o *Dallas Morning News*, aderiram ao novo programa de parceria do *Washington Post*. Embora não tenha feito surgir novos assinantes, o programa, somado à pátina de estilo digital de Bezos, gerou uma nova onda de burburinho jornalístico em torno do *Washington Post*.

Um outro princípio de Bezos produziu um retorno mais tangível. O fundador da Amazon sempre buscou maneiras de "tecer uma corda" de conexões entre suas distintas unidades empresariais. Com cuidado para não pesar a mão, apresentou executivos do *Washington Post* a seus semelhantes na Amazon e sugeriu que seria uma boa ideia eles conversarem. No outono de 2014, os donos do tablet Fire, da Amazon, ganharam uma assinatura digital de seis meses da edição nacional do *Washington Post* em um aplicativo pré-instalado no equipamento. Um ano depois, dezenas de milhões de assinantes Prime receberam o mesmo agrado.

Entre 2014 e 2015, visitantes exclusivos dos sites e aplicativos do *Washington Post* cresceram 56%. Em outubro de 2015, o jornal por um breve período superou o *The New York Times* em visitantes mensais exclusivos. Aproveitando uma oportunidade para bombardear a concorrência e revigorar o próprio pessoal, Bezos declarou no programa *This Morning*, da CBS, que estava "trabalhando para se tornar o novo jornal de referência".[11] O jornal então publicou anúncios que diziam: "Obrigado por transformarem o *Washington Post* no novo periódico de referência dos Estados Unidos."[12]

Embora o departamento de Publicidade viesse sendo enxugado, Bezos concordou com um ligeiro aumento de contratações na redação e no departamento de tecnologia. Nos dois anos seguintes à aquisição, Marty Baron trouxe para o *Washington Post* 140 novos jornalistas em tempo integral, elevando o quadro para cerca de setecentos — comparado aos mil funcionários de antes e a cerca de 1.300 repórteres e editores no *The New York Times*. Os acréscimos se deram sobretudo nas editorias Nacional, Política, Investigativa e de Negócios e Tecnologia. Os recursos destinados às notícias regionais, o esteio não lucrativo da governança anterior do *Washington Post*, continuaram basicamente inalterados.

Bezos também tinha algumas noções estranhas sobre como o processo jornalístico podia ser otimizado. Perguntava-se em voz alta se o jornal precisaria de tantos editores se só contratasse grandes redatores. Baron lhe respondia que, na verdade, o jornal provavelmente precisava de mais editores. Bezos insistia nessa questão com tamanha frequência que alguns

"A democracia morre na escuridão"

editores passaram a lhe enviar textos sem revisão de jornalistas de prestígio. Depois disso, Bezos reduziu a frequência do comentário.

Segundo Marty Baron, Bezos desafiava suas expectativas a todo momento. Ele havia imaginado, por exemplo, que Bezos fosse querer personalizar a homepage do *Washington Post* para cada leitor, mas ele observou que os leitores procuravam o jornal em parte porque confiavam no julgamento da equipe editorial. Baron disse que Bezos "não tentou reinventar o jornal; tentou apenas captar o que o tornava especial".

Mas Bezos, com efeito, reinventou os sistemas por trás do jornal, com uma enchente de rituais no estilo Amazon. O Grupo da Panqueca, que acabou se expandindo para incluir executivos de finanças e de relacionamento com o público, falava com Bezos semana sim, semana não, às quartas-feiras, às treze horas, no horário da Costa Leste, durante uma hora. Bezos pedia aos administradores do *Washington Post*: "Tragam-me novidades." Ele queria ver tudo, inclusive mudanças na precificação e estratégias de como expandir o público e a receita do jornal, tudo isso no estilo Amazon de relatórios de seis páginas, que Bezos lia meticulosamente e questionava cada detalhe.

Era um processo repetível no estilo Bezos, destinado a estimular sua equipe a pensar de forma criativa e a inovar. Segundo os executivos do *Washington Post*, ele lia os relatórios de antemão e apenas uma vez deixou de fazê-lo. Nessa ocasião, pediu desculpas e o leu tranquilamente, sem pressa alguma, no início da reunião. Bezos também vivia desfiando a todos um rosário de *jeffismos*: falando sobre portas de mão única e de mão dupla, afirmando que dobrar os experimentos equivale a dobrar a inovação, que "os dados prevalecem sobre a hierarquia" e que existem "múltiplos caminhos até o sim" — uma noção da Amazon segundo a qual um funcionário com uma ideia nova que recebe uma reação negativa de um gestor deve se sentir livre para apresentá-la a outro gestor, sob pena de um conceito promissor ser sufocado no nascedouro.

Bezos deu apenas um passo em falso evidente, ao menos aos olhos de vários antigos e atuais funcionários do *Washington Post*. No fim de 2014, com base nas preocupações que expressara durante a auditoria levada a cabo previamente à aquisição, ele congelou o fundo de pensão do *Washington Post*, cortando benefícios de aposentadoria de funcionários antigos e convertendo os planos de funcionários mais novos em planos de aposentadoria 401(k),* com uma contribuição relativamente mínima por parte da empresa.[13]

O fundo estava em terreno perfeitamente estável, em parte graças à sua aposta na Berkshire Hathaway de Warren Buffet. As mudanças, não obstante, reduziram as obrigações do *Washington Post* para com seus funcionários mais antigos e deram aos atuais menos incentivo financeiro para permanecer no jornal ao longo da carreira. A saída de Bezos do fundo, juntamente com a hostilidade dirigida à associação dos funcionários do jornal, estava de acordo com a forma como ele operava a Amazon e a sua conhecida aversão a sindicatos, bem como à ideia de contemplar funcionários com benefícios espalhafatosos. "A única explicação dada por ele foi a de que não acreditava que uma empresa tenha qualquer obrigação para com seus funcionários depois que eles vão embora", comentou um redator do *Washington Post*. (A Amazon disse que isso não representa de maneira precisa a visão de Bezos.)

Esse movimento deu início a uma relação glacial entre Bezos e a associação dos funcionários do jornal. Durante as difíceis negociações que aconteciam a cada dois anos, um punhado de funcionários armava piquetes do lado de fora dos escritórios do *Washington Post* a fim de protestar contra as mudanças em seus contratos. Mas esses protestos permaneceram circunscritos a uma minoria barulhenta. A maioria dos funcionários estava grata pelo renascimento do jornal e aderiu de pronto à Igreja de Bezos. Somente Donald Trump, arremessando granadas a distância pelo Twitter, percebeu a discórdia e tentou botar lenha na fogueira.

> **Donald J. Trump**
> @realDonaldTrump
>
> Washington Post employees want to go on strike because Bezos isn't paying them enough. I think a really long strike would be a great idea. Employees would get more money and we would get rid of Fake News for an extended period of time! Is @WaPo a registered lobbyist?

---

* Plano de aposentadoria patrocinado pela empresa ao qual os empregados também podem fazer contribuições, deduzidas automaticamente do contracheque. (N.T.)

"A democracia morre na escuridão"

De maneira previsível, Bezos estava muito interessado nos produtos e na tecnologia do *Washington Post*. Estabeleceu uma parceria com Shailesh Prakash, o diretor de Tecnologia da Informação do jornal, formado pelo Instituto Indiano de Tecnologia em Bombaim, e se gabava de que o *Washington Post* contava com engenheiros melhores do que os que atuavam em muitas startups do Vale do Silício.[14] Sua obsessão era eliminar milissegundos do tempo que as páginas da rede e gráficos complexos levavam para ser baixados. Ele também pediu uma métrica customizada capaz de medir o verdadeiro interesse do leitor pelas histórias, para saber se uma matéria era realmente "instigante".[15]

Quando Bezos adquiriu o jornal, Prakash estava desenvolvendo um sistema de conteúdo para o *Washington Post* chamado Arc Publishing, para administrar funções como publicação on-line, *blogging*, *podcasting* e publicidade. Naturalmente, Bezos adorou a ideia de fornecer essa tecnologia para outros jornais e encorajou Prakash a licenciá-la para difusoras de conteúdo e qualquer outra empresa que tivesse necessidade desse tipo de software. Em 2021, a Arc já atendia a 1.400 sites e estava a caminho de gerar 100 milhões de dólares em receita anual.[16]

A equipe de Bezos e Prakash também passou oito meses desenvolvendo o aplicativo Rainbow, em formato de revista, para tablets. A edição digital do jornal, atualizada duas vezes por dia, não possuía homepage. Apresentava matérias num layout em estilo revista e permitia aos usuários rolar uma série de páginas contendo duas matérias cada e depois focar em qualquer história de interesse. Prakash descreveu o chefe como um "diretor de produto" no aplicativo; segundo ele, Bezos elaborou o exorbitante objetivo de solucionar o problema de "sobrecarga cognitiva de notícias" ao permitir que os leitores pairassem acima dos acontecimentos do dia, como um planador navegando no céu. O *Washington Post* lançou o aplicativo em julho de 2015 e tornou-o padrão no tablet Fire, da Amazon.

Em Prakash, Bezos encontrou uma alma gêmea. Os dois concordavam em tudo — quase tudo. Quando a Apple (uma rival da Amazon) pediu ao *Washington Post* que aderisse a um grupo de publicações em um novo serviço chamado Apple News, Prakash e outros membros do Grupo da Panqueca viram o potencial atraente de 1,5 bilhão de iPhones e iPads e redigiram um relatório de seis páginas listando os prós e contras da adesão. Bezos, porém, argumentou que ela minaria a oferta de assinaturas de preço idêntico do *Washington Post* e foi radicalmente contrário. O jornal deixou passar a oportunidade.

Quando o *Wall Street Journal* convidou Prakash para ser seu diretor técnico no início de 2017, Bezos convenceu-o a ficar no *Washington Post* — em parte lhe dando um cargo independente no conselho consultivo de sua empresa espacial privada, a Blue Origin. Vez por outra, no sábado, Prakash atravessava o país até Kent, Washington, para ajudar a empresa com seus sistemas de redes de fornecimento. "A coisa mais importante que Jeff trouxe foi uma cultura de experimentação", disse Prakash. "Nenhum de nós acha que se gastar dinheiro e errar a mão em algum grande projeto será obrigado a encarar uma comissão de auditoria. Não temos medo de fracassar."

O imprimátur de Bezos foi além de apenas permitir que o *Washington Post* assumisse riscos maiores. Em termos de propaganda, a mera proximidade do empresário mais famoso do mundo parecia acrescentar um brilho efervescente. Uma apresentação de vendas desenvolvida pela equipe de publicidade alardeava "o Efeito Bezos" em sua página 2, junto a uma foto do sorridente e calvo empresário de tecnologia. Os executivos de publicidade do *Washington Post* diziam que os anunciantes eram atraídos para o jornal devido ao envolvimento de Bezos, ainda que vivessem explicando a eles que não, a Amazon não era proprietária do jornal. "Era a história que nos ajudava mais que tudo", disse um executivo da área comercial. "Parte da magia Jeff Bezos é isto: o fato de ele ser Jeff Bezos."

O *Washington Post* era agora uma empresa privada, por isso não divulgava informações financeiras. No entanto, entre 2015 e 2018, segundo um executivo com acesso aos números, a receita com anúncios saltou de 40 milhões de dólares para 140 milhões e o número de assinantes digitais cresceu mais de 300%, ultrapassando a casa de 1,5 milhão pela primeira vez.[17] (Esse número chegaria a três milhões por ocasião da aposentadoria de Marty Baron, em janeiro de 2021.) Embora tenha perdido cerca de 10 milhões de dólares em 2015, o jornal faturou mais de 100 milhões nos três anos seguintes — uma virada notável em rela-

"A democracia morre na escuridão"

ção aos prejuízos projetados que Bezos rejeitara. "Não acredito que isso esteja acontecendo tão rápido", disse ele ao Grupo da Panqueca depois de testemunhar a dimensão da virada.

A sorte sem dúvida teve um papel nisso: a caótica presidência de Donald Trump gerou níveis recordes de interesse no noticiário político. Mas Bezos, seus métodos de gestão e sua deferência à realidade de um jornalismo em processo de mudança como negócio também promoveram uma explosão de clareza estratégica numa instituição de 140 anos de idade.

* * *

Um ano após Bezos adquirir o *Washington Post*, seu repórter em Teerã, Jason Rezaian, foi preso pelo governo iraniano e acusado de espionagem. Rezaian passaria os dezoito meses seguintes na cadeia, com frequência confinado em solitária na "cidade que eu chamava de lar", segundo relatou em seu livro de memórias de 2019, *Prisoner*. A princípio, logo após sua prisão, os executivos do *Washington Post* pensaram que a detenção não passaria de um breve período de assédio. Entretanto, conforme as semanas se transformavam em meses, perceberam que a situação era mais perigosa: Rezaian poderia ser julgado e executado pelos clérigos radicais do país.

Nos Estados Unidos, a família de Rezaian, juntamente com Marty Baron, Fred Ryan e vários outros representantes do jornal, recorreu a autoridades de todos os níveis do governo americano. Quando líderes estrangeiros visitavam a capital, Ryan solicitava reuniões privadas e lhes pedia que exercessem sua influência junto ao governo iraniano em prol de Rezaian. De Seattle, Bezos pedia atualizações frequentes e a certa altura chegou a pensar em exibir um anúncio pedindo a libertação de Jason no Super Bowl de 2015. Mais tarde nesse ano, quando parecia que o governo americano havia chegado a um acordo financeiro e depois controverso com o governo iraniano, que incluía a libertação de Rezaian e três outros prisioneiros, Bezos decidiu ir de avião até o Irã a fim de trazê-lo para casa.

Assim, em 21 de janeiro de 2016, embarcou em seu novo jato Gulfstream G650ER de 65 milhões de dólares[18] e se encontrou com

Rezaian e sua família no Centro Médico Landstuhl do Exército dos Estados Unidos na Alemanha.[19] O avião estava repleto de bandeiras, cartazes #FreeJason, burritos e cerveja, já que antes de ser capturado Rezaian havia dito ao apresentador de TV Anthony Bourdain que era dessas coisas que mais sentia saudade. Eles então foram para Bangor, no Maine, um ponto de entrada acessível, com pouco tráfego aéreo, onde, a despeito de Rezaian e a esposa terem sido privados de seus passaportes e identidades durante a penosa experiência, uma autoridade do departamento de Imigração lhes concedeu entrada, dizendo que os iranianos precisavam saber que "quando mexem com um de nós, mexem com todos nós". Em seguida, Bezos levou-os à Flórida, para um breve período de férias em Key West.

Alguns dias depois, estavam todos de volta a Washington jantando com executivos do *Washington Post* e no dia seguinte compareceram à cerimônia de inauguração da nova sede do jornal na K Street, com vista para a histórica Franklin Square. Os escritórios eram de última geração, com novas estações de trabalho e espaços para desenvolvedores e designers, que agora se sentavam lado a lado com jornalistas, e possuíam estúdios que permitiam aos repórteres aparecerem facilmente na TV a cabo. Rezaian discursou emocionado na inauguração, e depois Bezos, usando um broche de lapela #FreeJason, dirigiu-se aos funcionários: "Instituições importantes como o *Washington Post* têm uma essência, um coração, um miolo — que Marty chamava de alma", disse. "E seria loucura querer mudar. Isso faz parte deste lugar. É, em parte, o que o torna tão especial."

Bezos salvara o jornal. Mas também estava, de certa forma, se beneficiando do reflexo do brilho de sua nobre missão jornalística. Em 2016, a revista *Fortune* o pôs no topo de sua lista dos 50 Maiores Líderes — acima de Angela Merkel, do papa Francisco e de Tim Cook. O artigo dedicou a mesma quantidade de espaço para abordar a virada do jornal que utilizou para abordar o ímpeto da Amazon. "Costumávamos brincar que Jeff havia mudado totalmente o varejo, construído um relógio de dez mil anos e enviado foguetes ao espaço. Mas ele só foi chamado de maior líder mundial depois de ajudar uma empresa jornalística", disse-me um ex-executivo do *Washington Post*.

"A democracia morre na escuridão"

Washington aparentemente adorava Bezos, e ele retribuía esse amor. Naquele outono, pagou 23 milhões de dólares pela maior residência da cidade, o antigo Museu Têxtil e uma mansão contígua no elegante bairro de Kalorama; seus novos vizinhos eram Barack e Michelle Obama, além de Ivanka Trump, a filha de seu adversário, e o marido, Jared Kushner. Bezos passaria os três anos seguintes e gastaria 12 milhões de dólares na reforma da estrutura de quase três mil metros quadrados, com seus onze quartos e 25 banheiros.[20] Planejava passar mais tempo na cidade e usar a residência para promover jantares imponentes para convidados ricos, poderosos e interessantes que no passado haviam sido a marca da antiga proprietária do *Washington Post*, Katharine Graham.

"*Agora entendo*", disse Bezos a Sally Quinn, viúva do renomado ex--editor Ben Bradlee, no enterro deste. O *Washington Post* não era apenas uma empresa a ser reinventada com os princípios da Amazon e integrada em seu ecossistema de dispositivos Kindle e assinaturas Prime. Era também uma missão a ser protegida e uma comunidade onde ele era bem-vindo e até mesmo reverenciado. E, se um inimigo da instituição a atacasse — como, digamos, um candidato à presidência dos Estados Unidos —, Bezos mandaria às favas a cautela e reagiria.

Durante a campanha presidencial, Bezos pediu ao Grupo da Panqueca que cunhasse um slogan nacional, algo que de forma enxuta traduzisse essa missão. "Se o *Washington Post* fosse um clube, você gostaria de ser sócio?", lembra-se Fred Ryan de tê-lo ouvido dizer, ao descrever o que queria no slogan. "Se fosse uma camiseta, você gostaria de vesti-la?" Bezos deu uma única sugestão — algo que ouvira do repórter Bob Woodward, o qual havia lido uma versão da frase muito tempo atrás, numa sentença de um tribunal de recursos: "A democracia morre na escuridão."

Os executivos do *Washington Post* passaram um ano tentando sem sucesso bolar algo melhor. Contrataram agências externas de gestão de marca e depois as dispensaram, frustrados. Por fim, se reuniram em torno de uma mesa e passaram horas quebrando a cabeça. Queriam algo otimista e esperançoso, mas, entre centenas de ideias como "A liberdade se move na luz", nenhuma era poética ou sonora o suficiente, sobretudo após a chocante vitória de Donald Trump. Assim, eles acabaram por aceitar a sugestão original de Bezos, que mais tarde imprimiram numa camiseta e lhe enviaram pelo correio.

Ao longo dos anos seguintes, irritado com a penetrante cobertura do *Washington Post* de seu tumultuado governo, Trump se tornaria ainda mais vingativo no Twitter com relação a Bezos e ao jornal. Ameaçou a Amazon com novos regulamentos onerosos e atacou sua relação com o Serviço Postal dos Estados Unidos. As reportagens do jornal sobre violações aos direitos humanos também antagonizaram governos autoritários ao redor do mundo, da Rússia à Arábia Saudita. Em resposta, eles tentariam descarregar sua fúria sobre a Amazon e seu famoso CEO. A fácil compartimentalização de Bezos de toda a espiral de interesses de múltiplas pessoas jurídicas em seu crescente império empresarial logo se mostrou insustentável.

Bezos, com suas inovadoras práticas de gestão e seu otimismo em relação à tecnologia, foi inegavelmente positivo para o jornal. No fim das contas, porém, ser dono do *Washington Post* sairia mais caro para a Amazon — e para o próprio Bezos — do que ele jamais poderia ter imaginado.

CAPÍTULO 6
Bombardeando Hollywood

Enquanto os repórteres e editores do *Washington Post* assimilavam a surpreendente vitória de Donald Trump no fim de 2016, publicitários da divisão de cinema e televisão da Amazon estavam imersos em um desafio bem diferente: como conduzir uma campanha de alta repercussão para *Manchester à beira-mar*, uma produção com potencial de indicação ao Oscar. Os publicitários estavam trabalhando nisso quando um deles teve a ideia de perguntar ao dono da empresa se ele cogitaria dar uma festa em Los Angeles para promover o filme. Eles enviaram um e-mail a Bezos e lembram-se de ter recebido a resposta em tempo recorde: "Sim! Vamos fazer na minha casa."

No sábado, dia 3 de dezembro, em uma noite fresca e de céu limpo, celebridades invadiram a casa de pouco mais de mil metros quadrados em estilo espanhol de Bezos em Beverly Hills, que ele havia comprado nove anos antes por 24 milhões de dólares. Uma estrutura extravagante, semelhante a uma tenda, foi montada no jardim, em um espaço aberto próximo à piscina decorado com mosaicos de azulejo. Um dos produtores do filme, Matt Damon, e o ator principal, Casey Affleck, recepcionaram os convidados, enquanto atores, diretores e agentes faziam fila no bem abastecido open bar.

Ali estavam várias pessoas da lista VIP de Hollywood,[1] convidadas ou porque trabalhavam no braço de produção audiovisual da Amazon, a Amazon Studios, ou porque eram membros da Academia de Artes e Ciências Cinematográficas: Michelle Williams (que também atuou no filme), Gael García Bernal, Joseph Gordon-Levitt, Andy Garcia e Megan Mullally; os diretores Joel Coen e Kenneth Lonergan (que escreveu e dirigiu *Manchester à beira-mar*); as lendas de Hollywood Faye Dunaway, Diane Keaton, John Lithgow e Ben Kingsley; os músicos T Bone Burnett e Beck; Maria Shriver e as filhas; e muitos outros.

Em meio a todos estava Bezos, vestindo um terno liso cinza-chumbo com uma camisa branca de colarinho aberto — ainda, naquela época, a cautelosa escolha de um nerd da tecnologia em transformação. MacKenzie não compareceu à festa. "Jeff é o oposto de mim", disse ela à revista *Vogue* em uma de suas raras entrevistas. "Ele gosta de conhecer gente nova. É um homem muito sociável."[2]

De fato, Bezos estava rindo e se divertindo. O salão estava cheio de estrelas irradiando energia, mas, como era o anfitrião e CEO da empresa que havia contratado os fotógrafos do evento, a atenção estava direcionada para ele. Entre as diversas fotos tiradas naquela noite, uma acabou sendo divulgada e examinada em uma série de veículos. Nela, Bezos aparece ao lado de Patrick Whitesell, o poderoso presidente executivo da agência de mídia e entretenimento Endeavor, e sua mulher, a ex-âncora de telejornal Lauren Sanchez, de pé e à vontade entre os dois.

As "babás" de Bezos tentavam garantir que ele falasse com o máximo de convidados possível. Em determinado momento, tiveram que interromper a conversa que ele travava com a atriz Kate Beckinsale e sua acompanhante, a esquiadora Lindsey Vonn, que vestia um macacão bege arrasador. A toda hora, seu vice de longa data, Jeff Blackburn, aparecia à sua frente. Ex-jogador de futebol americano na época da faculdade, com 1,95 metro de altura, Blackburn geria a empresa de *streaming* de vídeo da Amazon, o Prime Video. Também ao lado de Bezos, apesar de ter ido embora cedo, estava Roy Price, diretor da Amazon Studios, que usava calça jeans e jaqueta preta de couro por cima de uma camiseta branca com gola em V.

Um evento planejado para gerar publicidade e ampliar a presença da Amazon em Hollywood, a festa foi um sucesso. Revistas de fofocas publicaram uma série de fotos e cobriram o evento como se fosse um baile da alta sociedade de antigamente. "A intenção de Bezos no fim de semana foi bem clara", escreveu o colunista de entretenimento Peter Bart no *Deadline*. "Ele deseja uma presença maior na cidade, tanto para si quanto para sua empresa."[3]

Ao longo das semanas seguintes, Bezos seria onipresente em Hollywood. Ele foi alvo de uma piada no monólogo de abertura de Jimmy Fallon no Globo de Ouro ("Na verdade, ele chegou ontem, mas não havia ninguém para assinar a entrega"). Naquele dia, foi o anfitrião de uma das festas mais badaladas da noite, no Stardust Ballroom do Hilton de Beverly Hills. Casey Affleck conquistou o Globo de Ouro de melhor ator em filme dramático; no mês seguinte, ganhou o prêmio equivalente na cerimônia do Oscar, apesar de uma enxurrada de denúncias de assédio sexual feitas contra ele por colegas de trabalho.

A Amazon agora era mencionada no mesmo patamar da Netflix, outra empresa de Hollywood que delineava um futuro radical para a indústria do entretenimento. Mas, bem longe do glamour, as tensões na Amazon Studios não paravam de crescer. Filmes independentes como *Manchester à beira-mar* e sucessos de nicho como *Transparent*, sobre uma família judia em Los Angeles que lidava com o tema da identidade de gênero, recebiam aclamações e elogios. Mas não eram o tipo de entretenimento capaz de atrair grandes audiências no mundo e nutrir outras partes do império de comércio eletrônico de Bezos.

Assim, ele emitiu um decreto para Roy Price e os executivos já sob ataque na Amazon Studios, algo que pairou sobre eles como a espada de Dâmocles e contribuiu para uma sequência de eventos improváveis que tirariam o brilho dos esforços da Amazon em Hollywood e temporariamente envolveriam a empresa em controvérsias: "Quero meu próprio *Game of Thrones*."

***

Tudo começou como normalmente acontece na Amazon, com uma decisão polêmica de Bezos que confundiu seus gestores e só se mostrou inteligente ao longo do tempo. No fim de 2010, a Amazon era uma das muitas empresas que vendiam acesso on-line a um catálogo idêntico de filmes e programas de TV. Os clientes podiam gastar alguns dólares para assistir a um título em *streaming* pela internet ou pagar um pouco mais para "comprar" o título e acessá-lo indefinidamente.

Enquanto isso, a Netflix tinha lançado um serviço de 8 dólares por mês totalmente independente do seu programa original de envio de DVDs pelo correio; o serviço permitia que os inscritos assistissem em *streaming*, a qualquer momento, a antigas séries de TV e filmes que constassem no catálogo digital da empresa. Embora o catálogo da Netflix não costumasse incluir lançamentos e a empresa não estivesse produzindo conteúdo próprio, seus clientes, assim como seus investidores, respondiam de maneira favorável ao caminho menos restritivo e amigável do futuro do entretenimento doméstico.

Ao longo dos anos, os executivos da Amazon haviam considerado algumas vezes adquirir a Netflix, mas sempre achavam o preço alto demais e acabaram não concretizando o negócio. Agora, parecia que tinham perdido a chance — a empresa de Los Gatos, na Califórnia, estava virando uma séria concorrente. Como de costume, Bezos não estava disposto a ceder uma oportunidade relevante para uma rival. Ele pediu a Bill Carr, vice-presidente responsável por vídeos e músicas digitais, que pensasse em uma maneira de competir no crescente mercado de vídeos sob demanda. Durante os meses seguintes, eles se encontraram com frequência para conversar sobre o assunto, até que um dia Bezos chegou com a resposta: eles ofereceriam um serviço gratuito de vídeos — para os assinantes do Amazon Prime.

Para Carr e os demais executivos, a ideia era chocante. O Amazon Prime, que originalmente custava 79 dólares por ano, garantia aos clientes da Amazon que suas encomendas chegassem em suas casas em no máximo dois dias, sem taxa extra de frete. Bezos agora queria definir o Amazon Prime como algo diferente e menos transacional: um passe livre para um catálogo de conteúdo digital. "De início, não entendi", disse Bill Carr. "Mas, àquela altura da minha carreira, eu havia aprendido que, quando Jeff aparece com uma ideia original, é preciso escutar com atenção, fazer um monte de perguntas para esclarecer a maneira de pensar naquilo e depois voltar a ele com mais detalhes."

Em retrospecto, a solução foi genial. Os clientes da Amazon hesitariam em pagar a mais por um serviço inferior ao oferecido pela Netflix, já mais estabelecida no mercado. Introduzir o serviço de *streaming* como um benefício "gratuito" — as pessoas de fato tendem a ser atraídas àquilo que é de graça — poderia induzir alguns membros do Amazon Prime a fazer a assinatura anual, mesmo que só comprassem no site algumas vezes ao ano. (A Amazon aumentaria posteriormente o preço do Prime duas vezes: para 99 dólares por ano em 2014 e 119 dólares por ano em 2018.)

Ainda eram tempos calmos para a Amazon, então Carr recebeu uma verba que julgou considerável, de cerca de 30 milhões de dólares, para lançar o serviço, chamado Prime Video. Ele não fazia a menor ideia de que, quatro anos depois, os executivos da Amazon se reuniriam para conversar sobre o pagamento de 240 milhões de dólares para licenciar um catálogo de conteúdos da 20th Century Fox, que incluía séries de sucesso como *24 horas*. Durante a reunião, eles debateram se a Amazon já havia gastado essa quantia enorme em *alguma coisa* em seus vinte anos de história, incluindo a nova sede que estavam construindo a algumas quadras de South Lake Union, no bairro de Denny Triangle, em Seattle.

Eles fecharam o contrato e não pararam por aí. Em seguida, licenciaram a série de drama *Justified*, da Sony Pictures, *Downton Abbey*, da PBS, *Orphan Black*, da BBC America, e várias outras séries populares. A Netflix fechou um vultoso contrato com a Disney pelos filmes e animações clássicas da Marvel e da Pixar, com a ABC por séries como *Scandal* e com a CW por *Gossip Girl*. Em 2014, a Amazon tinha quarenta mil títulos em seu catálogo de vídeo; a Netflix, sessenta mil. A empresa de Reed Hastings permanecia à frente da Amazon a cada trimestre. "A Netflix guiava bastante nossa estratégia", disse Carr. "Não tenho vergonha de dizer que aprendemos com eles."

Nessa época, Jeff Wilke tinha passado a supervisão da área de vídeos digitais para seu colega de S Team com maiores inclinações artísticas, Jeff Blackburn, o ex-atleta que havia se tornado o inteligente e dócil diretor da área de Fusões e Aquisições e desenvolvimento de negócios da empresa. Além de supervisionar o licenciamento de conteúdo,

Blackburn coordenava as iniciativas para incluir o aplicativo do Prime Video no maior número possível de conversores, consoles de videogame e smart TVs. No fim de 2015, sua equipe começou a negociar com a gigante de TV a cabo Comcast para pré-instalar o serviço no novo receptor Xfinity X1, que seria instalado em dezenas de milhões de lares americanos. Mas, de acordo com vários executivos que trabalharam na longa negociação, um dos integrantes da equipe de Blackburn, um gerente temperamental chamado Jim Freeman, mostrou-se desconfortável com o design do Prime Video na tela de abertura da Comcast e declarou: "A Netflix jamais fecharia esse negócio!"

As conversas cessaram. Algumas semanas depois, a Comcast fechou negócio com a Netflix,[4] embora Reed Hastings não tivesse feito amizades por lá ao chamar a proposta de fusão de 2014 com a Time Warner Cable de anticompetitiva.[5] A Comcast acabou promovendo a Netflix em toda a sua publicidade. A Amazon teve de colocar o rabo entre as pernas e, alguns anos depois, chegou a um acordo com a companhia de TV a cabo.[6]

Esses duelos com a Netflix para adquirir programação e distribuição premium eram caros, exaustivos e, no fim das contas, impactavam muito pouco o equilíbrio competitivo de poder. As duas empresas tinham aprendido uma valiosa lição, já compreendida uma geração antes por canais de TV premium como HBO e Showtime: ao competir pela compra de licenças caríssimas de filmes e séries, eles haviam enriquecido os estúdios de Hollywood e outras produtoras da indústria do entretenimento, mas no fim das contas prestavam serviços que exigiam muito dinheiro e eram difíceis de distinguir um do outro.

Se quisessem atrair espectadores com vídeos realmente exclusivos, fazia muito mais sentido tentarem criar, eles próprios, seus filmes e séries de sucesso.

* * *

As duas empresas chegaram a essa conclusão no início da corrida para desenvolver serviços de *streaming* de vídeo. Na Amazon, Bill Carr enviou um de seus executivos, Roy Price, para montar uma equipe em Los Angeles e explorar a ideia de criar conteúdo original.

Tendo crescido em Beverly Hills, Price era literalmente um descendente da realeza hollywoodiana. Seu avô materno, Roy Huggins, era um conhecido roteirista de cinema e TV, que nos anos 1950 fora tachado de comunista, incluído numa lista negra e forçado a testemunhar perante o Comitê de Atividades Antiamericanas. Mais tarde, escreveu séries de sucesso como *O fugitivo* e *Arquivo confidencial*. Seu pai, Frank Price, era um gigante de Tinseltown: comandara a Columbia Pictures no fim dos anos 1970 e início dos anos 1980, tendo lançado clássicos como *Gandhi* e *Os caça-fantasmas*, em parceria com a Universal Pictures, e supervisionado a produção de *Clube dos cinco*, *De volta para o futuro* e do infame *Howard, o super-herói*. O jovem Price cresceu no meio das celebridades — passou férias nas Bahamas com Sidney Poitier e aprendeu a nadar com Lee Majors, estrela de *O homem de seis milhões de dólares*.

Price trabalhara na Disney e na McKinsey & Company antes de ir para a Amazon em 2004 para criar a estratégia de vídeo digital da empresa. Durante anos, ele defendeu a ideia de produzir filmes e séries de TV para diferenciar o catálogo de vídeo da Amazon. Ele era, na linguagem da empresa, fã do princípio de liderança "pense grande", capaz de elucidar ideias de forma persuasiva em seus relatórios de seis páginas. Bezos também gostava da ideia, mas queria repensar todo o processo de desenvolvimento de Hollywood. Ele olhava torto para os "guardiões" que utilizavam seu julgamento subjetivo para decidir quem iria ler e assistir o quê — com uma taxa de sucesso desprezível, como evidenciado pelas muitas séries com conceitos fracos que haviam dado errado.

Bezos propôs uma abordagem totalmente nova, que apelidou de "o estúdio científico". Qualquer um poderia enviar um roteiro, mesmo não sendo da elite de Los Angeles e Nova York; espectadores e juízes independentes avaliariam os roteiros e os respectivos *storyboards*. Essas avaliações produziriam dados objetivos que a Amazon poderia usar para decidir o que fazer. "Foi tudo ideia do Jeff", disse Price sobre a tese original da Amazon Studios. "Em vez de uma taxa de sucesso de 10%, teríamos dados suficientes para aumentá-la para 40%."

A partir de 2010, a Amazon convidou toda e qualquer pessoa a enviar roteiros[7] e ofereceu prêmios de centenas de milhares de dólares para as melhores histórias. Não deu certo, é claro. Roteiristas renomados não se pronunciaram, e a maior parte do material enviado não era boa. Foram necessários oito anos até que a Amazon aposentasse esse sistema (que resultou na produção de uma série infantil, *As aventuras de Gortimer Gibbon na rua Normal*, e em outro piloto, *Reprovados*, que foi transformado em série pela truTV, da WarnerMedia). Mas Bezos reconheceu, silenciosamente, que precisaria mesmo de profissionais para identificar e desenvolver conceitos promissores.

Em 2012, Price começou a viajar com frequência de Seattle para Los Angeles e a contratar executivos de desenvolvimento de conteúdo para coordenar o desenvolvimento e a estratégia de conteúdos infantis e de comédia. Naquela época, a Amazon ainda evitava pagar impostos sobre vendas na Califórnia, portanto o grupo foi organizado como uma subsidiária independente chamada People's Production Company e obrigado a ter cartões de visita especiais e a usar endereços de e-mail em que não constasse o nome da Amazon. Eles dividiam o escritório com o IMDb, uma subsidiária da Amazon que possui uma enorme base de dados sobre filmes e séries de TV, em Sherman Oaks, na sobreloja de um restaurante da cadeia Fuddruckers, até se mudarem para um complexo de salas melhor, porém sem graça, em Santa Monica, chamado Water Garden.

Naquele ano, Price e Bezos refinaram sua premissa original. Os executivos da Amazon Studios se reuniam com agentes e roteiristas, revisavam roteiros e identificavam oportunidades de pilotos. Mas depois deixavam que os espectadores votassem e ajudassem a influenciar nas decisões sobre quais deles deveriam ser estendidos e transformados em série. Em abril de 2013, dois meses depois de a Netflix emplacar um sucesso imediato ao lançar sua primeira série, realizada pela produtora Media Rights Capital — o drama político *House of Cards* —, a Amazon revelou sua primeira "temporada de pilotos".

Os clientes puderam assistir a catorze pilotos. A comédia política *Alpha House* (com a mesma veia do subsequente e ainda mais engraçado *Veep*, da HBO) e uma paródia das empresas de internet chamada *Betas* (com a mesma pegada de *Silicon Valley*, da HBO) foram alguns dos aprovados. Contudo, mais tarde naquele ano, quando as temporadas completas estrearam, os programas chamaram bastante atenção da mídia, mas atraíram poucos espectadores. Os roteiristas receberam um retorno positivo da Amazon, mas depois expressaram sua decepção com a falta de ferramentas de medição de audiência para programas exibidos pela internet, ou de qualquer apoio promocional significativo.

Com os executivos acompanhando a programação infantil, de drama e comédia, Price aprimorou uma sensibilidade única para a Amazon Studios: eles produziriam séries de alta qualidade semelhantes a filmes serializados, em vez de episódios independentes. Tendo os filmes alternativos de alta qualidade como inspiração e atentos ao fato de que os clientes já dispunham de várias opções de programação, eles resolveram criar uma TV que fosse diferente e sofisticada e ao mesmo tempo enriquecesse a seleção de entretenimento dos espectadores. Os programas ofereceriam opções sobre estilos de vida e mundos não familiares. Eles iriam em busca do tipo de programa que as grandes redes, obcecadas em lançar versões diferentes de séries básicas como *NCIS*, jamais produziriam. A Amazon "era uma marca de varejo", afirmou Price. "Nós tínhamos que surpreender as pessoas e focar em qualidade."

A abordagem logo se mostrou eficaz. Entre os pilotos a que os assinantes Prime puderam assistir no início de 2014 estavam *Mozart in the Jungle*, sobre as trapalhadas de uma orquestra sinfônica fictícia de Nova York; *Bosch*, sobre um detetive da polícia de Los Angeles; e *Transparent*, protagonizada por uma matriarca transgênero chamada Maura Pfefferman. Bezos levou a equipe da Amazon Studios para Seattle em março daquele ano a fim de discutir a seleção dos pilotos. O de *Transparent* recebera uma enxurrada de críticas efusivas, enaltecendo a temática ousada e sua cena final inconclusiva, mas não fora o mais assistido. Bezos, no entanto, começou a reunião entrando na sala de conferências e declarando: "Bem, acho que vamos escolher *Transparent*."

A série acabou dando à Amazon Studios a reputação de apoiadora de criadores visionários e de temas historicamente ignorados. Em janeiro de 2015, *Transparent* tornou-se a primeira série de *streaming* a ganhar um Globo de Ouro — tanto na categoria de melhor série de TV (comédia ou musical) quanto na de melhor ator para Jeffrey Tambor.[8]

Se Price havia imaginado que receberia todo o crédito pelo sucesso, a expectativa foi logo frustrada. Bezos também quis comparecer à cerimônia de premiação. Acompanhado por MacKenzie, ele dividiu uma mesa com Price; o diretor da divisão de Comédia, Joe Lewis; a criadora da série, Jill Soloway; e o elenco principal.

Mais tarde, eles compareceram às festas da HBO e da Netflix. Com a mulher a seu lado, Bezos se jogou no brilho da bajulação de Hollywood. "Ela parecia se divertir um pouco", lembrou um dos executivos da Amazon Studios sobre a presença do casal nos eventos de Hollywood, "enquanto ele parecia se divertir muitíssimo".

Algumas semanas depois, Bezos apareceu no programa *This Morning*, da CBS, com Tambor e Soloway, para receber mais aplausos pela vitória de *Transparent*. Ele disse que a Amazon havia patrocinado a série porque era uma narrativa admirável. "Toda vez que fazemos alguma coisa, tentamos evitar que seja apenas mais do mesmo. Queremos fazer coisas com um toque especial, algo com que os espectadores possam se relacionar. *Transparent* é o exemplo perfeito disso."

※ ※ ※

Bezos, um amante do cinema, agora estava animado com a ideia de produzir conteúdo original. Estava evoluindo para mais uma aposta significativa a longo prazo, ao lado da Alexa, das lojas Amazon Go, da expansão na Índia e no México e da Amazon Web Services. Para a surpresa dos executivos da Amazon Studios, que muitas vezes se perguntavam se o dono de uma empresa de 100 bilhões de dólares não tinha nada melhor para fazer, Bezos com frequência pedia que eles fossem a Seattle para discutir quais pilotos seriam aprovados. "A melhor parte desse piloto é que ele tem somente meia hora de duração", queixou-se numa reunião no início de 2015 sobre a escolha de *The New Yorker Presents*, uma série documental sobre a icônica revista da Condé Nast.

Bezos fez perguntas incisivas, mas aceitou a decisão de Price, mesmo não concordando com ela. "Você pode fazer o que quiser, mas, no seu lugar, eu pensaria mais um pouco", disse, ainda se referindo à série sobre a *New Yorker*. Na semana seguinte, Price e o diretor da divisão de Drama da Amazon Studios, Morgan Wandell, escolheram o drama distópico *O homem do castelo alto*, baseado no livro de Philip K. Dick, e outras séries, bem como a relativamente barata *The New Yorker Presents*. Uma executiva da Amazon Studios que estava na reunião disse ter se perguntado na época se Price estaria desafiando uma ordem direta.

Naquele momento, Price estava trabalhando em tempo integral em Los Angeles e insinuando-se em um novo estilo de vida hollywoodiano. Ele havia se divorciado da mulher e se mudado para um apartamento no centro da cidade. Os funcionários da Amazon Studios perceberam a transformação. Em Seattle, ele usava jaqueta esportiva, calça social e de vez em quando uma gravata-borboleta. Agora, em Los Angeles, havia emagrecido, passara a usar sapatos Valentino e jaqueta de couro, tatuara no ombro direito a logo da banda punk Black Flag e comprara um potente Dodge Challenger. "Ele parecia alguém em meio a uma crise de meia-idade."

Mas a Amazon prosperava. *Mozart in the Jungle* recebeu ótimas críticas e transformou a Amazon Studios na primeira rede a ganhar dois Globos de Ouro consecutivos na categoria de Melhor Comédia em anos. A estratégia de Bezos e Price estava funcionando — e, assim, Price se sentia encorajado a fazer apostas maiores e a agir mais depressa. Ele havia contratado um amigo, Conrad Riggs, ex-sócio do produtor de *Survivor*, Mark Burnett, para desenvolver reality shows para a Amazon. Em uma viagem a Londres durante o verão de 2016, Riggs foi a um show do Who com Jeremy Clarkson, ex-apresentador de *Top Gear*, o reality show de carros da BBC que fora expulso do programa por agredir verbal e fisicamente um produtor da emissora britânica. Riggs percebeu que Clarkson era uma estrela maior até do que os integrantes da clássica banda de rock. A Amazon, então, fez uma oferta maior do que a da Apple e a da Netflix para contratá-lo, junto com seus coapresentadores, durante três anos. Um contrato de 250 milhões de dólares para fazer um programa similar, *The Grand Tour*.[9] Foi um dos maiores contratos para séries não roteirizadas da história da TV. Riggs lembra que Bezos aprovou o valor por e-mail em "cerca de quinze segundos".

Roy Price parecia infalível. Naquele mesmo mês, ele compareceu à Comic-Con em San Diego, onde a Amazon apresentaria os dois primeiros episódios de *O homem do castelo alto* para o encontro anual dos fãs de ficção científica e fantasia. Para a Amazon Studios, a série representava a possibilidade de conquistar uma crescente audiência nesse nicho, e a primeira aparição na Comic-Con teve uma recepção calorosa dos fãs. Os executivos ficaram animados.

Naquela noite, Price desfrutou um jantar comemorativo com os colegas de trabalho e os criadores da série, que incluiu inúmeros brindes com champanhe. Em seguida, dividiu um Uber até uma festa com o colega Michael Paull, da Amazon, e uma mulher que acabara de conhecer: Isa Dick Hackett, produtora executiva da série e filha do lendário escritor de ficção científica Philip K. Dick.[10]

Existem várias versões sobre o que aconteceu naquele carro e depois na festa, que diferem em alguns fatos significativos. Mas todos concordam que Price, que gostava de uma brincadeirinha casual e de vez em quando beirava os limites, tinha tomado alguns drinques a mais e fez diversas piadas racistas e comentários sexuais para Hackett, que ele sabia ser lésbica e casada. Hackett achou os comentários inexplicavelmente vulgares e inapropriados e sentiu que Price estava dando em cima dela.

Ao sair do Uber, Price insistiu que Hackett tirasse uma selfie com ele, explicando que, se as pessoas achassem que eles estavam namorando, isso ajudaria a promover a série. Hackett ficou chocada. Na festa, ela esbarrou de novo com Price, e ele aparentemente continuou fazendo declarações de cunho sexual.

Price não percebeu que havia ofendido Hackett e no dia seguinte tentou adicioná-la como amiga no Facebook. Mas ela estava furiosa e havia reportado o incidente a um executivo da Amazon Studios, que levou a questão ao departamento de Recursos Humanos. A Amazon contratou uma empresa de Los Angeles especializada em má conduta no ambiente de trabalho para chegar ao cerne do incidente. Um dos investigadores interrogou os funcionários de Hollywood da Amazon sobre seu chefe. Eles também falaram com Hackett, que disse esperar que o incidente deplorável servisse como catalisador para mudanças significativas de cultura no estúdio.

O quadro geral que emergiu da investigação foi bastante desagradável. Muitas funcionárias de Price desaprovavam o seu comportamento e reportaram um padrão de piadas inapropriadas no ambiente de trabalho. Elas descreveram alguns dos hábitos desagradáveis do chefe — como, por exemplo, sentar-se de cócoras durante reuniões ou fechar os olhos e ficar balançando para a frente e para trás. Elas também o criticaram, definindo-o como um gestor ruim que delegava suas responsabilidades e parecia preferir almoçar com celebridades e fazer posts sobre elas no Instagram.

A Amazon teve a oportunidade de remover Price discretamente de sua posição de liderança e evitar uma calamidade futura. Mas não o fez. Ele havia ajudado a conceber e construir o estúdio, que mostrava sinais promissores. A afeição que Bezos nutria por pessoas capazes de construir coisas também era vivenciada por outros na Amazon, incluindo Jeff Blackburn. Além disso, Price estava arrependido e queria se desculpar com Hackett, embora os advogados da Amazon tivessem pedido que ele não entrasse mais em contato com ela. Eles pediram, ainda, que ele parasse de beber em festas da empresa e fizesse cursos sobre boa conduta no ambiente de trabalho e de como ser um gestor melhor. A empresa afirmou posteriormente em um comunicado ter agido "de maneira apropriada em resposta ao incidente, tendo inclusive contratado um investigador externo".

Quando uma funcionária da Amazon Studios perguntou a um colega do Recursos Humanos sobre os resultados da investigação e por que nenhuma medida disciplinar evidente havia sido tomada, ele respondeu que a conclusão da empresa fora a de que "esse não é o Roy que conhecemos".

* * *

Roy Price manteve seu emprego, mas agora encarava uma ameaça ainda mais sinistra: Jeff Bezos estava completamente antenado às oportunidades e aos desafios de construir uma empresa de televisão e cinema bem-sucedida. E, quando o CEO da Amazon prestava muita atenção em algo, geralmente queria tudo maior, mais ousado e mais ambicioso. A companhia tinha gastado cerca de 3,2 bilhões de dólares no Prime Video em 2016[11] e cerca de 4,5 bilhões em 2017.[12] Até mesmo o conselho de administração, que costumava concordar com as decisões do CEO, estava apreensivo com os gastos crescentes e começou a fazer perguntas específicas sobre o projeto. "Jeff estava à frente de nós ao pensar na relação entre o conteúdo e o serviço Prime", explicou o ex-membro do conselho e investidor de risco Bing Gordon.

Bezos argumentou que o negócio de mídia acentuava a atratividade e a aderência ao Amazon Prime, o que motivava as pessoas a gastar mais dinheiro na Amazon. "Quando ganhamos um Globo de Ouro, isso nos ajuda a vender mais sapatos", disse ele no palco de uma conferência de tecnologia em 2016.[13] Pelo menos alguns dos seus funcionários em Hollywood duvidavam dessa caracterização. Eles não se consideravam vendedores de sapatos, embora gostassem de ter uma empresa de comércio eletrônico rentável subsidiando seus riscos criativos. Acompanhavam cada programa e analisavam quantas pessoas haviam assistido e convertido o período de teste gratuito do Prime em assinatura mensal ou anual. Mas havia poucas evidências da relação entre assistir a vídeos e efetuar compras — de qualquer maneira, nada que justificasse os gastos enormes com a divisão de mídia da empresa. Qualquer correlação também era ofuscada pelo fato de que o Prime estava crescendo a passos largos e por conta própria.

A verdade era esta: Bezos *queria* que a Amazon produzisse séries de TV e filmes. Ele percebia que a forma antiquada como esses conteúdos eram produzidos e distribuídos estava mudando e buscava um protagonismo para a Amazon nesse cenário. Assim como nos primeiros dias da Alexa, das lojas Go e da Amazon Índia, a justificativa econômica podia parecer inconsistente no momento, mas revelar oportunidades de fazer dinheiro no futuro.

Na época, a companhia estava se preparando para lançar o Prime Video em 242 países e cobrar por ele como um serviço separado; o projeto, chamado Magellan, seria o ingresso da Amazon em muitas partes do mundo nas quais a empresa ainda não operava na indústria de varejo on-line. O serviço de vídeo era o produto introdutório para novos mercados, como os livros haviam sido um dia. Mas a terceira temporada de *Transparent*, que girava em torno da confirmação da cirurgia de transição de gênero da personagem principal, não era a apresentação que Bezos tinha em mente para países como Kuwait, Nepal e Belarus.

Desta forma, o terreno estava preparado para uma série de tensas reuniões entre Bezos e a equipe da Amazon Studios durante o segundo semestre de 2016 e ao longo de 2017. Havia uma forte pressão para que eles encontrassem uma série grandiosa, equivalente a *Game of Thrones*, um enorme sucesso da HBO. Mas Price ainda estava lançando séries medianas como *One Mississippi*, *Good Girls Revolt* e *Mad Dogs*. Ele havia supervisionado a aquisição de *Manchester à beira-mar*, que resultou em prêmios e na memorável festa na casa de Bezos em Los Angeles, mas que também havia associado a Amazon a denúncias de assédio sexual contra Casey Affleck. Price havia desembolsado impressionantes 80 milhões de dólares pelo lançamento mais recente de Woody Allen, sua primeira série de TV, a pouquíssimo aclamada *Crise em seis cenas*. (Price era um grande fã de Allen e tinha uma relação de longa data com o agente dele, John Burnham; colegas disseram que a série era o "projeto dos sonhos" do executivo.) Price não só estava fechando contrato com um cineasta cujo trabalho, mais tarde, estaria envolto em controvérsias, como também estava produzindo conteúdo americano de prestígio, que seria considerado para prêmios, no exato momento em que Bezos queria mudar bruscamente de direção e transformar o Prime Video em um negócio global de ampla atratividade.

Price entendia o desejo de Bezos, mas argumentava que aquele tipo de série levava anos para ser desenvolvido. Em janeiro de 2017, ele contratou uma executiva de TV israelense, Sharon Tal Yguado, que havia ajudado na distribuição mundial de uma popular série de zumbis, *The Walking Dead*. A contratação, sobre a qual Price não avisou adequadamente os colegas de trabalho, despertou mais uma série de atritos internos na Amazon Studios. No entanto, Tal Yguado se deu bem com Bezos, pois ambos gostavam de sagas de ficção científica, como os livros da série *The Culture* e *Ringworld*. Naquele mesmo ano, Tal Yguado gastou 250 milhões de dólares para adquirir os direitos do material ainda não desenvolvido da saga *O senhor dos anéis*, de J. R. R. Tolkien.[14]

Mas, para Bezos, as mudanças não estavam acontecendo com a rapidez necessária. Em reuniões combativas, ele demandava com impaciência seu próprio *Game of Thrones*. Price tentava contra-argumentar, dizendo que não haveria outro sucesso como aquele — o próximo seria algo que tivesse o frescor e a ousadia que o triunfo da HBO havia tido. Ele pediu mais tempo e alegou que havia candidatos promissores a caminho, como uma série baseada no personagem Jack Ryan, de Tom Clancy.

Bezos também perguntou a Price se ele estava testando títulos e conceitos com o grupo de pesquisa on-line de telespectadores que a Amazon havia construído, chamado de "ferramenta de previsão". Entre outras coisas, o grupo havia ajudado a trocar o nome de uma série de Billy Bob Thornton, originalmente chamada *Trial of the Century*, para um novo título vencedor, *Goliath*. Mas Price reportou que a ferramenta não era confiável — não era possível usar os mesmos princípios de *crowd-sourcing* para medir indistintamente as virtudes de ideias para uma história e o valor de utensílios de cozinha nos corredores de uma loja virtual infinita. Os executivos de desenvolvimento tinham que ser rápidos para fechar contratos competitivos com os produtores e cineastas de programas sob demanda; por vezes, tinham que ignorar os dados e seguir seus instintos. Price também achava que os conceitos criativos do *crowd-sourcing* eram suspeitos: séries como *Seinfeld* e *Breaking Bad* não haviam sido populares de início, afinal. Devemos confiar nos roteiristas ou na base de dados? Na engenhosidade dos artistas ou na sabedoria da massa?

Bezos havia se deparado com as mesmas perguntas no *Washington Post*, ao pressionar pela criação de ferramentas para medir a popularidade das matérias, mas no fim das contas decidira aceitar o julgamento dos especialistas do jornal. Na Amazon, que era seu território pessoal de reconstrução implacável de empresas através da ciência computacional, da experimentação e de enormes quantidades de dados, ele era mais impaciente. Queria uma abordagem científica na tomada de decisões criativas e resultados imediatos. A essa altura, Bezos e Roy Price estavam cada vez menos alinhados.

** *

No início de 2017, a Amazon se mudou para sua nova torre empresarial de vidro espelhado de 37 andares, chamada de Day 1, o mesmo nome da antiga sede, a um quilômetro de distância. As antigas ideias de Bezos sobre anonimato corporativo haviam se tornado impraticáveis para uma companhia com a proeminência da Amazon. O prédio era ladeado pela primeira loja Amazon Go e ostentava um enorme letreiro luminoso amarelo com a expressão da ciência da computação "Hello World" voltado para o parque a leste do prédio.

O novo escritório de Bezos e as salas de conferências ficavam no sexto andar — assim como no antigo prédio —, para que ele pudesse usar as escadas e fazer exercício. Em março daquele ano, os executivos da Amazon Studios foram a Seattle para se reunir com ele, em meio à atribulada e barulhenta construção de outro arranha-céu do outro lado da rua e às três interconectadas Amazon Spheres — locais de encontro da Amazon que, quando finalizados, seriam espaços de conservação da natureza.

Em uma das salas de conferências, o frustrado CEO falou sobre a tediosa narrativa de *O homem do castelo alto*. Era para ter sido uma obra-prima, reclamou Bezos. "Mas a execução foi terrível. Por que vocês não pararam a produção? Por que não refilmaram tudo?"

Bezos seguiu repreendendo Price. "Você e eu não estamos alinhados", afirmou. "Precisamos encontrar uma maneira de testar esses conceitos. Você está me dizendo que está tomando decisões de 100 milhões de dólares e não temos tempo para avaliar se elas são boas? Precisamos encontrar uma forma de verificar o que vai e o que não vai dar certo, para não tomarmos todas essas decisões no escuro."

Depois de mais discussões, Bezos resumiu: "Olha, eu sei o que é necessário para produzir uma série grandiosa. Não deveria ser tão difícil. Todas essas séries icônicas têm coisas básicas em comum." E, de cabeça, demonstrando sua peculiar habilidade em trocar de tópicos várias vezes por dia e reduzir assuntos complexos à sua essência mais básica, começou a enumerar os ingredientes de uma narrativa épica:

- Um protagonista heroico que passa por experiência de crescimento e mudança.
- Um antagonista convincente.
- Satisfação de desejos (por exemplo, o protagonista tem habilidades ocultas, como superpoderes ou poderes mágicos).
- Escolhas morais.
- Construções de mundo diversas (diferentes paisagens geográficas).
- Urgência para assistir ao episódio seguinte (gancho).

- Assuntos importantes para a civilização (uma ameaça global à humanidade, como uma invasão alienígena ou uma pandemia devastadora).
- Humor.
- Traição.
- Emoções positivas (amor, alegria, esperança).
- Emoções negativas (perda, tristeza).
- Violência.

Price ajudou a aumentar a lista e anotou, obediente. Depois disso, os executivos da Amazon Studios tiveram que enviar atualizações regulares para Bezos sobre os projetos em desenvolvimento, que incluíam planilhas descrevendo como cada série abarcava cada um desses elementos; e se faltasse um elemento, eles tinham que explicar por quê. Mas Price também pediu que os colegas mantivessem essas planilhas longe do mundo externo. A Amazon não deveria ditar para autores renomados os ingredientes de uma boa história. Roteiros bons deveriam quebrar essas regras e não obedecê-las.

As decisões de alto risco de Price pareciam ser complementares. Ele autorizou uma série documental sobre Novak Djokovic, o jogador de tênis número um do mundo, que teve centenas de horas de filmagem até que a estrela sérvia se machucou e cancelou o projeto.[15] Ele também fechou contrato com o diretor dinamarquês Nicolas Winding Refn para uma arrastada e violenta série criminal, *Muito velho para morrer jovem*; a divagante série de Matthew Weiner, *The Romanoffs*; e um trabalho que sequer ganhou um título, do diretor David O. Russell, que deveria ter como protagonistas Robert De Niro e Julianne Moore, sobre uma família dona de uma vinícola no norte do estado de Nova York. As duas primeiras séries foram canceladas logo após as primeiras temporadas; a última, produzida pela Weinstein Company, foi cancelada antes do início da produção, em meio à revelação do escândalo sexual envolvendo o produtor Harvey Weinstein.

Segundo diversos ex-funcionários, Weinstein tinha uma relação amigável com Bezos, Jeff Blackburn e Roy Price, e viajava com frequência a Seattle para ajudar no direcionamento da Amazon nos primeiros desafios em Hollywood. Era uma relação que mais tarde ninguém estava particularmente disposto a debater. Mas os funcionários do Prime Video afirmaram que, em certo momento, o famoso produtor trabalhou junto à Amazon para desenvolver um serviço chamado Prime Movies, que daria aos assinantes Prime um determinado número de ingressos gratuitos para ver filmes no cinema. O programa, que previu a ruína da startup MoviePass, nunca saiu do papel.

Mais adiante, os contratos de Price com Woody Allen e Harvey Weinstein refletiriam de maneira negativa em seu julgamento. Ele demonstrou também outras condutas questionáveis. Em 2017, Price ficou noivo da atriz e escritora Lila Feinberg e tentou persuadir seus funcionários a comprar a ideia dela para uma série de TV chamada *12 Parties*. Alguns colegas chamaram a atenção para o conflito de interesses; assim, a série teve os direitos adquiridos pela Weinstein Company. Eles também afirmaram que Price estava desenvolvendo um roteiro próprio, chamado *Shanghai Snow*, que apresentava caracterizações étnicas estereotipadas, sexo e violência gratuitos e era recebido de maneira negativa por qualquer um que o lesse.

Em 2017, muitas funcionárias da Amazon Studios continuavam infelizes com seu chefe ou com o ambiente de trabalho. Uma delas descreveu uma sala de conferências no escritório da Amazon Studios com paredes cobertas de fotografias de Jeffrey Tambor, Woody Allen e Kevin Spacey (estrela do último filme da Amazon, *Elvis & Nixon*). Os três viriam a ser denunciados por má conduta sexual pelo movimento #MeToo. O movimento também estava a ponto de desmascarar Roy Price e envolver a Amazon em um escândalo que seus executivos achavam já ter ficado para trás.

* * *

Em outubro de 2017, cerca de uma centena de formadores de opinião, líderes inovadores, escritores, músicos, atores, produtores e suas famílias foram levados para Santa Barbara numa frota de aviões particulares que saiu do aeroporto Van Nuys, em Los Angeles. De lá, foram conduzidos em um comboio de sedãs pretos até o Four Seasons Resort. O hotel de cinco estrelas estava fechado para o público naquele fim de semana, assim como o Coral Casino Beach & Cabana Club, do outro lado da rua. Funcionários receberam cada uma das famílias, com um recreador por criança. Em cada um dos quartos do hotel, milhares de dólares em produtos gratuitos aguardavam os hóspedes, incluindo uma mala extra para que levassem tudo de volta para casa.

Esse era o Campfire, o retiro privativo da Amazon para os literatos e famosos. A empresa iniciou seu evento anual em 2010, em Santa Fe, no Novo México, como um fim de semana de beleza para roteiristas e suas famílias. Em 2016, quando o evento ficou grande demais para o seu local de origem, a Amazon o transferiu para Santa Barbara. Bezos gostava de chamá-lo de "o grande momento do ano" e parecia adorar quando outras pessoas achavam o mesmo. A mudança para o sudeste da Califórnia ocorreu de modo a coincidir com a evolução da ambição da Amazon de uma empresa de venda de livros para uma empresa de entretenimento mundial.

O fim de semana consistia em palestras, refeições extravagantes, conversas íntimas e caminhadas. Bezos reunia algumas das pessoas mais interessantes do mundo e desfrutava a companhia delas. Ele geralmente se sentava na primeira fileira de todas as palestras e costumava ser o centro das atenções, com os braços ao redor do ombro da mulher e os quatro filhos, rindo mais alto do que qualquer um. Pedia-se que os convidados assinassem um acordo de confidencialidade e nunca mencionassem ou conversassem sobre o Campfire com a imprensa.

A lista de convidados naquele ano incluía Oprah Winfrey, Shonda Rhimes, Bette Midler, Brian Grazer e Julianne Moore, além da atriz e cantora indie Carrie Brownstein, o romancista Michael Cunningham, o editor executivo do *Washington Post*, Marty Baron, e o músico Jeff Tweedy. Benjamin Berell Ferencz, o último promotor sobrevivente dos julgamentos de Nuremberg, deu uma palestra. Também foram convidados para as festividades diversos executivos da Amazon, incluindo Price, que levou a noiva, Lila Feinberg.

Na época, Price já estava pisando em ovos na empresa. No mês anterior, a Hulu e a HBO haviam recebido diversos prêmios Emmy, enquanto a Amazon ficara de fora. O *Wall Street Journal* apontou essa queda em uma crítica que dizia que a Amazon Studios tinha dispensado sucessos como *O conto da aia* e *Big Little Lies*. A reportagem citava David E. Kelley, criador de *Big Little Lies* e *Goliath*, que disse que toda a situação era "um pouco desastrosa"[16] e que a Amazon "estava com o rei na barriga".[17]

Mas esse era o menor dos problemas de Price. Durante os últimos meses, a intrépida jornalista Kim Masters vinha investigando a história dos comentários inapropriados de Price a Isa Dick Hackett após a Comic-Con de 2015 e a subsequente investigação interna na Amazon. Vários veículos de notícia, como *The New York Times*, BuzzFeed e *Hollywood Reporter*, que não haviam se esquivado de publicar reportagens sobre outros casos relacionados ao movimento #MeToo, passaram a história adiante. Price contratara alguns dos mesmos advogados que haviam representado Harvey Weinstein. Mas, em agosto, o site de notícias de tecnologia *The Information* publicou uma versão reduzida da reportagem de Masters. Hackett não aceitou comentar, chamando seu encontro com Price de um "incidente problemático".

No início do fim de semana do Campfire, o #MeToo estava atingindo o ápice. Ronan Farrow acabara de publicar sua investigação condenatória sobre o comportamento de Harvey Weinstein na *New Yorker*. (Weinstein havia comparecido e palestrado em Campfires anteriores, mas agora era *persona non grata*.) Na tarde anterior ao primeiro dia de eventos, a atriz Rose McGowan, uma das vítimas de Weinstein, começou a tuitar para @JeffBezos, revelando que havia contado a Roy Price sobre os crimes de Weinstein e pedido que a Amazon Studios "parasse de financiar estupradores, pedófilos declarados e agressores sexuais". Price havia lhe aconselhado a reportar o crime à polícia. Ainda assim, a Amazon *havia* fechado contratos com a Weinstein Company e várias outras figuras de Hollywood acusadas de assédio sexual e outros comportamentos ilícitos. Essa era uma acusação grave em um ambiente social frágil — e um constrangimento no início do grande fim de semana da Amazon.

E então o *Hollywood Reporter*, que tinha Masters como editora, decidiu mudar sua postura e publicou a reportagem dela na íntegra.[18] Dessa vez, Isa Dick Hackett tinha feito declarações oficiais e confirmado a experiência "chocante e surreal" e as coisas inapropriadas que Price havia lhe dito naquele Uber após a Comic-Con, mais de dois anos antes. Os executivos da Amazon Studios haviam sido convocados ao Campfire um dia antes do início oficial do evento, portanto Price estava em sua suíte quando a história foi divulgada; Feinberg, sua noiva, estava no térreo com outros executivos e começou a chorar quando leu a reportagem.

Foi um momento constrangedor e marcante. Price e Feinberg na mesma hora foram levados de volta a Los Angeles. "Foi uma experiência desconcertante e humilhante. Como poderia ser diferente?", disse Price mais tarde. Outros executivos da Amazon Studios fizeram uma videoconferência às pressas com Jeff Blackburn, que pediu que eles permanecessem no Campfire.

Nos bastidores, a Amazon mais uma vez não sabia bem o que fazer. Blackburn colocou Price em licença temporária, tentando manter-se leal ao homem que introduzira a Amazon no universo do conteúdo original, contratando e gerenciando uma equipe que havia ganhado uma série de prêmios de prestígio. Roy Price tinha aberto um caminho para Jeff Bezos em Hollywood. Os líderes *"com frequência estão certos"*, rezava a cartilha de princípios sagrados da Amazon.

Isso fora o suficiente para Bezos — até que deixara de ser. Ele ainda não tinha seu próprio *Game of Thrones*. Price perdera a confiança da equipe e seus problemas sociais e inadequação eram desgastantes, e, no caso de Hackett, perturbadores. A Amazon sabia de tudo isso, mas inventava desculpas o tempo todo. Será que eles de fato apoiariam um executivo perseguido no centro de um movimento cultural espalhado pelo mundo? Na terça-feira, Price havia concordado em pedir demissão.

Em meio a tudo isso, Blackburn ligou para Isa Dick Hackett a fim de tentar reverter o problema. Agora, estava claríssimo que a gestão da Amazon, com seu S Team predominantemente masculino, havia fracassado em levar as acusações dela a sério. Exausta depois de tentar contar de maneira privada uma experiência traumática aos investigadores da Amazon e, não sendo bem-sucedida, ter que ir a público através da mídia, Hackett foi tomada pela emoção. Ela estava aos prantos ao telefone: "Eu tentei falar com vocês. E durante meses vocês tiveram a oportunidade de fazer alguma coisa! Eu não deveria precisar fazer isso! Foram vocês que me colocaram nessa posição!" Blackburn desculpou-se profundamente e concordou com o apelo dela para que tentasse usar os extensos recursos da Amazon para lutar contra o perverso sexismo em Hollywood e no mundo corporativo americano.

Alguns dias depois, Blackburn foi a Santa Monica conversar com os funcionários da Amazon Studios. Alguns exigiam saber por que Price não fora demitido em 2015; outros se perguntavam se a Amazon estava demitindo Price para se afastar de outros personagens do movimento #MeToo, como Harvey Weinstein. Os poucos defensores de Price acreditavam que ele havia sido um bode expiatório e diziam que, sob sua liderança, a Amazon contratara mais produtoras e roteiristas do que qualquer outro estúdio. Blackburn, de acordo com várias pessoas que estavam nas reuniões, reconheceu que deveria ter lidado com a situação antes, mas que a nova informação tinha que ser divulgada. Sua justificativa soou falsa para alguns funcionários. No fim daquela semana, Blackburn tentava deixar tudo aquilo para trás. "A Amazon Studios está aparecendo nos noticiários pelos motivos errados", escreveu ele em um e-mail enviado aos funcionários do Studio. "Deveríamos estar nas manchetes por causa das séries incríveis que estamos desenvolvendo e das novidades planejadas para o próximo ano."

Mais tarde, Price se desculpou publicamente e tentou em vão tirar seu nome da lista negra de Hollywood. "Peço sinceras desculpas por qualquer desconforto que tenha causado a Isa Dick Hackett com minhas piadas infames em 2015", escreveu ele em um e-mail para mim. "Gostaria que a Amazon tivesse me permitido lhe pedir desculpas pessoalmente, como eu quis desesperadamente fazer. De qualquer forma, minha única intenção naquela noite, enquanto íamos de Uber de uma festa para outra, era nos distrair."

A noiva de Price o deixou logo após o escândalo, algumas semanas antes do planejado casamento dos dois, e ele foi expulso da indústria do entretenimento, seu nome relegado à mesma categoria de agressores sexuais como Weinstein, Les Moonves e Matt Lauer. Levando em consideração o que seu avô havia passado na geração anterior, durante a infame caça às bruxas contra os simpatizantes do comunismo, Price viu paralelos históricos cruéis.

Ele não esperava que Bezos o procurasse, e isso de fato nunca aconteceu. Afinal, essa era a Amazon: os funcionários estavam ali para produzir resultados, não para criar relações pessoais. Após o afastamento de Price, a Amazon colocou em seu lugar de forma interina o diretor de operações da Amazon Studios, Albert Cheng, e ele começou a se livrar de muitos dos executivos originais da divisão, incluindo Joe Lewis, que ajudara a desenvolver séries de grande importância, como *Transparent* e *A maravilhosa sra. Maisel*. (Lewis assinou um contrato de dois anos para produzir *Fleabag*, acrescentando a série à lista de prêmios acumulados pela Amazon.) Logo depois, a Amazon contratou a executiva da NBC Jennifer Salke para assumir o cargo de maneira permanente e anunciou planos para, enfim, deixar o parque corporativo sem graça em Santa Monica e se mudar para um complexo de filmes histórico em Culver City — a mansão usada para filmar ... *E o vento levou*.

Uma era chegava ao fim na Amazon Studios. Por ironia do destino, muitas das séries que Roy Price colocara em produção, como *The Boys* e *Jack Ryan*, tornaram-se sucessos mundiais. Bezos continuou gastando muito dinheiro na divisão de *streaming* de vídeos. O Prime Video consumiu 5 bilhões de dólares em 2018 e 7 bilhões em 2019. Havia sempre um grande debate sobre o retorno real do investimento, embora as objeções do conselho administrativo e dos investidores da Amazon não fossem ouvidas. Enquanto rivais como Walmart e Target alcançavam a Amazon na garantia de dois dias de entrega, o conteúdo gratuito de mídia adquiriu importância entre as diversas vantagens do Prime. As séries e os filmes originais da Amazon também ajudaram a consolidar sua posição logo atrás da Netflix e ao lado de Disney, Apple, Paramount, HBO e outras empresas na corrida para definir o futuro do entretenimento doméstico.

O Prime Video foi mais uma das grandes apostas de Jeff Bezos em uma década frutífera. Ao apontar a direção certa para seus funcionários inúmeras vezes, monitorando de perto suas iniciativas e usando a própria fama crescente para aumentar sua visibilidade, Bezos havia aberto um caminho de tecnologias e indústrias novas e promissoras. Alexa, Amazon Go, Amazon Índia, Prime Video e outras iniciativas ainda podiam ser vistas como decepções em relação aos gigantescos valores investidos — ou proporcionar à Amazon novos lucros inesperados em potencial.

Mas, como resultado de sua imersão no processo inventivo, Bezos gerenciou de longe outras partes da Amazon — como os setores de compra, venda, controle de estoque e distribuição de produtos. Essa era a indústria original e principal da Amazon, claro. E, à medida que o perfil público da companhia e seu dono continuavam a crescer, a engrenagem dessa máquina incessante começava a funcionar cada vez mais depressa.

PARTE II
Alavancagem

Amazon: 31 de dezembro de 2016

Vendas líquidas anuais: 135.987 bilhões de dólares
Funcionários de meio período e período integral: 341.400
Capitalização de mercado no fim do ano: 355,44 bilhões de dólares

---

Patrimônio líquido de Jeff Bezos no fim do ano: 65,4 bilhões de dólares

PARTE II

Alavancagem

CAPÍTULO 7
A máquina de seleção

Numa manhã de domingo chuvosa, em outubro de 2016, um advogado de defesa criminal de Miami chamado Victor Vedmed trabalhava em sua garagem quando ouviu uma batida inesperada na porta da frente. A esposa de Vedmed e seus dois filhos estavam de pijama na sala de estar, assistindo à TV. Por isso ele limpou as mãos, atravessou a casa e atendeu à porta. Parados sob a garoa úmida estavam dois homens de meia-idade e um adolescente. Nenhum carro estava estacionado na entrada. Um dos homens se apresentou como Joshua Weinstein, um ex-morador do bairro, e estava a ponto de apresentar seu companheiro quando Vedmed teve um lampejo de reconhecimento e deixou escapar: "Eu conheço você!"

Jeff Bezos cumprimentou Vedmed e admitiu que sim, as pessoas frequentemente o reconheciam. Explicou que havia passado seus anos de ensino médio na casa de Vedmed em Palmetto Bay, 35 anos antes. Ele e seu segundo filho estavam passando o dia na cidade para visitar a família de Weinstein, um amigo de infância de Bezos cujo pai tinha acabado de falecer, e eles vieram caminhando na chuva. Ele perguntou se poderiam entrar e dar uma olhada.

Vedmed ficou pasmo. Nunca imaginara que seu modesto bangalô de 280 metros quadrados tivesse sido a antiga casa de uma das pessoas mais ricas do mundo. "Há um sentimento de boa sorte nesta casa" fora a única coisa que o proprietário anterior lhe dissera ao vendê-la em 2009. Mas a esposa de Vedmed, Erica, ainda sentada no sofá da sala, não reconheceu o visitante. Bezos era conhecido por ávidos seguidores do noticiário de negócios e da mídia, mas talvez ainda não pelo público em geral. Ela presumiu que o marido tivesse admitido a entrada de um candidato local a algum cargo público e olhou-os com fúria. Vedmed, perturbado com a situação inesperada, não apresentou os convidados nem explicou o que estava acontecendo para a esposa e os filhos.

Ficaram todos parados no hall. À direita se encontrava a cozinha e a garagem para dois carros com pé-direito alto, onde Bezos e seus amigos haviam construído certa vez um carro alegórico do clube de ciências para o desfile da volta às aulas. À esquerda, passando por um corredor, ficavam os quatro quartos onde Bezos havia passado a infância com os pais e dois irmãos mais novos, Mark e Christina. Do outro lado do corredor havia um banheiro com uma porta para o quintal, do qual o Bezos adolescente havia se esgueirado tarde da noite após uma discussão com o pai, Mike, preocupando sua mãe, Jackie. Um dos quartos voltados para a frente da casa era o de Bezos, e ali ele escrevera seu discurso de formatura do ensino médio, delineando uma visão audaciosa de estações espaciais em órbita que poderiam tirar fábricas poluentes da Terra e transformar o planeta numa reserva natural.

Bezos continuou a olhar em volta, maravilhado com as mudanças e com o que permanecera igual. Espiando pelas portas de correr de vidro que davam para o quintal, percebeu que a tela de proteção para a piscina, comum em muitas casas do sul da Flórida para impedir a entrada de insetos, havia sumido. Vedmed disse a ele que a tela não estava lá quando eles se mudaram.

Depois de mais alguns minutos, os visitantes se prepararam para ir embora. Erica finalmente se levantou e, ainda confusa, perguntou ao filho de Bezos se ele estudava na Miami Palmetto Senior High School, a *alma mater* de Bezos. O menino educadamente a informou que não, que eles moravam em Seattle e era lá que ele estudava.

Os visitantes tiraram uma foto de todos juntos, imortalizando o encontro, e se despediram. Posteriormente, Vedmed lembraria que Bezos foi acessível e sociável. Mas, em sua mente, ele reveria aqueles impro-

A máquina de seleção

váveis quinze minutos e desejaria ter agido com mais elegância durante a visita.

"Vou dizer uma coisa: é difícil a comunicação quando se está em níveis tão diferentes", disse Vedmed alguns anos depois. "Teria sido melhor se eu não soubesse quem ele era." Ele estava descrevendo a bolha intimidante que envolve muitas pessoas famosas, distorcendo o comportamento daqueles que se encontram ao seu redor. Com Jeff Bezos cada vez mais rico a cada dia que passava, as coisas só iriam piorar.

* * *

Para avaliar plenamente a ascensão do império de trilhões de dólares de Bezos e o crescimento de sua fortuna pessoal, precisamos voltar no tempo para entender a aceleração do negócio de comércio eletrônico da Amazon e algumas das consequências indesejadas resultantes disso. Em 2015, as vendas da empresa no varejo dos Estados Unidos cresceram num ritmo respeitável de 25%;[1] em 2017, aumentaram numa taxa ainda mais rápida de 33%. A Amazon gerava mais vendas e era mais lucrativa do que jamais havia sido em sua história. Mesmo com mais de 100 bilhões de dólares apenas em receitas anuais de varejo na América do Norte, os hormônios de uma empresa muito mais jovem pareciam correr em suas veias corporativas.

Os executivos da Amazon explicavam tudo isso como um triunfo do volante da empresa, o círculo virtuoso que guiava os negócios. Funcionava assim: os preços baixos da Amazon e a lealdade de seus assinantes Prime levavam a mais visitas dos clientes, o que, por sua vez, motivava mais vendedores terceirizados a listar seus produtos no marketplace. Mais produtos atraíam mais clientes. E as comissões que os vendedores do marketplace pagavam à Amazon permitiam que a empresa baixasse ainda mais os preços e investisse na entrega mais rápida de um percentual maior de itens, tornando o Prime ainda mais atraente. Assim, o lendário volante se alimentava sozinho e girava cada vez mais depressa.

Outra maneira de entender o crescimento febril da Amazon como uma grande empresa era por meio de sua busca bem-sucedida de alavancagem, ou crescimento das receitas a uma taxa mais rápida do que as despesas. A alavancagem é um pouco como ajustar as velas de um veleiro conforme ele ganha velocidade, para tirar maior proveito do vento. Bezos e seus tenentes no S Team fizeram as mesmas perguntas aos executivos em suas unidades de negócios mais antigas e maduras: como poderiam reduzir os custos de operação e manter o crescimento das vendas? Como poderiam maximizar a produtividade de cada hora de trabalho de seus funcionários? Onde a automação e os algoritmos poderiam estancar o crescimento do número de funcionários ou substituí-los por completo?

A cada ano, a empresa tentava se tornar mais eficiente e melhorar a alavancagem até mesmo pela menor das margens. As mudanças resultantes podiam dificultar o trabalho dos funcionários. Um desses projetos ganhou força no verão de 2013, após o lançamento do filme de animação *Meu malvado favorito 2*. Um funcionário da divisão de brinquedos da Amazon ficou aparentemente entusiasmado com o filme e iniciou uma compra significativa dos produtos licenciados, uma vez que na época gerentes de estoque na divisão de varejo faziam os pedidos de produtos manualmente. O pedido do funcionário em questão incluía bichos de pelúcia baseados nos Minions, os pequeninos capangas do filme.

O filme teve um desempenho razoavelmente bom nas bilheterias, mas, infelizmente para a Amazon, por algum motivo, os brinquedos não venderam e ficaram nas prateleiras dos centros de atendimento de pedidos juntando poeira. "Foi um fiasco", lembra Jason Wilkie, ex-gerente de estoque. "Não dava nem para oferecer descontos. Ninguém queria." Analisando o erro, os executivos de varejo da Amazon concluíram que os caprichos da emoção humana haviam interferido na avaliação fria dos dados disponíveis, que poderiam ter resultado num pedido de compra mais conservador.

O projeto que surgiu foi chamado de "Hands Off the Wheel" [Tire as mãos do volante]. Ao longo dos anos seguintes, os gerentes de estoque em todo o grupo de varejo foram transferidos para outras funções ou demitidos e substituídos por sistemas automatizados. O software processaria os números e faria pedidos de compra, e não as pessoas. Os algoritmos talvez não fossem capazes de avaliar perfeitamente a de-

A máquina de seleção

manda por brinquedos licenciados por projetos cinematográficos, mas poderiam prever o aumento do interesse em, por exemplo, jaquetas caninas contra ansiedade para acalmar os cães antes da queima de fogos do feriado de 4 de Julho ou pás de neve antes de uma tempestade de inverno prevista para o Meio-Oeste, e assim por diante.

Bezos e seus representantes acreditavam que os algoritmos poderiam fazer o trabalho melhor e mais depressa do que as pessoas, determinando até mesmo onde colocar a mercadoria na rede de atendimento de pedidos da Amazon para atender à demanda prevista. A Amazon também desenvolveu sistemas para negociar automaticamente os termos com os fornecedores e permitir que as marcas iniciassem suas próprias promoções, sem qualquer ajuda dos funcionários da Amazon.

Construir esses sistemas exigia um investimento inicial significativo e aumentava os custos fixos da empresa. Mas, com o passar dos anos, essas despesas foram compensadas, pois substituíram o que seriam custos variáveis ainda mais altos. Foi o máximo em alavancagem: transformar o negócio de varejo da Amazon numa plataforma de tecnologia de autoatendimento capaz de gerar dinheiro com o mínimo de intervenção humana.

A busca por alavancagem ganhou impulso no marketplace da Amazon para vendedores terceirizados e num serviço que o acompanhava, o Fulfillment by Amazon [Atendimento pela Amazon], ou FBA. A ideia por trás do FBA, que desafiava o senso comum, era permitir que os vendedores enviassem as mercadorias para os armazéns da Amazon e deixar que a companhia cuidasse da logística e do envio aos clientes. Esses vendedores ainda eram donos de seus estoques e definiam os preços, mas seus produtos se qualificavam para o envio de dois dias aos assinantes Prime. Trazer comerciantes independentes para o site e para os centros de atendimento de pedidos permitiu que a Amazon aumentasse o volume de produtos que passava por seus armazéns e as receitas em comparação com os custos fixos.

Quando a Amazon lançou o serviço pela primeira vez, em 2002, sob o nome de "Autoatendimento de pedidos", os vendedores desconfiaram da potencial perda de controle. Mas muitos acabaram reconhecendo que armazenar e enviar produtos para as casas das pessoas não era seu ponto forte, enquanto o uso do FBA garantia uma boa experiência para o cliente e tornava seus produtos mais visíveis no site da Amazon. Depois de alguns anos, produtos de todos os tamanhos, incluindo itens difíceis de armazenar, como bolas de boliche e quadros-brancos, começaram a chegar aos armazéns. "Para mim, foi um pesadelo", lembrou Marc Onetto, ex-executivo da General Electric e vice-presidente sênior de operações mundiais da Amazon entre 2006 e 2013. "Esses caras estavam esvaziando o sótão em cima de mim. Mas é claro que percebi que tínhamos que fazer com que aquilo desse certo."

Bezos administrou o FBA de perto no fim dos anos 2000, revisando minúcias como a tabela de preços para vendedores e declarando que a Amazon deveria manter a simplicidade até que o serviço atingisse uma determinada escala. "Ainda não tenho certeza se chegou a hora", dizia ele toda vez que os executivos do FBA tentavam aumentar as tarifas da Amazon para certos tipos de estoque a fim de se avançar aos poucos para a lucratividade.

"O que é isso?", perguntou ele a uma executiva do FBA em uma memorável reunião de avaliação em outubro de 2008, apontando para uma estatística num apêndice em Excel de um relatório de seis páginas que descrevia a economia internacional do FBA. Isso aconteceu ainda nos anos de formação de Bezos e de seu amadurecimento como CEO, antes que ele conseguisse suprimir ocasionalmente seu estilo de gestão temperamental e o mau hábito de punir subordinados com feedback direto e contundente. Cynthia Williams, a diretora financeira que havia preparado o documento, desconfiou que havia algo errado em sua análise, mas não fora capaz de identificar o problema de antemão. "Baixei os olhos e, claro, percebi que era algo descaradamente óbvio", disse ela anos depois. "Acredite, meu coração afundou até os dedos dos pés."

"Se isto está errado, não sei como posso confiar em qualquer um desses números. Você desperdiçou uma hora do meu tempo", disse Bezos. Ele rasgou o documento ao meio, jogou-o na mesa diante de Williams e saiu pela porta, deixando a sala num silêncio atordoado.

"Bem, isto não saiu como o planejado, não é?", disse Tom Taylor, o executivo que comandou o FBA nos primeiros dez anos, enquanto corria atrás de Bezos.

A máquina de seleção

Naquela tarde, Williams mandou um e-mail para Bezos com um pedido de desculpas e os dados corrigidos, depois foi para casa e abriu uma garrafa de vinho. Bezos respondeu às oito da noite. Não mencionou sua explosão anterior, mas agradeceu a ela pela atualização e disse que não conhecia ninguém que não tivesse cometido aquele tipo de erro, apesar da mesma diligência. Williams, que permaneceu na Amazon por mais uma década e acabou sendo promovida a vice-presidente antes de desertar para a Microsoft, disse que se sentiu bem com o e-mail e apresentou a proposta revisada a Bezos novamente algumas semanas depois.

A história foi contada e celebrada na Amazon durante anos — não como um exemplo de liderança volátil, mas como uma ilustração dos altos padrões dos líderes da empresa e da coragem e resiliência dos funcionários, necessários para executar serviços complexos como o FBA.

Bezos acreditava que o FBA tinha chance de fazer sucesso e causar um impacto imenso na companhia. "Eu preciso que vocês façam bem esse trabalho para que possamos financiar o portfólio de outras empresas que também têm um enorme potencial", disse ele, instruindo a equipe do FBA a agir três vezes mais rápido do que as equipes normais da Amazon, de acordo com Tom Taylor.

Outros *jeffismos*, registrados pela equipe do FBA em suas reuniões anuais de planejamento OP1 com Bezos, moldaram ainda mais sua perspectiva. Alguns de seus maiores sucessos foram registrados num relatório que mais tarde chegou a mim:

"Focar na redução da estrutura de custos. É melhor ter custos baixos e cobrar para maximizar seu valor do que cobrar para cobrir os custos."

"Ter uma tabela de preços estúpida significa fazer coisas estúpidas acontecerem. As tabelas de preços devem ser iguais ao valor."

"Nós não cobramos mais porque não conseguimos descobrir como fazer com que custe menos. Nós inventamos para fazer com que custe menos."

"Devemos ser capazes de cumprir 100% do negócio 3P. Não sei qual é o debate, devemos cumprir a seleção de baixo preço, é crucial."

"Médias são medidas ruins. Quero ver os números reais, os altos, os baixos e por que... não uma média. Médias são preguiça pura."

Em 2014, depois de mais de uma década de orientação tão contundente, o serviço pela primeira vez se tornou lucrativo, e o número de vendedores que usava o FBA crescia rapidamente. "Não pense que havia algum outro gênio no projeto, porque não havia", disse Neil Ackerman, um ex-executivo do FBA. "Foi Jeff quem desafiou todos a reduzir as tarifas e a não se concentrar na receita, mas, em vez disso, a focar na adição de vendedores e em aumentar a seleção. Ele sabia que era assim que poderíamos fazer o negócio crescer e se tornar lucrativo. Jeff sempre disse que, quando você se concentra nas entradas, as saídas, como receita e renda, acabam cuidando de si mesmas."

Ao mesmo tempo que moldava o FBA, Bezos alimentava seu gêmeo siamês, o marketplace da empresa, que permitia que vendedores terceirizados se cadastrassem no site da Amazon e exibissem seus produtos novos ou usados. Em 2007, o marketplace já tinha alguns anos, mas era basicamente um repositório empoeirado de livros usados, respondendo por escassos 13% de todos os itens vendidos no site. Bezos ficava frustrado com a falta de progresso e rasgava os documentos da equipe nas reuniões de planejamento OP1, exigindo revisões mais ambiciosas. "Como você acrescentaria um milhão de vendedores a este mercado?", perguntou ao fluxo contínuo de executivos que entrevistou para assumir o grupo.

Ele acabou encontrando a pessoa certa. No início de 2009, Peter Faricy, o diretor do próspero negócio de música e filmes da Amazon nos anos anteriores ao Prime Video, convidou o ator Tom Cruise para falar numa reunião geral no Benaroya Hall, no centro de Seattle. Nos bastidores, Bezos e Cruise mergulharam de tal forma numa conversa sobre aviões e viagens espaciais que Faricy não conseguiu colocar o CEO no palco a tempo para responder às perguntas dos funcionários. Depois, como maneira de agradecer pelo sucesso de seu departamento, Bezos

A máquina de seleção

o convidou para almoçar com o S Team. Um mês depois, pediu que Faricy comandasse o que descreveu como uma das equipes de pior desempenho na empresa.

Faricy entendeu que havia apenas uma resposta para a pergunta da entrevista de Bezos — não era possível entrar em contato com os vendedores e recrutar um milhão deles um a um. Seria preciso construir uma máquina de autoatendimento, e os vendedores é que teriam de procurar a Amazon, não o contrário.

Nos anos seguintes, Faricy e sua equipe reconstruíram o Seller Central, o site para os vendedores terceirizados, permitindo que eles catalogassem facilmente seus produtos na Amazon.com, definissem preços e fizessem promoções — tudo com um mínimo de supervisão feita pelos funcionários da Amazon. Assim como acontecera com o FBA, Bezos supervisionou o projeto de perto no início. "Acho que nas duas primeiras semanas recebi sete e-mails com pontos de interrogação de Jeff", lembrou Faricy. "Logo de cara, foi como me jogar no fogo e ter uma experiência de aprendizado única na vida."

Quem ajudou a Amazon a recrutar vendedores terceirizados foi seu rival eBay, que estava afastando sua indisciplinada comunidade de vendedores ao aumentar as taxas e fazer negócios que favoreciam grandes varejistas. Na conferência inaugural de vendedores da Amazon em 2010 no hotel Marriott, perto do Aeroporto Internacional de Seattle-Tacoma, Faricy se dirigiu "a todos vocês na plateia que vendem principalmente no eBay". Ele disse que a Amazon estava comprometida com um mercado justo e igualdade de condições para todos os vendedores, e os convidou a duplicar seus negócios com a empresa. Foi aplaudido de pé. Mas esse reservatório de boa vontade não duraria por muito tempo.

Como outros executivos da Amazon, Faricy parecia adotar algumas das severas táticas de gestão que Bezos popularizara na empresa. Natural de Detroit, ele passou pela McKinsey & Company e pela rede de livrarias Borders antes de entrar na Amazon, mas logo se adaptou ao seu novo local de trabalho. Se seus subordinados se atrasassem para entregar os relatórios semanais de métricas, por exemplo, Faricy sugeria casualmente que eles talvez estivessem recebendo salários altos demais ou que não eram adequados para o trabalho. Ele também travava disputas com seus colegas da equipe de varejo, cuja prioridade era uma seleção de mercadorias de primeira linha para garantir uma boa experiência ao cliente, e não a anárquica plataforma de vendedores terceirizados, em que qualquer um podia se cadastrar e começar a oferecer produto baratos, de qualidade duvidosa.

O eterno debate na Amazon era opor a *qualidade* dos produtos em relação à *quantidade*. Com frequência, as disputas tinham de ser arbitradas pelo chefe de Faricy, o vice-presidente sênior Sebastian Gunningham, ou pelo próprio Bezos. Ambos tendiam fortemente a expandir a seleção de produtos o mais depressa possível. "A opinião de Jeff e Sebastian era de que toda seleção é boa", afirmou Adrian Agostini, um executivo veterano do marketplace. "Eles tinham regras bem definidas: não ofenda, não mate, não envenene. Fora isso, pegue tudo que receber e deixe que os clientes decidam."

Nos primeiros anos da década de 2010, empreendedores atentos nos principais mercados da Amazon nos Estados Unidos e na Europa reconheceram uma nova oportunidade lucrativa. Eles poderiam desenvolver um produto exclusivo, encontrar um fabricante, em geral na China, e vendê-lo para milhões de compradores on-line. Faricy e sua equipe consideravam os vendedores seus verdadeiros clientes e os cultivavam com programas como o Amazon Exclusives, para destacar produtos notáveis, e o Amazon Lending, para ajudar a financiar seu crescimento, usando como garantia o estoque armazenado por eles no FBA. Eles com frequência reuniam grupos focais, pedindo aos vendedores que identificassem problemas que precisavam ser corrigidos e novas ferramentas que deveriam ser oferecidas.

"Na época, a Amazon de fato se preocupava em ajudar as marcas a prosperar", disse Stephan Aarstol, cuja empresa vendia uma linha popular de pranchas de *stand-up paddle* na Amazon que apareceu num episódio de *Shark Tank*. Em 2015, Aarstol empregava dez pessoas em San Diego e ganhava mais de 4 milhões de dólares por ano — um dos incontáveis empreendedores que fizeram pequenas fortunas no florescente marketplace da Amazon. Mas sua opinião sobre o marketplace, como veremos adiante, mudaria aos poucos.

A máquina de seleção

Bezos ficou encantado com o progresso. Naquele ano, pela primeira vez, o valor dos bens vendidos pelo marketplace superou as vendas do varejo da Amazon. O melhor de tudo: como o negócio era basicamente de autoatendimento, as receitas cresciam muito mais depressa do que o número de funcionários. "Finalmente um negócio capaz de obter alavancagem depois de se tornar bem-sucedido", festejou Bezos numa das reuniões de planejamento OP1 naquele ano, pressionando o relatório de seis páginas contra o peito. "Vou levar este relatório para casa e dormir com ele."

Bezos então disse a Faricy que não precisava mais examinar individualmente o marketplace durante as reuniões OP1 e que só queria devotar tempo a novas iniciativas, como o Amazon Lending. O CEO estava dedicando mais atenção aos novos produtos da empresa, enquanto os detalhes dos negócios de Faricy estavam se tornando tão complexos que qualquer orientação que ele pudesse dar seria limitada.

Bezos disse o mesmo à equipe do FBA. Ele ainda auditaria os negócios, arbitrando disputas e enviando e-mails com pontos de interrogação ao ser informado dos problemas. Mas não precisava mais estar tão intimamente envolvido nas etapas de planejamento.

E isso o deixaria a alguma distância do caos que se aproximava.

* * *

À medida que o marketplace da Amazon e o FBA cresciam, os executivos encarregados dos negócios encaravam um competidor potencialmente disruptivo. Em 2010, Peter Szulczewski, um polonês de origem canadense, ex-funcionário da Google, cofundara uma startup de publicidade on-line chamada Context Logic.[2] Uma vez que ela não ganhou tração, ele direcionou a empresa para o comércio eletrônico com um toque engenhoso — uma espécie de arbitragem geográfica. A maioria dos vendedores na internet comprava seus produtos de fabricantes na China, os enviava em grande quantidade para o Ocidente e reajustava os preços para cima de forma a entregá-los depressa a compradores urbanos relativamente abastados. Por que não permitir que os comerciantes na China vendessem produtos baratos e sem marca diretamente aos clientes no Ocidente, que talvez não se importassem com as várias semanas que os produtos levariam para chegar às suas portas?

Szulczewski rebatizou sua empresa como Wish.com e no final de 2012 começou a contratar funcionários chineses para recrutar vendedores e cuidar do atendimento ao cliente.[3] O timing foi perfeito. O Alibaba ajudara a criar uma vibrante comunidade de comerciantes chineses na internet que procuravam novos compradores fora do país. Na verdade, o Alibaba havia tido a mesma ideia e estava desenvolvendo um site de comércio internacional chamado AliExpress, que começava a ter destaque no México e na Europa.

Os sites Wish.com e AliExpress estavam abarrotados de produtos, com uma navegação complicada para os compradores on-line novatos. Mas a clientela parecia saborear a busca pelo tesouro de itens de moda descartável, como o tênis de couro sintético de 12 dólares. Em 2014, o Wish levantou 69 milhões de dólares junto a capitalistas de risco e foi destaque no *Wall Street Journal*.[4] Depois de uma conversa sobre a startup, Bezos olhou para Sebastian Gunningham e disse: "Você está em cima disso, certo?" Gunningham mais tarde observou que o "Wish nos inspirou. Eles atingiram um ponto sensível".

A estratégia da Amazon em relação a essas startups disruptivas geralmente passa por desenvolver um relacionamento com elas e aprender o que for possível — muitas vezes, ao deixar no ar a possibilidade de uma aquisição. Naquele ano, Szulczewski e seu cofundador, Danny Zhang, foram convidados para fazer uma viagem a Seattle, onde passaram o dia conversando com uma dezena de executivos. Eles ficaram com a impressão de que os executivos da Amazon eram céticos em relação ao seu modelo de negócios.[5]

Mas, nos dois anos seguintes, a Wish continuou a levantar capital e a crescer. Em 2016, a Amazon voltou a estender a mão, convidando Szulczewski para um encontro com Bezos. A essa altura, o CEO da Wish já duvidava das intenções da Amazon e disse que só se encontraria com Bezos a sós. Mais tarde, quando percebeu que outros executivos da Amazon faziam parte da agenda, cancelou a reunião e não voltou a aparecer.[6]

A essa altura, a Amazon estava se adaptando às pressas a um cenário de comércio eletrônico em constante mudança. A enxurrada de vendedores chineses na internet representava uma potencial explosão cambriana de novas opções de baixo preço. Esses itens genéricos talvez não agradassem a todos, mas tinham potencial de atrair para o consumo on-line compradores mais jovens ou de baixa renda; mais tarde, eles poderiam passar para produtos mais caros e até mesmo assinar o Amazon Prime.

A Amazon fracassara visivelmente em desenvolver um marketplace on-line para vendedores chineses *dentro* da China. Isso representava outra oportunidade de fazer negócios no país mais populoso do mundo. Como parte de uma nova iniciativa, chamada Marco Polo em homenagem ao explorador italiano do século XIII, a Amazon contratou equipes em Pequim para cadastrar vendedores locais, traduzir o Seller Central para o mandarim e fornecer suporte pessoal ao cliente para os comerciantes. Para reduzir os custos de frete e agilizar o processo de envio para o exterior, a empresa também desenvolveu uma iniciativa chamada Dragon Boat [Barco Dragão]. O serviço consolidava as mercadorias em centros costeiros como Xangai e Shenzhen, transferia-as em grande quantidade pela alfândega e depois as despachava em contêineres alugados de empresas de transporte como a Maersk, a preços de atacado.[7]

Os novos funcionários que se juntaram às novas equipes de vendas globais foram incentivados a agir com rapidez — a crescer depressa. Documentos internos compartilhados comigo por um ex-funcionário descrevem os objetivos da equipe naquela época, como o crescimento veloz do número de funcionários na China para recrutar vendedores locais e ensiná-los a usar o FBA. Embora o AliExpress não tivesse ganhado muita força nos Estados Unidos, os executivos notaram que as tarifas do Alibaba eram mais baixas do que as da Amazon e temiam que Jack Ma, o hipercompetitivo CEO, pudesse até eliminá-las por completo para se firmar nos países ocidentais. "Estamos fazendo o suficiente para capturar a oportunidade aberta pelos vendedores baseados na China?", perguntava um documento da Amazon. "Devemos reduzir o atrito na integração de nossos vendedores baseados na China, relaxando nossos padrões de listagem para acelerar o crescimento da seleção?"

Embora não esteja claro se a Amazon chegou mesmo a relaxar esses padrões, é evidente que, desde o início, eles não eram tão elevados assim. Ao longo de 2015 e 2016, milhares de vendedores chineses se cadastraram no marketplace da Amazon *por dia*. "Os números eram astronômicos. Ninguém tinha visto ainda um volume como aquele", disse Sebastian Gunningham. Como era de esperar, a qualidade variava drasticamente. "As pessoas viam um casaco muito vendido nos Estados Unidos e, em poucas horas, literalmente, ele aparecia no site de um vendedor chinês", disse Gunningham. "E aí um cliente pagava pelo casaco e deixava um comentário sobre a forma como as mangas caíam no primeiro minuto."

Gunningham fazia parte do S Team e era responsável pelas vendas globais da Amazon, bem como pelo FBA e pelo marketplace. Criado num rancho na Argentina, formou-se em ciências matemáticas na Universidade Stanford e trabalhou com Larry Ellison na Oracle e Steve Jobs na Apple antes de completar uma espécie de trinca *hi-tech* ao se juntar a Jeff Bezos na Amazon. Colegas disseram que ele era criativo e empático — e um grande *pensador*, no léxico da Amazon.

Gunningham reconheceu depressa que a enxurrada de mercadorias chinesas geraria polêmica entre os vendedores no Ocidente, que não seriam capazes de igualar os preços baixos. Uma solução, a princípio, foi minimizar publicamente a mudança de forma um tanto dissimulada. "A arriscada desvantagem disso é que os vendedores americanos e europeus não acham muito divertida essa avalanche de vendedores da China", escreveu ele a outros membros do S Team, num e-mail que mais tarde foi apresentado como prova e tornado público em audiências antitruste no Congresso. "Eu treinei a equipe para um marketing agressivo na China em termos de vendas globais, mas [para] assumir uma abordagem discreta nos países importadores."[8]

As mercadorias de baixo custo também causaram divisão dentro da Amazon, por isso Gunningham concebeu maneiras simbólicas de ilustrar tanto os benefícios quanto os desafios da situação. Um dia, ele começou a usar um colar de aço inoxidável espalhafatoso de 80 centavos com um pingente de coruja pendurado. A Amazon vendia dezenas de milhares deles por mês, e os vendedores chineses retinham como compensação uma minúscula margem de lucro nas despesas de envio. Seu argumento era que a Amazon não deveria descartar esses itens de baixo preço. "Todo mundo achava que estava entrando muito lixo no site,

A máquina de seleção

mas o lixo está nos olhos de quem vê", disse Gunningham. "Muitas daquelas coisas eram moda para muita gente."

Gunningham também comprou dezenas de vestidos pretinhos básicos de vários tamanhos e estilos no marketplace e exibiu-os numa arara em sua sala de reuniões. A Amazon vendia milhares de peças daquele tipo, de marcas sem nome, de qualidade variável, vindas da China. Alguns vestidos eram longos, outros curtos; alguns custavam algumas centenas de dólares e outros até 20 dólares; alguns pareciam duráveis, enquanto as mangas de outros podiam descosturar com um leve puxão. Colegas lembram que a arara de vestidos ficou lá por meses. O que Gunningham queria destacar era que a equipe precisava fazer uma distinção melhor entre os vários vestidos, dando aos clientes a oportunidade de avaliá-los por si sós, de modo que o consagrado sistema de resenhas pudesse penalizar os vendedores de produtos de baixa qualidade. Os vestidos "ilustravam o amplo conjunto de dilemas criados sobretudo a partir das coisas que saíam da China", observou ele.

Apesar dessas demonstrações, o influxo de produtos chineses no mercado permaneceu controverso na Amazon e entre a empresa e seus parceiros. Foi um acelerador, aplicado sobre os atritos já explosivos entre os vendedores nos Estados Unidos e na China e entre a divisão de Varejo Primária (ou 1P) da Amazon e seu grupo de marketplace terceirizado (ou 3P). A qualidade estava mais uma vez sendo oposta à quantidade. A Amazon queria uma loja calma e organizada, apenas com marcas conhecidas e confiáveis? Ou desejava um marketplace mais caótico, com uma variedade maior de produtos e preços?

Os executivos não precisaram adivinhar o que clientes preferiam: a escolha foi clara em vários testes e experimentos. O site alemão da Amazon, por exemplo, permitia que vendedores terceirizados cadastrassem e vendessem uma ampla variedade de sapatos de marca e genéricos, enquanto o site da Amazon no Reino Unido apresentava uma loja de calçados com curadoria, apenas com produtos de marca, mais caros. O site alemão tinha um desempenho consideravelmente melhor devido a uma seleção mais variada e opções mais baratas.

Essa descoberta foi significativa porque a bússola corporativa da Amazon apontava apenas para um caminho: na direção daquilo que os clientes queriam. E descobriu-se que muitas pessoas compram tênis baratos na internet mesmo suspeitando que eles não durem muito.

No entanto, os executivos de varejo da Amazon continuaram a se opor à avalanche de mercadorias chinesas de baixa qualidade, e o debate com frequência chegava ao S Team. Numa reunião, Jeff Bezos foi convidado a resolver uma versão do conflito: qual deveria ser a estratégia mais ampla da Amazon no vestuário? Priorizar a venda de roupas de alta qualidade, geralmente de marcas ocidentais de primeira linha, em sites dedicados e cuidadosamente selecionados? Ou favorecer roupas genéricas de baixo custo e produtos de marca própria na Amazon.com e por meio do marketplace?

A sala ficou em silêncio enquanto todos esperavam pela resposta decisiva de Bezos.

"Acho que devemos ter como alvo todos que usam roupas. Não vi muita gente nua nos últimos dias", disse ele por fim, rindo ruidosamente. "Acredito que as pessoas vão usar roupas por muito tempo."

* * *

Aquela era uma pergunta que Bezos achava que não devia ser respondida. Ele queria que a Amazon fizesse de tudo. Mas, ao não responder, também estava votando a favor de uma seleção desinibida e de baixo custo no marketplace — um voto que teria diversos desdobramentos.

As startups chinesas, algumas bastante formidáveis, surgiram quase do nada para vender na Amazon.com. Em 2011, um engenheiro de software chamado Steven Yang deixou seu excelente emprego na Google, no Vale do Silício, e mudou-se para Shenzhen a fim de abrir uma empresa de eletrônicos chamada Anker, que vendia acessórios como baterias sobressalentes para laptop.[9] Nos anos seguintes, sua linha de produtos se expandiu para incluir quase todos os tipos de cabo, carregador e bateria imagináveis, muitos dos quais alcançaram o cobiçado primeiro lugar das listas de mais vendidos da Amazon.

Yang desenvolveu relações estreitas com fábricas locais para que a Anker pudesse mudar e melhorar rapidamente seus produtos com base

A máquina de seleção

nas tendências de mercado e no feedback dos clientes. Pagava aos seus funcionários uma fração dos salários que os vendedores ocidentais pagavam aos deles, e, como era sediada na China, a empresa não estava submetida ao mesmo imposto de renda e IVA que suas contrapartes americanas e europeias. Desfrutava também taxas de envio fortemente subsidiadas para o Ocidente, graças a um acordo entre o Correio da China e o Serviço Postal dos Estados Unidos, o que tornava mais barato enviar da China para os Estados Unidos do que entre dois pontos do território americano.[10]

Em outras palavras, a Anker e vendedores chineses semelhantes tinham vantagens significativas que fariam uma diferença considerável num mercado supercompetitivo como o da Amazon. Yang era amigo de Bernie Thompson, fundador da Plugable Technologies, sediada em Seattle, que vendia acessórios de computador semelhantes. Ambos reconheciam que as marcas chinesas vendidas por eles para um público global provocariam mudanças radicais no equilíbrio nos domínios do comércio eletrônico. "Bernie, sinto muito, mas vou atropelá-lo", disse Yang a Thompson certa vez, durante uma conferência do setor, segundo Thompson (embora Yang não se lembre de ter dito isso).

Muitas empresas chinesas como a Anker vendiam produtos de alta qualidade a preços atraentes. Mas também havia muitos *players* ruins na indisciplinada fronteira capitalista da China. Para proteger seus mercados e reduzir a possibilidade de fraudes, *players* do comércio eletrônico local como Alibaba e JD.com exigiam depósitos de segurança dos novos vendedores e, por vezes, esperavam meses após a conclusão das vendas do produto para lhes repassar os pagamentos. Eles também costumavam expurgar de seus sites os piores vendedores. A Amazon transferiu seu sistema de marketplace dos Estados Unidos para a China com poucas dessas proteções em vigor no início e não tinha muita capacidade para discriminar os bons vendedores dos ruins. Como resultado, tornou-se um alvo atraente para fraudes, falsificações e vendedores com mercadorias de baixíssima qualidade.

Bezos nunca quis comprometer a qualidade — afinal, não se permitiam *trade-offs* na Amazon. Ele queria qualidade *e* quantidade, e esperava que os engenheiros da empresa criassem ferramentas contra produtos perigosos e falsificações. Mas as engrenagens da mudança giraram mais rápido do que a capacidade da Amazon de criar sistemas para policiar seu próprio site.

Vitaminas falsas, pisca-piscas perigosos para árvores de Natal e outros produtos sem segurança, assim como livros repletos de erros de digitação, foram parar nas prateleiras virtuais da loja. Os chamados *hoverboards* (skates elétricos) foram um grande sucesso durante a temporada natalina de 2015; diversos modelos chineses tinham uma infeliz propensão a explodir e incendiar casas. A Amazon retirou os equipamentos do site em 12 de dezembro daquele ano e enviou um e-mail aos compradores citando as "notícias sobre questões de segurança" e oferecendo reembolsos. Uma investigação do *Wall Street Journal* concluiu posteriormente que as baterias de íon-lítio defeituosas nos *hoverboards* causaram 57 incêndios, provocando 2,3 milhões de dólares em danos materiais; cerca da metade deles fora comprado na Amazon, mais do que em qualquer outro varejista, o que gerou uma série de ações judiciais contra a empresa.[11]

Nos meses seguintes, baterias defeituosas em telefones celulares, laptops e canetas vaporizadoras compradas na Amazon também causaram ferimentos, novas ações judiciais e mais cobertura no noticiário.[12] Bezos estava furioso com os problemas e a má publicidade de acordo com colegas, embora tivesse ajudado a criar a situação com sua busca incansável por expandir a seleção de produtos e obter alavancagem. "O tom de Jeff dizia: 'Como é que vocês não previram isso?'", afirmou Adrian Agostini, vice-presidente do marketplace. "Aprendemos lições difíceis." Em resposta, os executivos da Amazon se apressaram a expandir a equipe de confiabilidade e segurança, que desenvolveu ferramentas para varrer o site e identificar fraudes e violações de políticas. Mas o programa mostrou-se ineficaz no início, uma vez que os infratores geralmente eram expulsos do site apenas depois que a infração era detectada e os clientes já haviam sido impactados.

Os vendedores ocidentais tinham medo de passar dos limites e ter problemas com a Amazon. Mas, na China, não se sabia bem onde ficava o limite e muitas vezes ninguém se importava. Alguns vendedores chineses adotaram táticas enganosas, como pagar por avaliações no site da Amazon, o que na época — antes da adoção da publicidade nos

A máquina de seleção

resultados de pesquisa — era a única maneira de colocar produtos no topo da página. Quando eram pegos e suas contas eram bloqueadas, eles simplesmente abriam novas.

Os executivos da Amazon viram o que estava acontecendo, mas lutaram para domar o caos; a equipe do marketplace tratava os vendedores como clientes, considerando-os inocentes até que se provasse o contrário. "Éramos todos muito idealistas", disse um ex-executivo da Amazon instalado em Pequim. "Sinto que deveria ter agido muito mais depressa e com mais agressividade. Acreditei na narrativa de que todos os vendedores eram bons."

Em 2016, Faricy e seus subordinados viajaram à China para tentar entender melhor a complicada dinâmica dos vendedores. Foram para Hong Kong e Xangai, depois se dividiram em grupos focados em eletrônicos e roupas. O primeiro foi para Shenzhen, o último para Guangzhou, Zengcheng e Pequim, entre outras cidades. Mais tarde, todos se encontraram em Xangai para trocar figurinhas.

Os executivos ficaram assombrados com o que viram. O grupo focado em roupas visitou uma fábrica que confeccionava casacos esportivos de 9 dólares para a varejista Abercrombie & Fitch, que os revendia no varejo por 500 dólares. A mesma fábrica também vendia diretamente on-line os casacos com um padrão diferente de botões por 90 dólares — obtendo ainda um enorme lucro. Os executivos também visitaram uma fábrica que fazia tops femininos para a rede de varejo Zara. Enquanto contemplavam o chão da fábrica, do alto de uma sacada, um deles perguntou ao anfitrião sobre um grupo de trabalhadores separados do restante, fazendo roupas semelhantes às dos outros. Elas eram vendidas no Alibaba, explicou o anfitrião, sob a marca própria da fábrica.

Os executivos do grupo focado nos eletrônicos viram coisas semelhantes. As fábricas em toda a China estavam indo direto aos consumidores on-line, evitando as lojas tradicionais e oferecendo grande valor a eles. Em outras palavras, uma perturbação colossal estava chegando ao varejo, apesar dos problemas de fraude, falsificações e itens de baixa qualidade. "O que vimos foi inacreditável", disse Faricy. "Percebemos que aqueles que cobravam de dez a cinquenta vezes o custo real de fabricação dos produtos, baseados na marca, não iriam durar e que os consumidores acabariam vencendo."

* * *

No dia 31 de maio de 2016, cerca de cem vendedores de roupas se reuniram em Seattle para a primeira Conferência de Vendedores de Moda da Amazon. Realizada no novo centro de reuniões da empresa, na Seventh Avenue, a uma quadra da nova torre Day 1, o encontro consistiu em um dia e meio de palestras, seminários e reuniões. Sebastian Gunningham deu início às festividades com uma conversa informal.

Gunningham tinha previsto que a "avalanche" de vendedores chineses afastaria os comerciantes sediados nos Estados Unidos. Agora ele colhia o que semeara. Durante a sessão de perguntas e respostas, os vendedores se levantaram, um após outro, pegaram o microfone e lhe dirigiram um conjunto de perguntas e acusações violentas. *Como a Amazon esperava que eles competissem com os vendedores chineses? Eles não seguiam as regras! Por que a Amazon não estava protegendo os detentores de direitos e revendedores autorizados e eliminando os infratores? Por que os resultados de busca sempre favoreciam a concorrência?*

Vários participantes se lembraram de uma mulher que confiscou o microfone por quinze minutos. Ela se apresentou como uma vendedora de camisetas do Meio-Oeste e disse que sempre que tinha um modelo de sucesso um vendedor chinês logo o copiava, reduzia o preço e roubava suas vendas. Ela perguntou quantos de seus colegas enfrentavam problemas parecidos, e um murmúrio coletivo sugeriu um consenso raivoso.

Gunningham permaneceu pacientemente no palco, tratando das queixas e prometendo consertar o que fosse possível. Mas as forças inexoráveis do comércio transfronteiriço e da globalização eram parte do problema, e ele não podia alterá-las. "Foi um momento extremamente tenso", disse Brad Howard, CEO da varejista on-line Trend Nation, que estava no evento. "Foi uma revolta no prédio deles e à custa deles, uma vez que estavam nos pedindo que fizéssemos perguntas." Os executivos da Amazon e participantes da conferência ainda falariam sobre o quase motim anos depois.

A máquina de seleção

Muitas marcas de roupas reverberaram a frustração dos comerciantes. Em julho de 2016, a fabricante de sandálias Birkenstock retirou com alarde sua mercadoria da Amazon e proibiu todos os revendedores autorizados de vender seus produtos no site.[13] Empresas como Nike e Ikea seguiriam o exemplo, provocando especulações de que a incapacidade da Amazon de impedir as falsificações estava prejudicando seu relacionamento com as marcas.

Dentro da Amazon, os funcionários encarregados do negócio de varejo de moda, em que a Amazon comprava mercadorias no atacado de marcas estabelecidas, estavam agora numa situação difícil, pegos entre vendedores irritados e o crescimento desenfreado do marketplace. Em 2009, com estardalhaço, Jeff Wilke contratara Cathy Beaudoin, uma executiva sênior da Gap, e a incumbira de trazer a moda de ponta para um site que mal era considerado um veículo para a compra de roupas. Beaudoin abrira uma fábrica de 3.720 metros quadrados em Williamsburg, no Brooklyn, onde fotógrafos e modelos produziam imagens de alta qualidade para o site. Ela também incentivou Jeff e MacKenzie Bezos a comparecerem ao Met Gala em 2012, o primeiro encontro altamente divulgado do casal com a elite das celebridades. No baile, eles confraternizaram com famosos, sentados à mesa com Mick Jagger e Scarlett Johansson.

E agora o rebelde marketplace desfazia toda essa meticulosa construção de relacionamento. Bolsas, jeans e vestidos de festa genéricos constrangedoramente semelhantes a modelos e estilos estabelecidos levaram a uma série interminável de conversas tensas. De acordo com colegas, durante as reuniões, Beaudoin protestava contra a experiência ruim do cliente no marketplace; ela acreditava que as mercadorias de terceiros amesquinhavam o site e afastavam os parceiros da Amazon. Ela deixou a empresa em 2017, no momento em que esta se tornava uma das principais varejistas de roupa nos Estados Unidos graças à sua ampla seleção de preço baixo.[14]

Apesar do sucesso, a Amazon ainda tinha um problema significativo. Itens falsificados, inseguros, vencidos e de má qualidade ameaçavam manchar sua reputação e destruir a confiança que ela havia cultivado com a clientela. Assim, em 2017, lançou uma iniciativa chamada Brand

Registry [Registro de Marcas], que permitia às marcas reivindicarem seus logotipos e designs e denunciar possíveis violações.[15] Os executivos da Amazon insistiam que o projeto já estava em andamento antes do motim dos vendedores na conferência de moda. Mas, nos meses que se seguiram à revolta, contrataram um gestor experiente para a iniciativa, aumentaram a equipe de funcionários para analisar reclamações e não pouparam despesas para aprimorar suas ferramentas de detecção de fraude. Nos anos seguintes, 350 mil marcas se inscreveriam.[16]

Isso foi apenas o começo. O Brand Registry levaria a um conjunto inteiramente novo de queixas relativas ao tempo que a Amazon levava para atender às reclamações, além do quê, não resolvia o problema dos vendedores chineses abusivos, que, ao terem suas contas bloqueadas, simplesmente abriam novas. "O Brand Registry melhorou as coisas, mas a partir de um nível muito baixo", disse Larry Pluimer, um ex-executivo da Amazon que criou uma consultoria de varejo digital para ajudar as marcas a lidar com esses problemas.

A essa altura, a divisão de marketplace estava perdendo influência junto ao S Team. Sebastian Gunningham, que por anos havia prestado contas diretamente a Bezos, passou a estar subordinado a Jeff Wilke, um ex-colega, depois que Wilke e Andy Jassy foram promovidos a CEOs das divisões de varejo e da AWS numa reestruturação de toda a empresa em 2016. Em 2018, Gunningham deixou a Amazon e, estragando seu currículo com vários trabalhos junto a líderes visionários da tecnologia, foi para a malfadada startup de compartilhamento de escritórios WeWork.

Com a saída do paladino dos vendedores terceirizados, Peter Faricy e sua equipe passaram a ser subordinados a Doug Herrington e ao grupo de varejo — seus oponentes intelectuais no eterno debate entre o negócio primário e terceirizado e entre qualidade e quantidade. Bezos incubara as duas divisões separadamente por mais de uma década; ele agora as fundia, com o varejo se sobrepondo ao marketplace.

Naquele outono, Faricy também deixou a Amazon, junto com muitos antigos subordinados de Gunningham. Eles descreveram um ambiente que deixara de ser divertido; gastava-se muito tempo domando o marketplace, e testemunhando em processos judiciais, um legado da sua expansão desenfreada. A equipe também estava sujeita a um implacável bombardeio de e-mails cada vez mais furiosos de Bezos, nos quais destacava os problemas do marketplace e exigia respostas imediatas. "Acho que recebia um ponto de interrogação de Jeff por semana", disse Ella Irwin, gerente-geral de uma equipe dedicada a vendedores abusivos.

Os executivos da Amazon encontravam-se numa posição desconfortável. Eles queriam se gabar das conquistas do marketplace e da maneira como a Amazon apoiava centenas de milhares de empreendedores independentes. Em sua carta aos acionistas publicada em abril de 2019, Jeff Bezos afirmou que os comerciantes independentes passaram a ser responsáveis por 58% de todos os itens vendidos no site. "Os vendedores terceirizados estão dando uma surra no nosso traseiro primário", escreveu ele.[17]

Mas os executivos com frequência também precisavam defender o marketplace. "O fato é que a maior parte das mercadorias é ótima, mas há uma pequena fração de vendedores que está enganando o sistema ou cometendo algum tipo de fraude", disse-me Jeff Wilke. "Nosso trabalho continua sendo proteger os clientes e erradicar a fraude o mais depressa possível, da forma mais completa. Nossa reputação é construída com base na confiança do cliente, e isso é algo que temos que conquistar todos os dias, porque é muito fácil perdê-la."

Em 2019, a Amazon gastou 500 milhões de dólares em prevenção de fraudes. E afirmou ter impedido que maus participantes abrissem 2,5 milhões de contas.[18] Também introduziu uma nova ferramenta contra falsificações, chamada Project Zero, que permitia que marcas aprovadas eliminassem supostos infratores automaticamente, sem a necessidade de um processo de aprovação por parte da empresa. Além disso, começou a testar um sistema para verificar os vendedores um por um, por meio de videochamadas.[19] A Amazon, ao que parecia, estava se afastando discretamente do conceito de uma plataforma de vendas sem atrito, totalmente à base do autoatendimento.

O que os executivos ainda não gostavam de admitir, sobretudo num momento politicamente sensível nas relações comerciais bilaterais, era que 49% dos dez mil maiores vendedores da Amazon estavam na China, de acordo com a Marketplace Pulse, uma empresa de pesquisa que monitora o site.[20] Em abril de 2020, o Escritório do Representante de Comércio dos Estados Unidos listou sites da Amazon em cinco países como "mercados notórios" com níveis perigosos de produtos falsificados e piratas. A empresa descredibilizou o relatório como um "ato puramente político", parte de uma retaliação do governo de Donald Trump.[21]

Apesar de todas essas atribulações, a máquina de seleção atendeu aos objetivos grandiosos de Jeff Bezos e posicionou a Amazon na vanguarda de um cenário de varejo em rápida globalização. Os lucros obtidos no marketplace terceirizado, que equivaliam a pelo menos o dobro dos obtidos pelos esforços de varejo da própria Amazon, iriam nutrir outras partes do império de negócios, como o Prime Video, e a construção de novos centros de atendimento de pedidos, como Bezos sempre havia desejado.

Eles também ajudariam a financiar o esforço plurianual e não lucrativo da Amazon para enfim entrar no mercado norte-americano de produtos alimentícios, que movimentava 700 bilhões de dólares por ano. No fim das contas, havia muita coisa que se podia fazer com alavancagem — mesmo quando a jornada para obtê-la era difícil e os custos para a sociedade se tornavam inesperadamente altos.

CAPÍTULO 8

O futuro da Amazon é CRaP

John Mackey estava em apuros. Na primavera de 2017, as vendas na rede de 460 supermercados da Whole Foods vinham caindo consistentemente havia dois anos e o valor das ações da empresa tinha sido reduzido pela metade desde 2013. As coisas iam mal para o empreendedor que talvez fosse o maior responsável por popularizar a noção evidente de que os seres humanos deveriam ter mais consciência em relação ao que comem.

Eu havia conhecido o iconoclasta Mackey alguns anos antes, quando ele me mostrou sua loja conceito de cerca de sete mil metros quadrados ao lado da sede da Whole Foods Market em Austin, no Texas. Mesmo na época, o fundador e CEO, um vegano de cabelo desgrenhado, parecia frustrado com a forma como as coisas iam — em especial quando me referi ao apelido depreciativo da rede: "Whole Paycheck" [salário integral]. Os jornalistas "querem sempre tirar fotos das garrafas de vinho de 400 dólares, não das de 2,99", disse-me ele enquanto me mostrava o mercado, mancando de leve por causa da osteoartrite resultante de anos de caminhadas e basquete.[1] "Atendemos a todas as faixas de preços, mas a história que eles querem contar é a dos itens caros. Essa virou a nossa narrativa — que a Whole Foods está falida."

Ao longo de quatro décadas, Mackey traçou um caminho entre os puristas da alimentação (que não admitem a venda de álcool e açúcar refinado) e os pragmáticos da indústria de supermercados (que não identificam uma cenoura orgânica nem ao mordê-la). Vez por outra, ele até violou os limites do decoro de um CEO — por exemplo, ao adotar um pseudônimo[2] nos *bulletin boards* da internet e ao postar por anos centenas de mensagens com ataques a rivais e críticos. Mas sempre se ateve aos próprios princípios: a Whole Foods jamais vendeu Coca-Cola, Oreo, Doritos ou outros produtos populares, mas prejudiciais à saúde. Ao longo do caminho, ele criou uma empresa avaliada em 21 bilhões de dólares no auge e que promovia a noção, antes marginal, de vender comida saudável para multidões.

Mas Wall Street pode ser implacável ao estagnar empresas abertas "fundadas em um sistema ético baseado na geração de valor para todos os acionistas",[3] como Mackey descreveu em seu livro de 2013, *Capitalismo consciente*. Um dos problemas era que a Whole Foods deixara de ser única: Walmart, Costco e Kroger vinham expandindo o número de corredores dedicados a produtos orgânicos e naturais. Outra questão era que a empresa crescera ao longo dos anos por meio da aquisição de cadeias, o que levara a uma colcha de retalhos mal costurada de sistemas de tecnologia de infraestrutura. Por não ter um programa de fidelidade, algo que se recusara a implementar, Mackey praticamente não sabia nada nem mesmo sobre seus clientes mais fiéis. A estrutura operacional descentralizada limitou a agilidade da empresa justo quando ela precisava evoluir depressa para satisfazer às mudanças de gostos, bem como a adoção de um sistema de entrega em domicílio e métodos digitais de pagamento.

Num arranjo incomum, Mackey na época estava administrando a empresa com um co-CEO, Walter Robb, que gerenciava as operações do dia a dia. Os dois reconheciam as dificuldades iminentes e contrataram equipes de cientistas de dados em Austin. Além disso, assinaram um contrato com a Instacart, uma startup de gêneros alimentícios baseada em San Francisco. Só que o progresso era lento, e o tempo deles acabou.

Em 2016, o escritório de investimentos Neuberger Berman, de Nova York, passou a enviar cartas para a diretoria e outros acionistas da Whole Foods, reclamando da administração complacente, da estrutura nada convencional da presidência e enfatizando pontos fracos da empresa, como a ausência de um programa de bônus. A campanha de envio de cartas não teve muito resultado até o mês de novembro, quando Mackey reagiu à pressão assumindo sozinho o posto de CEO — o total oposto do que o Neuberger Berman queria.

A manobra despertou o interesse do fundo de cobertura Jana Partners, um "investidor ativo" cujo sócio administrador, Barry Rosenstein, acreditava que a Whole Foods estava "perdida e quebrada". O Jana comprava participação em empresas em apuros, promovia mudanças e costumava ganhar rios de dinheiro quando obrigava uma empresa a cortar custos ou encontrava um comprador disposto a pagar um ágio por ela.

Depois de discretamente amealhar ações da Whole Foods naquele inverno, o Jana acabou se tornando o segundo maior acionista da companhia em abril de 2017. O fundo exigiu mudanças na equipe de administração e no conselho consultivo; Rosenstein disse mais tarde que a firma estava preparada para assumir a empresa e "consertá-la". No entanto, os executivos da Whole Foods temiam que o Jana estivesse planejando fundir a mercearia orgânica com outra gigante dos gêneros alimentícios na qual tinha participação: a Albertsons Companies, um amálgama de cadeias de supermercados tradicionais como a Safeway e a Vons. Nesse cenário, o conglomerado ficaria com a marca respeitada e o balanço relativamente instável da Whole Foods; provavelmente também se livraria do intratável John Mackey e passaria a vender Coca-Cola, Doritos e outros produtos de gosto popular.

Desanimado, Mackey e sua equipe de executivos articularam uma defesa. Recrutaram cinco novos diretores independentes para substituir antigos membros do conselho,[4] que em média já ocupavam a posição havia mais de quinze anos. Também buscaram um salvador da pátria ao firmar contrato com escritórios de investimentos privados, assim como com o bilionário Warren Buffett, segundo um ex-membro do conselho. No entanto, como os lucros estavam estagnados e a mercearia não gerava o suficiente para viabilizar pedidos de empréstimo, a matemática para uma aquisição vantajosa não funcionou.

Amazon sem limites

Restava uma opção, que quase todos na Whole Foods consideravam fantasiosa. Ao longo dos anos, eles haviam tido conversas infrutíferas com a Amazon. John Mackey era um admirador da companhia e no ano anterior sonhara que sua rede de mercearias seria adquirida por uma gigante do comércio eletrônico ("Isso é loucura", disse sua esposa, Deborah). Quando a Bloomberg News divulgou que os executivos da Amazon haviam considerado recentemente a aquisição da Whole Foods,[5] Mackey pediu a um de seus consultores que desse um telefonema e tentasse salvar a empresa uma derradeira vez.

* * *

Jeff Bezos separava as oportunidades de negócio em duas categorias. Havia as que não podiam esperar: quando o momento era propício e os rivais estavam à espreita, a Amazon precisava agir rápido ou perderia. E havia todas as outras, ocasiões em que a empresa podia agir devagar e fazer sondagens.

As apostas da Amazon em um marketplace para vendedores terceirizados e no Kindle e na Alexa eram negócios da primeira categoria. Bezos incitou seus funcionários a agir depressa, e eles traziam as marcas da batalha para provar que o tinham feito. Mas durante anos a empresa praticara uma abordagem mais passiva no que dizia respeito à entrega de alimentos em domicílio — ou seja, até ver uma imensa concorrência surgir e, de repente, mudar de ideia. Essa guinada estratégica teria consequências significativas para o enorme mercado de gêneros alimentícios e a forma como consumidores, concorrentes e autoridades reguladoras iriam encarar a guerra mortal do comércio eletrônico dali em diante.

O executivo da Amazon que por mais tempo incubou o negócio de gêneros alimentícios e pressionou por uma abordagem mais agressiva foi Doug Herrington, o vice-presidente sênior da unidade de consumíveis da empresa. Herrington costumava usar camisa xadrez e colete Patagonia no escritório e falava num tom tão baixo durante as reuniões que os funcionários com frequência tinham de se inclinar para a frente a fim de ouvi-lo. No início da carreira, ele trabalhara na Webvan, uma empresa da primeira geração de entrega de gêneros alimentícios que levantou cerca de 1 bilhão de dólares em financiamento público e privado durante o *boom* das pontocom e encerrou as atividades em 2001.

Os historiadores da internet encaravam a Webvan como o exemplo perfeito da corrida arrogante do Vale do Silício para criar um futuro que as pessoas não desejavam. Mas, segundo Herrington, ex-aluno da Universidade de Princeton e da Harvard Business School que dirigia o departamento de Desenvolvimento de Produtos e Marketing na Webvan, a história real era mais complexa. O CEO Louis Borders — cofundador da epônima rede de livrarias — e sua equipe haviam errado ao construir uma rede de armazéns com uma operação tão onerosa que a empresa perdia dinheiro a cada encomenda. Antes de terem a chance de consertar esse erro ou mesmo dar início às suas atividades em muitas cidades em que haviam estabelecido operações, Wall Street parou de financiar startups não lucrativas durante a recessão do início da década de 2000. As vendas e a base de clientes da Webvan cresciam, mas ela não conseguiu saldar seus compromissos financeiros com rapidez suficiente e acabou pedindo falência. "Quando saí, eu ainda achava que aquele modelo, teoricamente, podia funcionar", declarou Herrington. "Tomamos decisões erradas, fizemos escolhas ineficazes, mas os clientes adoravam."

Depois que foi para a Amazon, em 2005, para administrar a unidade de consumíveis — produtos usados com relativa rapidez, como sabão para lavar roupa e alimentos —, Herrington montou uma equipe de funcionários que se reunia à noite em torno de um projeto ambicioso, que não se enquadrava em suas responsabilidades diárias. A missão era desenvolver um plano para lançar um serviço nacional de gêneros alimentícios. Herrington queria solucionar o problema da entrega de alimentos e, por fim, superar o gosto amargo do fiasco da Webvan. Cerca de um ano depois, no fim de 2006, quando a Amazon ocupava parte do velho Pacific Medical Center, Jeff Bezos revisou o plano, que demandava um investimento inicial de 60 milhões de dólares, e o rejeitou. "O feedback foi 'Adoro a ideia, odeio a cifra'", lembrou Herrington. Em vez disso, ele conseguiu 7 milhões de dólares para implantar uma versão beta, de teste, em Seattle. O então diretor financeiro, Tom Szkutak, lhe pediu para evitar que a iniciativa desviasse do foco do restante da empresa.

A Amazon Fresh abriu em agosto de 2007. Em Bellevue, na área metropolitana de Seattle, a equipe de Herrington alugou um antigo centro de distribuição da Safeway, inativo em meio ao colapso do mercado imobiliário local, que era um verdadeiro "filme de terror", segundo Ian Clarkson, o primeiro gerente-geral da Amazon Fresh. Tudo em relação ao novo serviço era diferente dos outros segmentos da Amazon: os espaços no galpão tinham câmaras frigoríficas velhas, enquanto o site exibia uma série de produtos em cada página, em vez de apenas um, e dava aos consumidores algumas opções de horário de entrega durante o dia. Bezos revisava com frequência o progresso da Amazon Fresh, e, a certa altura, ao examinar os crescentes custos de transporte, sugeriu que a Amazon oferecesse entregas na madrugada. Assim como os caminhões de lixo, eles poderiam se beneficiar do pouco tráfego ao amanhecer.

Os consumidores de Seattle gostaram de acordar e encontrar os produtos de mercearia à porta de casa. Mas as outras dificuldades da Amazon Fresh eram maiores. Diferentemente de outros serviços da Amazon, que logo tiveram alcance nacional ou mesmo global, o potencial da Amazon Fresh estava limitado pelos códigos postais onde sua frota de motoristas podia transitar. A equipe também precisou solucionar uma gama de problemas espinhosos, como o que fazer com os produtos com validade vencida, como administrar o complexo processo de amadurecimento das bananas e como reagir quando os clientes se queixassem de ter encontrado algo inusitado em seus jantares. Ao longo de seis anos, o progresso foi lento, porém constante em direção à lucratividade.

Nessa época, Herrington costumava apresentar ao S Team projetos para levar a Amazon Fresh a outras cidades. Mas a Amazon não era ainda tão grande, e as oportunidades mais urgentes, como a malfadada expansão na China e o Fire Phone, receberam prioridade. Bezos acreditava que a adoção do sistema de entrega de gêneros alimentícios pelos consumidores seria um processo mais gradual. Obrigado a manter suas operações em âmbito local, Herrington se frustrava com a perpétua demora.

O futuro da Amazon é CRaP

Então, em abril de 2012, Bezos reuniu o S Team no Willows Lodge em Woodinville, Washington, a cerca de meia hora de Seattle, para o retiro anual fora da sede. Todos os executivos tiveram que levar um relatório de uma a duas páginas com uma nova oportunidade significativa para a Amazon. Herrington entrara para o pomposo conselho de liderança um ano antes e seu conciso relatório seria lembrado pelo S Team por anos. Até mesmo o título era provocativo: "Amazon's Future is CRap" [O futuro da Amazon é CRaP].

No jargão empresarial, CRaP quer dizer *"can't realize a profit"* [incapaz de gerar lucro] e tinha vários outros significados.* Os produtos CRaP incluíam itens como escadas de mão e lousas, que não podiam ser embalados em caixas ou enviados de forma eficiente para os compradores. Mas, em seu relatório, Herrington discutiu basicamente os itens baratos, grandes, em estoque nos supermercados, como água engarrafada, Diet Coke ou mesmo um saco de maçãs. Na esteira do fiasco da Webvan, a maioria dos varejistas on-line da época considerava esse tipo de produto uma areia movediça econômica. Como vendia todos eles, a Amazon desenvolvera um programa suplementar para minimizar seu impacto financeiro negativo. Os consumidores só podiam incluir produtos CRaP em seus pedidos se comprassem também outros artigos, como livros e eletrônicos.

O relatório de Herrington chamava a atenção para o fato de Walmart, Carrefour, Tesco, Metro AG e Kroger serem os cinco maiores varejistas da época. "Todos ancoram o relacionamento de seus clientes nos gêneros alimentícios", escreveu. Para que a atividade varejista da Amazon chegasse a 400 bilhões de dólares em vendas brutas de mercadorias, era preciso transformar um modelo baseado em compras infrequentes de bens relativamente mais caros em compras mais regulares de produtos essenciais baratos. Em outras palavras, para a empresa fazer parte do rol das maiores varejistas, o S Team precisava encontrar um jeito de vender com lucro itens de supermercado. Do contrário, a Amazon ficaria vulnerável a rivais que já contavam com a frequência das compras e as vantagens de custo do modelo mercearia.

---

* Em inglês, *"crap"* também significa "merda". (N.T.)

Na conclusão do relatório, Herrington ainda deu uma alfinetada sutil nos colegas, incluindo Bezos, que se considerava implacavelmente ousado. "Devemos ser menos tímidos quanto ao investimento nesse futuro", escreveu. "Somos capazes de fazer uma aposta mais significativa se quisermos."

Bezos normalmente reagia bem a esse tipo de introspecção crítica, sobretudo quando vinha acompanhada de uma proposta de expansão agressiva. Essa forma de pensar refletia sua mentalidade. Depois que o S Team passou várias horas em silêncio, lendo os relatórios de todos os presentes, o CEO pegou o documento de Herrington e disse: "Este aqui realmente me fez pensar." Poucos meses depois, Herrington recebeu luz verde para uma expansão limitada da Amazon Fresh em Los Angeles e San Francisco.

Ele tinha vencido a batalha. O problema era que ainda não havia descoberto como conduzir a guerra. A introdução do serviço de mercearia da Amazon na Califórnia em junho de 2013 foi recebida com estardalhaço pela imprensa. Mas não deu muito certo, ao menos na escala em que Herrington esperava. Para financiar os custos de envio, a Amazon cobrava dos clientes a pesada anuidade de 299 dólares. Para construir uma nova cadeia de suprimentos de produtos perecíveis, foram instaladas câmaras frias em centros de atendimento de pedidos da Amazon localizados a cerca de uma hora de cada uma das cidades, em San Bernardino e Tracy, na Califórnia. Em seguida, a empresa determinou que os caminhões se dirigissem duas vezes ao dia para uma área intermediária em cada região, onde as encomendas eram transferidas para as chamativas vans da Fresh pintadas de verde a fim de percorrer o último quilômetro de entregas para as casas dos clientes.[6]

Os funcionários do departamento de Logística do serviço na Califórnia afirmaram que esse modelo era ineficiente e falível; um deles disse que a Amazon estava "basicamente grampeando uma nota de 10 ou 20 dólares em cada encomenda". A equipe da Amazon Fresh também monitorava uma métrica designada "entregas perfeitas" — quando uma encomenda era prontamente entregue e incluía todos os produtos solicitados. Eles descobriram que esse objetivo vinha sendo cumprido menos de 70% das vezes.

O futuro da Amazon é CRaP

Enquanto isso, os veteranos da indústria de gêneros alimentícios menosprezavam a distância a iniciativa. "A Amazon Fresh é o Waterloo deles", contou-me John Mackey em nossa conversa em 2014. "O que é que as pessoas mais querem? Conveniência. Isso não é possível com centros de distribuição e caminhões."

Fora a discreta entrada em certas áreas do Brooklyn um ano mais tarde, a expansão da Amazon Fresh em novos mercados foi consideravelmente reduzida após o início das operações na Califórnia. O sucesso da entrega on-line dependia de se ter a logística perfeita e conseguir demanda suficiente para tornar lucrativo o envio de motoristas a bairros residenciais. A Amazon instalara armazéns muito afastados dos clientes, tornara sua adesão onerosa demais e os enchia de sacolas e sacos de gelo seco enormes a cada entrega. Bezos finalmente concordara com Herrington que a Amazon precisava reinventar sua atividade varejista, mas seria preciso descobrir uma nova forma de fazer isso.

***

Então, como tantas vezes aconteceu na história da Amazon, a chegada de concorrentes num cenário em mudança injetou um pouco de determinação nos cálculos de Bezos e do S Team. A corrida pelas encomendas on-line e pela entrega rápida de gêneros alimentícios estava prestes a se transformar na única coisa que realmente atraía sua atenção e seus investimentos: uma oportunidade urgente.

Duas rivais haviam introduzido serviços de entrega no mesmo dia usando modelos similares. Fundada por Apoorva Mehta, ex-engenheiro Nível 5 do departamento de Logística da Amazon (em outras palavras, um funcionário relativamente subalterno numa hierarquia que ia de recrutas de armazém Nível 1 até Bezos, no Nível 12), a Instacart, uma startup de San Francisco, levantou milhões de dólares com firmas de capital de risco, incluindo a Sequoia, a financiadora original da Webvan, e estabeleceu parcerias com redes de mercearias como Whole Foods Market, Costco e Safeway. Em seguida, assinou contrato com pessoas que pegavam as encomendas nas prateleiras das lojas de varejo e com motoristas que as transportavam nos próprios carros até a casa dos clientes. Não havia risco de estoque encalhado nem contratos de trabalho onerosos, uma vez que os contratados eram todos autônomos. Com poucas das despesas fixas que quebraram a Webvan, a startup saiu em tremenda vantagem.

Logo que surgiu em 2012, a Instacart começou a expandir intensamente suas atividades para novas cidades, e a equipe de Fusões e Aquisições da Amazon tentou obter mais informações sobre a empresa. Ciente dos métodos da Amazon, Apoorva Mehta não retornou seus telefonemas.

A segunda concorrente parecia à época ainda mais perigosa. A Google, arquirrival da Amazon, criou um serviço chamado Google Shopping Express — mais tarde, Google Express — que oferecia aos clientes entregas ilimitadas no mesmo dia de varejistas como Costco, Target e Smart & Final, por uma anuidade de 95 dólares.[7] Em 2014, o serviço se expandiu para Chicago, Boston e Washington, e logo depois aterrissaria no quintal de Bezos em Seattle. Se alguém tinha alguma dúvida sobre as intenções da gigante de buscas, o presidente da Google, Eric Schmidt, eliminou-a num pronunciamento em Berlim naquele outono: "Muita gente acha que os nossos maiores concorrentes são a Bing ou o Yahoo!. Na verdade, nossa maior concorrente é a Amazon. As pessoas não consideram a Amazon um mecanismo de busca, mas, se você está procurando algo para comprar, na maioria das vezes procurará esse produto na Amazon."[8]

Os executivos e funcionários da Amazon deram opiniões variadas quanto a qual concorrente seria a maior ameaça. Para Jeff Wilke, era o Google Express, que oferecia uma ampla gama de mercadorias tanto de lojas comuns quanto de supermercados e vinha "demonstrando que os consumidores preferiam uma opção de entrega mais rápida". Mas ambos eram perigosos. No passado, a Amazon simplesmente adquirira concorrentes como Zappos e Quidsi (dono da Diapers.com) que ofereciam maior qualidade e velocidade de entrega em determinada categoria de produtos. No caso da Instacart e da Google, a companhia enfrentava dois concorrentes que não podiam ser comprados e não arredariam pé.

Por dedicar seu tempo a iniciativas mais novas, como a Alexa, Bezos deixava as operações cotidianas de varejo da Amazon nas mãos do diretor da área. Naquele setembro, em meio à expansão do Google Express,

O futuro da Amazon é CRaP

Wilke se reuniu com a equipe do Amazon Prime para uma revisão trimestral dos negócios e pediu que seus melhores assessores propusessem uma reação à ameaça. Eles sugeriram expandir o leque de produtos disponíveis aos assinantes do Amazon Prime para entrega no mesmo dia com o pagamento de uma taxa extra. Wilke achou que isso não seria o suficiente para competir com as novas ofertas, por isso rejeitou a ideia e, como descreveu depois, "enterrou a reunião".

Wilke decidiu atacar o problema de um ângulo totalmente diferente. Eles iriam montar uma equipe exclusiva para criar um serviço independente do site da Amazon e unicamente dedicado a entregas ultrarrápidas. A meta, declarou, era lançá-lo dentro de cem dias. Dave Clark, o diretor de operações da companhia, supervisionaria o trabalho junto com Herrington.

Sentada ao lado de Wilke na reunião e tomando notas estava sua consultora de tecnologia, a veterana com dez anos de Amazon Stephenie Landry. Enquanto digitava, obedientemente, uma janela de chat surgiu em sua tela com uma mensagem de Clark, sentado do outro lado da sala. Será que ela estaria interessada em comandar o novo projeto? Sim, ela estava.

Landry era uma estrela em rápida ascensão que ostentava algumas das qualidades gerenciais — foco em detalhes, determinação implacável, controle impiedoso dos subordinados — do padrão Bezos de liderança. Natural de Nova York, frequentara a Universidade Wellesley, onde se formara em estudos femininos. Já formada, Landry recebeu um subsídio da universidade para passar um ano construindo, por incrível que pareça, barcos de madeira. Depois disso, foi para uma empresa de internet em apuros durante a crise das pontocom, fez um MBA na Universidade de Michigan e entrou na Amazon em 2003, no setor de operações, atuando na transformação de seus armazéns a fim de acomodar produtos que não fossem livros, DVDs e eletrônicos de pequeno porte. Na foto do seu primeiro crachá, ela ostenta um corte de cabelo quase moicano.

Landry entrou para a equipe da Amazon Fresh original em Seattle e depois gerenciou outra das malogradas tentativas de Herrington para solucionar o problema CRaP: a Prime Pantry. Esse serviço, permanentemente deficitário, permitia aos clientes encher carrinhos grandes com itens domésticos pesados, como cereais, massas e garrafas de água, com grandes descontos.

No novo cargo, a primeira missão de Landry foi elaborar o PR FAQ, o relatório de seis páginas escrito na forma de um comunicado à imprensa que apresentava o tipo de serviço imaginado por Wilkes. O texto e suas revisões posteriores descreviam um serviço com base em um aplicativo para dispositivos móveis que Landry a princípio chamou de Amazon Magic e depois de Amazon ASAP. Sua proposta era criar três equipes autônomas, cada uma delas com um nome que evocasse magia, para desenvolver abordagens distintas a fim de atingir a mesma meta de entrega ultrarrápida.

Um dos grupos desenvolveria um serviço de varejo, de codinome Houdini, responsável por armazenar e vender um leque limitado dos produtos mais populares da Amazon a partir de armazéns urbanos centralmente localizados, o que permitiria a entrega em poucas horas dos itens comprados com mais frequência.

Um segundo grupo, batizado de Copperfield, abordaria o marketplace de vendedores terceirizados. Essa equipe tentaria estabelecer parcerias com lojas de varejo e mercearias e listar os produtos disponíveis em suas prateleiras na Amazon.com, exatamente como o Google Express e a Instacart estavam fazendo.

Por fim, um terceiro grupo foi montado para perseguir uma ideia chamada Presto. Sua tarefa era reunir um leque ainda menor dos produtos mais vendidos e ficar rodando com eles num caminhão ou numa van a fim de entregá-los em menos de dez minutos em bairros adjacentes. Essa abordagem se mostrou complexa e sujeita ao risco de atropelar as demais, gerando confusão, motivo pelo qual foi logo engavetada.

Bezos aprovou esses planos, mas não se envolveu no seu desenvolvimento com a mesma dedicação dispensada a projetos de novas tecnologias, como a Alexa. Ele revisava as atualizações semanais que Landry enviava por e-mail ao S Team e de vez em quando reagia com perguntas. Ele fez, de fato, uma contribuição relevante: numa reunião em novembro de 2014, riscou o nome Amazon ASAP e rebatizou o serviço como Prime Now, para associá-lo ao clube de assinaturas em expansão.

O futuro da Amazon é CRaP

Landry e sua equipe precisaram se virar para mudar a marca no último minuto.

A essa altura, todos trabalhavam dezoito horas por dia, sete dias por semana, correndo para bater a meta de cem dias de lançamento do serviço. Em Seattle, os engenheiros desenvolviam depressa o aplicativo Prime Now e uma ferramenta de smartphone correspondente, batizada de Rabbit, para guiar os motoristas nas rotas de entrega. A empresa planejava começar o negócio com motoristas contratados em regime de tempo integral e depois adotar o modelo de contrato freelance popularizado pela Uber e a Instacart.

No centro de Manhattan, onde a Amazon decidira lançar o segmento Houdini do Prime Now, os funcionários começaram a estocar mercadorias populares como fones de ouvido Beats, moedores de café, papel higiênico e garrafas de água com gás em um armazém com pouco menos de cinco mil metros quadrados numa torre de escritórios em frente ao Empire State. Nas primeiras semanas de dezembro, eles se espalharam pelo centro, fazendo pedidos para testar o serviço na área inicial. Landry, que praticamente se mudara para um Airbnb no Brooklyn com o companheiro e o filho de dois anos do casal, pediu um par de chinelos enquanto fazia as unhas — a encomenda chegou antes de a manicure terminar o serviço.

Depois de abandonar uma ação de marketing que consistia em embrulhar o Empire State em papel de presente, a Amazon lançou o Prime Now em 18 de dezembro de 2014. Devido a atrasos de última hora, Landry e sua equipe estouraram o prazo fatal em onze dias — um número trivial que os qualificou para uma gozação delicada em vez de uma bronca mais séria. Wilke ficou satisfeito. O serviço oferecia entrega grátis em duas horas para assinantes do Prime em zonas específicas de Manhattan e entrega em uma hora mediante o pagamento de uma taxa extra de 7,99 dólares, que aumentava aos poucos a partir daí. Após o lançamento, Bezos foi fotografado segurando uma sacola de papel pardo do Prime Now do lado de fora do seu apartamento no Central Park West, junto a um entregador aparentando indiferença.

A parte Houdini do empreendimento foi relativamente fácil. É provável que a Copperfield — a iniciativa de vender on-line produtos de mercearias afiliadas — fosse a mais importante; os consumidores não se importavam de esperar alguns dias para receber fones de ouvido ou um par de chinelos, mas em geral queriam seus itens de mercearia de imediato. Atrás de uma parceria, os executivos do Prime Now e suas contrapartes no grupo de desenvolvimento de negócios da empresa visitaram as sedes da Kroger em Cincinnati, da Safeway, em Pleasanton, Califórnia, e da Gelson's Markets, em Los Angeles. Todos os merceeiros temiam a Amazon, eram indiferentes ao Prime Now e estavam preocupados especialmente com a Amazon Fresh, ainda que ela operasse em um número restrito de cidades.

Bezos se mostrou particularmente entusiasmado ao firmar a parceria com outra rede: a Trader Joe's. Colegas revelaram que ele se apaixonara pela loja e sua grande variedade de produtos de alta qualidade e marca própria. O presidente da Amazon na Alemanha, Ralf Kleber, foi enviado à cidade de Essen para se reunir com os donos da rede, a reclusa família Albrecht, do conglomerado europeu de supermercados Aldi Nord. Kleber informou que a reunião havia sido breve e que os Albrecht não queriam trabalhar com a Amazon.

Por fim, os executivos da Copperfield foram até Austin, onde apresentaram o Prime Now à Whole Foods Market. John Mackey não compareceu à reunião, mas seus vice-presidentes recusaram prontamente a proposta: a Whole Foods já tinha uma parceria exclusiva com a Instacart. Além disso, eles queriam saber mais sobre a Amazon Fresh e disseram não estar satisfeitos com o relato de caminhões de entrega da Amazon Fresh parados no pátio de estacionamento da Whole Foods, o que consideravam um truque publicitário barato. Os executivos da Amazon saíram do encontro sem fechar um acordo; jamais conseguiriam entender por que tantas empresas a consideravam uma ameaça perniciosa, a despeito do impacto gerado por ela na economia de toda indústria em que se aventurasse. Mas a reunião não foi de todo infrutífera. Durante os preparativos para o encontro, o pessoal de desenvolvimento de negócios da Amazon reviu o portfólio de imóveis da Whole Foods e reparou que ele se alinhava com a distribuição geográfica dos assinantes do Prime.

O lançamento do Copperfield em Nova York estava programado para 15 de março de 2015 a fim de complementar o Houdini. A ausência, porém, de grandes parceiros e a complexidade adicional de pegar produtos de prateleiras de lojas retardaram o início das operações em vários meses. Mas, por fim, o lançamento aconteceu, com apenas um punhado de lojas locais e uma única marca nacional: a Sprouts Farmers Market, concorrente da Whole Foods. Todavia, o Prime Now se espalhou em toda a cidade de Nova York e se expandiu para cidades como Londres, San Francisco, Atlanta, Dallas e Miami.

Os funcionários do Prime Now admitiram mais tarde que haviam apressado o serviço. No início, ele carecia de algumas características cruciais, como a possibilidade de devolução de produtos. Quando surgiam problemas, a Amazon simplesmente reembolsava os clientes sem nenhum questionamento e assumia o prejuízo. O custo da entrega rápida também era significativo, assim como o de aluguel e operação de armazéns em áreas metropolitanas. Desse modo, o Prime Now daria prejuízos significativos durante anos.

Mas o programa fechou o flanco aberto da Amazon e neutralizou a ameaça da concorrência representada pela Instacart e o Google Express. Todo o trabalho do Prime Now foi considerado um sucesso na Amazon diante das condições difíceis, e Stephenie Landry foi chamada para falar à empresa durante a reunião geral bianual na KeyArena de Seattle. As conversas fracassadas com varejistas hostis também haviam sido uma revelação. Com oportunidades limitadas de parcerias, a própria Amazon teria de ir mais fundo na cadeia de suprimento de produtos domésticos de uso cotidiano e gêneros alimentícios para um dia ser bem-sucedida numa atividade em que a competição era brutal.

**

Em meio à expansão do Prime Now para novas cidades, Doug Herrington apresentou a Jeff Bezos uma nova fase do seu projeto de mercearias. No outono de 2015, funcionários ligados ao projeto ouviram, via fones de ouvido, em seus escritórios no Edifício Roxanne, a três quadras de distância, a conversa de Herrington e seus vice-presidentes com Bezos na sala de reuniões do Edifício Day 1 North. O grupo se reunira ali para falar sobre a Bloom Street, uma marca própria muito debatida em grupos de discussão com a qual eles planejavam rotular uma ampla gama de produtos alimentícios e de uso doméstico, como café, snacks, vinhos e lâminas de barbear. O objetivo era criar uma marca própria equivalente à Kirkland Signature, da Costco, que, à época, era responsável por impressionantes 30 bilhões de dólares em vendas anuais.

Como sempre acontecia quando se reunia com Bezos na Amazon, a equipe de Herrington se preparara durante meses para o encontro. Eles haviam concebido os produtos, encontrado fábricas para produzi-los, negociado preços e elaborado rótulos. Herrington chegou inclusive a levar o produto inaugural, o café Bloom Street, para que Bezos o provasse. Segundo dois funcionários presentes à reunião, Bezos provou-o, em particular, e em seguida entrou na sala de reuniões dizendo que havia gostado bastante. E então afirmou que não gostava nada daquele conceito.

Mais tarde, a Amazon declarou: "Jeff simplesmente achou que não tínhamos alcançado a marca com a Bloom Street, achou que poderíamos conseguir algo mais interessante e criativo." No entanto, alguns funcionários que atuaram no projeto têm uma explicação mais detalhada. A Bloom Street estava explicitamente ligada à companhia, com o logotipo do sorriso da Amazon e outras marcas da empresa nas embalagens dos produtos. Esses funcionários alegam terem ouvido que Bezos não queria arriscar o nome e a reputação da Amazon numa única marca pouco criativa de produtos alimentícios. Pediu que o trabalho fosse totalmente refeito e a equipe testasse várias marcas próprias com e sem Amazon no nome. Como essa seria uma área de inovação muito visível, ele agora queria revisar de perto o trabalho posterior da equipe. "Jeff simplesmente pisou no freio", lembrou J.T. Meng, que integrou o projeto.

A reunião atrasou em seis meses o lançamento de produtos de marca própria da Amazon pela unidade de consumíveis. Mas eles tinham bons motivos para insistir: as marcas próprias das lojas rendiam por volta de 20% das receitas de todo o varejo nos Estados Unidos e acima de 40% em países europeus, como Reino Unido, Alemanha, Espanha e Suíça.[9] Ao trabalharem diretamente com os fabricantes, os varejistas reduziam os preços, aumentavam as margens de lucro e cultivavam a fidelidade dos compradores com produtos exclusivos. "Chegamos um pouco tarde ao jogo", admitiu Herrington. "Os fornecedores com que eu falava sempre me perguntavam: 'Quando vocês vão fazer isso? Praticamente todo mundo já fez.'"

A Amazon já tinha produtos de marca própria, a maioria nos segmentos de bens duráveis e de indústria têxtil e vestuário. O histórico até então era confuso. Havia alguns sucessos notáveis — como pilhas, cabos HDMI e outros acessórios que a Amazon vendia sob o selo Amazon Basics —, mas também houvera alguns desastres. Os lençóis Pinzon Amazon tiveram de ser recolhidos certa vez porque a empresa não atendera a uma exigência de rotulagem, segundo um funcionário que trabalhava com a marca. Uma linha de móveis de jardim foi descontinuada após problemas com a qualidade — muitos itens foram devolvidos e jogados no lixo. O caso mais famoso ocorreu quando a Amazon lançou com estardalhaço fraldas e lenços umedecidos para bebês em dezembro de 2014, sob o selo Amazon Elements. As fraldas foram prontamente enterradas sob uma avalanche de comentários de uma estrela de pais reclamando que elas não se ajustavam direito e vazavam. A Amazon, envergonhada, recolheu-as das prateleiras poucas semanas depois, e alguns funcionários sentiram que tal desastre de relações públicas contribuiu para a reticência de Bezos quanto a ideia de uma única empresa de produtos de alta visibilidade.

Após a desastrosa reunião com Bezos sobre a Bloom Street, Herrington e sua equipe reformularam a estratégia de marca própria, criando vários selos, alguns dos quais sem relação óbvia com a Amazon. Com uma variedade de nomes ligeiramente bizarros, eles começaram a aparecer no site no verão de 2016.[10] Havia café, snacks e condimentos Happy Belly; produtos de limpeza doméstica Presto!; e artigos Mama Bear para pais de recém-nascidos, incluindo fraldas, dessa vez fabricadas pela gigante Kimberly-Clark.

A Wickedly Prime, um rótulo gourmet que Bezos desenvolveu com Herrington e um de seus executivos, Sunny Jain, estreou no fim de 2016 com snacks ecléticos, como castanhas caramelizadas com coco, chips de banana e um *mix* de pedaços de manga desidratada, amêndoas e castanhas. Alguns meses depois, a Amazon Elements foi relançada, preservando a abordagem inovadora de transparência em relação aos ingredientes.

As embalagens de vitaminas, suplementos e proteína em pó exibiam um "código de autenticidade" que os usuários podiam escanear com um aplicativo de smartphone para obter informações sobre os ingredientes do produto e onde ele era fabricado. Poucos consumidores o usaram.

Ainda assim, Bezos e outros executivos da Amazon queriam que o trabalho progredisse ainda mais depressa e estipularam "metas S Team", exigindo que a equipe aumentasse em determinada quantidade o leque de produtos. Cerca de quinhentas metas desse tipo eram estabelecidas e aprovadas pelo comitê de liderança da Amazon no fim de cada ano-calendário, determinando as métricas mais importantes para cada unidade comercial da companhia. As equipes responsáveis pelo cumprimento dessas metas tinham de fornecer atualizações frequentes sobre seu progresso e explicações para eventuais atrasos. A administração de um amálgama de unidades comerciais independentes pelo S Team era fundamental.

Com parâmetros novos e agressivos, a equipe de marca própria estava na berlinda, recebendo pedidos para que preenchessem lacunas no catálogo da Amazon com um fluxo constante de produtos novos e ao mesmo tempo mantivessem o alto nível de qualidade e não prejudicassem a reputação da empresa. Os funcionários dessa época descrevem um ambiente de alta pressão, com várias equipes da área competindo entre si e todos sendo responsabilizados por seus demonstrativos de lucros e perdas individuais. Enquanto isso, Bezos revisava tudo, incluindo a arte de novos produtos, emitindo sempre a mesma diretiva: *andem mais rápido*.

Vários funcionários admitiram mais tarde terem adotado um atalho para escapar desse tormento: explorar o enorme tesouro de dados da Amazon. Anos depois, esse fato chamou a atenção dos órgãos reguladores dos Estados Unidos e da Europa, que exigiram saber: a empresa havia se aproveitado das excepcionais ferramentas e das informações confidenciais à disposição dela como varejista para conferir às suas marcas próprias vantagens indevidas? Teria a Amazon, com efeito, *trapaceado* em seu esforço para competir diretamente com seus próprios fornecedores e vendedores?

Um dos bancos de dados da Amazon, o Heartbeat, possuía todas as avaliações feitas por clientes no site; ao acessá-lo, os funcionários podiam buscar padrões reveladores capazes de indicar como aperfeiçoar produtos consagrados. Por exemplo, as avaliações dos consumidores na importantíssima categoria de sacos plásticos para recolhimento de cocô de cachorro indicavam a existência de uma dúvida recorrente sobre em que lado do saquinho ficava a abertura. Por isso, a versão da Amazon Basics incluiu uma seta azul em uma das extremidades com as palavras "abra aqui". Outra ferramenta valiosa era o programa Vine,[11] no qual influentes avaliadores de produtos recebiam amostras grátis em troca de comentários por escrito — o que aumentava muitíssimo a probabilidade de que fizessem elogios efusivos.

Sob anonimato, vários gerentes de marca própria admitiram explorar um recurso ainda mais precioso do que a avaliação de produtos: a proeminência nos resultados de pesquisa da Amazon. Quando lançavam uma nova marca, como as fraldas Mama Bear, uma ferramenta chamada *"search-seeding"* permitia que os gerentes de marca impusessem a relevância do produto nos resultados de pesquisa da Amazon sobre marcas já bem estabelecidas como a Pampers durante, no mínimo, o primeiro mês. Desse modo, o produto da Amazon aparecia no topo dos resultados de pesquisa, em vez de na última página, pouco visualizada, junto a outras marcas novas.

Quando perguntei a Doug Herrington se a Amazon alterava os resultados de pesquisa para privilegiar seus produtos de marca própria, ele negou categoricamente. "Não manipulamos em absoluto os resultados de pesquisa", afirmou, acrescentando que os selos da Amazon às vezes ganhavam espaços proeminentes nos resultados de pesquisa quando se tratava de "um grande negócio para os consumidores" e que, se estes não reagissem, logo desapareciam. Herrington também comparou a tática da Amazon com a de varejistas físicos concorrentes, que exibiam produtos genéricos, como analgésicos, bem ao lado do Tylenol e do Advil, ocupando espaço limitado de prateleira. A Amazon, em contrapartida, contava com "corredores infinitos", ponderou Herrington, e os consumidores podiam escolher entre uma ampla variedade de produtos.

Mas os gerentes de marca própria da Amazon afirmaram que essas práticas ocorriam, sim, e que os impactos eram significativos. J. T. Meng, ex-funcionário do setor de marca própria, alegou ter precisado suspender o *search-seeding* dos lenços umedecidos para bebê Amazon Essential porque as vendas estavam excedendo 20% do volume total da categoria, o que criava o risco de prejudicar o relacionamento da empresa com a Procter & Gamble e a Kimberly-Clark. Um economista da Amazon que trabalhou com a equipe de marca própria acrescentou: "Os gerentes de marca recebiam metas realmente difíceis de serem batidas e se comportavam como buldogues. Eram capazes de fazer qualquer coisa para colocar o produto na rua. Esse é exatamente o estilo Amazon."

Os críticos da empresa e alguns de seus vendedores a acusaram de explorar outra vantagem significativa. Ao examinar os dados de vendas de seus parceiros no marketplace, os gerentes de marca própria da Amazon podiam rapidamente identificar as tendências de consumo e determinar que produtos estavam vendendo bem e deviam ser copiados. Os executivos da companhia argumentaram ter mecanismos de salvaguarda instalados para impedir que esse tipo de bisbilhotagem ocorresse. "Não usamos dados relativos a vendedores individuais a fim de decidir o que produzir para uma marca própria", contou-me Jeff Wilke. A empresa sustentou esse argumento num depoimento ao Congresso em 2019: "Não usamos dados individuais de vendedores diretamente para competir", afirmou Nate Sutton, o advogado da Amazon.

Contudo, três gerentes que participaram da iniciativa de expansão das marcas próprias da empresa disseram que isso simplesmente não era verdade.

Um deles, que trabalhou numa nova marca chamada Solimo, de estilo de vida, afirmou ter presumido, ao entrar na empresa, em 2016, que os dados dos vendedores do marketplace fossem zona proibida. Um ano depois, seu chefe lhe mostrou como acessar os dados de vendas e lhe disse para pedir ajuda aos analistas de dados caso precisasse. O funcionário, que pediu anonimato, examinou posteriormente as vendas desses parceiros para identificar os suplementos vitamínicos que vendiam mais rápido, quantas unidades eram vendidas e a média do preço de venda e a lucratividade de cada um.

Para provar o que dizia, ele compartilhou comigo uma planilha de probióticos vendidos no marketplace por terceirizados que guardara da época em que trabalhara na Amazon. A planilha mostrava vendedores individuais do marketplace e seus produtos, inclusive com um rastreamento de doze meses de vendas e os preços médios de cada item. "Nós olhávamos o que nossos concorrentes estavam fazendo e às vezes copiávamos seus produtos na cara dura ou então simplesmente fazíamos uma leve mudança e púnhamos um rótulo neles", revelou. "O tempo todo me diziam que havia um *firewall*, mas depois descobri que ele era uma espécie de faz de conta."

Um artigo do *Wall Street Journal* em 2020 estampou acusações similares de ex-funcionários do setor de marca própria, que reafirmaram a prática de "pular a cerca".[12] A matéria relatava o suplício de uma empresa de quatro pessoas do Brooklyn, a Fortem, que vendia um organizador dobrável para porta-malas. A Amazon percebeu seu sucesso e criou um produto concorrente sob o selo Amazon Basics. "Proibimos estritamente os nossos funcionários de usarem dados não públicos, específicos do vendedor, para determinar quais produtos de marca própria lançar", declarou a Amazon ao *Wall Street Journal*. As revelações impulsionaram as investigações antitruste na Europa e nos Estados Unidos.

A pergunta fundamental das autoridades reguladoras era se tudo isso dava à Amazon vantagens indevidas. Em 2017, quando a expansão de marcas próprias comandada por Doug Herrington estava a pleno vapor, é quase certo que os dados e ferramentas internos da empresa tenham ajudado a amplificar o trabalho da equipe, permitindo que batesse as metas ambiciosas do S Team. Mas boa parte desses dados também estava disponível para os concorrentes, fosse através do próprio site da Amazon, fosse em pesquisas junto a empresas que coletavam dados sobre as tendências de consumo, como a Nielsen. Pelo menos no segmento de consumíveis, muitos produtos de marca própria daquela época — das barras de granola e amendoim Happy Belly às amêndoas torradas Wickedly Prime — não pareciam prejudicar marcas rivais, ao menos não mais do que os esforços similares de outros grandes varejistas. Em um comunicado, a Amazon acrescentou que "todos os revendedores têm informações sobre as marcas e os produtos mais populares em suas lojas, ou que são mais procurados pelos consumidores, e as usam para decidir quais produtos de marca própria irão oferecer".

Os novos produtos também pouco contribuíram para acelerar a popularidade e o lucro das duas iniciativas no segmento de gêneros alimentícios — o Prime Now e a Amazon Fresh. As marcas próprias da Amazon não geraram o mesmo apelo nem tiveram o mesmo impacto financeiro salutar das marcas próprias das grandes redes de mercearias, como a Whole Foods Market. Sua marca 365 Everyday Value, atrelada a vários produtos, de leite a carne, passava a ideia de ser econômica e saudável e respondia por uma porcentagem significativa das vendas da rede. A Amazon, que continuava sendo em grande parte um território de engenheiros e MBAs e tinha um CEO que se considerava um intrépido inventor, ainda não sabia como aproveitar esse tipo de magia.

**

Bezos, porém, pretendia seguir tentando e teve outras duas ideias sobre como estabelecer uma conexão com os compradores de gêneros alimentícios e solucionar o dilema CRaP. Esses projetos figuram entre os mais estranhos da história da Amazon e proporcionam um vislumbre adicional de seus rituais corporativos incomuns.[13]

A primeira ideia, que Bezos apresentou em uma sessão de *brainstorming* em 2014, começou com um conceito que ele chamou de "caminhão do filé". Concebida como "uma carrocinha de sorvetes para adultos", a sugestão original era abastecer uma van ou um caminhão com filés, percorrer bairros com os faróis ligados e buzinas tocando e vendê-los aos moradores, como se lembrou Doug Herrington. Seria conveniente e um ótimo negócio para eles, já que a carne seria vendida em grande quantidade e, por isso, com desconto. Com o tempo, a empresa poderia até mesmo prever a demanda e eliminar as ineficiências e o desperdício nos supermercados.

A ideia era talvez excêntrica o suficiente para que um executivo fosse encarregado de redigir um PR FAQ, o relatório da Amazon que dá início ao desenvolvimento de um novo projeto imaginando um comunicado à imprensa. O documento dava à ideia um nome oficial: Treasure Truck [Caminhão do Tesouro]. Máquinas de bolhas de sabão e telões digitais criariam uma atmosfera carnavalesca enquanto o caminhão enviava alertas de texto para os smartphones de consumidores nas redondezas, anunciando o item em promoção naquele dia.

O futuro da Amazon é CRaP

Herrington montou uma microequipe para desenvolver o projeto ao longo do outono de 2014, simultaneamente ao desenvolvimento do Prime Now e à ofensiva de marca própria. Embora a ideia em si fosse extravagante, os problemas técnicos por trás dela eram grandes, como resolver de que maneira o caminhão anunciaria sua presença apenas aos moradores da vizinhança e como manter a carne e os pescados adequadamente resfriados.

Na primavera de 2015, a equipe pedira o registro de duas patentes, mas o projeto ainda não deslanchara. Os funcionários passaram a trabalhar dia e noite. Projetaram e adquiriram um caminhão protótipo de um fabricante de veículos em Chicago; parecia uma caixa gigante de papelão que se desdobrava como um robô Transformer para revelar telas enormes, luzes piscantes e uma roleta revestida de plástico salmão. Funcionários que trabalharam no projeto disseram que o custo do protótipo foi de cerca de 250 mil dólares. Ele foi escondido em uma garagem-estacionamento em South Lake Union e preparado para iniciar as operações naquele mês de junho com algo bem menos perecível do que filés: pranchas de *stand-up paddle* em promoção por 99 dólares.

Então, na noite da véspera do lançamento, depois de a imprensa ter sido avisada, testes internos revelaram um *bug* no software que podia informar aos compradores do produto o fato de ele estar esgotado. O lançamento foi adiado, e a responsável pelo projeto teve que trabalhar no sábado para resolver o problema. A Amazon também mobilizou seus "engenheiros notáveis": um esquadrão de elite composto por uma dúzia de magos tecnológicos da empresa que intervinham em projetos problemáticos para diagnosticar o que havia de errado.

Os engenheiros interrogaram os funcionários do Treasure Truck durante duas semanas e elaboraram seu "relatório de correção de erros", um documento secretíssimo redigido na Amazon quando algo saía dos trilhos. No meio desse doloroso autoexame, um novo desastre: um funcionário novato sem querer disparou o envio de mensagens de texto para todos os clientes inscritos no Treasure Truck, anunciando incorretamente a venda iminente das pranchas de 99 dólares. O blog de tecnologia *GeekWire*, de Seattle, que cobrira com vigor toda a saga, declarou que o projeto estava "rapidamente se transformando no lançamento mais caótico da história da Amazon".

Sete meses depois, com os antigos gerentes tirados de cena e novos gestores em ação, o Treasure Truck enfim começou a rodar pelos morros de Seattle vendendo câmeras GoPro com 64% de desconto. Ao longo dos meses seguintes, o caminhão venderia ostras Shigoku, salmão do Alasca, perus de Ação de Graças, novos modelos do Amazon Echo e livros como *Harry Potter e a criança amaldiçoada*. A equipe encomendou novos caminhões, não tão espalhafatosos ou caros quanto o original, e expandiu o projeto para 25 importantes cidades americanas.

No entanto, o serviço nunca foi tão onipresente ou benquisto quanto Jeff Bezos e Doug Herrington haviam esperado. Os críticos da internet ficaram perplexos com o projeto e zombavam de algumas das ofertas mais inexplicáveis ("chuveirinhos de bidê por 19,99 dólares, 33% de desconto!"). Certa vez, um caminhão da Treasure Truck explodiu num estacionamento de West Philadelphia à 1h30 da madrugada.[14] Bezos divulgou brevemente a iniciativa em sua carta aos acionistas de 2017, mas um executivo de finanças me contou que ela nunca teve muito sucesso nem chegou perto de ser lucrativa. Se a Amazon desejava despertar empolgação e fidelidade com seus serviços de mercearia em gestação, seria necessário algo inteiramente diferente — como um produto ímpar pelo qual os consumidores se apaixonassem.

Bezos também teve uma ideia nesse sentido, e ela foi tão bizarra quanto. Em agosto de 2015, o *Washington Post* publicou um artigo nada apetitoso que dizia que um único hambúrguer podia conter a carne de até cem vacas. Fazer um hambúrguer de uma única vaca poderia teoricamente produzir uma iguaria de paladar superior, mas isso seria "difícil e caro", declarou um distribuidor de carnes ao jornal.[15]

Isso chamou a atenção de Bezos, que parecia ter uma preferência cada vez maior por sabores exóticos, tendo provado um iguana, por exemplo, numa reunião do Explorer's Club de Nova York.[16] Em outra sessão de *brainstorming* com Herrington, ele sugeriu que arranjassem um rancho para produzir "hambúrgueres de uma única vaca" e transformá-los em itens únicos que só poderiam ser comprados da Amazon. "Eu realmente acho que devíamos tentar fazer isso", disse a Herrington, que a princípio achou se tratar de uma brincadeira. "Até que ponto isso pode ser difícil?"

O projeto foi entregue à nova equipe de inovações culinárias da Amazon Fresh e na mesma hora se tornou uma meta do S Team — uma iniciativa de alta prioridade monitorada de perto por Bezos e pelo conselho de liderança. A gerente de produto Megan Rosseter foi então encarregada de descobrir uma maneira de produzi-lo de fato. Os fornecedores de carne que ela contatou no início lhe disseram que algo assim era impraticável e, na verdade, atrapalharia suas operações. "Senti que sempre me davam metas insanamente assustadoras e que pareciam quase impossíveis", revelou Rosseter.

Seja como for, ela e seus colegas encontraram um rancho no condado de San Diego, próximo à fronteira com o México, que se dispôs a produzir o hambúrguer. Eles trabalharam juntos naquela primavera, elaborando maneiras de congelar a carne para o transporte e criando uma embalagem que não vazasse ao descongelar. Em junho de 2016, a Amazon encheu o site da Fresh e seu aplicativo de smartphone com promoções do Single Cow Burger, anunciando hambúrgueres de 220 gramas de carne wagyu com 80% de carne magra e 20% de gordura. A empresa também preparou a Alexa com uma resposta, caso alguém lhe pedisse uma definição: "Hambúrguer de uma única vaca: um hambúrguer feito com a carne de uma única vaca."

O feedback inicial dos consumidores foi promissor. "Esses hambúrgueres são ENORMES, SUCULENTOS e DELICIOSOS!!!", dizia uma das avaliações no site da Amazon. Entretanto, poucos meses depois Bezos enviou um e-mail aos executivos da Amazon Fresh: ele tinha achado a embalagem difícil demais de abrir e se queixou de que o hambúrguer era tão gorduroso que a gordura que pingara dele havia feito sua grelha incandescer.

Na opinião de Rosseter, a carne wagyu premium devia ser preparada numa frigideira de ferro fundido e não numa grelha, mas não seria ela quem daria um conselho culinário não solicitado ao CEO da empresa em que trabalhava. Ela também ficou impressionada com o fato de Bezos se importar tanto. "Foi um daqueles momentos em que pensei: 'Não acredito que isso esteja mesmo acontecendo comigo'", contou.

Assim, Rosseter voltou ao seu fornecedor, que terceirizou o trabalho para um rancho na Georgia capaz de produzir hambúrgueres de carne Heritage Aberdeen Angus com 91% de carne magra e apenas 9% de gordura. Depois de várias viagens para provar as versões, Rosseter conseguiu seu segundo hambúrguer de uma única vaca, com uma embalagem fácil de abrir, pronta para levar, em janeiro de 2017. A equipe da Amazon Fresh enviou uma amostra para o escritório de Bezos e a reação veio alguns dias depois: ele ficara satisfeito.

O projeto mais uma vez representou um estilo diferente de inovação na Amazon. Os funcionários não trabalharam "do fim para o início" a partir de clientes idealizados, que jamais haviam pedido uma criação desse tipo. Eles trabalharam do fim para o início a partir da intuição de Bezos e para satisfazer seus gostos por vezes ecléticos. Bezos acertava bastante, sobretudo quando se tratava de tecnologia de ponta. Mas no fim o hambúrguer de uma única vaca e outras inovações culinárias introduzidas na Amazon Fresh geraram pouco burburinho e não incrementaram os negócios.

Rosseter aguentou firme durante alguns meses, mas sentia que seus esforços não eram reconhecidos. Descreveu o ambiente de trabalho como "estressante e infeliz". Por isso, estava se preparando para sair da Amazon Fresh justamente quando uma bomba explodiu.

* * *

Em 21 de abril de 2017, uma das pessoas que ajudavam a Whole Foods a se defender dos investidores ativistas ligou para Jay Carney, a quem conhecia dos círculos políticos do Partido Democrata. Será que a Amazon estaria interessada em se encontrar com eles para discutir um negócio estratégico? Carney passou o contato para Bezos e Jeff Wilke, que o repassaram para Peter Krawiec, vice-presidente de desenvolvimento corporativo global. No dia 27 de abril, as duas empresas começaram a negociar sob o véu de um estrito acordo de confidencialidade.

A Amazon não pareceu muito equivocada ao decidir reagir favoravelmente à abordagem. A empresa havia se expandido: o Prime Now estava presente agora em 33 cidades americanas e num punhado de outras no exterior;[17] a Amazon Fresh atuava em catorze regiões metropolitanas, bem como em Londres e na Alemanha. Entretanto, os dois ainda não davam lucro, assim como não vinham conseguindo crescer em importância ou escala. Praticavam preços elevados e não possuíam um leque de produtos impressionante. Enquanto as iniciativas de marca própria nos departamentos de eletrônicos e de moda da Amazon haviam deslanchado, graças em parte às ferramentas de pesquisa e dados peculiares e controversos utilizados pelos funcionários, os rótulos de nomes bizarros do grupo de consumíveis não haviam trilhado o mesmo caminho. Poucos consumidores clamavam por mix de manga desidratada Wickedly Prime. Os Treasure Trucks e os hambúrgueres de uma única vaca também não vinham causando grande impacto.

Também havia surgido outro concorrente preocupante, além da Instacart e do Google Express. Em 2016, a Walmart adquiriu a startup de comércio eletrônico Jet.com por 3,3 bilhões de dólares. Seu fundador, Marc Lore, agora comandava o comércio eletrônico da gigante do varejo e ainda se ressentia da maneira como a Amazon lhe passara a perna e adquirira sua empresa anterior, a Quidsi, que operava o site Diapers.com. Inteligentemente, ele estava focado agora na oportunidade dos gêneros alimentícios on-line, utilizando as mais de 4.500 lojas da rede como pontos de entrega e retirada, obtendo um progresso tremendo onde a Amazon falhara.

Assim, no dia 30 de abril de 2017, um domingo, John Mackey e três de seus diretores pegaram um avião de Austin até Seattle para encontrar Bezos, Krawiec, Steve Kessel e Doug Herrington no ancoradouro da residência de Bezos no lago Washington. Mackey contou orgulhosamente a longa história da Whole Foods Market, observando que a mercearia havia quase que sozinha popularizado o consumo de couve-galega. Agora, no entanto, gananciosos investidores ativistas estavam batendo na sua porta. "Eu amo a empresa. Quero continuar independente, mas não parece provável que isso aconteça", disse Mackey, segundo se recorda Doug Herrington. "Se tiver que vender, eu gostaria que fosse para uma empresa que respeito e admiro, como a Amazon."

Mackey descreveria mais tarde a conversa como "um namoro [...]. Estávamos terminando as frases uns dos outros antes do fim do primeiro encontro".[18] Bezos, é claro, tinha uma queda por empreendedores. Ele e Mackey eram muito parecidos em certos aspectos: detalhistas, teimosos quanto às próprias visões e belicosos em suas reações à crítica pública. Mackey, porém, não dominava a tecnologia com a mesma destreza nem tinha o talento de Bezos para constantes reinvenções. As lojas da Whole Foods não haviam mudado muito ao longo das décadas, por isso sua reputação de consistência corporativa e idealismo estava em perigo.

No decorrer de maio, enquanto continuava a receber propostas da Albertsons, a Whole Foods negociou em segredo com a Amazon, respondendo a um fluxo constante de pedidos de mais informações. Em 23 de maio, a Amazon se ofereceu para comprar a empresa por 41 dólares por ação, com um ágio de praticamente 27% sobre o valor da ação. A empresa acrescentou que essa era sua oferta final e ameaçou retirá-la se houvesse vazamento. A Whole Foods respondeu contrapropondo 45 dólares por ação, então a Amazon subiu a oferta para 42 dólares e disse que não negociaria nada além disso.

As duas companhias anunciaram o negócio de 13,7 bilhões de dólares em 16 de junho de 2017, chocando o mundo. A empresa de comércio eletrônico mais famosa do planeta estava comprando a mais iconoclasta rede de mercearias. Jeff Wilke foi para Austin naquela manhã, onde se juntou aos executivos da Whole Foods numa reunião geral no auditório da empresa. Mackey, de maneira triunfal, anunciou que permaneceria como presidente nesse casamento com a Amazon — "até que a morte nos separe". Também zombou de Wilke por este achar que quinoa fosse uma verdura.

Num notável sinal da confiança de Wall Street em qualquer movimento de Bezos, o negócio fez as ações da Amazon dispararem naquele dia e acrescentou 15,6 bilhões de dólares a seu valor de mercado, elevando-o para mais de 475 bilhões de dólares. (Da mesma forma, o negócio fez as ações de mercearias rivais despencarem temporariamente, e foi uma bênção para a Instacart, que se tornou a principal beneficiária do atropelo desesperado delas para entrar no mercado on-line e enfrentar a ameaça da Amazon.) Charles Kantor, diretor-geral do Neuberger Berman, que possivelmente dera início a toda essa cadeia de acontecimentos com sua campanha de envio de cartas, disse à Reuters que, devido à valorização das ações, "há quem diga que a Amazon adquiriu a Whole Foods de graça".[19]

Mas houve um preço a ser pago, ainda que ele permanecesse em grande parte invisível para quem estava de fora. A Amazon teria agora de compatibilizar uma década de projetos sobrepostos na área de gêneros alimentícios e combiná-los com 465 lojas físicas, com as respectivas cadeias de suprimentos e sistemas de tecnologia antiquados. Quando Bezos e Wilke se sentaram para decidir qual executivo seria encarregado de tocar o enorme desafio e supervisionar Mackey e sua equipe, a escolha recaiu sobre Steve Kessel, que administrava a Amazon Go e as livrarias e tinha a organização de menor porte.

A Federal Trade Commission autorizou a fusão em agosto, por entender que as empresas não eram rivais significativas e a aquisição não reduzia substancialmente a concorrência. Mais tarde, Kessel implementou algumas mudanças rápidas. Descontos para assinantes Prime, Amazon Lockers e dispositivos Kindle e Alexa logo apareceram nas lojas da Whole Foods. No site da Amazon, as marcas próprias que lutavam para se estabelecer foram logo complementadas com a seleção muito maior dos produtos da linha 365 Everyday Value, da Whole Foods. A rede de mercearias também recebeu crédito pela redução de preços — o eterno bicho-papão de John Mackey —, talvez pela primeira vez em sua existência. E a Amazon introduziu padrões uniformes e condições financeiras mais estritas para os fornecedores da Whole Foods.[20]

Contudo, uma coisa que a Amazon não fez foi trocar a equipe de administração da Whole Foods. Os investidores ativistas perguntavam-se zombeteiramente quantos dias levaria para Bezos demitir John Mackey. Bezos, porém, costumava permitir que empresas adquiridas e seus excêntricos CEOs operassem de forma autônoma, como no caso do falecido Tony Hsieh e da Zappos.[21] Ele preferia aprender com a experiência deles e colher dados e lições empresariais.

Agora Bezos precisava alinhar as abordagens divergentes da Amazon na categoria de produtos mais traiçoeira que já havia encontrado. Por isso, também deu autoridade a Steve Kessel sobre o Prime Now e a Amazon Fresh.[22] Ao longo dos anos seguintes, Kessel fundiria os dois serviços em um híbrido curioso: o site, o aplicativo de smartphone e a marca Amazon Fresh suplantaram com larga vantagem o Prime Now (embora o aplicativo do Prime Now tenha sido preservado para seus fãs). A nova experiência Amazon Fresh foi então sobreposta à cadeia de suprimentos do Prime Now, que tinha armazéns urbanos com localização central e uma frota flexível de motoristas terceirizados. E os produtos nos armazéns e nas lojas da Whole Foods foram adicionados ao leque — esse havia sido o objetivo da Amazon anos antes com o projeto Copperfield, provando mais uma vez que aquisições, em vez de parcerias, eram o caminho mais viável para uma companhia do porte e da reputação da Amazon. Kessel também unificou as equipes díspares, com frequência em disputa, sob a direção de uma só gerente: Stephenie Landry, que lançara com sucesso o Prime Now.

Em 2012, Doug Herrington previra que o futuro da Amazon estava nos itens baratos e pouco lucrativos que as pessoas compram diariamente. "Não podemos bater a meta de 400 bilhões de dólares com o modelo comercial atual e há bons motivos para temer que não faremos a transformação necessária", alertou solenemente em seu relatório. Mas esse temor se provou infundado: cinco anos depois, a Amazon vendia uma enorme variedade de produtos CRaP. Restou o trabalho realmente duro: armazená-los e fazê-los chegar à porta dos consumidores, por meio de uma das maiores brigadas de funcionários e motoristas com baixos salários que o mundo já viu.

CAPÍTULO 9
A reta final

Para entender como a Amazon passou a operar uma das maiores e mais sofisticadas redes de logística de transporte já inventadas precisamos retroceder no tempo, mais ainda desta vez, para a batalha de vida ou morte que a empresa travou durante o *boom* e o posterior estouro da bolha das pontocom. Quando um ex-professor de música do ensino médio de 26 anos e óculos chamado Dave Clark foi contratado pela Amazon em 1999, a companhia operava apenas sete armazéns nos Estados Unidos e três na Europa, que mal conseguiam lidar com o frenético ápice das vendas do Natal. Quando ele assumiu o cargo de diretor de operações globais, em 2012, a Amazon administrava cerca de quarenta centros de atendimento de pedidos nos Estados Unidos e outras duas dezenas mundo afora.[1] Mas os armazéns enormes estavam quase sempre localizados em áreas remotas — uma estratégia para minimizar as despesas trabalhistas e a carga tributária, não para atender melhor os clientes. Eles dependiam ainda de funcionários que ganhavam salários baixos e caminhavam uma média de vinte quilômetros por dia para encontrar e selecionar os itens corretos nas prateleiras.

Em agosto de 2017, após concordar em pagar impostos sobre vendas na maioria dos estados americanos e finalizar a aquisição da Whole Foods Market, a cadeia de suprimentos da Amazon parecia drasticamente diferente. Era composta por cerca de 140 centros de atendimento de pedidos nos Estados Unidos e algumas dezenas de outros pelo mundo, muitos em áreas urbanas, repletos de robôs laranja baixinhos que o tempo todo se aproximavam e se afastavam dos funcionários, carregando estantes amarelas de metal lotadas de produtos. A Amazon também possuía centenas de novas construções: centros de triagem que organizavam os pacotes por código postal, centros do Prime Now para itens de supermercado, postos de entrega nos quais motoristas contratados recolhiam pacotes para levar até a casa dos clientes e galpões em aeroportos para a nova frota de aviões de carga brancos reluzentes com a inscrição "Prime Air" em azul nas laterais.

Além do rápido crescimento do número de instalações, o tratamento dispensado pela Amazon aos trabalhadores de seus armazéns também começou a chamar a atenção. Os veículos de mídia descreviam a Amazon como um empregador cruel, que priorizava o lucro em detrimento da segurança e se isentava da responsabilidade de danos e até mortes causadas por operações de entrega. Clark, na época um dos poucos executivos do S Team que ironizavam os críticos da Amazon e confrontavam as críticas publicadas na internet, respondia de forma agressiva a cada acusação e proclamava que segurança era a principal prioridade da empresa. "Senador, o senhor foi mal informado", tuitou Clark para o senador Richard Blumenthal, de Connecticut, em setembro de 2019, depois que este acusou a companhia de adotar uma abordagem "impiedosa" e "de falência moral" com a segurança pública.[2]

Dave Clark cresceu na pequena cidade de Dalton, Georgia, autoproclamada "capital mundial do carpete" pela alta concentração de empresas de tapete. Seu pai era um experimentador e empreendedor itinerante que, segundo Clark, trabalhou com tecnologia de rádio e construiu campos de golfe de nove buracos, assim como inúmeras casas, e de vez em quando recrutava seu único filho para cavar a fundação das paredes estruturais. Quando Clark estava no jardim de infância, seus pais empilharam um monte de carpetes em um caminhão de mudança de quinze metros e se mudaram para uma área nobre em Jacksonville, Flórida, para abrir uma loja de tapetes.

A mãe de Clark travou uma batalha contra o câncer — a qual acabaria perdendo — quando ele estava no ensino médio, e para "deixar os pais um pouco em paz" ele arrumou um emprego como empacotador em um supermercado da rede Publix e, em seguida, na extinta cadeia Service Merchandise — o que acabou sendo um bom treinamento para quando Clark foi trabalhar em outro mercado de varejo, a Whole Foods Market. Ele financiou seus estudos na Universidade de Auburn trabalhando como gerente de equipamentos do departamento de Música e, após se formar em educação musical, gerenciou os novatos da banda marcial de sua antiga escola durante um ano. "Ensinar 250 alunos do sétimo ano que nunca haviam tocado nenhum instrumento nos prepara para muitos desafios na vida", disse-me ele.

Enquanto cursava a faculdade de economia na Universidade do Tennessee, em Knoxville, Clark conheceu Jimmy Wright, um carismático ex-executivo da Walmart que Jeff Bezos havia contratado por um breve período no fim dos anos 1990 para tentar construir uma nova classe de centros de distribuição para a Amazon. Seguindo a sugestão de Wright, Clark e outros colegas de turma foram até Seattle para uma entrevista, embora, naquela época, algumas pessoas na empresa considerassem a Amazon um reduto de engenheiros e não de alunos de MBA. "Nós sabemos por que você está aqui", disse um recrutador para Clark enquanto ele aguardava no saguão. "Nós não gostamos, então não espere ter um ótimo dia."

Clark, no entanto, conseguiu um emprego de analista júnior no departamento de operações após se formar. Uma de suas primeiras tarefas foi estudar os salários dos funcionários que recebiam por hora; depois, foi enviado a Tóquio para ajudar a construir o primeiro armazém da Amazon no Japão. Ele tirou seu primeiro passaporte para fazer a viagem. Depois disso, Clark foi transferido para um centro de atendimento de pedidos em Campbellsville, Kentucky, que teria um impacto ainda maior em sua vida profissional. A teia de relacionamentos que ele criou ali acabaria por moldar tanto a sua vida pessoal quanto o futuro das operações da Amazon.

O gerente-geral do estabelecimento era Arthur Valdez, cuja mãe havia emigrado de Cuba para os Estados Unidos na mesma onda de migração em massa — Operação Pedro Pan — em que havia vindo o pai de Bezos, Mike Bezos. Por ter crescido em Colorado Springs, Valdez fora arrastado para o mundo da logística; tanto seu pai quanto sua mãe dirigiam caminhões da UPS, e a família era dona de uma pequena empresa de entregas farmacêuticas.

Mas nada disso o havia preparado para a enxurrada de entregas e a insanidade que tomava conta dos armazéns da Amazon a cada temporada de fim de ano. Segundo Valdez, os problemas eram tantos, até mesmo para pagar as agências que supriam a Amazon com trabalhadores temporários, que Bezos tinha que enviar dinheiro para sua conta pessoal para que ele pudesse assinar cheques. Sempre que o centro de atendimento estava atrasado para o envio de pedidos, ele tinha que escrever um e-mail para Bezos e Wilke explicando o que havia acontecido e como resolveria o problema. Em determinado momento, Valdez estava tão sobrecarregado que seu e-mail para Seattle trazia apenas uma palavra no assunto: "Desisto."

Em resposta, Wilke enviou reforços. Dave Clark controlava o fluxo de encomendas que saía do centro em Campbellsville. Para administrar o fluxo de chegada dos fornecedores, Wilke também transferiu Mike Roth, um executivo de logística alemão da subsidiária da Amazon em Leipzig. Ambos reportavam-se a Valdez.

Junto, o trio encarou desafios assustadores. Em 2000, a Amazon impulsionou o balanço frágil da empresa ao concordar em administrar as vendas on-line da cadeia de varejo Toys "R" Us e enviar toda a mercadoria para Campbellsville. No ano seguinte, o mesmo acordo foi feito com a Target. O excesso de estoque superlotou o armazém de setenta mil metros quadrados. Para seguir com o fluxo em funcionamento, Valdez, Clark e Roth alugaram seiscentos trailers, que foram então abarrotados de produtos e estacionados em volta da cidadezinha (população: nove mil). "Foi pura sobrevivência", afirmou Valdez.

Em 2002, uma nevasca atingiu o Meio-Oeste poucos dias antes do Natal. A Amazon tinha contratado uma frota de caminhões para transportar os pedidos de suas instalações em Campbellsville até o centro de distribuição da UPS em Louisville, a 150 quilômetros de distância. Com a aproximação da nevasca, os motoristas, apreensivos, saíram mais cedo, deixando muitas caixas para trás. Funcionários da Amazon colocaram as caixas restantes em uma van alugada; Clark foi dirigindo pelas estradas escorregadias de gelo, com Valdez no banco do carona. Ao longo do caminho, eles pararam num drive-thru do Burger King.

Em Louisville, encontraram o centro da UPS fechado. O local era administrado pela International Brotherhood of Teamsters, e somente os membros do sindicato tinham permissão para descarregar as caixas. Jeff Bezos era contra sindicatos, afirmando que eles interferiam entre a empresa e os funcionários e tornavam mais difícil atender o santificado cliente. Valdez, que tinha como único objetivo descarregar aquelas encomendas a tempo das entregas de Natal, conseguiu falar com o gerente do estabelecimento por telefone e o convenceu a deixar que eles entrassem.

Mas o gerente avisou que os executivos da Amazon precisavam fazer tudo bem rápido. Clark posicionou a van na plataforma de carregamento e funcionários da UPS não sindicalizados descarregaram as caixas enquanto os sindicalizados corriam de um lado para outro, indignados. Eles sacudiam a van, batendo nas janelas e no capô, gritando para Clark e Valdez irem embora. Mais tarde, Clark contaria essa história a seus subalternos; era um exemplo da "obsessão com o cliente" da Amazon, disse ele, mas também expressava um dos motivos da imensa antipatia da empresa por movimentos trabalhistas organizados: os sindicalistas costumavam ser extremamente avessos aos muitos ajustes e improvisos necessários para que a Amazon cumprisse as promessas feitas aos clientes.

De maneira geral, a experiência no centro de atendimento em Campbellsville foi educativa para Valdez, Clark e Roth. Eles passavam um tempo considerável com Bezos e Wilke, que visitavam o galpão todos os anos durante o outono, como parte das breves visitas que faziam a todos os armazéns da Amazon. Em uma dessas visitas, eles introduziram Bezos no mundo dos charutos e do uísque. Clark também conheceu sua futura esposa, Leigh Anne, na cidade; ela era filha dos donos do restaurante do clube de golfe.

Após o período em Campbellsville, Valdez, Clark e Roth rodaram por uma série de cargos proeminentes na Amazon. Seu desenvolvimento até se transformarem em líderes veteranos era a própria história das operações da Amazon — só que humana, cheia de soluções engenhosas para problemas difíceis, bem como pequenos ressentimentos e dogmas profundamente enraizados, que teriam consequências para a empresa e a sociedade. No fundo, era uma amizade que duraria quinze anos. Quando Clark e Leigh Anne se casaram no Fairmont Olympic Hotel, no centro de Seattle, em maio de 2008, foi Mike Roth quem o conduziu até o altar e Arthur Valdez, seu padrinho de casamento.

* * *

Após a temporada de trabalho em Campbellsville, Roth foi transferido para o Reino Unido, para resolver problemas na rede de distribuição, enquanto Valdez se mudou para Dallas a fim de supervisionar a rede de centros de atendimento de pedidos de grande porte, que estocavam e enviavam itens grandes e volumosos, como móveis e TVs de tela plana. Com o endosso entusiasta de Valdez, Dave Clark foi promovido a gerente-geral do centro em New Castle, Delaware, 45 minutos ao sul da Filadélfia.

Colegas de trabalho disseram que Clark era um gestor um pouco bruto e tinha um temperamento exaltado quando os funcionários não seguiam suas instruções à risca. Ele ganhou o apelido de "franco-atirador" por sua propensão a se espreitar pelas laterais e logo identificar e demitir trabalhadores preguiçosos. Era também arrogante com os subalternos. Em reuniões com a equipe, descartava certas perguntas com a resposta "Falo com você depois sobre isso", mas raramente o fazia. Por fim, em uma reunião, funcionários irritados sentaram-se nas primeiras fileiras vestindo camisetas que diziam "Falo com você depois sobre isso". Clark disse ter gostado do feedback e guardado uma das camisetas.

Ainda assim, os resultados do centro de atendimento em Delaware eram bons e Clark estava impressionando a única pessoa que importava na época: o diretor de operações Jeff Wilke. "Ele me provou que com uma liderança autêntica era capaz de fazer um grupo grande de pessoas, inclusive funcionários bastante antigos e caprichosos, cumprir suas ordens", disse Wilke.

A competência de Clark nas operações da Amazon na Costa Leste aos poucos se expandiu nos anos seguintes, até que ele foi promovido para Seattle em 2008 a fim de assumir o comando de um programa

A reta final

chamado ACES, ou Amazon Customer Excellence System [Sistema de Excelência no Atendimento da Amazon]. Ele tinha que defender os princípios da manufatura enxuta do método Lean, popularizado pela Toyota em suas fábricas e que preconizava a redução do desperdício, a maximização da produtividade e a capacitação dos funcionários. A função lhe dava acesso privilegiado a um debate filosófico que acabaria moldando a vida na rede de centros de atendimento de pedidos da Amazon, que crescia a passos largos.

O novo chefe de Clark e primeiro seguidor do método Lean foi Marc Onetto, um tempestuoso executivo francês da General Electric que assumiu o lugar de Jeff Wilke como diretor de operações quando Bezos promoveu Wilke a supervisor de todo o varejo nos Estados Unidos. Onetto era fanático pelo método Lean. Ele introduziu funções como a do "aranha-de-água", um ajudante nos centros de atendimento que trazia aos funcionários qualquer coisa de que eles precisassem, como fita adesiva, por exemplo; além disso, aplicava o conceito de "poka-yoke", isto é, mecanismos para prevenir erros humanos, como lixeiras de refeitório com a abertura pequena demais para o descarte adequado.

Um dos objetivos de Onetto era promover a empatia e o trabalho em equipe nas operações da Amazon, pois os gerentes de Seattle estavam preocupados que estas tivessem se tornado desumanas e punitivas. Na época, a empresa estava medindo a produtividade dos funcionários de todas as maneiras possíveis e compilando rankings de desempenho, demitindo a cada ano os funcionários menos produtivos. O método Lean da Toyota, em contrapartida, serviu de modelo de trabalho para a vida inteira da empresa. Mas Jeff Bezos discordava veementemente dessa abordagem, e as diferenças de filosofia e estilo entre ele e Onetto levaram a uma série de embates severos.

Em 2009, o diretor de Recursos Humanos de Onetto, David Niekerk, escreveu um artigo intitulado "Respect for people" [Respeito pelas pessoas] e o apresentou na reunião do S Team. O artigo falava sobre o método Lean, utilizado pela Toyota, e argumentava em favor de "tratar as pessoas de forma justa", construir "confiança mútua entre gerentes e associados" e estimular os líderes a inspirar os funcionários, em vez de agir de maneira ditatorial.

Bezos odiou o texto. Ele não só retrucou durante a reunião, como também chamou Niekerk na manhã seguinte para continuar a intimidação. Ele disse que a Amazon jamais deveria insinuar não ter respeito pelas pessoas que contribuíam para sua operação. Bezos também declarou solenemente que uma das maiores ameaças para a empresa eram funcionários insatisfeitos e inflexíveis — como os trabalhadores sindicalizados que prejudicavam as montadoras americanas com greves e onerosas negociações de contratos. Ele encorajou Niekerk e Onetto a focar a atenção em garantir que os funcionários que não estivessem evoluindo junto com a Amazon permanecessem por, no máximo, três anos.

A Amazon instituiu várias mudanças nos armazéns para evitar esse risco. Enquanto antigos funcionários tinham direito a pequenos aumentos no valor recebido por hora de trabalho a cada seis meses, a partir de então os aumentos cessavam depois de três anos, a menos que o funcionário fosse promovido ou o plano de salários de toda a instalação tivesse sido ajustado para um patamar superior. A Amazon também instituiu um programa chamado Pay to Quit [Pagamento para Sair], inspirado em um programa similar da Zappos, que fora adquirida recentemente. O plano oferecia alguns milhares de dólares a funcionários que não estivessem mais engajados em seus empregos e quisessem ir embora.

Bezos também expressava seu paternalismo austero de outras maneiras. Quando Onetto e Niekerk propuseram um programa educacional mais amplo para os funcionários, que daria aos trabalhadores dos centros de atendimento de pedidos 5.500 dólares por ano em assistência educacional para a obtenção de um diploma universitário, Bezos respondeu: "Eu não entendo por que vocês estão tão determinados a preparar nossos funcionários para o fracasso." Depois ele explicou que para a grande maioria dos americanos um diploma universitário em áreas como arte e literatura não traria oportunidades melhores com salários maiores fora dos armazéns. O programa, chamado Career Choice [Escolha de Carreira], oferecia aulas presenciais e reembolso de mensalidades ligadas especificamente a determinadas áreas, como Tecnologia da Informação, saúde e transporte.

Após essas batalhas, a permanência de Marc Onetto na Amazon ficou cada vez mais turbulenta. Nas reuniões do S Team, ele gostava de

A reta final

falar sobre a época em que trabalhava na General Electric com o famoso CEO Jack Welch. Mas nessas reuniões de liderança falava-se sobre o passado e o ego de cada um somente da porta para fora. A certa altura, a intolerância de Bezos chegou a tal ponto que as pessoas nas equipes de Onetto pediam a ele que ficasse em silêncio ou nem sequer comparecesse à reunião.

A gota d'água para Onetto veio em setembro de 2011, quando o jornal *Morning Call,* de Allentown, Pensilvânia, publicou uma reportagem dizendo que o armazém da Amazon em Lehigh Valley tinha ficado tão escaldante durante aquele verão de altas temperaturas que os funcionários estavam desmaiando e sendo levados para hospitais próximos em ambulâncias que aguardavam estacionadas do lado de fora da empresa. Um médico da emergência chegou a ligar para as autoridades federais a fim de denunciar o ambiente de trabalho insalubre.[3]

Foi um desastre que poderia ter sido evitado. Antes do incidente, Onetto apresentara um relatório ao S Team com alguns breves parágrafos propondo a instalação de unidades de ar-condicionado central nos armazéns da Amazon. Mas, segundo dois executivos presentes na reunião, Bezos descartou o pedido. Após a reportagem no *Morning Call*, que despertou reprovação em massa, Bezos aprovou uma verba de 52 milhões de dólares, estabelecendo o padrão de só implementar mudanças após ser criticado na mídia. Mas ele também criticou Onetto por não prever a crise.

Espumando de raiva, Onetto se preparou para lembrar Bezos de sua proposta original. Alguns executivos imploraram para que ele esquecesse o assunto, mas era impossível. Como todos imaginaram, a reunião não foi nada boa. Bezos disse que sim, lembrava-se do relatório, e de que fora tão mal escrito e era tão ambíguo que ninguém entendera a recomendação de Onetto. Como outros integrantes do S Team temiam, Bezos entrou para matar, declarando que todo o incidente era uma evidência do que acontece quando a Amazon põe em cargos de liderança pessoas que não embasam suas ideias em dados reais.

Anos depois, Onetto, com uma educação impecável, foi generoso ao retratar suas tensões com Bezos e expressou orgulho do tempo que trabalhou na Amazon. "Quando você supervisiona as operações, há sempre momentos difíceis, pois você está no centro de custos e é sempre o culpado", disse Onetto, que anunciou sua intenção de se aposentar em 2012. "Houve situações em que eu sugeria algo para Bezos e, digamos de um jeito sutil, ele não ficava muito feliz. Mas eu não quero ser crítico. Muitas vezes ele estava certo."

Na ocasião, Dave Clark havia sido promovido a vice-presidente, supervisionando todos os centros de atendimento de pedidos da América do Norte, e estava prestes a fazer uma aposta que o posicionaria como sucessor de Onetto, enquanto alteraria de maneira inexorável a natureza do trabalho nos armazéns da Amazon.

***

Bezos não queria outro filósofo dos negócios cheio de empatia para substituir Onetto como diretor de operações da Amazon; ele buscava alguém rigoroso, que conseguisse impulsionar os negócios desacelerando o crescimento de custos nos centros de atendimento de pedidos da Amazon frente às vendas estratosféricas da empresa. As despesas com distribuição tinham aumentado 58% em 2011 e 40% em 2012. A Amazon contratou cinquenta mil trabalhadores temporários para os centros de atendimento nos Estados Unidos só para o período de fim de ano em 2012; esses números continuariam subindo cada vez mais, para atender a um aumento esperado de vendas. O novo diretor de operações teria que correr contra o tempo em todos os níveis da cadeia de suprimentos e descobrir como usar a tecnologia para tornar-se mais eficiente.

Clark era um candidato promissor para o cargo. Grande parte da sua candidatura foi impulsionada pela aquisição da startup de robótica Kiva Systems, de North Reading, Massachusetts, que fabricava robôs controlados por celular, como os aspiradores Roomba. Em vez de funcionários caminhando vinte quilômetros por dia para selecionar itens das prateleiras espalhados pelos armazéns gigantescos, os robôs Kiva manuseavam contêineres portáteis de produtos por todo o armazém, uma orquestra sinfônica conduzida pela mão invisível de um software.

A ideia por trás dos robôs nasceu do mesmo desastre que havia inspirado Doug Herrington a propor a Amazon Fresh. Após a declaração

A reta final

de falência da Webvan, um de seus executivos, Mick Mountz, percebeu que as empresas de comércio eletrônico estavam basicamente pagando pessoas para gastar dois terços do seu tempo caminhando. A ideia consistia em um sistema de robótica que transportava prateleiras inteiras de produtos até os funcionários, aumentando a produtividade e eliminando possíveis gargalos nos corredores dos armazéns. Alguns anos depois, sua startup, a Disrobot Systems, mudou o nome para Kiva, a palavra em sânscrito para colônia de formigas.

Ao longo dos anos seguintes, Mountz e seus colegas desenvolveram protótipos, aumentaram o capital da empresa e venderam seus robôs para companhias como Staples, Dell e Walgreens. Eles ofereceram o produto para a Amazon algumas vezes, sem sucesso, e até fizeram um piloto para Herrington e a Amazon Fresh. A Amazon tinha adquirido dois clientes da Kiva — a Zappos e a Quidsi — em 2009 e 2010, mas abandonado os robôs mofando num canto. Mountz acreditava que a Amazon estava tentando incitar ceticismo em relação à Kiva na indústria de tecnologia. E de repente ela fez uma proposta bastante baixa para adquirir a startup na primavera de 2011. Mountz rejeitou.

Ao mesmo tempo, a Amazon começou a avaliar de maneira sigilosa outras empresas de robótica e a pedir que construíssem um robô que servisse como um armazém móvel. Mas a tentativa fracassou, e a Amazon teve que aumentar a oferta pela Kiva. Um banqueiro de investimentos que representou a startup disse que as conversas subsequentes "foram as negociações mais dolorosas que já tive", com a Amazon debatendo cada cláusula, como de costume. Após o acordo de 775 milhões de dólares fechado no início de 2012, os executivos da Kiva foram a Seattle e viram um dos protótipos de robôs que não haviam dado certo estacionado na sala de reuniões.

O contrato de aquisição da Kiva Systems era a menina dos olhos de Dave Clark — ele entendia claramente o potencial da empresa para reestruturar os centros de atendimento de pedidos da Amazon e transformar seus custos trabalhistas variáveis em um investimento fixo mais previsível em robótica e software. Em uma reunião sobre a aquisição, segundo um perfil de Clark traçado pela Bloomberg anos depois, ele empurrou uma pilha imaginária de fichas na mesa da sala de reuniões e disse: "Eu só conheço um jeito de jogar pôquer — apostando de uma vez todas as fichas."[4]

Antes de fechar negócio com a Amazon, Mountz foi inflexível quanto a continuar o crescimento da Kiva com a venda de robôs para outras empresas de varejo. Clark disse que por ele estava tudo bem. "Não me importo se você quiser vender os robôs para o Walmart.com, eles podem financiar nosso crescimento", assegurou a Mountz, que transmitiu essas confirmações aos clientes da Kiva, mas não obteve a promessa de Clark por escrito. Dois anos após a aquisição, Clark e Wilke perceberam que a vantagem tática conferida pelos robôs era valiosa demais e, um por um, interromperam o suprimento dos robôs da Kiva para outras companhias.

Mountz ficou decepcionado. "Eu estava destruindo relações que tinha levado anos para construir na indústria", disse ele. "Fui muito firme durante toda a experiência." Ele tentou em vão recorrer diretamente a Bezos.

Na verdade, Mountz lembra, Bezos estava obcecado com o potencial dos braços robóticos *para poupar ainda mais* trabalho humano nos centros de atendimento de pedidos. Como forma de induzir o interesse do CEO e estimular a pesquisa nessa área, o cofundador da Kiva Peter Wurman propôs uma competição entre universidades chamada Amazon Pick Challenge [Desafio da Amazon] para tentar encontrar um robô melhor do que um ser humano na tarefa de selecionar itens em uma prateleira.[5] O concurso, com um prêmio parco de 20 mil dólares, durou três anos e provavelmente atraiu mais notícias na mídia sobre o potencial dos robôs para roubar empregos de humanos do que propriamente avanços na robótica.

Durante os anos seguintes, a Amazon redesenhou metodicamente os robôs da Kiva e transferiu seu software para a AWS. Em seguida, introduziu as máquinas em seus novos centros de atendimento de pedidos, com ótimos resultados. Como Clark esperava, os robôs ampliaram a produtividade laboral e diminuíram a taxa de crescimento do trabalho temporário na Amazon decorrente do aumento de vendas. Eles também permitiram que a empresa construísse centros de atendimento mais densos, com robôs que subiam pelas prateleiras lotando os corredores, assim como uma série de mezaninos. Numa entrevista à TV em 2014, Clark estimou que a Amazon poderia aumentar a quantidade de produtos em 50% por metro quadrado nos novos centros, em relação à geração anterior.[6]

Os robôs transformaram um trabalho que era fisicamente exaustivo, caracterizado por caminhadas infinitas, em um trabalho que exigia força mental, com funcionários que passavam o dia inteiro no mesmo lugar repetindo de forma monótona os mesmos movimentos.[7] (Um relatório de 2020 do centro de reportagem investigativa da revista *Reveal* citou uma carta da OSHA — a agência americana de segurança e saúde no trabalho — para a Amazon na qual dizia que os robôs expunham os funcionários a "fatores de risco ergonômico", incluindo estresse por movimentos repetitivos e ficar em pé até dez horas por dia.) Assim como guiava os robôs, a força tirana invisível do software também monitorava o desempenho laboral, apontando cada baixa quantificável de produtividade e sujeitando os funcionários a planos de melhoria de desempenho e possíveis demissões.

A aquisição da Kiva estabeleceu as credenciais de Clark como o tipo de líder transcendental que Bezos buscava para gerenciar as operações. Ele assumiu o cargo de Marc Onetto em 2012 e foi promovido a vice-presidente sênior no ano seguinte. Clark ganhou um lugar no S Team, e seus antigos colegas de Campbellsville, Mike Roth e Arthur Valdez, estavam de volta a seu lado em Seattle como vices — prontos para ajudá-lo a implementar a iniciativa mais ousada de Jeff Bezos até então.

* * *

Assim como muitos dos gerentes da Amazon que se encaixavam confortavelmente no modelo de liderança de Bezos, a inteligência de Clark exaltava sua inteligência emocional. Ele gostava de falar sobre a família e sobre o time de futebol americano Auburn Tigers, e falava com eloquência e até com certo senso de romantismo sobre a missão da Amazon de atender seus clientes. Mas dezenas de funcionários da operação também descreviam o chefe como um sujeito truculento, que mal percebia a presença dos outros pelos corredores e relutava em falar com qualquer pessoa com cargo abaixo da vice-presidência, conforme seu poder crescia na empresa.

Em uma de suas primeiras teleconferências com os subordinados após assumir o cargo de diretor de operações, que era de Onetto, Clark chocou-os ao lembrar casualmente o próprio apelido nos centros de atendimento da Costa Leste: franco-atirador.[8] Muitos recordaram com apreensão algumas de suas frases notórias, como "Não há espaço para diplomas de arte por aqui" (embora ele próprio fosse formado em música). Em uma reunião memorável para revisar a proposta da equipe de colocar chips RFID nos pacotes e pallets da Amazon para rastreá-los nos centros de atendimento, Clark entrou na sala, aparentemente indiferente, e disse: "Digam-me por que eu não deveria demitir todos vocês agora."

Mas tudo isso era ofuscado pelos pontos fortes de Clark — uma mente rápida e analítica e a capacidade magistral de se lançar no mais profundo nível de detalhe para identificar problemas e tendências negativas. Ele tinha uma habilidade crucial que acabaria se mostrando extremamente útil: conseguia pegar as ambições de Bezos, convertê-las em algo próximo da realidade e então transformá-las em sistemas que não desapareceriam na enormidade que era a Amazon.

No Natal de 2013, a UPS, principal parceiro de entrega da Amazon, estava sobrecarregada pelo volume de pedidos urgentes em meio a uma confluência de tempo ruim e um aumento repentino na popularidade das compras on-line. O Worldport, centro de distribuição da empresa em Louisville, um dos maiores do mundo, com 480 mil metros quadrados, travou com a demanda e não conseguiu entregar centenas de milhares de pacotes da Amazon a tempo no Natal.[9] Clark ficou furioso, lembram alguns colegas, repreendendo os executivos da UPS pelo telefone e intimidando-os a ajudar a Amazon a compensar os clientes frustrados com cartões de presente de 20 dólares e reembolsos das taxas de entrega.[10]

Mas o "fiasco de Natal", como os funcionários do departamento de operações da Amazon o apelidaram, não foi culpa somente da empresa de entrega e talvez pudesse ter sido evitado. É importante desacelerar por um instante para entender por quê. O famoso volante da Amazon estava começando a girar mais rápido na época, com o número de assinantes Pri-

A reta final

me crescendo na ordem de milhões a cada fim de ano e mercadorias chegando em enxurrada aos armazéns, vindas dos vendedores terceirizados.

Os centros de atendimento da Amazon funcionavam sete dias por semana para atender aos pedidos dos clientes pelo site, que ocorriam 24 horas por dia. Mas a UPS e a FedEx, outra parceira de entrega menos significativa da Amazon, não funcionavam aos domingos nem em feriados nacionais. Isso não importava na maior parte do ano, mas após o extenso feriado do Dia de Ação de Graças — que incluiu o festival de compras da Black Friday —, as entregas ficaram terrivelmente acumuladas.

A Amazon tentou convencer a UPS e a FedEx a entregarem nos fins de semana e a se estruturarem melhor para dar conta de seu crescimento exponencial. Mas elas estavam receosas; a Amazon poderia, sozinha, sobrecarregar os funcionários das empresas de entrega até eles sucumbirem e consumir toda a capacidade de transporte, não restando espaço para outros clientes. A Amazon também negociava com ferocidade de tantos em tantos anos, em busca de descontos ainda maiores. Para as empresas de entrega, as varejistas on-line geravam rendimentos crescentes enquanto desgastavam suas gordas margens de lucro de dois dígitos, que mantinham os investidores felizes e os preços das ações nas alturas.

A UPS e a FedEx tentaram mitigar os efeitos corrosivos da Amazon cobrando sobretaxas e limitando o uso da frota aérea durante os feriados. Os executivos da Amazon não gostaram. Quatro funcionários daquela época me contaram que ouviram Clark e outros executivos se queixarem da FedEx e dizerem que seu fundador, Fred Smith, "vive rodeado de bajuladores e é extremamente arrogante". A grande ironia, até para os funcionários de Clark, era que essa frase também poderia ser aplicada aos líderes mais graduados da Amazon.

Todas essas tensões acabaram explodindo após sucessivas falhas da UPS durante os feriados de fim de ano em 2013. Os executivos da Amazon chegaram ao limite. Se não podiam contar com as empresas de entrega para apoiar o crescimento da Amazon, então teriam de construir eles próprios sua rede de logística interna — controlar a mercadoria desde os armazéns dos fornecedores até os centros de atendimento de pedidos e depois até a porta da casa dos clientes.

No dia seguinte ao fiasco das entregas de fim de ano de 2013, Clark chamou Michael Indresano, um ex-executivo da FedEx que trabalhava na Amazon como executivo de transportes, e perguntou quantos "centros de triagem" ele conseguiria construir antes do feriado seguinte. Os centros de triagem eram as instalações que separavam os pacotes por código postal e os enviavam pelo serviço dos correios para entregas urgentes até a casa dos compradores.

Indresano estimou que conseguiria abrir dezesseis centros até o fim de 2014. "Construa-os!", respondeu Clark. Na Amazon, a criação rápida de centros de triagem em cidades como Atlanta, Miami e Nashville foi apelidada de "Sweet 16" [Os Queridos 16].

Durante esse período, as encomendas da Amazon também começaram a chegar na casa dos clientes aos domingos. Bezos estava frustrado com a recusa da UPS e da FedEx de fazerem entrega nos fins de semana. Clark e seus colegas de trabalho encontraram uma solução genial: um contrato com o Serviço Postal dos Estados Unidos para entregar no dia bíblico do descanso.[11] O acordo logo transformou o correio americano na maior transportadora da Amazon por volume e permitiu que a empresa atingisse um total de despesas de entrega menor do que em suas parcerias com a UPS e a FedEx.

Os centros de triagem da Amazon, junto com as entregas aos domingos, mudaram a experiência de ser assinante Prime. Os clientes não precisavam mais abandonar seus carrinhos on-line numa sexta à noite e ir ao shopping para satisfazer seu desejo imediato de compra. Orgulhoso desse feito, Bezos levou o conselho de administração da Amazon até San Bernardino, Califórnia, para visitar uma das instalações.

Mas os centros de triagem e as entregas aos domingos eram apenas o primeiro passo em direção ao objetivo de uma rede interna de logística. A Amazon nunca esteve inteiramente confortável ao confiar suas entregas ao Serviço Postal dos Estados Unidos, assim como não estivera com a UPS e a FedEx. O correio estava sujeito a forças políticas imprevisíveis e à fama recorrente de que fornecia um serviço menos confiável. Clark e seus colegas começaram a elaborar seu movimento mais ambicioso até então: a implementação de uma rede de transportes até a casa dos clientes, chamada de "reta final". Se não podia contar com as grandes transportadoras para acompanhar seu crescimento, a Amazon simplesmente supervisionaria ela mesma a entrega aos clientes.

Uma grande preocupação, segundo executivos que estiveram presentes às reuniões, era a capacidade efetiva da Amazon de construir uma rede tão complexa. Ou melhor, a questão era: entrar na indústria dos transportes aumentaria a exposição da Amazon aos sindicatos? Os postos de entrega teriam de ser instalados em áreas urbanas, onde vivia a maioria dos clientes da Amazon — lugares como a cidade de Nova York e Nova Jersey, onde havia movimentos trabalhistas organizados.

Clark e seus colegas ficavam um pouco mais tranquilos ao pensar nos trabalhadores não sindicalizados da FedEx Ground, da DHL e basicamente de todas as empresas de entrega que concorriam com a UPS e seus trabalhadores sindicalizados. A Amazon usaria o mesmo modelo ao criar a Amazon Logistics, sua nova divisão de transporte. Ela não contrataria ninguém diretamente, mas estabeleceria relações com empresas de entrega independentes que empregavam motoristas não sindicalizados. Isso permitiria que a Amazon pagasse impostos menores do que à UPS e evitaria o pesadelo de motoristas lutando em conjunto por salários melhores, o que poderia destruir a já frágil economia da entrega em domicílio.

Esses acordos com motoristas compensariam a Amazon por todos os corolários inconvenientes e inevitáveis da indústria do transporte — como entregas erradas, confusões dos motoristas, ou pior, acidentes de carro e mortes. Os economistas chamavam esse tipo de acordo, em que as empresas terceirizavam a subcontratantes serviços especializados, de "ambiente de trabalho fissurado" e culpavam-no por deteriorar as condições de trabalho e fomentar uma forma legalizada de discriminação salarial que exacerbava a desigualdade.[12] Essa era uma tendência que vinha se propagando havia décadas, não só por empresas de transporte, como FedEx e Uber, mas também por hotéis, fornecedores de TV a cabo e companhias de tecnologia como a Apple. O tamanho da Amazon aumentava ainda mais esse problema, claro, e os formuladores de políticas públicas, cujo trabalho era proteger os trabalhadores, foram pegos desprevenidos.

* * *

Amazon sem limites

Conforme a Amazon foi ampliando aos poucos seus horizontes com o serviço de entrega, Clark e seus colegas agiram para dar mais um passo importante na cadeia de suprimentos. Até aquele ponto, a empresa dependia das grandes transportadoras de carga para levar mercadorias dos fornecedores até os centros de atendimento de pedidos e destes para os centros de triagem. Em dezembro de 2015, enquanto a Amazon construía novos estabelecimentos e a Amazon Logistics começava a funcionar aos poucos em novas cidades, a empresa anunciou que havia comprado milhares de semicarretas com o logo do Amazon Prime nas laterais, num programa chamado Mosaic [Mosaico] e executado em parte por Mike Roth. Mais uma vez, os funcionários da empresa não dirigiriam os veículos — ela contaria com um mosaico de prestadores de serviço para conectar seus caminhões de reboque às semicarretas com o logo do Prime.[13]

Os colegas viam o antigo Roth como um estrategista magistral e diziam que ele estava jogando xadrez enquanto todo mundo jogava dama. Eles também o viam como um líder empático, disposto a conferir o bem-estar de um funcionário após uma reunião ruim e a conversar sobre seu plano de carreira a longo prazo. "Mike compensava muitos dos pecados de Dave", afirmou um antigo executivo de logística. "Ele era um sujeito sociável, comunicativo, o cara dos bastidores que vinha lhe dar um abraço e o acalmar depois que você levava uma dura de Dave."

Mas havia limites para essa comparação. Quando um motorista do Mosaic aparentemente chegou bêbado às instalações de um fornecedor, o e-mail de reclamação foi enviado diretamente para o e-mail público de Bezos. Este o encaminhou a um executivo da Amazon — que pediu para não ter seu nome divulgado — com os habituais pontos de interrogação e o acréscimo das famosas letras "PQP".

O executivo mostrou o e-mail para Mike Roth, que exclamou em seu sotaque alemão inimitável: "Ah, você recebeu um! Ah, é do Jeff. Diz 'PQP'! Ah, isso é tão típico do Jeff. Boa sorte."

O antigo chefe de Roth em Campbellsville, Arthur Valdez, estava vivendo um momento difícil. Valdez tinha voltado do Reino Unido para os Estados Unidos a fim de assumir a Amazon Logistics, a nova divisão da empresa. Em 2013, ele recrutou uma talentosa executiva da FedEx

A reta final

Europa chamada Beth Galetti para ajudá-lo a montar uma equipe de entrega equivalente à FedEx Ground. Mas, quando Clark a entrevistou, decidiu que ela seria uma substituta perfeita para David Niekerk, diretor de Recursos Humanos que estava se aposentando.

Embora os instintos de Clark estivessem certos e Galetti viesse a se juntar ao S Team mais tarde como diretora global de Recursos Humanos da Amazon, Valdez ficou incomodado e sentiu sua independência usurpada. Ele e Clark moravam a menos de dois quilômetros de distância numa região nobre de Seattle, e suas famílias continuaram próximas. Mas, depois desse episódio, a relação deles começou a ruir.

Sob a gestão de Valdez, a Amazon Logistics teve um início conturbado. Como previsto, a empresa estava construindo novas instalações em áreas urbanas, chamadas de postos de entrega, para organizar os pacotes e repassá-los aos prestadores de serviços de entrega. Mas o sistema era desorganizado e caríssimo no começo, quando os motoristas se mostravam não confiáveis e eram pegos com frequência em atos de grosseria, como brigar com clientes ou jogar pacotes na entrada das casas. Os funcionários recebiam tantos pontos de interrogação de Bezos sobre esses incidentes reportados na mídia que quase perdiam a conta.

Bezos também não conseguia entender por que a métrica original da reta final da entrega era tão baixa. Jornaleiros e entregadores de pizza faziam esse serviço por gorjetas de 5 dólares! O custo do transporte de algumas entregas da Amazon Fresh superava em muito esse valor. "Não me importo que você cometa erros sofisticados, mas assim estamos simplesmente sendo burros", afirmou Bezos em uma crítica à Amazon Logistics.

Com justiça ou não, Valdez assumiu a culpa pelo começo constrangedor da rede de transporte. No início de 2015, Clark o realocou para trabalhar nas operações da Amazon em mercados emergentes como Brasil e México, reportando-se a Mike Roth. Em suma, era um rebaixamento e um retrocesso enorme para um executivo que já fora gerente tanto de Clark quanto de Roth em Campbellsville e cuja carreira na Amazon estava claramente saindo dos trilhos.

Um ano depois, John Mulligan, diretor de operações da Target, propôs contratar Valdez como vice-presidente executivo da cadeia de suprimentos da varejista. Inicialmente Valdez respondeu que pretendia ser "Amazon até a morte", mas depois começou a considerar a oferta, no contexto de seus retrocessos recentes, e aceitou o emprego.

A Target planejava anunciar a contratação no último dia de fevereiro, para coincidir com um discurso que o CEO Brian Cornell faria numa conferência. Valdez não conseguia encarar Roth para dar a notícia, então ligou para Clark e pediu uma reunião privada com ele em sua sala. Mas Clark estava de folga, num evento escolar de um dos filhos. Valdez teve que dizer a ele que sairia da empresa pelo telefone. Clark a princípio reagiu de forma amigável. "Para onde você está indo?", perguntou.

Valdez informou que estava indo para a Target, e então Clark explodiu. Ali estava um dos hipócritas mais descarados da Amazon, um sujeito que assediava agressivamente os funcionários da concorrência, mas considerava um ato de traição absoluta quando um executivo ia trabalhar numa empresa rival. "Ele me disse que, se eu tomasse aquela decisão, a Amazon acabaria comigo", lembrou Valdez anos depois, magoado. Clark, então, desligou o telefone.

Alguns minutos depois, Beth Galetti ligou para Valdez a fim de dizer que ele teria um grande problema se fosse para a Target. "Beth, minha função será administrar o reabastecimento de 1.800 lojas e um comércio eletrônico bem pequeno", argumentou Valdez. Galetti retrucou que a Amazon não via dessa forma. Valdez enviou uma mensagem de texto para Jeff Wilke, dizendo que "gostaria de ter a oportunidade de conversar", mas nunca recebeu uma resposta.

A Amazon processou Arthur Valdez no Tribunal Superior do Condado de King uma semana antes de ele começar a trabalhar na Target, por violação de cláusula de não concorrência do contrato e divulgação de informação privada a um concorrente.[14] A ação solicitava que o juiz impedisse Valdez de trabalhar na Target durante dezoito meses. Chegou-se a um acordo, como acontece com a maioria das ações da Amazon, depois que a Target concordou em fazer ajustes triviais no contrato de Valdez.

Mas o dano na amizade de quinze anos estava feito. Depois daquele último telefonema, Dave Clark nunca mais falou com seu padrinho de casamento.

A reta final

***

Clark havia provado que era um verdadeiro defensor da Amazon, sobrepondo sua lealdade à companhia a amizades pessoais e ao mesmo tempo tentando convencer Bezos a montar uma cadeia de suprimentos independente. Mas, para conseguir isso de fato, era preciso mais do que simplesmente colocar carros e caminhões nas ruas; ele também precisava de aviões.

A UPS Next Day Air e a FedEx Express eram serviços essenciais na rede de abastecimento da Amazon, levando para os assinantes Prime itens comprados com menos frequência, que não ficavam estocados em centros de atendimento de pedidos próximos e, portanto, não possuíam entrega imediata por terra. Mas, quando as transportadoras começaram a olhar com cautela para a varejista on-line, a Amazon percebeu que não podia mais contar com elas.

Isso foi demonstrado publicamente no fim de 2014, um ano após o "fiasco de Natal" do Worldport, quando a UPS voltou a reduzir o acesso à sua rede e proibiu cargas da Amazon com destino — justamente — a Seattle. Era o último dia de compras da temporada, a entrega de Kindles era gratuita no dia seguinte, mas os residentes de Seattle não poderiam receber as encomendas. Como esse era um desfecho evidentemente intolerável, Clark ligou para o vice-presidente da Amazon Logistics, Mike Indresano, e perguntou se ele conseguia alugar um avião.

"O que quer dizer com um avião? Estamos falando de uma passagem e um compartimento de malas ou de um avião inteiro?", perguntou Indresano.

"Consiga um avião", respondeu Clark.

Indresano perguntou a Mike Roth se Clark estava falando sério, depois foi atrás de Scott Ruffin, que integrava sua equipe no centro de triagem. Ruffin ligou para um amigo que operava um serviço de fretamento aéreo de carga e alugou dois Boeings 727. A Amazon encheu os aviões com pedidos atrasados e produtos recolhidos nos centros de atendimento do sudeste e nordeste da Califórnia e voou para o Aeroporto Internacional de Seattle-Tacoma. De brincadeira, Indresano comprou um gorro de Papai Noel que estava encalhado no centro de atendimento de Ontário, Califórnia, mandou embrulhar e enviou para a casa de Clark à guisa de presente de Natal.

Esse foi o surgimento oficial do serviço que viria se chamar Prime Air, depois Amazon Prime Air e, por fim, Amazon Air. A confusão surgiu quando Bezos usou o antigo nome, em sua notória entrevista de 2013 para o programa de TV *60 Minutes*, para anunciar que a empresa estava trabalhando com drones para entregar encomendas nos jardins dos clientes. Muitos executivos de operação me disseram ter ficado constrangidos com a revelação (que sete anos depois não havia avançado para além de testes privados). Eles usaram um antigo jargão interno da Microsoft para descrever o ato: *"cookie licking"*, isto é, o ato de dizer que fez alguma coisa antes de realmente tê-la feito, de modo a conseguir notoriedade e evitar que a concorrência fizesse também.[15]

Diferentemente do programa de drones, a iniciativa de adquirir aviões demonstrou resultados imediatos. Após o aluguel dos dois aviões em 2014, Ruffin foi encarregado de desenvolver um plano de negócios para criar uma rede de aviões de carga. Ele recrutou meia dúzia de colegas e se reuniu com eles numa sala sem janelas no Edifício Ruby-Dawson, em South Lake Union, onde se encontravam regularmente com Clark.

No plano, eles argumentavam que a capacidade de fazer entregas aéreas permitiria que a Amazon diminuísse o tempo de entrega e pagasse somente pelos custos reais de transporte de carga, em vez das tarifas cobradas pela UPS e pela FedEx Express. Bezos estava receoso em comprar aviões e pensou no que a Amazon poderia fazer diferente das outras empresas de logística se operasse uma frota aérea. Os executivos também estavam cientes de que operar uma frota aérea traria muitas consequências: isso poderia expor a companhia a sindicatos potencialmente belicosos de pilotos, a um excesso de regulamentações e à FAA, a agência nacional de aviação americana, que tinha uma visão pouco inteligente das empresas de tecnologia e suas inovações.

A solução que eles propunham, e que Clark apresentou com sucesso ao S Team, permitia que a Amazon evitasse esses problemas. Assim como as iniciativas paralelas da Amazon por terra, o plano propunha controlar uma frota aérea sem a necessidade de possuir uma frota ou de

A reta final

expor a empresa a confusões perigosas na indústria da aviação. Os detalhes disso proporcionam uma janela fascinante para as enormes vantagens de uma empresa com o tamanho e o poder da Amazon.

Na primavera de 2016, a Amazon anunciou que estava arrendando uma frota de quarenta Boeings 767 de duas empresas aéreas: a ATSG, de Wilmington, Ohio, e a Atlas Air, do condado de Westchester, Nova York. As empresas continuariam responsáveis pela manutenção e operação das aeronaves, mas os aviões seriam pintados com o logotipo da Prime Air e direcionados exclusivamente para os serviços da Amazon durante um período de cinco a dez anos.

Como parte desses contratos, a Amazon assinou garantias de compra de 19,9% das ações da ATSG a 9,73 dólares cada e 20% das ações da empresa-matriz da Atlas a 37,50 dólares cada. A Amazon sabia que os investidores dessas empresas ficariam animados com a parceria feita com a gigante de comércio eletrônico e teriam interesse em participar do negócio.

De fato, depois que as empresas anunciaram o acordo, o preço de suas ações decolou — 49% e 14%, respectivamente, no primeiro mês após o anúncio. "Trabalho fantástico — é assim que se faz!", comemorou Bezos, respondendo a um e-mail enviado por Clark ao S Team. No segundo aniversário dos contratos, com base em números extraídos dos registros públicos de cada companhia aérea, a Amazon conseguira ao mesmo tempo atingir seu objetivo de garantir acesso exclusivo a rotas aéreas e ganhar quase 500 milhões de dólares em investimentos.

Os aviões, com os logotipos da Prime Air nas laterais e o sorriso da Amazon na cauda, fizeram sua estreia em Seattle durante o verão de 2016. A imprensa estava impressionada com as implicações; será que a Amazon poderia prejudicar a FedEx, a UPS e o Serviço Postal dos Estados Unidos nas entregas de comércio eletrônico dentro dos Estados Unidos? Em uma teleconferência com investidores, o CEO da FedEx, Fred Smith, chamou a jogada de "fantasiosa", acrescentando ter escolhido a palavra com cuidado.[16]

Publicamente, Clark respondeu a perguntas sobre a iniciativa dizendo que a FedEx e a UPS eram "grandes parceiras" e que a Prime Air era "suplementar".[17] Mas o antagonismo de Clark e Fred Smith, surgido da tensa relação entre as empresas, não foi muito bem ocultado. "Ho! Ho! Ho! Tenham todos um ótimo Natal!!!", tuitou Clark mais tarde, junto com uma foto do avião da Prime Air em frente a uma árvore de Natal.

A Amazon acrescentou dez aeronaves à sua frota em 2018, vinte em 2019, doze em 2020 e outras onze em janeiro de 2021. A frota da Prime Air permitiu que a empresa explorasse seu crescente volume de vendas e enchesse os aviões com itens volumosos, porém leves, que seriam mais caros de enviar por via terrestre.[18] Também permitiu que suprisse seu ciclo peculiar de 24 horas de funcionamento, sete dias por semana — enviando aeronaves para um centro de triagem às duas horas da manhã de um domingo, por exemplo. A UPS e a FedEx Express, que atendiam a milhares de outras empresas, não podiam oferecer esse tipo de flexibilidade a um único cliente.

Agora que tinha aeronaves, Clark precisava de outra coisa: galpões aeroportuários, para carga e descarga antes e depois dos voos. Em fevereiro de 2017, a Amazon anunciou que construiria o primeiro galpão da Prime Air no Aeroporto Internacional de Cincinnati/Northern Kentucky, local do centro internacional da DHL, que a Amazon pagaria para usar enquanto seu próprio armazém estivesse sendo construído.[19] O acordo de 1,49 bilhão de dólares foi negociado por Holly Sullivan, diretora de desenvolvimento econômico da Amazon, que havia conseguido 40 milhões de dólares em incentivos fiscais dos governos municipal e estadual.

Mas, se Clark pensava que conseguiria mais uma condecoração de Bezos, estava enganado. O novo galpão da Amazon criaria cerca de dois mil novos empregos.[20] Em oposição, a fábrica de automóveis elétricos Tesla — comandada por Elon Musk, o maior rival de Bezos na indústria espacial privada e em bajulação pública — tinha assegurado 1,3 bilhão de dólares em isenções fiscais alguns anos antes para construir uma fábrica de baterias em Nevada chamada Gigafactory. A Tesla estava prevendo a criação de 6.500 empregos. Por cada um deles, recebera mais de dez vezes o valor dado à Amazon em incentivos fiscais.

Bezos, é claro, percebeu a diferença. Três funcionários se lembraram de sua reação à notícia do acordo de Kentucky e a consideraram um

A reta final

presságio fatídico do processo público, quase dois anos depois, que ficaria conhecido pela infame alcunha HQ2.[21] O e-mail de Bezos dizia mais ou menos assim: "Por que Elon Musk tem esse superpoder de conseguir incentivos enormes do governo e nós não?"

* * *

Em meio ao desenvolvimento da Amazon Logistics, imaginar Bezos agitado para conseguir ajuda adicional do governo parece irônico. Afinal, a Amazon já tinha repassado despesas significativas para o setor público. Não fornecia plano de saúde a seus motoristas, não ajudava na manutenção das congestionadas estradas que ligavam os centros de atendimento de pedidos aos centros de triagem e tampouco dava apoio aos trabalhadores temporários dos centros de atendimento no fim do ano e depois ficavam desempregados, dependentes de benefícios do governo pelo resto do ano. Ao construir uma rede de transporte em um curto espaço de tempo, a Amazon tinha evitado muitos dos riscos que geralmente acompanham a indústria nada atraente dos transportes.

Mas esses desafios não tinham desaparecido. E, pelo menos na opinião da imprensa e do público, a Amazon não conseguiria se dissociar deles.

Em 22 de dezembro de 2016, uma avó de Chicago de 84 anos chamada Telesfora Escamilla foi atropelada e morta por uma van de carga Nissan branca NV1500 com o logotipo da Amazon estampado na porta de trás. O veículo era operado pela Inpax Shipping Solutions, uma das empresas de entrega independentes que existiam praticamente só para fazer entregas da Amazon.

A Inpax tinha um histórico sombrio, segundo reportagens subsequentes na mídia. O Departamento do Trabalho americano descobriu que a empresa pagava salários abaixo do permitido por lei para dezenas de funcionários e violava as leis trabalhistas ao não pagar hora extra. O motorista, Valdimar Gray, de 29 anos, fora demitido de seu emprego anterior em outra empresa de entregas da Amazon pelo que mais tarde foi descrito em registros jurídicos como "atropelamento evitável e fuga sem prestação de socorro". Ele não possuía carteira de motorista comercial, mas ainda assim conseguiu um emprego na Inpax e trabalhou lá por dois meses antes do trágico acidente.

Gray foi acusado por homicídio culposo — e absolvido.[22] Um juiz de Chicago concordou com a defesa, que alegava ter sido um acidente. Mas uma ação judicial civil apresentada pelo espólio de Escamilla contra a Amazon alegava que a empresa havia contribuído para sua morte ao colocar pressão excessiva na Inpax e em seus motoristas para que fizessem as entregas mais rápido. Uma semana antes, a Amazon tinha enviado um e-mail para a Inpax e outras distribuidoras da área sobre "alguns problemas nos últimos dias em cobertura de rotas e performance nos trajetos", declarando: "Nossa prioridade número 1 é fazer todas as entregas aos clientes dentro do período combinado."[23] O caso ainda está em aberto.

Tragédias similares ocorreram, e muitas foram reveladas em reportagens investigativas em sites como ProPublica e BuzzFeed News ao longo de 2019. Elas apontaram, por exemplo, que motoristas que faziam entregas da Amazon estavam envolvidos em mais de sessenta acidentes sérios e pelo menos dez que haviam resultado em fatalidades.[24] Em 2018, uma assessora jurídica de 61 anos chamada Stacey Hayes Curry foi morta no estacionamento do escritório em que trabalhava por um motorista que fazia entregas da Amazon por meio de uma empresa chamada Letter Ride.[25] O motorista disse à polícia que não viu Curry e pensou que tivesse passado por um quebra-molas. O filho dela escreveu (mas nunca enviou) uma carta para Bezos em que dizia, de acordo com o ProPublica: "Acho que essa atitude de velocidade imprudente vem de cima e atinge quem está embaixo."

Executivos da Amazon me disseram que a segurança era a maior prioridade e que a empresa cumpria ou até excedia as leis de segurança pública. Em uma entrevista, Jeff Wilke disse que os parceiros de transporte da Amazon tinham percorrido, juntos, um bilhão de quilômetros em 2019 — e garantiu que a Amazon tinha um histórico de segurança melhor do que a média nacional. Era impossível conferir essa afirmação sem dados específicos sobre a taxa de acidentes da Amazon, que a empresa se recusava a fornecer. "Não vi nenhuma deterioração na cultura de segurança; vi, na verdade, o oposto", disse Wilke. "Só não acho que

A reta final

seja verdade que tivemos de sacrificar a segurança em prol de construir essa capacidade."

Muitos ex-funcionários do departamento de operações concordaram que a Amazon não reduziu deliberadamente seus padrões de segurança, observando que a entrega de encomendas é um negócio conhecidamente perigoso por todas as empresas. Mas acrescentaram que o ato de terceirizar fornecedores para realizar a entrega em vez de contratá-los diretamente limitava o controle da Amazon sobre o que estava acontecendo nas ruas.

Nos centros de atendimento de pedidos pelo mundo, a Amazon estava acostumada a exercer uma autoridade quase tirânica, e podia utilizar esse poder para prevenir acidentes. Os funcionários começavam cada dia de trabalho com palestras sobre segurança e exercícios de alongamento, por exemplo; contudo, os motoristas não recebiam esse suporte, para que não fossem compreendidos como funcionários. "Havia essa dicotomia estranha", afirmou Will Gordon, um alto executivo do departamento de operações da Amazon durante três anos. "Segurança significa coisas diferentes quando estamos falando de centros de atendimento de pedidos ou das empresas contratadas para fazer a entrega final ao cliente."

Impossibilitada de impor a mesma cultura de segurança e eficiência a seus parceiros de entrega, a Amazon usava a tecnologia para tentar guiá-los. A empresa distribuiu um aplicativo aos motoristas, internamente chamado Rabbit, que escaneava as embalagens e mostrava o endereço, deixando que um algoritmo gerasse as rotas mais rápidas para realizar a entrega.

O Rabbit foi originalmente desenvolvido para um serviço de entrega separado, semelhante ao Uber, chamado Amazon Flex, que permitia a motoristas independentes se cadastrar on-line e fazer a coleta e a entrega de encomendas da Amazon por algo entre 18 e 25 dólares por hora.[26] Os motoristas podiam programar seu próprio horário de trabalho, mas tinham que custear os veículos, a gasolina, o seguro e o smartphone. O Flex foi concebido para as entregas do Prime Now (por isso o nome Rabbit, parte da taxonomia de marcas mágicas de Stephenie Landry), mas logo tornou-se essencial para todos os motoristas que faziam entregas da Amazon.

Ex-funcionários que trabalharam no aplicativo disseram que o desenvolvimento do Rabbit foi aleatório e apressado. Primeiro, faltavam recursos que lembrassem os motoristas de fazer intervalos ou de escolher rotas de forma a minimizar o ato estatisticamente perigoso de virar para a esquerda — um recurso essencial de segurança muito conhecido pela UPS e pela FedEx. "Como muitas coisas na Amazon, era 'preparar, apontar, fogo'", afirmou Trip O'Dell, ex-diretor do departamento de Design que trabalhou no Rabbit. "Eles expandiram rapidamente o aplicativo e imaginaram que iriam consertá-lo depois."

O'Dell disse que ele e os membros de sua equipe estavam preocupados que o aplicativo estivesse distraindo os motoristas em ruas perigosas das cidades e reclamaram a seus superiores. Eles mostraram que a apresentação da informação no aplicativo era confusa e difícil de ler à luz do dia, e que as constantes notificações de novas entregas clamavam a atenção dos motoristas, quando os olhos deveriam estar na direção.

De acordo com O'Dell, havia muitos problemas com o aplicativo. O GPS era ruim e os motoristas achavam difícil passar de uma entrega para outra. A fraude era generalizada, com motoristas encontrando brechas para receber por um trabalho que não haviam feito. Um problema era que equipes pequenas de Seattle e de Austin estavam em competição, trabalhando de maneira concomitante em versões do Rabbit para iOS e Android, o que aumentava a confusão entre as empresas de entrega. "Estava tudo errado ao mesmo tempo", disse O'Dell. "Não era um bom aplicativo."

Mas os funcionários disseram que Clark estava mais preocupado em resolver a economia complicada da Amazon Logistics, como maximizar o número de encomendas por caminhão e ajustar o pagamento para os motoristas. Ele tomava decisões baseadas em dados antigos e imprecisos, enquanto as preocupações iniciais dos funcionários sobre segurança eram baseadas em evidências. A equipe do Rabbit muitas vezes acompanhava motoristas e percebia que eles pulavam refeições, ultrapassavam sinais vermelhos e prendiam os celulares entre as pernas para que pudessem olhar para baixo e ver a tela, tudo para cumprir os desafiadores prazos de entrega.

Depois de deixar seu emprego bem remunerado em Wall Street, Jeff Bezos lançou uma livraria on-line, em julho de 1995 — o que parecia ser um negócio modesto. O primeiro armazém da empresa ficava no porão de seu escritório.
Jim Lott/Seattle Times

(*Abaixo*) Jeff Bezos, aos 35 anos, com a esposa MacKenzie na casa de Seattle, em 1999. O valor de mercado da Amazon alcançou 25 bilhões de dólares no final daquele ano e Bezos recebeu o título de "Pessoa do Ano" da revista *Time*, pouco antes do baque que atingiu a internet. A Amazon quase não sobreviveu às consequências.
David Burnett/Contact Press Images

Quando criança, Bezos era enviado pelos pais todos os anos para o rancho do avô aposentado em Cotulla, no Texas. Lá, ele aprendeu o valor da independência e desenvolveu um amor pela ficção científica e o espaço. Ele voltou a visitar o rancho da família em 1999. *David Burnett/Contact Press Images*

Jeff Bezos queria que a Amazon criasse um smartphone nunca visto antes. O Fire Phone, que ele concebeu em 2010 e acompanhou de perto, apresentava a ilusão de uma imagem 3D na tela. Os engenheiros da Amazon, porém, questionavam o produto. O aparelho fracassou depois de sua apresentação em junho de 2014. *David Ryder/Getty Images*

Quando executivos da Amazon Índia apresentaram um plano de crescimento conservador, Bezos lhes disse: "Não preciso de cientistas da computação na Índia. Preciso de caubóis." Ele premiou a ambição resultante com uma visita em setembro de 2014, revelando um cheque gigante de dois bilhões de dólares de investimento do alto de um caminhãozinho decorado. *Manjunath Kiran/AFP/Getty Images*

(*Esquerda*) Bezos queria que o lendário editor-executivo Marty Baron estivesse envolvido em suas reuniões de estratégia com os executivos do *Washington Post*. "Se você vai mudar o restaurante, o chef precisa estar por dentro", disse ele. Os dois falaram no palco em maio de 2016.
(*Direita*) Jason Rezaian, chefe da sucursal do *Washington Post* em Teerã, foi preso injustamente por espionagem e ficou encarcerado no Irã durante dezoito meses. Quando foi libertado, em janeiro de 2016, Bezos enviou seu jato pessoal até Frankfurt para trazer de volta aos Estados Unidos o jornalista e sua família. *Alex Wong/Getty Images*

O fascínio de Bezos por Hollywood e *Jornada nas Estrelas* convergiu em sua participação especial no filme *Star Trek: sem fronteiras*. Ele compareceu à estreia com MacKenzie, sua esposa na época, e os quatro filhos. *Todd Williamson/Getty Images*

Roy Price, primeiro chefe do Amazon Studios, deu sinal verde para sucessos de crítica como *Transparent*, ajudando a lançar a Amazon — e Bezos — em Hollywood. Era um esteio das festas da Amazon, como essa na foto, depois da entrega dos Emmys, em setembro de 2016. Price se demitiu no ano seguinte, sob acusações de comportamento inapropriado. *Charley Gallay/Getty Images para Amazon Studios*

Hollywood gravitava em torno do fundador bilionário da Amazon, e vice-versa. Na festa da Amazon depois da entrega dos Globos de Ouro, no hotel Beverly Hilton, em janeiro de 2018, Bezos se divertia entre as celebridades Matt Damon, Taika Waititi e Chris Hemsworth. *Alberto E. Rodrigues/Getty Images*

(*Esquerda*) Jeff Wilke, CEO mundial de consumo, defendia elementos mais humanos na cultura linha-dura da Amazon. "É uma daquelas pessoas sem as quais a Amazon seria completamente irreconhecível", escreveu Bezos quando Wilke anunciou sua saída em 2020. *Joe Buglewicz/Bloomberg*

(*Direita*) Andy Jassy, CEO da Amazon Web Services, fazia campanha para ocultar o desempenho financeiro espetacular de sua divisão tanto quanto fosse possível. Hoje em dia, ela responde por mais de 60% dos lucros operacionais da Amazon. Em 2021, Bezos anunciou que Jassy o sucederia como CEO de toda Amazon. *David Paul Morris/Bloomberg*

(*Esquerda*) Beth Galetti, a única mulher no S Team por mais de três anos, assumiu os recursos humanos da Amazon pouco depois de uma matéria devastadora sobre a cultura da empresa, publicada no *New York Times* em 2015. Pediram a ela para "simplificar de forma radical" o sistema de avaliação de desempenhos. *Holly Andres*

(*Direita*) Dave Clark cuida da vasta divisão de operações da Amazon desde 2012. Ele liderou a aquisição da firma de robôs Kiva e a expansão para entregas de pacotes, em meio a críticas ao histórico de segurança da Amazon. Substituiu Jeff Wilke como CEO de consumo em 2021. *Kyle Johnson*

(*Acima à esquerda*) Enquanto estava na presidência, Donald Trump protestou contra a Amazon, acusando-a de elisão fiscal e fraude contra o serviço postal dos Estados Unidos. Em junho de 2017, Bezos, o CEO da Microsoft Satya Nadella e outros líderes de tecnologia fizeram uma peregrinação pacífica à Casa Branca. *Jabin Botsford/The Washington Post/Getty Images*

(*Acima à direita*) Em julho de 2017, Bezos participou da conferência exclusiva da Allen & Company em Sun Valley, Idaho. Uma foto bastante divulgada deixou à mostra o regime intensificado de exercícios do CEO, gerou inúmeros memes e popularizou a expressão "Bezos bombado". *Drew Angerer/Getty Images*

(*Abaixo*) Em novembro de 2015, a Blue Origin lançou e aterrissou uma cápsula da tripulação e seu foguete impulsionador reutilizável, um feito histórico. "Bem-vindo ao clube", tuitou Bezos para Elon Musk quando a SpaceX repetiu o feito dois meses depois. Mas a vantagem da Blue não duraria. *Blue Origin/ZUMA Press*

Depois que o *National Enquirer* tornou público o relacionamento, Bezos e Lauren Sanchez começaram a aparecer abertamente na alta sociedade. Em fevereiro de 2020, os dois compareceram a um desfile de moda em Los Angeles com Jennifer Lopez e a lendária editora da *Vogue*, Anna Wintour. *Calla Kessler/The New York Times/Redux*

Bezos voltou à Índia em janeiro de 2020 para uma visita muito diferente da anterior, feita em 2014. Dessa vez, pequenos comerciantes fizeram protestos na chegada do CEO, enquanto Bezos e Lauren Sanchez se arrumaram e tiraram uma foto em frente ao Taj Mahal. *PAWAN SHARMA/AFP/Getty Images*

Na época da inauguração do The Spheres em janeiro de 2018, três estufas de vidro interligadas em sua sede em Seattle, a Amazon ocupava um quinto de todas as salas comerciais de primeira linha da cidade e as relações com o conselho municipal progressista eram tensas. *Jack Young — Places/Alamy*

A decisão da Amazon de instalar metade de sua segunda sede em Long Island City, no Queens, em Nova York, foi recebida com uma oposição feroz. Os manifestantes desenrolaram faixas contra a Amazon e protestaram durante uma audiência do conselho municipal sobre o HQ2 em janeiro de 2019. A Amazon cancelou seus planos de abrir novos escritórios ali poucos dias depois. *Drew Angerer/ Getty Images*

No início da pandemia da Covid-19, uma chuva de críticas irrompeu na força de trabalho contratada por hora pela Amazon. Apesar de instituir verificações de temperatura, diretrizes de distanciamento social e outras medidas de segurança, funcionários ainda adoeciam e protestavam contra a priorização das vendas em vez da segurança. *Leandro Justen*

Depois de resistir em disponibilizar Bezos para testemunho perante o Congresso, a Amazon foi obrigada a ceder. Em 29 de julho de 2020, o CEO apareceu virtualmente, junto com Mark Zuckerberg, do Facebook, Sundar Pichai, do Google, e Tim Cook, da Apple, durante a audiência do Subcomitê Judiciário da Câmara sobre plataformas on-line e poder de mercado. *Mandel Ngan*

"Minha vida é baseada numa grande série de erros", disse Bezos em novembro de 2019 no evento American Portrait Gala, do Smithsonian, em Washington, D.C. Ele foi apresentado por seu filho mais velho, Preston. *Joy Asico/AP para National Portrait Gallery*

Bezos examinou pastas de artistas antes de escolher o pintor fotorrealista Robert McCurdy. Ele procurava "alguém que me pintasse de forma hiperrealista, com cada falha, cada imperfeição, cada pedaço de tecido cicatricial que eu tenho".

A reta final

Mas, sem evidências quantificáveis dos problemas de segurança, Clark e outros executivos descartavam as reclamações. "Não acho que a segurança fosse o maior problema, nem a prioridade", afirmou Will Gordon. "Era a produtividade e o custo-benefício."

Após as reportagens acusativas no ProPublica e no BuzzFeed, a Amazon cortou relações com diversas transportadoras, inclusive a Inpax e outras empresas com histórico de acidentes. Uma porta-voz disse que a Amazon tinha "a responsabilidade [...] de garantir que os parceiros cumpram nossos altos padrões em questões como segurança e condições de trabalho". Estava implícito na afirmação — o mais próximo que a Amazon chegou de um *mea-culpa* — que alguns dos parceiros contratados não cumpriam esses padrões.

Não haveria nenhuma admissão comparável sobre a Amazon Air, apesar das circunstâncias semelhantes. Em 23 de fevereiro de 2019, um voo de carga da Atlas Air que transportava encomendas da Amazon e do Serviço Postal dos Estados Unidos de Miami caiu em um pântano ao se aproximar do Aeroporto Internacional George Bush, em Houston, matando dois pilotos e um passageiro. A Atlas tinha crescido rapidamente nos três anos anteriores, em grande parte devido ao acordo com a Amazon. A empresa tinha 1.185 pilotos no início do contrato e 1.890 no momento do acidente, menos de três anos depois — um aumento de 59%, segundo os registros públicos da companhia aérea.

Nas semanas que se seguiram ao acidente, o site de notícias Business Insider conversou com treze pilotos que trabalhavam para companhias aéreas que prestavam serviço para a Amazon; todos afirmaram que os salários e benefícios eram menores do que o padrão da indústria e doze disseram que os pilotos tinham menos experiência do que em empresas aéreas equivalentes.[27] Um deles afirmou que a Atlas Air submetia os pilotos a um excesso de trabalho e que a situação era uma "bomba-relógio".

***

No outono de 2017, a Amazon Logistics estava entregando cerca de 20% das encomendas da empresa, uma parcela maior do que a da FedEx, e estava a ponto de ultrapassar a fatia da UPS, de acordo com a empresa de pesquisa Rakuten Intelligence. Após um ano de investimentos, ela havia impulsionado a criação de centenas de pequenas empresas de entrega e gerado uma quantidade considerável de caos e reportagens negativas. Também estava começando a atingir as elevadas metas impostas pelos executivos.

Mas a Amazon precisava de mais motoristas, sobretudo durante o conturbado período de fim de ano. Então, Clark fez dois movimentos para atrair novas empresas de entrega. Em junho de 2018, introduziu um novo programa para transportadoras com menos de quarenta vans, oferecendo descontos em veículos com a marca da Amazon, em uniformes, gasolina e seguro — embora ainda exigisse que elas operassem de forma independente e fornecessem plano de saúde e hora extra a seus funcionários. A inclusão de uma série de empresas menores em várias cidades garantiria que a Amazon tivesse muitos parceiros, além de um outro tipo de vantagem: o poder de ditar termos e romper contratos com qualquer empresa rebelde ou de baixo desempenho sem comprometer o nível do serviço para os clientes.

Alguns meses depois, Clark autorizou a compra de vinte mil vans Sprinter azul-escuras da Mercedes-Benz para alugá-las com desconto, junto com uniformes e bonés da Amazon, às novas empresas de entrega.[28]

A jogada funcionou, resultando na criação de mais de mil novas empresas de entrega. No início de 2019, a Amazon ultrapassou a UPS e o Serviço Postal dos Estados Unidos e tornou-se a maior transportadora de suas próprias encomendas nos Estados Unidos.[29] Foi uma conquista marcante, mesmo com despesas significativas ao longo do caminho.

A década de modernização dos centros de atendimento de pedidos e da rede de entrega final promovida por Clark mudou de maneira implacável o negócio de varejo da Amazon. Ela permitiu que a companhia colocasse sua mercadoria mais perto das áreas populosas e diminuísse os custos de transporte, já que não precisava mais pagar as elevadas tarifas cobradas pelas grandes transportadoras de varejo. Além disso, alinhou as despesas da Amazon com entrega ao seu crescimento; quanto mais clientes assinavam o Amazon Prime e os serviços de entrega de compras de mercado da Amazon Prime Now e Amazon Fresh, maior a eficiência e menor o custo de enviar os motoristas aos bairros.

A rede da entrega final também protegia a Amazon das exigências da UPS e da FedEx e dos ventos políticos que atingiam o Serviço Postal dos Estados Unidos. Quando Donald Trump acusou a Amazon de extorquir o Serviço Postal e ameaçou aumentar as tarifas de envio, a empresa expressou sua discordância, mas o resultado da disputa pouco importava.[30] A Amazon tinha agora a vantagem de poder remanejar esse volume de entregas para sua própria rede e para seu maior parceiro de entrega, a UPS.

A transportadora reconheceu que a Amazon tinha mudado a dinâmica da indústria. Em 2019, a UPS anunciou que iria finalmente realizar entregas aos domingos, curvando-se às expectativas dos clientes e à pressão que o ciclo de 24 horas de funcionamento da Amazon estava exercendo sobre seus rivais no comércio eletrônico. Assim como os correios haviam feito alguns anos antes, a UPS teve que renegociar seu contrato com a Teamsters para poder criar uma nova categoria de motoristas, que trabalhariam somente nos turnos do fim de semana com pagamento reduzido.[31]

A FedEx, responsável pela baixa porcentagem de um dígito da rede de entregas da Amazon, também passou a operar aos domingos, mas optou por cancelar por completo as entregas da Amazon. A guerra fria entre Dave Clark e Fred Smith continuou, inalterada e recreativa.[32] A FedEx anunciou o fim dos contratos aéreos e terrestres com a Amazon e disse que se dedicaria a seus outros clientes, como Walmart e Target. Smith reiterou sua visão de que a Amazon não era uma ameaça perigosa para a FedEx e mais uma vez chamou o projeto de "fantasioso" no *Wall Street Journal*.[33] Clark baniu temporariamente fornecedores terceirizados de usar a FedEx Ground.[34] No escritório de Seattle, havia um conjunto de bolas de golfe com a palavra "fantasioso" impressa.

Enquanto isso, a Amazon Logistics estava conseguindo atingir a meta mais cobiçada de qualquer funcionário dedicado: poder de negociação, que Bezos prontamente transformou em um benefício para o cliente e num fosso competitivo. Em abril de 2019, a Amazon anunciou que transformaria o serviço de entregas do Prime, que agora passariam a ser feitas em até um dia, em vez de dois.[35] Era um custo grande, porém administrável, sobretudo porque Clark já tinha preparado o terreno nos centros de atendimento e na rede de transporte. Mais tarde naquele ano, a Amazon também extinguiu a taxa de assinatura de 15 dólares por mês para entregas de mercado, acrescentando gratuitamente a assinatura da Amazon Fresh e a entrega da Whole Foods às benesses da assinatura Prime.[36] Essa iniciativa se mostraria favorável um ano depois, quando a pandemia de Covid-19 despertou milhões de compradores para as lojas on-line.

Clark tinha cumprido o desejo de Bezos de criar uma cadeia de suprimentos livre e se estabelecera como a mais alta personificação de um líder da Amazon: um grande pensador, que fazia apostas metódicas e de longo prazo que seriam intragáveis para os executivos impacientes de empresas que trabalhavam com iniciativas de curto prazo — e com certeza para líderes mais cautelosos e socialmente conscientes. "Sou um simplificador", disse Clark, quando questionado sobre as habilidades que o haviam feito progredir do centro de atendimento de pedidos em Campbellsville até o mais alto escalão do S Team. "Sou capaz de pegar coisas complicadas e descobrir como resumi-las ao que é preciso fazer para torná-las grandes de fato."

Ao longo do caminho, o ex-professor de música do ensino médio havia superado obstáculos de todo tipo, rompido uma amizade importante, extraído mais produtividade de funcionários de longa data da Amazon e repassado custos significativos para a sociedade. E a reputação da Amazon só tinha sido arranhada de leve no processo.

Em outras palavras, Dave Clark tinha provado ser quase tão criativo e impiedoso quanto o próprio Jeff Bezos.

CAPÍTULO 10

A mina de ouro no quintal

Muitos funcionários antigos da Amazon nutriam em segredo um medo silencioso durante a preparação para as importantíssimas reuniões anuais de planejamento OP1 no outono de 2017: o de que seu estimado líder estivesse se afastando da empresa. Bezos permanecia profundamente envolvido com as novas iniciativas, nas quais acreditava que suas ideias e seu apoio poderiam fazer a diferença, como a Alexa, o Amazon Studios e as lojas Amazon Go. Mas aparecia no escritório com menos frequência e havia deixado boa parte do controle dos negócios principais da empresa — o varejo e a AWS —, cada vez mais complexos, nas mãos dos executivos Jeff Wilke e Andy Jassy, que se reportavam diretamente a ele.

Além disso, Bezos passava mais tempo com o *Washington Post* e em sua empresa espacial privada, a Blue Origin. Um notável desdobramento na vida de Bezos era o fato de que ele também estava enfrentando o impacto de sua fama e riqueza cada vez maiores. Em maio de 2017, ele foi seguido por *paparazzi*[1] enquanto tirava férias na Itália com a esposa, MacKenzie, e os pais, junto com os irmãos Mark e Christina e respectivos cônjuges. Em 15 de junho, pressionado pela mídia para começar a doar sua fortuna, ele ganhou tempo para criar uma estratégia filantrópica postando no Twitter "uma solicitação de ideias"[2] para resolver problemas sociais urgentes. Em julho, ele foi fotografado[3] na conferência anual Allen & Company em Sun Valley, Idaho, com bíceps protuberantes saindo de uma camisa polo preta e de um colete acolchoado, imagem que gerou inúmeros memes da internet, bem como a sugestiva expressão "Bezos bombado". Ele havia percorrido um longo caminho desde a capa da *Time* como "Personalidade do Ano" junto com as bolinhas de isopor.

O fundador da Amazon tinha muitos motivos para relaxar, entrar em forma e se afastar das operações diárias da empresa que havia fundado. O preço das ações da Amazon triplicara nos últimos dois anos, aumentando sua capitalização de mercado para pouco menos de 500 bilhões de dólares naquele verão. O volante da Amazon girava depressa, e, como resultado, Bezos era a segunda pessoa mais rica do mundo, com uma fortuna de 83 bilhões de dólares.

Bezos também tinha uma equipe cada vez maior de assistentes, profissionais de relações públicas e consultores de segurança que gerenciava sua agenda diária e imagem pública. Eles aplicavam a seus movimentos diários a mesma precisão que aplicariam a um chefe de Estado — e garantiam que seus discursos e posts nas redes sociais fossem sempre anódinos e inofensivos. Em outubro de 2017, ele apresentou um novo parque eólico da Amazon no Texas, espatifando uma garrafa de champanhe num moinho de vento e postando o vídeo aéreo no Twitter. No mês seguinte, foi entrevistado num evento chamado Summit LA pelo mais gentil dos interlocutores: seu irmão mais novo, Mark, investidor e consultor da Blue Origin que certa vez deu uma palestra no TED sobre ser bombeiro voluntário. Eles falaram sobre coquetéis artesanais, exploração espacial, seus avós e como Jeff e MacKenzie deixaram Nova York e atravessaram o país de carro para iniciar a Amazon em Seattle.

Embora não admitisse publicamente, a alta liderança da Amazon estava feliz em operar com mais independência e em não ter de lidar tão de perto com as perguntas minuciosas e as ambições exigentes do fundador. As reuniões com Bezos ainda podiam dar errado, reiniciando projetos e esgotando o moral dos funcionários. Mesmo a mais inconsequente das declarações do sagaz executivo-chefe podia instigar um grande corre-corre e uma enxurrada de relatórios na empresa. Muitos executivos ficaram aliviados por se encontrarem com Bezos com menos frequência e se questionaram se seu interesse pela Amazon estava diminuindo. Talvez eles pudessem enfim respirar.

Então, a Amazon entrou no ciclo anual de planejamento de fim de verão conhecido como OP1, e a sedutora possibilidade de um CEO arrogante batendo em retirada foi praticamente eliminada — pelo menos por algum tempo.

O primeiro e mais agourento sinal surgiu na revisão anual da unidade de varejo ao consumidor na América do Norte. A reunião aconteceu no sexto andar da torre Day 1, em torno de um grande quadrado de mesas adjacentes numa gigantesca sala de reuniões com vista para o oeste. Bezos sentou-se ao centro de uma mesa, com seu diretor financeiro, Brian Olsavsky, à esquerda, e Jeffrey Helbling, seu consultor técnico na época, à direita.

Doug Herrington estava sentado do outro lado da sala, de frente para Bezos. O antigo executivo financeiro de Herrington, Dave Stephenson, estava à sua esquerda, como um *consigliere* na trilogia *O poderoso chefão*. Jeff Wilke, integrantes do S Team e executivos de varejo, do marketplace e de outros departamentos cercavam as mesas e sentavam-se junto das paredes; outros ouviam pelo Chime, o errático aplicativo de teleconferência da empresa. A reunião começou da maneira habitual, em perfeito silêncio, com todos lendo o relatório de OP1 do grupo de varejo, cheio de gráficos detalhando o desempenho financeiro anterior e o plano operacional para os próximos anos.

Mais tarde, os executivos se perguntaram se Bezos havia planejado a emboscada com antecedência ou se apenas reagiu à leitura do documento. O que eles notaram naquele momento, enquanto Bezos virava as páginas, foi que sua testa se franziu, seus olhos se estreitaram e sua cabeça se inclinou imperceptivelmente antes que ele perguntasse: "Qual foi a lucratividade da unidade em 2017 sem a publicidade?"

Anúncios em banner há muito decoravam a página inicial da Amazon. Mais recentemente, listas patrocinadas, pagas por fornecedores como Procter & Gamble e vendedores menores, terceirizados, no marketplace, preenchiam o topo das páginas de busca, misturadas com resultados não pagos gerados pelo mecanismo de busca da Amazon. Os analistas estimavam que a venda de anúncios havia gerado 2,8 bilhões de dólares em 2017 e crescia a uma taxa anual de 61%. Mas os executivos de varejo consideravam os anúncios uma parte fundamental do desempenho da unidade — e não um elemento independente que pudesse ser extirpado de sua demonstração de lucros e prejuízos.

"Um minuto, Jeff, deixe-me ver isso", disse Stephenson, o principal executivo financeiro do grupo de varejo. Não havia uma maneira fácil de calcular. Sentado atrás de uma pilha de pastas, o veterano com dezessete anos de Amazon fez as contas na calculadora do smartphone enquanto o restante da sala permanecia sentado num silêncio estressante.

Depois de uns cinco minutos, Stephenson chegou a um resultado. A sala suspirou de alívio. Mas Bezos ainda olhava com frieza para Herrington e Stephenson, do outro lado da mesa. "Como foi em 2016?", perguntou ele.

Stephenson voltou às suas pastas para mais cinco minutos de tensão e, enfim, chegou a outro número. Bezos pediu então os números de 2014. "É impossível tentar descrever como aquela sala é intimidante, sobretudo quando o cérebro de Jeff está remoendo alguma coisa", disse um executivo que estava na reunião. "É um ambiente enervante. Fiquei muito impressionado com a calma de Dave." Sem a publicidade, o quadro financeiro do negócio de varejo da Amazon nos Estados Unidos de repente parecia bem menos otimista. Na verdade, sua saúde econômica fundamental vinha se deteriorando.

Bezos puxou um fio e toda a colcha começou a se desfazer. E ele continuou puxando. Na discussão de várias horas que se seguiu, argumentou que o crescimento da publicidade escondia a estagnação no varejo on-line. Bezos era tolerante por natureza com a perda de dinheiro na primeira década de um novo negócio promissor; mas o varejo já havia passado daquele ponto. Ele queria voltar o mais longe possível para descobrir quando essa tendência preocupante tinha se iniciado. Em seguida, ele insistiu que Wilke e sua equipe jogassem fora meses de planejamento cuidadoso na preparação do relatório de OP1 e apresentassem a ele uma versão revisada. Ele insistiu na redução radical dos planos de contratação e outros investimentos e no compromisso com a volta à lucratividade que haviam alcançado anos antes — sem a rede de segurança da publicidade.

A mina de ouro no quintal

Para executivos da unidade de varejo ao consumidor, este foi um desdobramento impressionante — um "tratamento de canal", no sardônico jargão dos veteranos grisalhos da equipe de finanças. Bezos havia insistido em igualar os preços baixos dos rivais e entrar em categorias de mercadorias não lucrativas. Aumentar as vantagens e os níveis de serviço para os clientes era caro, mas eles sempre podiam contar com partes mais lucrativas da empresa para subsidiar esses investimentos. Assim, os executivos da equipe de finanças nunca haviam pensado em planejar seus sistemas internos de forma a excluir a receita dos anúncios.

Por mais de duas décadas, Bezos enfatizara as vantagens táticas de margens baixas e preços baixos, a fim de ganhar pontos de *market share* como se fossem continentes num tabuleiro de *War*. Mas ele mudara de ideia; estava frustrado pelo fato de o varejo não estar sendo mais lucrativo e dois de seus representantes mais confiáveis, Jeff Wilke e Doug Herrington, não estivessem obtendo mais alavancagem de suas operações. Os números sugeriam que eles podiam estar perdendo terreno em sua missão de aperfeiçoar incessantemente o desempenho operacional, e que a Amazon estava herdando alguns dos atributos daquilo que Bezos chamava, de forma sinistra, de empresas "Dia 2". "O Dia 2 é a estagnação, seguida pela irrelevância, seguida por um declínio torturante e doloroso, seguido da morte", dissera ele no início daquele ano no palco, durante uma reunião geral. "E é por isso que é sempre Dia 1."

Os integrantes do S Team pareciam colocar a culpa em Stephenson, que deixaria a empresa um ano depois para se tornar diretor financeiro do Airbnb. "O tom era do tipo 'Como é que você não viu isso?'", disse outro executivo a par das discussões. "Mas nenhum de nós tinha visto aquilo durante todo aquele tempo."

A reunião de OP1 de varejo deu o tom para outras reuniões belicosas naquele mês. Bezos deu ordens semelhantes para Russ Grandinetti, vice-presidente sênior da Divisão Internacional de Varejo, cujas finanças pareciam ainda mais sombrias sem a publicidade. Bezos queria ver resultados melhores em países nos quais a Amazon atuava há mais tempo, como o Reino Unido, e examinar com atenção investimentos que provavelmente nunca cresceriam. Ele destacou o deficitário marketplace na China, onde a empresa havia competido sem sucesso por mais de uma década contra o Alibaba e a JD.com. Depois daquela sessão, também pediu à equipe de Grandinetti que fizesse uma série de reuniões de acompanhamento.

Em outra reunião de OP1, que combinou análises de assuntos jurídicos, de recursos humanos e aspectos corporativos globais, Bezos repassou as solicitações de contratação de funcionários linha por linha e exigiu justificativas para elas. Questionou com ceticismo qualquer coisa que se parecesse com uma expansão gratuita. Em certo ponto, resmungou sobre um aumento planejado de pessoal para a equipe de relações públicas de varejo ao consumidor e surpreendeu alguns funcionários ao se perguntar por que a Amazon precisava fazer relações públicas para seu negócio original de venda de livros — uma vez que seu domínio na categoria já estava seguro.

Apenas a AWS escapou do mesmo escrutínio fulminante. As sessões com Andy Jassy para analisar a taxa de crescimento de 40% da empresa e as margens operacionais de 30% foram tipicamente festivais de bem-estar. Bezos, no entanto, cutucou Jassy e seu diretor financeiro de longa data, Sean Boyle, questionando se suas projeções financeiras eram realmente automatizadas, da mesma forma que as da equipe de varejo, ou se o ineficiente sentimento humano os guiava.

A mensagem da reunião de OP1 naquele outono e de uma diretiva subsequente do CEO que embaralharia os organogramas da Amazon no fim daquele ano eram claras: mesmo enquanto se tornava mais rico e famoso, a Amazon continuava a ser a empresa de Jeff Bezos. E ele tinha planos maiores para uma iniciativa publicitária de uma década do que simplesmente encobrir os pecados de outras unidades de negócios.

***

Talvez numa indicação da apreensão inicial de Bezos em relação à publicidade, ele daria início em meados dos anos 2000 à reflexão não sobre tipos de anúncio que a empresa poderia aceitar, mas sobre aqueles que não deveria aceitar. Os integrantes do S Team se lembram de Bezos distribuindo uma lista de produtos que ele achava que nunca deveriam ser promovidos, como armas, álcool, sites de namoro on-line, suplementos dietéticos e serviços financeiros que levavam as pessoas a contrair empréstimos com juros altos. O S Team passou horas debatendo a lista e os méritos relativos ao negócio de publicidade.

Apesar dessas reservas, Bezos foi um defensor dos anúncios na Amazon e de usá-los para apoiar os preços baixos. Ele falou sobre dois hipotéticos sites de comércio eletrônico: um com anúncios que subsidiavam preços baixos e outro que não exibia anúncios, mas praticava preços mais altos.[4] Os clientes, disse ele, sempre migram para o site com melhores ofertas. "Seremos estúpidos se não fizermos isso", foi sua conclusão habitual, de acordo com vários integrantes do S Team.

A Amazon poderia ter se estabelecido rapidamente como um rolo compressor da publicidade on-line. Embora a Google soubesse o que as pessoas pesquisavam e o Facebook, do que elas gostavam, a Amazon tinha um dos dados mais importantes de todos: o que elas de fato compravam. No entanto, foi somente depois que os anúncios on-line alimentaram o crescimento histórico da Yahoo!, da Google e do Facebook que a Amazon entrou no mercado de publicidade de forma significativa — e, mesmo assim, com muita cautela e uma série de falsos começos.

No fim dos anos 2000, a Amazon começou a contratar funcionários na capital mundial da publicidade, Nova York. Para evitar que a companhia pagasse impostos sobre vendas no estado, eles trabalharam inicialmente para uma subsidiária chamada Adzinia e receberam cartões de visita e endereços de e-mail condizentes. O primeiro grande escritório era localizado na Sixth Avenue, com vista para a famosa escultura *Love*, na calçada da 55th Street.

Mas a Amazon nunca se encaixou totalmente nos confins da panelinha da publicidade da cidade de Nova York. Embora a era dos *Mad Men* já tivesse passado há muito tempo, o setor ainda revolvia em torno de relacionamentos pessoais e almoços caros. Os executivos de publicidade estavam acostumados a levar clientes aos principais eventos esportivos e a viajar para conferências glamorosas do setor, como o festival anual de filmes publicitários de Cannes, na Riviera Francesa.

Frugal até os ossos, a Amazon recusava-se a agir do mesmo modo. Mesmo os funcionários que faziam voos internacionais eram relegados à classe econômica, a menos que garantissem do próprio bolso um upgrade. "Você recebia uma advertência se pagasse acima de certa quantia por uma passagem de avião", disse Andrew James, executivo de contas por cinco anos. "A Google e o Facebook paparicavam os funcionários com grandes festas. Isso nos colocava em desvantagem."

A Amazon hesitava em aumentar sua equipe de vendas de anúncios com sede em Nova York. Ela não jogava problemas em cima das pessoas, jogava inteligência, dizia-se internamente. Numa reunião de OP1, Jeff Wilke folheou o apêndice do relatório da equipe de anúncios e considerou com ceticismo os planos de contratar mais vendedores. "De quantos novos vendedores vamos precisar para carregar a bagagem dos executivos no ano que vem?", disparou ele.

A empresa também rejeitava outras normas do ramo. Os CEOs e diretores de marketing de empresas como Procter & Gamble gostavam de encontrar seus colegas executivos de alto nível nas empresas onde gastavam seus dólares de publicidade. No Facebook, os grandes anunciantes tinham a expectativa de se sentar com a diretora de operações Sheryl Sandberg, por exemplo. Mas, à exceção de um café da manhã com anunciantes e agências de publicidade em determinado ano, Bezos se recusou a jogar esse jogo; e Wilke e Jeff Blackburn, membro do S Team que havia gerenciado a divisão de Publicidade por anos, também relutavam (embora Wilke tenha cumprimentado o diretor de marketing da Burberry vestindo seu blazer azul Burberry).

Em 2013, um executivo de marketing veterano da Unilever, uma das maiores empresas de bens embalados do mundo, apareceu em Seattle com uma tropa de colegas para discutir a expansão do relacionamento entre as empresas. Bezos e Wilke se recusaram a participar da reunião. "Eles ficaram desapontados", disse Shiven Ramji, que era executivo de publicidade da Amazon na época. "Tinham trazido todas aquelas pessoas, PowerPoints, fotos. Nós tínhamos uma página impressa dizendo a eles todas as maravilhas que poderíamos fazer."

Embora não se encontrasse com anunciantes, Bezos fazia sua presença ser sentida. Nos primeiros anos do esforço publicitário, fazia questão de revisar cada grande campanha, sobretudo quando eram veiculadas nos tablets Kindle Fire, que apresentavam anúncios coloridos em tela cheia. Jeff Blackburn e Paul Kotas, o engenheiro que cuidava da tecnologia do setor de publicidade na época, também supervisionavam pessoalmente as campanhas publicitárias. Seus padrões minuciosos e requisitos estéticos peculiares enlouqueciam os executivos de publicidade da Amazon e seus clientes. Mas Blackburn e Kotas tinham um bom motivo para agir assim: não queriam que a Amazon fizesse nada que prejudicasse a confiança do cliente ou interferisse nas compras on-line, na época o verdadeiro motor de receita da empresa. Com frequência, suas reações consistiam simplesmente numa única palavra: não.

Não, os anunciantes não podiam fazer afirmações vagas em seus anúncios.[5] Não podiam usar pontos de exclamação; isso seria gritar com o cliente. Não podiam usar cores berrantes, porque isso distrairia os compradores. Não podiam usar imagens que mostrassem pele demais. E assim por diante.

Anunciantes acostumados a obter valiosos conjuntos de dados demográficos sobre clientes de empresas do Vale do Silício também foram rejeitados. Não, os anunciantes não podiam acessar os dados da Amazon sobre a idade, a etnia e os hábitos de compra de seus clientes. Não, a Amazon não permitiria que empresas como Adobe e Acxiom colocassem tags de software de terceiros em anúncios e monitorassem seu desempenho, prática comum em outros lugares na web. Os anunciantes teriam que se contentar em obter relatórios sobre a eficácia de seus anúncios diretamente da Amazon.

Dentro do departamento de Publicidade, algumas dessas batalhas se tornaram notórias. Numa temporada de Natal, Paul Kotas vetou o tom de azul nos anúncios da Ford Motor Company porque a campanha parecia um "suplemento de ofertas dominicais". A Amazon também disse à operadora sem fio T-Mobile que sua marca registrada, o logotipo rosa-magenta, era gritante demais e dispersivo. E informou à Sony Pictures que um banner para o filme *Operação Skyfall*, da série 007, violava a política de exibição de armas. O estúdio "disse alguma coisa do tipo 'Vá à merda!'", lembrou um executivo de publicidade da Amazon. "O que é a silhueta de James Bond sem uma arma? Literalmente, ele é apenas um sujeito aleatório."

A Amazon cedeu em muitas dessas disputas — e acabou deixando que 007 segurasse sua icônica arma, argumentando que ela não estava apontada para ninguém em particular. Mas os anunciantes passaram a ver a empresa como arrogante e altiva. "Nós éramos recebidos com calorosos apertos de mão para iniciar o relacionamento, mas, no final, eles se cansavam de nós", disse Steve Susi, diretor de criação da Amazon durante cinco anos.

A teimosia atestava a ambivalência da Amazon em relação à exibição de publicidade gráfica e uma recusa religiosa em violar a confiança dos clientes de qualquer forma que fosse — um afastamento filosófico da abordagem de seus pares do Vale do Silício, como o Facebook. Para Bezos, durante a primeira parte da jornada da Amazon na publicidade, a santidade da experiência do cliente tinha precedência absoluta sobre qualquer relacionamento comercial ou impulso para aumentar o balanço patrimonial.

Também havia desconfiança interna em relação a qualquer anúncio que direcionasse um cliente a clicar para fora do site da Amazon e o afastasse de uma compra. Durante anos, a equipe de publicidade ofereceu um serviço chamado Product Ads que permitia a outros varejistas, como Nordstrom e Macy's, promoverem seus produtos no site da Amazon. O objetivo, permitir que os clientes acessassem uma seleção maior e preços competitivos, era incompreendido e impopular na empresa. "A equipe de varejo passava o tempo todo tentando direcionar o tráfego para a Amazon e nós estávamos direcionando o tráfego para fora da Amazon", disse Colleen Aubrey, vice-presidente de Publicidade de Desempenho da Amazon. "Lembro-me de ter reuniões regulares com líderes do varejo em que eles diziam: 'O que vocês estão fazendo?' Tínhamos que explicar tudo."

Em 2014, a Amazon estava perto de aposentar o Product Ads, com a diminuição do entusiasmo geral pela publicidade dentro da empresa. Os resultados financeiros foram bons, mas não ótimos. Diretrizes restritivas e executivos inacessíveis estavam afastando os anunciantes. A divisão lutava o tempo todo por recursos, e seus executivos trabalhavam sessenta horas por semana, mas se sentiam desvalorizados e sob ataque. "Fomos maus por muito tempo e as pessoas nos responsabilizaram por isso", disse Aubrey.

A mina de ouro no quintal

* * *

Numa reviravolta naquele verão, Paul Kotas foi promovido a vice-presidente sênior e colocado no comando de toda a divisão de publicidade. Lisa Utzschneider, vice-presidente de vendas de anúncios veterana da Amazon, que antes se reportava diretamente a Jeff Blackburn, do S Team, saiu frustrada da empresa seis meses depois, para trabalhar na Yahoo!. O esforço nascente de publicidade da Amazon estava em frangalhos.

Kotas ingressou na Amazon em 1999, vindo do D. E. Shaw, o fundo de cobertura quantitativo de Wall Street onde Bezos concebera a ideia original de uma livraria on-line. Ele gostava de contar aos funcionários como Bezos o recrutara para a Amazon em 1997. Suas malas estavam prontas para Seattle quando ele mudou de ideia no último minuto e decidiu permanecer no fundo de cobertura. Mudar de ideia acabou lhe custando milhões.

Além de gostar de punk e new wave, Kotas era como muitos de seus colegas: obcecado por métricas como o tempo que os anúncios levam para carregar e fanático pelos princípios de liderança, como a frugalidade. "Conte-me mais sobre este jantar na sua lista de despesas" era um estribilho familiar entre seus subordinados. Quando os executivos de publicidade se reuniam em "salas de guerra" no início da alta temporada para monitorar o desempenho das campanhas publicitárias de fim de ano, Kotas podia ser implacável: "Se algum de vocês está pensando em ir para a casa da vovó, desligar o telefone e ficar indisponível, pense de novo!", disse ele certo ano, segundo um executivo.

Kotas assumiu como único gestor da problemática divisão de Publicidade assim que a possível resposta para seus eternos problemas começou a se revelar. Na época, os negócios do marketplace da Amazon estavam em aceleração. Os vendedores terceirizados — incluindo a enxurrada de comerciantes on-line da China — ansiavam por um aumento na visibilidade de seus produtos nas páginas cada vez mais abarrotadas de resultados de pesquisa. A solução era óbvia: cobrar por isso, assim como a Google cobrava das empresas para promover seus sites em seu mecanismo de busca.

O leilão de anúncios de busca da Amazon no estilo Google era chamado de "produtos patrocinados". Ele permitia que um vendedor terceirizado de roupa de cama, por exemplo, pagasse para que seus lençóis tivessem destaque nos resultados de busca sempre que os clientes digitassem termos como "cama" no mecanismo da Amazon. No início, os anúncios apareciam na parte inferior da primeira página de resultados de pesquisa; quando um usuário clicava num item patrocinado, era levado para a página do produto, e a Amazon cobrava uma taxa.

Conforme a Amazon expandiu os produtos patrocinados para mais categorias e os anúncios migraram para o lado direito da página, junto com os resultados de pesquisa, a equipe de publicidade teve dificuldade para desenvolver a tecnologia necessária com rapidez suficiente. Era preciso construir uma plataforma para receber os lances dos anunciantes e uma ferramenta para rastrear a eficácia dos anúncios e relatar os resultados de volta para eles. Os primeiros anunciantes de busca da Amazon lembraram que as primeiras versões desses serviços eram frágeis. "Os relatórios que recebíamos sobre o sucesso ou fracasso das campanhas que realizávamos eram muito, muito ruins", disse Jeremy Liebowitz, o ex-CEO global de comércio eletrônico da Newell Brands, fabricante das canetas Sharpie e da cola Elmer. "Era quase impossível dizer se algo de fato funcionava."

A Amazon também precisava fazer as conexões semânticas corretas entre anúncios e termos de pesquisa específicos. A Google tinha duas décadas de experiência no complexo campo da relevância da pesquisa, enquanto a Amazon era relativamente novata. Cada vez que viam um anúncio fora do lugar, Bezos e Wilke disparavam um e-mail para Kotas, que por sua vez o encaminhava a seus frustrados engenheiros. Um engenheiro de tecnologia de publicidade recordou uma confusão memorável quando a listagem patrocinada de um brinquedo sexual apareceu entre os resultados de brinquedos infantis.

Anúncios de busca eram polêmicos na Amazon e até mesmo no próprio departamento de Publicidade. Os executivos de vendas de anúncios da empresa em Nova York, Los Angeles e Londres, cuja missão era negociar banners convencionais, recebiam metas de vendas agressivas todos os anos. Agora seus clientes se distraíam com uma maneira totalmente nova de gastar o orçamento de publicidade com a Amazon. Os engenheiros que trabalhavam no departamento de busca instalada no Vale do Silício, a A9, odiavam os novos anúncios; seu trabalho era elevar produtos objetivamente úteis nos resultados de pesquisa e não as listagens de vendedores que tinham pagado mais por um anúncio.

No entanto, estava claro que os anúncios patrocinados funcionavam. Os clientes clicavam neles, muitas vezes sem distinguir entre colocações pagas e resultados objetivos de busca. Embora resmungassem sobre os gastos, os vendedores e marcas já estavam acostumados a esse tipo de publicidade na Google e aproveitaram a oportunidade para se destacar na Amazon. Em 2016, o S Team confrontava o aumento da popularidade dos anúncios e debatia uma questão fundamental: deveriam permitir que os anúncios de busca aparecessem na metade superior da página de pesquisa — misturados com os resultados da pesquisa orgânica?

O debate sobre a chamada colocação "acima da dobra" foi feroz e desenrolou-se em incontáveis reuniões, contrapondo a santidade da experiência do cliente a um novo e promissor fluxo de receita. Os executivos de anúncios argumentaram que os vendedores e fornecedores se beneficiariam se seus produtos fossem exibidos no topo dos resultados de pesquisa. Executivos de varejo temiam que a clientela se perdesse em anúncios de produtos de baixa qualidade, tivesse uma experiência ruim e diminuísse os gastos gerais no site.

Num debate, Doug Herrington, diretor da divisão de varejo, usou a parábola do escorpião e da rã para enquadrar a questão. Na história, o escorpião pergunta à rã se pode subir nas costas dela para atravessar um rio; durante o percurso, porém, ele não consegue deixar de picar a rã, condenando ambos à morte. Seus colegas na publicidade eram os escorpiões — não eram maus em si, mas era simplesmente da natureza deles perverter o campo de jogo mais igualitário dos resultados de pesquisa autênticos.

Por fim, Bezos teve que resolver a questão. Sua resposta previsível foi testar metodicamente os anúncios patrocinados no topo dos resultados de busca, primeiro em uma pequena porcentagem das consultas. Os engenheiros que administraram os testes nunca acharam sua instrumentação ou dados muito confiáveis, mas os resultados foram bastante consistentes. Quando os anúncios patrocinados eram exibidos com destaque, havia um pequeno declínio de curto prazo, detectável estatisticamente, no número de clientes que acabavam fazendo uma compra. Os efeitos de longo prazo eram desconhecidos. O escorpião não estava matando a rã, apenas dando uma leve picadazinha — e ainda não estava claro se era venenosa.

Embora danos colaterais fossem quase certos — menos clientes encontrando o que queriam —, os produtos patrocinados também geravam lucro. Muito lucro. E, em relação a isso, a decisão de Bezos sobre a expansão dos anúncios para o topo dos resultados de pesquisa também consistiu numa única palavra: sim. A Amazon deveria continuar a expandir a porcentagem de resultados de busca com listagens patrocinadas, sim. Deveria aumentar o número de listagens em cada página de resultados de pesquisa, mesmo que isso significasse uma pequena queda nos cliques dos clientes.

Na época da publicidade por exposição, Bezos resistira a comprometer a experiência do cliente. Mas, naquele momento, embora alertasse para que não afastassem clientes ao veicular anúncios demais, ele optou por seguir vigorosamente adiante, dizendo que quaisquer consequências deletérias de longo prazo teriam que ser incrivelmente grandes para superar aquela bonança em potencial e as oportunidades de investimento que poderiam resultar dela.

Os anúncios de busca tinham todas as características de negócios que Bezos amava. Os clientes não eram levados para fora da Amazon quando clicavam neles, e sim para páginas de produtos individuais, onde faziam compras e moviam o volante. Eram necessários poucos publicitários para administrar as contas; o sistema era basicamente de autoatendimento. E, uma vez que a tecnologia estivesse implantada, os anúncios de busca produziriam uma tremenda alavancagem — e ganhos imensos que Bezos poderia usar para financiar invenções.

"Mover os anúncios para o topo das páginas de busca foi a virada do jogo", afirmou um cientista da computação da Amazon que trabalhou no negócio de anúncios. "Os produtos patrocinados não seriam o que são hoje se essa decisão não fosse tomada, e foi Jeff quem bateu o martelo."

A mina de ouro no quintal

* * *

Depois que Bezos demonstrou disposição de converter a meritocracia relativa dos resultados de pesquisa num domínio que priorizava os interesses comerciais da Amazon, as possibilidades se tornaram infinitas. Por exemplo, Bezos tinha recebido um e-mail de um cliente na Flórida alguns anos antes que descrevia uma visita à Amazon.com para comprar um pau de selfie. Havia centenas de opções, e o cliente não tinha ideia de qual comprar. Ele foi então a uma loja local e recebeu conselhos de um vendedor. Por que a Amazon, escreveu o cliente, não poderia oferecer tal recomendação?

O S Team já estava fazendo deliberações sobre essa questão quando Bezos encaminhou o e-mail, que se espalhou pela organização de varejo e chegou a uma equipe que trabalhava em compras por voz pela Alexa. O produto foi chamado de Amazon Indica. Ele ponderava variáveis como avaliações de clientes, preços e velocidade de envio para recomendar certos produtos numa categoria abarrotada de opções, quando os usuários pediam a Alexa que o encomendasse.

As compras por voz aumentavam rapidamente com a Alexa, e o emblema Amazon Indica começou a aparecer com destaque nos resultados de pesquisa em 2016, ao lado de produtos patrocinados. Seu significado era ambíguo — a empresa não chegou a explicar muito bem o que aquele endosso de fato significava, mas ele parecia preencher o papel de um vendedor informado, pelo menos em certa medida.[6] Os clientes, no entanto, migravam para os produtos com o selo, que, segundo um cálculo independente, triplicaram as vendas.[7] Não surpreende que os comerciantes tenham ficado desesperados para saber como pagar para obter o selo, isso quando não estavam tentando enganar o sistema e ganhar recomendações pela geração de avaliações. Os executivos da Amazon respondiam que o serviço não estava à venda. "Dissemos a eles que era bastante simples", esclareceu Assaf Ronen, vice-presidente de Compras por Voz. "Peguem seus melhores produtos, façam com que sejam baratos e deixem os clientes felizes."

Mas o Amazon Indica atendia aos interesses da empresa também de outra maneira. Os grupos que trabalhavam com produtos de marca própria, como as baterias AmazonBasics, reivindicaram o selo quando o viram atribuído a marcas rivais como Duracell. Isso gerou uma nova rodada de tensos debates internos, que pôs as equipes de marca própria contra engenheiros de busca da A9 e até mesmo Paul Kotas e o departamento de Publicidade, que argumentaram que dar destaque às marcas próprias nos resultados de pesquisa prejudicaria os anunciantes da empresa e corromperia o impacto do selo. De toda maneira, ele gravitou para muitos dos produtos de marca própria da Amazon, dando-lhes mais uma vantagem sobre os concorrentes nos resultados de pesquisa. Uma matéria do *Wall Street Journal* em 2019 sobre o Amazon Indica revelou que 540 itens da AmazonBasics haviam sido premiados com o selo, mais do que qualquer outra marca.[8]

Naturalmente, fornecedores ofendidos reclamaram ao vê-lo atribuído às marcas próprias da Amazon. Embora os advogados da empresa logo tenham restringido a prática, em particular porque as autoridades antitruste europeias investigavam a Google pela prática semelhante de privilegiar os próprios serviços nos resultados de pesquisa, os executivos das marcas próprias estavam reticentes. "Para muitas pessoas da equipe, essa não era uma atitude compatível com os princípios da Amazon", afirmou J. T. Meng, ex-gerente da divisão de Bens de Consumo. "Simplesmente colocar os selos nesses produtos, quando eles não necessariamente os haviam merecido, parecia ser um pouco prejudicial para o cliente, além de anticompetitivo."

Os resultados de busca da Amazon evoluíram de uma taxonomia de produtos direta, ordenada por algoritmos, para uma exibição excessivamente comercializada de anúncios patrocinados, endossos da Amazon Indica, recomendações editoriais de sites de terceiros e das marcas próprias da empresa. Em algumas categorias de produtos, apenas dois resultados de pesquisa orgânica apareciam numa página inteira de resultados.[9] Uma vez que não podiam mais confiar que os clientes encontrariam seus produtos da maneira tradicional, por meio do mecanismo de pesquisa do site, marcas e vendedores se tornaram cada vez mais propensos a abrir a carteira e gastar mais dinheiro em anúncios de busca. Um relatório bipartidário do subcomitê antitruste da Câmara dos Estados Unidos concluiria mais tarde, com desaprovação, que a Amazon "pode exigir que os vendedores comprem seus serviços de publicidade como condição para fazer vendas" no site, já que os consumidores tendem a olhar apenas a primeira página dos resultados de pesquisa.[10]

Em 2017, as receitas de produtos patrocinados eclipsaram as da publicidade convencional como os anúncios em banner e logo depois as deixaram para trás. Naquele ano, na demonstração de resultados da Amazon, as vendas na categoria "outros" (a antiga casa das receitas da AWS), onde a empresa acumulava receitas de publicidade, atingiram 4,65 bilhões de dólares — um salto de 58% em relação ao ano anterior. A Amazon havia descoberto uma verdadeira mina de ouro dentro do próprio quintal.

***

Mas primeiro Bezos teve que impedir que as vendas de varejo ao consumidor dominassem o negócio dos anúncios patrocinados. Ao insistir durante as reuniões de OP1 no outono de 2017 que o negócio mais antigo da Amazon deveria se manter por seus próprios méritos, sem a camuflagem da publicidade, Bezos impôs uma reversão na posição operacional adotada pela empresa por muito tempo. A busca abrangente por receita e crescimento da participação de mercado foi substituída pela busca pelo lucro. A ordem de plantar sementes em todos os cantos do negócio foi substituída pela sensação de que apenas as árvores maiores importavam — em geral aquelas plantadas pelo próprio Bezos —, enquanto outras apostas caras deveriam ser podadas.

Nos meses seguintes, a Amazon fez algo raro em sua história: recuou.[11] Sites dedicados à venda de ingressos para shows e outros eventos foram fechados nos Estados Unidos e no Reino Unido. A empresa desacelerou a introdução de um serviço chamado Amazon Restaurants em novas cidades, para competir com startups como Grubhub, DoorDash e Deliveroo, e o encerrou dois anos depois.[12] Também cortou o investimento em seu marketplace chinês, que não conseguia fazer frente ao Alibaba e à JD.com e que em 2019 também fecharia de forma definitiva.[13]

Além disso, a Amazon congelou quase por completo as contratações no departamento de Varejo. Durante anos, tinha havido poucas restrições ao recrutamento de funcionários talentosos. A força de trabalho da Amazon em Seattle aumentara de cinco mil funcionários em 2010 para quarenta mil em 2017. No ano seguinte, ficou basicamente estável. "Decidimos que, após anos de rápido investimento de custo fixo, fazia sentido desacelerar pelo menos por um ano, assimilar o crescimento e garantir que estávamos sendo eficientes", disse Jeff Wilke.

A lucratividade, um conceito estranho durante anos, foi experimentada pela primeira vez, como um terno novo. Os executivos de varejo foram obrigados a revisitar relacionamentos com grandes marcas, como Coca-Cola e Unilever, para extrair termos mais favoráveis para produtos como garrafas de água, que eram caros de enviar.[14] Eles recorreram mais uma vez ao mecanismo de busca para atender as prioridades comerciais da empresa, experimentando fatorar a lucratividade dos itens na equação algorítmica que determinava os produtos que receberiam o selo Amazon Indica. A contínua "iniciativa de tirar as mãos do volante",[15] que substituiu executivos de varejo por software, também foi intensificada, com as marcas sendo direcionadas a ferramentas no site da Amazon para executar promoções e gerenciar vendas, em vez de trabalhar com funcionários da empresa. A Amazon ainda tratava seus maiores fornecedores com tapete vermelho, mas passaria a cobrar por isso.

Em meio a esse realinhamento, Bezos encontrou outra maneira de reduzir custos fixos, nivelar o organograma e evitar um temido fantasma: que a Amazon pudesse se tornar uma enfadonha empresa "Dia 2". Ele emitiu então uma ordem geral. ("Ele faz isso o tempo todo, claro, e as pessoas correm de um lado para outro sempre que isso acontece, como formigas sendo golpeadas por um martelo de borracha", escreveu Steve Yegge, ex-engenheiro da Amazon, em seu blog em 2011.)[16] A partir daquele momento, todos os gerentes da Amazon — cujos subordinados diretos consistiam sobretudo em outros gerentes — precisariam ter, no mínimo, seis funcionários subordinados.

Embora parecesse inócua, a diretiva, apelidada de "amplitude de controle", detonou o equivalente a uma bomba de nêutrons no interior da empresa. Os altos executivos com apenas três, quatro ou cinco subordinados diretos tiveram que explorar seus departamentos e se apropriar de funcionários de subordinados para chegar a seis subordinados diretos, deixando os colegas sem o número necessário. Essas ações tiveram um efeito cascata, e os executivos que haviam subido de forma constante na hierarquia da Amazon em busca da responsabilidade gerencial então descobriam que o caminho para cima estava fechado.

Para muitos funcionários da Amazon, o rearranjo organizacional reviveu a sensação de que havia uma crueldade informal na cultura corporativa, uma reminiscência dos dias de classificação hierárquica. Enquanto algumas divisões, como a AWS, foram poupadas, outras foram duramente atingidas. Executivos de varejo afirmam que 10% a 20% de seus colegas (desprovidos de subordinados diretos e de suas funções gerenciais) partiram em meio a essas mudanças, indo para divisões de alto crescimento como AWS e Alexa, ou mesmo deixando a Amazon.

"Do ponto de vista do moral organizacional, eles não poderiam ter lidado com a questão de maneira mais insatisfatória", disse Stan Friedlander, ex-diretor de compras de calçados e vestuário da Amazon que, de resto, apreciou seus dez anos na empresa. "Quando a maioria das grandes empresas passa por isso, em geral há o anúncio de que vai haver demissões", disse ele. "Você pode ficar ou sair e receber uma indenização. Mas a Amazon até hoje nunca informou quantas pessoas pretendia demitir, e isso criou uma cultura de medo, que eles provavelmente preferem."

A reorganização informal, do tipo dança das cadeiras, permitiu que a companhia evitasse o estigma interno e externo de anunciar demissões, sob o pretexto de atacar a complexidade organizacional e de alcançar o objetivo de Bezos de combater a estagnação do "Dia 2". Era uma típica manobra de Bezos — brilhante e um tanto cruel. Ao mesmo tempo que baixava a diretiva, ele mandava os integrantes do S Team assistirem a um vídeo de vinte minutos no YouTube, produzido pela Bain & Company, chamado "Founder's Mentality" [Mentalidade de fundador].[17] Ele falava sobre eliminar a burocracia, manter a voz do cliente nas decisões do cotidiano e preservar a mentalidade e a motivação de startups insurgentes. "Um dos paradoxos do crescimento é que ele cria complexidade, e a complexidade é o assassino silencioso do crescimento", dizia no vídeo James Allen, diretor da Bain.

Muitos executivos concluíram que devia haver algo por trás daquelas manobras disruptivas e tentaram raciocinar com a cabeça de Bezos. Alguns especularam que ele gostava de ser o único a correr riscos na empresa e sentia que seus representantes estavam investindo demais em áreas aleatórias. Um antigo executivo, que saiu após a reorganização, disse que sua "melhor tese" era a de que Bezos simplesmente "queria ser o rei de Los Angeles" e a marcha em direção à lucratividade era uma tentativa de financiar a aposta cada vez maior na Amazon Studios e em programas de TV e filmes originais. Outros opinaram que ele podia estar preocupado com o impacto da estagnação do preço das ações nos planos de compensação da Amazon, repletos de ações, e entendeu que gerar lucro impressionaria Wall Street.

Se essa era a jogada, funcionou de forma magnífica. Após as controvertidas reuniões de OP1 e a diretriz de "amplitude de controle" no outono de 2017, o crescimento do pessoal diminuiu e as margens de varejo da Amazon se expandiram. Além disso, o número de assinantes Prime ultrapassou cem milhões e a AWS continuou sua expansão febril. Como resultado, o lucro líquido da Amazon — seu lucro anual — saltou de 3 bilhões de dólares em 2017 para 10 bilhões em 2018, levando os investidores a um frenesi. O preço das ações da Amazon levitou. Sua capitalização de mercado ultrapassava 550 bilhões de dólares no fim de 2017 e chegou a 730 bilhões de dólares no fim de 2018.

E isso, é claro, teve repercussões profundas. Funcionários veteranos que haviam acumulado ações da empresa durante anos viram seu patrimônio líquido disparar. Os investidores de longo prazo da Amazon foram ricamente recompensados por sua fidelidade. E, no outono de 2017, Jeff Bezos enfim superou Bill Gates na corrida pelo título de pessoa mais rica do mundo.[18] Ajustando a inflação, ele logo seria mais rico do que Gates no auge do monopólio do Microsoft Windows e mais rico do que Sam Walton durante o período de controle ferrenho da Walmart sobre o varejo nos Estados Unidos.

Mesmo para Bezos, que estava sob o olhar do público por duas décadas, a designação trouxe um nível inteiramente novo de admiração de seus pares e de escrutínio da mídia. "O dia em que Jeff foi declarado a pessoa mais rica do mundo foi o dia em que essa informação passou a constar no primeiro parágrafo de todas as reportagens sobre a Amazon, qualquer que fosse o assunto", disse Jay Carney. Josh Weinstein, o amigo de escola que acompanhou Bezos na visita à sua casa de infância em Miami, acrescentou: "O fato de ser a pessoa mais rica do mundo mudou a maneira como os outros o olham. O mundo ficou diferente para ele."

O próprio Bezos foi o arquiteto dessa mudança. Ao descobrir a mina de ouro dos anúncios de busca e, em seguida, insistir que a empresa evitasse transformar a publicidade numa muleta, enquanto lutava para conter o crescimento da burocracia interna, ele detonou talvez o período de crescimento mais fértil da história da Amazon. No mundo dos negócios, pelo menos, havia estabelecido domínio absoluto sobre a maioria de seus pares no varejo e na tecnologia.

CAPÍTULO 11
Gradatim Ferociter

Um ano antes de Jeff Bezos partir para a guerra contra a burocracia interna na Amazon, uma série incomum de reuniões no sexto andar do recém-inaugurado Edifício Day 1 chamou a atenção. Ao longo de várias semanas no outono de 2016, executivos de outra empresa de Bezos, a Blue Origin, que ele detinha e operava independentemente da Amazon, se alternavam chamando Ubers de seus escritórios em Kent, Washington, para a viagem de meia hora no meio do dia até o centro de Seattle. O motivo? Um raro almoço *tête-a-tête* com o fundador para discutir o que afligia a startup espacial de dezesseis anos.

Em meio ao sucesso resplandecente da Amazon e ao impressionante renascimento do *Washington Post*, a Blue Origin era a retardatária no império de conquistas em expansão de Bezos. Um programa para levar turistas ao espaço suborbital em um foguete reutilizável chamado New Shepard sofrera numerosos atrasos e perdera dois veículos não tripulados em explosões — ou "rápida desintegração sem controle", no léxico macabro dos cientistas astronáuticos. Um projeto ainda mais ambicioso de levar turistas e carga para viagens orbitais em um foguete muito mais avantajado, o New Glenn, estava longe de ser concluído.

Enquanto isso, a SpaceX, a empresa espacial privada que o cofundador da Tesla Elon Musk fundara dois anos depois da Blue Origin, vinha fazendo progressos significativos, além de deixar uma marca na história. Seu foguete Falcon 9 estava regularmente colocando em órbita satélites comerciais e militares e acabava de ser encarregado de reabastecer a Estação Espacial Internacional. Naquele mês de abril, a empresa pousou um Falcon 9 numa plataforma flutuante de drones no oceano Atlântico.[1] Era uma conquista técnica extraordinária, que mostrava um nítido contraste entre as duas empresas espaciais e seus financiadores bilionários.

Bezos agora passava parte do seu expediente na Amazon tentando entender os problemas na Blue Origin. Ao longo de uma série de almoços, alguns que chegaram a consumir duas horas, os executivos da empresa tentaram explicar a situação ao chefe. Queixaram-se de má comunicação interna, de reuniões extensas demais e de decisões inexplicáveis sobre gastos. Um engenheiro descreveu a Blue Origin como uma aldeia de Potemkin — sua cultura disfuncional escondida atrás de uma fachada engenhosa. Outro executivo ameaçou se demitir caso os problemas não fossem prontamente solucionados.

Muitos dos funcionários que almoçavam com Bezos se mostravam circunspectos quanto à raiz desses problemas. Faziam rodeios sobre a forma como Bezos restringia o efetivo da empresa e ao mesmo tempo expandia suas ambições. Imaginando que Bezos podia retrucar, também eram reticentes quanto a discutir sobre quem administrava a empresa em seu nome: o presidente Rob Meyerson, na Blue Origin havia quinze anos.

Não obstante, Bezos ouvia atentamente, tomava notas e parecia entender o recado. Encerrada a série de almoços, ele informou a Meyerson que queria começar a procurar algo que a Blue Origin jamais havia tido em sua história: um CEO. Susan Harker, vice-presidente de Recrutamento da Amazon, se encarregou dessa busca para Bezos. O processo incluiu sondar Gwynne Shotwell, a dinâmica diretora de operações da SpaceX, que prontamente recusou a oferta, dizendo "que não ficaria bem", segundo uma pessoa que teve acesso à conversa.

A busca de um CEO para a Blue Origin se estendeu por mais de um ano. Meyerson ajudou a entrevistar candidatos, e seus colegas se perguntavam se ele não estaria procrastinando a fim de proteger o próprio emprego ou se Bezos é quem enfrentava problemas para decidir quem escolher. Por fim, as conversas se intensificaram com Bob Smith, presidente da divisão de Sistemas e Componentes Mecânicos da Honeywell Aerospace e ex-diretor executivo da United Space Alliance, que fora responsável pelo aposentado programa de ônibus espaciais da Nasa.

Smith, como Bezos, era um "garoto da Apollo", que passara parte da infância no Texas vendo os astronautas americanos andarem na Lua. Teve mais de duas dezenas de entrevistas com os executivos da Blue Origin ao longo do namoro de doze meses e mais tarde lembrou-se de ter perguntado de brincadeira: "Vocês querem a minha ficha dentária também?"

No exato momento em que Bezos superava Bill Gates como a pessoa mais rica do mundo, e um ano após suas reuniões com a equipe da Blue Origin no Edifício Day 1, Smith enfim assumiu o cargo em setembro de 2017. Não houve anúncio formal e a imprensa fez pouco alarde, mas a instrução de Bezos a Smith foi clara: transformar uma organização de pesquisa e desenvolvimento de baixo desempenho em um negócio maduro que fizesse jus ao respaldo e à ousadia da pessoa mais rica do mundo. A Blue Origin "chegara de fato a um grave ponto de inflexão", disse Bob Smith mais tarde numa entrevista. Estava na hora de "passar por portas muito maiores".

***

A paixão de Jeff Bezos pelas viagens espaciais ficou gravada desde cedo na compreensão pública de sua ilustre biografia. Na infância, os pais o mandavam todos os verões para o rancho do avô aposentado, Lawrence Preston Gise, no sul do Texas. Gise trabalhara com tecnologia espacial e sistemas de defesa antimíssil na década de 1950 e 1960, para a Comissão de Energia Atômica. Bezos passou os verões da juventude com o avô, vendo os lançamentos das naves Apollo, devorando a volumosa coleção de ficção científica da biblioteca local e sonhando com o destino evidente da humanidade no espaço. Ele dizia com frequência que o avô lhe ensinara o valor da autoconfiança; juntos, eles consertaram moinhos de vento, reconstruíram uma velha escavadora e vacinavam o gado. Gise também transmitiu ao neto a paixão pelo espaço. Em seu discurso como orador oficial na Senior High Miami Palmetto School, Bezos sugeriu que a solução dos problemas de superpopulação e poluição seria enviar milhões de pessoas para estações espaciais.

Em 2000, Bezos empregou os abundantes recursos oriundos de seu sucesso na Amazon para perseguir esses sonhos. Fundou a Blue Origin — o nome se refere ao local de nascimento da humanidade, a Terra — baseando-se numa hipótese que logo se revelou incorreta: a de que a relevância dos avanços no espaço exigiria alternativas aos foguetes de combustível líquido. Nos primeiros anos, a Blue Origin se parecia mais com "um clube do que com uma empresa",[2] como escreveu o jornalista Steven Levy mais tarde na *Wired*, um *think tank* que incluía dezenas de aficionados, como o romancista Neal Stephenson e o historiador de ciências George Dyson, que imaginou maneiras radicais e incomprovadas de viajar para o espaço.

Em 2003, Bezos já alterara seu rumo, reconhecendo a eficiência incontestável da propulsão líquida convencional. Em vez de tentar reinventar os foguetes, a empresa se concentraria em abaixar o custo de sua construção tornando-os reutilizáveis. Naquele ano, Bezos contratou Rob Meyerson, veterano da Nasa que saíra há seis anos da fracassada startup espacial Kistler Aerospace. Um engenheiro introvertido de natureza lamuriante e sem experiência de administração em nível executivo, Meyerson começou como engenheiro de sistemas sênior no New Shepard. Mas Bezos, que já tinha um emprego de tempo integral, não podia aprovar cada decisão e queria que a empresa progredisse mais rápido. Logo após contratar Meyerson, fez dele o administrador do programa e presidente da pequena empresa.

Embora não pudesse supervisionar cada detalhe na Blue Origin, Bezos pôde inventar mecanismos — um sistema de invenção — para ensinar os funcionários como estabelecer prioridades e executar o trabalho. Em junho de 2004, ele redigiu um relatório de oitocentas palavras, informalmente batizado de "carta de boas-vindas", que até hoje é entregue a novos funcionários da Blue Origin como parte do pacote de contratação e seu conteúdo nunca foi publicamente revelado.

Gradatim Ferociter

"Somos uma pequena equipe comprometida em semear e sustentar a presença humana no espaço", começava Bezos, refletindo seu desejo original de manter a empresa com menos de setenta funcionários. "A Blue Origin perseguirá esse objetivo de longo prazo com paciência, passo a passo." Em seguida, ele prometia apresentar novas versões de seus foguetes com intervalos de seis meses, com "a regularidade de um metrônomo", e previa que a empresa, no devido tempo, alteraria seu foco para um programa de veículos orbitais tripulados "que ampliará nossa organização e capacidade". Bezos fazia uma distinção entre esses planos e cenários mais hipotéticos de prazo mais longo, como a construção de uma nave espacial para visitas à Lua, e instruía os funcionários a não desviar o foco da tarefa imediata e a trabalhar metodicamente.

"Fomos abandonados sem mapa em uma montanha inexplorada, e a visibilidade é ruim", escreveu Bezos. "Não comecem e parem. Continuem a subir em ritmo constante. Sejam a tartaruga e não a lebre. Mantenham os gastos em níveis sustentáveis. Partam do princípio de que os gastos irão de estáveis a monotonamente crescentes." Ele garantia aos funcionários estar a par de que financiar pessoalmente a empresa seria oneroso. "Aceito que a Blue Origin não satisfaça as expectativas de retorno razoáveis de um investidor com relação a um típico horizonte de investimento", escreveu. "É importante para a paz de espírito dos que atuam na Blue Origin saber que não ficarei surpreso ou decepcionado quando essa previsão se mostrar verdadeira."

O documento, assinado por Bezos, acabou por se revestir da mesma inviolabilidade sagrada da carta inaugural aos acionistas da Amazon, a que os funcionários voltavam todos os anos nas reuniões gerais. Ele condensava a ideia central no mote em latim da empresa, *Gradatim ferociter*, ou "Passo a passo, com ferocidade". Bezos chegou a inventar um elaborado brasão, que mostrava duas tartarugas na Terra invocando as estrelas, em cima de uma ampulheta alada, um símbolo da transitoriedade do tempo.

A carta de boas-vindas e suas posteriores reapresentações serviam como uma espécie de farol na escuridão, silenciosamente falando com outros entusiastas na empresa que sonhavam em abrir a fronteira espacial, ao mesmo tempo que Bezos mantinha a Blue Origin envolta em segredo. Exigia-se de novos funcionários que lessem a carta e refletissem sobre ela, e candidatos a emprego na empresa tinham de redigir ensaios sobre a intensidade da própria paixão pela missão da Blue Origin, sendo descartados aqueles cujos anseios não fossem considerados intensos o suficiente.

Em meados dos anos 2000, o interesse de Bezos pelo espaço chamou a atenção de outro proeminente entusiasta: Elon Musk, que fundou a SpaceX em 2002 com o mesmo objetivo de produzir foguetes mais econômicos, reutilizáveis, e abrir a fronteira espacial. Bezos e Musk se reuniram privadamente duas vezes para discutir a mútua obsessão, uma delas em San Francisco e logo depois em Seattle, com as esposas à época, MacKenzie Bezos e Justine Musk. Os casais jantaram em um restaurante do centro e depois Jeff e MacKenzie levaram os Musk para fazer um tour pelo escritório original da Blue Origin, num galpão que fora previamente esvaziado de funcionários e de quaisquer indicações reveladoras do trabalho que era desenvolvido ali.

Sob muitos aspectos, a SpaceX era a antítese da Blue Origin. Financiada com investimentos iniciais de Musk e de um grupo de capitalistas de risco, ela buscou desesperadamente lucrar desde o primeiro dia, disputando contratos do governo para lançar e colocar em órbita satélites comerciais e militares com gigantes aeroespaciais já estabelecidas. Com a Blue Origin, Bezos pensava mais a longo prazo. Ele pretendia financiar a empresa sozinho e desenvolver tecnologias com o New Shepard que pudessem mais tarde ser integradas em missões mais ambiciosas para alcançar a órbita e ir além. "Não construam um veículo espacial, construam uma empresa que construa veículos espaciais", escrevera Bezos na carta de boas-vindas.

Musk me disse mais tarde que "achou bacana Jeff ter criado a Blue Origin e o fato de haver outra pessoa com objetivos filantrópicos semelhantes em relação ao espaço, além de vastos recursos". Ele lembra que os primeiros encontros entre os dois foram amistosos e de ter entrado numa discussão técnica com Bezos a respeito dos méritos da planejada mistura de combustível da Blue Origin, que utilizava peróxido, um composto conhecido por se decompor depressa quando exposto à luz do sol. "O peróxido é ótimo até você chegar num fim de semana e descobrir que o seu veículo já era e o seu local de testes também", alertou Musk. Bezos, porém, agia sob a assessoria de seu diretor de propulsão à época, Bill Kruse, ex-engenheiro da companhia aeroespacial TRW. Kruse defendia as propriedades não criogênicas do peróxido e o fato de que ele podia ser usado com uma turbobomba já existente, algo que exigia pouco trabalho extra de engenharia.

Bezos achava que trabalhar com componentes que já existiam permitiria que a Blue Origin mantivesse as equipes de engenharia reduzidas e aceleraria as coisas — princípios listados na carta de boas-vindas. Ele acreditava que restrições estimulavam a inovação e pretendia desenvolver veículos espaciais na cadência de um projeto de software, incorporando novas ideias em iterações frequentes, utilizando tantas tecnologias tradicionais quanto possível. O método funcionava bem nas empresas de internet como a Amazon, onde bugs podiam ser solucionados com facilidade. Mas, numa empresa aeroespacial eternamente pressionada pela escassez de recursos, essa era uma receita para a ocorrência de erros de sistema que precisavam ser testados e aperfeiçoados à exaustão para as missões.

Em 2011, a Blue Origin lançou um veículo teste em formato de cone no rancho de 1.700 hectares de Bezos no Texas. Naquele mês de agosto, um simples erro de software tirou o foguete de sua trajetória, obrigando o sistema de segurança a bordo a abortar o voo a uma altitude de 1.400 metros. Moradores da cidade de Van Horn, a cerca de cinquenta quilômetros de distância, viram "uma rápida desintegração sem controle".[3] A empresa se assegurou de que vídeo algum viesse a público e só admitiu o incidente quando a mídia começou a investigar. "Nenhum de nós queria esse resultado, mas estávamos cientes de que seria difícil", postou Bezos no site da Blue Origin.[4]

A essa altura, a empresa já estava fazendo aprimoramentos no New Shepard, adotando o conselho de Musk sobre a volatilidade do peróxido e passando a utilizar um combustível de alto desempenho para foguetes que misturava oxigênio líquido e hidrogênio líquido. A empresa também começou a disputar timidamente contratos do governo, recebendo 25 milhões de dólares em concessões para as duas fases iniciais do Commercial Crew Development (CCDev), um programa da era Obama de solicitação de propostas de empresas privadas para transportar astronautas até a Estação Espacial Internacional. No entanto, as exigências mais estritas da Fase 3, conduzida ao longo da primavera de 2012, demandavam dos participantes que concluíssem a construção de uma nave espacial que entrasse em órbita em três anos.

Concorrer nessa fase crucial exigiria que Bezos abandonasse radicalmente alguns dos princípios contidos na carta de boas-vindas — seu desejo de que a empresa continuasse enxuta, por exemplo, e desse "um passo de cada vez". A Blue Origin ainda continuava focada no New Shepard e, por isso, decidiu deixar passar a oportunidade. A SpaceX ganhou o contrato, juntamente com a Boeing, e recebeu a quantia expressiva de 440 milhões de dólares.[5] Anos depois, quando o órgão de auditoria interna do Departamento de Estado publicou uma auditoria do programa que revelou que a SpaceX acabara recebendo um total de 7,7 bilhões de dólares pelo projeto,[6] Bezos, já esquecido daquelas primeiras conversas com Musk, ruminou em voz alta, segundo um colega: "Por que decidimos não entrar nessa concorrência?"

Como consequência dessas abordagens divergentes, a SpaceX logo se tornou maior e mais rápida. Quando a Blue Origin contratou seu 250º funcionário, em 2013, a SpaceX já tinha 2.750 empregados e estava mandando naves espaciais não tripuladas para a Estação Espacial Internacional.[7] A Blue Origin girava em torno do New Shepard, mas a SpaceX havia pulado por completo o estágio intermediário de construção de foguetes suborbitais para levar turistas ao espaço, algo que Bezos achava necessário para habituar as pessoas à ideia de viagens espaciais e assim alcançar seu principal objetivo: criar um futuro em que milhões de humanos possam viver e trabalhar no espaço.

Embora parecessem pensar do mesmo jeito com relação a suas ambições espaciais, Bezos e Musk tinham nítidas diferenças filosóficas na condução de suas empresas. A meta não declarada de Musk era colonizar Marte e tornar os humanos "uma espécie multiplanetária",[8] à semelhança de uma apólice de seguro contra a calamidade na Terra. Bezos acreditava que, "de todos os planetas no sistema solar, a Terra é de longe o melhor", e que reduzir o custo do acesso ao espaço era o caminho para alocar grandes e vibrantes populações em estações espaciais, onde elas poderiam colher energia solar e extrair metais e outros recursos da superfície da Lua. A hipótese de Bezos era a de que, no ritmo atual de crescimento populacional e uso de energia, a humanidade teria de começar a racionar recursos ao longo de várias gerações, o que levaria a uma inércia da sociedade. "Fomos para o espaço para salvar a Terra", declarou.[9]

Ainda assim, a Blue Origin e a SpaceX estavam, inevitavelmente, fadadas ao conflito. Acabariam disputando não apenas contratos do governo, talentos e recursos, mas também a adulação e atenção do público e da imprensa especializada. Em 2013, a amabilidade dos primeiros encontros entre Musk e Bezos deixara de existir, e no lugar instalou-se uma crescente rivalidade entre dois empreendedores bem-sucedidos, egoístas e implacáveis.

Naquele mês de setembro, numa clara tentativa de retardar a rival, a Blue Origin levantou objeções contra o projeto da SpaceX de arrendar o histórico Complexo de Lançamento 39 da Nasa no Centro Espacial Kennedy, em Cabo Canaveral, o lar original do programa Apollo.[10] Em resposta ao recurso judicial da empresa de Bezos, em um e-mail para a revista *SpaceNews*, Musk escreveu: "É mais fácil ver unicórnios dançando nas chamas"[11] do que ver a Blue Origin produzindo um foguete qualificado a aportar na Estação Espacial Internacional nos próximos cinco anos. O recurso foi indeferido, e a empresa mais tarde assegurou o Complexo de Lançamento 36, que era menor e exigia mais investimentos de recuperação. Em 2014, as empresas também duelaram por uma frágil patente da Blue Origin relacionada ao pouso de foguetes em barcaças marítimas. A SpaceX contestou a patente na justiça e saiu vitoriosa.[12]

Bezos, porém, estudava a SpaceX e os motivos para o seu crescente sucesso. A empresa de Musk vinha financiando esse rápido crescimento com a venda de seus serviços de lançamento; talvez a Blue Origin pudesse fazer algo similar, embora sem perder o foco na estratégia de dar "um passo de cada vez" para chegar ao espaço. Depois que a Rússia invadiu a Crimeia, em 2014, uma oportunidade se apresentou: a United Launch Alliance (ULA) — uma parceria entre as divisões aeroespaciais da Lockheed Martin e da Boeing'[13] na época as principais provedoras de lançamentos para o Exército americano — anunciou que buscaria um fornecedor americano de motores caso fosse obrigada a deixar de comprar motores de foguetes da Rússia. Executivos da Blue Origin propuseram vender à ULA seu novo motor BE-4 de gás natural liquefeito, que estava sendo desenvolvido para o novo foguete auxiliar do New Glenn.

As organizações-mães da ULA queriam ter certeza de que não estariam ajudando uma futura rival, como a SpaceX, que acabaria competindo na lucrativa seara de lançamentos de satélites. Bezos falou ao telefone com executivos de ambas as empresas e, aparentemente, foi persuasivo. Em 17 de setembro de 2014, em disputa contra o principal fornecedor de motores da ULA, a Aerojet Rocketdyne, a Blue Origin venceu a concorrência. No entanto, ela viria a se mostrar uma parceira inconsistente.

Em abril do ano seguinte, pela primeira vez, a empresa lançou um protótipo da nova cápsula de tripulação do New Shepard do rancho de Bezos. A cápsula, cheia de lembranças de funcionários, como brinquedos, cartões de visita e joias, como parte de um programa interno chamado "*fly your stuff*" [mande suas coisas para o espaço], atingiu a linha Kármán, o ambiente de gravidade zero cem quilômetros acima do nível do mar, separou-se do foguete e flutuou de volta à Terra com seus três paraquedas. No entanto, em vez de retornar suavemente, o foguete auxiliar reutilizável sofreu uma falha hidráulica, o que provocou mais uma "rápida desintegração não controlada", e pousou em chamas.

"Sempre aprendemos mais com o fracasso do que com o sucesso", disse Gary Lai, executivo de longa data da Blue Origin. "Olhando em retrospecto, com a testagem apropriada em solo, o fracasso ocorrido durante a M1 poderia ter sido evitado." Outros colegas se lembram da frustração de Bezos. "Será que estamos cometendo erros sofisticados ou erros vergonhosamente estúpidos?", perguntou, durante uma análise do acidente.

Mas em novembro daquele ano, em seu momento de destaque, a Blue Origin finalmente realizou o feito. O veículo teste atingiu o espaço, e o foguete auxiliar, golpeando o solo desértico, se reacomodou na plataforma de lançamento em meio a uma nuvem de poeira. No centro de controle, todos comemoraram efusivamente — "e todo e qualquer senso de decoro desapareceu", nas palavras de Gary Lai.

Após a volta segura da cápsula, via paraquedas, um Bezos eufórico, de chapéu de caubói, apareceu com o que Lai descreveu como "a maior garrafa de champanhe que eu já vi" e depois, em vez de estourar a rolha, pegou uma faca e cortou fora a parte abaixo do gargalo. "Meus olhos se encheram de lágrimas. Foi realmente uma das coisas mais maravilhosas que já vi", disse Bezos, enquanto os funcionários brindavam. "Este é um marco fantástico, mas não é o fim, é o começo. Este é o início de algo fantástico. Hoje, com efeito, é um grande dia não só para a Blue Origin, mas para toda a civilização. Acho que o que fizemos hoje será lembrado durante milhares de anos, e vocês devem ter orgulho de si mesmos."

A SpaceX, enquanto isso, começara com um sistema de baixa tecnologia baseado no descarte e voltara à reutilização.[14] Um mês depois, quando pousou seu primeiro foguete auxiliar reutilizável, Bezos mandou um amargo "Bem-vindo ao clube" para Musk, via Twitter.[15]

Mas a diferença genética entre as duas empresas fez com que a vantagem da Blue Origin fosse passageira. Na época do lançamento bem-sucedido, a empresa tinha cerca de quatrocentos funcionários focados sobretudo no New Shepard, além de algum planejamento de longo prazo para o programa embrionário do New Glenn e o motor BE-4.

A SpaceX, em contrapartida, tinha 4.500 funcionários e crescia depressa, unicamente focada nas missões orbitais. A Blue Origin dependia do financiamento de Bezos, enquanto o Tio Sam, os contribuintes e outros consumidores pagavam a maior parte das contas da SpaceX.

Em outras palavras, não se tratava de uma fábula: a tartaruga perseguia uma lebre de verdade, e não causava surpresa o fato de a lebre estar ganhando a corrida.

* * *

A despeito dessas batalhas, os funcionários da Blue Origin, como seus pares na Amazon, eram quase religiosamente doutrinados para ignorar a possibilidade de competição e manter o foco na tarefa imediata. Trabalhando em meio à resplandecente abastança cada vez maior de

Bezos, isso não era difícil. Vista de fora, a sede que ocupavam numa zona industrial de Kent não tinha nada de mais: uma antiga fábrica de 28 mil metros quadrados,[16] onde a Boeing no passado fabricara brocas para o Eurotúnel. Por dentro, contudo, os escritórios haviam sido convertidos num playground para os entusiastas do espaço, recheados de artefatos e curiosidades de ficção científica adquiridos ao longo dos anos pelo próprio Bezos.

A coleção privada abrangia a jornada até o espaço da arca da humanidade. Incluía um capacete de proteção da era Mercury da Nasa, um traje pressurizado usado pelos astronautas da Soyuz e uma telha de proteção térmica de um ônibus espacial. No saguão do segundo andar ficava a maquete da nave USS Enterprise usada nos filmes originais da franquia *Jornada nas Estrelas*. A seu lado havia uma réplica de dois andares da nave espacial movida a vapor retratada no romance de Júlio Verne *Da Terra à Lua*. Uma citação atribuída a Leonardo da Vinci adornava uma parede próxima: "Quando você tiver experimentado a sensação de voar, andará na terra com os olhos voltados para o céu, pois lá esteve e para lá desejará retornar."

Os funcionários podiam fazer pausas para descanso na ala noroeste do prédio, num espaço ao ar livre apelidado de "jardim secreto", em homenagem ao romance de Frances Hodgson Burnett. Um lago com carpas, uma trilha para caminhada, uma cozinha ao ar livre e um fumódromo aninhavam-se entre árvores frutíferas e arbustos de mirtilo que bloqueavam a visão da selva de concreto abaixo. Um banco no parque ostentava uma placa *in memoriam* com o nome de Elizabeth Korrell — a gestora e advogada particular de Bezos, que morreu de câncer em 2010 aos 42 anos.

Korrell ficara longe dos holofotes, salvo por um único momento de notoriedade: em 6 de março de 2003, ela e Bezos examinavam propriedades perto de Cathedral Mountain, no oeste do Texas, quando o helicóptero em que viajavam caiu num riacho raso ao tentar decolar em meio a uma forte ventania.[17] Korrell fraturou uma vértebra; Bezos teve apenas ferimentos leves. A maior lição tirada do episódio, disse ele a um entrevistador tempos depois, foi "evitar helicópteros sempre que possível".[18]

Bezos e Korell acabaram encontrando uma propriedade adequada perto da cidade de Van Horn e fizeram uma série de aquisições por meio de holdings com nomes de exploradores famosos.[19] Bezos desejava ter um retiro como o do avô, onde passara tantos verões instrutivos. O local abrigaria também instalações da Blue Origin e uma plataforma de lançamento.

Uma década depois, o rancho oferecia aos engenheiros mais uma opção de luxo e diversão. A propriedade tinha uma piscina e um pátio, um braseiro ao ar livre e um telescópio de alta potência para contemplar as estrelas nas noites sem nuvens do Texas. Durante o dia, os hóspedes às vezes passeavam de buggy pela propriedade; à noite, Bezos oferecia jantares e servia bebidas caras em um *saloon* na parte externa, que chamava cerimoniosamente de Bar do Parpie, apelido pelo qual todos os netos chamavam o avô, Mike Bezos. Sempre que uma garrafa cara de uísque era esvaziada, ele fazia com que todos a assinassem.

Depois desses interlúdios, todos voltavam para a realidade, para uma organização que parecia irritantemente bipolar. Bezos estabelecia metas cada vez mais altas enquanto reduzia os recursos disponíveis para alcançá-las. Durante longos períodos, limitou o tempo que passava na empresa, aparecendo apenas um sábado ou outro para profundas revisões técnicas dos programas, quando impressionava os funcionários ao entrar em confronto com os cientistas astronáuticos e os engenheiros aeroespaciais. Gostava de interagir com os engenheiros e queria ter um papel visível nas decisões mais importantes de arquitetura e design. Preferia, contudo, administrar muitos dos detalhes das operações cotidianas de forma invisível, via e-mails trocados com Rob Meyerson.

O estilo de supervisão deixava o presidente da empresa numa posição difícil. Meyerson agia como um veículo de Bezos, mas nada tinha da autoridade impositiva do chefe; também lutava para seguir as diretivas inconsistentes de Bezos, enfrentando restrições e contratando rapidamente para satisfazer as crescentes ambições da empresa. Toda segunda, fazia reuniões tensas com seus subordinados diretos, nas quais muitas vezes os acusava de não progredir com rapidez suficiente, o que os deixava desmoralizados e improdutivos. Era visto com ceticismo e dava a impressão de estar sempre tomando notas para seus relatórios a Bezos, agindo como um filtro de distorção entre os funcionários e o chefe de fato.

Todos esses atritos na Blue Origin culminaram numa série de embates amargos em 2016. O moral estava baixo, e Bezos, frustrado com a ausência de progresso, vinha permitindo que alguns provocativos hábitos de administração e notórias explosões de raiva que havia suprimido na Amazon ressurgissem na Blue Origin. Numa reunião de revisão tecnológica naquele mês de fevereiro, ele dirigiu uma chuva de comentários sarcásticos ao arquiteto de sistemas do New Shepard, Greg Seymour, que trabalhava para a empresa havia doze anos. Seymour, que já estava infeliz, pediu demissão via mensagem de texto às três horas da madrugada seguinte.

Ainda naquele verão, Bezos criticou Meyerson e outros altos executivos ao ser surpreendido por eles com uma proposta de orçamento bem acima de 500 milhões de dólares, o que excedia em muito as suas expectativas. Eles estavam tentando prever o custo de projetos cruciais como as fábricas de foguetes e motores para o New Glenn. Bezos, que na época possuía um patrimônio de cerca de 45 bilhões de dólares, teve um ataque. "Não vou gastar isso", queixou-se. "Se era tanto assim, vocês deviam ter me ligado no meio da noite para contar!"

Na carta de boas-vindas, Bezos prometera não se mostrar surpreso ou decepcionado se a empresa não desse um retorno imediato ao seu investimento. Agora, porém, estava surpreso e decepcionado. Os funcionários disseram que, após um longo período sem visitar a sede em Kent às quartas-feiras, o dia em que costumava cumprir expediente na Blue Origin, Bezos começou a frequentá-la durante algumas horas todas as semanas para falar com os chefes de departamento a fim de entender melhor as despesas crescentes e a disfunção incessante. Acreditando que a Blue Origin estava sendo prejudicada por um processo decisório lento, também passou a aparecer no refeitório da empresa na hora do almoço. Qualquer um podia abordá-lo para obter uma decisão rápida sobre um problema ou ideia, desde que estivesse munido de um documento de uma página que resumisse a dificuldade e as potenciais soluções.

Tudo isso levou a um desfecho constrangedor na primavera de 2016. A American Astronomical Society concedeu a Meyerson seu Space

Flight Award, dado anualmente ao "indivíduo cujos extraordinários esforços e realizações mais contribuíram para o progresso" da exploração espacial. Quando Bezos anunciou o prêmio numa reunião de gerenciamento, ninguém aplaudiu; quase ao mesmo tempo, os executivos abaixaram o olhar. "Muito bem, talvez eu precise repetir, trata-se de um prêmio de grande prestígio", disse Bezos. A sala permaneceu em silêncio. Estavam todos furiosos com seus embates internos, com o enorme abismo entre os recursos disponíveis e as ambições da empresa e com os golpes frequentes desferidos pela SpaceX, que atingiam a dignidade coletiva dos funcionários.

Foi então que Bezos começou a convidar os executivos, um a um, para almoçar com ele em seu escritório na Amazon.

***

Quando a Blue Origin começou a buscar um CEO capaz de introduzir na empresa a "excelência operacional no estilo Amazon", Bezos, ao que parece, mudou de ideia quanto à forma de administrar a empresa, descartando alguns dos princípios norteadores que haviam restringido seu crescimento. Recuou do "incrementalismo metronômico" descrito na carta de boas-vindas e engajou totalmente a Blue Origin em uma série de ambiciosos programas paralelos. Também abandonou a ideia de que os gastos da empresa devessem ir de "estáveis a monotonamente crescentes" e autorizou uma expansão considerável do orçamento. Em abril de 2017, no Space Symposium em Colorado Springs, anunciou que venderia o equivalente a 1 bilhão de dólares de ações da Amazon por ano para financiar a Blue Origin, deixando pasmos os funcionários — era a primeira vez que ouviam falar disso.[20]

Como aconteceu com tantas reviravoltas protagonizadas por Bezos na Amazon, como sua exigência mais tarde naquele ano de que o Departamento de Varejo fosse lucrativo mesmo sem a receita da publicidade, os funcionários da Blue Origin se esforçaram para entender aquela brusca mudança de ideia. A única resposta plausível era a mais evidente: a lebre passara à frente da tartaruga. Bezos reconheceu a necessidade de mudar de estratégia se quisesse que a empresa ganhasse contratos comerciais e do governo para financiar seu próprio crescimento, permitindo-lhe alcançar Elon Musk e a SpaceX.

Durante mais de uma década, a atenção de Bezos se concentrara em oferecer a clientes pagantes uma voltinha eletrizante de onze minutos até o limiar do espaço. Mas após um quinto voo de teste bem-sucedido do New Shepard em outubro de 2016, a nave suborbital só voltaria a voar dali a um ano. Em vez disso, a atenção e os recursos foram redirecionados para o que Bezos apelidou de irmão mais velho do New Shepard.

Naquele outono, a empresa apresentou ao público o New Glenn,[21] comprometendo-se a realizar seu voo inicial até o fim da década — compromisso que não cumpriria. Projetos do New Glenn mostravam que ele teria mais capacidade de propulsão do que o Falcon 9, da SpaceX, e seu gêmeo mais robusto, o Falcon Heavy. Também estaria equipado para levar cargas pagas, como satélites comerciais e militares, até a órbita geossíncrona, de maior altitude — precisamente o mercado que os executivos da United Launch Alliance haviam acreditado que não era do interesse da Blue Origin.

"Os executivos da ULA se sentiram traídos e enganados", disse George Sowers, ex-diretor científico e vice-presidente da ULA. Os executivos das duas empresas pararam de se falar; a tensão era tamanha que eles passaram uns pelos outros nos corredores do Space Symposium daquele ano sem se cumprimentar. Segundo Sowers, o relato que os executivos da ULA acabaram ouvindo de seus pares na Blue Origins foi que Bezos ficara frustrado com o fato de o governo estar financiando os sonhos espaciais de Elon Musk e decidira entrar no jogo.

Para disputar esses contratos lucrativos e "ser paga para praticar", como descreveu Bezos para os colegas, a Blue Origin teria de fechar contratos de lançamento para o New Glenn com operadoras de satélites como Eutelsat, da França, Telesat, do Canadá, e One Web, do Reino Unido. E, quando a Força Aérea dos Estados Unidos anunciou a fase seguinte de uma concorrência para estimular o desenvolvimento de sistemas de lançamento para satélites de segurança nacional, Bezos foi claro: queria a Blue Origin como concorrente principal, não apenas como fornecedora de motores para outras participantes. A empresa acabou obtendo um contrato de lançamento de 500 milhões de dólares, ao lado da Northrop Grumman e da ULA.[22]

A Blue Origin era agora abertamente oportunista. Após a vitória de Donald Trump nas eleições para a presidência dos Estados Unidos, com uma plataforma que incluía a meta de levar os americanos à Lua até 2024, os executivos da empresa elaboraram depressa uma proposta de sete páginas descrevendo, em linhas gerais, um serviço lunar até a cratera Shackleton, no polo sul da Lua, pavimentando o caminho para colônias humanas ali. "Está na hora de os Estados Unidos voltarem à Lua — desta vez para ficar", escreveu Bezos em um e-mail para o *Washington Post*, depois de obter uma cópia da proposta.[23] A ideia evoluiria para outro enorme empreendimento, chamado Blue Moon.

Conforme a Blue Origin expandia seu escopo, Bezos se tornava um evangelista mais veemente de sua missão e de sua própria visão de viagem espacial humana. Abandonara por completo sua velha convicção de que a empresa deveria debater suas metas em público apenas depois de alcançá-las. Naquele mês de agosto, durante o EAA AirVenture, o show aéreo realizado pela Experimental Aircraft Association em Oshkosh, Wisconsin, um encontro anual para entusiastas da aviação e do espaço, ele exibiu a cápsula final do New Shepard, com seus seis assentos reclináveis, cada qual junto a uma grande janela inquebrável de cerca de um metro de altura para melhor observação da curvatura da Terra e da vastidão do espaço. "O espaço muda as pessoas", disse Bezos à plateia reunida, enquanto os astronautas sobreviventes do programa Apollo visitavam a cápsula. "Toda vez que falamos com alguém que já esteve no espaço, ele nos diz que quando se olha para a Terra e se vê como ela é bonita e frágil, com aquela fina camada de atmosfera, isso nos faz realmente dar valor ao lar."

Um executivo da empresa declarou aos presentes que o plano era começar a enviar pagantes ao espaço dali a um ou dois anos. A Blue Origin também não cumpriria esse prazo.

Para perseguir esses objetivos paralelos, o número de funcionários da Blue Origin ultrapassou a marca de mil em 2017 e dobrou em 2018. Uma parte deles veio da empresa de Musk, e o que se dizia maldosamente na indústria — "a Blue Origin é o country club para onde se vai depois de dar duro na SpaceX" — teria enfurecido Bezos, caso ele ouvisse isso. A Blue Origin também começou a construir instalações para a produção de foguetes em Cabo Canaveral e Huntsville, no Alabama. Caberia ao novo CEO, Bob Smith, assimilar todo esse crescimento e profissionalizar a empresa.

Smith contratou altos executivos da Raytheon, a divisão aeroespacial da Rolls-Royce, da Boeing, da Lockheed Martin, da Northrop Grumman e de outras empresas respeitadas. Os executivos da SpaceX tinham um evidente desdém por essas companhias, encarando-as como cúmplices na estagnação da inovação espacial. Mas esse escrúpulo não existia na nova Blue Origin, que precisava "fazer o que qualquer negócio precisa fazer, isto é, ter um bom balanço financeiro, um bom processo de recursos humanos e [líderes] capazes de montar e desenvolver grandes equipes", disse Bob Smith. "Todos esses passos eram necessários se quiséssemos tornar possível o voo rotineiro de pessoas."

Com a chegada de administradores profissionais, muitos funcionários antigos, que haviam passeado no jardim secreto e comemorado seus triunfos no Bar do Parpie, no rancho de Bezos no Texas, se sentiram deslocados e deixaram a Blue Origin. Rob Meyerson permaneceu, nominalmente encarregado dos "programas de desenvolvimento avançado", mas sem autoridade nem subordinados diretos. Quando Bezos transferiu sua atenção para Smith e, mais uma vez, deixou de fazer aparições regulares na empresa, Meyerson se sentiu preterido. Ele deixou a Blue Origin no fim de 2018, tendo concluído que o novo CEO não o queria mais na empresa.

＊＊

Na carta de boas-vindas, Bezos previra que a Blue Origin acabaria gerando retorno para seu investimento maciço. "Espero de verdade que, num horizonte de muito longo prazo, talvez mesmo daqui a décadas, a Blue Origin seja autossustentável, operacionalmente lucrativa e dê retorno", escreveu. "Apenas há de levar um tempo incomumente longo."

Mas, enquanto evangelizava em público em prol da Blue Origin, Bezos começou a encarar a operação menos como um passatempo, ou uma empreitada comercial, e mais como uma espécie de filantropia de longo prazo. "Estou cada vez mais convencido, com o passar dos anos, de que a Blue Origin, a empresa espacial, é o trabalho mais importante que faço", disse ele numa entrevista em maio de 2018 com Mathias Döpfner, CEO da gigante da mídia Axel Springer. "Faço esse trabalho porque acredito que, se não o fizermos, acabaremos com uma civilização mergulhada na inércia, o que me parece muito desanimador. Não desejo que os bisnetos dos meus bisnetos vivam numa civilização mergulhada na inércia."[24]

O destino da sua geração, explicou ele, era reduzir o custo do acesso ao espaço e desencadear as mesmas forças da criatividade que abriram a idade de ouro da inovação na internet. A meta era um trilhão de humanos um dia viverem e trabalharem em todo o Sistema Solar em estações espaciais operadas pela abundante energia do Sol.

Esse objetivo ambicioso tinha como inspiração um dos teóricos espaciais favoritos de Bezos: o falecido físico Gerard K. O'Neil. Era também uma meta útil para a pessoa mais rica do mundo, cujas contribuições para a caridade constituíam agora um tema de constante escrutínio e crítica. Em vez de um chefão do comércio eletrônico com um passatempo caro, Bezos era um grande industrial fazendo uma importante doação à humanidade.

A mensagem filantrópica foi uma novidade para muitos de seus colegas de longa data na Blue Origin e ajudou a desviar o foco da realidade mais evidente de que a empresa continuava batalhando depois de mais de vinte anos de existência. Na primavera de 2021, ainda não havia levado um turista além da linha Kármán ou sequer a orbitar. Esses eram fatos inconvenientes que o rival de Bezos, Elon Musk — que também via suas iniciativas no espaço como uma forma de inspirar a humanidade e potencialmente salvá-la da extinção — não perdia uma oportunidade de apontar.

"Tenho muito respeito por qualquer pessoa que tenha lançado um foguete em órbita", disse Musk ao apresentar o protótipo do novo foguete da SpaceX, o Starship, de cinquenta metros de altura, em setembro de 2019, dando uma alfinetada na Blue Origin. Numa entrevista durante uma conferência do mercado financeiro algumas semanas depois, Gwynne Shotwell foi mais explícita. "Eles são dois anos mais velhos que nós e ainda não atingiram a órbita", disse. "Eles têm 1 bilhão de dólares grátis todo ano."[25]

Em seu site, a Blue Origin insistia: "Não estamos numa corrida, e haverá muitos envolvidos nesse esforço humano para chegar ao espaço a fim de beneficiar a Terra." Ainda assim, o contraste entre as duas empresas nunca fora tão nítido. Em 2020, a SpaceX realizaria sua centésima missão ao levar humanos até a Estação Espacial Internacional, firmando-se como a maior empresa de astronáutica do mundo. Musk, que durante a vertiginosa valorização das ações da Tesla em 2021 passou à frente de Bezos e tornou-se a pessoa mais rica do mundo, pelo menos temporariamente, estava industrializando o espaço primeiro e não se esquivava de dizer que via tudo como uma competição. "Vejo a competição como uma coisa boa, não como algo ruim", contou-me. "As Olimpíadas seriam muito tediosas se todos se dessem os braços e cruzassem juntos a linha de chegada."

A Blue Origin permaneceu misteriosa, debatendo-se com a disfunção encriptada em seu código genético por Bezos, que de resto fora bem-sucedido em quase tudo que criara. Ainda assim, a divertida troca de farpas entre os magnatas prosseguiu: sobre seus planos de chegar à Lua, a Marte, se a Amazon copiava ou não a SpaceX em seu projeto de lançar uma constelação de satélites de órbita baixa e sobre a aquisição da Zoox — uma empresa de veículos autônomos que um dia poderia competir com a Tesla — pela Amazon.

Musk e Bezos eram bem parecidos — persistentes, competitivos e absortos com a própria imagem. Musk, porém, buscava ansiosamente os holofotes e estimulava um tipo de adoração quase religiosa em suas empresas e entre seus fãs, pavoneando-se no palco em eventos da Tesla e brincando no Twitter de vez em quando (quase sempre de maneira imprudente). Ele também se mostrava inteiramente à vontade ao partilhar libidinosos detalhes de sua vida pessoal, como o relacionamento com a cantora Grimes.

Bezos, por sua vez, era mais reservado. Sempre seguia um roteiro meticuloso e bem ensaiado e esforçava-se para imbuir sistemas e valores no cerne da Blue Origin, em vez de seu próprio tempo e reputação, recursos mais limitados. Além disso, sempre foi mais circunspecto que Musk com os detalhes de sua vida particular.

Esses detalhes, porém, se mostrariam difíceis de ocultar por muito mais tempo. Em julho de 2018, a Blue Origin realizou o décimo teste de voo do New Shepard no rancho de Bezos no Texas. Após o bem-sucedido lançamento, os executivos precisaram lidar com uma despesa adicional — a cobrança de uma empresa chamada Black Ops Aviation, que Bezos contratara para produzir filmagens aéreas para um golpe de publicidade incomum: um comercial da Blue Origin no Super Bowl.

A fundadora da Black Ops, uma atraente ex-âncora de TV chamada Lauren Sánchez, estava ao lado de Bezos durante o lançamento. Era outra mudança incompreensível, porque Bezos, como todos sabiam, odiava helicópteros.

PARTE III
Invencibilidade

Amazon, 31 de dezembro de 2018

Vendas líquidas anuais: 232,89 bilhões de dólares
Funcionários de meio período e período integral: 647.500
Capitalização de mercado no fim do ano: 734,41 bilhões de dólares

---

Patrimônio líquido de Jeff Bezos no fim do ano: 124,93 bilhões de dólares

PARTE III

Invencibilidade

CAPÍTULO 12
Licença para operar

No início de 2018, os objetivos pessoais de Jeff Bezos e os triunfos da Amazon enfim estavam convergindo para criar a imagem de uma empresa e seu fundador em plena ascensão. Milhões de pessoas em todo o mundo tinham um Echo, permitindo que a Amazon entrasse em suas casas através da assistente virtual Alexa, que prometia uma era irreversível guiada pela computação de voz.[1] As lojas Amazon Go, sem caixa para finalizar o pagamento, finalmente tinham sido abertas ao público em Seattle e logo começariam a aparecer nas cidades grandes dos Estados Unidos. Na onerosa corrida pela supremacia do comércio eletrônico na Índia, a empresa estava lutando em pé de igualdade com a dona da Flipkart, a Walmart. Em Hollywood, sucessos como *A maravilhosa sra. Maisel* e *Fleabag* tinham posicionado a companhia como parte de uma nova onda revolucionária e o *streaming* como uma nova porta para o próspero ecossistema do Prime.

Em seu negócio original de comércio eletrônico, a Amazon aproveitara a força caótica do capitalismo chinês para impulsionar seu marketplace de vendedores terceirizados, adquirira a rede de mercearias Whole Foods Market e desenvolvera uma rede de entrega final que dava suporte ao seu crescimento e reduzia sua dependência de empresas de entrega e do Serviço Postal dos Estados Unidos. A AWS permanecia como o motor principal de fluxo de caixa e lucros da empresa, mas a

Amazon também havia desenvolvido uma segunda frente: uma empresa lucrativa de anúncios on-line.

Mesmo com uma base de funcionários que se aproximava de seiscentas mil pessoas — mais de dois terços delas trabalhando nos centros de atendimento de pedidos —, a Amazon, no início de 2018, permanecia inventiva e demonstrava alavancagem considerável em relação aos custos fixos. Por essa combinação única e por parecer desconectada dos princípios corporativos que inibiam a maioria das empresas, naquele mês de junho os investidores concederam à Amazon uma capitalização de mercado que ultrapassou os 800 bilhões de dólares pela primeira vez. E o preço das ações continuou subindo.

Bezos deixou que as coisas seguissem seu curso sozinhas, aparecendo apenas de vez em quando e em geral sem aviso prévio, para gerar novas ideias provocativas, restringir custos e reduzir burocracias. Em seu próprio tempo, ele analisava os negócios e a tecnologia do *Washington Post*, supervisionava a nova gestão da Blue Origin e alegrava-se com os testes de lançamento do foguete New Shepard em seu rancho no Texas. Ele também tinha planos para um trabalho filantrópico, diante da pressão pública para doar parte de sua fortuna, que ultrapassava os 100 bilhões de dólares. E, como sempre, ele contemplava o futuro da Amazon — não só as coisas novas que podia fazer, mas onde fazê-las.

Em 29 de janeiro de 2018, Bezos recebeu jornalistas, políticos importantes como Jay Inslee, governador de Washington, e outros convidados no *campus* corporativo da Amazon no centro de Seattle para a inauguração das Amazon Spheres, três estufas de vidro e aço interligadas que abrigavam uma exuberante coleção de plantas tropicais, córregos artificiais e aquários. O evento marcava o ápice de uma jornada de oito anos[2] que havia começado em South Lake Union, com o aluguel de onze prédios baixos da Vulcan Inc. — do cofundador da Microsoft Paul Allen —, que poderiam acomodar seu crescimento num futuro próximo. Bezos achava que um *campus* urbano dinâmico poderia ajudar a Amazon a atrair e manter profissionais de tecnologia jovens e cobiçados. Mas a quantidade de funcionários, que se esperava que aumentasse aos poucos, começou a crescer de 30% a 60% ao ano, seguindo a rápida expansão dos negócios da Amazon, superlotando os prédios de seis andares em South Lake Union.

Em 2012, a Amazon comprou o *campus* inteiro da Vulcan, além de um conglomerado de três quadras nas proximidades, e começou a planejar a construção de um complexo de escritórios de estatura maior. Em outubro daquele ano, Bezos visitara a sede da Ferrari em Maranello, na Itália. Como sempre um colecionador de peculiaridades e costumes de outras empresas, talvez ele tenha se inspirado nos jardins internos que se espalham pelo primeiro andar da tranquila fábrica de carros de luxo e, logo em seguida, tido uma ideia radical para a nova sede da Amazon.

"Alexa, abra as esferas", disse Bezos na inauguração, de um palco, olhando para uma multidão sentada. "Tudo bem, Jeff", respondeu a voz anódina de Alexa, a cantora Nina Rolle, de Boulder, enquanto um anel circular preso ao teto abaulado iluminava o ambiente com luz azul e pulverizadores começavam a borrifar água em milhares de plantas e árvores exóticas. Os funcionários e convidados aplaudiram, enquanto Bezos agradeceu com sua risada inconfundível.

Mas nem todos estavam comemorando. Em janeiro de 2018, na época da inauguração das Amazon Spheres, 45 mil funcionários da Amazon trabalhavam em Seattle, e a empresa ocupava cerca de um quinto da área de escritórios luxuosos da cidade.[3] Novos hotéis, restaurantes e construções se multiplicavam num centro já denso. A Amazon havia modificado o caráter excêntrico de sua cidade natal, outrora conhecida como uma cidade industrial e fonte de tendências alternativas, como a música e a moda grunge.

Todas as consequências negativas do urbanismo do século XXI acompanharam essas mudanças velozes. Bairros históricos com rica bagagem cultural, como o Central District, cinco quilômetros a leste dos edifícios da Amazon, de população predominantemente negra, passaram por um alarmante processo de gentrificação. O preço médio de aluguel de um apartamento de um quarto em Seattle aumentou 67% entre 2013 e 2017, segundo a National Low Income Housing Coalition [coalizão nacional para habitação de baixa renda].[4] O trânsito na estrada interestadual I-5, para entrar na cidade, e nas pontes para os bairros a leste e oeste de Seattle ficava parado na hora do rush. Com as leis de restrição de uso de terrenos e a limitação de construção de novas casas imposta pelos moradores dos bairros, famílias de baixa renda acabaram desalojadas e os sem-teto tornaram-se nauseantemente onipresentes nas ruas de Seattle.

As autoridades públicas concordavam que a cidade não estava preparada para essas mudanças e não se movimentara com celeridade suficiente para reagir a elas. "O que nos surpreendeu no governo foram a intensidade, a amplitude e a velocidade do crescimento da Amazon", afirmou Tim Burgess, congressista local que fora prefeito de Seattle por um breve período em 2017. "De diversas maneiras, a cidade não estava pronta para isso." Maud Daudon, ex-presidente da Câmara Metropolitana de Comércio de Seattle, afirmou que a cidade fora "inevitavelmente pega de surpresa como comunidade" diante do crescimento da Amazon. "Era simplesmente transformador demais."

A mesma dinâmica se desenrolava 1.300 quilômetros ao sul do Vale do Silício, onde a aversão de moradores de longa data às mudanças impostas por empresas como Google e Facebook ficou conhecida popularmente como *"techlash"*. Em Seattle, era um caso específico de *"Amazonlash"*.

Absortos no crescimento automático e contínuo da empresa, os executivos e funcionários da Amazon eram alvos fáceis de crítica. Ao contrário de seus velhos pares, como a Microsoft e a Boeing, a companhia praticamente não fazia doações a centros de filantropia locais, como a sede da United Way, e nem sequer alcançava em doações o montante doado por seus colaboradores.[5] Bezos aparentemente preferia direcionar cada centavo a novas linhas de produtos ou à redução de preço para os clientes. A comunicação entre a Amazon e sua cidade natal se resumia a e-mails educados entre John Schoettler, diretor da Divisão Imobiliária da empresa, e autoridades de planejamento urbano. Diferentemente de outros milionários locais, como Bill e Melinda Gates ou o vocalista do Pearl Jam, Eddie Vedder, Jeff Bezos era bastante invisível e uma mera cifra na comunidade.

Sensível à crítica do *Seattle Times* e de outros veículos de mídia sobre sua ausência na filantropia local, a empresa passou a buscar formas de contribuir em 2016. Schoettler redirecionou a doação do antigo Travelodge Hotel, que era propriedade da empresa, para uma organização

Licença para operar

local sem fins lucrativos chamada Mary's Place, que atendia mulheres e crianças desabrigadas. Quando o hotel foi demolido, a Amazon transferiu o abrigo para um Days Inn próximo e depois reservou oito andares dos novos prédios corporativos para ele. Naquele ano, a Amazon também apoiou uma aliança que propôs uma bem-sucedida iniciativa popular de 54 bilhões de dólares para expandir os veículos leves sobre trilhos e os demais transportes públicos na região.

Bezos estava ciente dessas iniciativas, segundo funcionários da Amazon que trabalharam nelas. Muitos achavam que ele as apoiava porque elas melhoravam a imagem da empresa e demandavam um investimento relativamente baixo em termos de tempo e dinheiro. Ele se mostrava caracteristicamente focado nos negócios e transacional quando a discussão era sobre o envolvimento com a comunidade. Documentos internos da companhia defendiam que a Amazon fazia o suficiente para manter sua "licença social para operar" — o conceito do mundo dos negócios que se refere à aceitação, por parte do público, de uma empresa, seus funcionários e suas práticas corporativas.[6]

Durante décadas, o contrato de longa duração entre empresas e comunidades permanecera relativamente estável. Uma empresa podia gerar empregos, pagar impostos, prestar um módico serviço público e não falar muito sobre isso. Mas, no século XXI, a relação entre as cidades e os conglomerados globais em expansão era alvo de questionamentos. Qual era o custo para o público quando as cidades seduziam corporações com isenções fiscais e doações de propriedades? Como as empresas poderiam se tornar parceiros de boa-fé de suas comunidades? E, ao passo que os governos fracassavam em resolver os complexos problemas da disparidade de renda e da pobreza, que responsabilidade as corporações tinham de interceder e confrontá-los?

Em Seattle, o movimento de responsabilidade corporativa foi consagrado com a eleição de Kshama Sawant, socialista marxista que entrou para a Câmara Municipal de Seattle em 2014. Sawant e seus aliados propuseram uma infinidade de impostos adicionais com o intuito de obrigar a Amazon a pagar pelos efeitos negativos de seu crescimento. O ex-prefeito Tim Burgess disse: "A eleição de Sawant foi determinante para mudar o tom e a qualidade do discurso público."

Em junho de 2017, Sawant apoiou uma lei que propunha um aumento de 2,25% no imposto de renda daqueles que ganhassem mais de 250 mil dólares por ano.[7] Funcionários da Amazon disseram que a medida, que passou na Câmara com votação unânime, mas foi contestada na justiça e jamais implementada, chamou a atenção de Bezos, que não ligava muito para a política local. Mais tarde naquele ano, Sawant também propôs um "imposto *per capita*",[8] a ser aplicado às empresas de acordo com o número de funcionários que possuíssem na cidade. A ideia foi derrotada, mas retornaria uma série de vezes nos anos seguintes. Assim, os executivos da Amazon começaram a se sentir desvalorizados por uma cidade há muito assolada por ciclos de investimento e fracasso, uma condição primorosamente resumida em um outdoor famoso dos anos 1970: "Que a última pessoa a sair de SEATTLE apague a luz."

Ao mesmo tempo, outro fator pesava bastante nos planos de longo prazo de Bezos: ainda que estivesse construindo novos escritórios, a Amazon estava ficando sem espaço em Seattle. Em 2018, milhares de novas contratações ocorriam na empresa a cada mês. Funcionários que trabalhavam em edifícios como Doppler e Day 1 lembram que os escritórios estavam tão cheios que muitas vezes os funcionários tinham suas mesas instaladas nos corredores. Os eventos institucionais ficavam abarrotados e aquele ano foi o último em que a Amazon conseguiu fazer seu piquenique anual de verão no CenturyLink Field.[9] Era simplesmente gente demais.

O recrutamento também estava se tornando difícil. A empresa estava exaurindo o número de pessoas — engenheiros, mas também advogados, economistas e executivos de recursos humanos — dispostas a se mudar para o clima nublado e chuvoso do noroeste do Pacífico. Para sua próxima fase de crescimento, a Amazon teria que ir para outro lugar.

Um relatório de seis páginas produzido em agosto de 2016 havia cogitado essa possibilidade inevitável. O documento, prolixamente intitulado "Real Estate Site Selection Initiative Update, Site Selection for Amazon North America Campus" [Atualização da Iniciativa de Seleção Imobiliária, Seleção de Locais para o *Campus* da Amazon na América do Norte], foi escrito pelos executivos da equipe de desenvolvimento econômico da empresa. Ele esboçava os méritos relativos e os talentos de tecnologia disponíveis em 25 cidades, entre as quais Dallas, Nova York e Washington, D.C., onde a Amazon poderia alocar cerca de vinte mil funcionários e aproveitar a eficiência de um grande escritório-satélite.

O relatório e o subsequente debate do S Team foram o primeiro passo para um novo caminho provocativo — diminuir a dependência da Amazon de sua cidade natal. Um ano depois, em setembro de 2017, autoridades de Seattle, chocadas, souberam pela mídia, junto com todo mundo, sobre a intenção da Amazon de construir uma segunda sede.

* * *

Segundo relatos, o processo que ficaria conhecido como HQ2 foi ideia de Bezos. O fundador da Amazon soubera que o estado de Washington concedera incentivos no valor de 8,7 bilhões de dólares para atrair a Boeing para o estado, a fim de construir ali sua gigantesca aeronave 777X.[10] Ele reparou que Elon Musk apelidou a fábrica de baterias de íon de lítio que a Tesla pretendia construir de Gigafactory e depois colocou sete estados uns contra os outros antes de se decidir por um local no leste de Reno, Nevada, e receber isenções fiscais no valor de 1,3 bilhão de dólares. Musk estava pessoalmente envolvido na busca, usando seu carisma singular nas reuniões com governadores e fazendo visitas aos locais prospectivos. No final do processo, Nevada ofereceu à Tesla o maior acordo de isenção fiscal na história do estado e permitiu que a fábrica operasse praticamente de graça por uma década.[11]

Analisando friamente, a Amazon nunca pedira nem recebera isenção fiscal de Seattle nem do estado de Washington. Mas agora Bezos chegara à conclusão de que a Amazon, com seus cargos bem remunerados e a reputação de empresa inovadora, também deveria poder pleitear incentivos significativos de regiões interessadas em atrair negócios. A equipe de desenvolvimento econômico da Amazon foi instruída "a encontrar uma vantagem durável" — não apenas subsídios, que seriam gastos depressa, mas uma cidade disposta a oferecer isenções fiscais exclusivas e permanentes.

Como de costume, as metas de Bezos eram altas e sua paciência era pouca. Quando, por exemplo, em janeiro de 2017, a Amazon assegurou 40 milhões de dólares em incentivos fiscais para alugar um galpão no Aeroporto Internacional de Cincinnati/Northern Kentucky por cinquenta anos, Bezos disparou aquele e-mail de decepção perguntando de onde vinha o "superpoder" especial que Musk tinha para acumular isenções fiscais. E, como reportou o *Wall Street Journal*, a equipe de desenvolvimento econômico da Amazon recebera do S Team naquele ano a meta de assegurar 1 bilhão de dólares em incentivos fiscais por ano.[12]

A ideia mais ousada sobre como conseguir isenções tão altas acabou vindo do próprio Bezos. Durante o verão de 2017, ele refletiu sobre as conclusões do relatório de recursos humanos do ano anterior, a mudança no ambiente político em Seattle e o enorme sucesso que a Tesla, a Boeing e a taiwanesa Foxconn estavam obtendo em assegurar isenções fiscais de estados e governos locais.[13] E encontrou uma solução bem peculiar — baseada na inversão total dos métodos tradicionais utilizados pelas corporações para cortejar as autoridades locais.

Em vez de construir uma série de escritórios em múltiplas cidades ou de negociar em sigilo com um local para erguer um escritório-satélite, a Amazon anunciaria sua intenção de criar uma segunda sede — em pé de igualdade com a de Seattle. Em seguida, abriria o processo de seleção para todas as cidades da América do Norte e deixaria que elas competissem por um prêmio de cinquenta mil empregos e 5 bilhões de dólares em capital de investimento durante um período de quinze anos. Esse processo, afirmou Bezos, poderia dar destaque às comunidades que cobiçavam a empresa, em vez dos temores de seus críticos. "Parte disso era um exercício de animação de torcida", afirmou um membro da equipe HQ2, que, como muitos outros envolvidos, recusou-se a falar publicamente por medo de retaliação. "Quem nos queria? Isso seria respondido durante o processo."

Para lançar o projeto, executivos de relações públicas e de desenvolvimento econômico escreveram um relatório de seis páginas cuja maior parte foi reproduzida no comunicado à imprensa e na RFP (*request for proposal*, ou solicitação de proposta) da HQ2 que a Amazon tornou públicos em 7 de setembro de 2017.[14] Além de relatar a preferência da empresa por áreas metropolitanas com mais de um milhão de habitantes, por um ambiente favorável aos negócios e pelo acesso a redes amplas de talentos e de transporte, a RFP descrevia de forma específica o que seria necessário para ganhar a competição: seu texto mencionava a palavra "incentivo" ou "incentivos" 21 vezes, dizia que formas de isenção fiscal "seriam fatores significativos no processo de tomada de decisão" e uma oferta competitiva poderia até exigir que regiões aprovassem leis específicas.

A linguagem direta soou como de mau gosto para alguns. Logo após a publicação, Mike Grella, membro da equipe de desenvolvimento econômico baseado na capital que trabalhava no asseguramento de locais para os data centers da AWS, começou a receber telefonemas de autoridades conhecidas de várias cidades do país. Elas estavam assustadas com a RFP e a própria ideia do processo privado que a Amazon pretendia conduzir, um processo aberto que a sujeitaria a forças políticas imprevisíveis e ao escrutínio da opinião pública.

E então algo engraçado aconteceu. "Eles estavam todos chocados", afirmou Grella. "E depois entraram na fila."

* * *

O anúncio da iniciativa HQ2 da Amazon despertou frenesi na mídia. Nas duas semanas que se seguiram, veículos de mídia publicaram mais de oitocentas reportagens e artigos sobre o assunto, segundo a base de dados LexisNexis. Jornais locais desfavoreciam as chances de suas cidades e observadores veteranos da Amazon faziam suas apostas.[15] O *The New York Times* previu que Denver ganharia, citando "o estilo de vida e os preços acessíveis da cidade, aliados aos talentos na área de tecnologia das universidades próximas".[16] O *Wall Street Journal* escolheu Dallas.[17] Os executivos da Amazon torciam para Boston, conforme divulgado na Bloomberg News.[18]

Houve algumas poucas vozes divergentes. Ro Khanna, parlamentar do Vale do Silício, tuitou que as empresas de tecnologia não deveriam "pedir isenção fiscal em cidades no meu distrito nem fora dele. Elas deveriam estar investindo nas comunidades".[19] Um colunista do *Los*

Angeles Times chamou o processo de "arrogante, ingênuo e um pouco cínico demais".[20] Mas, como Bezos esperava, a resposta foi de forma geral positiva e esclarecedora. Enquanto as críticas à indústria da tecnologia em Seattle e no Vale do Silício questionavam o papel das gigantes tecnológicas no aceleramento da gentrificação e do número de sem-teto, havia cidades desesperadas para recebê-las. O resultado foi uma corrida pública sem precedentes por uma dádiva raríssima de empregos bem remunerados e aumento da atividade econômica.

No fim, 238 propostas foram recebidas até 19 de outubro de 2017, a data-limite. Cidades como Detroit, Boston e Pittsburgh incluíram vídeos em suas propostas, mostrando seu charme com música alta e efeitos especiais produzidos no iMovie. Um vídeo produzido pela região de Tampa-St. Petersburg mostrava jogadores de vôlei de praia descansando na areia; Dallas ostentava, entre outras coisas, seus "sabores", sua "atmosfera" e suas "margaritas". Autoridades locais não muito fotogênicas, vestindo terno e gravata, vinham até a câmera e falavam diretamente com a Amazon em tom submisso.

Algumas cidades recorreram a expedientes mais peculiares. Birmingham, no Alabama, espalhou três caixas de papelão enormes pela cidade e pediu que os residentes tirassem selfies e postassem as fotos nas redes sociais. O prefeito do Kansas comprou mil produtos na Amazon e pediu que cada um fosse avaliado utilizando superlativos sobre a cidade.[21] Calgary, no Canadá, desenhou nas calçadas de Seattle e pendurou uma faixa vermelha de sessenta metros perto dos escritórios da Amazon que dizia: "Não estamos dizendo que lutaríamos com unhas e dentes por vocês... mas com certeza lutaríamos."[22] Stonecrest, na Georgia, um subúrbio trinta quilômetros a leste de Atlanta, ofereceu trocar seu nome para "Amazon". Tucson, no Arizona (população em 2019: 545 mil pessoas), enviou um cacto saguaro de 6,5 metros de altura para a empresa, que o doou para um museu. E assim por diante.

Muitas autoridades municipais disseram não ter opção senão mostrar a seus contribuintes que estavam competindo pelo lucrativo prêmio. "Na minha opinião, o futuro do trabalho será a tecnologia, e, se você não participar de alguma maneira, sua economia ficará completamente obsoleta", afirmou Ryan Smith, diretor de desenvolvimento econômico do gabinete do governador de Nevada que havia trabalhado na proposta inútil de Las Vegas.

As propostas foram distribuídas para uma equipe de cerca de meia dúzia de executivos de recursos humanos, relações públicas, políticas públicas e desenvolvimento econômico nos escritórios da Amazon em Seattle e Washington, D.C. Durante anos, a presença da Amazon na capital tinha sido negligenciada. A equipe de políticas públicas ocupava um único andar de uma velha casa geminada, em cima de um escritório ocupado por dois lobistas da Cherokee Nation. Os funcionários dividiam um único banheiro e tinham que usar uma internet de velocidade muito baixa para acessar a rede da Amazon. A empresa se preocupava tão pouco com as relações governamentais que Jay Carney, quando trabalhava para o governo Obama, disse que "nunca conheci ninguém da Amazon, nem uma vez sequer, nem quando fui a Seattle fazer campanhas de arrecadação de fundos".

Depois que Carney virou vice-presidente sênior de relações corporativas globais da Amazon, em 2015, a equipe de Washington, D.C., começou a se reportar diretamente a ele e a conseguir mais recursos. A Amazon tinha acabado de se mudar para um prédio moderno na 601 New Jersey Avenue, em frente à Faculdade de Direito da Universidade Georgetown. Naquele momento, estava atraindo muita atenção do governo; não conseguia mais se esconder.

Carney estava baseado na capital e viajava com frequência a Seattle, deixando o escritório sob a responsabilidade de Brian Huseman, vice-presidente de políticas públicas e ex-promotor do Departamento de Justiça. Huseman, nativo de Oklahoma, era uma figura controversa no escritório, conhecido pelos colegas como um jogador adepto das políticas internas. No outono de 2017, enquanto o processo da HQ2 era iniciado, ele cuidadosamente planejou a presença da Amazon em uma cerimônia formal em que Bezos recebeu o National Equality Award da Human Rights Campaign. Huseman também decorou o nono andar da Amazon para que os elevadores se abrissem para uma área de recepção emoldurada por uma parede feita de velhas portas que haviam servido como tampos de mesa — um símbolo da frugalidade da Amazon. No fim de um dos corredores havia um espaço para eventos públicos decorado com um robô Kiva, um protótipo de drone para entregas e telas de TV que passavam clipes de produções da Amazon Studios. No fim de outro corredor e atrás de uma série de catracas ficavam os escritórios da Amazon. Uma das salas só podia ser aberta com uma chave especial e ficava reservada para a equipe HQ2 conduzir seu trabalho secreto. Jornais cobriam as janelas; se alguém fosse pego espiando ali dentro, era reportado à segurança.

Nas semanas que se seguiram às ofertas iniciais submetidas à HQ2, a equipe de Washington, D.C. fazia jornadas de doze horas por dia, seis ou sete dias por semana, revisando a enxurrada de propostas. Em determinado momento, o processo ameaçou se tornar perigosamente arbitrário, até que um membro da equipe lembrou os colegas de que era preciso desenvolver um critério objetivo para entregar todos os dados disponíveis ao S Team. Eles voltaram à RFP e elaboraram planilhas que avaliavam diferentes fatores, como população, número local de graduados em ciências, tecnologia, engenharia e matemática, taxa de desemprego e PIB regional.

O idealismo logo impregnou a iniciativa. Membros da equipe HQ2 acreditavam sinceramente que qualquer cidade tinha chance de ganhar. Em certo momento, escreveram suas apostas das cidades finalistas em pedaços de papel e os selaram em um envelope. Holly Sullivan, a eloquente e bem relacionada diretora de desenvolvimento econômico da Amazon, foi quem mais se aproximou do resultado. "Nós realmente achávamos que estávamos trabalhando no projeto de desenvolvimento econômico mais importante da geração e iríamos mudar a vida de milhares de pessoas", afirmou um dos funcionários da HQ2.

No início de janeiro, Sullivan e o diretor financeiro Bill Crow apresentaram todos os dados e propostas ao S Team. Colegas dizem que Bezos, ciente da responsabilidade de oferecer uma avaliação sincera a cada candidato, leu as propostas de todas as 238 regiões. A avaliação durou horas.

Enquanto se preparavam para anunciar os vinte finalistas em 18 de janeiro de 2018, os funcionários que trabalhavam no projeto da HQ2 deram várias sugestões de como revelar a pequena lista. Uma ideia da equipe de relações públicas era aumentar o suspense ao revelar uma cidade por hora, mas Bezos vetou. Talvez ele tenha reconhecido que a Amazon não precisava fazer mais nada para elevar a exposição considerável que a iniciativa estava gerando por si só — ou que os ventos políticos em torno do processo já eram imprevisíveis o bastante.

Nos dias que antecederam o anúncio dos finalistas, os executivos da HQ2 dividiram a lista das mais de duzentas cidades que haviam ficado de fora da seleção final e começaram a ligar para as autoridades locais a fim de transmitir a má notícia. A maioria perguntou o motivo, expressando decepção pela quantidade de tempo e recursos despendidos na proposta fracassada. Os funcionários da Amazon respondiam com rajadas de dados. "Sua área metropolitana tem apenas 375 mil habitantes, dos quais somente 10% possuem diploma universitário" era uma típica explicação. "Pedimos desculpas, mas não é mão de obra suficiente." A maior parte das autoridades locais concordou que a Amazon teve uma abordagem cuidadosa, bem como Holly Sullivan particularmente passou mais tempo do que precisava respondendo a perguntas e preservando relações que poderiam ser úteis à empresa no futuro.

Depois que a Amazon anunciou sua lista final, gerando mais de 1.400 reportagens só naquela semana, a equipe HQ2 pegou a estrada. Um grupo de doze funcionários liderados por Sullivan e John Schoettler, diretor da divisão imobiliária, viajaram praticamente sem parar de fevereiro até o fim de abril, percorrendo cidades em três viagens separadas, com intervalos de poucas semanas: à Costa Oeste, ao sul e à Costa Leste. Eles viajaram na classe econômica em aviões comerciais ou em ônibus, como de costume na Amazon, começando o dia de manhã cedo e terminando tarde da noite.

As cidades eram avisadas sobre a visita com alguns dias de antecedência e recebiam poucas informações sobre as intenções da Amazon, exceto que a empresa desejava visitar os locais propostos e ouvir sobre os talentos da cidade e seu sistema educacional.[23] Algumas se prepararam melhor do que outras. O prefeito de Los Angeles, Eric Garcetti, impressionou a comitiva da Amazon com uma apresentação dinâmica e um café da manhã com os reitores das universidades locais. Em Nashville, os executivos da Amazon conheceram os músicos da região. Em Dallas, autoridades locais levaram o grupo para andar no simpático bondinho da cidade e jantar num restaurante temático em um bairro nobre da cidade. "A equipe da Amazon mostrou um interesse muito genuíno", disse Mike Rosa, vice-presidente sênior da Câmara Municipal de Dallas. "Algumas das pessoas que escreveram reportagens sobre 'ser tudo uma farsa' não estavam na mesma sala que eu. Eles foram tão genuínos quanto em qualquer projeto em que já trabalhei."

De Seattle, Bezos seguia interessado e envolvido, embora, ao contrário de Elon Musk com a Gigafactory, tenha permanecido nos bastidores. A HQ2 estava agitando a mídia por si só, e ele não queria que sua própria visibilidade — e a visão de sua enorme fortuna — desviasse o foco principal de criação de empregos e investimento na comunidade. Colegas disseram que Sullivan recebia e-mails frequentes de Bezos e de outros membros do S Team perguntando sobre detalhes dos locais visitados e das propostas das cidades. Em uma viagem a Seattle, ela se reuniu com Bezos no sexto andar da Torre Day 1 e esperou em silêncio profundo para responder às suas perguntas, enquanto ele folheava as diversas propostas.

Para Bezos, a busca pela HQ2 não era somente o assunto de interesse da imprensa para o futuro de sua companhia, mas um espetáculo de relações públicas que lançava uma sombra enorme sobre suas aparições. Naquele mês de abril, ele viajou a Dallas para dar uma palestra no Fórum de Liderança do George W. Bush Presidential Center, na Universidade Metodista do Sul. No coquetel após a palestra, o prefeito de Dallas, Mike Rawlings, foi até ele e disse: "Olha, nós somos o lugar ideal para vocês." Bezos era um sujeito reservado e disse ter ouvido dos amigos que moravam lá coisas ótimas sobre a cidade. "Senti uma certa timidez da parte dele que me deixou desconfortável", disse-me Rawlings.

Licença para operar

A equipe terminou as visitas naquele mês e preparou um relatório de seis páginas para o S Team com os resultados e recomendações. Tive acesso a esse relatório, assim como a outros dois documentos importantes da HQ2, durante a minha pesquisa. Preparado em junho de 2018, esse primeiro relatório dividia os vinte finalistas em três grupos: "inviáveis", "sob discussão" e "favoritos".

Austin, Columbus, Denver, Indianápolis, Miami, condado de Montgomery (em Maryland), Newark e Pittsburgh estavam na primeira categoria e foram eliminados, sobretudo porque eram lugares pequenos demais e não contavam com a infraestrutura e os talentos exigidos. Além disso, em suas visitas e análises da receptividade do público, a equipe concluíra que Austin e Denver poderiam ser hostis à presença da Amazon. "Ficou claro depois das visitas que Austin e Denver não estavam tão empolgadas com o projeto quanto outras cidades", dizia o relatório. Pittsburgh "ainda estava se recuperando de crises econômicas". Newark foi logo descartada porque engenheiros qualificados da cidade de Nova York "não iam querer trabalhar lá".

Atlanta, Boston, Los Angeles, Nashville, Toronto e Washington, D.C., estavam listadas na categoria "sob discussão". Os executivos da HQ2 citavam os elevados custos e impostos como fatores negativos para Boston e Toronto. Eles descreviam os engarrafamentos em Atlanta como problemáticos, assim como um recente movimento dos legisladores da Georgia para revogar a isenção fiscal concedida às compras de gasolina pela Delta Air Lines, porque a companhia aérea, numa decisão controversa, decidira suspender os descontos oferecidos aos membros da National Rifle Association após o tiroteio numa escola em Parkland, Flórida.[24] Para a Amazon, a iniciativa do estado de penalizar uma empresa por seus valores políticos era preocupante.

O relatório também apontava: "Todos nós tínhamos grandes expectativas em relação a Nashville, mas a cidade não está pronta para um investimento do nosso porte." De Los Angeles, dizia: "É a cidade com o maior trânsito do mundo, não oferece diversidade geográfica, e a Califórnia não é um estado favorável aos negócios."

Os locais da categoria "favoritos" eram Chicago, Dallas, Nova York, norte da Virgínia, Filadélfia e Raleigh. Apesar de recomendarem essas regiões, os executivos da HQ2 ainda assim expressavam reservas. Eles receavam que em Dallas, uma cidade geograficamente isolada, recrutar profissionais de ponta pudesse ser mais desafiador. Nova York era a cidade mais cara do ponto de vista tributário, salarial e imobiliário, e, com tantas outras empresas grandes, "não conseguiríamos alavancar nossa presença da mesma forma positiva que seria possível em outros lugares". O norte da Virgínia era um lugar bastante simpático ao mundo corporativo, mas não era o berço de engenheiros disputados no mercado, tampouco um local barato.

Por fim, o comitê da HQ2 recomendou que o S Team escolhesse um número restrito de cidades para que a empresa pudesse começar a conversar com as autoridades locais eleitas e assegurar as melhores instalações. Sugeriu também que a Amazon anunciasse o vencedor no dia 7 de setembro, quando se completaria um ano do anúncio da competição. "Nosso objetivo com esse próximo marco da HQ2 é continuar gerando mídia positiva e fortalecer nossa reputação corporativa, sem dar a nossos críticos munição desnecessária ou alimentar a percepção de que isso é um *reality show* absurdo", dizia o documento, antes de recomendar três finalistas surpreendentes após meses de viagens, refeições, especulação e negociação: Chicago, Filadélfia e Raleigh. "Esses lugares não possuem a maior concentração de profissionais de tecnologia qualificados do mercado, mas acreditamos que reúnem as condições de base para impulsionar o crescimento dos talentos necessários em nosso negócio diversificado", concluía o relatório.

* * *

Na Amazon, porém, esses relatórios apresentam apenas opiniões e recomendações; são o início de um processo deliberativo na empresa, não o fim. Bezos e o S Team se reuniram com os líderes da HQ2 naquele mês, em Seattle, leram o relatório em silêncio e então começaram uma discussão de horas que mudou o curso de todo o projeto.

Licença para operar

Raleigh, na Carolina do Norte, era uma cidade favorável aos negócios, tinha baixo custo habitacional e pouco trânsito, mas era pequena demais para as necessidades de expansão da Amazon. As instituições governamentais em Chicago viviam em conflito, e a cidade e o estado eram sempre classificados como financeiramente instáveis por agências de crédito. A Filadélfia não era uma incubadora de talentos da engenharia, e Andy Jassy, diretor da AWS, segundo o relato de uma pessoa, afirmou não gostar da cidade, uma das principais rivais de seu time de futebol americano favorito, os New York Giants, e disse que ele e seus funcionários jamais iriam querer morar lá. Jassy aparentemente disse isso brincando, mas alguns membros da equipe HQ2, após meses de minucioso trabalho quantitativo, se exasperaram com a possibilidade de que o processo estivesse à mercê das preferências pessoais arbitrárias de altos executivos.

Os gerentes da HQ2 saíram da reunião com uma pequena lista completamente diferente da que haviam proposto. No segundo relatório que analisei, produzido em agosto, a equipe refletia que havia saído da reunião de junho com a decisão de escolher entre cinco locais: Dallas, Los Angeles, Nova York, norte da Virgínia e Nashville. Isso eliminava os três principais concorrentes que a equipe HQ2 havia recomendado, embora o relatório sugerisse reavaliar Chicago, mas somente "para minimizar a possível reação negativa caso a cidade não siga adiante no processo".

As prioridades na busca da HQ2 haviam mudado. A caça pelo pacote de incentivos mais atraente fora substituída por um interesse em cidades maiores, melhores oportunidades de recrutamento e um ambiente político mais favorável. E não era por acaso. Enquanto os executivos afunilavam suas listas, a relação da Amazon com sua cidade natal se deteriorava cada vez mais rápido.

Em Seattle, Kshama Sawant e a ala de esquerda da Câmara Municipal tinham voltado a propor um "imposto *per capita*" que custaria às grandes empresas cerca de 500 dólares por funcionário e arrecadaria um total de 86 milhões de dólares para enfrentar o problema dos desabrigados e da falta de moradia acessível. Era uma medida draconiana: para que se possa fazer uma comparação, Chicago havia tido um "imposto *per capita*" de míseros 4 dólares por funcionário durante quase trinta anos, até o prefeito Rahm Emanuel demonstrar que ele era responsável pelo desemprego e convencer a Câmara Municipal a revogá-lo.

Nos termos dessa proposta, apresentada em abril de 2018, a contribuição fiscal da Amazon para a cidade aumentaria 22,5 milhões de dólares por ano, além dos 250 milhões já desembolsados em impostos municipais e estaduais.[25] Esse valor representava uma fração do lucro de 10 bilhões de dólares obtidos pela Amazon em 2018, mas o que importava em toda a questão era o antagonismo de ideias. Seattle estava caminhando para dobrar os impostos não só sobre o lucro das empresas, mas também sobre a quantidade de funcionários, uma situação em parte necessária porque Washington era um dos sete estados do país que não cobravam imposto de renda de pessoas físicas (fato que havia claramente beneficiado Bezos e muitos outros executivos da Amazon durante anos). A Amazon acreditava que a empresa já pagava muitos impostos municipais; se a cidade não estava gastando o dinheiro de maneira adequada e resolvendo os grandes problemas, não era culpa dela.

Após a proposta do imposto *per capita*, Bezos entrou em contato com John Schoettler e pediu que a divisão imobiliária interrompesse a construção do Block 18,[26] um edifício de dezessete andares próximo ao Day 1, e sublocasse a maior parte do complexo de 75 mil metros quadrados que a Amazon havia comprado na Rainier Square, em vez de ocupá-lo. A equipe previu que o movimento custaria mais de 100 milhões de dólares à empresa, segundo uma pessoa familiarizada com os cálculos (embora essa mesma pessoa tenha dito que a empresa acabou conseguindo equilibrar as finanças). Mas Bezos disse que não importava: a Amazon não ia crescer em uma cidade que não a desejava ali.

Ao mesmo tempo, Bezos instituiu mais um decreto interno: limitou a quantidade de funcionários da Amazon Seattle em cerca de 50 mil. A Amazon, que já ocupava mais de 19% dos prédios corporativos de luxo da cidade, deveria atingir esse número dentro de doze meses.[27] Depois disso, os gestores teriam que direcionar o crescimento de suas áreas para escritórios em outras cidades. Schoettler e a divisão imobiliária se esforçaram para cumprir a nova demanda. Como a Amazon tinha cerca de setecentos funcionários a apenas quinze minutos dali, do outro lado do lago Washington, em Bellevue — uma cidade-satélite de Seattle que na época estava oportunamente fazendo campanhas para atrair empresas locais —, os executivos da empresa decidiram que o excesso de funcionários de Seattle iria para lá e estabeleceram o objetivo de transferir vinte mil pessoas. Naquele outono, a Amazon alugou a antiga sede da Expedia em Bellevue, um prédio de vinte andares.[28]

Embora o decreto nunca tenha sido revelado ao público, a Amazon divulgou publicamente que interromperia a construção do Block 18 e sublocaria a Rainier Square Tower. Foi uma demonstração de força, uma forma objetiva de mostrar a influência da Amazon em sua cidade natal e a máxima do mundo dos negócios: "O capital vai para onde é bem-vindo e se mantém onde é bem tratado."[29] "Vi toda a situação como um movimento forte e incomum de uma empresa que não faz as coisas de maneira suave", afirmou Maud Daudon, ex-presidente da Câmara Metropolitana de Comércio de Seattle.

Mas as autoridades locais entenderam muito bem a mensagem. Em maio, o imposto *per capita* de 480 dólares por funcionário foi reduzido para 275 dólares, uma redução que elas equivocadamente acreditaram que seria aceitável para a Amazon. O imposto passou com unanimidade pela Câmara Municipal, e então a Amazon contribuiu prontamente com 25 mil dólares para montar um comitê a fim de revogar a votação de novembro. Outras empresas locais, como Starbucks e Vulcan, assim como empresas familiares queridas do público, como a cadeia de fast-food Dick's Drive-In, também contribuíram e se alinharam contra o novo imposto.

Com isso, a população se virou contra a Câmara Municipal na votação popular e se colocou ao lado das empresas locais e das grandes contratantes; os membros da Câmara, chocados, ficaram sem margem de manobra. Quando se tornou evidente que o referendo contra o imposto conseguiria assinaturas suficientes para entrar em votação e provavelmente obter maioria, a Câmara mudou de rumo de maneira humilhante e anulou o próprio imposto com uma votação de sete a dois.[30] A prefeita de Seattle, Jenny Durkan, que já tinha assinado a lei do imposto *per capita*, assinou sua revogação.[31]

Mas esses não eram os únicos problemas em jogo. Bezos e outros executivos da Amazon viam apenas uma Câmara Municipal dominada por legisladores de esquerda hostis às empresas. Eles não pareciam reconhecer ou se importar com o fato de a mudança da opinião pública em Seattle também representar algo maior: uma resistência às empresas de tecnologia e às perigosas mudanças que estas levavam para suas comunidades. Esse era o famoso *techlash* desenrolando-se fora do espectro visível da abastada alta liderança da Amazon. A falha em reconhecer essas forças teria repercussões sérias.

Além de identificar Bellevue como uma alternativa imediata para o crescimento de pessoal, alguns executivos da Amazon concluíram que a HQ2 teria que ser maior do que o planejado e provavelmente cresceria mais rápido do que se esperava. No momento em que o relatório de dezessete páginas de agosto foi escrito, a equipe HQ2 e o S Team tinham a atenção voltada para a cidade de Nova York e Crystal City, no norte da Virgínia — regiões onde acreditavam que poderiam acomodar a expansão. "Se os custos e o ambiente de negócios forem os principais fatores, recomendamos em primeiro lugar o norte da Virgínia. Se profissionais qualificados forem o principal fator, recomendamos a cidade de Nova York", dizia o relatório.

A equipe HQ2 avaliou que os dois locais seriam politicamente acolhedores — mesmo se a escolha da Amazon recaísse em Long Island City, no Queens, fora do centro corporativo de Manhattan, uma comunidade que já fora industrial e ao longo dos últimos quinze anos passara por um processo de gentrificação incrivelmente rápido. "Nós temos o apoio do estado e trabalhamos em colaboração estreita com o diretor de desenvolvimento econômico do estado de Nova York, que é um consultor próximo do governador [Andrew] Cuomo", afirmava o documento. "O prefeito [Bill] de Blasio não será um apoiador declarado do projeto e costuma ser crítico a grandes empresas, mas acreditamos que seja favorável à escolha da cidade de Nova York."

Licença para operar

* * *

Como de praxe, o relatório era apenas o ponto de partida para a discussão do S Team. E, quando saíram daquela reunião, em setembro, os gerentes da HQ2 impressionaram seus colegas ao lhes transmitir a decisão da alta liderança. Bezos e o S Team tinham optado por dividir a HQ2 entre Nova York e o norte da Virgínia e estabelecer um pequeno "Centro de Operações de Excelência" em Nashville. A Amazon tinha passado o ano inteiro à procura de um único lugar, mas considerando sua necessidade de profissionais qualificados e o decreto de Bezos estimulando sua expansão para fora de Seattle, um só lugar não seria mais suficiente. Um membro da equipe comentou: "Eu não conseguia acreditar, mas ao mesmo tempo conseguia. É a Amazon, e as coisas aqui são esquisitas."

A decisão colocou os porta-vozes da companhia numa posição desconfortável. Durante mais de um ano, eles haviam rebatido com agressividade as interpretações mais cínicas do processo da HQ2 e quaisquer insinuações de que o acordo já estava fechado com um dos dois maiores centros de poder da Costa Leste. Agora a Amazon estava prestes a validar esse pessimismo: uma das empresas mais ricas do mundo, controlada pelo homem mais rico do mundo, estava expandindo sua presença nas capitais políticas e financeiras — locais onde Jeff Bezos possuía casas extravagantes. Ainda mais estranho, na manhã de terça-feira, 4 de setembro, as ações da Amazon estavam cotadas a 2.050 dólares — o que levou a capitalização de mercado da empresa a ultrapassar o histórico patamar de 1 trilhão de dólares por um breve momento, antes de o preço da ação recuar.[32]

O terceiro relatório da HQ2 que examinei, datado de outubro de 2018, abordava esse desafio e esboçava opções de como anunciar a decisão e lidar com uma possível avalanche de reações negativas. O documento reconhecia que "o anúncio vai dominar o noticiário nacional, independentemente do que façamos", e contemplava "críticos bem capitalizados" que poderiam acusar a Amazon de voltar atrás em seu compromisso de escolher uma única cidade como sede, em pé de igualdade com Seattle.

Ao listar essas prováveis críticas, o relatório citava a organização Good Jobs First, que cobrava a responsabilização das empresas e do governo no desenvolvimento econômico, e o Institute for Local Self-Reliance, que apoiava os interesses de comunidades e pequenas empresas contra cadeias de lojas e conglomerados. Ele também mencionava os nomes de um professor da Universidade de Nova York, Scott Galloway, que havia declarado que a HQ2 era um "concurso de beleza dos jogos vorazes",[33] destinado a terminar "onde Jeff quiser passar mais tempo. Minha aposta é na área metropolitana da cidade de Nova York",[34] e o de Lina Khan, que escrevera uma reportagem para o *Yale Law Journal* acusando a Amazon de comportamento anticompetitivo[35] e as leis federais antitruste de estarem terrivelmente defasadas.

Deploravelmente, o relatório não mencionava os políticos progressistas da Câmara Municipal de Nova York, ou a carismática candidata democrata concorrendo à Câmara dos Representantes naquele inverno pelo 14º Distrito Congressional de Nova York: Alexandria Ocasio-Cortez. "Vemos este anúncio como uma oportunidade de demonstrar que a Amazon é uma investidora positiva para a economia, uma geradora de empregos e uma boa parceira da comunidade, por isso achamos importante minimizar o tempo dedicado aos nossos críticos [...] que devem estar contando os minutos para usar nosso comunicado a fim de planejar seus próximos passos", dizia o documento.

A Amazon revelou os vencedores algumas semanas depois, na manhã de terça-feira, 13 de novembro. "Optamos pela cidade de Nova York e pelo norte da Virgínia para construir nossas novas sedes",[36] anunciava o comunicado à imprensa. Qualquer menção à abreviação "HQ2" foi curiosamente excluída do anúncio. Para uma empresa e um CEO que esmiuçavam cada palavra em cada documento, isso não poderia ter sido acidental; a Amazon estava tentando ofuscar parte da mensagem que passara nos últimos catorze meses.

Como esperado, houve uma enxurrada de decepção por parte dos outros finalistas. Eles reconheciam que a Amazon havia escolhido os corredores centrais de poder com maior população e profissionais qualificados em detrimento dos demais aspectos destacados na RFP original, como custo de vida, diversidade geográfica e grau de incentivo fiscal. Holly Sullivan ligou para o prefeito de Dallas, Mike Rawlings, a fim de lhe dar a má notícia. Os incentivos financeiros oferecidos por Dallas e pelo estado do Texas totalizavam 1,1 bilhão de dólares, valor consideravelmente maior do que os 573 milhões oferecidos pelo condado de Arlington e o estado da Virginia, mas bem inferior aos sedutores 2,5 bilhões de dólares em créditos e dedução fiscal oferecidos pela cidade e o estado de Nova York. Também era cerca de 40% mais barato construir prédios em Dallas do que na Costa Leste — mas, no fim, isso não havia feito nenhuma diferença. "Eu só queria entender uma coisa: por que passar por todo esse processo se os locais já estavam escolhidos desde o início?", perguntou Rawlings a Sullivan, exasperado.

As autoridades nas cidades perdedoras tinham outros motivos para agir com ceticismo. Em março de 2019, em uma conferência para executivos de desenvolvimento econômico realizada em Salt Lake City, cerca de trezentas pessoas ouviram Holly Sullivan dizer que havia conversado regularmente durante o processo com Stephen Moret, CEO da Virginia Economic Development Partnership. "Admirei a franqueza com que ela admitiu ter tido conversas regulares com ele sobre o projeto", afirmou um dos muitos presentes na plateia que ouviram o comentário. Mas isso "realmente levantou questionamentos sobre a sinceridade daquele exercício".

No condado de Arlington, Moret e outras autoridades estavam felizes com a vitória. Mas em Nova York, e no bairro do Queens, surgiu uma onda imediata de divergências entre as autoridades locais que não estavam sabendo de nada e foram pegas de surpresa pela notícia. O porta-voz da Câmara Municipal, Corey Johnson, deu uma declaração condenando a Amazon, o governador e o prefeito por passarem por cima do desejo da comunidade e por deixarem a Câmara Municipal de fora das negociações.[37] Jimmy Van Bramer, vice-presidente da Câmara Municipal, deu uma declaração conjunta com o senador Michael Gianaris anunciando incorretamente que os incentivos fiscais apresentados à Amazon eram sem paralelo. "Somos testemunhas de um jogo cínico no qual a Amazon induziu Nova York a oferecer um volume sem precedente de isenções fiscais a uma das empresas mais ricas do planeta", escreveram, negligenciando os vultosos acordos feitos com a Boeing, a Foxconn e outras companhias.

A recém-eleita Ocasio-Cortez entrou na conversa: "Estamos recebendo ligações e pedidos dos moradores do Queens todos os dias", tuitou ela.[38] "A Amazon é uma empresa bilionária. A ideia de que receberá centenas de milhões de dólares em isenções num momento em que nosso metrô está caindo aos pedaços e nossas comunidades precisam de MAIS investimento, não menos, é extremamente perturbadora para nossos moradores."

Enquanto se preparava para responder às críticas, a equipe HQ2 foi atingida por mais uma surpresa desagradável. Seus colegas na divisão imobiliária haviam inserido no último minuto no "memorando de entendimento" feito com as duas cidades uma cláusula que exigia que elas ajudassem a garantir o espaço aéreo necessário e aprovações de licenças para o desenvolvimento e operação de um heliponto.

O ideal era que fosse "no local", mas, caso isso não fosse possível, "numa proximidade razoável" aos escritórios da empresa, segundo um e-mail que a advogada da Amazon havia enviado no início daquele mês para o diretor da Empire State Development Corporation.[39] A Amazon cobriria todos os custos. As duas cidades, acostumadas a satisfazer os caprichos da gigante de tecnologia durante os quinze meses da competição, concordaram em atender ao novo pedido.

A mídia local logo divulgou e ridicularizou a nova condição. ("Resgate do Queens", estampava a manchete do *New York Post* de 14 de novembro, com uma ilustração de Bezos pendurado em um helicóptero, segurando bolsas de dinheiro.)[40] Membros da equipe HQ2 ficaram confusos: a empresa não tinha helicóptero. A visão de executivos de internet bem-sucedidos voando sobre as ruas engarrafadas da cidade e os metrôs superlotados era terrível. Até a ideia em si contrariava os princípios da Amazon. A frugalidade — e a humildade que ela transmitia — era um dos catorze princípios de liderança elaborados pela empresa.

Diversos funcionários concordaram que os helipontos eram uma ideia terrível, mas foram informados de que o pedido tinha vindo de cima e não seria revogado. "O heliponto era a pior coisa que eles poderiam ter pedido", lamentou Mitchell Taylor, bispo da igreja internacional Center of Hope, em Long Island City, e incentivador da HQ2. "Por que vocês colocaram isso na frente de tudo? Poderiam ter feito o heliponto depois."

Os funcionários da Amazon estavam tão perplexos quanto seus pares da Blue Origin ficaram quando uma empresa chamada Black Ops Aviation e sua cofundadora, a ex-âncora de TV Lauren Sánchez, começaram a aparecer nos lançamentos do New Shepard, no Texas, para gravar vídeos promocionais para uma empresa espacial reservada. A menos que algo significativo tivesse mudado, fazer uma entrada aérea grandiosa no escritório da empresa não era nada típico de Jeff Bezos.

* * *

Logo após o anúncio desconfortável da HQ2 e a comoção em torno do heliponto, a oposição popular contra a proposta de expansão da Amazon em Long Island City veio à tona. A equipe de campanha de Alexandria Ocasio-Cortez, estimulada pela vitória na eleição, articulou-se em prol da nova causa. Protestos foram organizados em igrejas locais; voluntários saíram às ruas entregando panfletos, alertando os moradores de que a mesma pressão da gentrificação e da desapropriação que havia sobrecarregado Seattle iria afetar o Queens.

A Amazon foi pega desprevenida. Havia optado pelo sigilo em vez de preparar o terreno e por autonomia em vez de contratar especialistas em relações públicas e empresas influentes para conter qualquer reação negativa. Novatos no estilo de combate agressivo dos políticos de Nova York, os executivos da Amazon tinham entendido incorretamente que o apoio de Cuomo, de De Blasio e de outros aliados seria suficiente. "Nova York foi descartada no minuto em que eles anunciaram", disse Tom Stringer, diretor de seleção imobiliária da empresa de consultoria BDO.

Amazon sem limites

Depois do choque inicial, a Amazon se esforçou para desenvolver uma estratégia local. Contratou a agência de comunicação e consultoria política SKDK e o lobista Mark Weprin, ex-vereador do Queens. Eles tinham uma mensagem perfeitamente otimista para transmitir — que a Amazon traria mais de quarenta mil empregos para uma área que havia sido prejudicada pela zona portuária durante quinze anos; que os incentivos fiscais eram apenas abatimentos da receita pública que a Amazon iria gerar; e que muitos desses incentivos, na verdade, eram necessários para uma política de planejamento urbano que pretendesse encorajar o desenvolvimento comercial nos distritos mais afastados.[41]

Mas esses eram argumentos racionais, e a batalha por Nova York estava se tornando uma briga emocional — opondo uma população enfurecida pela desigualdade crescente, e que sentia que a cidade e suas redes de moradia e transporte já estavam no limite, ao espectro de um monopólio distante e do homem mais rico do mundo.

A Amazon teria sua primeira chance de confrontar seus críticos em uma audiência na Câmara Municipal em dezembro daquele ano. Pelo menos um dos consultores queria que Jay Carney testemunhasse, pois, como ex-membro do governo Obama, talvez ele pudesse cativar os democratas locais. Mas a Amazon rejeitou a ideia, julgando que isso aumentaria o espetáculo. Em vez de Carney, falariam o vice-presidente de políticas públicas, Brian Huseman, e Holly Sullivan.

Os dois se prepararam para a audiência no escritório da Amazon na capital. Sullivan era dinâmica e rápida nas respostas, mas os consultores estavam preocupados que Huseman soasse cauteloso e arrogante. Ele insistiu em escrever seu discurso de abertura, que incluía a já bastante batida frase da Amazon: "Temos orgulho de ser a empresa mais dedicada ao cliente do planeta." Os consultores imploraram para que ele não a usasse — a Câmara queria saber o que a Amazon faria para melhorar o bairro, não o planeta. Mas ele insistiu.

A audiência, em 12 de dezembro de 2018, foi uma catástrofe. Durante duas horas e meia, membros da Câmara Municipal se revezaram para interrogar os dois sobre tudo, desde por que uma gigante da tecnologia tão rica precisava de incentivos fiscais até a venda da tecnologia de reconhecimento facial da AWS para o Departamento de Imigração dos Estados Unidos. Eles também se depararam com algumas situações inesperadas. "Por que vocês precisam de um heliponto?", perguntou Corey Johnson, porta-voz da Câmara, em determinado momento. Após a resposta evasiva de Huseman, Johnson retrucou: "Vocês percebem como isso é insensível com o nova-iorquino comum?!" Enquanto a audiência se desenrolava, manifestantes furiosos no mezanino agitavam faixas contra a Amazon ("A Amazon entrega mentiras!") e vaiavam.

Depois da sessão desastrosa, a Amazon mudou seu foco para a velha política do varejo. Holly Sullivan e seu colega de longa data na capital Braden Cox, o calmo e introvertido diretor de políticas públicas, foram caminhar pelo Queens e conversar com grupos da comunidade e autoridades locais. Schoettler convidou vinte donos de pequenos estabelecimentos para jantar em um restaurante italiano local em Long Island City.[42] A empresa organizou a presença de grupos de apoiadores durante os protestos e promoveu pesquisas que mostravam que a maior parte da comunidade apoiava o plano. Panfletos apareceram nas caixas de correio dos moradores do Queens, declarando "Feliz Ano-Novo dos seus vizinhos da Amazon" e reiterando os empregos, os programas de capacitação profissional e a receita tributária que a Amazon iria gerar.

Mas, à medida que adentrava o novo ano, o debate começou a girar em torno de um assunto diferente e potencialmente perigoso: o trabalho sindicalizado. Nova York era uma cidade de sindicatos, simples assim. A Amazon se opusera com veemência a todas as tentativas de sindicalização em seus centros de atendimento de pedidos, e Bezos certa vez chegou a dizer que funcionários insatisfeitos e inflexíveis eram uma das maiores ameaças à empresa.

Na verdade, a Amazon contava com algum apoio sindical, como o do influente sindicato dos trabalhadores da construção civil, que também apoiava a empresa em Seattle e cujos associados construiriam seus novos prédios. Mas outros sindicatos, que ao longo da última década haviam fracassado em seus esforços de organizar os trabalhadores dos supermercados Whole Foods e dos centros de atendimento de pedidos da Amazon, viram uma brecha. A Amazon agora estava no seu radar.

Mas, como nada disso tinha a ver com os homens engravatados que se instalariam nos novos escritórios da Amazon, esse assunto não importava muito. Uma cinética disputa política estava acumulando energia e se retroalimentando.

Uma segunda audiência sobre os planos da Amazon no Queens foi realizada na Câmara Municipal em 30 de janeiro de 2019. Huseman, que parecia impaciente e incomodado, falou a maior parte do tempo e fez uma ameaça velada. "Nós queremos investir numa comunidade que nos queira como parte dela", disse para a Câmara. E então, durante as três horas seguintes, Huseman e Sullivan enfrentaram perguntas exaustivas e ouviram relatos espontâneos sobre a importância dos sindicatos trabalhistas na cidade de Nova York.

Por fim, Corey Johnson, o porta-voz da Câmara, perguntou diretamente: "A Amazon se comprometeria com a neutralidade se os trabalhadores de Nova York quisessem se organizar em sindicatos?"

"*Nós respeitamos o direito de todos os trabalhadores, sob a lei federal e a estadual, de se organizarem em sindicatos se assim preferirem*" era a resposta jurídica padrão que Huseman deveria ter dado — mas não foi isso que aconteceu.

Em vez disso, ele cometeu o erro de responder "Não, nós não concordaríamos com isso", e a batalha foi perdida. Quando perguntado sobre o assunto mais tarde naquele dia, em uma coletiva de imprensa, o prefeito Bill de Blasio comentou: "Bem-vindo à cidade de Nova York. Nós somos uma cidade de sindicatos." E acrescentou: "Haverá uma pressão enorme para que a Amazon permita a sindicalização, e estarei entre aqueles que irão fazer essa pressão."[43]

Em 8 de fevereiro, o *Washington Post* divulgou que a empresa estava repensando seus planos para Nova York.[44] "A pergunta é se vale a pena, uma vez que os políticos de Nova York não querem o projeto, e as pessoas na Virgínia e em Nashville estão sendo tão acolhedoras", disse uma fonte anônima que provavelmente fazia parte do departamento de relações públicas da Amazon.[45]

Licença para operar

No Queens, a equipe HQ2 e seus lobistas continuavam no escuro e acreditavam que um acordo havia sido negociado. Em 13 de fevereiro, Huseman, Sullivan e Braden Cox se reuniram na prefeitura com líderes de diversos sindicatos para conversar sobre um possível acordo que permitiria aos funcionários da Amazon da cidade de Nova York fazerem "eleições justas" para decidir se queriam ou não se sindicalizar.[46] O prefeito De Blasio disse depois que "parecia que as coisas estavam andando".

E então, na manhã de 14 de fevereiro, Dia dos Namorados nos Estados Unidos, Cox e outros funcionários da Amazon fizeram uma apresentação e responderam a perguntas dos membros do solidário comitê consultivo comunitário da HQ2 no Edifício Brewster, no Queens. Funcionários graduados dos gabinetes do prefeito e do governador, também um pouco alheios, estavam presentes. Na volta de metrô para Manhattan, membros da comitiva da Amazon receberam mensagens de texto informando que a empresa tinha dispensado a SKDK, a agência de relações públicas. Aquilo era estranho. Cerca de quinze minutos depois, os telefones começaram a apitar. A Amazon anunciara o cancelamento do plano de construção do complexo de prédios em Long Island City.

Jay Carney ligou para De Blasio e Cuomo a fim de transmitir a notícia. As reações de ambos foram divergentes tanto ao telefone quanto no anúncio público mais tarde: o prefeito estava irado, enquanto o governador tentava barganhar uma segunda chance. No dia 15, um De Blasio enfurecido apareceu na estação de rádio local WNYC e reclamou que a decisão da Amazon era "desrespeitosa com os cidadãos de Nova York [...]. Receber uma ligação do nada dizendo 'até logo, estamos tirando o time de campo e voltando para casa' é completamente inadequado. Eu nunca passei por nada parecido com isso".[47]

Embora Carney tentasse desencorajá-lo, Cuomo estava disposto a recuperar o acordo. Ele escreveu uma carta de página inteira para a empresa, um pedido de desculpas apaziguador implorando por uma segunda chance, publicada como publicidade no *The New York Times*. "Sabemos que o debate público que se seguiu ao anúncio do projeto em Long Island City foi duro e não muito acolhedor", dizia. "As opiniões são fortes em Nova York — às vezes até estridentes. Isso faz parte do charme da cidade!", disse Cuomo ao telefone com Bezos, mas ele não voltou atrás.[48]

Havia muita gente a culpar. O prefeito e o governador tinham aliciado a Amazon para o Queens sem garantir o apoio dos políticos locais. Esses políticos também eram culpados: tinham organizado a oposição em torno de uma mentira segundo a qual a Amazon receberia indecorosos 2,5 bilhões de dólares de mão beijada, e não em abatimentos fiscais sobre uma enorme quantidade de impostos recolhidos ao longo de duas décadas. Eles também mexeram com os temores da população de que o caráter da comunidade e de seus arredores mudaria, embora a maior parte de Long Island City tivesse passado por um processo de gentrificação anos antes e quase todas as moradias de baixa renda na região e nos arredores tivessem valores de aluguel estabilizados no mercado ou pertencessem a enormes conjuntos habitacionais, cujos residentes estavam protegidos do aumento dos valores de locação. E a alternativa a imóveis cada vez mais caros e a um custo de vida cada vez maior raramente é o imobilismo; em geral, é a redução do preço dos imóveis, um custo de vida mais baixo e a desesperança. Ao rejeitar a Amazon, um distrito periférico passando por grandes transformações privou-se de uma injeção econômica que poderia ter beneficiado seus moradores mais pobres.

Mas os executivos da Amazon também tinham uma parcela de culpa pelo fracasso. Inexperientes nas artes marciais praticadas pelos políticos de Nova York, eles haviam contado com o apoio de duas autoridades públicas que normalmente não estão alinhadas, incluindo um prefeito cujo apoio "quase significava, de fato, que o restante da Câmara Municipal se oporia" ao acordo, como admitiu Carney depois.

Além disso, o raciocínio dos executivos da Amazon estava moldado por quinze meses de suplício — das cidades e de seus próprios colegas — durante o processo da HQ2. Bezos e o S Team tinham imaginado que seriam vistos como heróis e acabaram por adentrar despreocupados o complexo território de regulamentações, política sindical e ativismo comunitário de Nova York. Eles pareciam não se importar muito com o que se fazia necessário para conseguir uma "licença para operar" na cidade de Nova York. E, ao contrário de Elon Musk, que liderara pessoalmente a escolha do local da Gigafactory, Bezos havia permanecido invisível durante o processo público, tentando não revelar suas intenções — mesmo enquanto microgerenciava as coisas de longe e a imprensa tentava adivinhar suas preferências pessoais, adotando estratégias como monitorar seu avião particular para ver quais cidades candidatas à HQ2 ele estava visitando.[49]

Em seu estilo característico, a Amazon também não foi sincera sobre os motivos da desistência, citando resistência dos políticos locais e dos moradores. "O que realmente embasou nossa decisão de recuar de Nova York nesse projeto em particular foi um questionamento: teríamos apoio político de longo prazo?", declarou Holly Sullivan na conferência de desenvolvimento econômico em 2019. "Cada vez mais, nós sentíamos que não."

Mas um ponto de ruptura específico, é claro, foi a questão dos sindicatos, que despertaram a mesma reação que Jeff Bezos e seus colegas haviam demonstrado durante toda a história da Amazon — em um call-center de Seattle em 2000, nos centros de atendimento de pedidos da Alemanha em 2013 e mais tarde na França, no início da pandemia fatal de Covid-19. Em todos esses casos, quando surgiam conversas sobre sindicalização e greve de trabalhadores, a Amazon abafava o assunto com planos de expansão na região, fechava temporariamente os locais ou migrava para outras áreas.

Internamente, pouquíssima reflexão foi feita na empresa após o fiasco de Nova York. A equipe de Washington, D.C., não redigiu um relatório de correção de erros — um procedimento de praxe quando Bezos é parcialmente responsável por algum erro. Brian Huseman esquivou-se da culpa pelos estragos nos debates no Queens e permaneceu em seu cargo. Holly Sullivan, por consenso a heroína do processo, foi promovida a diretora de desenvolvimento global. Somente o cortês Braden Cox pareceu pagar pelo acontecido: em uma reestruturação corporativa, ele perdeu a maioria dos funcionários que se reportavam diretamente a ele e deixou a empresa pouco tempo depois. Muitos de seus colegas acharam que ele havia sido injustamente escolhido como bode expiatório.

Nos anos que se seguiram, a Amazon expandiu seus escritórios para a região de Hudson Yards, em Midtown Manhattan, e anunciou planos para contratar mais dois mil funcionários na cidade de Nova York, um número consideravelmente inferior aos quarenta mil prometidos em Long Island City.[50] A companhia também cresceu em locais como Bellevue, Austin, Dallas, Denver, Phoenix e San Diego — mas não em Seattle nem no Queens. Depois de enfrentar um desastre criado por ela própria, a Amazon praticamente não pulava mais nenhum passo. Compras on-line, contratos de computação em nuvem e *streams* do Prime Video pareciam completamente impermeáveis às imprevistas e controversas situações que de repente surgiam no caminho da Amazon. Essa foi a verdadeira lição da saga da HQ2: a Amazon estava se tornando perigosamente invencível.

CAPÍTULO 13
Complicadores

Jeff Bezos estava atrasado. Era 14 de fevereiro de 2019, e o S Team se reuniria pela primeira vez desde que revelações chocantes ricochetearam em todo o globo: o homem mais rico do mundo mantinha um envolvimento amoroso com uma ex-apresentadora de TV casada e ia se divorciar da mulher com quem estava casado havia 25 anos. Bem naquela manhã, a Amazon cancelou publicamente seus planos de construir parte de sua segunda sede em Long Island City. Enquanto os executivos esperavam pelo chefe atrasado no início da tarde, a grande sala de reuniões no sexto andar da Torre Day 1, no centro de Seattle, vibrava com ainda mais ansiedade do que o normal.

Por fim, Bezos entrou e sentou-se ao centro da mesa principal. Ele pegou o relatório. Tirou os olhos das seis páginas colocadas na frente de sua cadeira e examinou o grupo reunido. "Levante a mão se você acha que teve uma semana mais difícil do que a minha", disse, cortando por um momento a tensão ao liderar o grupo numa gargalhada. Em seguida seus colegas voltaram a fazer um silêncio cheio de expectativa. Bezos era um mestre em compartimentalizar; incomparável em sua capacidade de manter separados os intrincados fios de sua vida pessoal e profissional. Mas, naquele momento, não havia como fugir, os fios estavam completamente emaranhados. Ele precisava se referir ao elefante na sala.

"Só para esclarecer as coisas", começou lentamente, de acordo com duas pessoas que ouviram os comentários, "eu tive um relacionamento com essa mulher. Mas a matéria está completamente errada e fora de ordem. MacKenzie e eu tivemos boas e saudáveis conversas de adultos sobre o assunto. Ela está bem. As crianças estão bem. A mídia está tendo um prato cheio. Tudo isso causa muita distração e eu agradeço por manterem o foco nos negócios".

Com isso, Bezos pegou o documento que traçava um novo conjunto de metas para o quadro de funcionários da empresa, indicando que era hora de voltar ao trabalho. Colegas se lembrariam de seu breve discurso como algo notável — um momento em que Bezos chegou perto de se desculpar por um escândalo que trouxera às portas da Amazon, mas ainda conseguiu expressar um sentimento de humildade e gratidão.

Entretanto, muitos executivos e ex-integrantes da Amazon teriam dificuldade em seguir em frente com tanta facilidade. Bezos sempre exigira que seus funcionários se comportassem com discrição e impecável discernimento. Ele rasgava os relatórios ao meio e saía da sala quando os funcionários ficavam aquém das expectativas. Ao conduzir um relacionamento extraconjugal de forma tão descuidada a ponto de fornecer combustível para uma extensa e picante reportagem no *National Enquirer* e, em seguida, protagonizar um verdadeiro vale-tudo na grande mídia, ele deixara de cumprir seus próprios padrões elevados. Dezenas de executivos — atuais e passados — diriam mais tarde terem ficado surpresos e decepcionados com o caso de Bezos. Afinal, o líder infalível e virtuoso era um ser humano imperfeito.

As revelações também poderiam ter explicado algumas das mudanças mais curiosas em seu comportamento recente. Tinha se tornado cada vez mais difícil encontrar Bezos nos escritórios de Seattle no ano anterior. As reuniões de OP1 haviam começado com atraso ou adiadas, e seus mais antigos encarregados encontravam dificuldade para conseguir tempo em sua agenda. Bezos passava cada vez mais tempo viajando, os colegas notaram, e naquele novembro aparecera com poucas horas de antecedência nos escritórios da Ring em Santa Monica, a startup de campainha inteligente que a Amazon havia adquirido no início daquele ano.

Complicadores

Havia também os inexplicáveis helipontos que a Amazon solicitara para a nova sede em Long Island City e no norte da Virgínia. Os representantes de relações públicas da Amazon alegaram que ter helipontos na cidade de Nova York teria sido "útil para certos eventos, como receber dignitários". Mas também era verdade que a nova namorada de Bezos, Lauren Sánchez, era piloto de helicóptero e ele mesmo tinha feito aulas de voo. Sua holding pessoal, Poplar Glen LLC, tinha até comprado pelo menos um helicóptero da empresa Bell Textron nessa época, de acordo com o banco de dados de registro de aeronaves da FAA.

A notícia do divórcio iminente de Bezos parecia elucidar também outro mistério perturbador. Algumas semanas antes de Jeff e MacKenzie fazerem o anúncio, os departamentos Jurídico e Financeiro da Amazon começaram a sondar os maiores acionistas institucionais da empresa, perguntando se eles apoiariam a criação de uma segunda classe de ações da Amazon com um preço mais baixo e direitos de voto reduzidos. Essas estruturas de ações de duas classes, empregadas no Facebook e na controladora da Google, a Alphabet, podem acabar concentrando o poder de voto em seus fundadores, dando-lhes o controle final sobre questões de governança corporativa, mesmo quando possuem apenas uma pequena porcentagem das ações. A Amazon abrira o capital uma década antes de seus irmãos do Vale do Silício, antes que tais formulações de ações de classe A e classe B estivessem na moda.

Quando a Amazon fez essa consulta, não só os acionistas, mas muitos dos próprios advogados e executivos financeiros da empresa ficaram perplexos. Por que um CEO tão venerado precisaria garantir maior controle sobre a própria empresa? Sua influência não resultava da participação acionária de 17%, mas de 25 anos de invenção profética, previsão estratégica e gestão disciplinada. Havia pouca chance de que um investidor ativista devorasse ações da Amazon e depois conquistasse outros grandes investidores para apoiar grandes mudanças — como dividir a AWS e as unidades de varejo —, como haviam feito com sucesso em empresas como eBay e Whole Foods Market.

A Amazon disse a seus acionistas que estava estudando a mudança para poder fornecer ações para os trabalhadores dos centros de atendimento de pedidos, que costumavam precisar vender as ações recebidas para cobrir suas obrigações fiscais. A Amazon também disse que poderia usar uma segunda classe de ações para buscar aquisições, da mesma forma que a Berkshire Hathaway, de Warren Buffett. Mas, de acordo com investidores que ouviram aquilo, o argumento soava estranho e pouco convincente. A companhia acabara de anunciar que não concederia mais ações aos trabalhadores dos armazéns depois de aumentar os salários para 15 dólares por hora; e um ambiente regulatório difícil significava que provavelmente aquisições de monta não seriam feitas tão cedo. "Comparado com o argumento típico da Amazon, era fraco e não tinha apoio agressivo", disse um investidor que ouviu a proposta e se juntou a outros para se opor a ela. "Isso deixou todos nós confusos."

Mas, depois que Bezos tuitou a notícia do divórcio, muitos dos executivos e acionistas da Amazon que tinham ouvido falar sobre o plano de ações sentiram que a confusão se dissipava. Embora a Amazon contestasse, a especulação era generalizada; o plano não fora concebido para dar ações aos trabalhadores, mas para permitir que Bezos permanecesse no controle total da empresa diante de um acordo caro de divórcio que acabaria reduzindo sua participação na empresa para 12%.

Controle: era exatamente isso que havia escapado a Bezos naqueles meses tempestuosos. Pela primeira vez na carreira, ele foi acuado por adversários e pelas consequências de seu próprio comportamento. Em meio à sobreposição aparente da dissolução de seu casamento e do início de um novo relacionamento, Bezos enfrentou um agente de Hollywood manipulador que tentou vender suas mensagens de texto mais íntimas, um tabloide barato de supermercado determinado a humilhá-lo e uma zelosa mídia pronta para contar todo o drama e destruir a pessoa mais rica do planeta. E do outro lado do mundo estava Mohammed bin Salman — o príncipe herdeiro da Arábia Saudita, que estava aborrecido com Bezos pela cobertura do *Washington Post* sobre o assassinato do dissidente Jamal Khashoggi, e que alguns especialistas em segurança cibernética acreditaram ter hackeado o celular de Bezos.

O episódio inteiro — lascivo, espalhafatoso e completamente atípico de um homem que exaltara as virtudes da esposa e da família por mais de vinte anos — pertencia mais às páginas de um romance de banca de jornal do que aos tomos de negócios inspirados pela Amazon. Foi também

Complicadores

o maior desafio de Bezos até então: um teste não apenas da capacidade bem apurada de sua empresa para moldar uma narrativa de mídia, mas de seu caráter pessoal e de sua capacidade extraordinária para sair de uma encrenca.

De volta a Seattle, a reunião de planejamento se estendeu até o início da noite. Executivos financeiros apressados entravam e saíam da sala distribuindo planilhas. Bezos talvez não fosse capaz de controlar a confusão dos tabloides que narravam alegremente suas escapulidas sibaríticas com Lauren Sánchez, mas poderia controlar o crescimento do quadro de funcionários em todas as divisões da Amazon.

Enquanto o sol se punha sobre as montanhas Olympic, lançando um brilho dourado na sala de reuniões, os executivos começaram a olhar furtivamente para seus telefones e a responder a mensagens. Por fim, às 19h30, o vice-presidente sênior Jeff Blackburn tomou a palavra e disse o que todos estavam pensando: "Ei, Jeff, quanto tempo você acha que esta reunião vai durar? Muitos de nós temos planos." Afinal, era o Dia dos Namorados.

"Ah, é verdade", disse Bezos, rindo. "Tinha me esquecido disso."

***

Por muitos anos, Bezos teceu a história de seu namoro e casamento com MacKenzie Bezos (nascida Tuttle) à sua personalidade pública. Em discursos, ele fazia piadas sobre sua busca, quando solteiro, por uma mulher engenhosa o suficiente para "me tirar de uma prisão do Terceiro Mundo", como se a estudiosa MacKenzie, romancista formada em inglês pela Universidade de Princeton, pudesse um dia descer de rapel do telhado de uma prisão venezuelana com um pé de cabra entre os dentes. Numa entrevista em 2014, ele disse "minha esposa ainda afirma gostar de mim. Eu não a questiono agressivamente a esse respeito",[1] e celebrou as virtudes de lavar a louça todas as noites, o que segundo ele era "a coisa mais sexy que eu faço".[2] Numa conversa no palco com o irmão Mark na Summit LA 2017,[3] eles mostraram uma fotografia do jovem casal em 1994, enquanto se preparava para a viagem histórica para Seattle, que levou à fundação da Amazon.com.

Enquanto Bezos e seus assessores criavam a imagem de um marido e pai amoroso, ele e a esposa desenvolviam interesses diferentes e apetites divergentes pela atenção do público. Nos anos que se seguiram à criação da Amazon Studios, Bezos foi visivelmente atraído pela energia e o dinamismo de Hollywood, comparecendo ao Globo de Ouro e ao Oscar, aparecendo em estreias de filmes de Hollywood e realizando uma festa de fim de ano anual, todo mês de dezembro, na propriedade palaciana da família em Beverly Hills, bem acima da Sunset Strip.

Com frequência, ele também viajava sozinho para Washington, D.C., onde participava de reuniões do Alfalfa Club, uma reunião da elite costeira, e oferecia jantares reservados para executivos do *Washington Post*, funcionários do governo e outros luminares. Esses encontros aconteciam em salas de jantar privativas de restaurantes descolados de Washington, D.C., enquanto sua mansão de 2.500 metros quadrados no bairro de Kalorama, o antigo Museu Têxtil, passava por uma extensa reforma.[4] À medida que ele se tornava cada vez mais bem-sucedido, a gravidade em todas aquelas salas salpicadas de estrelas inclinava-se em sua direção; nas festas, os associados muitas vezes tinham que interceptar ou afastar com delicadeza quaisquer intrusos indesejáveis.

Ao que tudo indica, Bezos apreciava os holofotes. Estava emergindo de uma crisálida, não mais o magricela nerd de tecnologia de Seattle, dono de uma risada estrondosa, mas um sujeito elegante com o físico de um *personal trainer* e o tipo de riqueza e fama exorbitantes que atraíam admiração até mesmo nos escalões superiores da elite cosmopolita.

MacKenzie acompanhava o marido a alguns desses eventos, mas admitia não ser uma pessoa muito sociável. "Coquetéis para mim podem ser enervantes", disse à revista *Vogue*. "A brevidade das conversas, a quantidade... não são meu ponto forte."[5] Amigos diziam que os dois estavam comprometidos com os quatro filhos e em mantê-los o mais longe possível do impacto corrosivo da celebridade e da riqueza extravagante.

Naquela época, até mesmo seus esforços para bradar a favor de causas importantes acabaram soando como sussurros não intencionais. Em 2013, MacKenzie fundou uma instituição de caridade chamada Bystander Revolution, um site que oferecia "conselhos práticos, colaborativos, sobre coisas simples que as pessoas podem fazer para acabar com o *bullying*". O site apresentava vídeos de celebridades como Monica Lewinsky, Demi Lovato, Michael J. Fox e a dra. Ruth Westheimer. Gavin de Becker, um renomado consultor de segurança, autor de best-sellers e amigo próximo da família de Bezos, acrescentou vários de seus próprios depoimentos, num dos quais delineava os sinais de alerta universais para crianças que poderiam se tornar atiradores em massa. Para lançar o projeto, MacKenzie pediu a ajuda de uma das firmas de relações públicas da Amazon no Vale do Silício, a Outcast Agency.

As pessoas que trabalharam na campanha se lembram de MacKenzie como humilde e discreta, mas também ferozmente protetora em relação à própria privacidade. Ela queria colocar o mínimo possível de si mesma e da crescente fama do marido no lançamento. Como resultado, a Bystander Revolution quase não foi mencionada na imprensa quando foi inaugurada, em 2014, e nunca obteve muito impulso. A organização enviou seu último tuíte dois anos depois, e o site praticamente não foi atualizado desde então. Os jornalistas que se propuseram a fazer um perfil de MacKenzie ao longo dos anos tiveram que recorrer à análise dos "introvertidos que enfrentavam o público"[6] em seus dois romances, como disse certa vez a *New Yorker*, bem como seu relato numa entrevista de TV de 2013,[7] ocasião em que afirmou ter se apaixonado pela gargalhada estrondosa de Bezos quando tinha 23 anos e trabalhava como pesquisadora adjunta na D. E. Shaw ("Foi amor à primeira audição") e ter ficado noiva dele três meses depois.

Em 2018, Bezos já estava se encontrando com Lauren Sánchez, conforme documentos jurídicos mostraram mais tarde, enquanto mantinha as aparências de um casamento intacto. Em abril daquele ano, a família Bezos foi à Noruega para celebrar o aniversário de MacKenzie e se hospedou em um hotel de gelo; ele postou um pequeno vídeo no Twitter num trenó puxado por cães, rindo alegremente.[8] "Foram realmente férias incríveis", disse mais tarde a um entrevistador no palco. "Fizemos tudo em três dias e meio. Foi fantástico."[9] Poucos meses depois, o casal lançou o Bezos Day One Fund,[10] de 2 bilhões de dólares, uma filantropia voltada para a falta de moradia e a construção de pré-escolas em bairros de baixa renda.

Em outubro, eles realizaram uma nova edição do Campfire, o acampamento/conferência familiar anual no Four Seasons Resort, em Santa Barbara — o evento que Bezos gostava de chamar de "o ponto alto do ano". Mais uma vez, os hóspedes e suas famílias chegaram em aviões particulares, todos pagos pela Amazon, e foram regalados com presentes extravagantes em seus quartos de hotel. Naquele ano, Michael Lewis falou a respeito de seu novo livro sobre a presidência de Trump, *O quinto risco*, Jane Goodall falou sobre a mudança climática e a juíza Ruth Bader Ginsburg participou via internet. A atleta paquistanesa Maria Toorpakai Wazir conquistou os participantes com sua experiência de ter se passado por menino durante dezesseis anos para poder jogar squash em nível profissional. Na última noite, Jeff Tweedy, Dave Matthews, Jon Bon Jovi, St. Vincent e outros participantes do evento subiram no palco e tocaram e cantaram.

Para os convidados que os conheciam pessoalmente, Bezos e MacKenzie pareciam normais e afetuosos naquele fim de semana. Mas quem de fato sabe o que acontece nos confins privados de um casamento? Dois meses depois, MacKenzie não foi à festa de Natal da Amazon Studios na casa de Bezos em Beverly Hills. Ao lado dele encontrava-se Lauren Sánchez, assim como o irmão mais velho dela, Michael.

Sánchez, então com 48 anos, era uma pessoa extrovertida e exuberante. Esposa de Patrick Whitesell, o poderoso presidente da agência de talentos Endeavor, ela conhecia pessoalmente a maioria dos cerca de duzentos convidados presentes na festa, entre os quais Matt Damon, Brad Pitt, Barbra Streisand, Katy Perry, Jennifer Lopez e Alex Rodriguez. Alguns haviam comparecido à sua estrelada cerimônia de casamento com Whitesell.

Efervescente e curvilínea, com uma tendência a entrar numa sala e abraçar todo mundo, Sánchez se sentia extremamente confortável sob os holofotes em cidades como Los Angeles, Nova York e Washington, D.C. Sob muitos aspectos, era o oposto de MacKenzie. Se Bezos algum dia fosse preso na Venezuela, seria provável que ela marchasse para a prisão, seduzisse todos os guardas e persuadisse pelo menos um deles a destrancar a porta da cela voluntariamente.

Como Bezos, Sánchez nasceu em Albuquerque, Novo México. Suas famílias não se conheciam, mas o casal mais tarde mapearia todos os pontos em comum entre seus parentes em lugares como o Banco do Novo México, onde Jackie e Mike Bezos se conheceram e onde um primo dela havia trabalhado. O pai de Sánchez, Ray, gerenciava uma escola de voo local, a Golden Airways, e possuía uma dúzia de aviões. A mãe dela, Eleanor, também tinha licença de piloto e, quando Sánchez era jovem, ficou gravemente ferida num acidente de avião, quando praticava estol com um instrutor de voo e o motor não voltou a ligar.

Seus pais se divorciaram quando Sánchez tinha oito anos, encerrando um casamento belicoso destruído por recriminações mútuas de infidelidade. Sánchez e os irmãos mais velhos, Paul e Michael, foram morar com a mãe, que se casou novamente três vezes e iniciou uma carreira peripatética que a levaria a se tornar vice-prefeita assistente de Los Angeles e, mais tarde, executiva de administração da Universidade Columbia. Embora fosse disléxica e tivesse dificuldades acadêmicas, Sánchez chamava a atenção como modelo e foi coroada Miss Junior America New Mexico em 1987. Depois do colegial, frequentou a Universidade do Sul da Califórnia[11] e então abandonou os estudos para iniciar uma carreira na TV aberta.

No fim dos anos 1990, Sánchez tornou-se coapresentadora do programa de fofocas *Extra*, exibido em todo o país, e em seguida foi âncora matinal do *Good Day LA*, da Fox. Mais tarde, apresentou a primeira temporada do popular *reality show So You Think You Can Dance* e fez participações especiais em filmes importantes (ela aparece interpretando uma repórter aos 91 minutos de *Clube da luta*). Sánchez rompeu pelo menos três noivados e teve um filho com o jogador da NFL Tony Gonzalez antes de se casar com Whitesell, o superagente de Hollywood, e ter um filho e uma filha com ele.

Bezos supostamente a conheceu por meio de Whitesell e se reconectou com ela na festa da Amazon Studios em 2016, em Los Angeles, para promover *Manchester à beira-mar*. Depois de tropeços em seu casamento, ela se aproximou de Bezos por causa do amor que ambos compartilhavam por voar.¹² A origem exata do romance é desconhecida, embora no início de 2018 a empresa de helicópteros de Sánchez, a Black Ops Aviation, estivesse filmando vídeos documentários para a Blue Origin e postando-os no YouTube.

Em março de 2018, Bezos convidou Sánchez a Palm Springs para participar da terceira conferência anual MARS,¹³ o simpósio exclusivo para grandes nomes das viagens espaciais, inteligência artificial e robótica. MacKenzie não compareceu, enquanto a voz de Sánchez podia ser ouvida no fundo de um videoclipe de Bezos jogando tênis de mesa no evento contra um robô japonês.¹⁴

Algumas semanas depois, Sánchez disse a seu irmão Michael que queria apresentá-lo ao novo namorado. Em abril, eles jantaram no Hearth & Hound, um restaurante descolado de West Hollywood, acompanhados pelo marido de Michael Sánchez e dois outros amigos. Michael sentou-se diante de Bezos e se deu bem com o CEO da Amazon. Ele também se mostrou apreensivo ao ver como ambos manifestavam seu afeto mútuo abertamente, à vista de potenciais *paparazzi*, enquanto permaneciam casados com os respectivos cônjuges.

Em retrospecto, Bezos manteve o relacionamento com curioso desrespeito pela reação pública. Ele também trouxe Sánchez para Seattle com a mãe e o irmão,¹⁵ onde fizeram um tour VIP pelas Amazon Spheres, e para Washington, D.C., onde ele lhe mostrou as impressoras do *Washington Post*. Sánchez compareceu ao lançamento do New Shepard naquele verão e ajudou a produzir um vídeo inspirador de dois minutos para a Blue Origin com fotos aéreas do foguete, acompanhadas por uma rara narração do próprio Bezos, falando filosoficamente sobre a missão da empresa ao som de "Your Blue Room", de U2 e Brian Eno. "A necessidade humana de explorar está enraizada dentro de todos nós", entoa ele no início do vídeo.¹⁶

No fim do verão de 2018, Michael Sánchez estava ficando ainda mais apreensivo com a ousadia do casal. Apoiador gay de Trump, bem-apessoado e um talentoso tenista amador com uma predileção por óculos Gucci de ponte dupla, sua carreira tomou um caminho muito diferente do trilhado pela irmã. Depois de trabalhar na agência de talentos de Hollywood ICM Partners e, em seguida, em vendas e

Complicadores

marketing para a MTV, ele fundou a Axis Management, uma agência de talentos e relações públicas que representava uma série de analistas de notícias de direita na TV a cabo e estrelas de *reality shows*.[17] Em 2007, Michael cofundou a Dead of Winter Productions e produziu o filme de terror *Killer Movie* (com uma pontuação de 19% no site Rotten Tomatoes). O filme incluiu um pequeno papel para sua irmã como a repórter de TV chamada "Margo Moorhead". Depois do fracasso de bilheteria, um dos financiadores do filme o processou, alegando que ele lhe devia dinheiro. Para proteger seus bens, Michael Sánchez declarou falência em 2010. Registros públicos mostram que ele devia à irmã 165 mil dólares.

Sánchez brigou com a irmã ao longo dos anos por questões financeiras e eles costumavam ficar sem se falar. Mas Michael também era padrinho de casamento de Lauren com Whitesell e padrinho do filho dos dois. Quando iniciou uma troca secreta de mensagens de texto e fotos íntimas com Bezos, ela costumava encaminhar as mensagens dele para Michael. O relacionamento entre os irmãos era, para dizer o mínimo, incomum.

Mas tudo isso acontecia bem fora do campo de visão de Bezos. Ele estava fascinado pela aventureira Sánchez e não estava predisposto a ser paranoico ou cético em relação a ninguém — muito menos o irmão de sua nova amada. De acordo com um amigo, sua filosofia era basicamente "É melhor presumir confiança e descobrir que está errado do que sempre presumir que as pessoas estão tentando ferrá-lo".

* * *

Durante o verão de 2018, conforme o romance entre Bezos e Sánchez se intensificava, os editores do *National Enquirer* começaram a investigar a vida pessoal do CEO da Amazon. O famoso tabloide voyeurístico, que pagava a suas fontes em troca de fofocas sensacionalistas desde a década de 1950, estava saindo de um período catastrófico que durava alguns anos. Além da queda nas vendas de banca de jornal, seu editor, David Pecker, dirigia o jornal para "pegar e enterrar" histórias sobre a infidelidade conjugal de seu amigo Donald Trump, uma prática que atraiu a controladora do *Enquirer*, a American Media Inc., ao poço sem fundo do escândalo Trumpworld. Seu vice, o diretor de conteúdo Dylan Howard,[18] que supervisionava todas as quarenta propriedades de mídia da AMI, incluindo *RadarOnline*, *Men's Journal* e *Us Weekly*, também foi denunciado pelo jornalista Ronan Farrow, da *New Yorker*, por tentar desacreditar as acusadoras do magnata do cinema Harvey Weinstein, caído em desgraça.

 Howard era um australiano baixinho e corpulento de 38 anos e um ácido cronista das hipocrisias e indiscrições das celebridades americanas. Força jornalística por trás de manchetes explosivas de tabloide como os discursos antissemitas de Mel Gibson e o filho bastardo de Arnold Schwarzenegger, Howard era por natureza protetor de seu trabalho e belicoso com aqueles que percebia como rivais. Quando o *Washington Post*, de maneira agressiva, começou a cobrir os problemas da AMI, Howard, irado, autorizou com entusiasmo que se lançasse um olhar duro sobre a vida de seu rico proprietário.

 Uma linha de investigação, de acordo com um e-mail enviado aos repórteres da AMI[19] na redação da empresa no fim do verão, era examinar o relacionamento de Bezos com a família de seu pai biológico, Ted Jorgensen, e por que o CEO não o contatara em seus últimos dias de vida, em 2015. O relatório não mencionava nada sobre um caso extraconjugal.

 O que aconteceu no dia seguinte é difícil de descartar como uma mera coincidência. Mas, independentemente de como se interprete os eventos improváveis que vieram à tona no ano seguinte, tais coincidências abundam nos volumes de transcrições de entrevistas, registros de e-mail e mensagens de texto e outras evidências que mais tarde se acumulariam na miríade de casos civis e criminais que foram o legado principal de toda a saga.

 Na segunda-feira, 10 de setembro, Michael Sánchez escreveu um e-mail para Andrea Simpson, repórter da AMI em Los Angeles. Sánchez e Simpson eram grandes amigos; ele enviava com regularidade para ela notícias sobre seus clientes, como o fato de sua irmã ter voltado a apresentar o *Extra* naquele mês, por um dia,[20] e que uma vez os dois fizeram tatuagens juntos por capricho. (Na dele, no antebraço, lia-se "*Je suis la tempête*".)

Complicadores

Em seu e-mail, Michael Sánchez disse que tinha uma dica quente para Simpson. Um amigo, ele escreveu, trabalhava para um conhecido "tipo Bill Gates"[21] que era casado e tinha um caso com "uma atriz casada do segundo escalão". O amigo, escreveu Sánchez, tinha fotos comprometedoras do casal, mas queria um pagamento de seis dígitos pelo furo. Sánchez afirmou estar agindo como intermediário.

Simpson e seus editores em Nova York só podiam supor qual seria a identidade dos amantes misteriosos. Em e-mails que se tornariam públicos mais tarde como parte de uma ação judicial que Michael Sánchez moveu contra a AMI no Tribunal Distrital de Los Angeles, os jornalistas especularam sobre figuras como Evan Spiegel, Mark Zuckerberg e Michael Dell. Por semanas, Sánchez os manteve no escuro e tentou aumentar o valor pedido, sugerindo a possibilidade de que a história pudesse acabar num tabloide britânico. No início de outubro, ele atiçou ainda mais o interesse deles, encontrando-se com Simpson e mostrando-lhe mensagens de texto e fotos com os rostos borrados. Mas o repórter de fofocas suspeitou de alguma maneira. "Dando apenas uma olhada ao redor e pelo corpo, acho que pode ser Jeff Bezos", escreveu ela aos chefes em Nova York.

Finalmente, em 18 de outubro, Sánchez ligou para Dylan Howard e revelou que o "tipo Bill Gates" era na verdade o CEO da Amazon. Sánchez e AMI assinaram então um contrato, dando-lhe direito a um pagamento de cerca de 200 mil dólares[22] — a maior quantia que o *National Enquirer* já havia pago por uma história. O contrato estipulava que o *Enquirer* fizesse todos os esforços para salvaguardar o anonimato de Sánchez e ocultar sua identidade como fonte do furo.

Sánchez ainda não tinha revelado o nome da "atriz casada do segundo escalão", mas não demorou muito para que os editores do *Enquirer* descobrissem quem era. Dylan Howard despachou fotógrafos para ficarem de tocaia junto ao jatinho de Bezos e estava no festival MIPCOM, do setor de entretenimento, em Cannes, na França, quando recebeu fotos do CEO da Amazon e de Lauren Sánchez desembarcando do Gulfstream G650ER.

Em 23 de outubro, Michael Sánchez voou para Nova York e jantou com Howard e James Robertson, outro editor do *Enquirer*, e corroborou o que eles já sabiam.²³ Também mostrou a eles um pen drive contendo uma coleção de textos de Bezos para sua irmã, bem como um punhado de fotos pessoais que o casal havia trocado, e insinuou que mais tarde poderia mostrar a eles um nude que Bezos havia enviado para Lauren Sánchez. Howard, Robertson e Simpson declarariam ao tribunal federal, sob pena de perjúrio, que Michael Sánchez foi a única fonte de todo o material comprometedor que receberam durante a investigação.

Dentro dos estéreis escritórios da AMI na ponta sul de Manhattan, um labirinto sem janelas de mesas abertas envoltas por uma atmosfera tóxica causada por anos de cortes de pessoal e escândalos, a história de Bezos foi recebida com entusiasmo. Dylan Howard acreditava que ela poderia dar um gás na maltratada reputação do periódico, que outrora evocava admiração relutante de rivais da mídia de prestígio depois de furos mundiais sobre os pecadilhos de figuras como Tiger Woods e John Edwards. "Esta é uma ótima história. É uma história do *Enquirer*", disse Howard a um colega, quando questionado por que estavam perseguindo uma figura de negócios que provavelmente era de interesse limitado para os leitores obcecados por celebridades do tabloide. "Isso é remover a fachada dourada dos famosos e extraordinariamente ricos, é exatamente o que devemos defender."

Mas, enquanto o jornal trabalhava na história de Bezos, David Pecker estava nervoso. A empresa havia entrado com um pedido de recuperação judicial em 2010 e estava cheia de dívidas devido à aquisição de revistas como *In Touch* e *Life & Style*. O esforço para garantir um investimento do reino da Arábia Saudita para financiar uma oferta de compra da revista *Time* não estava dando certo, e Anthony Melchiorre, o chefe raramente fotografado do principal proprietário da empresa, o fundo de hedge Chatham Asset Management de Nova Jersey, ficava apreensivo com jurídico.

Em setembro daquele ano, a AMI assinou um acordo de não persecução penal com o Departamento de Justiça sobre as alegações de que tentava comprar e enterrar histórias negativas sobre Donald Trump. O acordo exigia que seus executivos cooperassem com a investigação federal sobre o advogado de Trump, Michael Cohen, e agissem no futuro com honestidade incontestável. Também garantia que a empresa permaneceria sob o olhar atento dos promotores por anos. Romper o acordo poderia significar a ruína financeira para a AMI e o cárcere para seu primeiro escalão.[24]

Pecker, um chefe temperamental que conduzia grande parte de seu trabalho pelo celular, enquanto dirigia entre suas casas e escritórios em Connecticut e na cidade de Nova York, alternava empolgação e medo em relação à reportagem sobre Bezos. Ele chamou um rascunho do artigo de "o melhor jornalismo que o *Enquirer* já fez" e opinou em um e-mail aos editores que "cada página de uma história deveria ser mais um golpe mortal para Bezos", segundo uma pessoa com conhecimento das investigações criminais subsequentes. Mas Pecker também estava com medo de ser processado[25] pela pessoa mais rica do mundo, e por causa de uma história de pouco interesse para os leitores do jornal, obcecados por Hollywood. Ele exigia que a história fosse "100% confiável" e hesitava sobre quando deveriam publicá-la, se é que deveriam publicá-la.

No início de novembro, Pecker ficou ainda mais agitado quando soube que Dylan Howard e Cameron Stracher, consultor-geral da AMI, haviam inserido uma cláusula incomum no contrato de Michael Sánchez estipulando que ele receberia seu pagamento adiantado, antes que a história fosse publicada. Agora Pecker estava cercado; se eles não publicassem a história, ou se ela estourasse em outro lugar, eles teriam desperdiçado uma grande soma e exposto a empresa a outra possível alegação de "pegar e enterrar". Depois que Pecker explodiu de raiva[26] com Stracher durante um almoço no Cipriani Wall Street, no sul de Manhattan, o advogado veterano saiu do restaurante, o que basicamente significava um pedido de demissão. Isso levou à promoção de seu substituto, o recém-contratado Jon Fine, que — por outra coincidência improvável — havia trabalhado na Amazon por nove anos.

Até o fim daquele outono, o *Enquirer* trabalhou na história com a ajuda de Michael Sánchez. Ele enviou ao jornal por e-mail uma seleção das fotos pessoais e mensagens de texto do casal e garantiu a Dylan Howard que eles não sabiam nada sobre a investigação, quando o editor se perguntava se Bezos e Lauren Sánchez estariam deliberadamente plantando a história. Sánchez também deu dicas sobre os planos de viagem do casal; e, quando jantou com os dois no restaurante Felix Trattoria, em Venice, Califórnia, em 30 de novembro, dois repórteres estavam posicionados em mesas próximas e os fotógrafos do tabloide registraram a cena em segredo.

Mas, quanto ao nude prometido de Bezos, Sánchez pareceu dar para trás. Ele combinou compartilhá-la com Howard em Los Angeles no início de novembro, mas não apareceu para a reunião. Algumas semanas depois, em 21 de novembro, assediado pelos editores do *Enquirer*, ele enfim concordou em mostrá-la para Andrea Simpson, enquanto Howard e James Robertson observavam via FaceTime, em Nova York.

Os meios de comunicação, a maioria dos observadores e até mesmo sua própria família mais tarde condenariam Sánchez por esse surpreendente ato de traição. Mas em sua mente, pelo menos — distorcida por ressentimentos amargos, anos de rixas com a irmã e a dinâmica disfuncional de uma família complexa —, Michael acreditava estar manipulando o *Enquirer* com habilidade.

Lauren Sánchez e Bezos conduziam o relacionamento abertamente, e era apenas uma questão de tempo até que suas famílias e o mundo descobrissem. Michael estava tentando "aterrissar suavemente o 747",[27] como disse mais tarde, referindo-se ao delicado processo de permitir que o casal informasse os respectivos cônjuges, iniciasse o divórcio e, em seguida, revelasse seu relacionamento ao público. Ele também acreditava que seu acordo de fonte com a AMI impedia a empresa de mídia de usar o material mais embaraçoso que ele havia fornecido.

Essa justificativa soaria vazia. Mas num ponto, pelo menos, Sánchez parecia estar dizendo a verdade. Mais tarde, ele diria aos investigadores do FBI do distrito sul de Nova York que na verdade nunca tivera uma fotografia explícita de Bezos. Na reunião com a repórter Andrea Simpson, do *Enquirer*, em 21 de novembro, a que Dylan Howard assistira via FaceTime de Nova York, Sánchez não mostrara a eles uma foto de Bezos, mas uma fotografia anônima de genitália masculina que havia tirado do site de acompanhantes gay Rentmen.com.

***

Complicadores

Na segunda-feira, 7 de janeiro de 2019, os editores do *Enquirer* enviaram duas mensagens de texto para Jeff Bezos e Lauren Sánchez que começavam com uma única frase incendiária: "*Escrevo para solicitar uma entrevista com você sobre o seu romance.*" Toda a provação, que se desenrolava ao mesmo tempo que a saga HQ2 alcançava seu fatídico desfecho em Nova York,[28] estava agora se aproximando do fim, alimentada por meia dúzia de pessoas, cada qual com sua rede de relacionamentos e agendas complexas.

Com o que deve ter sido considerável apreensão, o casal agiu depressa em resposta. Lauren Sánchez se voltou para a pessoa mais próxima, aquele que melhor conhecia os atalhos descarados dos tabloides: seu irmão. Em meio à crise, Michael Sánchez sugeriu inocentemente que poderia usar seu relacionamento com os editores do *Enquirer* para descobrir que tipo de material eles possuíam. Depois de assinar um contrato de 25 mil dólares por mês com a irmã para ajudá-la a navegar na crescente insanidade, ele ligou para Dylan Howard para anunciar que estava atuando como representante da irmã e sugeriu uma viagem a Nova York, para revisar as reportagens do jornal (que, claro, ele havia alimentado). Confiante na promessa de confidencialidade da AMI, Michael Sánchez passou a jogar dos dois lados.

Bezos, nesse ínterim, envolveu seu consultor de segurança de longa data, Gavin de Becker, bem como o antigo advogado do ramo do entretenimento de Becker baseado em Los Angeles Marty Singer. Na madrugada de quarta-feira, 9 de janeiro, correndo para ficar à frente da história, Bezos instruiu os chocados funcionários do departamento de Relações Públicas da Amazon a divulgar a notícia do fim de seu casamento em sua conta oficial no Twitter. "Queremos que as pessoas fiquem cientes sobre um acontecimento em nossa vida", começava o comunicado. "Como nossa família e amigos íntimos já sabem, depois de um longo período de exploração amorosa e separação experimental, decidimos nos divorciar e continuar nossa vida compartilhada como amigos."[29]

Em Nova York, Dylan Howard estava assistindo ao furo de sua carreira escapar das mãos.[30] Embora o *Enquirer* saísse às segundas-feiras, ele convenceu David Pecker a autorizar uma tiragem especial de onze páginas e postou a matéria do jornal na internet naquela noite. "Chefão da Amazon, casado, Jeff Bezos se divorcia por causa de um caso com a esposa de um magnata do cinema", gritava a manchete. Naquela noite, Michael Sánchez secretamente mandou uma mensagem de texto a Howard, desculpando-se pelo tuíte de Bezos e por uma matéria subsequente no *New York Post* e acrescentando "obrigado por tentar trabalhar comigo, mesmo que aqueles babacas não quisessem".

A matéria do *Enquirer* foi planejada não apenas para expor o relacionamento extraconjugal de Bezos, mas também para humilhá-lo. Além de contornar a cláusula de confidencialidade no contrato com Michael Sánchez citando mensagens de texto privadas e descrevendo algumas das fotos íntimas, também citava de forma bizarra "Tia Kathy", a ex-esposa do irmão do pai biológico de Bezos, que o vira pela última vez quando ele tinha dois anos. Além disso, a matéria utilizava todos os insultos do arsenal dos tabloides, como "traição bilionária", "amante descarado" e assim por diante.

A ferocidade e o tom do artigo levaram Gavin de Becker e outros observadores a questionar se a política presidencial poderia estar por trás da investigação. Donald Trump, amigo e aliado de Pecker antes do julgamento de Michael Cohen, costumava criticar no Twitter o *Washington Post* e acusava a Amazon de não pagar sua parte justa dos impostos e enfraquecer o Serviço Postal dos Estados Unidos. Trump, três vezes casado, também tripudiou da situação de Bezos no Twitter:[31]

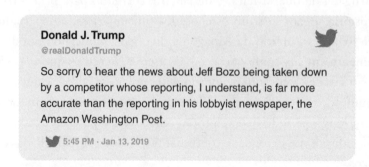

Apesar das suspeitas de motivação política, a AMI continuou fazendo seu jogo, divulgando matérias adicionais em seus veículos de mídia com mais detalhes sobre Bezos e Sánchez[32] e suas mensagens privadas.

Complicadores

Por fim, Michael Sánchez negociou um cessar-fogo temporário: propôs que a AMI parasse de publicar novas matérias em troca de acesso exclusivo dos *paparazzi* a Lauren Sánchez caminhando com dois amigos no aeroporto de Santa Monica. A matéria foi publicada no dia 14 de janeiro no *US Weekly*, junto com citações enlatadas e o título gentil: "Primeiras fotos mostram a namorada de Jeff Bezos, Lauren Sánchez, despreocupada depois do escândalo."[33]

Depois que a história foi publicada, Michael Sánchez mandou uma mensagem privada a Dylan Howard para agradecer-lhe. "O nível de cooperação que você e eu construímos em catorze dias será descrito como exemplo nos livros didáticos", escreveu ele. Na semana seguinte, Howard mandou um e-mail para Michael Sánchez e garantiu-lhe que seu anonimato como o vazador original estava seguro. "A história não contada — como você preferir — não foi contada", escreveu ele. "Vou levá-lo para o meu túmulo."[34]

Mas essa era uma paz instável. Bezos dera a De Becker "todo o orçamento necessário para investigar os fatos"[35] e descobrir como o jornal havia obtido suas mensagens particulares com Lauren Sánchez. De Becker, residente no Havaí, serviu em dois conselhos consultivos presidenciais, escreveu quatro livros sobre a psicologia da violência e prestou consultoria para uma série de figuras conhecidíssimas da política e do entretenimento. Bezos selecionou seu livro de 1997, *Virtudes do medo*, como um dos primeiros tópicos de discussão para o clube de leitura do S Team e garantiu pessoalmente que fosse exposto nas novas lojas da Amazon Books.

Em outras palavras, De Becker era astuto e experiente como juiz de caráter. Depois de uma série de telefonemas e mensagens de texto trocadas com Michael Sánchez, o investigador veterano percebeu que havia algo errado. O irmão da nova amada de Bezos se gabava de sua capacidade de controlar os editores do *Enquirer*, compartilhava teorias da conspiração sobre espionagem cibernética e fazia referência a um relacionamento passageiro com personagens do Trumpworld como o consultor político conservador Roger Stone, caído em desgraça.[36] Sem nenhuma evidência óbvia de que o telefone de Bezos tivesse sido hackeado, não demorou muito para que De Becker se convencesse de que havia um dedo-duro em torno de Bezos — e que poderia ser, de fato, a pessoa que mais ardentemente alegava ser capaz de ajudar.

Para divulgar suas suspeitas, De Becker recorreu a um site amigável: o *Daily Beast*, veículo de mídia dirigido por Barry Diller, amigo de Bezos. Numa matéria em 31 de janeiro, o *Daily Beast* revelou que De Becker identificara Michael Sánchez como o possível culpado.[37] Mas, talvez excessivamente preocupado em posicionar o constrangimento de seu cliente como parte de uma conspiração maior, De Becker também vinculou a investigação do *Enquirer* ao presidente Trump e sua campanha contra o *Washington Post*, opinando no artigo que "fortes indícios apontam para retaliações políticas".[38]

A saga aqui atingiu uma órbita ainda mais elevada de absurdo. A insinuação de De Becker de que uma conspiração política poderia estar por trás do drama exposto pelo tabloide — algo bem plausível na era dourada de Trump — aumentou a pressão sobre o *National Enquirer*. O diretor da AMI, David Pecker, receava que até mesmo o simples rumor do envolvimento do jornal em tal conspiração pudesse minar seu acordo com o distrito sul de Nova York. O principal financiador da AMI, o sombrio Anthony Melchiorre, da Chatham Asset Management,[39] estava apavorado com a possibilidade de Bezos processar a AMI e de que seus próprios investidores, que incluíam fundos de pensão estatais tímidos, pudessem sacar dinheiro do fundo depois de mais um escândalo.

Pecker e Melchiorre imploraram a Dylan Howard que consertasse a situação — para que resolvesse a rixa com a parte de Bezos e garantisse que a investigação não fora politicamente motivada e o *Enquirer* não usara meios ilegais para conseguir a história. Felizmente, Dylan Howard tinha um relacionamento pessoal com Marty Singer, um dos advogados que Bezos recrutara para representá-lo no assunto. Os dois eram conhecidos por comparecerem a eventos esportivos juntos e discutiam com frequência a ladainha de revelações que o *Enquirer* costumava publicar sobre os clientes famosos de Singer. Howard estava, na verdade, jantando com Singer e o diretor de cinema Brett Ratner em Nova York quando o advogado recebeu a ligação para representar Bezos no drama que se desenrolava.

Complicadores

Mas, de certa forma, aquela amizade casual ajudaria a contribuir para a ruína do editor do *Enquirer*. Durante a primeira semana de fevereiro, Howard e Singer se envolveram numa dança familiar, tentando negociar o fim das hostilidades entre o tabloide e o grupo de Bezos. Howard pediu ao advogado que convencesse o CEO da Amazon e De Becker de que não havia motivação política por trás das reportagens e prometeu que cessaria a publicação de matérias prejudiciais. Singer queria saber exatamente quais mensagens de texto e fotos não publicadas o jornal possuía. Howard hesitou; desconfiava que o advogado estivesse procurando a confirmação da identidade de sua fonte anônima.

Para tornar a discussão ainda mais tensa, havia a perspectiva de que o *Washington Post* estivesse preparando um artigo sobre o escândalo no qual questionaria se a denúncia era "apenas uma fofoca picante ou possuía motivação política".[40] David Pecker temia que outra insinuação semelhante num dos jornais mais respeitados do mundo pudesse condenar seu acordo de não persecução. Ele voltou a pedir a Howard que resolvesse o assunto. Howard enfim cedeu e começou a mostrar suas cartas.

Num e-mail enviado a Singer na noite de 5 de fevereiro, o diretor de conteúdo da AMI escreveu: "Como o *Washington Post* encontra-se a ponto de publicar rumores infundados sobre o relatório inicial do *National Enquirer*, eu gostaria de descrever para vocês as fotos obtidas durante nossa apuração." Howard, então, listou as nove fotos pessoais que Bezos enviara para Lauren Sánchez — que ela havia compartilhado com o irmão e este repassara para o *Enquirer*.

Com uma boa dose de arrogância inapropriada e transbordando orgulho ferido de que seu triunfo editorial estivesse sendo difamado, Howard também mencionou outra foto: um "nude abaixo da cintura" que capturara via FaceTime durante o encontro entre Michael Sánchez e a repórter Andrea Simpson. Sem saber, Howard estava se gabando da imagem anônima que Michael Sánchez havia retirado do Rentmen.com. "Nenhum editor teria prazer em enviar este e-mail", concluiu Howard. "Espero que o bom senso prevaleça… e rapidamente."

Mas o bom senso estava em falta. O *Washington Post* publicou sua matéria naquela noite; De Becker, mais uma vez, identificava Sánchez como o possível culpado e acusava o vazamento de ter "motivação política". Michael Sánchez também falou aos repórteres do *Washington Post* e, ao enfrentar as acusações de sua culpabilidade, espalhou mais desinformação para o público. Ele sugeriu incorretamente que De Becker poderia ter vazado ele próprio notícias sobre o caso e convencido o *Washington Post* (e, mais tarde, outros jornais) a relatar que o *Enquirer* havia começado a investigar o caso durante o verão de 2018 — meses antes de sua divulgação inicial (não há evidências de que esse tenha sido o caso).

Depois que o artigo foi publicado, Pecker ligou para Dylan Howard e disse que Melchiorre, o administrador do fundo de hedge, estava "ensandecido" e o pressionou novamente a dar fim àquela loucura. Howard, então, começou a negociar diretamente por telefone com o representante de Bezos, o experiente De Becker. Suspeitos e cautelosos, os dois gravaram as ligações.

Howard tinha bons motivos para ser cauteloso. "Sugiro que os clientes obriguem o chantagista a se comprometer com sua mesquinhez, o que o coloca na defensiva", escreveu De Becker em seu best-seller, *Virtudes do medo*. "Peço às vítimas que repitam 'Não entendo aonde você quer chegar', até que o autor da extorsão diga tudo com clareza." Nos telefonemas, de acordo com as transcrições das conversas que mais tarde me foram descritas, De Becker parecia estar tentando fazer exatamente isso: "Então vocês vão publicar as fotos a menos que façamos uma confissão por escrito?", perguntou ele a Howard.

Howard tentou evitar uma ameaça explícita, mas se aproximou do abismo de qualquer maneira, insistindo nos direitos do jornal de publicar o material obtido. "Isto não deve ser interpretado como uma forma de chantagem ou algo parecido!", disse ao veterano investigador em determinado momento. "É do interesse de ambas as partes chegar a um acordo, dado o espectro de ações judiciais que estão voando por aí."

Howard e De Becker pareciam fazer progressos. Em 6 de fevereiro, o novo vice-consultor-geral da AMI, Jon Fine — o apressado substituto de Cameron Stracher e um relativo forasteiro no ambiente maquiavélico e demoníaco do direito de tabloides —, enviou uma proposta de acordo por e-mail a Marty Singer. A AMI concordaria em não publicar

Complicadores

nem compartilhar qualquer nova foto ou mensagem de texto se Bezos e seus representantes rejeitassem publicamente a ideia de que o "relatório do *Enquirer* foi instigado, ditado ou influenciado em qualquer medida por forças externas, políticas ou de outra natureza".[41]

O e-mail foi facilmente considerado extorsivo. Em 7 de fevereiro, Bezos disse a seus assessores que sabia o que faria. Ele escreveu um ensaio de mil palavras intitulado "No Thank You, Mr. Pecker" [Não, obrigado, sr. Pecker] e o entregou a Jay Carney, da Amazon, cuja testa franziu de surpresa ao lê-lo pela primeira vez durante uma videoconferência com colegas. Em seguida, ele fez o upload para o site de publicações *Medium*.

No texto, Bezos incluiu todos os e-mails de Jon Fine e Dylan Howard e escreveu:

> Aconteceu uma coisa estranha comigo ontem. Na verdade, não foi apenas estranha — foi inédita. Recebi uma oferta que não podia recusar. Ou pelo menos foi o que pensaram as pessoas do alto escalão do *National Enquirer*. Estou feliz que tenham pensado assim, porque isso as encorajou a colocar tudo por escrito.[42]

Bezos descreveu então as complicadas relações judiciais da AMI com Trump e suas tentativas fracassadas de captar um investimento do governo da Arábia Saudita — outro governo hostil às reportagens do *Washington Post*. Ser dono do jornal, escreveu Bezos, "é um complicador para mim. É inevitável que certos poderosos retratados pela cobertura noticiosa do *Washington Post* concluam equivocadamente que eu sou um inimigo". Ele também acrescentou que não se arrependia de ter comprado o jornal, "uma instituição fundamental com uma missão fundamental" e "a coisa de que terei mais orgulho quando chegar aos noventa anos e reexaminar minha vida, se tiver a sorte de viver tanto".

Esse sentimento nobre, é claro, tinha pouca relação com sua conduta aberta de um ano de relacionamento extraconjugal, com a perfídia calculada do irmão de sua namorada ou com as tentativas desesperadas da AMI de escapar de uma nuvem de suspeição política. Mas, como o "Panfleto Reynolds" que Alexander Hamilton escreveu na década de 1790, acusando seus oponentes de extorsão quando confrontado com acusações de adultério, o texto publicado no *Medium* foi um golpe de mestre de relações públicas. Bezos se apresentou brilhantemente como um defensor solidário da imprensa e um oponente da "reputação há muito conquistada da AMI de usar privilégios jornalísticos como arma, se escondendo atrás de proteções importantes e ignorando os princípios e o propósito do verdadeiro jornalismo".[43]

Não está claro se Bezos sabia ou mesmo suspeitava que a ameaça do *Enquirer* de publicar um nude era infundada. Para os leitores interessados, felizmente inconscientes das peripécias nos bastidores, ele estava tomando uma posição corajosa contra as táticas tortuosas dos aliados de Donald Trump nos tabloides, enquanto vulneravelmente oferecia suas próprias fotos embaraçosas como garantia. "Bezos expõe Pecker", declarou o *New York Post* de maneira memorável, quando a simpatia do público no imbróglio logo passou para o lado dele.

Como o texto estava sendo publicado no *Medium* na tarde de 7 de fevereiro, Gavin de Becker enrolou Dylan Howard, que o pressionava por meio de mensagens de texto para uma atualização sobre a resposta de Bezos à oferta da AMI. Por fim, o famoso consultor de segurança deu o golpe de misericórdia, enviando uma mensagem de texto ao editor do tabloide: "Como você deve ter percebido, encontrei resistência à sua proposta."

***

Dylan Howard também receberia um golpe de alguém mais próximo. Mudando para o modo de controle de danos e tentando preservar a precária situação judicial e financeira da empresa, David Pecker culpou o diretor de conteúdo por todo o desastre. Removeu Howard de seu cargo e deu-lhe o papel cerimonial de vice-presidente sênior de desenvolvimento corporativo, onde não tinha responsabilidades editoriais. Howard deixou a AMI um ano depois, quando seu contrato expirou.

"Fui sacrificado por uma história que era 100% verdadeira", disse Howard quando o contatei para saber sobre suas lembranças da saga, mencionando que o litígio em andamento o impedia de abordá-la com mais detalhes. "Fui manchado com a alegação infundada de ter agido por motivações políticas."

Complicadores

Além de afundar a carreira de Howard na AMI, o texto de Bezos aumentou ainda mais a confusão a respeito do modo como o jornal havia obtido mensagens de texto privadas e fotos. Bezos sugeriu astuciosamente em seu texto que a apoplexia da AMI sobre a investigação das origens da história "ainda precisa ser mais bem compreendida" e que "o ângulo saudita parece atingir um ponto particularmente sensível".

Gavin de Becker deu sequência a essas afirmações em março, ao escrever um artigo para o *Daily Beast*. Ele apontou as tentativas frenéticas da AMI de se defender da acusação de envolvimento numa conspiração política e sugeriu que devia haver outra camada de verdade oculta em toda aquela história. "Nossos investigadores e diversos especialistas concluíram com grande confiança que os sauditas tiveram acesso ao telefone de Bezos e obtiveram informações privadas", escreveu ele.[44] "A partir de hoje, não está claro em que grau a AMI estava ciente dos detalhes, se é que estava ciente."

Pecker e seus colegas enfrentaram primeiro a alegação de que estavam agindo em nome de Donald Trump; agora, enfrentavam a insinuação de uma aliança com os sauditas. Com Howard fora de cena e de férias no México, a empresa optou por quebrar sua promessa de confidencialidade a Michael Sánchez, bem como o vínculo sagrado entre jornalistas e fontes anônimas. "O fato é que foi Michael Sánchez quem informou o *National Enquirer* sobre o caso em 10 de setembro de 2018 e, ao longo de quatro meses, forneceu todo o material para nossa investigação", disse a companhia num comunicado. "Seus esforços contínuos para discutir e representar falsamente nossa reportagem e seu papel nela dispensam qualquer sigilo da fonte."[45]

Mas os protestos da AMI tiveram pouco peso, sobretudo porque seus executivos haviam mentido de forma descarada sobre as alegações de "pegar e enterrar" relacionadas a Trump. Os indícios de uma conspiração internacional perduraram — em grande parte por causa da improvável ideia de que o governo da Arábia Saudita estava tentando pegar Jeff Bezos.

Como outros líderes empresariais dos Estados Unidos, Bezos cultivou um relacionamento pessoal com Mohammed bin Salman no início de 2018, quando o jovem príncipe herdeiro da Arábia Saudita parecia comprometido com a liberalização do país religiosamente conservador e com o desmame de sua dependência das receitas do petróleo. Bezos conheceu Bin Salman na viagem de primavera do príncipe aos Estados Unidos naquele ano, e eles trocaram números de WhatsApp. Nos meses seguintes, mantiveram contato e discutiram os planos da Amazon de investir até 2 bilhões de dólares na instalação de data centers da AWS no país.[46] Em maio daquele ano, o príncipe herdeiro enviou a Bezos um arquivo de vídeo criptografado que parecia conter um vídeo promocional, divulgando os preços baixos da banda larga no país. Bezos ficou confuso com a mensagem, escrita em árabe. "Números e vídeo impressionantes", respondeu finalmente.

Poucos meses depois, em 2 de outubro, Bezos estava em Washington, D.C., recebendo o Samuel J. Heyman Spirit of Service Award, acompanhado por colegas do *Washington Post*. No meio do evento, o editor Fred Ryan se inclinou e sussurrou que tinha novidades para compartilhar. Em seguida, escreveu num pedaço de papel: naquela manhã, Jamal Khashoggi, um colaborador do *Washington Post* que havia escrito colunas criticando a odiosa virada de Bin Salman para o autoritarismo, entrara no consulado da Arábia Saudita em Istambul para obter uma licença de casamento e não saíra mais. Bezos leu a anotação e sussurrou em resposta: "Diga-me o que posso fazer para ajudar."

Nas semanas seguintes, o *Washington Post* investigou obstinadamente o terrível assassinato de Khashoggi por agentes sauditas, enquanto seus editorialistas condenavam o governo árabe e pediam às empresas americanas que boicotassem o país. Como outros líderes empresariais, Bezos cancelou seus planos de participar da Iniciativa de Investimento Futuro de Bin Salman, o evento anual conhecido como "Davos no Deserto".[47] Mas, curiosamente, Bin Salman continuou a enviar mensagens de texto a Bezos, inclusive uma mensagem que parecia aludir aos problemas conjugais de Bezos, que permaneciam secretos no outono de 2018. "Discutir com uma mulher é como ler o contrato de licença de software", escreveu Bin Salman, ao lado da imagem de uma morena que lembrava vagamente Lauren Sánchez. "No final, você tem que ignorar tudo e clicar em Concordo."

Complicadores

Enquanto isso, um exército *ad hoc* do Twitter organizado pelo regime de Bin Salman atacava Bezos on-line, postando gráficos e vídeos que o apresentavam como um inimigo racista da Arábia Saudita, e pediam um boicote à Amazon e à sua subsidiária, a Souq.com.

> عادل جابر
> @aadelljaber
>
> We as Saudis will never accept to be attacked by The Washington Post in the morning, only to buy products from Amazon and Souq.com by night! Strange that all three companies are owned by the same Jew who attacks us by day and sells us products by night!
>
> 12:20 PM · Nov 4, 2018

No início de 2019, quando eclodiu a batalha com o *Enquirer*, Bezos (que não é judeu) teria motivos extras para acreditar que seu smartphone estava vulnerável. Em 14 de fevereiro, depois de ter levantado suspeitas sobre o envolvimento da Arábia Saudita em todo o caso, Bezos voltou a receber uma mensagem de texto de Bin Salman, num inglês escrito cheio de erros de digitação: "Jeff, tudo o que você ouve ou que lhe disseram não é verdade e é questão de tempo que você saiba a verdade. Não há nada contra você ou a Amazon de minha parte ou da Arábia Saudita."

De Becker então pediu uma análise do iPhone X de Bezos. O relatório que seria produzido por Anthony Ferrante, colega de longa data de De Becker e ex-diretor de resposta a incidentes cibernéticos do Conselho de Segurança Nacional dos Estados Unidos, concluiu que o vídeo promocional sobre preços de banda larga que Bin Salman tinha enviado a Bezos no ano anterior provavelmente continha uma cópia do Pegasus, um malware quase invisível criado por uma empresa israelense chamada NSO Group. Depois que o programa fora ativado, descobriu Ferrante, o volume de saída de dados do smartphone de Bezos aumentara em 3.000%.

Alguns especialistas em segurança cibernética proeminentes questionaram as conclusões de Ferrante, na ausência de evidências forenses mais concretas. A maciça "exfiltração de dados" do telefone documentada por Ferrante também coincidia com a acalorada troca de mensagens de texto e vídeos pessoais entre Bezos e Lauren Sánchez. No entanto, o *Wall Street Journal* informou que autoridades sauditas próximas ao príncipe herdeiro estavam cientes de um plano para atacar o telefone de Bezos.[48] Em 2020, um relatório produzido por Agnes Callamard e David Kaye, investigadores de direitos humanos da ONU, confirmou com "confiança média a alta"[49] que os sauditas haviam hackeado os telefones de Bezos e de outras figuras políticas e da imprensa ocidental, como parte de uma ampla tentativa de tentar controlar a cobertura da mídia sobre seu governo.

Teria o regime de Bin Salman descoberto o caso de Bezos com Lauren Sánchez e avisado o *National Enquirer* ou complementado as informações que o tabloide recebera de Michael Sánchez? Essa possibilidade pode fazer algum sentido se forçarmos a vista. David Pecker já cortejara Bin Salman, sem sucesso, para financiar a compra da *Time* pela AMI. Para melhorar suas perspectivas, os executivos da AMI chegaram a produzir uma revista bajuladora de 97 páginas, chamada *The New Kingdom* [O novo reino], na véspera da turnê do príncipe herdeiro pelos Estados Unidos. Mas, pelo menos do meu ponto de vista, neste momento específico, não há nenhuma evidência conclusiva para apoiar a hipótese de que os sauditas tenham alertado o jornal sobre o caso de Bezos — apenas uma névoa de eventos sobrepostos, laços fracos entre figuras díspares e mais coincidências estranhas.

Mas para Bezos e seus consultores, que ainda tentavam dar uma virada positiva aos fatos embaraçosos em torno do divórcio de MacKenzie, tal nuvem de incerteza no mínimo desviava o olhar de uma verdade bem mais desagradável e complicada.

***

Enquanto toda a confusão se aquietava no decorrer de 2019, Bezos e Lauren Sánchez começaram a aparecer juntos em público. Em julho, eles participaram da conferência Allen & Company, em Sun Valley, Idaho, misturando-se a nomes como Warren Buffett, Tim Cook e Mark Zuckerberg. Poucos dias depois, assistiram à final masculina de Wimbledon do camarote real, três fileiras atrás do príncipe William e de

Complicadores

Kate Middleton. Em agosto, deram cambalhotas no mar Mediterrâneo ocidental[50] no iate do magnata David Geffen. Também houve viagens a Solomeo, na Itália, para uma cúpula organizada pelo designer de luxo Brunello Cucinelli, e a St. Barts, a bordo do iate de Barry Diller e Diane von Furstenberg, onde Bezos foi fotografado usando um bermudão multicolorido e estiloso,[51] inadvertidamente dando início a uma tendência da moda.

Por duas décadas, Bezos permanecera basicamente focado na Amazon e na família, com a Blue Origin e as viagens espaciais capturando apenas um pouco do tempo restante. Mas sua imensa riqueza, a curiosidade insaciável por pessoas interessantes e a sede de novas experiências, bem como o relacionamento com Lauren Sánchez, haviam claramente operado uma mudança nele. Descobriu-se que ele apreciava os paramentos de seu sucesso extraordinário. Para aqueles que haviam passado uma enorme quantidade de tempo observando-o, ele parecia vibrante e feliz.

O divórcio de MacKenzie foi finalizado em julho de 2019. Ela recebeu 19,7 milhões de ações da Amazon, no valor de cerca de 38 bilhões de dólares. Como parte do acordo, Bezos reteve os direitos de voto sobre as ações da ex-mulher, pelo menos até que ela as vendesse ou distribuísse — uma das razões, especularam funcionários e investidores, para que a Amazon tivesse considerado a criação de uma estrutura de ações de duas classes no ano anterior.

MacKenzie também ficou com as casas de Seattle e Los Angeles e assinou imediatamente o Giving Pledge, um compromisso de doar metade de sua riqueza ao longo da vida. Em 2020, ela doaria mais de 6 bilhões de dólares para organizações como bancos de alimentos, grupos comunitários e faculdades historicamente negras, enquanto postava um ensaio pessoal sobre suas motivações — uma mudança em relação ao posicionamento reticente durante a promoção da Bystander Revolution anos antes. Ela também mudou seu nome para MacKenzie Scott — o nome do meio com o qual havia crescido.

Michael Sánchez, por sua vez, mudou-se para San Francisco com o marido. Toda a família deixou de falar com ele, exceto a mãe, Eleanor. Sua agência de talentos de Hollywood definhou. Em dois processos distintos por difamação no Tribunal Distrital de Los Angeles, ele processou a

AMI e Bezos e Gavin de Becker, perdendo os dois casos enquanto os fatos vazavam. No início de 2021, Bezos pediu ao tribunal que obrigasse Sánchez a pagar 1,7 milhão de dólares em honorários advocatícios, embora o juiz posteriormente tenha reduzido esse valor para 218.400 dólares. E no Distrito Sul de Nova York promotores federais investigaram a alegação de Bezos, feita em seu ensaio no Medium, de que ele foi extorquido pela AMI depois da publicação da matéria do *National Enquirer*. As provas não devem ter sido suficientes, porém, porque os promotores pareceram abandonar o assunto discretamente, sem nunca abrir um caso.

Bezos, por sua vez, seguiu em frente. Em outubro, ele apareceu inesperadamente diante da embaixada saudita em Istambul para o evento do aniversário de um ano do assassinato de Jamal Khashoggi.[52] Gavin de Becker cuidou dos intrincados arranjos de segurança. Bezos sentou-se ao lado de Hatice Cengiz, noiva de Khashoggi, e a abraçou durante a cerimônia. "Bem aqui onde você está, você ficou olhando para a rua por horas, andando de um lado para outro, esperando, e ele nunca saiu. Não dá para imaginar",[53] disse ele. "Mas você precisa saber que está em nossos corações. Estamos aqui."

A viagem a um território potencialmente perigoso foi outro sinal para os funcionários do *Washington Post* de que seu proprietário defenderia a qualquer custo o jornalismo que praticavam. Foi também uma flecha apontada para o inimigo de Bezos, Bin Salman.[54]

À medida que gestos tão dramáticos substituíam o escândalo na memória coletiva, os colegas de Bezos na Amazon só podiam observar e se perguntar: seu CEO ainda pertencia a eles ou residia em alguma dimensão alternativa de riqueza, glamour e intriga internacional? Ele parecia surgir com a mesma frequência na imprensa e no escritório durante o ano de 2019, comprando obras de arte históricas[55] e abocanhando a propriedade de 36 mil metros quadrados de David Geffen em Beverly Hills por 165 milhões de dólares, um recorde imobiliário na Califórnia.[56] E lá estava ele conversando sobre mudança climática com Emmanuel Macron em fevereiro de 2020, ao lado de Lauren Sánchez, e saltitando com ela e outras celebridades no Super Bowl em Miami — até mesmo tocando discos na cabine de DJ de uma boate popular. O que o futuro reservava para seu fundador?

Complicadores

Uma pista para responder a essa pergunta poderia ser encontrada nos estaleiros da Oceanco, empresa de construção naval holandesa que fabricava iates personalizados. Lá, nos arredores de Roterdã, uma nova criação tomava forma em segredo: uma escuna de 127 metros de comprimento e três mastros sobre a qual praticamente nada se sabia, mesmo nos confins sussurrantes do setor de iates de luxo — fora que, depois de terminado, seria um dos mais belos iates a vela do mundo. A Oceanco também estava construindo para os mesmos clientes sofisticados um iate de apoio, expressamente encomendado e projetado para incluir — adivinhem? — um heliponto.

Apesar de tudo o que tinha acontecido, a armadura de invencibilidade de Bezos estava apenas amassada de leve. E se aproximavam os maiores desafios para a Amazon em seus 25 anos de história: uma salva de abertura de seus inimigos nos Estados Unidos e na União Europeia, que buscavam conter o formidável poder de mercado da empresa, bem como a pandemia de Covid-19, que estava prestes a levar a economia global à beira de um colapso doloroso.

CAPÍTULO 14
Ajuste de contas

No ano seguinte ao entrevero de Bezos-Sánchez com o *National Enquirer*, a Amazon continuou sua incrível ascensão. Com seu valor de mercado chegando cada vez mais perto da troposfera de 1 trilhão de dólares, a empresa anunciou um upgrade em sua garantia de entrega para assinantes americanos, reduzindo o prazo de dois dias para um e reforçando, assim, ainda mais o apelo das compras on-line.[1] Em seguida à conclusão de seu divórcio de MacKenzie, em julho de 2019, o patrimônio líquido pessoal de Bezos caíra de 170 bilhões para 110 bilhões de dólares. Ainda assim, tamanha era a flutuação do preço das ações da Amazon que ele conservou o título de pessoa viva mais rica do mundo e recuperou todo o terreno cedido em doze meses.[2] Sua fortuna pessoal era maior do que o produto interno bruto da Hungria, maior até do que a capitalização de mercado da General Motors.

Em meio a essa ascensão, enfim chegara a hora de um ajuste de contas. Americanos e europeus tendem a idolatrar os triunfos empresariais de seus empreendedores mais perspicazes, mas também são céticos por natureza quanto a corporações grandes e distantes e podem se mostrar fortemente críticos aos abastados em excesso, sobretudo numa época de aumento grotesco da desigualdade de renda.

Assim, o duplo crescimento da fortuna pessoal de Jeff Bezos e da capitalização de mercado da Amazon não geraram apenas aplausos para uma conquista comercial histórica, mas também um volume inconveniente de raiva. Nos últimos anos da década mais próspera da companhia, havia uma sensação de que o sistema estava manipulado, de que consumidores e empresas menores se encontravam presos pelos implacáveis tentáculos da Amazon e de que ela e outras gigantes da tecnologia engoliam a economia como um todo. Incentivados, políticos de todos os espectros nos dois lados do oceano Atlântico começaram a investigar o poder da Amazon e dos seus confrades poderosos na área da tecnologia, a Google, o Facebook e a Apple, dando início a várias campanhas para cercear seu crescimento desenfreado. Se ainda não era a batalha decisiva com as gigantes da tecnologia e sua influência de longo alcance, foi, no mínimo, a salva de canhão numa guerra iminente.

Jeff Bezos disse considerar bem-vindo tal escrutínio, ainda que nada tenha feito para aparar as arestas mais afiadas das táticas empresariais da Amazon. "Todas as grandes instituições de qualquer tipo serão — e devem ser — examinadas, checadas, inspecionadas", disse ao bilionário dos investimentos de capital privado David Rubinstein durante uma entrevista no Economic Club em Washington, em 2018. "Não se trata de algo pessoal, é o que como sociedade queremos que aconteça." Parecia quase resignado quanto a qualquer resultado que pudesse advir daí: "Somos tão inventivos que quaisquer regulamentações que sejam aprovadas, e como quer que funcionem, nada nos impedirá de servir aos clientes."[3]

Privadamente, porém, Bezos se preparava para assumir uma atitude mais combativa com relação ao *techlash* cada vez mais intenso. No outono de 2019, o S Team e os membros do conselho de administração da Amazon leram *The Great A&P and the Struggle for Small Business in America*, do historiador econômico Marc Levinson. O livro descreve a ascensão e queda da primeira rede americana de mercearias do século XX, bem como sua errática estratégia após a morte dos fundadores e a cruzada que políticos populistas e anticartelistas decididos travaram contra ela.[4] A campanha contra a A&P, conclui o livro, foi majoritariamente política, impulsionada pelo acúmulo de queixas de solidárias lojinhas e seus fornecedores, e por uma empresa que mostrou passividade incomum diante das primeiras críticas.

Ajuste de contas

Embora a A&P fosse conhecida por coagir os fornecedores e solapar a concorrência por meio de preços predatórios, a ideia de que a empresa havia selado seu destino ao não reagir de forma adequada às críticas e não planejar a sucessão após a morte dos fundadores aparentemente impactou em Bezos e outros executivos da Amazon. "A lição foi que nós realmente não podemos nos distrair com todo o barulho lá fora. Isso vai acontecer. É inevitável", disse David Zapolsky, vice-presidente sênior e conselheiro-geral. "É assim que nossa sociedade reage às grandes instituições."

A Amazon não podia ignorar o que estava por vir. Conforme o sentimento público e político dirigido às grandes companhias de tecnologia começou a virar perceptivelmente, a empresa enfrentou um leque de candidatos em sua maioria antagonistas na disputa pela indicação dos democratas à presidência dos Estados Unidos em 2020. Ao mesmo tempo, encarou uma campanha de aumento salarial para os funcionários em seus centros de atendimento de pedidos, além de uma controvérsia a respeito dos impostos irrisórios que pagava nos Estados Unidos e na Europa. O presidente Donald Trump, inimigo declarado de Bezos e de seu jornal, o *Washington Post*, voltou a acusar o contrato firmado entre a Amazon e o Serviço Postal dos Estados Unidos de não ser equitativo e supostamente tentou interferir na obtenção pela AWS de um "contrato JEDI", um acordo lucrativo para hospedar na nuvem as operações informáticas do Departamento de Defesa.

Para coroar, depois de uma investigação sobre as condições de concorrência na economia digital que durou dezesseis meses, o subcomitê antitruste do Congresso dos Estados Unidos apresentou um relatório contundente de 450 páginas sobre os abusos da Amazon e outras empresas de tecnologia. Entre outras coisas, o relatório denunciava o fato de que a Amazon desfrutava uma posição dominante no varejo on-line, se envolvia em aquisições anticompetitivas e assediava pequenos vendedores em seu marketplace terceirizado. O subcomitê recomendava que a Amazon fosse dividida, como já havia acontecido com os trustes ferroviário e de telecomunicações.

Defendendo a empresa com sua combatividade habitual, o vice-presidente sênior Jay Carney comentou o relatório do subcomitê: "Muito pouco do que vi parece ter alguma credibilidade." Mas Lina

Khan, que ajudara a supervisionar o relatório como advogada do subcomitê e cujo artigo para o *Yale Law Journal* sobre a revitalização das leis antitruste fornecera a base intelectual para a investigação do Congresso, rejeitou a sugestão de que o processo tivesse sido político. Com apenas 31 anos de idade e já uma das mais firmes opositoras da Amazon, ela me disse numa entrevista que a Amazon "pode ditar condições para todos os que dependem da sua plataforma e desfruta o poder cada vez maior de escolher ganhadores e perdedores em todo o espectro econômico. Quando as vantagens da informação e o poder de barganha se inclinam de tal maneira para um único jogador que unilateralmente estabelece todas as regras, já não existe um 'mercado' no sentido real do termo".

***

Enquanto políticos e especialistas arremessavam granadas retóricas contra a Amazon, o departamento de Comunicação e Política Global da empresa explodia. Em 2015 — época da infame denúncia do *The New York Times* —, o departamento de Relações Públicas e Política Global contava com 250 pessoas; no fim de 2019, crescera junto com a empresa para quase mil funcionários. Agora maior, ele incluía uma "equipe de reação rápida", criada para monitorar a cobertura e fazer a triagem de consultas recebidas a qualquer hora do dia. "Somos ao mesmo tempo embaixadores da marca e protetores da marca", era um dos dogmas sagrados do departamento, seus princípios forjados em conjunto com o S Team para orientar a tomada de decisões dos funcionários. "Embora por vezes nos disponhamos a ser mal interpretados, reagimos com prontidão, veemência e de maneira pública para corrigir o registro quando informações falsas ou enganosas sobre a Amazon aparecem na imprensa, em relatórios de analistas ou entre os formuladores de políticas públicas."

A fonte dessa sensibilidade obsessiva quanto ao retrato que se fazia da Amazon era, claro, o próprio Bezos. Os funcionários estremeciam ante o seu talento para encontrar e fazer circular qualquer matéria ou análise que julgasse impreciso, e depois questionar a equipe de relações públicas sobre o porquê da ausência de uma resposta mais forte. O vice-presidente da área, Drew Hardener, executivo de longa data de Bezos, insistia que o pessoal da Comunicação levasse a sério "cada ínfimo detalhe", para jamais deixar passar sem resposta a mais leve insinuação, caso fosse considerada incorreta. Por isso, quando a maré em torno das grandes companhias de tecnologia virou e a Amazon se tornou assunto frequente do discurso político, a empresa estava preparada para reagir com veemência — ainda que nem sempre com sensibilidade — a muitas das críticas.

Uma das primeiras adversárias da Amazon foi Elizabeth Warren, senadora por Massachusetts, ex-professora de Harvard e inimiga de Wall Street, que defendera e acompanhara a criação do Departamento de Proteção Financeira ao Consumidor após a grande recessão. Em 2016, Warren passou uma mensagem clara na New America, um *think tank* de tendência esquerdista de Washington, ao declarar que "a concorrência está morrendo" na economia dos Estados Unidos e que grandes empresas de tecnologia como Amazon e Google haviam explorado seu status como plataformas dominantes para direcionar os consumidores para seus próprios produtos e serviços.

Warren retomou sua causa depois de entrar na corrida pela indicação do candidato democrata à presidência, produzindo, em março de 2019, um artigo com título agressivo na plataforma de publicação *Medium*, "Here's How We Can Break Up Big Tech" [Eis como podemos romper com as Big Tech], no qual defendia que as empresas de tecnologia eram poderosas demais e aconselhava a forçá-las a abrir mão de suas maiores aquisições — no caso da Amazon, a Whole Foods Market e a Zappos.[5]

No artigo e no posterior debate na CNN, Warren também denunciou o fato de que a Amazon exerce um estrangulamento monopolista sobre o comércio eletrônico e solapava os vendedores terceirizados ao introduzir versões de marca própria de seus produtos mais populares (como já vimos, funcionários da divisão de Marca Própria da Amazon haviam com efeito violado uma política interna, seguida de forma pouco rígida, que os impedia de examinar os dados de vendas de comerciantes independentes). "Você pode ser o juiz num jogo de beisebol e administrar uma plataforma honesta, ou pode ser um jogador", disse

Warren na CNN. "Ou seja, pode ter um negócio e pode ter um time no jogo. Mas não dá para ser o juiz e ter um time no jogo."[6]

No dia seguinte à entrevista de Warren na CNN, a Amazon revidou com uma mensagem no Twitter, afirmando controlar apenas uma pequena parcela do varejo total (on-line *e* offline) e negando que seu segmento de marca própria fosse explorador, ao mesmo tempo que minimizava sua dimensão.

> **Amazon News**
> @amazonnews
>
> We don't use individual sellers' data to launch private label products (which account for only about 1% of sales). And sellers aren't being "knocked out" — they're seeing record sales every year. Also, Walmart is much larger; Amazon is less than 4% of U.S. retail.

Algumas semanas depois, Warren e outros candidatos democratas à presidência obtiveram um relatório do Instituto de Tributação e Política Econômica que revelava que a Amazon havia recebido uma redução fiscal de 129 milhões de dólares do governo federal em 2018, apesar de declarar 11,2 bilhões de dólares de lucro. Uma navegadora especialmente hábil nas águas do direito tributário, a Amazon recebeu benefícios fiscais atribuíveis ao número cada vez maior de centros de atendimento de pedidos que possuía e ao aumento no preço de suas ações. De maneira eficiente, ela havia contrabalançado seu imposto de renda federal deduzindo o custo de equipamentos em sua cadeia de suprimentos, concedendo ações aos funcionários e aproveitando os créditos fiscais oriundos de seu vasto orçamento de pesquisa e desenvolvimento.[7]

As manobras, inteiramente legais, provocaram uma nova onda de ataques contra a empresa. "Não tenho nada contra a Amazon", tuitou Joe Biden, futuro indicado democrata e presidente, em 13 de junho, "mas nenhuma empresa que tenha lucros de bilhões de dólares deveria pagar um imposto menor do que aquele que é pago pelos bombeiros e pelos professores. Precisamos premiar o trabalho, não apenas a riqueza".

Os guardiões da reputação da Amazon tuitaram de volta no mesmo dia:

Ajuste de contas

> **Amazon News**
> @amazonnews
>
> We've paid $2.6B in corporate taxes since 2016. We pay every penny we owe. Congress designed tax laws to encourage companies to reinvest in the American economy. We have. $200B in investments since 2011 & 300K US jobs. Assume VP Biden's complaint is w/ the tax code, not Amazon."

Ao mesmo tempo que incutia esse tipo de combatividade em suas equipes de Comunicação, Bezos também as aconselhava a retroceder em algumas batalhas. "O que ensino e prego na Amazon é [que], quando somos criticados, devemos primeiro nos olhar no espelho e decidir se os críticos estão certos", disse ele numa entrevista em Berlim em 2018. "Se os críticos estiverem certos, o melhor é mudar. Não resistir."[8]

Os funcionários da Amazon empregaram essa estratégia no fim de 2018, quando outro de seus mais veementes críticos, Bernie Sanders, senador por Vermont, foi além da reiterada crítica à abastança de Bezos, apresentando uma análise feroz sobre os salários pagos pela Amazon aos funcionários de seus armazéns. Foi quando revelou o que chamou teatralmente de projeto de lei "Stop BEZOS" — "Stop Bad Employers by Zeroing Out Subsidies", ou detenham os maus empregadores zerando os subsídios —, que propunha um novo imposto para empresas com base no número de funcionários dependentes de programas de assistência pública, como auxílio-alimentação.

Em vez de se proteger do golpe ou ignorar o projeto de lei destinado a não chegar a lugar algum em um Senado de maioria republicana, Bezos convocou uma reunião com o S Team para reconsiderar a questão dos salários. As remunerações nos centros de atendimento de pedidos variavam de estado para estado, mas alguns funcionários chegavam a ganhar ínfimos 10 dólares por hora, valor acima do mínimo federal de 7,25.[9] O S Team ponderou uma série de propostas vindas do diretor de operações Dave Clark, inclusive aumentar aos poucos a remuneração para 12 ou 13 dólares. Em vez disso, Bezos optou por um plano mais agressivo e elevou para 15 dólares o valor da hora trabalhada dos funcionários não qualificados. Ao mesmo tempo, compensou ao menos em parte a despesa extra ao descartar concessões de ações e bônus coletivos pagos aos funcionários com base no desempenho das respectivas unidades.

A manobra foi brilhante do ponto de vista tático. A Amazon vinha monitorando os funcionários dos armazéns ao longo dos anos e descobrira que a maior parte deles vivia de contracheque em contracheque, e iria preferir a gratificação instantânea à concessão de ações. Ao livrar-se das concessões, Bezos ajudou não só compensar em parte o aumento dos salários, mas também a eliminar outro incentivo para que os funcionários improdutivos ou insatisfeitos de nível inferior permanecessem na empresa.

O aumento salarial satisfez os críticos da Amazon, tornou o árduo trabalho nos centros de atendimento de pedidos mais atraente aos candidatos a emprego e pôs a empresa na posição de fazer lobby para a elevação do salário mínimo federal, com o qual seus concorrentes varejistas menos afluentes mal podiam arcar. No entanto, a pose de bom samaritano adotada pela Amazon também soou hipócrita a alguns executivos. "Concluímos que era hora de liderar — de oferecer remunerações que iam além de competitivas", escreveu Bezos em sua carta aos acionistas naquele ano.[10] Mas seus colegas sabiam muito bem que ele não estava propriamente liderando, mas, sim, *lendo* — nesse caso, o crescente volume de críticas à empresa vindo de políticos e da imprensa quanto ao que chamavam de salários miseráveis dos funcionários dos armazéns. O hábito de Bezos de só responder a uma provocação quando os protestos públicos cresciam logo voltaria a se repetir.

Depois que o aumento foi anunciado, Bernie Sanders tentou falar com Bezos por telefone para lhe agradecer. Redirecionado para Carney ("uma decepção frequente, lamento", disse Carney), Sanders agradeceu ao S Team e sabatinou-o sobre relatos segundo os quais alguns trabalhadores estáveis acabariam ganhando menos no novo sistema de remuneração.[11] Carney garantiu que isso não aconteceria com nenhum funcionário.

A explicação aparentemente satisfez Sanders, que se absteve de fazer críticas à Amazon durante dois generosos meses antes de voltar ao Twitter para acusar a companhia de não pagar um centavo de imposto de renda federal.[12] Essa era a nova realidade para a Amazon enquanto ela se aproximava cada vez mais de 1 trilhão de dólares em valor de mercado: o ataque incessante vindo de ambos os lados do espectro político.

* * *

Durante seu solitário mandato de quatro anos, Donald Trump mal pôde disfarçar um desprezo furioso, indiscriminado, pela Amazon, por Jeff Bezos e pelo jornal do qual ele era dono, o *Washington Post*. Com grande frequência, Trump vociferava no Twitter e em entrevistas sobre as práticas fiscais da Amazon ("A Amazon está se safando com seu homicídio fiscal"),[13] dizendo que ela aniquilara o varejo de rua ("Cidadezinhas, metrópoles e estados em todo o país estão sendo prejudicados — muitos empregos foram perdidos")[14] e usava o *Washington Post* para promover sua própria agenda política ("Na minha opinião, o *Washington Post* não passa de um caro [o jornal perde uma fortuna] lobista para a Amazon"). A causa da animosidade de Trump em relação a Bezos foi objeto de ampla especulação; a maioria dos observadores imparciais imaginava que ela não tinha raiz apenas no fato de Bezos ser proprietário do veículo de imprensa, mas também em sua fortuna, que excedia em muito a do presidente.

Desde o tuíte de 2015 em que se oferecia para "mandar Donald para o espaço", Bezos vinha ouvindo seus assessores e se abstendo de reagir aos ataques da Casa Branca. Jay Carney disse mais tarde que não havia necessidade de atirar de volta, porque repórteres mais neutros entendiam que os argumentos de Trump não tinham fundamento e eram motivados pela sua fúria contra o jornalismo do *Washington Post*. "O fato de sermos atacados esporadicamente pelo presidente não tinha muito a ver com a Amazon, mas com o fato de Jeff ser dono de um jornal independente", disse ele.

Ainda assim, vários ataques do presidente atraíram a atenção da Amazon. No fim de 2017, Trump começou a condenar regularmente o contrato da empresa com o Serviço Postal dos Estados Unidos e a denunciar que as remessas de volumes eram mal pagas e isso levava a agência a perder dinheiro do contribuinte.

Amazon sem limites

> **Donald J. Trump**
> @realDonaldTrump
>
> Why is the United States Post Office, which is losing many billions of dollars a year, while charging Amazon and others so little to deliver their packages, making Amazon richer and the Post Office dumber and poorer? Should be charging MUCH MORE!

Como acontecia com muitas das acusações feitas por Trump, localizar qualquer indício de verdade no miasma de informações falsas era difícil. O Serviço Postal cobria suas despesas ao cobrar por portes de envio e outros serviços de entrega. Mas perdera dinheiro durante anos, em grande parte por conta de resoluções do Congresso para financiar a assistência de saúde de pensionistas e funcionários aposentados.[15] Além disso, o contrato do Serviço Postal com a Amazon, como acordos similares para entrega de volumes para a UPS e a FedEx, continha a exigência jurídica de ser lucrativo.[16]

A despeito desses fatos, Trump acreditava que o Serviço Postal poderia se recuperar se cobrasse mais da Amazon. Em várias reuniões ao longo de 2017 e 2018, ele insistiu com a diretora-geral da empresa, Megan Brennan, para dobrar as tarifas pagas pela varejista, relatou o *Washington Post*.[17] Brennan argumentou que as tarifas eram estabelecidas por uma comissão independente e a entrega de volumes era o segmento que mais crescia na agência. A lógica do presidente também ignorava o fato básico de que, se a agência elevasse os preços acima das taxas razoáveis de mercado, a Amazon simplesmente aceleraria a mudança de suas entregas para o seu próprio serviço de logística, deixando o Serviço Postal em situação ainda pior.

Trump enfim encarregou uma força-tarefa de revisar os preços de despacho de volumes, e, no fim de 2018, essa força-tarefa recomendou um modesto aumento nas taxas, porém bem menos substancial do que o presidente esperava. Nessa seara, a Amazon em grande parte escapou da ira de Trump. Em outra, porém, a *vendetta* de Trump contra Jeff Bezos e o *Washington Post* cobraria um preço significativo.

Depois que Trump assumiu o mandato, em 2017, líderes das Forças Armadas americanas chegaram a uma conclusão urgente: a fragmenta-

Ajuste de contas

da infraestrutura de tecnologia do Departamento de Defesa precisava ser profundamente reformulada. Naquele verão, o então secretário de Defesa de Trump, Jim Mattis, embarcou num tour pela Costa Oeste para pedir recomendações a CEOs de grandes empresas de tecnologia, encontrando-se com Sundar Pichai e Sergey Brin, da Google. Mattis encontrou-se também com Jeff Bezos, que tuitou uma foto com o secretário de Defesa num corredor do Edifício Day 1.[18]

Mattis voltou da viagem convencido de que as tecnologias modernas estavam mudando a natureza da guerra e de que o Departamento de Defesa precisava transferir para a nuvem suas tecnologias bélicas. Em seguida, reuniu um grupo de supervisão para atingir essa meta. Após muita ponderação, o grupo decidiu contratar um único provedor de serviço de nuvem, por motivos de segurança e para tornar os dados mais acessíveis aos soldados em ação, em vez da matriz de múltiplos contratantes e intermediários que costumam atender à maior parte das necessidades governamentais.

Uma RFP para esse contrato, evocativamente batizado de JEDI — sigla em inglês para Joint Enterprise Defense Infrastructure [empreendimento conjunto de infraestrutura de defesa] —, foi emitida em julho de 2018 e prometia 10 bilhões de dólares ao longo de dez anos. Um acordo tão lucrativo e publicamente legitimador no campo supercompetitivo da computação empresarial logo transformou o JEDI no objeto de uma das batalhas mais implacáveis travadas na história das licitações governamentais. "Jamais imaginei, nem em sonhos, que haveria interferência política nesse processo", disse Teresa Carlson, nascida em Kentucky, ex-fonoaudióloga e vice-presidente de longa data do departamento de Relações com o Setor Público da Amazon Web Services (AWS), que cuidou do lance da Amazon. "Eu não estava preparada para o comportamento que testemunhei."

O rancor comprometeu o processo quase desde o início. Após avaliar as especificações do JEDI, muitas empresas de tecnologia concluíram que ele estava direcionado exclusivamente para a AWS, que controlava uma cota expressiva de 47,8% do mercado de nuvem em 2018 e tinha um certificado de segurança robusto desde a obtenção de um contrato de nuvem com a CIA em 2013. Ao menos nove empresas de tecnologia, como Microsoft, IBM e SAP America, se uniram para protestar — dizendo que o processo era tendencioso, favorecendo a Amazon — e fazer lobby junto ao Congresso e ao Pentágono para que o contrato fosse dividido em várias partes.[19]

Uma dessas companhias, a Oracle, foi mais longe. Agindo no estilo antagonista e extravagante de seu fundador, Larry Ellison, ela processou o Departamento de Defesa, contestando a legalidade de um contrato para um único licitante e semeando dúvidas quanto à lisura do processo. A ação judicial alegava que várias autoridades do Departamento de Defesa ou haviam trabalhado para a Amazon, ou prestado consultoria para a empresa no passado, tendo influído de forma imprópria no JEDI. Ao mesmo tempo, um misterioso dossiê de 33 páginas começou a circular em Washington, afirmando que uma teia de relacionamentos pessoais e profissionais impróprios entre várias autoridades do Departamento de Defesa e executivos da Amazon havia minado a integridade do processo. O dossiê foi atribuído ao Rosetti Starr, um escritório privado de investigação sediado na capital americana. No entanto, a maioria dos observadores viu nele as digitais inequívocas da Oracle.[20]

Em seu exame da ação judicial movida pela Oracle, o tribunal de contas reconheceu algumas pequenas improbidades, mas concluiu que eram irrelevantes e rejeitou o pleito da empresa, que levou o caso ao tribunal federal, sofrendo uma série humilhante de derrotas ao longo dos anos seguintes. Sob um aspecto, contudo, sua cruzada foi bem-sucedida. O processo JEDI estava agora mergulhado em controvérsia pública e prestes a atrair a atenção de uma figura mais estrepitosa — o próprio Trump.

Em 3 de abril de 2018, o capitalista de risco Peter Thiel levou o co-CEO da Oracle, Safra Catz, para jantar na Casa Branca. Catz, um republicano registrado que integrou a equipe de transição de Trump em 2016 e fora um grande doador de sua campanha de reeleição,[21] queixou-se com o presidente de que o contrato parecia feito para a Amazon. Trump ouviu e disse que queria que a concorrência fosse justa, segundo o relato feito à época pela Bloomberg News.[22]

Naquele mês de outubro, quando seriam apresentados os lances finais, a Alphabet abandonou a disputa, afirmando não possuir os certificados de segurança necessários para alguns aspectos do trabalho e dizendo que o projeto ia de encontro a seus valores corporativos.[23] Pouco tempo antes do anúncio da desistência, os funcionários da Google haviam protestado publicamente contra o fornecimento de poderosas tecnologias de inteligência artificial ao governo americano.

Se partilhavam as mesmas preocupações, os funcionários da Amazon se mostraram mais circunspectos quanto a expressá-las diante da ostensiva defesa de Bezos do trabalho para o Departamento de Defesa. "Se as grandes empresas de tecnologia virarem as costas para o Departamento de Defesa dos Estados Unidos, este país terá problemas", disse ele num discurso no fórum de defesa na Reagan Library em Simi Valley, Califórnia.[24]

Quatro empresas acabaram fazendo lances. Duas delas, a Oracle e a IBM, foram prontamente eliminadas da disputa em abril de 2019, restando a Amazon e a Microsoft. Enquanto Trump tuitava para Bezos naquela primavera sobre tudo, desde o Serviço Postal até o não pagamento de impostos, os funcionários da AWS se esforçavam para providenciar os recursos que seriam necessários caso a empresa obtivesse o contrato. Mas não podiam evitar se perguntar se seus esforços seriam em vão. "Mais de uma vez, Trump tinha dado indícios de que não deixaria isso acontecer", disse um alto executivo da AWS sob a condição de anonimato.

Em julho de 2019, Trump foi questionado durante uma coletiva de imprensa conjunta com o primeiro-ministro holandês sobre a controversa licitação do JEDI. "Qual é a da Amazon?", disse Trump.[25] "Estou recebendo um monte de reclamações sobre os contratos entre o Pentágono e a Amazon. Dizem que não foi uma concorrência [...]. Algumas das maiores empresas do mundo estão reclamando [...]. Empresas como Microsoft, Oracle e IBM."

Algumas horas depois, Donald Trump Jr., filho do presidente, amplificou a ótica inadequada de injetar política no processo de licitação ao tuitar "Parece que as práticas duvidosas e potencialmente corruptas da @Amazon talvez voltem para assombrá-la".[26]

O contrato supostamente seria concedido em agosto, mas, após o comentário de Trump, seu novo secretário de Defesa, Mark Esper, suspendeu o processo a fim de examinar o crescente número de queixas sobre conflito de interesses.[27] O JEDI, então, permaneceu no limbo por mais 85 dias. Em meio a esse atraso, Esper se declarou comprometido porque seu filho trabalhava para a IBM, acrescentando mais um elemento à farsa da situação.[28]

Por fim, em 25 de outubro de 2019, o Pentágono anunciou um vencedor, coroando, com efeito, um novo líder no florescente segmento de computação em nuvem para o setor público: a Microsoft. O setor de tecnologia empresarial ficou atônito com o resultado, e a maior parte dos meios de comunicação tratou o caso como uma grande surpresa. Teresa Carlson disse que estava preparada para um resultado desses, mas vários funcionários da AWS admitiram mais tarde ter ficado decepcionados. "O volume de trabalho que dedicamos ao processo de licitação foi enorme", disse um executivo sênior da AWS que pediu anonimato, ecoando as reclamações tão recentemente verbalizadas pelas cidades que haviam perdido a competição da HQ2 para abrigar a nova sede da Amazon. "Trabalhamos sem parar à noite e nos fins de semana. Foi terrível."

Até mesmo o CEO da Microsoft, Satya Nadella, aparentemente admitiu que os cálculos políticos desempenharam um papel na inesperada vitória. "Para mim, isso talvez tenha alguma relação com o fato de a Microsoft ter se mantido fora da política, focada nas necessidades do consumidor", disse ele ao site de notícias de tecnologia *Geek Wire*.[29]

A Amazon prontamente ajuizou uma ação no tribunal federal, dando início a mais uma sequência de litígios complexos que continuam sem solução enquanto escrevo este livro, mais de um ano depois. Em sua defesa, o Pentágono argumentou que a Microsoft tinha apresentado a proposta mais econômica, mas os executivos da AWS acreditavam tão piamente na superioridade de sua tecnologia que eram incapazes de aventar a possibilidade de que a Microsoft tivesse vencido por mérito próprio; estava claro que tinha havido influência política. Esses eram os mesmos devotos de carteirinha, afinal, que em 2019 declararam ter sido um sucesso incrível um festival com pouco público e de certa forma desastroso, batizado de Intersect, que acompanhara a conferência anual re:Invent da AWS. Em outras palavras, a devoção corporativa na AWS era poderosa.

Ajuste de contas

"Somos o melhor parceiro", contou-me Jassy após a perda do JEDI. "Se você de fato avaliar as opções, fica muito claro que temos muito mais capacidade e muito mais experiência depois de nosso trabalho com a comunidade dos serviços de inteligência."

Restou dizer que as vastas linhas de negócio da Amazon e o próprio império pessoal de empresas de Bezos começavam a criar limites artificiais às oportunidades do departamento que mais rápido crescia e mais lucros gerava na Amazon. Assim como varejistas concorrentes como Walmart e Target evitavam a AWS e pediam que seus fornecedores fizessem o mesmo,[30] era fácil acreditar que Trump tivesse convencido o Pentágono a não entregar um contrato relevante do governo a um inimigo declarado. Ao adquirir o jornal político mais consagrado do país, Bezos havia se indisposto com um homem impetuoso e vingativo que, durante quatro anos turbulentos, foi a pessoa mais poderosa do planeta. Ali estava, finalmente, o verdadeiro preço pago pelo *Washington Post*: no fim das contas, ele provavelmente custou à Amazon 10 bilhões de dólares.

* * *

No fim da década de 1990, os departamentos jurídicos de muitas empresas de tecnologia tiraram lições importantes do processo antitruste movido pelo governo americano contra a Microsoft e dos reveladores e-mails e transcrições de reuniões que vieram à tona. Na Amazon, os executivos eram submetidos a um *compliance* rigoroso e a um treinamento em competição, em que eram instruídos sobre como reagir de forma apropriada em vários cenários e evitar os mesmos erros cometidos pela Microsoft. Se ouvissem colegas falando sobre combinação de preços ou conivência com parceiros, por exemplo, a recomendação era "derrubar a xícara de café mais próxima", pôr-se de pé e fazer objeções, segundo funcionários que contaram detalhes de reuniões internas.

Para David Zapolsky, ex-promotor do Brooklyn transformado em enérgico advogado corporativo, a preparação para um potencial escrutínio jurídico ia ainda mais além. Zapolsky achava que "a linguagem é importante no direito", e, depois de ser nomeado diretor do departamento Jurídico da Amazon em 2012, passou a manter na parede de sua sala uma lista de termos indelicados a serem evitados em documentos ou conversas internas. Os funcionários não deveriam usar a palavra "mercado" a menos que especificassem a que mercado se referiam, nem "plataforma", que sugeria uma espécie de autoridade distante, todo-poderosa, sobre outras firmas. Outros termos em sua lista incluíam "dominante", *big data* e jargões empresariais que ele considerava irritantes.

As palavras eram importantes, pregava constantemente Zapolsky; elas tinham poder, e as erradas podiam ser usadas contra a Amazon. "Esses termos não ajudam e são especialmente prejudiciais quando os reguladores começam a usá-los como clichês, porque acabam de fato causando danos."

Esse conselho revelou-se presciente. Quando a pressão sobre a empresa cresceu por parte de Trump e dos candidatos democratas de 2020 à presidência, a Amazon também foi objeto de um forte escrutínio por parte de teóricos do direito, legisladores e reguladores, empenhados em provar que a companhia praticava uma conduta ilegal e anticompetitiva e devia ser tratada da mesma forma como haviam sido tratados os temidos monopolistas do passado, como a Standard Oil Company, a U.S. Steel e a AT&T.

A maior responsabilidade por trazer à baila tal argumentação coube a Lina Khan, que em seu último ano na Faculdade de Direito de Yale, em janeiro de 2017, publicou um artigo de 93 páginas no *Yale Law Journal* intitulado "Amazon's Antitrust Paradox" [O paradoxo antitruste da Amazon].[31] O artigo contestava a história recente da aplicação de dispositivos antitruste nos Estados Unidos e convidava as autoridades a examinar com mais atenção a gigante do comércio eletrônico, que demonstrava de forma ímpar como as leis atuais haviam falhado em "captar a arquitetura do poder mercadológico no século XXI". Por coincidir com as crescentes críticas quanto à maneira como a Amazon evitava pagar impostos e tratava seus vendedores independentes — e com o recém-descoberto ceticismo em relação às gigantes da tecnologia —, o artigo não apenas pôs o dedo na ferida; ele possivelmente deu início a um movimento.

Ajuste de contas

Khan era uma figura improvável para contestar décadas de crenças convencionais sobre o tema antitruste. Filha de pais paquistaneses que emigraram para os Estados Unidos quando ela tinha onze anos, formou-se em teoria política na Universidade Williams e escolheu como objeto de sua tese o livro de 1958 da filósofa Hannah Arendt, *A condição humana*, que discute como as tecnologias modernas afetam a democracia.[32]

Depois de se formar, em 2010, Khan foi para a New America, onde Elizabeth Warren viria a fazer seu veemente discurso contra as grandes empresas de tecnologia, e trabalhou com Barry Lynn, um membro sênior do *think tank* e prolífico autor de livros e artigos que defendiam uma visão crítica do poder monopolista moderno. Como uma de suas primeiras tarefas, Khan foi encarregada por Lynn de escrever um relatório sobre a história do primeiro e mais dominante mercado da Amazon, a indústria de livros.

Alguns anos depois, Khan lançou mão da mesma abordagem cética, jornalística, em seu artigo para o *Yale Law Journal*. Seu título foi inspirado por um influente livro de Robert Bork publicado em 1978, *The Antitrust Paradox*, no qual o autor defende que os reguladores deveriam frear o poder de mercado apenas quando ele pudesse resultar em preços mais altos para os consumidores. Khan sobriamente contrapôs que o chamado "padrão de bem-estar do consumidor" não se prestava a lidar com os efeitos combinados da internet e de uma empresa como a Amazon, que implacavelmente *abaixava* os preços para sangrar a concorrência e se apossar do mercado — uma estratégia eternamente prejudicial em termos financeiros, mas que seus pacientes investidores ainda assim endossavam.

O artigo provocava não apenas a Amazon, mas todo o *status quo* regulatório, e, no contexto de rápido crescimento da Amazon e de outras gigantes da tecnologia, se tornou leitura obrigatória nos círculos políticos na capital federal e em Bruxelas. Os políticos começaram a mencioná-lo em entrevistas e a defender uma "reconsideração das leis antitruste", para examinar não apenas os efeitos no preço, mas também o impacto que as empresas dominantes exercem sobre os funcionários, os salários e os pequenos empreendimentos.[33] Um crítico do artigo de

Khan desdenhosamente chamou-o de "antitruste alternativo".[34] O apelido, não necessariamente pejorativo, pegou.

O artigo de Khan também despertou atenção em Seattle. Seis meses após sua publicação, David Zapolsky ligou do nada para Barry Lynn na New America e disse que estava em Washington com formuladores de políticas empresariais da Amazon e gostaria de encontrá-lo. Lynn convidou Khan, que estava passando o verão na cidade, bem como Jonathan Kanter, advogado antitruste e ex-advogado do quadro da FTC, a Comissão Federal de Comércio dos Estados Unidos.

A reunião de uma hora de duração nos escritórios da New America foi cordial. Zapolsky declarou que a Amazon não era um monopólio, pois controlava apenas uma pequena parcela da indústria global de varejo que movimentava 24 trilhões de dólares, e defendeu que seu impacto sobre a concorrência e as empresas menores era positivo. Ele perguntou a seus críticos o que eles achavam que a Amazon deveria fazer diferente e pediu que o contatassem caso ficassem sabendo de algum problema causado pela conduta da companhia — em vez de escrever artigos cáusticos ou dar entrevistas hostis à imprensa. "Foi um daqueles momentos meio surreais entre pessoas que ficariam na mira umas das outras durante um bom tempo", disse Kanter.

Mas Zapolsky guardou na manga uma informação que seus adversários considerariam especialmente ameaçadora. No dia seguinte, a Amazon anunciou a aquisição da Whole Foods Market. Num sinal de que os reguladores ainda não haviam sido influenciados pelo artigo de Khan nem pelos comentários de Barry Lynn sobre as gigantes da tecnologia, a FTC aprovou a fusão em apenas 68 dias.[35]

Mas as ideias provocativas de Khan e Lynn sobre frear o poder da tecnologia foram se infiltrando aos poucos no firmamento regulatório. Um ano depois, Margrethe Vestager, a dinâmica comissária da União Europeia para a concorrência, abriu uma investigação a fim de averiguar se a Amazon explorava inapropriadamente dados de seus vendedores independentes para promover os produtos de sua marca própria.[36] Um ano depois, em maio de 2019, Makan Delrahim, subprocurador-geral do Departamento de Justiça para questões relativas a antitruste, e Joseph Simons, presidente da FTC, seguiram o exemplo de Vestager e começaram a investigar as quatro gigantes da tecnologia. O Departamento de Justiça examinaria a Google e a Apple, enquanto a FTC focaria suas investigações no Facebook e na Amazon.[37]

Idolatradas poucos anos antes por suas façanhas inovadoras e geração de riqueza, as gigantes da tecnologia enfrentavam agora uma onda extraordinária de escrutínio por parte do governo. Em meio a essa onda, o deputado democrata de Rhode Island David N. Cicilline, ex-advogado criminalista de defesa que havia pedido ao subcomitê antitruste do Congresso dos Estados Unidos que investigasse a aquisição da Whole Foods pela Amazon, procurou Lina Khan. Ele acabara de assumir a presidência do subcomitê e defendia que "as grandes empresas de tecnologia prestassem contas".[38] Khan havia terminado a faculdade de direito e um estágio na FTC; será que estaria interessada em atuar como advogada na mais notável investigação do governo já realizada sobre o inatacável poder econômico das gigantes da tecnologia?

Khan agarrou a oportunidade. Anunciado em junho de 2019, o inquérito bipartidário sobre a concorrência em mercados digitais duraria dezesseis extenuantes meses. A investigação, comandada em grande parte por Cicilline e Khan, precisou superar uma série de obstáculos improváveis: o pedido de impeachment do presidente Trump pelo comitê judiciário da Câmara; a saída do comitê do republicano Doug Collins, que decidiu concorrer ao Senado e precisava buscar doações no Vale do Silício; e o caos que foi gerado por seu substituto, Jim Jordan, de Ohio, obcecado não apenas em examinar o poder de monopólio, mas o preconceito contra os conservadores nas redes sociais. Então, veio a pandemia de Covid-19 no início de 2020, que parou o mundo e obrigou os investigadores do Congresso a trabalhar remotamente durante meses.

Enfrentando enormes dificuldades, o subcomitê conseguiu realizar um exame amplo e provocativo da forma como as gigantes da tecnologia acumulavam e preservavam o poder. Da Amazon, foram exigidas todas as comunicações internas relacionadas a aquisições, precificação de produtos e as regras que regulavam seu marketplace terceirizado. Mais tarde, o subcomitê publicou um valioso apanhado desses documentos, que revelaram que os executivos da Amazon desenvolviam estratégias desde 2009 para administrar o negócio de fraldas da empresa com prejuízo, a fim de combater a empresa que operava a Diapers.com, e para comprar a empresa de campainhas inteligentes Ring em 2018 — e não por causa de sua tecnologia, mas, sim, para obter uma posição dominante no mercado.

Em janeiro de 2020, o subcomitê convocou uma audiência em Boulder, Colorado, e soube em primeira mão por que muitas marcas e vendedores tinham um relacionamento tão tenso com a gigante do comércio eletrônico. David Barnett, fundador de uma empresa chamada PopSockets, fabricante de capas para celulares, disse em seu depoimento que a Amazon permitia a proliferação de falsificações em seu site, vendia os produtos da PopSockets abaixo dos preços mutuamente acordados e o forçava a comprar anúncios de busca para promover sua mercadoria, zerando seus lucros. Quando Barnett tentou controlar seus preços, afastando-se de um relacionamento varejista com a Amazon e se estabelecendo como vendedor independente no marketplace, a empresa não permitiu — e sumariamente expulsou a PopSockets do site. "Não é possível que Jeff Bezos saiba que é assim que sua unidade se comporta", contou-me Barnett mais tarde. "Se soubesse, ele teria interferido para acabar com tal prática."

Uma das metas de Cicilline ao longo da investigação era clara: conseguir levar Bezos e outros chefões da tecnologia a testemunhar no Congresso sob juramento. Os executivos da Amazon, porém, não queriam sujeitar seu CEO à mesma surra pública sofrida repetidas vezes por Mark Zuckerberg, do Facebook. Eles reagiram ao convite do subcomitê a Bezos não com uma resposta assinada pelo CEO, mas com uma resposta assinada por Brian Huseman, o vice-presidente de políticas públicas que presidira o fiasco da HQ2. "Estamos preparados para disponibilizar o executivo apropriado da Amazon a fim de abordar essas questões importantes perante o comitê", escreveu Huseman de forma evasiva.[39]

Nos bastidores, Lanny Breuer, ex-diretor da divisão criminal do Departamento de Justiça sob a administração Obama e sócio de um escritório de advocacia, o Covington & Burling, que prestava serviços à Amazon, tentou influenciar os membros democratas do comitê para manter Bezos longe dos holofotes. Lina Khan mais tarde me disse que eles encaravam a conduta da Amazon como "implacavelmente agressiva e, com efeito, grosseira com os legisladores", e comparou-a com a abordagem mais decente da Google, moldada por uma década de experiência prévia com o escrutínio governamental.

Por fim, um grupo bipartidário de legisladores ameaçou citar Bezos judicialmente, mencionando o artigo do *Wall Street Journal* que trazia relatos de funcionários do departamento de Marca Própria da empresa sobre como utilizavam dados internos de terceiros para lançar os produtos com o rótulo da Amazon. Um advogado da empresa, Nate Sutton, testemunhara anteriormente sob juramento que tais práticas não ocorriam,[40] motivo pelo qual os legisladores exigiam que Bezos falasse sobre essa conduta e o fato de Sutton ter ou não cometido perjúrio. Não era mais possível evitar o inevitável: pela primeira vez, o CEO da Amazon teria de depor perante o Congresso.

Com a pandemia a todo o vapor, os executivos de políticas e comunicações saíram das respectivas quarentenas para ajudar a preparar Bezos em seu escritório no Edifício Day 1. Jay Carney mais tarde chamou essas sessões preparatórias de "um dos pontos altos do meu ano, no âmbito profissional", tanto por ter conseguido se encontrar pessoalmente com os colegas como também porque Bezos se mostrou tipicamente curioso e disposto a aprender sobre a melhor forma de lidar com a situação imediata. Sob um aspecto, ele teria sorte nessa estreia: os quatro CEOs chamados a depor não precisaram estar fisicamente presentes em Capitol Hill, confinados numa sala de audiências em meio a um enxame de fotógrafos; em vez disso, fizeram seus depoimentos remotamente, via videoconferência.

A audiência, realizada em 29 de julho de 2020, foi avidamente assistida de leste a oeste dos Estados Unidos e nas capitais da Europa. "Nossos fundadores não se curvavam diante de reis, assim como não nos curvaremos diante dos imperadores da economia on-line", disse Cicilline em suas observações introdutórias, tendo à sua direita Lina Khan, usando um blazer e uma máscara azul-celeste. Bezos apareceu em vídeo sentado à sua mesa em Seattle, vestindo terno e gravata azul-marinho, e aproveitou seu pronunciamento inicial para fazer um elegante tributo ao país e à confiança que os consumidores depositavam na Amazon e dizer que a indústria de varejo era grande e oferecia espaço para muitos concorrentes.

Dali em diante, o caos se instalou. Ao longo de cinco horas, os congressistas dirigiram perguntas a Bezos, Sundar Pichai, Mark Zuckerberg e Tim Cook, alternando-se entre as questões específicas relativas a cada uma das empresas. Os membros do comitê com frequência interrompiam os CEOs para fazer declarações políticas teatrais, em vez de ouvir suas respostas completas e seus clichês corporativos. Vários republicanos também atropelaram a discussão com alegações de viés anticonservador na tecnologia. Para coroar a confusão, após o pronunciamento inicial de Bezos, uma falha técnica do software de videoconferência do Congresso impediu que ele falasse durante a primeira hora da audiência.[41]

Entretanto, quando as dificuldades técnicas foram superadas, os membros do comitê se concentraram em Bezos. Atacaram-no com tópicos que ele jamais fora forçado a abordar publicamente, como mercadorias falsificadas e revelações do livro *A loja de tudo*[42] a respeito da furiosa guerra de preços com a Diapers.com e sua atitude pessoal em relação às pequenas editoras, que revelara certa vez ao se autointitular um guepardo e batizar um programa interno de negociação de "projeto gazela". Como o departamento Jurídico da Amazon temera, o uso indiscriminado de palavras e expressões estava sendo usado contra a empresa.

De maneira geral, porém, os políticos se concentraram no exemplo mais acessível do comportamento potencialmente anticompetitivo da Amazon: seu marketplace terceirizado e a torrente de reclamações recebidas de vendedores independentes lesados. Bezos respondeu às perguntas com franqueza, mas de certa forma também pareceu mal preparado e incapaz (ou sem vontade) de reagir com outra coisa além de aforismos corporativos de defesa. Mais tarde, antigos executivos da Amazon compararam seu desempenho com o de inúmeros funcionários que, depois de semanas de trabalho duro e preparação, eram bombardeados com perguntas minuciosas feitas pelo exigente e belicoso S Team e acabavam repreendidos.

Pramila Jayapal, deputada por Seattle e uma crítica declarada da Amazon, foi a primeira a fazer a Bezos a pergunta crucial: os funcionários da empresa xeretavam os dados privados de vendas dos vendedores terceirizados?[43] "É como uma loja de doces; todos têm acesso ao que bem entendem", disse ela, reproduzindo as palavras de um ex-funcionário que havia falado com o subcomitê.

"Temos alguns mecanismos de proteção e treinamos os funcionários no que diz respeito a essa política. Esperamos que eles a sigam do mesmo jeito que seguiríamos qualquer outra", respondeu Bezos. Ele sem dúvida sabia que a política era aplicada de forma complacente e que precisava ser regularmente atropelada pelos funcionários de forma a permitir o cumprimento das agressivas metas internas. Mas admitiu vagamente não poder "garantir que tal política nunca tivesse sido violada", insistindo que uma investigação interna sobre o assunto ainda estava em andamento. "O fato de termos uma política desse tipo é voluntário", acrescentou. "Acho que nenhum outro varejista tem qualquer coisa parecida."

Cicilline então perguntou por que um pequeno vendedor de roupas comparara vender na Amazon a um vício em drogas. "Doutor, tenho muito respeito pelo senhor e por este comitê", disse Bezos, "mas discordo totalmente dessa descrição [...]. Foi uma decisão muito controvertida dentro da empresa convidar terceiros para entrar no que consideramos o nosso mais valioso patrimônio como varejista, nossas páginas de detalhes do produto. Fizemos isso porque estávamos convencidos de que seria melhor para os consumidores".

A deputada Lucy McBath, da Georgia, elaborou a pergunta da seguinte maneira: "Se a Amazon não tivesse poder monopolista sobre esses vendedores, o senhor acha que eles permaneceriam num relacionamento caracterizado por assédio, medo e pânico?"

"Com todo o respeito, deputada", respondeu Bezos, segundos antes de ser novamente interrompido, "não aceito a premissa dessa pergunta. Não é assim que operamos nosso negócio. Na verdade, trabalhamos muito para prover as melhores ferramentas para os vendedores, e é por isso que eles têm sido bem-sucedidos".[44]

***

Enquanto Lina Khan e outros membros do Congresso elaboravam seu relatório final ao longo do verão de 2020, eu me perguntava qual seria a real popularidade da Amazon entre as dezenas de milhares de vendedores no seu abarrotado marketplace. Segundo as provas apresentadas ao subcomitê por comerciantes insatisfeitos, a Amazon quase parecia um vilão de desenho animado, assediando vendedores, roubando seus dados, expulsando-os indiscriminadamente do site e prejudicando a vida de cada um deles e seu sustento.

Em resposta, os executivos da Amazon argumentaram que o caso de discórdia disseminada se baseava tão somente em histórias e que a maioria dos comerciantes independentes, que vendiam 60% de seus produtos físicos na Amazon, estava prosperando. "Sempre que se tem uma grande população, não é difícil encontrar quem esteja infeliz", disse David Zapolsky. Embora admitisse que algumas dessas histórias tivessem origem em erros cometidos pela Amazon, a maioria partia de vendedores insatisfeitos que "não estão se saindo tão bem quanto acham que deveriam estar".

Em vez de fazer uma enquete mágica, abrangente, para verificar o verdadeiro sentimento dos vendedores, decidi pedir opiniões não ao ruidoso grupo de antagonistas conhecidos na comunidade de vendedores, mas aos próprios aliados da empresa — os comerciantes que haviam feito lobby para a Amazon anteriormente ou falado em seu nome. Enquanto o Congresso deliberava sobre a natureza real do império de Bezos, como eles encaravam a fronteira varejista da Amazon, em constante evolução? Eles achavam que a empresa cumpria seus deveres como balizadora justa e escrupulosa?

Paul Saunders havia testemunhado duas vezes em Capitol Hill, em 2017 e 2018, como parte da campanha da Amazon para demonstrar que estava ajudando os pequenos negócios. Saunders, um veterano do Corpo de Fuzileiros Navais dos Estados Unidos, exemplificou o mote dos fuzileiros, *Semper Fidelis*, ou sempre fiel, ao elogiar repetidamente a Amazon por ajudar no crescimento extraordinário da sua empresa, a eLuxury, sediada em Evansville, Indiana, que vendia utensílios domésticos de alta qualidade. "A Amazon é demonizada com muita frequência", disse ele certa vez a um grupo de autoridades públicas de alto escalão, durante uma reunião privada sobre o impacto econômico da empresa. "Mas, se não fosse a Amazon, eu talvez não tivesse conseguido montar um negócio que emprega 75 pessoas, paga milhões de dólares em impostos locais e federais e investe significativamente em benefícios para os funcionários."

No entanto, quando o encontrei em 2020, a opinião de Saunders havia mudado. O aumento das taxas de administração e as exigências cada vez mais onerosas para anunciar na Amazon haviam solapado seus lucros. Produtos da linha AmazonBasics competiam diretamente ao lado de seus anúncios nos resultados de busca e vendedores estrangeiros com custos mais baixos e avaliações questionáveis, que não recolhiam impostos e adotavam outras práticas comerciais aparentemente execráveis tornavam impossível a concorrência. Fiel até os ossos, Saunders a princípio se mostrou hesitante em compartilhar suas preocupações comigo e continuou a recorrer aos executivos da Amazon numa tentativa de obter ajuda. Quando por fim concordou em falar, me enviou um relatório de seis páginas, um documento no estilo Amazon que apresentara pessoalmente aos executivos da companhia, incluído aí o vice-presidente sênior Doug Herrington.

O relatório exibia os sentimentos nus e crus de um parceiro frustrado e sugeria à Amazon inúmeras formas de apoiar o bem-estar dos vendedores que haviam desempenhado um papel importante para o sucesso da empresa, concluindo: "Fui 'além do chamado do dever' para ser um parceiro confiável e impactante da Amazon e de seus clientes. Infelizmente, e cada vez mais, parece que a Amazon talvez não compartilhe tal filosofia, sobretudo no que tange aos vendedores independentes."

Poucos meses após essas reuniões, não tendo havido qualquer mudança relevante, Saunders tirou boa parte da eLuxury da Amazon, levando-a para parceiros mais confiáveis como Walmart, Target, Wayfair e Overstock, onde vinha crescendo em ritmo constante. Ele estava decepcionado e surpreso com o fato de a Amazon não agir prontamente para penalizar maus agentes e proteger seus consumidores mútuos. "Acredito piamente, e sei que muitos funcionários da Amazon concordam comigo, que a empresa entende que seu marketplace é uma bagunça, mas não sabe como corrigir o problema", contou-me Saunders.

Wendell Morris concordou em grande parte com esse sentimento. O fundador da YogaRat, sediada em Santa Monica, foi um dos primeiros vendedores na Amazon a comercializar tapetes e toalhas de ioga, tendo mais tarde passado a vender toalhas de praia e cobertores de microfibra, tudo oriundo da China. Em 2014, ele se tornou um dos poucos vendedores a quem Bezos se dirigia pelo nome em suas cartas anuais aos acionistas. "A beleza da Amazon é que uma pessoa pode dizer 'Quero montar um negócio', procurar a Amazon e de fato montá-lo." Bezos transcreveu o que Morris tinha dito naquele ano: "Não é preciso alugar um imóvel ou sequer ter funcionários no início. É possível fazer tudo sozinho. Foi isso que fiz."

Quando conversei com ele, Morris, como Saunders, mudara de opinião. Em 2016, quando a YogaRat empregava sete funcionários, ele descobriu que seus anúncios vinham sumindo inexplicavelmente dos resultados de busca da Amazon. Passou horas ao telefone com um membro da equipe de atendimento ao cliente da Amazon Índia e escreveu e-mails para o endereço público de Bezos cobrando uma solução. Seus anúncios enfim foram restabelecidos, embora jamais tenham retornado a suas posições anteriores, no topo dos resultados de busca. Um ano depois, sua conta de vendedor foi suspensa, porque algumas das imagens em seus anúncios violavam as regras da Amazon sobre a inclusão de imagens de grupos de pessoas em fotos de produtos. Morris admitiu o erro, mas me mostrou que vários outros vendedores violavam as mesmas regras e não eram punidos. Alguém — provavelmente um concorrente — o denunciara à equipe de monitoração do cumprimento de regras da Amazon.

Enquanto Morris se virava para reativar sua conta, outros vendedores da mesma mercadoria ocuparam seu lugar no topo dos resultados de busca. A YogaRat jamais se recuperou. Morris hoje administra sozinho com a esposa o que restou da empresa, e as dificuldades são desalentadoras. Ele vive lutando contra falsificações estrangeiras de seus designs e avaliações dos seus produtos que, misteriosamente, surgem em anúncios da concorrência. Quando liga para o atendimento ao cliente da Amazon, Morris tem a impressão de que a principal métrica para o sucesso de seus funcionários é a rapidez com que conseguem desligar o telefone. No passado um iogue devoto, Morris hoje mal consegue olhar para um tapete de ioga.

Ajuste de contas

"Sou totalmente a favor da concorrência, mas não comecei meu negócio e fui vender na Amazon para me tornar fertilizante para o crescimento deles enquanto sou enterrado e destruído", disse-me ele. "Ao que parece, isso está acontecendo com vários vendedores, e não acho nada correto. O que a Amazon faz equivale a ser convidado para o jantar de Ação de Graças e descobrir ao se sentar à mesa que o peru é você."

Stephan Aarstol e sua empresa, a Tower Paddle Boards, também figuram na carta de Bezos aos acionistas de abril de 2016 (não só na carta, mas também em *Invent & Wander*, a coleção subsequente de escritos de Bezos, seu nome é incorretamente grafado como Stephen). Um empreendedor com uma participação memorável no programa de TV *Shark Tank*, Aarstol empregava dez pessoas no auge do sucesso da empresa e vendia diariamente mais de 11 mil dólares em pranchas infláveis de *stand-up paddle*. Ao longo dos anos ele foi uma cobaia confiável para a Amazon ao entrar num novo programa de marcas exclusivas da empresa pelo qual concordava em não vender em nenhum outro lugar e em pedir dinheiro emprestado à Amazon para financiar sua própria expansão, usando a mercadoria estocada nos armazéns da empresa como garantia. "Seu negócio se tornou um dos que mais cresceram em San Diego, em parte com uma pequena ajuda do Amazon Lending", escreveu Bezos.

Para Aarstol, o ponto de inflexão veio logo depois. Centenas de vendedores de pranchas de *stand-up paddle* com nomes genéricos como XY-Love e Fun Water, sobretudo chineses, começaram a abarrotar o site, disputando vendas com a Tower. Muitos deles empregavam artifícios fraudulentos, gerando supostas avaliações positivas dos clientes que ajudavam a determinar a posição dos produtos nos resultados de buscas.

Aarstol tentou anunciar na Amazon para aumentar sua visibilidade, mas isso acabou com seu lucro. Nos anos que se seguiram à sua menção na carta de Bezos, ele reduziu o número de funcionários da empresa de dez para três e baixou o volume anual de vendas de 4 milhões de dólares para menos de 1,5 milhão. "A Amazon não dá a mínima para as marcas", disse Aarstol, que em 2010 já estava quase totalmente fora da Amazon e se concentrava em vender em seu próprio site. "Para eles, não interessa se você está vivo ou morto."

Na mesma carta aos acionistas, Bezos também promoveu a Plugable Technologies, de Bernie Thompson, que havia afirmado que enviar os produtos em grande quantidade para os armazéns da Amazon na Europa e na Ásia havia promovido uma "mudança de paradigma". Thompson concorrera com os fornecedores chineses durante anos; fora ele quem ouvira de Steven Yang, o fundador em geral cortês da empresa de eletrônicos Anker, o "Bernie, sinto muito, mas vou atropelá-lo".

A despeito dessa ameaça, e ao contrário de outros ex-aliados da Amazon com quem conversei, a Plugable continuava a ter sucesso. Thompson havia superado produtos idênticos da AmazonBasics mantendo os preços baixos e a qualidade alta e lançando constantemente novos *gadgets* quando os antigos se tornavam banais. Thompson, porém, ainda nutria o temor secreto de que a Amazon pudesse suspender seus anúncios a qualquer momento. Em meados de 2019, como Paul Saunders, ele explorou ao máximo sua boa vontade com a empresa para conseguir uma reunião em Seattle e fez uma apresentação em PowerPoint de vinte slides mostrando sua dependência da empresa e o perigo que corria quando os produtos desapareciam do site de forma arbitrária. A solução era a "inexistência de surpresas" e "menos incerteza", implorava num dos slides.[45]

Mas seu pedido não recebeu atenção. Com a chegada de milhares de novos vendedores ao marketplace todos os meses, os funcionários responsáveis por fiscalizar o cumprimento das regras viam-se em imensa inferioridade numérica, e os sistemas automatizados que implementavam eram com frequência ludibriados por maus vendedores. Poucos meses depois de fazer sua apresentação, num domingo, em julho, o produto mais vendido de Thompson, uma *docking station* para laptops que respondia por 40% de suas vendas, desapareceu do site.

O anúncio, por fim, reapareceu depois de quatro dias e 100 mil dólares em vendas perdidas — e apenas porque Thompson pagava à Amazon 60 mil dólares anuais por um serviço premium para contar com a atenção de um gerente de contas, algo que em certa medida "se parece com um esquema de extorsão", disse ele, que jamais descobriu por que, exatamente, sua *docking station* desapareceu do site.

Ajuste de contas

As histórias desses antigos aliados da Amazon ressaltavam os problemas levados ao subcomitê do Congresso. Anos antes, Jeff Bezos dera aos encarregados do marketplace da Amazon uma série de instruções simples: eliminar qualquer resistência a vender na Amazon; remover as barreiras ao comércio transnacional; enfrentar quaisquer problemas por meio de tecnologias inovadoras e sistemas automatizados, e não com a onerosa contratação de pessoal. Uma consequência disso foi a explosão de vendas de itens baratos que impulsionaram o crescimento histórico do comércio eletrônico da Amazon. Outra, contudo, foram as forças de desintermediação da globalização, que esmagaram os vendedores ocidentais e criaram uma dinâmica que tornou dificílimo proteger a propriedade intelectual, impedir fraudes e sanar disputas de forma justa.

A Amazon estava ciente de todos esses problemas, mas os dissimulava com a sua incansável máquina corporativa de comunicação, que insistia em propagar que a empresa era amiga dos empreendedores. "Os vendedores terceirizados estão nos dando um banho", escreveu Bezos em sua carta aos acionistas de 2019, na qual explicava que, de tão bem-sucedido, o marketplace estava eclipsando a atividade varejista da Amazon. Um comercial de TV que encheu as telinhas americanas em 2010 intitulado "Apoiando pequenos negócios" mostrava uma marcenaria abrindo as portas cedinho para começar um dia movimentado.[46] Mas, como todos os vendedores da Amazon sem dúvida sabiam, esse tipo de artesão podia florescer no enclave boêmio da Etsy, não na fronteira capitalista brutal e sanguinária da Amazon.

Bezos estava bem distante desse campo de batalha. "A empresa se tornou tão complexa que não fazia sentido ele estar a par dos detalhes de tudo", disse James Thomson, ex-funcionário do marketplace da Amazon e diretor de estratégia da consultora de comércio eletrônico Buy Box Experts. "Mas ele devia saber que parte das coisas que a Amazon tanto se esforça para propagar como bons exemplos estão insanamente erradas."

* * *

O relatório final do subcomitê antitruste foi publicado em 6 de outubro de 2020 e contínha 450 páginas de alegações e conclusões condenatórias sobre as práticas abusivas da Amazon, da Google, do Facebook e da Apple.[47] Lina Khan e seus colegas montaram um caso convincente: as plataformas das gigantes da tecnologia, de maneira arbitrária e em interesse próprio, controlavam o nosso discurso político, nossa vida financeira e a saúde de inúmeras empresas menores — e a falta de regulação sobre elas era uma perigosa abdicação da responsabilidade governamental.

"Nossa investigação não deixa dúvida de que existe uma necessidade clara e premente de que o Congresso e as agências responsáveis por exigir o cumprimento da legislação antitruste ajam no sentido de restaurar a concorrência", escreveu Cicilline numa declaração conjunta com o presidente do comitê judiciário, Jerry Nadler.[48] Entre os recursos propostos no relatório estavam a divisão da Amazon e outras empresas de tecnologia a fim de eliminar conflitos de interesse entre seus diversos segmentos de negócios, como a loja de varejo da Amazon e o marketplace terceirizado, e suas divisões de comércio eletrônico e a AWS.

Embora legisladores neutros e acadêmicos antitruste sem participação na disputa política feroz concordassem com alguns desses princípios, outros acreditavam que esses remédios pareciam excessivos. Dividir a Amazon não ajudaria seus vendedores, parceiros ou clientes, e havia pouca base jurídica para fechar linhas de marca própria, como a AmazonBasics. Afinal, varejistas do passado, como a Great A&P, haviam estudado o que vendia bem, cultivado marcas próprias com preços mais baixos e fornecido aos consumidores uma escolha adicional em suas prateleiras.

O relatório ainda se esforçava para comprovar que a Amazon detinha o tipo de poder monopolista que podia tornar certas condutas ilegais à luz da legislação americana. A empresa de pesquisa de mercado mais amplamente citada, a eMarketer, situava a parcela de vendas da Amazon no comércio eletrônico americano em 38,7%.[49] O sucesso dos sites da Walmart e da Target, bem como o da empresa canadense Shopify, que desenvolvia plataformas para as marcas venderem diretamente aos consumidores, também contradizia a noção de que a Amazon aplicasse qualquer tipo de chave de braço na indústria (apenas seu evidente domínio no setor de livros e e-books, calculado em 42% e até 89%, respectivamente, em 2018, talvez merecesse um olhar mais aprofundado).[50]

"Embora não haja nenhum vendedor on-line capaz de igualar a Amazon, é muito difícil do ponto de vista da legislação antitruste convencional encontrar algum setor onde a Amazon detenha algum poder monopolista", disse Jay Himes, ex-diretor do departamento antitruste da Procuradoria-Geral de Nova York.

Mas o relatório também sugeria várias formas de abordar o poder de mercado da Amazon sem recorrer às prolongadas ações judiciais antitruste movidas contra a AT&T na década de 1970 e contra a Microsoft na década de 1990. Os legisladores poderiam, por exemplo, examinar os contratos da Amazon com os vendedores e impedir que a empresa os penalizasse caso anunciassem seus produtos a um preço mais baixo em outro lugar. Poderiam, também, restaurar a capacidade dos vendedores de apresentar ações judiciais contra a Amazon e bloquear os dispositivos vigentes que os forçavam a encarar um processo longo e secreto de arbitragem. O relatório ainda propunha que o Congresso aumentasse as exigências para que as grandes empresas de tecnologia obtivessem aprovação para fusões, de modo que as companhias dominantes tivessem de revelar até mesmo aquisições menores e mostrar por que eram "necessárias para servir ao interesse público".

Embora não mencionada no relatório, para sanar o caos do marketplace da Amazon, os legisladores também tinham a opção de reformar a Seção 230 da legislação americana de telecomunicações, que atualmente dispõe que empresas de internet como a Amazon não são responsáveis por infrações jurídicas de seus usuários. Mudanças na Seção 230 poderiam obrigar a Amazon a se responsabilizar por produtos fraudulentos ou perigosos comercializados em seu site por vendedores terceirizados. Os reguladores também poderiam forçar a empresa a verificar os vendedores por meio de um número de identificação fiscal ou exigir o depósito de uma caução, que seria perdida a qualquer sinal de fraude (a exemplo do que faz o Tmall, um site do grupo Alibaba). Acrescentar atritos significativos ao processo de se tornar um vendedor da Amazon restauraria o equilíbrio em uma arena competitiva que no momento privilegia vendedores na China.

Esses remédios, no entanto, tratam apenas da parte mais evidente da suposta má conduta da empresa. O subcomitê também denunciou a

Amazon por algo mais relevante: usar os lucros da AWS e da publicidade para subsidiar sua operação varejista, solapar os rivais com uma política predatória de preços, financiar a entrada em mercados que atuam em outros segmentos e devorar ainda mais territórios digitais. Mas o relatório não conseguiu provar essa acusação; queixou-se de que a Amazon não havia "produzido os dados financeiros"[51] necessários para que os membros do subcomitê realizassem um levantamento independente.

E esse é o maior desafio enfrentado pelos demolidores de monopólios. A fim de montar um caso crível o bastante para fragmentar a Amazon, eles precisariam responder a perguntas cujas respostas a empresa faz de tudo para obscurecer. De que maneira seus vários componentes estão interligados? Como estimar a verdadeira lucratividade das unidades comerciais de forma individual, quando alguns custos são cobertos pelas taxas de assinatura de serviços como o Amazon Prime? Seria possível considerar anticompetitivo o aumento dessas taxas por parte da Amazon ou suas tentativas de melhorar sua posição de mercado suprimindo-as por completo, como foi feito no outono de 2019, quando a empresa abriu mão de uma taxa mensal de 15 dólares para a entrega de itens de mercearia?[52]

"Não existe empresa no mundo mais complexa e difícil de entender do que a Amazon para aqueles que não fazem parte dela", disse Kurt Zumwalt, tesoureiro da Amazon durante quinze anos até deixar a empresa, em 2019. "Não se trata de um típico conglomerado empresarial como a Berkshire Hathaway ou a General Electric. Quase todos os aspectos da Amazon são pautados pelo aumento sutil de sua conexão com os consumidores. O poder do modelo de negócios é a combinação da soma de seus negócios e serviços autorreforçadores, possibilitada pela tecnologia de ponta, pela excelência operacional e por processos rigorosos de revisão e mensuração."

Por enquanto, a investigação de maior visibilidade sobre o poder da Amazon está encerrada. Lina Khan voltou para o mundo acadêmico, mas sugeriu que os problemas da companhia estão apenas começando: "Quando os e-mails dos executivos revelam uma narrativa e publicamente eles tentam contar outra, a história mostra que essas tentativas de negar a realidade raramente dão certo para a empresa", disse ela. E, na Europa, a comissária para a concorrência Margrethe Vestager já denunciou a Amazon por prejudicar a competição varejista ao usar de forma desleal dados internos confidenciais de vendedores terceirizados para privilegiar seus próprios produtos.[53] O caso pode se arrastar ao longo de anos na Justiça e resultar no tipo de multas vultosas que a União Europeia já aplicou à Google.

Bezos aparentemente aguardava ansioso o que quer que viesse, chegando a sugerir que isso poderia na verdade ser benéfico para o status da Amazon. "Uma das consequências involuntárias e frequentes da regulação é que ela de fato favorece as empresas já estabelecidas", disse num evento público em Berlim. "Ora, a esta altura a Amazon é uma empresa já estabelecida, logo, eu deveria ficar feliz com isso. Mas não é o caso, porque acho que a sociedade deseja ver a continuação do progresso." Ele então acrescentou: "Essas são perguntas muito difíceis, e não iremos respondê-las, nem mesmo daqui a alguns anos. Acho que elas vão ficar no ar por um bom tempo."[54]

Esse futuro incerto dependia de vários fatores: a mudança do controle partidário no Congresso americano, a relativa urgência de abordar primeiro a conduta de outras empresas de tecnologia, como Google e Facebook, e a opinião pública em geral quanto à Amazon e a Bezos. Pois, apesar da crescente suspeita em relação às gigantes da tecnologia e do crescente domínio da Amazon nas economias ocidentais, a empresa se tornara uma espécie de salvadora da pátria em 2020 — um colete salva-vidas, disponível em milhões de lares em todo o mundo durante a quarentena provocada pela pandemia da Covid-19.

CAPÍTULO 15
Pandemia

Os desafios recentes da Amazon pareciam meras pedras no caminho. O fiasco da HQ2, o drama pessoal de Bezos, a perda do contrato JEDI e as batalhas com Donald Trump e os legisladores antitruste mal repercutiram no crescimento desenfreado da empresa. Jeff Bezos e seu império global, pelo menos por um momento, pareciam estar desvinculados por completo das leis de gravidade corporativa que desaceleravam o crescimento de empresas grandes, inibiam sua capacidade e prejudicavam o julgamento de executivos veteranos com uma riqueza exorbitante.

Novos obstáculos apareciam, claro, mas a Amazon os superava com agilidade. Em 20 de setembro de 2019, milhares de funcionários da empresa deixaram suas mesas para se juntar a trabalhadores e estudantes de tecnologia ao redor do mundo em uma greve contra o aquecimento global organizada pela ativista adolescente Greta Thunberg. Em Seattle, eles se reuniram às 11h30 diante das Amazon Spheres, segurando placas que diziam: "Amazon, vamos elevar o nível, não a temperatura" e "Nada de AWS para óleo e gás", enquanto argumentavam que a companhia precisava repensar sua devoção à enorme seleção de produtos, envio mais rápido e clientes satisfeitos em detrimento dos custos ambientais.

No dia anterior, Bezos tinha apresentado o Compromisso com o Clima em uma coletiva de imprensa em Washington, D.C., onde prometera que a Amazon atingiria a neutralidade carbônica até 2040, dez anos antes da ambiciosa meta estipulada pelo Acordo de Paris. Empresas como Verizon, Microsoft e Mercedes-Benz encampariam a iniciativa, e a Amazon compraria os direitos de nome de um novo coliseu desportivo em Seattle, batizado de "Arena Climate Pledge" [arena compromisso com o clima].

A imprensa no mundo inteiro cobriu os protestos trabalhistas e de um jeito muito mais simpático do que cobriu as promessas vagas e ambiciosas do Compromisso com o Clima da Amazon. O contraste anunciou a emergência de um novo tipo de poder político, o poder exercido pelos funcionários das empresas de tecnologia, em vez de seus onipotentes mestres corporativos. Proteger-se contra essa perigosa discórdia vinda dos próprios colaboradores seria um dos maiores testes da Amazon durante os processos inesperados do ano seguinte. Mas a significativa emissão de carbono da Amazon logo deixou de ser um foco de atenção. A empresa havia garantido ao mundo que tinha um plano.

O próprio Bezos pairava muito acima de quaisquer críticas que surgissem à Amazon e a seu impacto na sociedade e no planeta. Em novembro, a elite política e midiática reuniu-se num jantar de gala na Smithsonian National Portrait Gallery em Washington, D.C., para celebrar os novos retratos incorporados à sua coleção de americanos notáveis. Bezos, um dos seis homenageados, apareceu para o evento com um grande número de apoiadores, incluindo membros do conselho de administração da Amazon e executivos do *Washington Post*, além dos pais, dos filhos e da namorada, Lauren Sánchez.

Em seu discurso, Bezos contou algumas histórias já batidas, ridicularizando, por exemplo, o Fire Phone e lembrando do dia em que percebeu, nos anos iniciais da Amazon, que eles precisavam comprar mesas para empacotar os livros para envio em vez de fazerem isso ajoelhados no chão. A plateia riu, obediente. Mas foi a rara apresentação de seu filho mais velho, Preston Bezos, de dezenove anos, que descreveu uma dimensão do bilionário que era claramente desconhecida para o público:

> Lembro-me de estar sentado na cozinha quando tinha oito anos e vê-lo enrolar devagar um pedaço de fio em volta de um prego. Lembro-me de vê-lo pegar as pontas do fio e encostá-las numa bateria.

Pandemia

Lembro-me de quando ele aproximou o prego de um pedaço de metal e eles grudaram. Lembro-me do deslumbre nos meus olhos quando ele trouxe um quadro-branco do porão e tentou explicar da melhor forma que conseguiu, para um garoto de oito anos, a mágica absoluta que podia dotar aquele prego de força magnética [...]. Essa memória é muito especial para mim porque ele já tinha me mostrado como fazer aquilo dezenas de vezes, mas foi naquele dia que a registrei [...]. Foram aquela compaixão carinhosa, aquela busca animada pelo conhecimento e aquela paciente perseverança que tornaram isso possível. Essas são as coisas que amo no meu pai, que acho especiais nele. E é por elas que espero que ele seja lembrado.

Bezos pareceu genuinamente comovido. "Preciso me recompor um pouco depois disso", disse, quando retornou ao palco. "Eu não sabia o que Preston ia dizer. Ele não quis me contar. Queria que fosse surpresa." Foi um momento improvisado para um pai e titã dos negócios, que costumava escrever e ensaiar toda aparição pública.

Dois meses depois, Bezos teria a oportunidade de cultivar uma persona pública que estava evoluindo de formas interessantes e inesperadas. Em meados de janeiro de 2020, ele visitou a Índia, sua primeira viagem ao país desde o golpe publicitário em 2014 segurando um cheque gigante na caçamba de um caminhão. Tanta coisa havia mudado nesses seis anos. Durante a visita, Bezos e Lauren Sánchez posaram para fotógrafos na frente do Taj Mahal, prestaram homenagens no túmulo de Mahatma Gandhi e se vestiram com roupas indianas elegantes na estreia do Prime Video em Mumbai. A Amazon já operava no país havia mais de meia década, mas Bezos assegurava que a empresa estava apenas começando. "Esse país tem alguma coisa especial", disse para o vice-presidente sênior e ex-consultor técnico Amit Agarwal durante o encontro anual da Amazon para vendedores independentes. "Esse vai ser o século da Índia."

Agora, porém, seu estilo de tecno-otimismo e "paciente perseverança", como descrevera Preston Bezos, não era nem de longe tão bem-vindo. Coalizões de comerciantes locais protestaram contra sua chegada, chamando-o de "terrorista econômico" e mostrando cartazes que diziam "Jeff Bezos, vá embora!". Durante a viagem, a agência reguladora do comércio na Índia anunciou uma nova investigação nos descontos anticompetitivos praticados pela Amazon e pela sua principal rival, a Flipkart, comprada pela Walmart, enquanto ministros do governo atacavam Bezos por reportagens publicadas no *Washington Post* sobre a perseguição de minorias religiosas e étnicas no país. O primeiro-ministro, Narendra Modi, recusou um encontro com o fundador da Amazon, e muitas pessoas acreditavam que o governo estivesse tacitamente apoiando as iniciativas de comércio eletrônico de Mukesh Ambani, o homem mais rico da Índia e dono do crescente conglomerado de telecomunicação e varejo Reliance Industries.

De qualquer forma, nenhum dos eternos desafios na Índia ou em qualquer outro lugar pareciam obstruir o bom desempenho comercial da Amazon do ponto de vista global. Em 30 de janeiro, depois de Bezos voltar para os Estados Unidos, a empresa divulgou um relatório financeiro extraordinário. A mudança nas entregas para assinantes Prime, que passaram a receber suas encomendas um dia após a compra, em vez de dois, havia turbinado as vendas. Além disso, a força contínua da AWS e do negócio de publicidade, a mina de ouro da companhia, tinha gerado 3,3 bilhões de dólares em lucro, muito além das expectativas de Wall Street. A Amazon anunciou também a cifra de 150 milhões de assinantes Prime em todo o mundo, em comparação com cem milhões dois anos antes, e afirmou empregar cerca de oitocentas mil pessoas,[1] consolidando sua posição como segunda maior empregadora privada dos Estados Unidos, atrás da Walmart.

Logo após o anúncio dos lucros trimestrais, os investidores apostaram nas ações da Amazon; a capitalização de mercado da empresa ultrapassou o limiar mágico de 1 trilhão de dólares e, algumas semanas depois, enfim permaneceu nesse patamar. Era quase como se a história toda pudesse terminar ali, com a fortuna de Jeff Bezos em impressionantes 124 bilhões de dólares e a aura de invencibilidade da Amazon parecendo mais impenetrável do que nunca. Mas foi nesse exato momento que os executivos tiveram seu primeiro relance do mitológico cisne negro — a rara e imprevisível calamidade — abrindo suas asas sobre a paisagem carbonizada que logo descreveria o ano de 2020.

Pandemia

* * *

O dr. Ian Lipkin, o epidemiologista da Universidade Columbia conhecido como "caçador de vírus" por ter rastreado o surto do vírus do Nilo Ocidental no fim dos anos 1990 e a epidemia de SARS em 2003, já vira o suficiente para se deixar impressionar por qualquer coisa. Em uma viagem à China em janeiro, as ruas de Pequim e de Guangzhou estavam desertas, as lojas, vazias, e os hospitais, superlotados de doentes. Um novo coronavírus altamente contagioso e causador da Covid-19 teria surgido em um mercado de carne e peixe na cidade de Wuhan e se espalhado por todo o país em semanas.

Em 5 de fevereiro — um dia depois de ter retornado no último voo direto de Pequim para Newark e entrado numa quarentena de duas semanas em seu apartamento em Upper West Side, em Manhattan —, Lipkin recebeu um telefonema de Katie Hughes, gerente de saúde e segurança de longa data da Amazon. Assim como outras empresas americanas, a Amazon tinha restringido as viagens de funcionários a partir e para a China, mas começava a ver o vírus se espalhar pela Itália, onde tinha uma dezena de armazéns e centros de logística.[2] Hughes perguntou a Lipkin se ele podia ajudar a Amazon a analisar os riscos e enfrentar a tempestade que estava por vir.

Lipkin era assinante Prime e grande admirador da empresa, embora lamentasse seu impacto sobre os pequenos comerciantes e, sempre que possível, tentasse fazer suas compras em lojas locais. Ele também sabia o suficiente sobre o novo contágio para reconhecer que, se seu maior medo se tornasse realidade, os funcionários da Amazon enfrentariam um sério risco. Outras empresas poderiam fechar as portas e enviar seus funcionários para casa. As centenas de centros de atendimento de pedidos da Amazon, repletos de encomendas no mundo inteiro, tinham um enorme potencial de disseminação de um vírus infeccioso, enquanto a equipe de entrega interagia com o público todos os dias. Lipkin aceitou ajudar como consultor.

Em frequentes conversas virtuais com os departamentos de Recursos Humanos e de Operações da Amazon naquele mês de fevereiro, Lipkin deu conselhos sobre tudo, desde como limpar as superfícies nos armazéns e revestir as saídas de ar com filtros até a necessidade de usar máscaras e luvas e instalar postos de medição de temperatura em cada estabelecimento. "Esses caras são guiados pela matemática e pela tecnologia, e quando você faz uma sugestão que é rigorosa, científica e baseada em evidências, eles a implementam", afirmou Lipkin. "Os custos nunca entraram em discussão, e eu não posso dizer isso sobre todas as outras empresas com as quais trabalhei."

Em 27 de fevereiro, Lipkin falou por vídeo com todo o S Team. Ele contou a Bezos e aos demais executivos sobre suas recentes viagens na China e expôs os riscos que os funcionários da Amazon poderiam enfrentar. Embora a videochamada tenha ocorrido várias semanas antes de o governo Trump declarar estado de emergência nacional e de o léxico epidemiológico entrar oficialmente para o vocabulário de muitos americanos, os executivos da Amazon já pareciam bem informados. Eles fizeram perguntas específicas sobre o período de incubação do vírus e seu potencial de contágio R0 (ou "R nulo"), relativo ao número de pessoas que podem ser infectadas por um único indivíduo. Lipkin não se lembrou das perguntas de Bezos, mas disse se lembrar "de olhar para o cara. Ele parecia bastante em forma".

No dia seguinte à reunião do S Team com Lipkin, a Amazon cancelou todas as viagens não essenciais. Em 4 de março, após um funcionário corporativo ter sido diagnosticado com o vírus, exigiu que os funcionários dos escritórios trabalhassem em casa por duas semanas,[3] e depois foi estendendo a data de retorno, até finalmente instruir que todos ficassem em casa pelo resto do ano.[4] Uma semana depois, cancelou todas as entrevistas presenciais de emprego,[5] transferindo as conversas virtuais com os candidatos para o Amazon Chime, seu software interno de videoconferência. Esse movimento evidenciou uma grande divisão e um dos maiores desafios da Amazon: ele permitia que os funcionários de colarinho branco passassem a trabalhar em um ambiente remoto seguro, enquanto expunha os funcionários dos armazéns, essenciais para os negócios, a um risco enorme.

No início de março, um subgrupo do S Team reunia-se virtualmente todos os dias, às quatro da tarde, horário de Seattle, para debater os posicionamentos da empresa diante da crise. As reuniões eram lideradas

Pandemia

pela diretora de recursos humanos Beth Galetti e incluíam Jeff Wilke, Andy Jassy, o diretor de operações Dave Clark e Bezos. O CEO da Amazon costumava dedicar uma boa parte do seu tempo a projetos com potencial para o futuro, mas, agora, firmava seu olhar no presente urgente. Fazia perguntas e observações e liderava sessões de *brainstorming* nas quais tentava pensar em novas formas de usar a tecnologia para proteger os funcionários, sem deixar de atender às crescentes demandas dos clientes em quarentena.

Bezos também amplificou sua própria visibilidade. Em uma carta de 21 de março endereçada a toda a empresa escreveu: "Esse não é o negócio com que estamos acostumados, e os tempos são de grande estresse e incertezas. Mas nunca o trabalho que fazemos foi tão fundamental [...]. As pessoas dependem de nós." A carta delineava algumas das medidas de saúde preventivas adotadas pela Amazon, como o aumento da frequência de limpeza e as iniciativas de compra de máscaras para os funcionários em meio à escassez geral. Também anunciava a contratação de cem mil novos funcionários para os armazéns e o aumento temporário no pagamento em 2 dólares por hora. As horas extras também foram reajustadas, e os funcionários autorizados a tirar licenças não remuneradas por tempo indeterminado. "Todo o meu tempo e os meus pensamentos estão voltados para a Covid-19 e para a melhor maneira de realizarmos nosso trabalho na Amazon", escreveu ele.[6]

Após anos conduzindo suas atividades diárias na Amazon com discrição, Bezos agora as promovia com veemência. Em 26 de março, ele postou no Instagram uma foto em seu rancho no Texas, conversando por vídeo com Tedros Adhanom Ghebreyesus, diretor-geral da Organização Mundial da Saúde.[7] No dia seguinte, postou uma foto conversando com Jay Inslee, governador de Washington.[8] Em 8 de abril, a Amazon tuitou um vídeo de seu CEO caminhando por um centro de atendimento de pedidos e uma loja da Whole Foods perto de Dallas,[9] usando máscara e com a manga da camisa arregaçada — era a primeira vez em anos que visitava um armazém, segundo o relato de vários funcionários. Nesse período, Bezos não compareceu às reuniões semanais do *Washington Post* e da Blue Origin. Nos primeiros estágios da pandemia, os executivos dessas empresas disseram não ter falado com ele durante semanas.

O aumento da proeminência pública de Bezos era em parte o trabalho de um CEO tentando demonstrar liderança em um momento desafiador. Enquanto o vírus se espalhava, a ansiedade crescia. As ausências nos centros de atendimento disparavam; segundo algumas estimativas, 30% dos funcionários não iam trabalhar ou porque tinham ficado doentes de Covid-19, ou porque ouviam sobre colegas de trabalho, amigos ou familiares que haviam contraído a doença[10] e temiam ser os próximos.[11] Dessa vez, as metas de longo prazo do Climate Pledge não seriam atingidas. A Amazon precisava contratar novos trabalhadores em meio aos desafios concomitantes das faltas em excesso e da explosão da demanda por parte dos clientes, tudo isso enquanto mudava às pressas muitos dos processos profundamente enraizados em sua vasta cadeia de suprimentos.

No que dizia respeito a isso, a Amazon estava em uma posição invejável. Dave Clark, o ex-professor de música do ensino médio, tinha se provado incrivelmente capaz de desenvolver sistemas grandes e complexos, como a rede de armazéns dotados de robôs Kiva e a divisão de Transporte, a Amazon Logistics, que agora era responsável por cerca de metade de todas as entregas globais da Amazon[12] e de dois terços das entregas nos Estados Unidos.[13] Se uma cadeia de suprimentos é capaz de vencer uma guerra, como diz o velho provérbio militar, Bezos tinha um dos generais mais premiados do mundo a seu lado.

Em 4 de abril, seguindo o conselho de Lipkin, Clark e sua equipe instalaram os postos de medição de temperatura nos centros de atendimento de pedidos, de triagem e de transporte. Em vez de espalhar termômetros manuais infravermelhos por todos os estabelecimentos, o que demandaria certa proximidade física dos funcionários quando entrassem para trabalhar, a Amazon gastou milhões de dólares na aquisição de câmeras termais e as colocou em todas as entradas para escanear de longe a temperatura dos funcionários. Os executivos também compraram uma quantidade enorme de máscaras, examinando centenas de e--mails de vendedores que tentavam explorar as necessidades repentinas do mundo corporativo. "Parecia que todo mundo tinha um primo, um tio, uma tia ou um amigo da família que era dono de uma fábrica de máscaras na China", lembrou Clark.

Para complementar os suprimentos, a Amazon também fez mudanças internas, remanejando as impressoras 3-D do laboratório de drones da Prime Air para a produção de protetores faciais de plástico.[14] No início de abril, a Amazon afirmou ter distribuído milhões de máscaras para os seus funcionários e estava doando máscaras N95 para os profissionais de saúde na linha de frente.[15] "Era um ambiente insano", disse Clark. "Os dias pareciam durar uma semana."

Em meio à turbulência, a Amazon foi forçada a agir de forma contrária aos seus instintos naturais de crescimento. As promoções de Dia das Mães e Dia dos Pais foram suspensas,[16] assim como as recomendações no site que mostravam o que outros clientes com histórico de pesquisa semelhante haviam comprado. Já o Prime Day foi postergado para o inverno, para aliviar a pressão nos armazéns. A empresa anunciou que durante várias semanas cruciais da primavera só receberia "artigos básicos, suprimentos médicos e outros produtos de alta demanda"[17] de vendedores independentes que participassem de seu programa de envio terceirizado, o Fulfillment by Amazon.

A proibição gerou atritos com vendedores que dependiam do FBA, e a empresa foi acusada de estar tirando vantagem da situação, uma vez que continuava vendendo itens não essenciais do próprio estoque, como redes e aquários. (Mais tarde, a Amazon admitiu para o subcomitê antitruste do Congresso que a venda desses itens foi um erro.)[18] A proibição se estendeu até o meio de abril, quando a Amazon anunciou que contrataria 75 mil funcionários para atender à demanda adicional.[19]

O maior desafio de Clark era impedir que os funcionários se aglomerassem nos centros de atendimento de pedidos, que haviam sido construídos para atingir o máximo de eficiência e não eram rigorosos no quesito distanciamento social. As equipes designadas para reforçar as novas exigências de distanciamento físico de dois metros vistoriavam os armazéns e monitoravam a distância entre as pessoas e o uso de máscaras, enquanto homens vestidos com macacões borrifavam desinfetante hospitalar pelas instalações. Mas a maioria das soluções da Amazon era tecnológica. A equipe de robótica construiu um sistema chamado

Amazon sem limites

Proxemics para analisar a filmagem das câmeras de segurança dentro dos estabelecimentos e conferir a distância entre os funcionários. O sistema usava algoritmos de inteligência artificial para identificar áreas com problemas e gerar relatórios de dados para os gerentes sobre os resultados de seus estabelecimentos. Com outro programa, chamado Distance Assistant [assistente de distância],[20] a Amazon distribuiu câmeras adicionais e telas de TV pelos armazéns a fim de monitorar o movimento dos funcionários. Se eles estivessem andando perto demais uns dos outros, as imagens na tela apareciam marcadas com círculos vermelhos.

Nem tudo que o departamento de Operações da Amazon tentou fazer deu certo. Um carrinho autônomo projetado para percorrer os corredores dos supermercados Whole Foods e desinfetar as prateleiras com luz negra, por exemplo, foi descontinuado depois que os agentes de saúde pública concluíram que a transmissão do vírus pela superfície dos itens não constituía um risco sério. Outro projeto, para verificar regularmente os níveis de oxigênio dos funcionários, não ajudava significativamente a identificar pessoas com Covid-19, e portanto foi cancelado, assim como um projeto para rastrear a localização dos funcionários dentro dos armazéns através de seus telefones pessoais e da rede Wi-Fi do estabelecimento.[21]

O dr. Ian Lipkin havia conversado com o S Team sobre a necessidade urgente de testes rápidos, para lidar com o problema das pessoas infectadas, mas assintomáticas que iam trabalhar, espalhando a doença sem saber. Estando o país mergulhado numa luta contra a grave escassez de testes para Covid-19, e uma vez que a Amazon não conseguia adquiri-los, Bezos cismou que eles deveriam fabricar seus próprios testes — mesmo não tendo nenhuma experiência prévia na área. Ele estava "lidando com o mundo real, que era: não há vacina e com certeza não haverá de imediato", concluiu Jay Carney.

O projeto que resultou dessa ideia foi chamado de Ultraviolet. Sob a liderança de Jeff Wilke, seções dos escritórios do Lab126 da Amazon em Sunnyvale, Califórnia, e do centro de operações em Louisville, Kentucky, foram convertidas em laboratórios médicos improvisados. Uma equipe de peritos em saúde, cientistas e especialistas em logística deixou seus trabalhos regulares e se uniu para fabricar testes internos em larga escala.

No outono, milhares de funcionários nos armazéns da Amazon em 23 estados estavam se voluntariando para raspar o interior de cada narina por dez segundos e enviar a amostra para um dos dois laboratórios disponíveis.[22] A empresa disse estar realizando milhares de testes por dia em 650 estabelecimentos.[23]

"Se você possui uma ação da Amazon, é melhor se sentar, porque nós não estamos pensando pequeno", escreveu Bezos no relatório de lucros do primeiro trimestre, em abril, prevendo que a companhia gastaria bilhões durante o verão devido à Covid-19. "Atender às demandas dos clientes e proteger os funcionários durante essa crise nos próximos meses exigirá habilidade, humildade, criatividade e dinheiro." A Amazon chamou atenção para esse grande investimento e para suas amplas tentativas de administrar os riscos da pandemia, em meio a um mar de críticas. "Nós fizemos tudo que foi possível, seguindo as orientações que recebemos", afirmou a diretora de recursos humanos Beth Galetti.

Jay Carney acrescentou: "Tenho certeza de que, quando a história imediata e de longo prazo for escrita, nenhuma outra empresa terá feito tanto, tão rápido e com tanta qualidade quanto a Amazon. Fizemos tudo perfeitamente? Não, de modo algum."

* * *

Enquanto a Covid-19 se espalhava com voracidade pelos Estados Unidos e pela Europa, muitas lojas físicas fecharam as portas e itens essenciais como papel higiênico e desinfetante desapareceram das prateleiras das que continuaram abertas. Paradoxalmente, a Amazon e outras varejistas on-line estavam animadas com essa maré de incerteza e medo. Agora era mais seguro para as pessoas clicarem e comprarem do confinamento confortável e estéril de suas casas. As vendas on-line dispararam, e até mesmo as partes mais atrasadas do império da Amazon, como a Amazon Fresh e o serviço de entrega da Whole Foods, registraram grandes picos. Um analista disse que a Covid-19 tinha sido o equivalente a "injetar um hormônio de crescimento na Amazon".[24]

Mais uma vez, as conquistas da Amazon eram acompanhadas por críticas. Ela podia implementar quantas iniciativas de proteção seus executivos fossem capazes de conceber, aumentar a remuneração mínima paga por hora durante alguns meses e aumentar também temporariamente o valor das horas extras. Mas, para continuar a atender os clientes, teria que continuar colocando seus funcionários em risco, mesmo que parte do perigo viesse com o movimento de entrada e saída de seus prédios.

Isso já estava claro em março, quando pelo menos cinco funcionários da Amazon na Itália e na Espanha contraíram o vírus.[25] Ao longo das semanas seguintes, surgiram casos nas instalações da empresa nos Estados Unidos. Perguntei a Dave Clark se em algum momento falou-se em tentar resolver esse dilema fatal fechando armazéns ou suspendendo por completo o serviço. "Analisamos alguns galpões em diferentes partes do mundo", disse ele. "Mas as pessoas precisavam de uma maneira de adquirir esses itens, sobretudo no início da pandemia."

Essa atitude enfureceu os funcionários dos armazéns, assim como os sindicatos, que há algum tempo já viam a Amazon como um inimigo declarado. Em meados de abril, o sindicato francês Solidaires Unitaires Démocratiques processou a empresa em um tribunal parisiense, solicitando que fechasse seus seis centros de atendimento de pedidos no país. Um juiz decretou que a Amazon teria que limitar suas vendas a itens essenciais, como artigos de saúde e alimentação, ou pagar uma multa de 1,1 milhão de dólares por cada violação.

Isso era mais fácil de falar do que fazer, já que funcionários insatisfeitos em toda parte podiam facilmente transgredir as normas e enviar produtos que não se enquadravam nas novas regras. O departamento de Operações na França calculou que as dívidas poderiam chegar a mais de 1 bilhão de dólares. Assim, a ordem que veio de Seattle foi de fechar todos os armazéns franceses. O decreto do juiz, junto com a perspectiva de dívidas gigantescas, "tornou a escolha fácil", concluiu Clark.

Os centros de atendimento franceses ficaram fechados durante um mês e geraram uma série de problemas.[26] Anne Hidalgo, prefeita de Paris, propôs um boicote à Amazon em favor do comércio local, e o ministro da Cultura do país atacou a empresa: "A Amazon está se empanturrando. Cabe a nós não alimentá-la."[27]

Pandemia

A batalha também teve repercussão na empresa. As equipes de operações na Europa haviam trabalhado durante anos para estabelecer a Amazon como uma contratante confiável; alguns executivos achavam que decisões isoladas e centralizadas tomadas por seus colegas em Seattle, a milhares de quilômetros de distância, estavam prejudicando esse trabalho. No meio da briga com a França, Roy Perticucci, o veterano vice-presidente de operações da Amazon na Europa, deixou a empresa de forma repentina por causa da frustração, e logo foi seguido por muitos membros graduados de sua equipe.

Houve também uma enxurrada de críticas dos trabalhadores que recebiam por hora nos Estados Unidos. Apesar das tentativas da Amazon de assegurar o distanciamento social, os corredores e salas de descanso em suas instalações continuavam lotados, como mostravam as fotos e os vídeos postados pelos funcionários nas redes sociais. Eles diziam que as soluções da empresa não eram efetivas e priorizavam as vendas em detrimento da segurança. Funcionários de um centro de atendimento de pedidos no condado de Riverside, no sudeste da Califórnia, afirmaram só terem sido informados sobre as infecções dias após a divulgação dos casos na imprensa, acrescentando que os dispensadores de álcool em gel no armazém estavam sempre vazios.[28] Funcionários de outros centros de atendimento e transporte se queixaram de receber somente um lenço desinfetante no início de seus turnos para limpar suas mesas de trabalho ou vans.[29]

Essas acusações perturbadoras eram circunstanciais, mas suscitavam a possibilidade de que as iniciativas da Amazon para conter os riscos aos seus funcionários no início da pandemia fossem mais fortuitas do que os executivos gostariam de admitir. No IND9, um armazém de 55 mil metros quadrados no sul de Indianápolis, funcionários reclamaram que cortinas de plástico para banheiro, propensas a rasgar, foram inicialmente penduradas entre os apertados postos de recebimento de mercadorias para servir como divisórias (e somente algumas semanas depois foram substituídas por placas de acrílico). Em uma sala de descanso no CMH1, um centro de atendimento de oitenta mil metros quadrados no leste de Columbus, Ohio, os gerentes retiraram dezenas de micro-ondas da copa, numa iniciativa bem-intencionada de aumentar a distância entre eles. Isso simplesmente resultou na aglomeração em torno das unidades restantes, segundo os funcionários. No DEN3, um armazém gigantesco próximo à autoestrada I-25, no Colorado, produtos de limpeza como desinfetantes e antissépticos de mão eram escassos já no início de maio; sugeriu-se que os funcionários procurassem substitutos no local que chamavam de "sala do prejuízo" — uma área com itens descartados, em mau estado para envio aos clientes.

Como muitos se aproveitaram das licenças não remuneradas oferecidas pela Amazon, funcionários do centro de distribuição SDF9, em Shepherdsville, Kentucky, disseram que o armazém parecia mais vazio do que nas primeiras semanas da pandemia. Mas, quando essa regalia acabou, em 1º de maio, apesar do crescimento de casos nos Estados Unidos, o armazém ficou mais cheio, uma vez que as políticas de distanciamento social, como as marcações no chão para indicar a movimentação no local, passaram a ter menor adesão. "Foi um pouco assustador", disse um dos funcionários do SDF9. "As pessoas não estavam seguindo as orientações que haviam sido estipuladas."

Ninguém se dedicou mais a salientar essas preocupações do que um gerente-assistente chamado Chris Smalls, do centro de atendimento de pedidos de Staten Island, o JFK8. Os funcionários do armazém já haviam se mostrado propensos a falar de maneira aberta e a se organizar, junto com os mesmos sindicatos que haviam feito oposição ao *campus* da HQ2 da Amazon em Long Island City. No início de março, os trabalhadores do JFK8 voltaram de uma viagem de treinamento em Seattle, local de disseminação do vírus logo no início, e começaram a exibir sintomas de infecção, segundo Smalls. Com aparente indiferença, os gerentes do armazém realizaram um evento interno para os funcionários em 12 de março, com DJ e sorteios, a fim de encorajá-los a se inscreverem em vários grupos de afinidade da Amazon.

As medidas de distanciamento social entraram em vigor logo em seguida, mas os funcionários haviam sido instruídos a manter apenas um metro de distância uns dos outros, conforme a orientação das autoridades sanitárias na época.[30] Smalls também achava que outras exigências, como evitar agrupamentos com mais de dez pessoas, eram impossíveis de cumprir, devido à natureza do trabalho em equipe nos armazéns.

Pandemia

Há cinco anos no JFK8, ele começou a tirar folgas para fazer lobby junto aos superiores, pedindo o fechamento temporário do armazém para uma limpeza minuciosa.

Em 24 de março, Smalls voltou ao trabalho e participou de uma reunião de rotina. Gerentes seniores informaram o grupo sobre o primeiro caso confirmado de Covid-19 no JFK8, de um funcionário que não ia trabalhar havia duas semanas. Smalls argumentou que o armazém precisava ser fechado e esterilizado, bem como todos os funcionários enviados para casa, sem corte na remuneração. Seus superiores resistiram.

Nos dias seguintes, Chris Smalls apresentou denúncias junto às autoridades municipais, estaduais e federais. Embora admitisse ter tido contato com um colega de trabalho infectado, ele voltou ao armazém e começou a organizar protestos nas salas de descanso. No sábado, 28 de março, um supervisor lhe concedeu uma "licença de quarentena" remunerada e pediu que ele fosse para casa. Contudo, na segunda-feira seguinte, Smalls organizou um protesto do lado de fora do armazém — programado para a hora do almoço — e avisou a imprensa. Os manifestantes, alguns dos quais aglomerados, com máscaras presas ao queixo, seguravam cartazes que diziam "Jeff Bezos, você está ouvindo?" e "Alexa, nos mande para casa!". Funcionários da Amazon e repórteres transmitiram vídeos do protesto ao vivo.

"Eu estava tentando assustar as pessoas", disse Smalls. "Cada vez mais pessoas começavam a perceber que aquela era uma situação assustadora e que não sabíamos com o que estávamos lidando." Algumas horas depois, ele foi demitido — supostamente por violar a ordem de ficar em casa, mas, do seu ponto de vista, por tentar "lutar por algo que era certo".[31]

Para completar o problema de relações públicas da Amazon, alguns dias depois a Vice News teve acesso e publicou um memorando confidencial de uma reunião do S Team na qual os altos executivos discutiram a melhor forma de lidar com Smalls, que é negro, e cujas reclamações contra as medidas de segurança adotadas pela Amazon vinham recebendo bastante atenção da mídia.[32] "Ele não é inteligente nem articulado e, enquanto a imprensa preferir focar a questão pela ótica do nós *versus* ele, estaremos numa posição muito mais forte do ponto de vista de relações públicas do que se simplesmente explicarmos pela enésima vez como estamos tentando proteger nossos funcionários", afirmou David Zapolsky, segundo as atas da reunião. "Façam com que ele seja a parte mais interessante da história e, se possível, a cara de todo o movimento sindicalista."

Zapolsky, que disse não saber a raça de Smalls na época, pediu desculpas públicas pelo comentário mais tarde, inclusive enviando um e-mail à sua equipe no qual expressava apoio ao movimento Black Lives Matter, que ganhou repercussão com o assassinato de George Floyd, em maio. "Eu jamais deveria ter permitido que minhas emoções afetassem meu julgamento", disse-me ele. "Jamais deveria ter caracterizado daquele jeito um funcionário da Amazon. É algo de que me arrependo amargamente."

Mas a intolerância da empresa a qualquer coisa que cheirasse a sindicalização estava agora escancarada, em termos cínicos e talvez até mesmo preconceituosos. Nos meses seguintes, novas reportagens expuseram anúncios de emprego da Amazon para que analistas de inteligência[33] identificassem "ameaças de organização sindical" nos centros de atendimento de pedidos, assim como a existência de planilhas da Whole Foods Market que avaliavam cada loja segundo variáveis como rotatividade, diversidade racial e violações de segurança para identificar um possível sentimento pró-sindicatos.

O principal ponto de discórdia nos centros de atendimento era a forma como a Amazon alertava seus funcionários sobre as infecções nos armazéns. No início da pandemia, o departamento de Comunicação Interna da empresa estava sobrecarregado e se esforçando para desenvolver um protocolo sobre como informar os funcionários dos casos de contaminação. O que se debatia era o grau de certeza — um caso suspeito ou um caso confirmado por teste — necessário para que fosse disparado um alerta em massa aos funcionários. Não era uma questão trivial, uma vez que a documentação levava alguns dias para ficar pronta, atrasando o início da licença médica do indivíduo contaminado e a notificação a seus colegas de trabalho. Em contrapartida, a divulgação de casos suspeitos poderia gerar apreensão desnecessária e despertar pânico entre as pessoas.

Pandemia

Por fim, a equipe se decidiu por um plano que demandava a notificação de todos os funcionários de um armazém, através de mensagens de texto e ligações eletrônicas, somente após a confirmação por teste de novos casos. Houve discussões adicionais sobre quanto deveria ser revelado sobre o indivíduo contaminado e o turno em que trabalhava, para não violar sua privacidade nem alimentar rumores e especulações nas redes sociais. A equipe instituiu um plano que envolvia utilizar as filmagens do circuito de segurança dos armazéns para fazer o rastreio de contato. Funcionários que tivessem tido contato próximo com o indivíduo infectado eram instruídos pelo departamento de Recursos Humanos a entrar em quarentena remunerada.

Era uma solução razoável em meio às circunstâncias desafiadoras, mas o volume enorme de casos entre os trabalhadores da Amazon naquela primavera gerou muita confusão e frustração entre os funcionários. Eles se queixavam de não saber exatamente quantos casos haviam ocorrido e de não receber orientação suficiente para avaliar a própria exposição. Um funcionário que participou das discussões sobre como notificar os casos de infecção comparou a situação "a construir uma frota inteira de navios enquanto se tenta atravessar o Atlântico".

A falta de dados confiáveis sobre o número de casos inspirou alguns funcionários, no clássico estilo Amazon, a tentar preencher sozinhos as lacunas. Jana Jumpp, assistente de 59 anos do SDF8, no sul de Indiana, entrou de licença no início da pandemia e começou a examinar grupos não oficiais de funcionários dos armazéns da Amazon no Facebook e a compilar casos e rumores não reportados, a fim de manter os colegas atualizados.

Em maio, Jumpp deu uma entrevista para o programa de TV *60 Minutes*,[34] da CBS, sobre seus esforços para rastrear e reportar os casos que a Amazon se recusava a declarar. A reportagem, que trazia uma entrevista com Chris Smalls, era acusatória, sobretudo no que dizia respeito à relutância da empresa em divulgar quaisquer informações sobre as taxas de contágio em seus armazéns. Dave Clark foi escalado para enfrentar a formidável Lesley Stahl; ele afirmou delicadamente que o número total de casos de Covid-19 não era útil, uma vez que a Amazon acreditava que a maioria de seus funcionários havia sido infectada em suas comunidades, não no trabalho.

Mas, no inverno, em meio à crescente pressão, a Amazon voltou atrás e informou que cerca de vinte mil de seus 1,3 milhão de funcionários da linha de frente haviam testado positivo para a Covid-19.[35] A empresa afirmou, ainda, que as medidas de prevenção implementadas nos armazéns tinham tornado esse número consideravelmente menor do que o previsto com base nas taxas de contágio das comunidades locais. E concluiu dizendo que nem um único concorrente havia divulgado dados semelhantes[36] nem recebera tanta crítica de organizações públicas e da mídia.

Entretanto, Jana Jumpp, assim como Chris Smalls e os fundadores do grupo Funcionários da Amazon em Prol da Justiça Climática, foi demitida. A Amazon também dispensou Katie Doan, funcionária da Whole Foods que rastreava os casos de Covid-19 na rede de supermercados;[37] Bashir Mohamed, funcionário somali do centro de atendimento de pedidos de Minnesota que estimulara reivindicações por maiores medidas de segurança;[38] e Courtney Bowden, funcionária da Pensilvânia que reivindicava licença remunerada para trabalhadores de meio período.[39]

A empresa insistiu que as demissões não tinham caráter retaliatório. Em cada caso, o porta-voz da Amazon descreveu uma política interna que havia sido violada, como o distanciamento social ou a orientação de não falar com a imprensa sem autorização da empresa. Mas era difícil de acreditar. Embora tivessem se enfurecido com as críticas externas ao longo dos anos, Jeff Bezos e seus colegas pareciam achar intolerável que viessem de dentro da empresa. Era como se temessem que uma faísca em seus corredores enfim acendesse o fogo do tão temido inferno de funcionários ativistas e insatisfeitos.

***

Tim Bray não conseguia mais permanecer na Amazon com a consciência tranquila. Durante cinco anos, Bray, desenvolvedor de software que usava chapéus fedora e fora um dos criadores da influente linguagem de programação web XLM, tinha trabalhado na AWS como vice-presidente e engenheiro, integrando a equipe técnica de alto escalão que costumava ser lançada de paraquedas em projetos problemáticos. Bray estava sendo atacado por amigos da esquerda progressista: como ele podia continuar trabalhando numa empresa que demitia impunemente pessoas que denunciavam más condições de trabalho e era reconhecida pelo descaso irresponsável com a segurança de seus funcionários?

No fim das contas, não era mesmo possível. No início de maio, Bray pediu demissão e escreveu um pungente relato em seu site pessoal, afirmando que as demissões tinham sido injustas e a visão negligente da Amazon em relação a seus funcionários refletia uma falha na construção genética da empresa. "Demitir funcionários com espírito crítico não é apenas um efeito colateral de forças macroeconômicas, nem algo intrínseco ao funcionamento do livre mercado", escreveu ele. "É uma evidência de uma veia tóxica que corre dentro da cultura da empresa. Decidi não servir nem beber esse veneno."[40]

Conversei com Bray por videoconferência alguns meses depois, do home office em que ele estava trabalhando, em seu barco em Vancouver. Ele estava um pouco sem graça com o emprego excelente e as opções de ações que havia deixado para trás, mas acreditava piamente na enxurrada de posts nas redes sociais de funcionários denunciando condições de trabalho precárias. "A demissão daquelas pessoas levou as coisas a outro patamar", disse. "Eticamente, me pareceu muito errado. Não era possível entender aquilo como uma empresa aplicando as regras de maneira rígida. Não era algo que eu podia aceitar."

Durante a breve turbulência causada pelo post de Bray, o departamento de Relações Públicas da Amazon entrou em contato discretamente com os repórteres e mostrou a eles uma contestação, postada no LinkedIn por Brad Porter, outro ilustre engenheiro da Amazon.[41] Porter discordava da insinuação de Bray de que a empresa estava sendo pouco ágil na implementação de medidas de segurança e contestou sua afirmação de que a Amazon tratava seus funcionários como mercadorias a serem usadas e depois descartadas. "Se quisermos que as pessoas escolham trabalhar para a Amazon, ajudando a entregar encomendas aos clientes, a exigência número um é convencer esses funcionários valiosos de que estamos fazendo tudo que podemos, todos os dias, para mantê-los em segurança", escreveu ele.

No entanto, nem a réplica de Porter nem a reação da Amazon à crítica de seus planos para a Covid-19 continham os elementos substanciais da objeção consciente de Bray. Ele acreditava que os depoimentos dos funcionários refletiam uma apreensão compreensível num momento de angústia. Mas a Amazon, com sua postura defensiva automática, era incapaz de ver pessoas comuns com preocupações genuínas, vendo apenas a mão invisível da oposição, como grupos sindicalizados. "Às vezes, no meio do barulho, é difícil distinguir quando são os nossos funcionários falando e quando é algum desses grupos terceirizados que, como você sabe, são pagos para amplificar as coisas", admitiu Dave Clark. "Existe um grupo de pessoas que nos amam, não importa o que a gente faça, e existe um grupo de pessoas que realmente não gostam de nós, não importa o que a gente faça."

Bray também estava levantando uma discussão importante não só sobre a Amazon, mas sobre os Estados Unidos, e como o país vinha falhando em proteger seus trabalhadores mais vulneráveis. Ele acreditava que os funcionários e os fornecedores da Amazon e de outras empresas precisavam urgentemente de proteção jurídica vinda do governo.

Em muitos países europeus, por exemplo, as empresas possuem conselhos trabalhistas, obrigatórios por lei, que independem dos sindicatos, mas dão voz aos funcionários nas decisões significativas. Não existe algo assim nos Estados Unidos, onde mudanças drásticas na vida dos trabalhadores podem ser decididas a milhares de quilômetros de distância — e, se eles não gostarem, a alternativa é pedir demissão e encontrar outro emprego ou se manifestar publicamente e correr o risco de demissão.

Outros países prósperos possuem salários mínimos dignos e benefícios exigidos pelo governo, como licença médica remunerada, licença-maternidade, igualdade de direitos para funcionários de meio período e restrição ao número de horas trabalhadas. Nos Estados Unidos, onde o salário mínimo federal permanecia em míseros 7,25 dólares por hora, essas exigências eram vistas por muitos legisladores e executivos como luxos inacessíveis e um verdadeiro imposto sobre a competitividade das empresas. Assim, durante a crise de Covid-19, muitos foram deixados à deriva, agarrados a seus contracheques e planos de saúde, temendo por seus empregos e sem alternativa a não ser colocar a própria vida e segurança em risco.

"A Amazon é o sintoma de um problema maior", disse Bray de seu barco. "Eu gostaria de conversar com as empresas do jeito que converso com meus filhos. 'Jogue limpo!' Mas isso nunca vai funcionar. Precisamos de um arcabouço regulatório. Se você não gosta da maneira como as pessoas que trabalham nos armazéns são tratadas, deveria haver leis para regulamentar isso. Estamos vivendo uma situação em que é perfeitamente legal tratar funcionários da linha de frente de maneira indigna", continuou ele. "Então, isso vai acontecer. Porque, se você não fizer isso, seu concorrente vai fazer."

**

No inverno de 2020, enquanto a Covid-19 continuava a causar impactos mortais no mundo inteiro e sobretudo nos Estados Unidos, um novo tipo de normalidade era restabelecido na Amazon. Era época de fazer o balanço anual.

Em meio às desgraças generalizadas do ano, a Amazon, de maneira quase perversa, havia prosperado. Apesar do investimento significativo nos testes de Covid-19 e nas medidas de segurança, a empresa registrou seu ano mais lucrativo da história, aumentando em 37% sua receita anual, para mais de 380 bilhões de dólares.[42] No outono, com uma nova onda de infecções espalhando-se pelos Estados Unidos e pela Europa, e os centros de atendimento de pedidos contratando mais funcionários do que nunca, a Amazon pela primeira vez rompeu a cifra de um milhão de pessoas empregadas em período integral ou parcial.[43]

Com as teleconferências e os cursos remotos substituindo as viagens de trabalho e a interação pessoal, o uso da AWS, parte essencial da infraestrutura invisível da internet, disparou. Clientes solitários em suas casas interagiam mais frequentemente com a Alexa e recorriam à assistente de voz virtual para consolo, em meio ao isolamento sem previsão de fim. O Prime Video prosperava com sucessos como o drama violento de super-heróis *The Boys* e a comédia *Borat Subsequent Moviefilm*, colocando a Amazon Studios na vanguarda de

Hollywood, ao lado da Netflix e de alguns concorrentes em ascensão, como a Disney+.

No fim do ano, a Amazon se vangloriou de uma capitalização de mercado de 1,6 trilhão de dólares, e Jeff Bezos valia mais de 190 bilhões. Sua fortuna tinha aumentado mais de 70% durante a pandemia. Era uma conquista impressionante e uma justaposição surpreendente com a devastação econômica e os conflitos nos centros de atendimento da empresa causados pelo vírus. O campo de jogo dos negócios globais, já a favor da Amazon e de outras gigantes da tecnologia, crescia ainda mais, enquanto empresas locais e de menor porte desapareciam na avalanche.

No Edifício Day 1, em Seattle, uma era chegava ao fim. Em janeiro, Jeff Wilke, de 53 anos, diretor de varejo global da empresa de longa data, disse a Bezos que queria se aposentar no ano seguinte. Mas, com a intensificação da pandemia, tranquilizou o chefe, dizendo que não se preocupasse com seu departamento. "Vou ficar até estarmos seguros de que a empresa encontra-se estável e de que entendemos o mundo no qual estamos operando", disse. Em agosto, Wilke avaliou que o pior já havia passado e decidiu anunciar sua partida.

Wilke havia arquitetado a rede de distribuição durante o estouro da bolha das pontocom, o pior período da história da Amazon, e depois supervisionara os diferentes serviços de sua divisão de comércio eletrônico, em processo de franca expansão. Ele também era amplamente visto como defensor de elementos mais humanos em uma cultura endurecida. "O legado e o impacto de Jeff terão vida longa após sua saída", escreveu Bezos para a companhia. "Ele é uma dessas pessoas sem as quais a Amazon seria irreconhecível."[44]

Não foi nenhuma surpresa quando Wilke indicou Dave Clark para assumir seu cargo. Após o triunfo da criação da Amazon Logistics e de passar pela crise da Covid-19, Clark tornou-se o diretor de varejo abaixo de Bezos. Em janeiro de 2021, ele escreveu uma carta para o novo governo de Joe Biden oferecendo a ajuda da Amazon na distribuição da vacina.[45] Caberia a seus sucessores no departamento de Operações, cujos instintos não haviam sido igualmente forjados nas trincheiras caóticas dos centros de atendimento de pedidos durante os anos de formação da

Amazon, administrar as operações com um misto de proficiência objetiva e empatia pelas lutas dos trabalhadores da linha de frente.

Muitos outros executivos de longa data também saíram discretamente — ou porque estavam exaustos do trabalho, já com uma fortuna extraordinária, ou porque buscavam ambientes mais enérgicos em empresas menores. Entre essas partidas há a de Jeff Blackburn, o vice-presidente sênior com 22 anos de casa que supervisionara a criação da Amazon Studios e da florescente divisão de Publicidade. Em seu lugar entrou uma nova guarda, que incluía vários indicados do S Team, entre os quais Christine Beauchamp, da Amazon Fashion, Colleen Aubrey, da divisão de Publicidade, e Alicia Boler Davis, do departamento de Operações.[46] Elas se juntaram a Beth Galetti e finalmente começaram a mudar o perfil de um grupo de liderança ampliado de 25 pessoas que, durante anos, fora marcado pela falta evidente de diversidade racial e de gênero.

Com a resposta à pandemia já amplamente organizada na Amazon, Bezos poderia então colocar em andamento novos planos. Em fevereiro de 2020, ele se comprometeu a doar 10 bilhões de dólares para cientistas, ativistas e grupos dedicados a combater o aquecimento global, como parte de uma nova iniciativa filantrópica que chamou de Bezos Earth Fund. A crise da Covid-19 atrasou seus planos, mas, enquanto isso, MacKenzie Scott surpreendeu o mundo, primeiro ao se comprometer a doar quase 6 bilhões de dólares para faculdades negras e grupos de defesa dos direitos LGBTQ e das mulheres, e depois se casar novamente, com o professor de ciências Dan Jewitt, que também assinou o Giving Pledge.[47] A coincidência com a iniciativa filantrópica do ex-marido foi impressionante.

Durante o outono de 2020, Bezos e Lauren Sánchez começaram a fazer videoconferências com grupos de defesa ambiental. Executivos dessas organizações afirmaram que eles faziam perguntas perspicazes e pediam conselhos sinceros sobre como fazer a diferença. Depois de conversarem com um grupo maior de instituições sem fins lucrativos, incluindo pequenas organizações da sociedade civil que trabalhavam em causas como proteger bairros de baixa renda da poluição, eles devem ter ficado surpresos com a recepção: alguns desses grupos desconfiavam do dinheiro de Bezos e mostravam-se receosos em estabelecer uma relação mais próxima com o CEO de uma companhia que tinha a reputação de maltratar seus funcionários.

Dedicada a criar soluções sustentáveis para capacitar as populações indígenas, a NDN Collective receberia 12 milhões de dólares do Bezos Earth Fund e divulgaria uma declaração extraordinária: "Não vamos ignorar o fato de que a Amazon e o próprio Jeff Bezos foram legitimamente criticados por condições de trabalho injustas, operações de resgate financeiro e por contribuírem diretamente para o aquecimento global."[48] Outros grupos da sociedade civil insistiram para ser tratados da mesma forma que os grandes grupos ambientais, escolhidos para receber doações de 100 milhões de dólares, como o Environmental Defense Fund e o World Resources Institute. Cinco organizações de justiça ambiental desse tipo receberiam um total de 151 milhões de dólares.

Alguns grupos foram ainda mais longe, exigindo que Bezos contribuísse com organizações climáticas que também defendessem condições de trabalho justas. Ao perceber que certas conversas estavam ficando mais complexas e belicosas do que o esperado, Bezos pediu ajuda a Patty Stonesifer, membro de longa data do conselho de administração da Amazon e ex-CEO da Fundação Bill e Melinda Gates. Segundo os grupos ambientais, ela assumiu todo o processo, ajudando a acrescentar à lista de contemplados organizações como a Climate and Clean Energy Equity e a Hive Fund for Climate and Gender Justice. Ela também encerrou delicadamente o diálogo com grupos como o NAACP Environmental and Climate Justice Program, inflexíveis em sua visão dos direitos trabalhistas como parte integral da justiça climática.

O anúncio da doação dos primeiros 791 milhões de dólares do Earth Fund, em 16 de novembro de 2020, mostrou que Bezos estava finalmente virando seu notável intelecto e sua fortuna colossal para os maiores desafios de sua geração. Apesar do ceticismo dos grupos ambientalistas quanto às suas boas intenções, ele não mudaria sua forma de agir após uma vida inteira de sucesso.

Essa atitude se aplicava à maneira como Bezos gerenciava de perto os mais novos e promissores esforços na Amazon, mesmo com o crescimento constante da empresa. Assim como havia cuidado pessoalmente dos projetos que resultaram na assistente virtual Alexa e nas lojas

Pandemia

Amazon Go, ele ajudou a desenvolver o Projeto Kuiper, um plano ambicioso para lançar satélites e oferecer internet de alta velocidade a pessoas ao redor do mundo. O projeto, de 10 bilhões de dólares, desafiava diretamente o sistema de satélite Starlink, já implementado pela SpaceX, de Elon Musk. As duas empresas duelavam diante dos reguladores por frequências de rádio e altitudes mais baixas na Terra, onde os sinais são mais fortes; mais uma vez, os dois homens mais ricos do mundo se enfrentavam, em mais uma competição de alto nível.

Da mesma forma, Bezos continuou supervisionando a investida da Amazon no mercado americano de assistência médica, que movimentava 4 trilhões de dólares por ano. O projeto incluía a Amazon Pharmacy, um serviço longamente desenvolvido que permitia aos clientes comprar on-line remédios prescritos, apresentados pela empresa ao público naquele mês de novembro, quando a Covid-19 devastava o país. Outras iniciativas na área foram a *smart band* Halo, lançada em agosto de 2020, e o Amazon Care,[49] um aplicativo de consultas médicas virtuais para seus funcionários no estado de Washington que a Amazon estava começando a vender para outras empresas. Bezos acreditava haver um potencial significativo para inovação na área dos cuidados de saúde e se reunia regularmente com um grupo secreto na empresa, chamado de "grande desafio", cujo propósito era criar e implementar ideias na área.

Bezos continuou dedicado a identificar novas oportunidades de negócio promissoras, capazes de aumentar de forma significativa a fortuna já bastante sólida da Amazon. Ele também seguiu dando mais autonomia aos diretores das divisões mais antigas da empresa, como Andy Jassy e Dave Clark. E, em 2 de fevereiro de 2021, num anúncio histórico, informou que abriria mão de outra coisa: seu cargo de CEO.[50] Ao longo do ano, Bezos faria a transição para presidente executivo e entregaria o cargo de CEO a Andy Jassy, o líder de longa data da AWS, que muito tempo antes fora seu primeiro consultor técnico em tempo integral.

O movimento anunciava uma mudança formal de guarda na Amazon e a evidente conclusão de uma das trajetórias mais épicas na história corporativa moderna. Em duas décadas e meia, a partir da ideia de vender livros em uma nova mídia chamada web e por meio da invenção, do uso livre da tecnologia e da busca incansável por estar sempre à frente,

Bezos transformou a Amazon em um império global avaliado em mais de 1,5 trilhão de dólares.

Alguns colegas de trabalho não ficaram surpresos com a notícia. Bezos já estava se distanciando aos poucos havia anos, dividindo seu tempo entre as muitas prioridades fora da Amazon. Eles também ficaram imaginando qual seria sua nova paixão, ou se ele estaria mais propenso a levar uma vida de prazeres extravagantes com Lauren Sánchez em suas diversas casas luxuosas e, em breve, em seu enorme veleiro.

Bezos tinha outro motivo para deixar o cargo principal da empresa: ser CEO da Amazon estava prestes a se tornar algo menos divertido. Havia negócios complicados e ainda em amadurecimento para administrar, como o marketplace, com seu bando de vendedores insatisfeitos reclamando o tempo inteiro de fraudes e concorrência desleal; e a rede de centros de atendimento de pedidos, com mais de um milhão de trabalhadores, muitos deles reivindicando salários mais altos e melhores condições de trabalho. Esses parceiros tendiam a direcionar sua ira para o principal executivo da Amazon e responsabilizá-lo pessoalmente pelos problemas. Desafios regulatórios também surgiam em Washington e em Bruxelas. Ao promover Jassy, Bezos estava ungindo um líder disciplinado e treinado meticulosamente em sua forma atípica de administração, um homem que se saía bem diante das câmeras e, de certa forma, se apresentava como um alvo um pouco mais modesto para os adversários políticos da Amazon. Seu antigo consultor técnico havia provado sua competência ao construir e administrar a parte mais lucrativa da Amazon e tinha o estofo necessário para lidar com um trabalho cada vez mais exigente.

"Ser o CEO da Amazon é uma imensa responsabilidade e muito desgastante. Quando se tem uma responsabilidade como essa, é difícil dedicar atenção a qualquer outra coisa", escreveu Bezos em um e-mail a seus funcionários. "Como presidente executivo, permanecerei envolvido em iniciativas importantes da Amazon, mas também terei tempo e energia para focar no Day One Fund, no Bezos Earth Fund, na Blue Origin, no *Washington Post* e em minhas outras paixões. Nunca tive tanta energia, e não estou me aposentando."[51]

A missão de Jeff Bezos tinha sido evitar a estagnação e manter a Amazon como uma empresa "Dia 1", com uma cultura inventiva e práticas duradouras que sobreviveriam a ele. "A Amazon não é grande demais para fracassar", alertou ele certa vez a seus funcionários. "Na verdade, prevejo que um dia ela irá fracassar e declarar falência. Se vocês observarem as grandes empresas, vão ver que elas costumam durar pouco mais de trinta anos, não pouco mais de cem anos."

Agora caberia a Andy Jassy evitar essa possibilidade sombria. Um dos maiores desafios do novo CEO era reter o banco de dados da empresa de líderes seniores experientes, mesmo se o preço das ações da Amazon estagnasse; manter a força de trabalho do depósito sempre motivada e feliz; e navegar no escrutínio regulatório iminente dentro e fora dos Estados Unidos. Aquela batalha climática, que um dia poderia culminar em um processo antitruste contra a Amazon pelo governo dos Estados Unidos, ainda estava em grande parte por vir. Mas com seus catorze princípios sagrados de liderança, unidades de negócio entrelaçadas e um *momentum* extraordinário, Bezos parecia ter preparado a empresa para prosperar por bastante tempo. Nesse sentido, o trabalho de toda sua vida, pelo menos na Amazon, estava indiscutivelmente feito.

Resta, é claro, oferecer uma resposta definitiva para uma eterna pergunta, que mesmo agora é impossível de resolver: o mundo é um lugar melhor com a Amazon?

Ou talvez, diante da evolução da empresa para um império de 1 trilhão de dólares e da entrada de Bezos para os anais da história corporativa, simplesmente não faça mais sentido perguntar. A Amazon está entranhada em nossa vida e nas comunidades, fisgando clientes pela conveniência de fazer compras a partir de casa e impondo desafios insuperáveis para todos, exceto as varejistas locais mais ágeis. Isso lembra o velho ditado de Bezos sobre portas de mão única e de mão dupla e decisões irreversíveis de "tipo 1". Tempos atrás, entramos por uma porta de mão única em uma sociedade tecnológica concebida e construída, em grande parte, por Jeff Bezos e sua equipe. Não importa o que se pense sobre a empresa e o homem que controla tanto da nossa realidade econômica na terceira década do século XXI, não há caminho de volta.

Agradecimentos

Comecei a fazer o trabalho de apuração deste livro no início de 2018 e o escrevi ao longo de 2020, durante a pandemia da Covid-19. Como tantas outras coisas durante esse período desafiador, concluí-lo com sucesso só foi possível graças ao apoio e à sabedoria de amigos, familiares e colegas a quem sou profundamente grato.

Na Simon & Schuster, Stephanie Frerich foi uma editora elegante que nunca se esquivou de fazer perguntas difíceis, de reorganizar a prosa desajeitada e evitar que a narrativa principal se desviasse do curso. Ela tornou o livro incrivelmente melhor. Emily Simonson, Elisa Rivlin, Jackie Seow, Matthew Monahan, Samantha Hoback e Lisa Erwin ajudaram a cruzar a linha de chegada num cronograma de publicação acelerado. Jonathan Karp, Dana Canedy, Richard Rhorer, Kimberly Goldstein, Stephen Bedford, Marie Florio, Larry Hughes e a falecida Carolyn Reidy acreditaram neste livro e defenderam um exame irrestrito de seu poderoso tema.

Minha agente, Pilar Queen, da UTA, foi uma defensora e conselheira implacável. Ela me incentivou com toda a paciência a retornar ao tema da Amazon e de Jeff Bezos, em rápida evolução, e depois se tornou uma fã ávida e uma de minhas primeiras leitoras. Devo a ela muitos agradecimentos.

Lindsay Gellman forneceu valiosa assistência de pesquisa, além de ajudar na verificação de fatos ao lado da meticulosa e ágil equipe formada por Lindsay Muscato, Rima Parikh e Jeremy Gantz. Diana Suryakusuma ajudou com as fotos. Todos os erros são exclusivamente meus. Agradeço também a Chris Oster e Halle Gordon, da Amazon, por facilitarem várias entrevistas e reunirem inúmeros fatos.

Na Bloomberg News, sou grato a John Micklethwait, Reto Gregori e Heather Harris, que apoiaram entusiasticamente o projeto e se mostraram indulgentes quando por vezes precisei me afastar do trabalho diário. Estou muito orgulhoso de fazer parte da equipe de Tecnologia Global da Bloomberg; Tom Giles, Jillian Ward, Mark Milian, Peter Elstrom, Edwin Chan, Giles Turner, Molly Schuetz, Alistair Barr e Andy Martin são parceiros formidáveis que lideram um grupo de 65 jornalistas de tecnologia talentosos em todo o mundo. Joel Weber, Kristin Powers e Jim Aley, da *Bloomberg Businessweek*, foram fiéis aliados; Max Chafkin ofereceu muitos conselhos sólidos e humor negro durante o processo de escrita.

Meus colegas da Bloomberg Mark Gurman, Austin Carr, Ellen Huet, Josh Brustein, Dina Bass, Priya Anand, Ian King, Nico Grant, Kartikay Mehrotra, Anne Vandermey, Naomi Nix, Tom Metcalf, Jack Witzig, Brody Ford e Devon Pendleton responderam aos meus frequentes pedidos de ajuda. Sarah Frier e Emily Chang estavam sempre prontas a motivar e incentivar. Saritha Rai me ajudou a desvendar a história da Amazon Índia, e o Capítulo 3 é baseado em parte numa matéria de capa que escrevemos juntos para a *Bloomberg Businessweek*. Ashlee Vance foi um amigo e coconspirador sempre presente.

Devo um agradecimento especial aos repórteres Spencer Soper e Matt Day, da Bloomberg, e ao editor Robin Ajello, cujo trabalho está fortemente referenciado nestas páginas. Eles forneceram feedback indispensável e seus profundos conhecimentos sobre a Amazon. Juntos, estamos trabalhando numa versão em áudio da história da Amazon, como parte da série de podcasts da Bloomberg Technology, *Foundering*, produzida por Shawn Wen. Fiquem de olhos abertos e ouvidos atentos.

Anne Kornblut, Matt Mosk, Adam Piore, Sean Meshorer, Ethan Watters, Michael Jordan, Fred Sharples, Ruzwana Bashir, Adam Rogers, Daniel McGinn e Charles Duhigg ofereceram amizade e assistência em vários momentos de necessidade. Nick e Chrysta Bilton

Agradecimentos

generosamente me hospedaram em várias viagens a Los Angeles; Nick e Emily Wingfield me ofereceram a mesma hospitalidade em Seattle. Steven Levy forneceu conselhos sábios e amizade inestimável por muitos anos.

Tenho muita sorte de ter uma família grande e solidária, incluindo meus irmãos, Brian Stone e Eric Stone, Dita Papraniku Stone e Becca Zoller Stone, Luanne Stone, Maté Schissler e Andrew Iorgulescu, Jon e Monica Stone. Meu pai, Robert Stone, é meu leitor mais próximo e foi um interlocutor para as ideias deste livro; minha mãe, Carol Glick, ofereceu amor incondicional, conselhos e o nível apropriado de preocupação com a magnitude do empreendimento. Minha avó Bernice Yaspan continua uma leitora ávida aos 103 anos, e um de meus objetivos pessoais era colocar este volume em suas mãos.

Minhas filhas, Isabella Stone, Calista Stone e Harper Fox, me deixam extremamente orgulhoso todos os dias. Em comparação com a resiliência que demonstraram durante a pandemia, escrever outro livro pareceu relativamente fácil. Mas, é claro, isso não teria sido remotamente possível sem o amor, a paciência e o incentivo infinito de minha esposa, Tiffany Fox.

Notas

Introdução

1. Matt Day, "Amazon Tries to Make the Climate Its Prime Directive", Bloomberg, 21 set. 2020. Disponível em: <www.bloomberg.com/news/features/2020-09-21/amazon-made-a-climate-promise-without-a-plan-to-cut-emissions>. Acesso em: 16 jan. 2021.
2. Amazon Employees for Climate Justice, "Open Letter to Jeff Bezos and the Amazon Board of Directors", *Medium*, 10 abr. 2019. Disponível em: <amazonemployees4climatejustice.medium.com/public-letter-to-jeff-bezos-and-the-amazon-board-of-directors-82a8405f5e38>. Acesso em: 18 jan. 2021.
3. "Meaningful innovation leads, launches, inspires relentless Amazon visitor improvements" [Vantagens significativas na inovação e nos lançamentos inspiram melhoras contínuas nas visitas à Amazon] era a base do acrônimo "milliravi", cunhada por um executivo da Amazon para expressar "um erro matemático significativo de 1 milhão de dólares ou mais". Ver Brad Stone, *A loja de tudo* (Rio de Janeiro: Intrínseca, 2014).
4. Perfil de Jeff Bezos, "Billionaires: March 2011", *Forbes*, 9 mar. 2011. Disponível em: <web.archive.org/web/20110313201303if_/http://www.forbes.com/profile/jeff-bezos>. Acesso em: 17 jan. 2021.
5. Nicole Brodeur, "Neighbors Talking About Amazon", *Seattle Times*, 12 jan. 2012. Disponível em: <www.seattletimes.com/seattle-news/neighbors-talking-about-amazon>. Acesso em: 17 jan. 2021.

6. Senadora Elizabeth Warren, "Here's How We Can Break Up Big Tech", *Medium*, 8 mar. 2019. Disponível em: <medium.com/@teamwarren/heres-how-we-can-break-up-big-tech-9ad9e0da324c>. Acesso em: 17 jan. 2021.

1. O gerente de produto *über*

1. Katarzyna Niedurny, "Kariera Głosu Ivony. 'Wsiadam do windy i słyszę jak mówię 'piętro pierwsze'", *Onet Wiadomości*, 4 jan. 2019. Disponível em: <wiadomosci.onet.pl/tylko-w-onecie/jacek-labijak-o-karierze-glosu-jacek-w-syntezatorze-mowy-ivona/kyht0wl>. Acesso em: 19 jan. 2021.
2. Eugene Kim, "The Inside Story of How Amazon Created Echo, the Next Billion-Dollar Business No One Saw Coming", *Business Insider*, 2 abr. 2016. Disponível em: <www.businessinsider.com/the-inside-story-of-how-amazon-created-echo-2016-4>. Acesso em: 19 jan. 2021.
3. David Baker, "William Tunstall-Pedoe: The Brit Taking on Apple's Siri with 'Evi'", *Wired UK*, 8 maio 2012. Disponível em: <www.wired.co.uk/article/the-brit-taking-on-siri>. Acesso em: 19 jan. 2021.
4. Mike Butcher, "Sources Say Amazon Acquired Siri-Like Evi App For $26M — Is A Smartphone Coming?", *TechCrunch*, 17 abr. 2013. Disponível em: <techcrunch.com/2013/04/17/sources-say-amazon-acquired-siri-like-evi-app-for-26m-is-a-smartphone-coming>. Acesso em: 19 jan. 2021.
5. James Vlahos, "Amazon Alexa and the Search for the One Perfect Answer", *Wired*, 18 fev. 2018. Disponível em: <www.wired.com/story/amazon-alexa-search-for-the-one-perfect-answer>. Acesso em: 19 jan. 2021.
6. Nikko Ström, "Nikko Ström at AI Frontiers: Deep Learning in Alexa", *Slideshare*, 14 jan. 2017. Disponível em: <www.slideshare.net/AIFrontiers/nikko-strm-deep-learning-in-alexa>. Acesso em: 19 jan. 2021.
7. Amazon. Techniques for Mobile Deceive Charging Using Robotic Devices. U.S. Patent 9711985, registro de 30 mar. 2015. Disponível em: <www.freepatentsonline.com/9711985.html>. Acesso em: 19 jan. 2021.
8. Jeff Bezos, "2018 Letter to Shareholders", Amazon, 11 abr. 2018. Disponível em: <www.aboutamazon.com/news/company-news/2018-letter-to-shareholders>. Acesso em: 19 jan. 2021.

9. Austin Carr, "The Inside Story of Jeff Bezos's Fire Phone Debacle", *Fast Company*, 6 jan. 2015. Disponível em: <www.fastcompany.com/3039887/under-fire>. Acesso em: 19 jan. 2021.
10. Charles Duhigg, "Is Amazon Unstoppable?", *New Yorker*, 10 out. 2019. Disponível em: <www.newyorker.com/magazine/2019/10/21/is-amazon-unstoppable>. Acesso em: 19 jan. 2021.
11. Matt Day, Giles Turner e Natalia Drozdiak, "Amazon Workers Are Listening to What You Tell Alexa", Bloomberg, 10 abr. 2019. Disponível em: <www.bloomberg.com/news/articles/2019-04-10/is-anyone-listening-to-you-on-alexa-a-global-team-reviews-audio?sref=dJuchiL5>. Acesso em: 19 jan. 2021.
12. Joshua Brustein, "The Real Story of How Amazon Built the Echo", Bloomberg, 19 abr. 2016. Disponível em: <www.bloomberg.com/features/2016-amazon-echo>. Acesso em: 19 jan. 2021.
13. Mario Aguilar, "Amazon Echo Review: I Just Spoke to the Future and It Listened", *Gizmodo*, 25 jun. 2015. Disponível em: <gizmodo.com/amazon-echo-review-i-just-spoke-to-the-future-and-it-1672926712>. Acesso em: 19 jan. 2021.
14. Kelsey Campbell-Dollaghan, "Amazon's Echo Might Be Its Most Important Product in Years", *Gizmodo*, 6 nov. 2014. Disponível em: <gizmodo.com/amazons-echo-might-be-its-most-important-product-in-yea-1655513291>. Acesso em: 19 jan. 2021.
15. Brustein, "The Real Story".
16. David Pierce, "Review: Google Home", *Wired*, 11 nov. 2016. Disponível em: <www.wired.com/2016/11/review-google-home>. Acesso em: 19 jan. 2021.
17. Todd Bishop, "Amazon Bringing Echo and Alexa to 80 Additional Countries in Major Global Expansion", *GeekWire*, 8 dez. 2017. Disponível em: <www.geekwire.com/2017/amazon-bringing-echo-alexa-80-additional-countries-major-global-expansion>. Acesso em: 19 jan. 2021.
18. Shannon Liao, "Amazon Has a Fix for Alexa's Creepy Laughs", *Verge*, 7 mar. 2018. Disponível em: <www.theverge.com/circuitbreaker/2018/3/7/17092334/amazon-alexa-devices-strange-laughter>. Acesso em: 19 jan. 2021.
19. Matt Day, "Amazon's Alexa Recorded and Shared a Conversation Without Consent, Report Says", *Seattle Times*, 24 mar. 2018. Disponível em: <www.seattletimes.com/business/amazon/amazons-alexa-

-recorded-and-shared-a-conversation-without-consent-report-says>. Acesso em: 12 fev. 2021.
20. James Vincent, "Inside Amazon's $3.5 Million Competition to Make Alexa Chat Like a Human", *Verge*, 13 jun. 2018. Disponível em: <www.theverge.com/2018/6/13/17453994/amazon-alexa-prize-2018-competition-conversational-ai-chatbots>. Acesso em: 12 fev. 2019.

2. Um nome insípido demais para despertar atenção

1. Jeff Bezos entrevistado por Charlie Rose, *Charlie Rose*, 16 nov. 2012. Disponível em: <charlierose.com/videos/17252>. Acesso em: 19 jan. 2021.
2. John Markoff, "How Many Computers to Identify a Cat? 16.000", *The New York Times*, 25 jun. 2012. Disponível em: <www.nytimes.com/2012/06/26/technology/in-a-big-network-of-computers-evidence-of-machine-learning.html>. Acesso em: 19 jan. 2021.
3. Jacob Demmitt, "Amazon's Bookstore Revealed? Blueprints Provide New Clues About Mysterious Seattle Site", *GeekWire*, 12 out. 2015. Disponível em: <www.geekwire.com/2015/amazons-bookstore-revealed-blueprints-provide-new-clues-about-mysterious-seattle-site>. Acesso em: 19 jan. 2021.
4. Brad Stone e Matt Day, "Amazon's Most Ambitious Research Project Is a Convenience Store", Bloomberg, 18 jul. 2019. Disponível em: <www.bloomberg.com/news/features/2019-07-18/amazon-s-most-ambitious-research-project-is-a-convenience-store?sref=dJuchiL5>. Acesso em: 19 jan. 2021.
5. Laura Stevens, "Amazon Delays Opening of Cashierless Store to Work Out Kinks", *The Wall Street Journal*, 27 mar. 2017. Disponível em: <www.wsj.com/articles/amazon-delays-convenience-store-opening-to-workout-kinks14906161133>. Acesso em: 19 jan. 2021; Olivia Zaleski e Spencer Soper, "Amazon's Cashierless Store is Almost Ready for Prime Time", Bloomberg, 15 nov. 2017. Disponível em: <www.bloomberg.com/news/articles/2017-11-15/amazon-s-cashierless-store-is-almost-ready-for-prime-time?sref=dJuchiL5>. Acesso em: 19 jan. 2021.
6. Shara Tibken e Ben Fox Rubin, "What It's Like Inside Amazon's Futuristic, Automated Store", *CNET*, 21 jan. 2018. Disponível em: <www.cnet.com/news/amazon-go-futuristic-automated-store-seattle-no-cashiers-cashless>. Acesso em: 19 jan. 2021.

Notas

7. A Amazon inclui os custos de operação da AWS como parte de suas despesas com P&D. Ver Rani Molla, "Amazon Spent Nearly $23 Billion on R&D Last Year — More Than Any Other U.S. Company", *Vox*, 9 abr. 2018. Disponível em: <www.vox.com/2018/4/9/17204004/amazon-research-development-rd>. Acesso em: 19 jan. 2021.
8. Spencer Soper, "Amazon Will Consider Opening Up to 3,000 Cashierless Stores By 2021", Bloomberg, 19 set. 2018. Disponível em: <www.bloomberg.com/news/articles/2018-9-19/amazon-is-said-to--plan-up-to-3-000-cashierless-stores-by-2021?sref=dJuchiL5>. Acesso em: 19 jan. 2021.
9. Sebastian Herrera e Aaron Tilley, "Amazon Opens Cashiersless Supermarket in Latest Push to Sell Food", *The Wall Street Journal*, 25 fev. 2020. Disponível em: <www.wsj.com/articles/amazon-opens-cashiersless-supermarket-in-latest-push-to-sell-food-11582617660?mod=hpleadpos10>. Acesso em: 19 jan. 2021.
10. Jeff Bezos, "2015 Letter to Shareholders". Disponível em: <www.sec.gov/Archives/edgar/data/1018724/000119312515144741/d895323dex991.htm>. Acesso em: 19 jan. 2021.
11. Robin Ajello e Spencer Soper, "Amazon Develops Smart Shopping Cart for Cashiersless Checkout", Bloomberg, 14 jul. 2020. Disponível em: <www.bloomberg.com/news/articles/2020-07-14/amazon-develops-smart-shopping-cart-for-cashiersless-checkout?sref=dJuchiL5>. Acesso em: 19 jan. 2021.

3. Caubóis e matadores

Em setembro de 2018, visitei a Amazon Índia e a Flipkart, em Bangalore, com minha colega de trabalho Saritha Rai. Este capítulo é baseado em parte na nossa reportagem, "Amazon Wants India do Shop Online, and It's Battling Walmart for Supremacy", *Bloomberg Businessweek*, 18 out. 2018. Disponível em: <www.bloomberg.com/news/features/2018-10-18/amazon-battles-walmart-in-indian-e-commerce-market-it-created>. Acesso em: 19 jan. 2021. Também recorri em parte a *Big Billion Startup: The Untold Flipkart Story* (Nova Delhi: Pac Macmillan India, 2019), de Mihir Dalal. Entrevistei Juan Carlos Garcia, o ex-CEO da Amazon México, em 3 de agosto de 2019 — antes que ele virasse um fugitivo da justiça.

1. Nicholas Wadhams, "Amazon China Unit Closes Vendor After Report of Fake Cosmetics", *Business of Fashion*, 20 mar. 2014. Disponível em: <www.businessoffashion.com/articles/technology/amazon-china-unit-closes-vendor-report-fake-cosmetics>. Acesso em: 19 jan. 2021.
2. Arjun Kharpal, "Amazon Is Shutting Down Its China Marketplace Business. Here's Why It Has Struggled", CNBC, 18 abr. 2019. Disponível em: <www.cnbc.com/2019/04/18/amazon-china-marketplace-closing-down-heres-why.html>. Acesso em: 19 jan. 2021; Felix Richter, "Amazon Has Yet to Crack the Chinese Market", *Statista*, 22 fev. 2017. Disponível em: <www.statista.com/chart/8230/china-e-commerce-market-share>. Acesso em: 19 jan. 2021.
3. Dalal, *Big Billion Startup*, p. 101.
4. "Amazon.in Goes Live — 5th June 2013", vídeo no YouTube, postado por Amit Deshpande, 11 mar. 2016. Disponível em: <www.youtube.com/watch?v=TFUw6OyugfQ&feature=youtu.be&ab_channel=AmitDeshpande>. Acesso em: 19 jan. 2021.
5. Jay Green, "Amazon Takes Cowboy Tactics to 'Wild, Wild East' of India", *Seattle Times*, 3 out. 2015. Disponível em: <www.seattletimes.com/business/amazon/amazon-takes-cowboy-tactics-to-wild-wild-east-of-india>. Acesso em: 19 jan. 2021.
6. Mihir Dalal e Shrutika Verma, "Amazon's JV Cloudtail Is Its Biggest Seller in India", *Mint*, 29 out. 2015. Disponível em: <www.livemint.com/Companies/RjEDJkA3QyBSTsMDdaXbCN/Amazons-JV-Cloudtail-is-its-biggest-seller-in-India.html>. Acesso em: 19 jan. 2021.
7. Aditya Kalra, "Amazon Documents Reveal Company's Secret Strategy to Dodge India's Regulators", *Reuters*, 17 fev. 2021. Disponível em: <www.reuters.com/investigates/special-report/amazon-india-operation>. Acesso em: 23 fev. 2021.
8. Dalal, *Big Billion Startup*, p. 163.
9. Sunny Sen e Josey Puliyenthuruthel, "Knock on Wood, India Is Shaping Up Like Our Businesses in Japan, Germany, the UK and the US", *Business Today*, 26 out. 2014. Disponível em: <www.businesstoday.in/magazine/features/amazon-ceo-jeff-bezos-sachin-bansal-binny-bansal/story/211027.html>. Acesso em: 19 jan. 2021.
10. "Amazon CEO Jeff Bezos Meets PM Narendra Modi", *India TV*, 4 out. 2014. Disponível em: <www.indiatvnews.com/business/india/narendra-modi-jeff-bezos-amazon-ceo-flipkart-e-commerce-14744.html>. Acesso em: 20 jan. 2021.

Notas

11. Carolina Ruiz, "MercadoLibre busca alianzas con minoristas en México", *El Financiero*, 11 out. 2014. Disponível em: <www.elfinanciero.com.mx/tech/mercadolibre-busca-alianzas-con-competidores-en-mexico>. Acesso em: 20 jan. 2021.
12. James Quinn, "Jeff Bezos... Amazon Man in the Prime of His Life", *Irish Independent*, 19 ago. 2015. Disponível em: <www.independent.ie/business/technology/news/jeff-bezos-amazon-man-in-the-prime-of-his-life-31463414.html>. Acesso em: 20 jan. 2021.
13. Valor estimado que a Amazon gastou em 2015 com anúncios de busca no Google, segundo Andy Taylor, diretor de pesquisa na Tinuiti.
14. Daina Beth Solomon, "Amazon Becomes Mexico's Top Online Retailer in 2017: Report", Reuters, 15 dez. 2017. Disponível em: <www.reuters.com/article/us-mexico-retail/amazon-becomes-mexicos-top-online-retailer-in-2017-report-idUSKBN1E92ID>. Acesso em: 20 jan. 2021.
15. Jon Lockett, "Ex-Amazon Mexico CEO on the Run in the US After Wife's Mysterious Murder... Months After 'Battering Her'", *The Sun*, 12 dez. 2019. Disponível em: <www.thesun.co.uk/news/10538850/amazon-boss-shooting-mexico-fugitive>. Acesso em: 20 jan. 2021.
16. Aditi Shrivastava, "How Amazon Is Wooing Small Merchants With Its 'Chai Cart' Programme", *Economic Times*, 21 ago. 2015. Disponível em: <economictimes.indiatimes.com/small-biz/entrepreneurship/how-amazon-is-wooing-small-merchants-with-its-chai-cart-programme/articleshow/48565449.cms>. Acesso em: 20 jan. 2021.
17. "Modi in US: 10 Things PM Said at US-India Business Council", *Financial Express*, 8 jun. 2016. Disponível em: <www.financialexpress.com/india-news/modi-in-us-10-things-pm-said-at-us-india-business-council/277037>. Acesso em: 20 jan. 2021.
18. Ibid.
19. Malavika Velayanikal, "It's Official: Flipkart's App-Only Experiment with Myntra Was a Disaster", *Tech in Asia*, 28 mar. 2016. Disponível em: <www.techinasia.com/flipkart-myntra-app-only-disaster>. Acesso em: 20 jan. 2021.
20. Jon Russell, "New E-commerce Restrictions in India Just Ruined Christmas for Amazon and Walmart", *TechCrunch*, 27 dez. 2018. Disponível em: <techcrunch.com/2018/12/27/amazon-walmart-india-e-commerce-restrictions>. Acesso em: 20 jan. 2021.
21. Saritha Rai e Matthew Boyle, "How Walmart Decided to Oust an Icon of India's Tech Industry", Bloomberg, 15 nov. 2018. Disponível em: <www.

bloomberg.com/news/articles/2018-11-15/how-walmart-decided-to-oust-an-icon-of-india-s-tech-industry?sref=dJuchiL5>. Acesso em: 20 jan. 2021; Saritha Rai, "Flipkart Billionaire Breaks His Silence After Walmart Ouster", Bloomberg, 4 fev. 2019. Disponível em: <www.bloomberg.com/news/articles/2019-02-05/flipkart-billionaire-breaks-his-silence-after-walmart-ouster?sref=dJuchiL5>. Acesso em: 20 jan. 2021.

22. "Flipkart Founder Sachin Bansal's Wife Files Dowry Harassment Case", *Tribune*, 5 mar. 2020. Disponível em: <www.tribuneindia.com/news/nation/flipkart-founder-sachin-bansals-wife-files-dowry-harassment-case-51345>. Acesso em: 20 jan. 2021.

23. Vindu Goel, "Amazon Users in India Will Get Less Choice and Pay More Under New Selling Rules", *The New York Times*, 30 jan. 2019. Disponível em: <www.nytimes.com/2019/01/30/technology/amazon-walmart-flipkart-india.html>. Acesso em: 20 jan. 2021.

24. Manish Singh, "India's Richest Man Is Ready to Take On Amazon and Walmart's Flipkart", *TechCrunch*, 31 dez. 2019. Disponível em: <techcrunch.com/2019/12/30/reliance-retail-jiomart-launch>. Acesso em: 20 jan. 2021.

4. Um ano para engolir sapos

1. Steve Ballmer entrevistado por Charlie Rose, *Charlie Rose*, 21 out. 2014. Disponível em: <charlierose.com/videos/28129>. Acesso em: 20 jan. 2021.

2. Werner Vogels, "A Decade of Dynamo: Powering the Next Wave of High-Performance, Internet Scale Applications", *All Things Distributed*, 2 out. 2017. Disponível em: <www.allthingsdistributed.com/2017/10/a-decade-of-dynamo.html>. Acesso em: 20 jan. 2021; "Dynamo: Amazon's Highly Available Key-Value Store". Disponível em: <www.allthingsdistributed.com/files/amazon-dynamo-sosp2007.pdf>. Acesso em: 20 jan. 2021.

3. "Jeff Bezos' Risky Bet", *Bloomberg Businessweek*, 13 nov. 2006. Disponível em: <www.bloomberg.com/news/articles/2006-11-12/jeff-bezos-risky-bet>. Acesso em: 20 jan. 2021.

4. "Maintaining a Culture of Builders and Innovators at Amazon", *Gallup*, 26 fev. 2018. Disponível em: <www.gallup.com/workplace/231635/maintaining-culture-builders-innovators-amazon.aspx>. Acesso em: 20 jan. 2021.

5. "2015 Amazon.com Annual Report". Disponível em: <ir.aboutamazon.com/annual-reportsproxies-andshareholder-letters/default.aspx>. Acesso em: 10 mar. 2021.
6. Ben Thompson, "The AWS IPO", *Stratechery*, 6 maio 2015. Disponível em: <stratechery.com/2015/the-aws-ipo>. Acesso em: 20 jan. 2021.
7. Jon Russell, "Alibaba Smashes Its Record on China's Singles' Day with $9.3B in Sales", *TechCrunch*, 10 nov. 2014. Disponível em: <techcrunch.com/2014/11/10/alibaba-makes-strong-start-to-singles-day-shopping-bonanza-with-2b-of-goods-sold-in-first-hour>. Acesso em: 20 jan. 2021.
8. Karen Weise, "The Decade Tech Lost Its Way", *The New York Times*, 15 dez. 2019. Disponível em: <www.nytimes.com/interactive/2019/12/15/technology/decade-in-tech.html>. Acesso em: 20 jan. 2021.
9. Ibid.
10. Mark Wilson, "You're Getting Screwed on Amazon Prime Day", *Fast Company*, 12 jul. 2019. Disponível em: <www.fastcompany.com/90374625/youre-getting-screwed-on-amazon-prime-day>. Acesso em: 20 jan. 2021.
11. Matt Krantz, "Amazon Just Surpassed Walmart in Market Cap", *USA Today*, 23 jul. 2015. Disponível em: <www.usatoday.com/story/money/markets/2015/07/23/amazon-worth-more-walmart/30588783>. Acesso em: 20 jan. 2021.
12. Taylor Soper, "A Good Day: Macklemore Performs for Amazon Employees After Company Crushes Earnings", *GeekWire*, 24 jul. 2015. Disponível em: <www.geekwire.com/2015/a-good-day-macklemore-performs-for-amazon-employees-after-company-crushes-earnings>. Acesso em: 20 jan. 2021.
13. Jodi Kantor e David Streitfeld, "Inside Amazon: Wrestling Big Ideas in a Bruising Workplace", *The New York Times*, 15 ago. 2015. Disponível em: <www.nytimes.com/2015/08/16/technology/inside-amazon-wrestling-big-ideas-in-a-bruising-workplace.html>. Acesso em: 20 jan. 2021.
14. Jay Carney, "What the *New York Times* Didn't Tell You", *Medium*, 19 out. 2015. Disponível em: <medium.com/@jaycarney/what-the-new-york-times-didn-t-tell-you-a1128aa78931>. Acesso em: 20 jan. 2021.
15. John Cook, "Full Memo: Jeff Bezos Responds to Brutal NYT Story, Says It Doesn't Represent the Amazon He Leads", *GeekWire*, 16 ago. 2015. Disponível em: <www.geekwire.com/2015/full-memo-jeff-

-bezos-responds-to-cutting-nyt-expose-says-tolerance-for-lack-of--empathy-needs-to-be-zero>. Acesso em: 20 jan. 2021.
16. Diego Piacentini em conversa com o autor e Georges Guyon de Chemilly em conversa com o autor.
17. Amazon, "Amazon Ranks #2 on *Forbes* World's Best Employers List", 20 out. 2020. Disponível em: <www.aboutamazon.com/news/workplace/amazon-ranks-2-on-forbes-worlds-best-employers-list>. Acesso em: 20 jan. 2021.
18. Spencer Soper, "Amazon Workers Facing Firing Can Appeal to a Jury of Their Co-Workers", Bloomberg, 25 jun. 2018. Disponível em: <www.bloomberg.com/news/articles/2018-06-25/amazon-workers-facing-firing-can-appeal-to-a-jury-of-their-co-workers?sref=dJuchiL5>. Acesso em: 20 jan. 2021.

5. "A democracia morre na escuridão"

1. Glenn Kessler, "Trump's Claim That He "Predicted Osama Bin Laden", *The Washington Post*, 7 dez. 2015. Disponível em: <www.washingonpost.com/news/fact-checker/wp/2015-12-07/trumps--claim-that-he-predicted-osama-bin-laden>. Acesso em: 20 jan. 2021.
2. Tim Stenovic, "Donald Trump Just Said If He's Elected President Amazon Will Have Problems", *Business Insider*, 26 fev. 2016. Disponível em: <www.businessinsider.com/donald-trump-says-amazon-will--have-such-problems-2016-2>. Acesso em: 20 jan. 2021.
3. Ver Jill Abramson, *Merchants of Truth* (Nova York: Simon & Schuster, 2019), para mais informações sobre as dificuldades do *Washington Post* antes da aquisição do jornal por Jeff Bezos e as mudanças feitas por ele.
4. Ibid., p. 256.
5. Matthew Cooper, "Fred Hiatt Offered to Quit Jeff Bezos' *Washington Post*", *Yahoo News*, 5 nov. 2013. Disponível em: <news.yahoo.com/fred-hiatt-offered-quit-jeff-bezoss-washington--post-123233358--politics.html>. Acesso em: 20 jan. 2021.
6. Craig Timberg e Paul Farhi, "Jeffrey P. Bezos Visits *The Post* to Meet with Editors and Others", *The Washington Post*, 3 set. 2013. Disponívelem:<www.washingtonpost.com/lifestyle/style/Jeffrey-p-bezos--visits-the-post-to-meet-with-editors-and-others/2013/09/03/def95cd8--14df-11e3-b182-1b3bb2eb474cstory.html>. Acesso em: 20 jan. 2021.

7. Dan Kennedy, "The Bezos Effect: How Amazon's Founder is Reinventing *The Washington Post* — and What Lessons It Might Hold for the Beleaguered Newspaper Business", Shorenstein Center on Media, Politics and Public Policy, 8 jun. 2016. Disponível em: <shorensteincenter.org/bezos-effect-washington-post>. Acesso em: 20 jan. 2021.
8. Abramson, *Merchants of Truth*, p. 262.
9. Mathias Döpfner, "Jeff Bezos Reveals What It' Like to Build An Empire...", *Business Insider*, 28 abr. 2018. Disponível em: <www.businessinsider.com/jeff-bezos-interview-axel-springer-ceo-amazon-trump-blue-origin-family-regulation-washington-post,2018-4>. Acesso em: 20 jan. 2021.
10. Justin Ellis, "By Building Partnerships With Other Newspapers, the *Washington Post* Is Opening Up Revenue Opportunities", Nieman Lab, 7 abr. 2015. Disponível em: <www.niemanlab.org2015/04/congratulations-toledo-blade-reader-on-your-subscription-to-the--washington-post>. Acesso em: 20 jan. 2021.
11. WashPostPR, "CBS: Jeff Bezos Talks *Washington Post* Growth (VIDEO)", *Washington Post*, 24 nov. 2015. Disponível em: <www.washingtonpost.com/pr/wp/2015/11/24/cbs-jeff-bezos-talks-washington-post-growth-video/&freshcontent+1/?outputType=amp&arc404=true>. Acesso em: 20 jan. 2021.
12. Ken Doctor, "On the *Washington Post* and the 'Newspaper of Record Epithet'", *Politico*, 3 dez. 2015. Disponível em: <www.politico.com/media/story/2015/12/on-the-washington-post-and-the-newspaper--of-record-epithet-oo4303>. Acesso em: 20 jan. 2021; Frank Pallotta, "WaPo's New Publication of Record's Claim Draws NYT Shots", CNN, 25 nov. 2015. Disponível em: <money.cnn.com/2015/11/25/media/washington-post-new-york-times-paper-of-record>. Acesso em: 20 jan. 2021.
13. Steven Mufson, "*Washington Post* Announces Cuts to Employees' Retirement Benefits", *Washington Post*, 23 set. 2014. Disponível em: <www.washingtonpost.com/business/economy/washington-post-announces-cuts-to-employees-retirement-benefits/2014/09/23/f485981a-436d-11e4-b437-1a7368204804_story.html>. Acesso em: 20 jan. 2021.
14. Jeff Bezos entrevistado por Marty Baron, "Jeff Bezos Explains Why He Bought the *Washington Post*", vídeo no *Washington Post*, 18 maio 2016. Disponível em: <www.washingtonpost.com/video/postlive/jeff-bezos-explains-why-he-bought-the-washington-

-post/2016/05/18/e4bafdae-1d45-11e6-82c2-a7dcb313287d_video.html>. Acesso em: 20 jan. 2021.
15. Benjamin Wofford, "Inside Jeff Bezos's DC Life", *Washingtonian*, 22 abr. 2018. Disponível em: <www.washingtonian.com/2018/04/22/inside-jeff-bezos-dc-life>. Acesso em: 20 jan. 2021.
16. Gerry Smith, "Bezos's *Washington Post* Licenses Its Publishing Technology to BP", Bloomberg, 25 set. 2019. Disponível em: <www.bloomberg.com/news/articles/2019-09-25/bezos-s-washington-post-licenses-its-publishing-technology-to-bp>. Acesso em: 20 jan. 2021.
17. Joshua Benton, "The *Wall Street Journal* Joins the *New York Times* in the 2 Million Digital Subscriber Club", Nieman Lab, 10 fev. 2020. Disponível em: <www.niemanlab.org/2020/02/the-wall-street-journal-joins-the-new-york-times-in-the-2-million-digital-subscriber-club>. Acesso em: 20 jan. 2021.
18. Marissa Perino, "The Most Outrageous Splurges of Tech Billionaires, from Richard Branson's Private Island to Jeff Bezos' $65 Million Private Jet", *Business Insider*, 15 out. 2019. Disponível em: <www.businessinsider.com/elon-musk-bill-gates-jeff-bezos-tech-billionaire-wildest-purchases-2019-10>. Acesso em: 20 jan. 2021; Marc Stiles, "Costco Just Sold a $5.5M Boeing Field Hangar to Jeff Bezos", *Puget Sound Business Journal*, 22 out. 2015. Disponível em: <www.bizjournals.com/seattle/blog/techflash/2015/10/costco-just-sold-a-5-5boeing-field-hangar-to-jeff.html>. Acesso em: 20 jan. 2021.
19. Rick Gladstone, "Jason Rezaian Travels to U.S. on *Washington Post* Owner's Plane", *The New York Times*, 22 jan. 2016. Disponível em: <www.nytimes.com/2016/01/23/world/middleeast/rezaian-family-departs-germany-us.html>. Acesso em: 20 jan. 2021.
20. Wofford, "Jeff Bezos's DC Life".

6. Bombardeando Hollywood

1. Pete Hammond, "Pete Hammond's Notes on the Season: AFI Narrows the Race; 'La La' Hits L.A.; Jeff Bezos Throws a Party 'By The Sea'; Tom Ford Chows Down", *Deadline*, 8 dez. 2016. Disponível em: <deadline.com/2016/12/pete-hammonds-notes-on-the-season-afi-narrows-the-race-la-la-hits-l-a-jeff-bezos-throws-a-party-by-the-sea-tom-ford-chows-down-1201867352>. Acesso em: 20 jan. 2021; "Jeff Bezos and Matt Damon's 'Manchester by the Sea' Holiday Party", IMDb.

Notas

Disponível em: <www.imdb.com/gallery/rg2480708352/?ref_=rg_mv_sm>. Acesso em: 20 jan. 2021.

2. Rebecca Johnson, "MacKenzie Bezos: Writer, Mother of Four, and High-Profile Wife", *Vogue*, 20 fev. 2013. Disponível em: <www.vogue.com/article/a-novel-perspective-mackenzie-bezos>. Acesso em: 20 jan. 2021.

3. Peter Bart, "Peter Bart: Amazon's Jeff Bezos Taking Aim at Hollywood", *Deadline*, 9 dez. 2016. Disponível em: <deadline.com/2016/12/jeff-bezos-hollywood-plan-amazon-manchester-by-the-sea-peter-bart-1201867514>. Acesso em: 20 jan. 2021.

4. Mathew Ingram, "Here's Why Comcast Decided to Call a Truce with Netflix", *Fortune*, 5 jul. 2016. Disponível em: <fortune.com/2016/07/05/comcast-truce-netflix>. Acesso em: 20 jan. 2021.

5. Cecilia Kang, "Netflix Opposes Comcast's Merger with Time Warner Cable, Calls It Anticompetitive", *Washington Post*, 21 abr. 2014. Disponível em: <www.washingtonpost.com/news/the-switch/wp/2014/04/21/netflix-opposes-comcasts-merger-with-time-warner-cable-calls-it-anticompetitive>. Acesso em: 20 jan. 2021.

6. Sarah Perez, "Amazon Prime Video is coming to Comcast's cable boxes", *TechCrunch*, 2 ago. 2018. Disponível em: <techcrunch.com/2018/08/02/amazon-prime-video-is-coming-to-comcasts-cable-boxes>. Acesso em: 23 fev. 2021.

7. Joel Keller, "Inside Amazon's Open-Source Original Content Strategy", *Fast Company*, 8 mar. 2013. Disponível em: <www.fastcompany.com/1682510/inside-amazons-open-source-original-content-strategy>. Acesso em: 20 jan. 2021.

8. Jenelle Riley, "Amazon, 'Transparent' Make History at Golden Globes", *Variety*, 11 jan. 2015. Disponível em: <variety.com/2015/tv/awards/amazon-transparent-make-history-at-golden-globes-1201400485>. Acesso em: 20 jan. 2021.

9. Eugene Kim, "Amazon's $250 Million Bet on Jeremy Clarkson's New Show Is Already Starting to Pay Off", *Business Insider*, 21 nov. 2016. Disponível em: <www.businessinsider.com/amazon-250-million-bet-on-the-grand-tour-paying-off-2016-11>. Acesso em: 20 jan. 2021.

10. Kim Masters, "Amazon TV Producer Goes Public with Harassment Claim Against Top Exec Roy Price (Exclusive)", *Hollywood Reporter*, 12 out. 2017. Disponível em: <www.hollywoodreporter.com/news/amazon-tv-producer-goes-public-harassment-claim-top-exec-roy-pri-

ce-1048060>. Acesso em: 20 jan. 2021; Stacy Perman, "Roy Price, Ousted from Amazon Over Sexual Harassment Claims, Is Ready to Talk", *Los Angeles Times*, 23 nov. 2020. Disponível em: <www.latimes.com/entertainment-arts/business/story/2020-11-23/amazon-studios-roy-price-sexual-harassment-responds-me-too>. Acesso em: 20 jan. 2021.

11. Michelle Castillo, "Netflix Plans to Spend $6 Billion on New Shows, Blowing Away All But One of Its Rivals", CNBC, 17 out. 2016. Disponível em: <www.cnbc.com/2016/10/17/netflixs-6-billion-content-budget-in-2017-makes-it-one-of-the-top-spenders.html>. Acesso em: 20 jan. 2021.
12. Nathan McAlone, "Amazon Will Spend About $4.5 Billion on Its Fight Against Netflix This Year, According to JP Morgan", *Business Insider*, 7 abr. 2017. Disponível em: <www.businessinsider.com/amazon-video-budget-in-2017-45-billion-2017-4>. Acesso em: 20 jan. 2021.
13. Mark Bergen, "Amazon Prime Video Doesn't Compete with Netflix Because Viewers Will Just Pick Both", *Vox*, 31 maio 2016. Disponível em: <www.vox.com/2016/5/31/11826166/jeff-bezos-amazon-prime-video-netflix>. Acesso em: 21 jan. 2021.
14. Lesley Goldberg, "'Lord of the Rings' Adds 20 to Sprawling Cast for Amazon Series", *Hollywood Reporter*, 3 dez. 2020. Disponível em: <www.hollywoodreporter.com/live-feed/lord-of-the-rings-adds-20-to-sprawling-cast-for-amazon-series>. Acesso em: 21 jan. 2021.
15. Brandon Carter, "Djokovic Cancels His Amazon Docuseries", *Baseline*, 28 nov. 2017. Disponível em: <baseline.tennis.com/article/70627/novak-djokovic-calls-amazon-documentary>. Acesso em: 21 jan. 2021.
16. Ben Fritz e Joe Flint, "Where Amazon Is Failing to Dominate: Hollywood", *The Wall Street Journal*, 6 out. 2017. Disponível em: <www.wsj.com/articles/where-amazon-is-failing-to-dominate-hollywood-1507282205>. Acesso em: 21 jan. 2021.
17. Ibid.
18. Masters, "Amazon TV Producer Goes Public".

7. A máquina de seleção

1. Spencer Soper, "Amazon's Clever Machines Are Moving from the Warehouse to Headquarters", Bloomberg, 13 jun. 2018. Disponível em:

Notas

<www.bloomberg.com/news/articles/2018-06-13/amazon-s-clever-machines-are-moving-from-the-warehouse-to-headquarters>. Acesso em: 22 jan. 2021.

2. Vidhi Choudary, "Wish, Shopping App for Less Affluent Consumers, Files $1.1B IPO", *The Street*, 7 dez. 2020. Disponível em: <www.thestreet.com/investing/wish-shopping-app-files-for-1point1-billion-ipo>. Acesso em: 25 jan. 2021.
3. Priya Anand, "Wish, the Online Dollar Store, Is Losing Momentum Before IPO", Bloomberg, 15 dez. 2020. Disponível em: <www.bloomberg.com/news/articles/2020-12-15/wish-the-online-dollar-store-is-losing-momentum-before-ipo>. Acesso em: 25 jan. 2020.
4. Greg Bensinger, "Shopping App Wish Lands $50 Million Financing Round", *Wall Street Journal*, 27 jun. 2014. Disponível em: <www.wsj.com/articles/BL-DGB-36173>. Acesso em: 25 jan. 2021.
5. Ver Priya Anand, "Wish, the Online Dollar Store, Is Losing Momentum Before IPO", Bloomberg, 15 dez. 2020. Disponível em: <www.bloomberg.com/news/articles/2020-12-15/wish-the-online-dollar-store-is-losing-momentum-before-ipo>. Acesso em: 25 jan. 2020.
6. Entrevista do autor com Peter Szulczewski, 26 jun. 2019. Szulczewski contou uma versão bem diferente desta história para a *Forbes* e posteriormente esclareceu a discrepância. Ver Parmy Olson, *Forbes*, "Meet the Billionaire Who Defied Amazon and Built Wish, the World's Most-Downloaded E-Commerce App", 13 mar. 2019. Disponível em: <www.forbes.com/sites/parmyolson/2019/03/13/meet-the-billionaire-who-defied-amazon-and-built-wish-the-worlds-most-downloaded-e-commerce-app/#ff927bd70f52>. Acesso em: 25 jan. 2021.
7. Ryan Petersen, "Introducing Ocean Freight by Amazon: Ecommerce Giant Has Registered to Provide Ocean Freight Services", Flexport.com, 14 jan. 2016. Disponível em: <www.flexport.com/blog/amazon-ocean-freight-forwarder>. Acesso em: 25 jan. 2021.
8. Ver e-mail de 22 de janeiro de 2015 enviado por Sebastian Gunningham, tornado público em depoimento ao subcomitê antitruste da Câmara, 6 ago. 2020. Disponível em: <judiciary.house.gov/uploadedfiles/00185707.pdf>. Acesso em: 25 jan. 2021.
9. Nick Statt, "How Anker Is Beating Apple and Samsung at Their Own Accessory Game", *The Verge*, 22 maio 2017. Disponível em: <www.theverge.com/2017/5/22/15673712/anker-battery-charger-amazon-empire-steven-yang-interview>. Acesso em: 25 jan. 2021.

10. Dave Bryant, "Why and How China Post and USPS Are Killing Your Private Labeling Business", *EcomCrew*, 18 mar. 2017. Disponível em: <www.ecomcrew.com/why-china-post-and-usps-are-killing-your-private-labeling-business>. Acesso em: 25 jan. 2021, via <web.archive.org>.
11. Alexandra Berzon, "How Amazon Dodges Responsibility for Unsafe Products: The Case of the Hoverboard", *The Wall Street Journal*, 5 dez. 2019. Disponível em: <www.wsj.com/articles/how-amazon-dodges-responsibility-for-unsafe-products-the-case-of-the-hoverboard-11575563270>. Acesso em: 25 jan. 2021.
12. Alana Semuels, "When Your Amazon Purchase Explodes", *Atlantic*, 30 abr. 2019. Disponível em: <www.theatlantic.com/technology/archive/2019/04/lithium-ion-batteries-amazon-are-exploding/587005>. Acesso em: 25 jan. 2021.
13. Ari Levy, "Birkenstock Quits Amazon in US After Counterfeit Surge", CNBC, 20 jul. 2016. Disponível em: <www.cnbc.com/2016/07/20/birkenstock-quits-amazon-in-us-after-counterfeit-surge.html>. Acesso em: 25 jan. 2021.
14. Pamela N. Danziger, "Amazon, Already the Nation's Top Fashion Retailer, Is Positioned to Grab Even More Market Share", *Forbes*, 28 jan. 2020. Disponível em: <www.forbes.com/sites/pamdanziger/2020/01/28/amazon-is-readying-major-disruption-for-the-fashion-industry/?sh=7acace9267f3>. Acesso em: 25 jan. 2021.
15. Jeffrey Dastin, "Amazon to Expand Counterfeit Removal Program in Overture to Sellers", Reuters, 21 mar. 2017. Disponível em: <www.reuters.com/article/us-amazon-com-counterfeit-idUSKBN16S2EU>. Acesso em: 25 jan. 2021.
16. John Herrman, "All Your Favorite Brands, from BSTOEM to ZGGCD", *The New York Times*, 11 fev. 2020. Disponível em: <www.nytimes.com/2020/02/11/style/amazon-trademark-copyright.html>. Acesso em: 25 jan. 2021.
17. Jeff Bezos, "2018 Letter to Shareowners", AboutAmazon.com, 11 abr. 2019. Disponível em: <www.aboutamazon.com/news/company-news/2018-letter-to-shareholders>. Acesso em: 20 mar. 2021.
18. Charlie Wood, "The Trump Administration Blacklisted 5 Overseas Amazon Websites as 'Notorious Markets' and Amazon Says It's Political Bullying", *Business Insider*, 30 abr. 2020. Disponível em: <www.businessinsider.com/us-blacklists-five-amazon-websites-as-notorious-markets-2020-4>. Acesso em: 25 jan. 2020.

Notas

19. Sarah Perez, "To Fight Fraud, Amazon Now Screens Third-Party Sellers Through Video Calls", *TechCrunch*, 27 abr. 2020. Disponível em: <techcrunch.com/2020/04/27/to-fight-fraud-amazon-now-screens-third-party-sellers-through-video-calls>. Acesso em: 25 jan. 2020.
20. "Chinese Sellers Outnumber US Sellers on Amazon.com", Marketplace Pulse, 23 jan. 2020. Disponível em: <www.marketplacepulse.com/articles/chinese-sellers-outnumber-us-sellers-on-amazoncom>. Acesso em: 25 jan. 2021.
21. Jenny Leonard, "Amazon's Foreign Domains Cited by U.S. as Helping Counterfeiters", Bloomberg, 29 abr. 2020. Disponível em: <www.bloomberg.com/news/articles/2020-04-29/ustr-lists-amazon-s-foreign-domains-in-counterfeiting-report>. Acesso em: 25 jan. 2021.

8. O futuro da Amazon é CRaP

1. Brad Stone, "Whole Foods, Half Off", Bloomberg, 29 jan. 2015. Disponível em: <www.bloomberg.com/news/articles/2015-01-29/in-shift-whole-foods-to-compete-with-price-cuts-loyalty-app>. Acesso em: 24 jan. 2021.
2. David Kesmodel e John R. Wilke, "Whole Foods Is Hot, Wild Oats a Dud — So Said 'Rahodeb'", *The Wall Street Journal*, 12 jul. 2007. Disponível em: <www.nytimes.com/2007/07/12/business/12foods.html>. Acesso em: 24 jan. 2021.
3. John Mackey, *Conscious Capitalism* (Boston: Harvard Business Review Press, 2013), p. 22.
4. Heather Haddon e David Benoit, "Whole Foods Faces Specter of Long Investor Fight", *The Wall Street Journal*, 12 maio 2017. Disponível em: <www.wsj.com/articles/whole-foods-faces-specter-of-long-investor-fight-1494581401>. Acesso em: 24 jan. 2021.
5. Spencer Sopere Craig Giammona, "Amazon Said to Mull Whole Foods Bid Before Jana Stepped In", Bloomberg, 11 abr. 2017. Disponível em: <www.bloomberg.com/news/articles/2017-04-11/amazon-said-to-mull-bid-for-whole-foods-before-jana-stepped-in>. Acesso em: 24 jan. 2021.
6. Greg Bensinger e Laura Stevens, "Amazon, in Threat to UPS, Tries Its Own Deliveries", *The Wall Street Journal*, 24 abr. 2014. Disponível em: <www.wsj.com/articles/amazon-tests-its-own-delivery-network-1398360018>. Acesso em: 24 jan. 2021.

7. Mark Rogowsky, "Full-Court Express: Google Expands Its Delivery Service, Puts Heat on Amazon", *Forbes*, 14 out. 2014. Disponível em: <www.forbes.com/sites/markrogowsky/2014/10/14/faster-google-expands-its-same-day-delivery-service-into-new-markets-presses-amazon/?sh=1b199d1a5e34>. Acesso em: 24 jan. 2021.
8. "Google: Amazon Is Biggest Search Rival", BBC, 14 out. 2014. Disponível em: <www.bbc.com/news/technology-29609472>. Acesso em: 24 jan. 2021.
9. "Private Label Today: Private Label Popular Across Europe", *PLMA International*, 2020. Disponível em: <www.plmainternational.com/industry-news/private-label-today>. Acesso em: 24 jan. 2021.
10. Greg Bensinger, "Amazon to Expand Private-Label Offerings — from Food to Diapers", *The Wall Street Journal*, 15 maio 2016. Disponível em: <www.wsj.com/articles/amazon-to-expand-private-label-offerings-from-food-to-diapers-1463346316>. Acesso em: 24 jan. 2021.
11. Julie Creswell, "How Amazon Steers Shoppers to Its Own Products", *The Wall Street Journal*, 23 jun. 2018. Disponível em: <www.nytimes.com/2018/06/23/business/amazon-the-brand-buster.html>. Acesso em: 24 jan. 2021.
12. Dana Mattioli, "Amazon Scooped Up Data from Its Own Sellers to Launch Competing Products", *The Wall Street Journal*, 23 abr. 2020. Disponível em: <www.wsj.com/articles/amazon-scooped-up-data-from-its-own-sellers-to-launch-competing-products-11587650015>. Acesso em: 24 jan. 2021.
13. Todd Bishop, "Amazon's Treasure Truck Launch Message Was a Screw-Up — Another Misstep in Bungled Rollout", *GeekWire*. Disponível em: <www.geekwire.com/2015/amazon-announces-treasure-trucks-launch-two-months-after-mysterious-delay>. Acesso em: 24 jan. 2021.
14. "Amazon Treasure Truck Bursts into Flames in West Philadelphia Parking Lot", CBS Philly, 3 maio 2018. Disponível em: <philadelphia.cbslocal.com/2018/05/03/west-philadelphia-parking-lot-fire-amazon-treasure-truck/amp>. Acesso em: 24 jan. 2021.
15. Roberto A. Ferdman, "I Tried to Figure Out How Many Cows Are in a Single Hamburger. It Was Really Hard", *The Washington Post*, 5 ago. 2015. Disponível em: <www.washingtonpost.com/news/wonk/wp/2015/08/05/there-are-a-lot-more-cows-in-a-single-hamburger-than-you-realize>. Acesso em: 24 jan. 2021.

Notas

16. Kurt Schlosser, "Hungry for Further Exploration, Jeff Bezos Eats Iguana and Discusses How to Pay for Space Travel", *GeekWire*, 12 mar. 2018. Disponível em: <www.geekwire.com/2018/hungry-exploration-jeff-bezos-eats-iguana-discusses-pay-space-travel>. Acesso em: 24 jan. 2021.
17. Stefany Zaroban e Allison Enright, "A Look Inside Amazon's Massive and Growing Fulfillment Network", *Digital Commerce 360*, 2 ago. 2017. Disponível em: <www.digitalcommerce360.com/2017/08/02/amazon-jobs-day-a-look-inside-amazons-massive-and-growing-fulfillment-network>. Acesso em: 24 jan. 2021.
18. Ronald Orol, "Whole Foods CEO John Mackey: Meeting Amazon Was Like 'Falling in Love'", *The Street*, 5 mar. 2018. Disponível em: <www.thestreet.com/investing/stocks/whole-food-ceo-john-mackey-says-meeting-amazon-was-like-falling-in-love-14509074>. Acesso em: 24 jan. 2021.
19. Sinead Carew e David Randall, "Whole Foods Shares Keep Rising in Bidding War Speculation", Reuters, 19 jun. 2017. Disponível em: <www.reuters.com/article/us-usa-stocks-wholefoods-idUSKBN19A22J>. Acesso em: 24 jan. 2021.
20. Abha Bhattarchai, "Whole Foods Places New Limits on Suppliers, Upsetting Some Small Vendors", *The Washington Post*, 5 jan. 2018. Disponível em: <www.washingtonpost.com/business/economy/whole-foods-places-new-limits-on-suppliers-upsetting-some-small-vendors/2018/01/05/7f58b466-f0a1-11e7-b390-a36dc3fa2842_story.html>. Acesso em: 24 jan. 2021.
21. Dana Mattioli, "Amazon's Deal Making Threatened by D.C. Scrutiny", *The Wall Street Journal*, 3 jul. 2019. Disponível em: <www.wsj.com/articles/amazons-deal-making-threatened-by-d-c-scrutiny-11562146205>. Acesso em: 24 jan. 2021.
22. Laura Stevens, "Amazon Puts Whole Foods, Delivery Units Under Bezos Lieutenant", *The Wall Street Journal*, 9 nov. 2017. Disponível em: <www.wsj.com/articles/amazon-puts-whole-foods-rapid-delivery-businesses-under-veteran-executive-1510236001>. Acesso em: 24 jan. 2021.

9. A reta final

1. "How Amazon's Largest Distribution Center Works", vídeo no YouTube postado por Bloomberg Quicktake, 26 nov. 2012. Disponível em:

<www.youtube.com/watch?v=bfFsqbIn_3E>. Acesso em: 23 jan. 2021.
2. Dave Clark, tuíte, 6 set. 2019. Disponível em: <twitter.com/davehclark/status/1169986311635079168>. Acesso em: 23 jan. 2021.
3. Spencer Soper, "Inside Amazon's Warehouse", *Morning Call*, 18 set. 2011. Disponível em: <www.mcall.com/news/watchdog/mc-allentown-amazon-complaints-20110917-story.html>. Acesso em: 23 jan. 2021.
4. Spencer Soper, "The Man Who Built Amazon's Delivery Machine", Bloomberg, 17 dez. 2019. Disponível em: <www.bloomberg.com/news/articles/2019-12-17/amazon-holiday-shopping-the-man-who-makes-it-happen>. Acesso em: 23 jan. 2021.
5. Chris Welch, "Amazon's Robot Competition Shows Why Human Warehouse Jobs Are Safe for Now", *The Verge*, 1º jun. 2015. Disponível em: <www.theverge.com/2015/6/1/8698607/amazon-robot-picking-challenge-results>. Acesso em: 23 jan. 2021.
6. "Meet Amazon's New Robot Army Shipping Out Your Products", vídeo da *Bloomberg Technology*, 1º dez. 2014. Disponível em: <www.bloomberg.com/news/videos/2014-12-01/meet-amazons-new-robot-army-shipping-out-your-products>. Acesso em: 23 jan. 2021.
7. Will Evans, "How Amazon Hid Its Safety Crisis", *Reveal*, 29 set. 2020. Disponível em: <revealnews.org/article/how-amazon-hid-its-safety-crisis>. Acesso em: 23 jan. 2021; United States Department of Labor, "Amazon Fulfillment Center Receives $7k Fine", 12 jan. 2016. Disponível em: <www.osha.gov/news/newsreleases/region3/01122016>. Acesso em: 23 jan. 2021.
8. Spencer Soper, "The Man Who Built Amazon's Delivery Machine", Bloomberg, 17 dez. 2019. Disponível em: <www.bloomberg.com/news/articles/2019-12-17/amazon-holiday-shopping-the-man-who-makes-it-happen>. Acesso em: 23 jan. 2021.
9. Devin Leonard, "Will Amazon Kill FedEx?", Bloomberg, 31 ago. 2016. Disponível em: <www.bloomberg.com/features/2016-amazon-delivery>. Acesso em: 23 jan. 2021.
10. Amrita Jayakumar, "Amazon, UPS Offer Refunds for Christmas Delivery Problems", *Washington Post*, 26 dez. 2013. Disponível em: <www.washingtonpost.com/business/economy/amazon-ups-offer-refunds-for-christmas-delivery-problems/2013/12/26/c9570254-6e44-11e3-a523-fe73f0ff6b8d_story.html>. Acesso em: 23 jan. 2021.

11. Cecilia Kang, "Amazon to Deliver on Sundays Using Postal Service Fleet", *Washington Post*, 13 nov. 2013. Disponível em: <www.washingtonpost.com/business/technology/amazon-to-deliver-on-sundays-using-postal-service-fleet/2013/11/10/e3f5b770-48c1-11e3-a196-3544a03c2351_story.html>. Acesso em: 23 jan. 2021.
12. David Weil, *The Fissured Workplace* (Harvard University Press, 2014). Weil aborda melhor essa ideia em "Income Inequality, Wage Determination and the Fissured Workplace", em *After Piketty* (Harvard University Press, 2017), p. 209.
13. Jason Del Rey, "Amazon Buys Thousands of Its Own Truck Trailers as Its Transportation Ambitions Grow", *Vox*, 4 dez. 2015. Disponível em: <www.vox.com/2015/12/4/11621148/amazon-buys-thousands-of-its-own-trucks-as-its-transportation>. Acesso em: 24 jan. 2021.
14. Ángel González, "Amazon Sues Target-Bound Former Logistics Executive Over 'Confidential' Info", *Seattle Times*, 22 mar. 2016. Disponível em: <www.seattletimes.com/business/amazon/amazon-sues-target-bound-former-logistics-executive>. Acesso em: 24 jan. 2021.
15. Raymond Chen, "Microspeak: Cookie Licking", post no blog da Microsoft, 1º dez. 2009. Disponível em: <devblogs.microsoft.com/oldnewthing/20091201-00/?p=15843>. Acesso em: 24 jan. 2021.
16. Mary Schlangenstein, "FedEx CEO Calls Amazon Challenge Reports 'Fantastical'", Bloomberg News, 17 mar. 2016. Disponível em: <www.ttnews.com/articles/fedex-ceo-calls-amazon-challenge-reports-fantastical>. Acesso em: 24 jan. 2021.
17. Alan Boyle, "First Amazon Prime Air-plane Debuts in Seattle After Secret Night Flight", *GeekWire*, 4 ago. 2016. Disponível em: <www.geekwire.com/2016/amazon-prime-airplane-seafair>. Acesso em: 24 jan. 2021.
18. Jeffrey Dastin, "Amazon Starts Flexing Muscle in New Space: Air Cargo", Reuters, 23 dez. 2016. Disponível em: <www.reuters.com/article/us-amazon-com-shipping-insight/amazon-starts-flexing-muscle-in-new-space-air-cargo-idUSKBN14C1K4>. Acesso em: 24 jan. 2021.
19. Randy Woods, "Amazon to Move Prime Air Cargo Hub to Cincinnati", *Air Cargo World*, 1º fev. 2017. Disponível em: <aircargoworld.com/news/airports/amazon-to-move-prime-air-cargo-hub-to-cincinnati>. Acesso em: 24 jan. 2021.
20. Jason Del Re, "Amazon Is Building a $1.5 Billion Hub for Its Own Cargo Airline", *Vox*, 31 jan. 2017. Disponível em: <www.vox.com/2017

/1/31/14462256/amazon-air-cargo-hub-kentucky-airport-prime-air>. Acesso em: 24 jan. 2021.
21. Spencer Soper, "Behind Amazon's HQ2 Fiasco: Jeff Bezos Was Jealous of Elon Musk", *Bloomberg*, 3 fev. 2020. Disponível em: <www.bloomberg.com/news/articles/2020-02-03/amazon-s-hq2-fiasco-was-driven-by-bezos-envy-of-elon-musk>. Acesso em: 24 jan. 2021.
22. Christian Farr, "Former Amazon Driver Acquitted in Death of 84-Year-Old Woman", NBC5, 1º ago. 2019. Disponível em: <www.nbcchicago.com/news/local/former-amazon-driver-acquitted-in-death-of-84-year-old-pedestrian/127151>. Acesso em: 24 jan. 2021.
23. Caroline O'Donovan e Ken Bensinger, "Amazon's Next-Day Delivery Has Brought Chaos and Carnage to America's Streets — But the World's Biggest Retailer Has a System to Escape the Blame", BuzzFeed, 31 ago. 2019. Disponível em: <www.buzzfeednews.com/article/carolineodonovan/amazon-next-day-delivery-deaths>. Acesso em: 24 jan. 2021.
24. Patricia Callahan, Caroline O'Donovan e Ken Bensinger, "Amazon Cuts Contracts with Delivery Companies Linked to Deaths", ProPublica/BuzzFeed News, 11 out. 2019. Disponível em: <www.propublica.org/article/amazon-cuts-contracts-with-delivery-companies-linked-to-deaths>. Acesso em: 24 jan. 2021.
25. Patricia Callahan, "His Mother Was Killed by a Van Making Amazon Deliveries. Here's the Letter He Wrote to Jeff Bezos", ProPublica, 11 out. 2019. Disponível em: <www.propublica.org/article/his-mother-was-killed-by-a-van-making-amazon-deliveries-heres-the-letter-he-wrote-to-jeff-bezos>. Acesso em: 24 jan. 2021.
26. Jacob Demmitt, "Confirmed: Amazon Flex Officially Launches, and It's Like Uber for Package Delivery", *GeekWire*, 29 set. 2015. Disponível em: <www.geekwire.com/2015/confirmed-amazon-flex-officially-launches-and-its-like-uber-for-package-delivery>. Acesso em: 24 jan. 2021.
27. Rachel Premack, "The Family of a Pilot Who Died in This Year's Amazon Air Fatal Crash Is Suing Amazon and Cargo Contractors Claiming Poor Safety Standards", *Business Insider*, 19 set. 2019. Disponível em: <www.businessinsider.com/amazon-atlas-air-fatal-crash-pilots-sue-2019-9>. Acesso em: 24 jan. 2021.
28. Gabrielle Coppola, "Amazon Orders 20,000 Mercedes Vans to Bolster Delivery Program", Bloomberg, 5 set. 2018. Disponível em: <www.

Notas

bloomberg.com/news/articles/2018-09-05/amazon-orders-20-000-mercedes-vans-to-bolster-delivery-program>. Acesso em: 24 jan. 2021.

29. Erica Pandey, "Amazon, the New King of Shipping", *Axios*, 27 jun. 2019. Disponível em: <www.axios.com/amazon-shipping-chart-fedex-ups-usps-0dc6bab1-2169-42a8-9e56-0e85c590eb89.html>. Acesso em: 24 jan. 2021.

30. Jim Tankersley, "Trump Said Amazon Was Scamming the Post Office. His Administration Disagrees", *The New York Times*, 4 dez. 2018. Disponível em: <www.nytimes.com/2018/12/04/us/politics/trump-amazon-post-office.html>. Acesso em: 24 jan. 2021.

31. Paul Ziobro, "UPS to Start 7-Day Delivery to Juggle Demands of Online Shopping", *The Wall Street Journal*, 23 jul. 2019. Disponível em: <www.wsj.com/articles/ups-to-start-7-day-delivery-to-juggle-demands-of-online-shopping-11563918759>. Acesso em: 24 jan. 2021; Paul Ziobro, "UPS and Teamsters Discuss Two-Tier Wages, Sunday Deliveries", *The Wall Street Journal*, 9 maio 2018. Disponível em: <www.wsj.com/articles/ups-and-teamsters-discuss-two-tier-wages-sunday-deliveries-1525860000?mod=article_inline>. Acesso em: 24 jan. 2021.

32. Thomas Black, "FedEx Ends Ground-Delivery Deal with Amazon", Bloomberg, 7 ago. 2019. Disponível em: <www.bloomberg.com/news/articles/2019-08-07/fedex-deepens-pullback-from-amazon-as-ground-delivery-deal-ends?sref=dJuchiL5>. Acesso em: 24 jan. 2021.

33. Paul Ziobro, "Fred Smith Created FedEx. Now He Has to Reinvent It", *The Wall Street Journal*, 17 out. 2019. Disponível em: <www.wsj.com/articles/fred-smith-created-fedex-now-he-has-to-reinvent-it-11571324050>. Acesso em: 24 jan. 2021.

34. Spencer Soper e Thomas Black, "Amazon Cuts Off FedEx Ground for Prime Holiday Shipments", Bloomberg, 16 dez. 2019. Disponível em: <www.bloomberg.com/news/articles/2019-12-16/amazon-cuts-off-fedex-ground-for-prime-shipments-this-holiday?sref=dJuchiL5>. Acesso em: 24 jan. 2021.

35. Spencer Soper, "Amazon Will Spend $800 Million to Move to One-Day Delivery", Bloomberg, 25 abr. 2019. Disponível em: <www.bloomberg.com/news/articles/2019-04-25/amazon-will-spend-800-million-to-move-to-one-day-delivery>. Acesso em: 24 jan. 2021.

36. "Ultrafast Grocery Delivery Is Now FREE with Prime", blog da Amazon, 29 out. 2019. Disponível em: <www.aboutamazon.com/news/re-

tail/ultrafast-grocery-delivery-is-now-free-with-prime>. Acesso em: 24 jan. 2021.

10. A mina de ouro no quintal

1. Chris Spargo, "No Delivery Drones Needed: Amazon Founder Jeff Bezos Flashes His $81bn Smile While Canoodling with His Wife During Some Real-World Shopping at Historic Italian Market", *Daily Mail*, 11 maio 2017. Disponível em: <www.dailymail.co.uk/news/article-4497398/Amazon-founder-Jeff-Bezos-vacations-Italy.html>. Acesso em: 24 jan. 2021.
2. Nick Wingfield, "Jeff Bezos Wants Ideas for Philanthropy, So He Asked Twitter", *The New York Times*, 15 jun. 2017. Disponível em: <www.nytimes.com/2017/06/15/technology/jeff-bezos-amazon-twitter-charity.html>. Acesso em: 24 jan. 2021.
3. Ian Servantes, "Amazon CEO Jeff Bezos Is Now Buff; Internet Freaks Out", *Men's Health*, 17 jul. 2017. Disponível em: <www.menshealth.com/trending-news/a19525957/amazon-jeff-bezos-buff-memes>. Acesso em: 24 jan. 2021.
4. Michael Learmonth, "Advertising Becomes Amazon's Newest Low-Price Weapon", *Ad Age*, 8 out. 2012. Disponível em: <adage.com/article/digital/advertising-amazon-s-newest-low-price-weapon/237630>. Acesso em: 24 jan. 2012.
5. Steve Susi, *Brand Currency: A Former Amazon Exec on Money, Information, Loyalty, and Time* (Lioncrest Publishing, 2019) e entrevista com o autor.
6. David Carnoy, "How Is 'Amazon's Choice' Chosen? Amazon Won't Say", *CNET*, 21 mar. 2018. Disponível em: <www.cnet.com/news/do-humans-choose-what-products-get-amazons-choice>. Acesso em: 24 jan. 2021.
7. Monica Nickelsburg, "US Lawmakers Raise Questions About 'Misleading' Amazon's Choice Recommendations", *GeekWire*, 12 ago. 2019. Disponível em: <www.geekwire.com/2019/us-lawmakers-raise-questions-misleading-amazons-choice-recommendations>. Acesso em: 24 jan. 2021.
8. Shane Shifflett, Alexandra Berzon e Dana Mattioli, "'Amazon's Choice' Isn't the Endorsement It Appears", *The Wall Street Journal*, 22 dez. 2019. Disponível em: <www.wsj.com/articles/amazons-

Notas

-choice-isnt-the-endorsement-it-appears-11577035151>. Acesso em: 24 jan. 2021.

9. Juozas Kaziukėnas, "Amazon Demotes Organic Results in Search", Marketplace Pulse, 30 out. 2019. Disponível em: <www.marketplacepulse.com/articles/amazon-search-demotes-organic-results>. Acesso em: 24 jan. 2021.

10. "Investigation of Competition in Digital Markets: Majority Staff Reports and Recommendations", 2020. Disponível em: <judiciary.house.gov/uploadedfiles/competition_in_digital_markets.pdf>. Acesso em: 24 jan. 2021.

11. Andy Malt, "Amazon Tickets to Close", blog da Amazon, 22 fev. 2018. Disponível em: <completemusicupdate.com/article/amazon-tickets-to-close>. Acesso em: 25 jan. 2021.

12. "Amazon Is Preparing to Close a Chinese E-Commerce Store", Bloomberg, 17 abr. 2019. Disponível em: <www.bloomberg.com/news/articles/2019-04-17/amazon-is-said-to-prepare-closing-of-chinese-e-commerce-store?sref=dJuchiL5>. Acesso em: 25 jan. 2021.

13. Mike Rosenberg e Ángel González, "Thanks to Amazon, Seattle Is Now America's Biggest Company Town", *Seattle Times*, 23 ago. 2017. Disponível em: <www.seattletimes.com/business/amazon/thanks-to-amazon-seattle-is-now-americas-biggest-company-town>. Acesso em: 25 jan. 2021.

14. Laura Stevens, Sharon Terlep e Annie Gasparro, "Amazon Targets Unprofitable Items, with a Sharper Focus on the Bottom Line", *The Wall Street Journal*, 16 dez. 2018. Disponível em: <www.wsj.com/articles/amazon-targets-unprofitable-items-with-a-sharper-focus-on-the-bottom-line-11544965201>. Acesso em: 25 jan. 2021.

15. Spencer Soper, "Amazon's Clever Machines Are Moving from the Warehouse to Headquarters", Bloomberg, 13 jun. 2018. Disponível em: <www.bloomberg.com/news/articles/2018-06-13/amazon-s-clever-machines-are-moving-from-the-warehouse-to-headquarters?sref=dJuchiL5>. Acesso em: 25 jan. 2021.

16. Staci D. Kramer, "The Biggest Thing Amazon Got Right: The Platform", *Gigaom*, 12 out. 2011. Disponível em: <gigaom.com/2011/10/12/419-the-biggest-thing-amazon-got-right-the-platform>. Acesso em: 25 jan. 2021.

17. Bain & Company, "Founder's Mentality℠ and the Paths to Sustainable Growth", vídeo no YouTube, 10 set. 2014. Disponível em:

<www.youtube.com/watch?v=Rp4RCIfX66I>. Acesso em: 25 jan. 2021.
18. Tom Metcalf, "Jeff Bezos Passes Bill Gates to Become the World's Richest Person", Bloomberg, 27 out. 2017. Disponível em: <www.bloomberg.com/news/articles/2017-10-27/bezos-seizes-title-of-world-s-richest-person-after-amazon-soars>. Acesso em: 25 jan. 2021.

11. *Gradatim ferociter*

Dois livros foram fontes valiosas para este capítulo: o de Christian Davenport, *The Space Barons: Elon Musk, Jeff Bezos, and the Quest to Colonize the Cosmos* (Nova York: PublicAffairs, 2018), e o de Tim Fernholz, *Rocket Billionaires: Elon Musk, Jeff Bezos, and the New Space Race* (Nova York: Houghton Mifflin Harcourt, 2018).

1. Loren Grush, "SpaceX Successfully Lands Its Rocket on a Floating Drone Ship for the First Time", *The Verge*, 8 abr. 2016. Disponível em: <www.theverge.com/2016/4/8/11392138/spacex-landing-success-falcon-9-rocket-barge-at-sea>. Acesso em: 24 jan. 2021.
2. Steven Levy, "Jeff Bezos Wants Us All to Leave Earth — for Good", *Wired*, 15 out. 2018. Disponível em: <www.wired.com/story/jeff-bezos-blue-origin>. Acesso em: 24 jan. 2021.
3. Clare O'Connor, "Jeff Bezos' Spacecraft Blows Up in Secret Test Flight; Locals Describe 'Challenger-Like' Explosion", *Forbes*, 2 set. 2011. Disponível em: <www.forbes.com/sites/clareoconnor/2011/09/02/jeff-bezos-spacecraft-blows-up-in-secret-test-flight-locals-describe-challenger-like-explosion/?sh=6cde347836c2>. Acesso em: 24 jan. 2021.
4. Jeff Bezos, "Successful Short Hop, Setback, and Next Vehicle", *Blue Origin*, 2 set. 2011. Disponível em: <www.blueorigin.com/news/successful-short-hop-setback-and-next-vehicle>. Acesso em: 24 jan. 2021.
5. Jeff Fouse, "NASA Selects Boeing and SpaceX for Commercial Crew Contracts", *SpaceNews*, 16 set. 2014. Disponível em: <spacenews.com/41891nasa-selects-boeing-and-spacex-for-commercial-crew-contracts>. Acesso em: 24 jan. 2021.
6. Nasa Office of Inspector General, "Audit of Commercial Resupply Services to the International Space Station", Relatório nº IG-18-016, 26 abr. 2018, p. 4. Disponível em: <oig.nasa.gov/docs/IG-18-016.pdf>. Acesso em: 24 jan. 2021.

Notas

7. Jonathan Amos, "SpaceX Lifts Off with ISS cargo", BBC, 8 out. 2012. Disponível em: <www.bbc.com/news/science-environment-19867358>. Acesso em: 24 jan. 2021.
8. Elon Musk, "Making Humans a Multi-Planetary Species", Mary Ann Liebert, Inc, *New Space*, v. 5, n. 2, 2017, p. 46. Disponível em: <www.liebertpub.com/doi/10.1089/space.2017.29009.emu>. Acesso em: 24 jan. 2021.
9. Jeff Bezos, tuíte, 3 fev. 2018, 14h30. Disponível em: <twitter.com/jeffbezos/status/959796196247142400?lang=en>. Acesso em: 24 jan. 2021.
10. Alan Boyle, "Bezos' Blue Origin Space Venture Loses Protest over NASA's Launch Pad", *NBC News*, 12 dez. 2013. Disponível em: <www.nbcnews.com/science/bezos-blue-origin-rocket-venture-fails-stop-nasas-launch-pad-2D11736708>. Acesso em: 24 jan. 2021.
11. Dan Leone, "Musk Calls Out Blue Origin, ULA for 'Phony Blocking Tactic' on Shuttle Pad Lease", *SpaceNews*, 25 set. 2013. Disponível em: <spacenews.com/37389musk-calls-out-blue-origin-ula-for-phony-blocking-tactic-on-shuttle-pad>. Acesso em: 24 jan. 2021.
12. Todd Bishop, "Jeff Bezos' Blue Origin Dealt Setback in Patent Dispute with SpaceX over Rocket Landings", *GeekWire*, 5 mar. 2015. Disponível em: <www.geekwire.com/2015/jeff-bezos-blue-origin-dealt-setback-in-patent-dispute-with-spacex-over-rocket-landings>. Acesso em: 24 jan. 2021; Todd Bishop, "Blue Origin's Rocket-Landing Patent Canceled in Victory for SpaceX", *GeekWire*, 1º set. 2015. Disponível em: <www.geekwire.com/2015/blue-origins-rocket-landing-patent-canceled-in-victory-for-spacex>. Acesso em: 24 jan. 2021.
13. Armin Rosen, "Elon Musk's Aerospace Argument Just Took a Hit", *Business Insider*, 17 jun. 2014. Disponível em: <www.businessinsider.com/ula-wont-buy-rocket-engines-from-russia-anymore-2014-6>. Acesso em: 24 jan. 2021.
14. Loren Grush, "Spacex Successfully Landed Its Falcon 9 Rocket After Launching It to Space", *The Verge*, 21 dez. 2015. Disponível em: <www.theverge.com/2015/12/21/10640306/spacex-elon-musk-rocket-landing-success>. Acesso em: 24 jan. 2021.
15. Jeff Bezos, tuíte, 21 dez. 2015, 8h49. Disponível em: <twitter.com/jeffbezos/status/679116636310360067?lang=en>. Acesso em: 24 jan. 2021.
16. Eric Berger, "Behind the Curtain: Ars Goes Inside Blue Origin's Secretive Rocket Factory", *Ars Technica*, 9 mar. 2016. Disponível em:

<arstechnica.com/science/2016/03/behind-the-curtain-ars-goes-inside-blue-origins-secretive-rocket-factory>. Acesso em: 24 jan. 2021.
17. Christian Davenport, *The Space Barons: Elon Musk, Jeff Bezos, and the Quest to Colonize the Cosmos* (Nova York: PublicAffairs, 2018), pp. 11-3.
18. Alan Deutschman, "Inside the Mind of Jeff Bezos", *Fast Company*, 1º ago. 2004. Disponível em: <www.fastcompany.com/50541/inside-mind-jeff-bezos-4>. Acesso em: 24 jan. 2021.
19. Mylene Mangalindan, "Buzz in West Texas Is About Jeff Bezos and His Launch Site", *The Wall Street Journal*, 10 nov. 2006. Disponível em: <www.wsj.com/articles/SB116312683235519444>. Acesso em: 24 jan. 2021.
20. Spencer Soper, "Bezos Sells $1 Billion a Year in Amazon Stock for Space Project", Bloomberg, 5 abr. 2017. Disponível em: <www.bloomberg.com/news/articles/2017-04-05/bezos-hopes-big-windows-will-give-space-tourism-a-boost>. Acesso em: 24 jan. 2021.
21. Chris Bergin e William Graham, "Blue Origin Introduce the New Glenn Orbital LV", NASASpaceFlight.com, 12 set. 2016. Disponível em: <www.nasaspaceflight.com/2016/09/blue-origin-new-glenn-orbital-lv>. Acesso em: 24 jan. 2021.
22. Sandra Erwin, "Air Force Awards Launch Vehicle Development Contracts to Blue Origin, Northrop Grumman, ULA", *SpaceNews*, 10 out. 2018. Disponível em: <spacenews.com/air-force-awards-launch-vehicle-development-contracts-to-blue-origin-northrop-grumman-ula>. Acesso em: 24 jan. 2021.
23. Christian Davenport, "An Exclusive Look at Jeff Bezos' Plan to Set Up Amazon-Like Delivery for 'Future Human Settlement' of the Moon", *The Washington Post*, 2 mar. 2017. Disponível em: <www.washingtonpost.com/news/the-switch/wp/2017/03/02/an-exclusive-look-at-jeff-bezos-plan-to-set-up-amazon-like-delivery-for-future-human-settlement-of-the-moon>. Acesso em: 24 jan. 2021.
24. Döpfner, "Jeff Bezos Reveals".
25. Michael Sheetz, "SpaceX President Knocks Bezos' Blue Origin: 'They Have a Billion Dollars of Free Money Every Year'", CNBC, 25 out. 2019. Disponível em: <www.cnbc.com/2019/10/25/spacex-shotwell-calls-out-blue-origin-boeing-lockheed-martin-oneweb.html>. Acesso em: 24 jan. 2021.

Notas

12. Licença para operar

1. Sarah Perez, "39 Million Americans Now Own a Smart Speaker, Report Claims", *TechCrunch*, 12 jan. 2018. Disponível em: <techcrunch.com/2018/01/12/39-million-americans-now-own-a-smart-speaker-report-claims>. Acesso em: 26 jan. 2021.
2. Eric Pryne, "Amazon to Make Giant Move to South Lake Union", *Seattle Times*, 22 dez. 2007. Disponível em: <www.seattletimes.com/business/amazon-to-make-giant-move-to-south-lake-union>. Acesso em: 25 jan. 2021.
3. Matt Day, "Humans of Amazon: Meet Some of the People Behind Seattle's Tech Juggernaut", *Seattle Times*, 8 mar. 2018. Disponível em: <www.seattletimes.com/business/amazon/humans-of-amazon-meet-some-of-the-people-behind-seattles-tech-juggernaut>. Acesso em: 25 jan. 2021; Rosenberg e González, "Thanks to Amazon".
4. Robert McCartney, "Amazon in Seattle: Economic Godsend or Self-Centered Behemoth?", *The Washington Post*, 8 abr. 2019. Disponível em: <www.washingtonpost.com/local/trafficandcommuting/amazon-in-seattle-economic-godsend-or-self-centered-behemoth/2019/04/08/7d29999a-4ce3-11e9-93d0-64dbcf38ba41_story.html>. Acesso em: 25 jan. 2021.
5. Amy Martinez e Kristy Heim, "Amazon a Virtual No-Show in Hometown Philanthropy", *Seattle Times*, 31 mar. 2012. Disponível em: <www.seattletimes.com/business/amazon-a-virtual-no-show-in-hometown-philanthropy>. Acesso em: 25 jan. 2021.
6. Will Kenton, "Social License to Operate (SLO)". *Investopedia*, 23 ago. 2019. Disponível em: <www.investopedia.com/terms/s/social-license-slo.asp>. Acesso em: 25 jan. 2021.
7. Phuong Le, "Seattle Approves New Income Tax for Wealthy Residents", Associated Press, 10 jul. 2017. Disponível em: <apnews.com/article/d747b2eef95449c3963bb62f9736ef93>. Acesso em: 25 jan. 2021.
8. "A Close Look at the Proposed Head Tax", *Seattle City Council Insight*, 30 out. 2017. Disponível em: <sccinsight.com/2017/10/30/close-look-proposed-head-tax>. Acesso em: 25 jan. 2021.
9. Taylor Soper, "Amazon Cancels Huge Summer Picnic and Post-Holiday Party as Seattle Employee Count Swells, Plans New Post-Prime Day Concert", *GeekWire*, 13 jun. 2018. Disponível em: <www.geekwire.com/2018/amazon-cancels-huge-summer-picnic-holiday-

-party-seattle-employee-count-swells-plans-new-prime-day-celebration-concert>. Acesso em: 25 jan. 2021.

10. Reid Wilson, "Washington Just Awarded the Largest State Tax Subsidy in U.S. History", *The Washington Post*, 12 nov. 2013. Disponível em: <www.washingtonpost.com/blogs/govbeat/wp/2013/11/12/washington-just-awarded-the-largest-state-tax-subsidy-in-u-s-history>. Acesso em: 25 jan. 2021.

11. Jason Hidalgo, "Art of the Tesla Deal: How Nevada Won a Gigafactory", *Reno Gazette Journal*, 16 set. 2014. Disponível em: <www.rgj.com/story/news/2014/09/13/art-tesla-deal-nv-won-gigafactory/15593371>. Acesso em: 25 jan. 2021.

12. Shayndi Raice e Dana Mattioli, "Amazon Sought $1 Billion in Incentives on Top of Lures for HQ2", *The Wall Street Journal*, 16 jan. 2020. Disponível em: <www.wsj.com/articles/amazon-sought-1-billion-in-incentives-on-top-of-lures-for-hq2-11579179601>. Acesso em: 25 jan. 2021.

13. Watchdog News, "Foxconn Chooses Wisconsin for Manufacturing Plant, Says 13,000 Jobs Will Be Created", *Center Square*, 26 jul. 2017. Disponível em: <www.thecentersquare.com/wisconsin/foxconn-chooses-wisconsin-for-manufacturing-plant-says-13-000-jobs-will-be-created/article_9a65242e-869a-5867-9201-4ef7b49fb2aa.html>. Acesso em: 25 jan. 2021.

14. Amazon, 7 set. 2017. Disponível em: <images-na.ssl-images-amazon.com/images/G/01/Anything/test/images/usa/RFP_3._V516043504_.pdf>.

15. Spencer Soper, "Amazon Weighs Boston in Search for Second Headquarters", Bloomberg, 12 set. 2017. Disponível em: <www.bloomberg.com/news/articles/2017-09-12/amazon-is-said-to-weigh-boston-in-search-for-second-headquarters>. Acesso em: 25 jan. 2021.

16. Emily Badger, Quoctrung Bui e Claire Cain Miller, "Dear Amazon, We Picked Your New Headquarters for You", *The New York Times*, 9 set. 2017. Disponível em: <www.nytimes.com/interactive/2017/09/09/upshot/where-should-amazon-new-headquarters-be.html>. Acesso em: 25 jan. 2021.

17. Laura Stevens, Sean McDade e Stephanie Stamm, "Courting a Giant", *The Wall Street Journal*, 14 nov. 2017. Disponível em: <www.wsj.com/graphics/amazon-headquarters>. Acesso em: 25 jan. 2021.

18. Soper, "Amazon Weighs Boston".

Notas

19. Tony Romm, "Amazon's Pursuit of Tax Credits to Build a New Corporate Headquarters Is Getting Early Pushback", *Vox*, 7 set. 2017. Disponívelem:<www.vox.com/2017/9/7/16268588/amazon-tax-credits-ro-khanna-opposition>. Acesso em: 25 jan. 2021.
20. Michael Hiltzik, "Column: Memo to Civic Leaders: Don't Sell Out Your Cities for Amazon's New Headquarters", *Los Angeles Times*, 12 set. 2017. Disponível em: <www.latimes.com/business/hiltzik/la-fi-hiltzik-amazon-hq-20170911-story.html>. Acesso em: 25 jan. 2021.
21. Natasha Bach, "Kansas City's Mayor Reviewed 1,000 Products on Amazon to Promote His HQ2 Bid", *Fortune*, 12 out. 2017. Disponível em: <fortune.com/2017/10/12/amazon-hq2-kansas-city>. Acesso em: 25 jan. 2021.
22. Shannon Liao, "The Eight Most Outrageous Things Cities Did to Lure Amazon for HQ2", *The Verge*, 19 out. 2017. Disponível em: <www.theverge.com/2017/10/19/16504042/amazon-hq2-second-headquarters-most-funny-crazy-pitches-proposals-stonecrest-new-york>. Acesso em: 25 jan. 2021.
23. Laura Stevens, Shibani Mahtani e Shayndi Raice, "Rules of Engagement: How Cities Are Courting Amazon's New Headquarters", *The Wall Street Journal*, 2 abr. 2018. Disponível em: <www.wsj.com/articles/rules-of-engagement-how-cities-are-courting-amazons-new-headquarters-1522661401?mod=article_inline>. Acesso em: 25 jan. 2021.
24. Richard Fausset, "Georgia Passes Bill That Stings Delta over N.R.A. Position", *The New York Times*, 1º mar. 2018. Disponível em: <www.nytimes.com/2018/03/01/business/delta-nra-georgia.html>. Acesso em: 25 jan. 2021.
25. Monica Nickelsburg, "Amazon Suspends Construction in Seattle While the City Considers a New Tax on Its Biggest Businesses", *GeekWire*, 2 maio 2018. Disponível em: <www.geekwire.com/2018/amazon-suspends-construction-seattle-city-considers-new-tax-biggest-businesses>. Acesso em: 25 jan. 2021; Matt Day, "Amazon Paid $250 Million in Washington State and Local Taxes for 2017, Source Says", *Seattle Times*, 9 maio 2018. Disponível em: <www.seattletimes.com/business/amazon/amazon-paid-250-million-in-washington-state-and-local-taxes-in-2017-source-says>. Acesso em: 25 jan. 2021.
26. Matt Day e Daniel Beekman, "Amazon Issues Threat over Seattle Head-Tax Plan, Halts Tower Construction Planning", *Seattle Times*,

2 maio 2018. Disponível em: <www.seattletimes.com/business/amazon/amazon-pauses-plans-for-seattle-office-towers-while-city-council-considers-business-tax>. Acesso em: 25 jan. 2021.
27. Rosenberg e González, "Thanks to Amazon".
28. Matt Day, "Amazon Confirms Major Office Lease in Bellevue, Will Occupy Former Expedia Headquarters", *Seattle Times*, 21 ago. 2018 <www.seattletimes.com/business/amazon/amazon-confirms-major-office-lease-in-bellevue-will-occupy-former-expedia-headquarters>. Acesso em: 25 jan. 2021.
29. Richard Karlgaard, "Capital Goes Where It's Welcome", *Forbes*, 18 maio 2009. Disponível em: <www.forbes.com/sites/digitalrules/2009/05/18/capital-goes-where-its-welcome/?sh=36ede97353d4>. Acesso em: 25 jan. 2021.
30. McCartney, "Amazon in Seattle".
31. Daniel Beekman, "About-Face: Seattle City Council Repeals Head Tax Amid Pressure from Businesses, Referendum Threat", *Seattle Times*, 12 jun. 2018. Disponível em: <www.seattletimes.com/seattle-news/politics/about-face-seattle-city-council-repeals-head-tax-amid-pressure-from-big-businesses>. Acesso em: 25 jan. 2021.
32. Brad Stone, "At $1 Trillion, Amazon Is Still Not Its Stock Price", Bloomberg, 4 set. 2018. Disponível em: <www.bloomberg.com/news/articles/2018-09-04/at-1-trillion-amazon-is-still-not-its-stock-price>. Acesso em: 25 jan. 2021.
33. Scott Galloway, "Professor Scott Galloway on Amazon HQ2 and Why It's Time to Break Up Big Tech", *SupplyChain 24/7*, 25 jan. 2018. Disponível em: <www.supplychain247.com/article/professor_scott_galloway_on_amazon_hq2_break_up_big_tech>. Acesso em: 25 jan. 2021.
34. Ibid.
35. Lina M. Khan, "Amazon's Antitrust Paradox", *Yale Law Journal*, v. 126, n. 3, 2017. Disponível em: <www.yalelawjournal.org/note/amazons-antitrust-paradox>. Acesso em: 25 jan. 2021.
36. "Amazon Selects New York City and Northern Virginia for New Headquarters", Amazon, 13 nov. 2018. Disponível em: <www.aboutamazon.com/news/company-news/amazon-selects-new-york-city-and-northern-virginia-for-new-headquarters>. Acesso em: 25 jan. 2021.
37. Corey Johnson, tuíte, 13 nov. 2018, 11h40. Disponível em: <twitter.com/CoreyinNYC/status/1062384713535537152>. Acesso em: 25 jan. 2021.

38. Alexandria Ocasio-Cortez, tuíte, 12 nov. 2018, 23h40. Disponível em: <twitter.com/AOC/status/1062203458227503104>. Acesso em: 25 jan. 2021.
39. Chris Sommerfeldt e Michael Gartland, "NY Officials Went to Great Lengths to Get Amazon a Helicopter Pad in Queens Despite Fear of Local Pushback: Emails", *New York Daily News*, 16 abr. 2020. Disponível em: <www.nydailynews.com/news/politics/ny-amazon-queens-helipad-emails-20200416-3oi2fwjzpzhmncfzalhqre5aru-story.html>. Acesso em: 25 jan. 2021.
40. Ron Dicker, "Jeff Bezos and Amazon Make Off with Sky-High Perks on New York Post Cover", *HuffPost*, 14 nov. 2018. Disponível em: <www.huffpost.com/entry/jeff-bezos-amazon-new-york-post-cover_n_5bec4243e4b044bbb1ab8738>. Acesso em: 25 jan. 2021.
41. "Industrial & Commercial Abatement Program", NYC Department of Finance. Disponível em: <www.nyc.gov/site/finance/benefits/benefits-industrial-and-commercial-abatement-program-icap.page>. Acesso em: 25 jan. 2021.
42. Ver J. David Goodman, "Amazon Has a New Strategy to Sway Skeptics in New York", *The New York Times*, 29 jan. 2019. Disponível em: <www.nytimes.com/2019/01/29/nyregion/amazon-new-york-long-island-city.html>. Acesso em: 25 jan. 2021.
43. J. David Goodman, "Amazon's New York Charm Offensive Includes a Veiled Threat", *The New York Times*, 30 jan. 2019. Disponível em: <www.nytimes.com/2019/01/30/nyregion/amazon-queens-nyc-council.html>. Acesso em: 25 jan. 2021.
44. Robert McCartney, Jonathan O'Connell e Patricia Sullivan, "Facing Opposition, Amazon Reconsiders N.Y. Headquarters Site, Two Officials Say", *The Washington Post*, 8 fev. 2019. Disponível em: <www.washingtonpost.com/local/virginia-politics/facing-opposition-amazon-reconsiders-ny-headquarters-site-two-officials-say/2019/02/08/451ffc52-2a19-11e9-b011-d8500644dc98_story.html>. Acesso em: 25 jan. 2021.
45. Ibid.
46. Josh Eidelson e Dina Bass, "Amazon Was Holding Talks Wednesday to Make NYC Deal Happen", Bloomberg, 14 fev. 2019. Disponível em: <www.bloomberg.com/news/articles/2019-02-14/amazon-was-holding-talks-wednesday-to-make-nyc-deal-happen?sref=dJuchiL5>. Acesso em: 25 jan. 2021.

47. Jillian Jorgensen, "De Blasio Fumes at Amazon and Skeptics of Dashed Deal for HQ2 in Long Island City", *New York Daily News*, 15 fev. 2019. Disponível em: <www.nydailynews.com/news/politics/ny-pol-deblasio-amazon-hq2-20190215-story.html>. Acesso em: 25 jan. 2021.
48. J. David Goodman, "Andrew Cuomo Speaks with Jeff Bezos, Hints of 'Other Ways' to Clear Path for Amazon's Return", *The New York Times*, 28 fev. 2019. Disponível em: <www.nytimes.com/2019/02/28/nyregion/amazon-hq2-nyc.html>. Acesso em: 25 jan. 2021.
49. Jonathan O'Connell e Andrew Ba Tran, "Where Bezos's Jet Flies Most — and What It Might Say About Amazon's HQ2 Winner", *The Washington Post*, 2 nov. 2018. Disponível em: <www.washingtonpost.com/business/where-bezoss-jet-flies-most-and-what-it-might-say--about-amazons-hq2/2018/11/02/792be19a-de16-11e8-b3f0--62607289efee_story.html>. Acesso em: 25 jan. 2021.
50. Ver "Amazon Creating 3,500 Jobs in Tech Hubs Across the U.S.", *Business Facilities*, 21 ago. 2020. Disponível em: <businessfacilities.com/2020/08/amazon-creating-3500-jobs-in-tech-hubs-across-the-u--s>. Acesso em: 25 jan. 2021.

13. Complicadores

1. Henry Blodget, "I Asked Jeff Bezos the Tough Questions — No Profits, the Book Controversies, the Phone Flop — and He Showed Why Amazon Is Such a Huge Success", *Business Insider*, 13 dez. 2014. Disponível em: <www.businessinsider.com/amazons-jeff-bezos-on-profits-failure-succession-big-bets-2014-12>. Acesso em: 25 jan. 2021.
2. Ibid.
3. Jeff Bezos em conversa com Mark Bezos, "Amazon CEO Jeff Bezos and Brother Mark Give a Rare Interview About Growing Up and the Secrets to Success", *Summit LA17*, 14 nov. 2017. Disponível em: <summit.co/videos/amazon-ceo-jeff-bezos-and-brother-mark-give--a-rare-interview-about-growing-up-and-secrets-to-success-3nBi-JY03McIIQcgcoe2aUe>. Acesso em: 25 jan. 2021.
4. Benjamin Wofford, "Inside Jeff Bezos's DC Life", *Washingtonian*, 22 abr. 2018. Disponível em: <www.washingtonian.com/2018/04/22/inside-jeff-bezos-dc-life>. Acesso em: 25 jan. 2021.
5. Rebecca Johnson, "MacKenzie Bezos: Writer, Mother of Four, and High-Profile Wife", *Vogue*, 20 fev. 2013. Disponível em: <www.vogue.

com/article/a-novel-perspective-mackenzie-bezos>. Acesso em: 25 jan. 2021.
6. Katy Waldman, "The Idealized, Introverted Wives of MacKenzie Bezos's Fiction", *New Yorker*, 23 jan. 2019. Disponível em: <www.newyorker.com/books/page-turner/the-idealized-introverted-wives-of-mackenzie-bezos-fiction>. Acesso em: 25 jan. 2021.
7. Jonah Engel Bromwich e Alexandra Alter, "Who Is MacKenzie Scott?", *The New York Times*, 12 jan. 2019. Disponível em: <www.nytimes.com/2019/01/12/style/jeff-bezos-mackenzie-divorce.html>. Acesso em: 25 jan. 2021.
8. Jeff Bezos, tuíte, 22 abr. 2018, 16h34 <twitter.com/JeffBezos/status/988154007813173248>. Acesso em: 25 jan. 2021.
9. Döpfner, "Jeff Bezos Reveals".
10. "Amazon's Jeff Bezos Launches a $2 Billion 'Day One Fund' to Help Homeless Families and Create Preschools", CNBC, 13 set. 2018. Disponível em: <www.cnbc.com/2018/09/13/bezos-launches-day-one-fund-to-help-homeless-families-and-create-preschools.html>. Acesso em: 25 jan. 2021.
11. Adrian Gomez, "Celebrity Buzz Centers on 2 ABQ Natives", *Albuquerque Journal*, 11 jan. 2019. Disponível em: <www.abqjournal.com/1267508/celebrity-buzz-centers-on-2-abq-natives.html>. Acesso em: 25 jan. 2021.
12. Sara Nathan, "Lauren Sánchez's Brother Tells All on Bezos Romance: 'This Was Real'", *Page Six*, 30 mar. 2019. Disponível em: <pagesix.com/2019/03/30/this-was-real-lauren-sanchez-s-brother-tells-all-on-bezos-romance>. Acesso em: 25 jan. 2021.
13. Daniel Terdiman, "At Amazon's MARS Conference, Jeff Bezos Plots the Future with 200 (Very) Big Brains", *Fast Company*, 23 mar. 2018. Disponível em: <www.fastcompany.com/40547902/at-amazons-mars-conference-jeff-bezos-plots-the-future-with-200-very-big-brains>. Acesso em: 25 jan. 2021.
14. MIT Technology Review, tuíte, 20 mar. 2018, 18h57. Disponível em: <twitter.com/techreview/status/976231159251324928?lang=en>. Acesso em: 25 jan. 2021.
15. Keith Griffith e Jennifer Smith, "Jeff Bezos and Lover Lauren Sánchez 'Made Out Like Teenagers' in Hollywood Hotspot at Table Next to Michael Strahan 'Just Days After Their Spouses Discovered Affair'", *Daily Mail*, 12 jan. 2019. Disponível em: <www.dailymail.

co.uk/news/article-6583895/Jeff-Bezos-lover-reportedly-like-teenagers-Hollywood-restaurant-Felix.html>. Acesso em: 25 jan. 2021.
16. "Millions of People Living and Working in Space", vídeo no YouTube, post da Blue Origin, 15 out. 2018. Disponível em: <www.youtube.com/watch?v=KMdpdmJshFU&feature=emb_logo&ab_channel=BlueOrigin>. Acesso em: 25 jan. 2021.
17. David Ng, Stacy Perman e Richard Winton, "Who Is Michael Sánchez? Low-Level Hollywood Manager Is a Pivotal Figure in Bezos-Pecker Storm", *Los Angeles Times*, 13 fev. 2019. Disponível em: <www.latimes.com/business/hollywood/la-fi-ct-michael-sanchez-20190213-story.html>. Acesso em: 26 jan. 2021.
18. Gary Baum, "Dylan Howard's Hollywood Reboot: Why Are So Many A-Listers Working with a Tabloid Henchman?", *Hollywood Reporter*, 3 fev. 2020. Disponível em: <www.hollywoodreporter.com/features/why-are-a-listers-working-dylan-howard-1275651>. Acesso em: 26 jan. 2021.
19. Lachlan Markay, "E-mails Tell the Inside Story of How the Enquirer Got Jeff Bezos' Nudes", *Daily Beast*, 3 jul. 2020. Disponível em: <www.thedailybeast.com/e-mails-tell-the-inside-story-of-how-the-enquirer-got-jeff-bezos-nudes>. Acesso em: 26 jan. 2021.
20. "TV Reunion! Emmy Winner Lauren Sánchez Returns to Host 'Extra' This Thursday", *Radar Online*, 11 set. 2018. Disponível em: <radaronline.com/exclusives/2018/09/tv-reunion-emmy-winner-lauren-sanchez-returns-to-host-extra>. Acesso em: 26 jan. 2021.
21. Markay, "Emails".
22. Joe Palazzolo e Michael Rothfeld, *The Fixers: The Bottom-Feeders, Crooked Lawyers, Gossipmongers, and Porn Stars Who Created the 45th President* (Nova York: Random House, 2020), pp. 351-6.
23. "Declaration of Dylan Howard, James Robertson and Andrea Simpson in Support of Defendants' Special Motion to Strike", em *Michael Sánchez v. American Media, Inc,* p. 4, linha 19.
24. Carta a Charles Stillman e James Mitchell, da procuradoria-geral para o distrito sul de Nova York, 20 set. 2018. Disponível em: <www.justice.gov/usao-sdny/press-release/file/1119501/download>. Acesso em: 26 jan. 2021.
25. Michael Rothfeld, Joe Palazzolo e Alexandra Berzon, "How the National Enquirer Got Bezos' Texts: It Paid $200,000 to His Lover's Brother", *The Wall Street Journal*, 18 mar. 2019. Disponível em: <www.wsj.

Notas

com/articles/how-the-national-enquirer-got-bezos-texts-it-paid-200--000-to-his-lovers-brother-11552953981>. Acesso em: 26 jan. 2021.
26. Ibid.
27. Evan Real, "Lauren Sánchez's Brother Speaks Out About Involvement in Jeff Bezos Affair Leaking", *Hollywood Reporter*, 14 fev. 2019. Disponível em: <www.hollywoodreporter.com/news/lauren-sanchez--s-brother-speaks-involvement-jeff-bezos-affair-leaking-1186817>. Acesso em: 26 jan. 2021.
28. Marc Fisher, Manuel Roig-Franzia e Sarah Ellison, "Was Tabloid Exposé of Bezos Affair Just Juicy Gossip or a Political Hit Job?", *The Washington Post*, 5 fev. 2019. Disponível em: <www.washingtonpost.com/politics/was-tabloid-expose-of-bezos-affair-just-juicy-gossip-or-a-political-hit-job/2019/02/05/03d2f716-2633-11e9-90cd-dedb0c92dc17_story.html>. Acesso em: 26 jan. 2021.
29. Jeff Bezos, tuíte, 9 jan. 2019, 9h17. Disponível em: <twitter.com/JeffBezos/status/1083004911380393985>. Acesso em: 26 jan. 2021.
30. Fisher, Roig-Franzia e Ellison, "Tabloid Exposé".
31. Matthew Yglesias, "Donald Trump's Twitter Feud with Amazon, Explained", *Vox*, 4 abr. 2018. Disponível em: <www.vox.com/policy-and--politics/2018/4/4/17193090/trump-amazon-feud>. Acesso em: 26 jan. 2021.
32. Dylan Howard, James Robertson e Andrea Simpson, "Bezos Shared Wife's Pillow Talk with Mistress, Boasted About U2's Bono", *National Enquirer*, 12 jan. 2019. Disponível em: <www.nationalenquirer.com/celebrity/jeff-bezos-shared-wifes-pillow-talk-with-mistress-lauren-sanchez>. Acesso em: 26 jan. 2021.
33. "First Photos Show Jeff Bezos' Girlfriend Lauren Sánchez Carefree After Scandal", *US Weekly*, 14 jan. 2019. Disponível em: <www.usmagazine.com/celebrity-news/pictures/lauren-sanchez-steps-out-after-news-of-jeff-bezos-affair-pics>. Acesso em: 26 jan. 2021.
34. Declaração de Dylan Howard.
35. Jeff Bezos, "No Thank You, Mr. Pecker", *Medium*, 7 fev. 2019. Disponível em: <medium.com/@jeffreypbezos/no-thank-you-mr-pecker--146e3922310f>. Acesso em: 26 jan. 2021.
36. Fisher, Roig-Franzia e Ellison, "Tabloid Exposé".
37. Lachlan Markay e Asawin Suebsaeng, "Bezos Launches Investigation into Leaked Texts with Lauren Sánchez That Killed His Marriage", *Daily Beast*, 30 jan. 2019. Disponível em: <www.thedailybeast.

com/bezos-launches-investigation-into-leaked-texts-with-lauren-sanchez-that-killed-his-marriage>. Acesso em: 26 jan. 2021; Lachlan Markay e Asawin Suebsaeng, "Bezos' Investigators Question Michael Sánchez, Brother of Mistress Lauren Sánchez, in *National Enquirer* Leak Probe", *Daily Beast*, 13 fev. 2019. Disponível em: <www.thedailybeast.com/bezos-investigators-question-the-brother-of-his-mistress-lauren-sanchez-in-national-enquirer-leak-probe>. Acesso em: 26 jan. 2021.

38. Markay e Suebsaeng, "Bezos' Investigators".
39. Gerry Smith e Elise Young, "New Jersey Officials Press *National Enquirer*'s Hedge-Fund Owner over Bezos Feud", Bloomberg, 12 fev. 2019. Disponível em: <www.bloomberg.com/news/articles/2019-02-12/n-j-officials-press-enquirer-s-hedge-fund-owner-over-bezos-feud?sref=dJuchiL5>. Acesso em: 26 jan. 2021; Katherine Burton, Sridhar Natarajan e Shahien Nasiripour, "As N.J. Cuts Hedge Fund Ties, Chatham Shows That Can Take Years", Bloomberg, 11 jun. 2019. Disponível em: <www.bloomberg.com/news/articles/2019-06-11/as-n-j-cuts-hedge-fund-ties-chatham-shows-that-can-take-years?sref=dJuchiL5>. Acesso em: 26 jan. 2021.
40. Fisher, Roig-Franzia e Ellison, "Tabloid Exposé".
41. Bezos, "No Thank You".
42. Ibid.
43. Ibid.
44. Gavin de Becker, "Bezos Investigation Finds the Saudis Obtained His Private Data", *Daily Beast*, 31 mar. 2019. Disponível em: <www.thedailybeast.com/jeff-bezos-investigation-finds-the-saudis-obtained-his-private-information>. Acesso em: 26 jan. 2021.
45. Ver *"National Enquirer* Says Saudis Didn't Help on Bezos Story", *Daily Beast*, 31 mar. 2019. Disponível em: <www.thedailybeast.com/national-enquirer-says-saudis-didnt-help-on-bezos-story>. Acesso em: 26 jan. 2021.
46. Katie Paul, "Exclusive: Apple and Amazon in Talks to Set Up in Saudi Arabia — Sources", Reuters, 28 dez. 2017. Disponível em: <www.reuters.com/article/us-saudi-tech-exclusive/exclusive-apple-and-amazon-in-talks-to-set-up-in-saudi-arabia-sources-idUSKBN1EM0PZ>. Acesso em: 26 jan. 2021; Bradley Hope e Justin Scheck, *Blood and Oil: Mohammed Bin Salman's Ruthless Quest for Global Power* (Nova York: Hachette, 2020).

47. Marc Fisher e Jonathan O'Connell, "The Prince, the Billionaire and the Amazon Project That Got Frozen in the Desert", *The Washington Post*, 27 out. 2019. Disponível em: <www.washingtonpost.com/politics/the-prince-the-billionaire-and-the-amazon-project-that-got-frozen-in-the-desert/2019/10/27/71410ef8-eb9c-11e9-85c0-85a098e47b37_story.html>. Acesso em: 26 jan. 2021.

48. Justin Scheck, Bradley Hope e Summer Said, "Saudi Prince Courted Amazon's Bezos Before Bitter Split", *The Wall Street Journal*, 27 jan. 2020. Disponível em: <www.wsj.com/articles/saudi-prince-courted-amazons-bezos-before-bitter-split-11580087674>. Acesso em: 26 jan. 2021.

49. Marc Fisher, "U.N. Report: Saudi Crown Prince Was Involved in Alleged Hacking of Bezos Phone", *The Washington Post*, 22 jan. 2020. Disponível em: <www.washingtonpost.com/politics/un-ties-alleged-phone-hacking-to-posts-coverage-of-saudi-arabia/2020/01/22/a0bc63ba-3d1f-11ea-b90d-5652806c3b3a_story.html>. Acesso em: 26 jan. 2021; Jared Malsin, Dustin Volz e Justin Scheck, "U.N. Suggests Bezos' Phone Was Hacked Using Saudi Crown Prince's Account", *The Wall Street Journal*, 22 jan. 2020. Disponível em: <www.wsj.com/articles/u-n-experts-say-hacking-of-bezoss-phone-suggests-effort-to-influence-news-coverage-11579704647>. Acesso em: 26 jan. 2021.

50. Ben Feuerherd, "Jeff Bezos and Lauren Sánchez Get Cozy on Mega Yacht in Italy", *Page Six*, 31 ago. 2019. Disponível em: <pagesix.com/2019/08/31/jeff-bezos-and-lauren-sanchez-get-cozy-on-mega-yacht-in-italy>. Acesso em: 26 jan. 2021.

51. Priya Elan, "Dress Like a Tech Bro in Kaftan, Sliders, Gilet... and Jeff Bezos's Shorts", *The Guardian*, 2 nov. 2019. Disponível em: <www.theguardian.com/fashion/2019/nov/02/jeff-bezos-shorts-tech-bro-fashion>. Acesso em: 26 jan. 2021.

52. Bill Bostock, "Jeff Bezos Attended a Vigil at the Saudi Consulate Where *Washington Post* Writer Jamal Khashoggi Was Murdered One Year Ago", *Business Insider*, 2 out. 2019. Disponível em: <www.businessinsider.com/jeff-bezos-visit-saudi-consulate-istanbul-khashoggi-murder-anniversary-2019-10>. Acesso em: 26 jan. 2021.

53. "*Washington Post* Owner Jeff Bezos Attends Khashoggi Memorial in Istanbul", *Daily Sabah*, 2 out. 2019. Disponível em: <www.dailysabah.com/turkey/2019/10/02/washington-post-owner-jeff-bezos-attends-khashoggi-memorial-in-istanbul>. Acesso em: 26 jan. 2021.

54. Ibid.
55. Eileen Kinsella, "Jeff Bezos Reportedly Spent More Than $70 Million on a Kerry James Marshall and a Record-Shattering Ed Ruscha at Auction Last Fall", *Artnet*, 6 fev. 2020. Disponível em: <news.artnet.com/market/jeff-bezos-art-collector-1771410>. Acesso em: 26 jan. 2021.
56. Katy McLaughlin e Katherine Clarke, "Jeff Bezos Buys David Geffen's Los Angeles Mansion for a Record $165 Million", *The Wall Street Journal*, 12 fev. 2020. Disponível em: <www.wsj.com/articles/jeff-bezos-buys-david-geffens-los-angeles-mansion-for-a-record-165-million-11581542020>. Acesso em: 26 jan. 2021.

14. Ajuste de contas

1. Spencer Soper, "Amazon Will Spend $800 Million to Move to One-Day Delivery", Bloomberg, 25 abr. 2019. Disponível em: <www.bloomberg.com/news/articles/2019-04-25/amazon-will-spend-800-million-to-move-to-one-day-delivery?sref=dJuchiL5>. Acesso em: 25 jan. 2021.
2. Jack Witzig, Berber Jin e Bloomberg, "Jeff Bezos's Net Worth Hits a New High After Recovering Losses from Divorce", *Fortune*, 2 jul. 2020. Disponível em: <fortune.com/2020/07/02/jeff-bezos-net-worth-new-high-amazon-shares-divorce>. Acesso em: 25 jan. 2021.
3. Transcrição de entrevista no Economic Club de Washington, D.C., 13 set. 2018. Disponível em: <www.economicclub.org/sites/default/files/transcripts/Jeff_Bezos_Edited_Transcript.pdf>. Acesso em: 25 jan. 2021.
4. Marc Levinson, *The Great A&P and the Struggle for Small Business in America* (Nova York: Hill and Wang, 2011).
5. Elizabeth Warren, "Here's How We Can Break Up Big Tech", *Medium*, 8 mar. 2019. Disponível em: <medium.com/@teamwarren/heres-how-we-can-break-up-big-tech-9ad9e0da324c>. Acesso em: 25 jan. 2021.
6. "This Is Why Warren Wants to Break Up Big Tech Companies", CNN, 23 abr. 2019. Disponível em: <www.cnn.com/videos/politics/2019/04/23/elizabeth-warren-amazon-google-big-tech-break-up-town-hall-vpx.cnn>. Acesso em: 25 jan. 2021.
7. Richard Rubin, "Does Amazon Really Pay No Taxes? Here's the Complicated Answer", *The Wall Street Journal*, 14 jun. 2019. Disponível em: <www.wsj.com/articles/does-amazon-really-pay-no-taxes-heres-the-complicated-answer-11560504602>. Acesso em: 25 jan. 2021.

8. Döpfner, "Jeff Bezos Reveals".
9. Abha Battarai, "Amazon Is Doling Out Raises of As Little as 25 Cents an Hour in What Employees Call 'Damage Control'", *The Washington Post*, 24 set. 2018. Disponível em: <www.seattletimes.com/business/amazon/amazon-raises-starting-wage-for-its-workers-to-15-an-hour>. Acesso em: 25 jan. 2021.
10. Jeff Bezos, "2018 Letter to Shareowners", 11 abr. 2019. Disponível em: <www.aboutamazon.com/news/company-news/2018-letter-to-shareholders>. Acesso em: 20 mar. 2021.
11. Krystal Hu, "Some Amazon Employees Say They Will Make Less After the Raise", *Yahoo! Finance*, 3 out. 2018. Disponível em: <finance.yahoo.com/news/amazon-employees-say-will-make-less-raise-174028353.html>. Acesso em: 25 jan. 2021.
12. Bernie Sanders, tuíte, 27 dez. 2019. Disponível em: <twitter.com/BernieSanders/status/1210602974587822080>. Acesso em: 25 jan. 2021.
13. "Amazon 'Getting Away with Murder on tax', says Donald Trump", Reuters, 13 maio 2016. Disponível em: <www.theguardian.com/us-news/2016/may/13/amazon-getting-away-with-on-tax-says-donald-trump>. Acesso em: 25 jan. 2021.
14. Donald Trump, tuíte, 16 ago. 2017. Disponível em: <www.thetrumparchive.com/?searchbox=%22many+jobs+being+lost%21%22>. Acesso em: 26 jan. 2021.
15. "Be Careful What You Assume", United States Postal Service Office of the Inspector General, 16 fev. 2015. Disponível em: <www.uspsoig.gov/blog/be-careful-what-you-assume>. Acesso em: 25 jan. 2021.
16. Eugene Kiely e D'Angelo Gore, "Trump's Amazon Attack", FactCheck.org, 5 abr. 2018. Disponível em: <www.factcheck.org/2018/04/trumps-amazon-attack>. Acesso em: 25 jan. 2021.
17. Damian Paletta e Josh Dawsey, "Trump Personally Pushed Postmaster General to Double Rates on Amazon, Other Firms", *The Washington Post*, 18 maio 2018. Disponível em: <https://www.washingtonpost.com/business/economy/trump-personally-pushed-postmaster-general-to-double-rates-on-amazon-other-firms/2018/05/18/2b6438d2-5931-11e8-858f-12becb4d6067_story.html>. Acesso em: 25 jan. 2021.
18. Jeff Bezos, tuíte, 10 ago. 2017. Disponível em: <twitter.com/JeffBezos/status/895714205822730241>. Acesso em: 25 jan. 2021.

19. Naomi Nix, "Amazon Has Plenty of Foes in Pentagon Cloud Deal", Bloomberg, 26 jun. 2018. Disponível em: <www.bloomberg.com/news/articles/2018-06-26/amazon-foes-in-pentagon-cloud-deal-are-said-to-include-sap-csra?sref=dJuchiL5>. Acesso em: 25 jan. 2021.
20. Naomi Nix, "Inside the Nasty Battle to Stop Amazon from Winning the Pentagon's Cloud Contract", Bloomberg, 20 dez. 2018. Disponível em: <www.bloomberg.com/news/features/2018-12-20/tech-giants-fight-over-10-billion-pentagon-cloud-contract>. Acesso em: 25 jan. 2021.
21. Brian Schwarz, "Top CEOs Ramp Up GOP Donations as Biden Threatens to Scale Back Corporate Tax Cuts", CNBC, 7 jul. 2020. Disponível em: <www.cnbc.com/2020/07/27/top-ceos-give-big-to-gop-as-biden-threatens-to-scale-back-corp-tax-cuts.html>. Acesso em: 25 jan. 2021.
22. Jennifer Jacobs, "Oracle's Safra Catz Raises Amazon Contract Fight with Trump", Bloomberg, 4 abr. 2018. Disponível em: <www.bloomberg.com/news/articles/2018-04-04/oracle-s-catz-is-said-to-raise-amazon-contract-fight-with-trump?sref=dJuchiL5>. Acesso em: 25 jan. 2021.
23. Naomi Nix, "Google Drops Out of Pentagon's $10 Billion Cloud Competition", Bloomberg, 8 out. 2018. Disponível em: <www.bloomberg.com/news/articles/2018-10-08/google-drops-out-of-pentagon-s-10-billion-cloud-competition?sref=dJuchiL5>. Acesso em: 25. jan. 2021.
24. Mike Stone, "Jeff Bezos Says Amazon Wants to Work More with the Pentagon", Reuters, 7 dez. 2019. Disponível em: <www.reuters.com/article/us-usa-pentagon-amazon/amazon-ceo-says-wants-to-work-more-with-pentagon-idUSKBN1YB0JL>. Acesso em: 25 jan. 2021.
25. "President Trump Meeting with Prime Minister of the Netherlands", C-SpAN, 18 jul. 2019. Disponível em: <www.c-span.org/video/?462777-1/president-trump-meets-dutch-prime-minister-mark-rutte>. Acesso em: 25 jan. 2021.
26. Ver Donald Trump Jr., tuíte, 18 jul. 2019. Disponível em: <twitter.com/DonaldJTrumpJr/status/1151905489472630785>. Acesso em: 25 jan. 2021.
27. Billy Mitchell, "JEDI Complaints Under Review by New Defense Secretary", *FedScoop*, 1º ago. 2019. Disponível em: <www.fedscoop.com/jedi-mark-esper-review-congress-complaints>. Acesso em: 25 jan. 2021.

28. Frank Konkel e Heather Kuldell, "Esper Recuses Himself from JEDI Cloud Contract Review", NextGov.com, 22 out. 2019. Disponível em: <www.nextgov.com/it-modernization/2019/10/esper-recuses-himself-jedi-cloud-contract-review/160782>. Acesso em: 25 jan. 2021.
29. Monica Nickelsburg e Todd Bishop, "Satya Nadella: Staying Out of Politics, Focusing on Tech, Helped Microsoft Win Pentagon Cloud Contract", *GeekWire*, 1º nov. 2019. Disponível em: <www.geekwire.com/2019/satya-nadella-staying-politics-focusing-tech-helped-microsoft-win-pentagon-cloud-contract>. Acesso em: 26 jan. 2021.
30. Jay Greene e Laura Stevens, "Wal-Mart to Vendors: Get Off Amazon's Cloud", *The Wall Street Journal*, 21 jun. 2017. Disponível em: <www.wsj.com/articles/wal-mart-to-vendors-get-off-amazons-cloud-1498037402?mod=e2tw>. Acesso em: 26 jan. 2021.
31. Lina Khan, "Amazon's Antitrust Paradox", *Yale Law Journal*, v. 126, n. 3, 2017, p. 710-805.
32. Davis Streitfeld, "Amazon's Antitrust Antagonist Has a Breakthrough Idea", *The New York Times*, 7 set. 2018. Disponível em: <www.nytimes.com/2018/09/07/technology/monopoly-antitrust-lina-khan-amazon.html>. Acesso em: 26 jan. 2021.
33. Alexis C. Madrigal, "A Silicon Valley Congressman Takes On Amazon", *Atlantic*, 19 jun. 2017. Disponível em: <www.theatlantic.com/technology/archive/2017/06/ro-khanna-amazon-whole-foods/530805>. Acesso em: 26 jan. 2021.
34. Kostya Medvedovsky, tuíte, 19 jun. 2017. Disponível em: <twitter.com/kmedved/status/876869328934711296>. Acesso em: 26 jan. 2021.
35. Brent Kendall e Heather Haddon, "FTC Approves Whole Foods-Amazon", *The Wall Street Journal*, 23 ago. 2017. Disponível em: <www.wsj.com/articles/whole-foods-shareholders-approve-merger-with-amazon-1503498623>. Acesso em: 26 jan. 2021.
36. Adam Satariano, "Amazon Dominates as a Merchant and Platform. Europe Sees Reason to Worry", *The New York Times*, 19 set. 2018. Disponível em: <www.nytimes.com/2018/09/19/technology/amazon-europe-margrethe-vestager.html>. Acesso em: 26 jan. 2021.
37. David McLaughlin, Naomi Nix e Daniel Stoller, "Trump's Trustbusters Bring Microsoft Lessons to Big Tech Fight", Bloomberg, 11 jun. 2019. Disponível em: <www.bloomberg.com/news/articles/2019-06-11/trump-s-trustbusters-bring-microsoft-lessons-to-big-tech-fight?sref=dJuchiL5>. Acesso em: 26 jan. 2021.

38. "Cicilline to Chair Antitrust Subcommittee", 23 jan. de 2019. Disponível em: <cicilline.house.gov/press-release/cicilline-chair-antitrust-subcommittee>. Acesso em: 26 jan. 2021.
39. Kim Lyons, "Nadler Calls Amazon Letter to Judiciary Committee 'Unacceptable'", *The Verge*, 16 maio 2020. Disponível em: <www.theverge.com/2020/5/16/21260981/nadler-amazon-bezos-seller-judiciary>. Acesso em: 26 jan. 2021.
40. Lauren Feiner, "Amazon Exec Tells Lawmakers the Company Doesn't Favor Own Brands over Products Sold by Third-Party Merchants", CNBC, 16 jul. 2019. Disponível em: <www.cnbc.com/2019/07/16/amazon-tells-house-it-doesnt-favor-own-brands-in-antitrust-hearing.html>. Acesso em: 26 jan. 2021.
41. Laura Hautala, "Tech Titans Face Video Glitches in Congressional Testimony", *CNET*, 19 jul. 2020. Disponível em: <www.cnet.com/news/tech-titans-face-video-glitches-in-congressional-testimony>. Acesso em: 26 jan. 2021.
42. Brad Stone, *The Everything Store* (Boston: Little Brown and Company, 2013), pp. 294-300; 241-6.
43. David McCabe, "One of Amazon's Most Powerful Critics Lives in Its Backyard", *The New York Times*, 3 maio 2020. Disponível em: <www.nytimes.com/2020/05/03/technology/amazon-pramila-jayapal.html>. Acesso em: 26 jan. 2021.
44. Todas as citações vieram da audiência antitruste realizada em 29 de julho de 2020. Disponível em:<https.//www.rev.com/blog/transcripts/big-tech-antitrust-hearing-full-transcript-july-29>. Acesso em: 27 fev. 2021.
45. Karen Weise, "Prime Power: How Amazon Squeezes the Businesses Behind Its Store", *The New York Times*, 20 dez. 2019. Disponível em: <www.nytimes.com/2019/12/19/technology/amazon-sellers.html>. Acesso em: 26 jan. 2021.
46. "Supporting Small Businesses", vídeo do YouTube, 5 out. 2020. Disponível em: <www.youtube.com/watch?v=4qwk2T8-SRA&ab_channel=amazon>. Acesso em: 26 jan. 2021.
47. House Committee on the Judiciary, "Judiciary Antitrust Subcommittee Investigation Reveals Digital Economy Highly Concentrated, Impacted by Monopoly Power", 6 out. 2020. Disponível em: <judiciary.house.gov/news/documentsingle.aspx?DocumentID=3429>. Acesso em: 26 jan. 2021.
48. Ibid.

49. "Amazon Remains the Undisputed No. 1", *eMarket*, 11 mar. 2020. Disponível em: <www.emarketer.com/content/amazon-remains-the-undisputed-no-1>. Acesso em: 26 jan. 2021.
50. Matt Day e Jackie Gu, "The Enormous Numbers Behind Amazon's Market Reach", Bloomberg, 27 mar. 2019. Disponível em: <www.bloomberg.com/graphics/2019-amazon-reach-across-markets/?sref=dJuchiL5>. Acesso em: 26 jan. 2021.
51. Subcommittee on Antitrust, Commercial and Administrative Law of the Committee of the Judiciary, "Investigation of Competition in Digital Markets", out. 2020, p. 318.
52. "Ultrafast Grocery Delivery Is Now FREE with Prime", AboutAmazon.com, 29 out. 2019. Disponível em: <www.aboutamazon.com/news/retail/ultrafast-grocery-delivery-is-now-free-with-prime>. Acesso em: 26 jan. 2021.
53. Foo Yun Chee, "Europe Charges Amazon with Using Dominance and Data to Squeeze Rivals", Reuters, 10 nov. 2020. Disponível em: <www.reuters.com/article/eu-amazon-com-antitrust/europe-charges-amazon-with-using-its-dominance-and-data-to-squeeze-rivals-idUSKBN27Q21T>. Acesso em: 26 jan. 2021.
54. Döpfner, "Jeff Bezos Reveals".

15. Pandemia

1. Spencer Soper, "Amazon Results Show New Spending Splurge Paying Off; Shares Jump", Bloomberg, 30 jan. 2020. Disponível em: <www.bloomberg.com/news/articles/2020-01-30/amazon-holiday-results-crush-wall-street-estimates-shares-surge>. Acesso em: 26 jan. 2021.
2. Jeffrey Dastin, "Amazon Defers 'Non-essential' Moves Even in U.S. as Corporate Travel Bans Spread", Reuters, 28 fev. 2020. Disponível em: <www.reuters.com/article/us-china-health-amazon-com/amazon-defers-non-essential-moves-even-in-u-s-as-corporate-travel-bans-spread-idUSKCN20M2TZ>. Acesso em: 26 jan. 2021.
3. Taylor Soper, "Amazon Changes Coronavirus Plan, Tells Seattle Area Employees to Work from Home until March 31", *GeekWire*, 4 mar. 2020. Disponível em: <www.geekwire.com/2020/amazon-changes-coronavirus-plan-tells-seattle-area-employees-work-home-march-31>. Acesso em: 26 jan. 2021.

4. Monica Nickelsburg, "Amazon Extends Work from Home Policy to January 2021, Opens Offices with New Safety Measures", *GeekWire*, 15 jul. 2020. Disponível em: <www.geekwire.com/2020/amazon-extends-work-home-policy-january-2021-opens-offices-new-safety-measures>. Acesso em: 26 jan. 2021.
5. Roy Maurer, "Job Interviews Go Virtual in Response to COVID-19", *SHRM*, 17 mar. 2020. Disponível em: <www.shrm.org/resourcesandtools/hr-topics/talent-acquisition/pages/job-interviews-go-virtual-response-covid-19-coronavirus.aspx>. Acesso em: 26 jan. 2021.
6. Jeff Bezos, "A Message from Our CEO and Founder", Amazon, 21 mar. 2020. Disponível em: <www.aboutamazon.com/news/company-news/a-message-from-our-ceo-and-founder>. Acesso em: 26 jan. 2021.
7. Jeff Bezos, post no Instagram, 26 mar. 2020. Disponível em: <www.instagram.com/p/B-NbzviHy5B>. Acesso em: 26 jan. 2021.
8. Jeff Bezos, post no Instagram, 27 mar. 2020. Disponível em: <www.instagram.com/p/B-QSpVsHQcq/?hl=en>. Acesso em: 26 jan. 2021.
9. Amazon News, tuíte, 8 abr. 2020. Disponível em: <twitter.com/amazonnews/status/1248092828070301697?s=20>. Acesso em: 26 jan. 2021.
10. Karen Weise e Kate Conger, "Gaps in Amazon's Response as Virus Spreads to More Than 50 Warehouses", *The New York Times*, 5 abr. 2020. Disponível em: <www.nytimes.com/2020/04/05/technology/coronavirus-amazon-workers.html>. Acesso em: 26 jan. 2021.
11. Benjamin Romano, "Amazon Confirms COVID-Positive Employee in One of Its Seattle-Area Warehouses", *Seattle Times*, 28 mar. 2020. Disponível em: <www.seattletimes.com/business/amazon/amazon-confirms-covid-positive-employee-in-one-of-its-seattle-area-warehouses>. Acesso em: 26 jan. 2021.
12. Matt Day, "Amazon Is Its Own Biggest Mailman, Shipping 3.5 Billion Parcels", Bloomberg, 19 dez. 2019. Disponível em: <www.bloomberg.com/news/articles/2019-12-19/amazon-is-its-own-biggest-mailman-delivering-3-5-billion-orders>. Acesso em: 26 jan. 2021.
13. "Amazon Posts Self-Delivery Record in July, Consultancy Says", *Benzinga*, 14 ago. 2020. Disponível em: <www.benzinga.com/news/earnings/20/08/17085321/amazon-posts-self-delivery-record-in-july-consultancy-says>. Acesso em: 26 jan. 2021.
14. Eugene Kim, "Leaked Emails Show Amazon's Drone Delivery Team Is Manufacturing Face Shields for COVID-19 and Crowdsourcing Employee Ideas to Improve Warehouse Safety", *Business Insider*, 6

maio 2020. Disponível em: <www.businessinsider.com/amazon-drone-delivery-team-is-manufacturing-covid-19-face-shields-2020-5>. Acesso em: 26 jan. 2021.
15. "Getting Millions of Masks to Our Employees", Amazon, 5 abr. 2020. Disponível em: <www.aboutamazon.com/news/company-news/getting-millions-of-masks-to-our-employees>. Acesso em: 26 jan. 2021.
16. Dana Mattioli, "Amazon Retools with Unusual Goal: Get Shoppers to Buy Less Amid Coronavirus Pandemic", *The Wall Street Journal*, 16 abr. 2020. Disponível em: <www.wsj.com/articles/amazon-retools-with-unusual-goal-get-shoppers-to-buy-less-amid-coronavirus-pandemic-11587034800>. Acesso em: 26 jan. 2021.
17. "Temporarily Prioritizing Products Coming into Our Fulfillment Centers", *Amazon Services Seller Forums*, mar. 2020. Disponível em: <sellercentral.amazon.com/forums/t/temporarily-prioritizing-products-coming-into-our-fulfillment-centers/592213>. Acesso em: 26 jan. 2021.
18. "Investigation of Competition in Digital Markets", p. 270. Disponível em: <www.documentcloud.org/documents/7222836-Investigation-of-Competition-in-Digital-Markets.html#text/p270>. Acesso em: 26 jan. 2021; Adi Robertson e Russel Brandom, "Congress Releases Blockbuster Tech Antitrust Report", *The Verge*, 6 out. 2020. Disponível em: <www.theverge.com/2020/10/6/21504814/congress-antitrust-report-house-judiciary-committee-apple-google-amazon-facebook>. Acesso em: 26 jan. 2021.
19. Dana Mattioli, "Amazon to Expand Shipments of Nonessential Items, Continue Adding Staff", *The Wall Street Journal*, 13 abr. 2020. Disponível em: <www.wsj.com/articles/amazon-seeks-to-hire-another-75-000-workers-11586789365>. Acesso em: 26 jan. 2021.
20. Brad Porter, "Amazon Introduces 'Distance Assistant'", Amazon, 16 jun. 2020. Disponível em: <www.aboutamazon.com/news/operations/amazon-introduces-distance-assistant>. Acesso em: 26 jan. 2021.
21. Mark Di Stefano, "Amazon Drops Pandemic Test to Track Warehouse Workers Through Wi-Fi", *The Information*, 30 nov. 2020. Disponível em: <www.theinformation.com/articles/amazon-drops-pandemic-test-to-track-warehouse-workers-through-wi-fi>. Acesso em: 26 jan. 2021.
22. Paris Martineau, "Amazon Quietly Expands Large-Scale Covid Testing Program for Warehouses", *The Information*, 24 set. 2020.

Disponível em: <www.theinformation.com/articles/amazon-quietly-expands-large-scale-covid-testing-program-for-warehouses>. Acesso em: 26 jan. 2021.

23. "Update on COVID-19 Testing", Amazon, 1º out. 2020. Disponível em: <www.aboutamazon.com/news/operations/update-on-covid-19-testing>. Acesso em: 26 jan. 2021.

24. Matthew Fox, "'COVID-19 Has Been Like Injecting Amazon with a Growth Hormone': Here's What 4 Analysts Had to Say About Amazon's Earnings Report as $4,000 Price Targets Start to Roll In", *Business Insider*, 31 jul. 2020. Disponível em: <markets.businessinsider.com/news/stocks/amazon-earnings-wall-street-reacts-blockbuster-report-analysts-stock-price-2020-7-1029456482>. Acesso em: 26 jan. 2021.

25. Matt Day, Daniele Lepido, Helen Fouquet e Macarena Munoz Montijano, "Coronavirus Strikes at Amazon's Operational Heart: Its Delivery Machine", Bloomberg, 16 mar. 2020. Disponível em: <www.bloomberg.com/news/articles/2020-03-16/coronavirus-strikes-at-amazon-s-operational-heart-its-delivery-machine?sref=dJuchiL5>. Acesso em: 26 jan. 2021.

26. Matthew Dalton, "Amazon Shuts French Warehouses After Court Orders Coronavirus Restrictions", *The Wall Street Journal*, 16 abr. 2020. Disponível em: <www.wsj.com/articles/amazon-shuts-warehouses-in-france-11587036614>. Acesso em: 26 jan. 2021; Mathieu Rosemain, "Amazon's French Warehouses to Reopen with 30% Staff-Unions", Reuters, 18 maio 2020. Disponível em: <www.reuters.com/article/health-coronavirus-amazon-france/amazons-french-warehouses-to-reopen-with-30-staff-unions-idINKBN22U27G?edition-redirect=in>. Acesso em: 26 jan. 2021.

27. Pierre-Paul Bermingham, "Amazon Under Fire in France as Coronavirus Restrictions Hit Rivals", *Politico Europe*, 5 nov. 2020. Disponível em: <www.politico.eu/article/spotlight-falls-on-amazon-as-french-businesses-are-restricted-by-lockdown-rules>. Acesso em: 26 jan. 2021.

28. Sam Dean, "Fearful of COVID-19, Amazon Workers Ask for State Probe of Working Conditions", *Los Angeles Times*, 9 abr. 2020. Disponível em: <www.latimes.com/business/technology/story/2020-04-09/fearful-of-covid-19-amazon-workers-ask-for-state-probe-of-working-conditions>. Acesso em: 26 jan. 2021.

29. Sebastian Herrera, "Fired Amazon Warehouse Workers Accuse Company of Retaliation, Which It Denies", *The Wall Street Journal*, 14 abr. 2020. Disponível em: <www.wsj.com/articles/fired-amazon-warehouse-workers-accuse-company-of-retaliation-which-it-denies-11586891334>. Acesso em: 26 jan. 2021; Spencer Soper e Matt Day, "Amazon Drivers Received Single Wipe to Clean Vans Before Shifts", Bloomberg, 18 mar. 2020. Disponível em: <www.bloomberg.com/news/articles/2020-03-18/amazon-drivers-received-single-wipe-to-clean-vans-before-shifts?sref=dJuchiL5>. Acesso em: 26 jan. 2021.

30. Benjamin Romano, "Amazon Confirms Seattle-Area Warehouse Employee Has Coronavirus", *Seattle Times*, 28 mar. 2020. Disponível em: <www.seattletimes.com/business/amazon/amazon-confirms-covid-positive-employee-in-one-of-its-seattle-area-warehouses>. Acesso em: 26 jan. 2021.

31. Josh Eidelson e Luke Kawa, "Firing of Amazon Strike Leader Draws State and City Scrutiny", Bloomberg, 30 mar. 2020. Disponível em: <www.bloomberg.com/news/articles/2020-03-30/amazon-worker-who-led-strike-over-virus-says-company-fired-him>. Acesso em: 26 jan. 2021; "Interview with Chris Smalls", Emily Chang, Bloomberg TV, 30 mar. 2020. Disponível em: <www.bloomberg.com/news/videos/2020-03-30/striking-amazon-employee-accuses-company-of-retaliation-video>. Acesso em: 28 fev. 2021.

32. Paul Blest, "Leaked Amazon Memo Details Plan to Smear Fired Warehouse Organizer: 'He's Not Smart or Articulate'", Vice News, 2 abr. 2020. Disponível em: <www.vice.com/en/article/5dm8bx/leaked-amazon-memo-details-plan-to-smear-fired-warehouse-organizer-hes-not-smart-or-articulate>. Acesso em: 28 fev. 2020.

33. Hayley Peterson, "Amazon-Owned Whole Foods Is Quietly Tracking Its Employees with a Heat Map Tool That Ranks Which Stores Are Most At Risk of Unionizing", *Business Insider*, 20 abr. 2020. Disponível em: <www.businessinsider.com/whole-foods-tracks-unionization-risk-with-heat-map-2020-1?r=US&IR=T>. Acesso em: 26 jan. 2021; Nick Statt, "Amazon Deletes Job Listings Detailing Effort to Monitor 'Labor Organizing Threats'", *The Verge*, 1º set. 2020. Disponível em: <www.theverge.com/2020/9/1/21417401/amazon-job-listing-delete-labor-organizing-threat-union>. Acesso em: 26 jan. 2021.

34. "Amazon Worker: At Least 600 Amazon Employees Stricken by Coronavirus", CBS, 10 maio 2020. Disponível em: <www.cbsnews.com/

news/amazon-workers-with-coronavirus-60-minutes-2020-05-10>. Acesso em: 16 fev. 2021.
35. Amazon, "Update on COVID-19 Testing".
36. Amazon, "Update on COVID-19 Testing".
37. Lauren Kaori Gurley, "Whole Foods Just Fired an Employee Who Kept Track of Corona Virus Cases", *Motherboard*, 29 mar. 2020. Disponível em: <www.vice.com/en/article/y3zd9g/whole-foods-just-fired-an-employee-who-kept-track-of-coronavirus-cases>. Acesso em: 28 fev. 2021.
38. Sarah Ashley O'Brien, "Fear and a firing inside an Amazon warehouse", CNN, 22 abr. 2020. Disponível em: <www.cnn.com/2020/04/22/tech/amazon-warehouse-bashir-mohamed/index.html>. Acesso em: 28 fev. 2021.
39. Caroline O'Donovan, "This Fired Worker Says Amazon Retaliated Against Her. Now the Company is Facing Charges", BuzzFeed News, 4 dez. 2020. Disponível em: <www.buzzfeednews.com/article/carolineodonovan/amazon-worker-retaliation-coronavirus>. Acesso em: 16 fev. 2021.
40. Tim Bray, "Bye, Amazon", Ongoing by Tim Bray, 29 abr. 2020. Disponível em: <www.tbray.org/ongoing/When/202x/2020/04/29/Leaving-Amazon>. Acesso em: 26 jan. 2021.
41. Brad Porter, "Response to Tim Bray's Departure…", LinkedIn, 5 maio 2020. Disponível em: <www.linkedin.com/pulse/response-tim-brays-departure-brad-porter>. Acesso em: 26 jan. 2021.
42. Spencer Soper, "Amazon Projects Revenue Signaling Strong E-Commerce Demand", Bloomberg, 2 fev. 2021. Disponível em: <www.bloomberg.com/news/articles/2021-02-02/amazon-projects-revenue-signaling-strong-e-commerce-demand>. Acesso em: 28 fev. 2021.
43. Karen Weis, "Pushed by Pandemic, Amazon Goes on a Hiring Spree Without Equal", *The New York Times*, 27 nov. 2020. Disponível em: <www.nytimes.com/2020/11/27/technology/pushed-by-pandemic-amazon-goes-on-a-hiring-spree-without-equal.html>. Acesso em: 28 fev. 2021.
44. Annie Palmer, "Jeff Wilke, Amazon's Consumer Boss and a Top Lieutenant to Bezos, Will Step Down in 2021", CNBC, 21 ago. 2020. Disponível em: <www.cnbc.com/2020/08/21/amazons-consumer-boss-jeff-wilke-to-step-down-in-2021.html>. Acesso em: 26 jan. 2021.

45. Annie Palmer, "Read the Full Letter Amazon Sent to Biden Offering to Help with Covid-19 Vaccines", CNBC, 20 jan. 2021. Disponível em: <www.cnbc.com/2021/01/20/amazon-sends-letter-to-biden-offering-to-help-with-covid-19-vaccines.html>. Acesso em: 28 fev. 2021.
46. Jason Del Ray, "Jeff Bezos Finally Added 2 More Women to Amazon's Senior Leadership Team — Joining 19 Men", *Recode*, 5 dez. 2019. Disponível em: <www.vox.com/recode/2019/12/5/20998013/amazon-s-team-leadership-women-jeff-bezos-tech-diversity>. Acesso em: 28 fev. 2021; Taylor Soper, "Here Are the Three Amazon Execs Who Just Joined Jeff Bezos' Elite 'S-team' Leadership Suite", *GeekWire*, 21 ago. 2020. Disponível em: <www.geekwire.com/2020/three-amazon-execs-just-joined-jeff-bezos-elite-s-team-leadership-suite>. Acesso em: 28 fev. 2021.
47. Sophie Alexander e Ben Steverman, "MacKenzie Scott's Remarkable Giveaway Is Transforming the Bezos Fortune", Bloomberg, 11 fev. 2021. Disponível em: <www.bloomberg.com/features/2021-bezos-scott-philanthropy>. Acesso em: 28 fev. 2021.
48. Nick Tilsen, "Shifting Power and Emboldening Indigenous-Led Climate Solutions: NDN Collective on Bezos Earth Fund Grant", NDN Collective, 25 nov. 2020. Disponível em: <ndncollective.org/shifting-power-and-emboldening-indigenous-led-climate-solutions-ndn-collective-on-bezos-earth-fund-grant>. Acesso em: 26 jan. 2021.
49. Blake Dodge, "Amazon Wants to Provide Medical Care to Workers at Major Companies. Here's an Inside Look at Amazon Care", *Business Insider*, 16 dez. 2020. Disponível em: <www.businessinsider.com/inside-amazon-care-telehealth-employers-2020-12>. Acesso em: 26 jan. 2021.
50. "Amazon.com Announces Financial Results and CEO Transition", Amazon, 2 fev. 2021. Disponível em: <ir.aboutamazon.com/news-release/news-release-details/2021/Amazon.com-Announces-Fourth-Quarter-Results>. Acesso em: 17 fev. 2021.
51. "E-mail from Jeff Bezos to Employees", Amazon.com, 2 fev. 2021. Disponível em: <www.aboutamazon.com/news/company-news/email-from-jeff-bezos-to-employees>. Acesso em: 10 mar. 2021.

Tradução dos tuítes citados no livro

p. 131: "O @washington, que perde uma fortuna, é propriedade de @Jeff-Bezos com o propósito de fazer a sua empresa que não gera lucro, a @amazon, pagar menos impostos."

p. 132: "O @washingtonpost perde dinheiro (uma dedução) e dá ao dono, @JeffBezos, poder para ferrar a população com os impostos baixos pagos pela @amazon! Baita escudo de impostos."
"Se a @amazon tivesse que pagar impostos justos, suas ações iam colapsar e despencar como saco de papel. O golpe do @wahsingtonpost a está salvando!"

p. 134: "Finalmente atacado por @realDonaldTrump. Mesmo assim vou reservar um assento para ele no foguete da Blue Origin. #mandarDonaldparaoespaço http://bit.ly/1OpyW5N"

p. 142: "Os funcionários do Washington Post querem manter os piquetes porque Bezos não está pagando salários justos. Eles ganhariam mais e nós nos livraríamos das fake news por mais tempo! @WaPo é um lobista registrado?"

p. 356: "Muito sentido por causa das notícias sobre Jeff Bozo ter sido superado por um competidor cuja apuração, no meu entender, é bem mais precisa do que a praticada por seu jornal de lobbismo, o Amazon Washington Post."

p. 365: "Nós, como sauditas, jamais aceitaremos ser atacados pelo The Washington Post de manhã e logo depois comprar produtos da Amazon e do Souq.com à noite! Estranho as três companhias pertenceram ao mesmo judeu que nos ataca de dia e nos vende produtos à noite!"

p. 376: "Nós não usamos dados de vendedores individuais para lançar produtos de marca própria (que respondem por apenas cerca de 1% das vendas). E os vendedores não estão sendo "derrubados" — eles estão vendo recordes de venda todo ano. Além disso, o Walmart é muito maior; Amazon representa menos de 4% do varejo dos Estados Unidos."

p. 377: "Nós pagamos US$2.6B em impostos corporativos em 2016. Nós pagamos cada centavo que nos cabe. O Congresso fez as leis tributárias de modo a encorajar as empresas a reinvestir na economia americana. Nós temos US$200B em investimentos desde 2011 & 300K postos de trabalho nos Estados Unidos. Acreditamos que a reclamação do vice-presidente Biden se refere ao código tributário, não à Amazon."

p. 380: "Por que o Serviço Postal dos Estados Unidos vem perdendo bilhões de dólares por ano, mas cobra da Amazon e de outras empresas tão pouco para entregar seus pacotes, fazendo com que a Amazon fique mais rica e o Serviço Postal mais pobre e otário? Ele deveria cobrar MUITO MAIS!"

Índice

11 de Setembro, ataques terroristas, 131
12 Parties, 167
20th Century Fox, 153
5 linguagens do amor, As (Chapman),
60 Minutes, 250, 421

A&P, 372-373, 400
A9, 81, 273, 276
Aarstol, Stephan, 184, 397, 433
Abercrombie & Fitch, 193
Accel, 135
Ackerman, Neil, 43, 182
ações da Amazon, 16, 17, 24, 69, 108, 109, 117, 123, 227, 262, 279, 280, 307, 409
   acordo de divórcio de Bezos, 368
   estrutura de duas classes, 342-346
   financiamento de Bezos para a Blue Origin, 298
   impostos, 376
   riqueza de Bezos, 21, 25, 109, 126-127, 371
Acordo de Paris, 13, 406
Acxiom, 269
Adams, Jeff, 38
Adobe, 269
Adzinia, 267

Aerojet Rocketdyne, 292
Aeroporto Internacional de Cincinnati/Northern Kentucky, 252, 312
Affleck, Casey, 149, 151, 163
Agarwal, Amit, 82-91, 98, 101, 105, 407
Agostini, Adrian, 184, 192
Airbnb, 109, 211, 265
Albertsons Companies, 69, 201, 226
Albrecht, família, 212
Aldi Nord, 216, 222, 253
Alemanha, 146, 212, 214, 224, 337
Alexa, 24, 25, 27, 34, 37-49, 52, 63, 64, 69, 75, 77, 81, 102, 105, 116, 159, 163, 173, 202, 208, 211, 226, 228, 262, 275, 278, 306, 308, 425, 428
   AMPED, 53
   bugs, 621-62
   como projeto Doppler, 37-49, 51, 53-59
   esboço de Bezos, 31, 36
   Evi, 45-47
   lançamento, 55-57
   nome, 43
   reconhecimento de deixas sociais, 47-48
   reconhecimento de fala, 39, 44, 47, 48
   Skills Kit, 59, 64
   tablet Fire, 55

testadores beta, 44, 48, 53-55
ver também Echo
versões em idiomas específicos, 60
Voice Service, 57
voz, 38-41
Alexa Prize, 62
Alfalfa Club, 344
Alibaba, 83, 88, 117, 186-187, 191, 193, 266, 278, 401
AliExpress, 186-187
Alipay, 83
Allen & Company, 26, 136, 261, 366
Allen, James, 280
Allen, Paul, 308
Allen, Woody, 24, 163, 167
AlliedSignal, 18
Alpha House, 156
Alphabet, 78, 341, 382
alto-falantes inteligentes, 60
    Echo, *ver* Echo
    Google Home, 60
Amazon
    "licença para operar", 311
    2015 como ano crítico, 108
    ações, *ver* ações da Amazon
    advogados, 126, 162, 217, 275-276, 388-389
    algoritmos, 69, 179, 277
    anúncios do Google, 93, 97, 96-98
    busca de alavancagem, 177-178, 198, 258, 259, 307, 429
    capitalização de mercado, 25, 30, 105, 123, 128, 183, 262, 282, 304, 307, 327
    clientes reembolsados, 212
    comentários de clientes, 193, 216
    comitê de liderança, *ver* S Team
    como empresa "Dia 1", 17, 23, 430
    crescimento e expansão, 17, 19, 21-23, 28, 29, 91, 177, 282, 306-309, 311, 338, 371
    crítica, 25, 231, 371-379, 385, 407, 415, 417, 423, 427
    cultura corporativa, 20, 29, 32, 109, 122-125, 127-129, 133, 423, 426

    demissão de críticos, 422-423
    departamento de relações públicas e política, 374-375, 392, 423
    despesas de P&D, 78
    equipes de duas pizzas, 20, 59, 61, 223, 256
    estagnação do "Dia 2" temida, 256, 280, 281
    funcionários, *ver* funcionários da Amazon
    fundação, 274
    Heartbeat, banco de dados, 216
    HQ2, *ver* HQ2
    impostos, 130-131, 310, 322, 336, 3733, 376-379, 387
    lojas físicas, *ver* Amazon Books; Amazon Go
    lucratividade, 108-110, 177, 180, 279
    negócio de venda de livros, 15, 19, 257, 403, 429
    o problema CRaP (incapacidade de gerar lucro), 205, 209, 229
    parque eólico, 262
    PR FAQ, 42, 68, 209, 219
    preços reduzidos pela, 388
    primeiros anos, 16-23, 27
    princípios de liderança, 20, 32, 47, 50, 72, 332, 430
    produtos Amazon Indica, 274-277
    produtos de marca própria, *ver* produtos de marca própria da Amazon
    produtos patrocinados, 271-274, 276
    programa Vine, 216
    publicidade, *ver* publicidade
    qualidade versus quantidade de produtos, 183-184, 199, 201
    questões antitruste, 19, 20, 1879, 329, 373, 387-405, 406, 430
    Quidsi adquirida, 19-20, 208, 226, 239
    recuo e desaceleração, 277
    redes de transporte, *ver* redes de transporte e logística da Amazon
    resultados de busca, 216, 271-274, 276, 397

Índice

retiro Campfire, 167-169
reuniões de OP1, 20, 57, 60, 86, 87, 97, 116, 181, 182, 185-186, 282-286, 321, 340
reuniões de OP2, 20, 116
Ring adquirida, 341, 390
S Team, *ver* S Team
vendas líquidas anuais e lucro, 31, 173, 282, 304
vendedores terceirizados, *ver* marketplace da Amazon
volante (ciclo virtuoso), 19, 83, 177, 243, 253
Washington Post e, 131-134, 139, 143, 147, 379, 386
Whole Foods adquirido, 25, 26, 80, 201-202, 214-217, 218, 306, 375, 389
Zappos adquirido, 19, 26, 208, 226, 237, 239, 375
Amazon Air, 25, 231, 249-252
  acidente da Atlas Air, 257
Amazon Books, 75-76, 80, 357
Amazon Care, 429
Amazon Customer Excellence System (ACES), 235
Amazon Dash Carts, 75, 80
Amazon Flex, 255
Amazon Fresh, 80, 204, 206-207, 209, 212, 219, 223-224, 227-228, 238-239, 247, 259-260, 415
Amazon Go, 23, 64-69, 80, 109, 159, 163, 165, 172, 228, 261, 309, 428
Amazon Índia, 85-89, 99, 101, 103, 105, 162, 172, 396
Amazon Lockers, 227
Amazon México, 91-96, 99, 218
Amazon Pharmacy, 428
Amazon Polly, 40
Amazon Prime Day, 109, 118-123, 413
Amazon Prime Now, 209-213, 219, 220, 223, 226, 227, 228-229, 284
Amazon Prime Pantry, 209
Amazon Prime Video, 58, 104, 151, 153-156, 158, 161-163, 167, 172, 198, 306, 425

Amazon Prime, 18, 98, 118, 121, 123, 140, 153-154, 172 ,177, 179, 208, 228, 243, 244, 258-260, 282, 404, 410
Amazon Restaurants, 277
Amazon Spheres, 165, 308, 309, 348, 405
Amazon Studios, 23, 24, 150-153, 156-172, 261, 344, 349, 350, 425
  diretrizes de narrativa de Bezos, 165-166
Amazon Tap, 57, 58
Amazon Web Services (AWS), 28, 29, 33, 34, 40, 47, 89, 90, 109-117, 123, 128, 159, 198, 278, 280, 282, 286, 335, 345, 371, 400, 402, 409, 423, 429
  contrato JEDI, 373, 380-384, 406
  Covid-19, 425
  cultura, 113-115
  re:Invent, conferência anual, 384
  receitas e lucros, 110, 117-118
Ambani, Mukesh, 105, 408
ambiente de trabalho fissurado, 75
American Astronomical Society, 296
American Media Inc. (AMI), 350-363, 366, 368
Anagram Genius, 44
Android, 44, 50-51, 256
Anker, 190-191, 398
Annapurna Labs, 116
Antitrust Paradox, The (Bork), 386, 387
AOL, 17
Appen, 53
Apple, 19, 45, 53, 72, 82, 109, 124, 160, 172, 198, 293, 372, 380, 400
  Apple News+, 143
  iPad, 50, 143
  iPhone, 49, 52, 110, 143
  Siri, 37, 38, 41, 43, 45
  tecnologia de voz, 48, 53
  Washington Post, 143-144
Arábia Saudita, 27, 342, 352, 361-365, 368
Arc Publishing, 143
Arendt, Hannah, 387
armazéns, *ver* centros de atendimento de pedidos da Amazon

Asimov, Isaac, 33
assistentes virtuais, 37, 53
　Alexa, *ver* Alexa
　Siri, 36, 37, 40, 42, 44
Associação Nacional de Rifles, 321
AT&T, 386
Atlas Air, 251, 257
ATSG, 251
Aubrey, Colleen, 270-271, 427
Axel Springer, 138, 301
Axis Management, 349

Bain & Company, 279-280
Baldwin, Alec, 59
Ballmer, Steve, 107-109, 128
bancos de dados, 23, 39, 110-111, 341, 431
　ver também computação em nuvem
Bansal, Binny, 81, 84, 100, 103
Bansal, Sachin, 81, 84-85, 99-103
Barnes & Noble, 16
Barnett, David, 309
Baron, Marty, 137, 140-141, 144-145, 168
Barron's, 22
Bart, Peter, 151
Barton, Bill, 46
BBC, 153, 159
BBN Technologies, 46
BDO, 331
Beauchamp, Christine, 427
Beaudoin, Cathy, 195
Beck, 150
Beckinsale, Kate, 150
Bell, Charlie, 73, 112, 114-115, 341
Bellevue, Washington, 204, 325-326
Bennett, Susan, 40
Berkshire Hathaway, 26, 142, 342, 402
Berman, Craig, 51, 120, 134, 200-201, 226
Betas, 156
Bezos Day One Fund, 345
Bezos Earth Fund, 427-428, 430
Bezos, Christina (irmã), 176, 261
Bezos, George, 59, 235
Bezos, Jackie (mãe), 15, 176, 347

Bezos, Jeff
　cartas aos acionistas, 16, 23, 33, 34, 50, 79, 197, 223, 287, 378, 396-400
　casa de infância visitada, 165-168, 280
　casas, 147-148, 150, 327, 344, 345, 369, 429
　consultores técnicos, 34-35, 82
　depoimento à Câmara, 390-391
　divórcio, 27-28, 339-341, 356, 367, 368, 371
　encontro de Sánchez, 348
　enquanto fã de ficção científica, 34, 41-42, 62, 285, 293
　entrevista ao *60 Minutes*, 250
　estilo de liderança, 21, 32-33, 181
　fama, 261, 267, 345, 346
　fundação da Amazon, 12-13, 344
　gostos musicais, 42
　incidente do telefone hackeado, 343, 364-365
　mudança da imagem, 26-27, 130, 261, 345
　pai biológico, 23, 350
　prêmios recebidos, 316, 364
　relacionamento de Sánchez, 28, 302, 339-340, 342, 345, 347-349, 366-369
　reportagem no *National Enquirer* sobre relacionamento com Sánchez, 28, 340, 350-354, 368
　retrato, 11, 407
　riqueza, 12, 22, 26, 31, 32, 109, 122, 125-126, 173, 185, 261, 276, 279, 301, 303, 327, 345, 369, 371, 377, 379, 410, 425, 428
　salário, 126
　transição para o cargo de presidente executivo, 28, 429
Bezos, MacKenzie (esposa), *ver* Scott, MacKenzie
Bezos, Mark (irmão), 176, 261, 262, 343
Bezos, Mike (pai), 15, 236, 232, 261, 285, 294
Bezos, Preston, 12, 406-407

Índice

Biden, Joe, 123, 376, 426
Big Billion Day, 89-90
Big Little Lies, 169
Bin Laden, Osama, 131-132
Bing, 162, 208
Birkenstock, 195
Black Friday, 95, 117-118, 243
Black Lives Matter, 420
Black Ops Aviation, 303, 331, 348
Blackburn, Jeff, 150, 153, 154, 161, 166, 170-171, 268-269, 271, 343, 427
Blizzard Challenge, 39
Bloomberg, Bloomberg News, 202, 315, 382, 434
Blue Origin, 27, 28, 137, 143, 261, 262, 285, 332, 333, 368, 412, 430
    carta de boas-vindas para novos funcionários, 286-289, 297, 298, 301
    como empreendimento filantrópico, 288, 300
    falha no foguete de teste, 291
    financiamento de Bezos, 298
    foguete *New Glenn*, 271, 273, 275-278
    foguete *New Shepard*, 282, 285, 291, 293, 299, 302, 307, 332, 349
    funcionários, 282, 293-295, 298, 300-301
    instalações no rancho do Texas, 294, 301
    lema e brasão, 289
    linha Kármán, 292, 301
    misturas de combustíveis, 288, 289
    orçamento, 296-297
    projeto Blue Moon, 298
    sede de Kent, 281, 293-295, 298, 300-301
    sigilo, 289
Blumenthal, Richard, 231
Boeing, 291, 292, 300, 312, 313, 315, 331
Bon Jovi, Jon, 346
boom das pontocom, 16, 17, 46, 72, 81 107, 203, 209, 229, 426
Borat Subsequent Moviefilm, 426
Borders, 183
Borders, Louis, 203

Bork, Robert, 387
Bosch, 157
Bourdain, Anthony, 146
Bowden, Courtney, 422
Bowen, Sam, 33
Boyle, Sean, 266
Boys, The, 172, 426
Bradlee, Ben, 147
Branson, Richard, 16
Brasil, 124, 247
Bray, Tim, 422-425
Brennan, Megan, 380
Breuer, Lanny, 390
Brin, Sergey, 381
Brown, Dan, 44
Brownstein, Carrie, 168
Buffett, Warren, 142, 201, 342, 366
Burgess, Tim, 310, 312
Burnett, Mark, 159, 294
Burnett, T Bone, 150
Burnham, John, 163
Business Insider, 257
Business Today, 90
Businessweek, 112
Buy Box Experts, 399
BuzzFeed, 169, 254, 257
Bystander Revolution, 345, 367

Cabo Canaveral, 291, 300
caixas de som, 60
    Google Home, 60
    ver Echo
Callamard, Agnes, 366
Campfire, 168-170, 346
Canadá, 39, 91, 298, 316
candidatos presidenciais americanos na eleição de 2020, 373, 375-376, 386-389
Capitalismo consciente (Mackey), 200
Carlson, Teresa, 381, 384
Carney, Jay, 123, 132-134, 224, 281, 317, 332, 335-336, 361, 373, 378-379, 391, 414-415
Carr, Bill, 152-154
Carrefour, 205

Catz, Safra, 382
CCDev, 289
Cengiz, Hatice, 368
centros de atendimento de pedidos da Amazon (armazéns), 16, 18, 19, 21, 91, 111, 117, 179, 198, 209, 212, 230-231, 233, 258, 376
  artigos de grande porte, 234-235
  aumento salarial dos funcionários, 378-379
  condições de verão em Lehigh Valley, 237-238
  Covid-19, 410-424
  Fulfillment by Amazon para vendedores terceirizados, 179-185, 187, 413
  funcionários, 12, 17, 230-231, 236-239, 241, 253, 255, 307, 342, 429
  prevenção de acidentes, 255
  robôs, 230, 239-241, 242, 413
Centro Espacial Kennedy, 291
Chapman, Gary, 75
Charlie Rose, 65, 107
Chatham Asset Management, 2352, 358
Cheng, Albert, 171
Chicago, Illinois, 78, 208, 221, 253-254, 322, 323
China, 24, 81-84, 86-87, 89, 93, 97, 109, 118, 185, 204, 404
  Partido Comunista, 83
chips RFID, 68, 242
Christensen, Clayton, 20
CIA, 381
Cicilline, David N., 389-391, 393, 400
Clancy, Tom, 164
Clark, Dave, 209, 215, 218, 229-235, 238-252, 256, 258-260, 377, 411-413, 416, 421, 424, 426, 429
Clark, Leigh Anne, 233-234
Clarke, Arthur C., 33
Clarkson, Ian, 204
Clarkson, Jeremy, 159
classificação hierárquica, 123-125, 127, 279

Climate and Clean Energy Equity Fund, 428
Climate Pledge, 12, 28, 406, 412
Clinton, Hillary, 11
Cloudtail, 88, 100
Clube da luta, 347
CNET, 78
CNN, 375-376
Coca-Cola, 200, 201, 278
Código Da Vinci, O (Brown), 44
Coen, Joel, 150
Cohen, Michael, 352, 356
Collins, Doug, 389
Columbia Pictures, 155
Comcast, 154
Comic-Con, 159-160, 169-170
Comissão de Energia Atômica, 285
computação em nuvem, 14, 23, 25, 33, 35, 36, 66, 110-112, 116
  contrato JEDI do Departamento de Defesa, 372, 380-384, 406
  produtos originais da Amazon, 111
  ver também Amazon Web Services
ContextLogic, 185
Condição humana, A (Arendt), 387
Conselho de Negócios, 26, 99
Conselho de Segurança Nacional, 365
Conto da aia, O, 169
Convenção-Quadro das Nações Unidas sobre a Mudança do Clima, 13
Cook, Tim, 146, 366, 392
"*cookie licking*", 250
Corden, James, 12
Cornell, Brian, 248
Costco, 200, 207-208, 214
Coulter, Kristi, 71, 76
  Whole Foods, 414, 415, 422
Covington & Burling, 390
Cox, Braden, 333, 335, 337
Crise em seis cenas, 24, 163
Crow, Bill, 318
Cruise, Tom, 182
Cucinelli, Brunello, 367
cuidados de saúde, 429

Índice

Cunningham, Michael, 367
Cuomo, Andrew, 326, 331, 335-336
Curry, Stacey Hayes, 254
D. E. Shaw & Co., 15, 271, 345
Daily Beast, 358, 363
Dallas, Texas, 313, 315, 316, 320, 322-323, 329, 338, 411
Damon, Matt, 149, 346
Daudon, Maud, 310, 325
Davis, Alicia Boler, 427
Days Inn, 311
De Becker, Gavin, 75, 345, 355-362, 363, 365, 368
De Blasio, Bill, 326, 331, 334-335
De Bonet, Jeremy, 74
De Niro, Robert, 166
Dead of Winter Productions, 349
Deadline, 151
Deliveroo, 277
Delrahim, Makan, 388
Delta Air Lines, 321
democracia, 138, 149
denunciadores, 425
DePalo, Joe, 115
Departamento de Defesa, Estados Unidos, 381, 383
    contrato JEDI, 373, 381-385, 406
Departamento de Imigração dos Estados Unidos, 333
Departamento de Justiça, 317, 352, 388-389, 390
Departamento de Proteção Financeira ao Consumidor, 375
Deshpande, Amit, 87
DHL, 245, 252
Diapers.com, 20, 208, 225, 390, 391, 454
Dick, Philip K., 159, 160
Dick's Drive-In, 325
Dilema da inovação, O (Christensen), 20
Diller, Barry, 134, 358, 367
Dimon, Jamie, 26
Disney, 153, 155, 172, 426
Disrobot Systems, 239

Djokovic, Novak, 166
Doan, Katie, 422
DoorDash, 277
Döpfner, Mathias, 138, 301
Doppler, projeto, 36-38, 40-44, 46, 49-50, 52-53, 55-57, 312
    ver também Alexa; Echo
Dropbox, 109
Dunaway, Faye, 150
Durkan, Jenny, 326
Dyson, George, 286

EAA AirVenture, show, 299
eBay, 18, 19, 83, 99, 136, 183, 341
e-books e leitores, 19, 33, 403
    Kindle, 19, 255, 33, 34, 36-37, 38, 50, 66
Echo, 23-24, 34-49, 563-63, 123, 223, 307
    bugs, 61-62
    como projeto Doppler, 36-39, 50, 52-59
    como reprodutor de música, 40, 43
    controle remoto, 45-56
    design, 43-44
    Echo Dot, 58, 60
    Echo Show, 63
    esboço de Bezos, 31, 38
    lançamento, 55-56
    palavra de despertar, 43
    Tap, 59, 60
    testadores beta, 44, 48
    ver também Alexa
Economic Club, 372
Einhorn, David, 107
Elliott, Missy, 59
Ellison, Larry, 112, 188, 382
eLuxury, 394, 395
Elvis & Nixon, 167
Emanuel, Ari, 100
Emanuel, Rahm, 324
eMarketer, 400
emissão de gases do efeito estufa, 13
emissões de carbono, 406
Empire State Development Corporation, 330

empresas de combustíveis fósseis, 14
Endeavor, 100, 150, 346
Environmental Defense Fund, 428
Escamilla, Telesfora, 253-254
Escritório do Representante de Comércio dos EUA, 198
Espanha, 82, 91, 93-94
Esper, Mark, 383
Estação Espacial Internacional, 284, 290, 291, 302
Etsy, 399
Eutelsat, 298
Evi, 44-47
Expedia, 325
Explorers Club, 222
Extra, 347, 350

FAA (Federal Aviation Administration), 251
Facebook, 20, 135-136, 267, 268, 270, 310, 341, 372, 389, 390, 400, 403
fala fática, 45
fala sintetizada por computador, 39-40
Falcon, foguetes, 284, 298
Fallon, Jimmy, 151
Faricy, Peter, 182-185, 193, 196
Farrow, Ronan, 169, 350
Fast Company, 122
FBI (Federal Bureau of Investigation), 354
FedEx, 246, 247, 252, 256, 257, 259
    entregas dominicais, 259
        parceria com a Amazon, 243-245, 249, 250, 252, 259, 380
Feinberg, Lila, 167-168, 170
Ferencz, Benjamin Berell, 168
Ferrante, Anthony, 365-366
Ferrari, 309
Figueres, Christiana, 13
filantropia, 26, 27, 261, 307, 309, 424-425
    Bezos Day One Fund, 59, 346, 460
    Bezos Earth Fund, 426-428, 430
    Blue Origin, 288, 300-301
    de MacKenzie Scott, 345, 368, 427
Fine, Jon, 353, 360, 361

Fire Phone, 12, 23, 25, 32, 43, 49-52, 56, 70, 81, 108, 204, 406
Fire TV, 43, 52, 55, 75
Fire, tablet, 55, 69, 86, 140, 143. *Ver também* Kindle Fire
Fixel, Lee, 101
Fleabag, 172, 307
Flipkart, 82, 85-87, 89-90, 98-105, 307, 408
Floyd, George, 420
foguete *New Glenn*, 283, 292, 293, 296, 298
foguete *New Shepard*, 283, 286, 288-290, 292, 293, 296, 298, 299, 303, 308, 331, 348
Food Marketing Institute, 69
Força Aérea dos Estados Unidos, 298
Ford Motor Company, 269
Fortem, 219
Fortune, 146
"Founder's Mentality", 279
Four Seasons Resort, 167, 346
Fox, Michael J., 345
Foxconn, 314, 330
fraldas, 215, 217, 389
França, 66, 298, 337, 351, 416, 417
Francisco, papa, 146
Freed, Ian, 34, 41, 52
Freeman, Jim, 154
Friedlander, Stan, 279
FTC (Federal Trade Commission), 388-389
funcionários da Amazon, 12, 14, 21, 123-129
    alavancagem, 178
    Bezos, 124-129
    classificação hierárquica, 123-125, 127, 236
    congelamento de contratações no varejo, 277
    crachás, 32
    cuidados de saúde, 27
    denúncia do *New York Times* sobre ambiente de trabalho, 109, 123-125, 127-128, 133, 375

Índice

dificuldades de recrutamento, 311
e aumento salarial nos centros de atendimento de pedidos, 377-378
e Covid-19 nos centros de atendimento de pedidos, 409-425
em Seattle, número máximo, 326
equipes de marca própria, 215-218, 224, 275, 375, 389
gerentes, amplitude de controle, 278-279
nos centros de atendimento de pedidos, 12, 17, 230-231, 236-239, 241, 253, 255, 307, 342, 373, 429
número, 25, 30, 173, 304, 410
planos de remuneração, 125, 281
processo de apelação, 127
programa Career Choice, 237
programa de licença parental, 127
programa Pay to Quit, 237
rearranjo organizacional, 280-281
saída de executivos para empresas rivais, 248-249
sindicatos, *ver* sindicatos
sistema de avaliação de desempenho, 127-128
taxa de rotatividade, 122-123, 125
Funcionários da Amazon pela Justiça Climática, 14
Fundação Bill e Melinda Gates, 428

Gagnon, Alexandre, 91-92, 95-96
Galetti, Beth, 121, 128, 247-248, 411, 415, 427
Galloway, Scott, 328
Gandhi, Mahatma, 155, 407
Gap, 195
Garcetti, Eric, 320
García Bernal, Gael, 150
Garcia, Andy, 150
Garcia, Juan Carlos, 92, 95-97
Garg, Parag, 43
Garman, Matt, 110
Gates, Bill, 26, 280, 285, 310
Gates, Melinda, 310

GeekWire, 221
Geffen, David, 367, 368
Gelson's Market, 212
General Electric (GE), 124, 180, 235, 402
George, Mike, 59-60, 62
Ghebreyesus, Tedros Adhanom, 411
Gianaris, Michael, 329
Gibson, Mel, 350
Ginsburg, Ruth Bader, 346
Gise, Lawrence Preston, 285-286
Giving Pledge, 367, 427
globalização, 194, 198, 399
Globos de Ouro, 159
GM Voices, 40
Gmail, 51
Golden Airways, 347
Goliath, 164, 169
Gonzalez, Tony, 347
Good Day LA, 347
Good Jobs First, 328
Good Morning America, 119
Goodall, Jane, 346
Google, 18, 19, 25, 54, 55, 63, 117, 260, 267, 309, 342, 380, 383, 390, 405, 410
Android, 35, 45, 49, 50, 52
computação em nuvem, 110, 116
Express, 93, 207-208, 210, 211, 224
Gmail, 51
Home, 60
publicidade de pesquisa, 93, 94, 95-97, 271, 282
questões antitruste, 276, 375, 389, 400
tecnologia de voz, 35, 45, 48, 53
Gordon, Bing, 162
Gordon, Will, 255, 257
Gordon-Levitt, Joseph, 150
gráficos de conhecimento, 45-48
Graham, Donald, 135
Graham, Katharine, 135, 147
Grand Tour, The, 159
grandes empresas de tecnologia, 425
escrutínio do governo, 389
fusões, 401

suspeita e reação contra, 309, 327, 371-375, 387, 405
  ver também questões antitruste
Grandinetti, Russ, 265-266
Gray, Valdimar, 253-254
Grazer, Brian, 117, 118, 121
Great A&P and the Struggle for Small Business in America, The (Levinson), 372
Greeley, Greg, 117-118, 121
Grella, Mike, 315
Grimes, 302
Grubhub, 277
Gulabani, Raju, 111
Gunningham, Sebastian, 184-186, 188-189, 194, 196
Gupta, Anurag, 111

Hackett, Isa Dick, 160, 161, 169-171
Halo, 429
hambúrgueres, 222-225
Hamilton, Alexander, 361
Harker, Susan, 92, 284
Hart, Greg, 34-42, 46, 47, 48, 53-54, 56, 57-59, 67, 82
Hastings, Reed, 111, 153-154
Haven Healthcare, 26
HBO, 154, 156, 158, 163-164, 168, 172
Heinlein, Robert A., 33
Helbling, Jeffrey, 263
Herdener, Drew, 134
Herrington, Doug, 68, 80, 198, 202-206, 208, 212-222, 223, 229, 263-263, 273, 396
  relatório "O futuro da Amazon é CRaP", 205
Hiatt, Fred, 137
Hildago, Anne, 416
Hills, Steve, 137
Himes, Jay, 401
Hive Fund for Climate and Gender Justice, 428
Hollywood, 24, 25, 150-172, 344, 425
  ver também Amazon Studios
Hollywood Reporter, 169

Homem do castelo alto, O, 159-160, 165
Honeywell Aerospace, 285
House of Cards, 156
hoverboards, 192
Howard, Brad, 194
Howard, Dylan, 350-362
HQ2, 27, 253, 311-339, 384, 391, 406
  Bezos, 319, 327, 328, 337
  finalistas, 318-322, 325-326
  pedido de heliporto, 329, 333, 340
  sindicatos, 27, 333-337, 418
  Long Island City, localização em Nova York, 27, 322, 323, 326-337, 339, 340, 354
  propostas, 316-318
  RFP (solicitação de proposta), 313-315, 318, 329
  S Team, 318, 321-322, 325, 326, 336
  localização na Virgínia, 27, 322, 323, 326, 328, 329, 334
Hsieh, Tony, 227
HTC, 50
Huffington Post, 137
Huggins, Roy, 155
Hughes, Katie, 409
Hulu, 168
Human Rights Campaign, 317
Huseman, Brian, 317, 332-335, 337, 390

IBM, 82, 382, 38-384
IHM, 67, 79
Ikea, 195
IMDb, 156
imposto de renda, 191, 312, 324, 376
impostos
  Amazon, 130-131, 310, 312, 336, 373, 376-379, 387
  imposto sobre o número de funcionários, 325-327
  de renda, 310-311, 322
  sobre vendas, 21, 230, 267
impostos sobre vendas, 21, 230, 267
In Touch, 352
Índia, 45, 81, 92, 98, 100, 103

Índice

Amazon, 81-82, 84-93, 91-104, 105, 106, 159, 163, 306, 408-410
    viagem de Bezos à, 406-407
Indresano, Michael, 244, 249-250
Information, The, 169
Infosys, 200, 207-208, 210-213, 225-226
Iniciativa de Investimento Futuro, 364
Inpax Shipping Solutions, 253, 254, 257
Inslee, Jay, 308
Instacart, 200, 207
Institute for Local Self-Reliance, 328
Instituto de Tributação e Política Econômica, 376
Intel, 78
inteligência artificial e aprendizado de máquina, 24, 33, 34, 47-48, 60, 65, 79
    aprendizagem profunda, 47, 48
    ver também assistentes virtuais
International Brotherhood of Teamsters, 233
internet, 15, 16, 111
    era das pontocom, 16, 17, 46, 71, 81, 108, 202, 209, 230, 425
    impostos sobre vendas, 21
    satélites, 428
Intersect, 384
Invent & Wander (Bezos), 397
investidores, 15-17, 23, 25
iPad, 51, 144
iPhone, 36, 51, 109
    Siri, 36, 37, 40, 42, 44
Irã, 145
Irwin, Ella, 197
Itália, 82, 91, 93
Ivona, 38-39

Jack Ryan, 24, 164, 172
Jagger, Mick, 195
Jain, Sunny, 215
James, Andrew, 268
Jana Partners, 201
Jassy, Andy, 18, 112-117, 128, 261, 266, 322, 385-386, 410, 431
    promovido a CEO, 28, 197, 429-430

Jayapal, Pramila, 392
JD.com (Jingdong), 105
JEDI (Joint Enterprise Defense Infrastructure),
JioMart, 105
Jobs, Steve, 36, 51, 56, 188
    funcionários, 124
Johansson, Scarlett, 195
Johnson, Corey, 329, 333-334
Jordan, Jim, 389
Jorgensen, Ted, 23, 350
Jornada nas estrelas, 33, 41, 46, 294
Joyo.com, 82, 84
JPMorgan, 26
Jumpp, Jana, 421-422
Junglee, 85

Kanter, Jonathan, 388
Kantor, Charles, 226
Kantor, Jodi, 123
Kaszczuk, Michal, 38
Kaye, David, 366
Keaton, Diane, 150
Kelley, David E., 169
Kessel, Steve, 19, 36, 66-67, 71-75, 79-80, 225, 227-228
Kessler, Glenn, 131
Khan, Lina, 328, 386-391, 393, 400, 402
Khanna, Ro, 315
Khashoggi, Jamal, 342, 364, 368
Killer Movie, 349
Kimberly-Clark, 215, 218
Kindel, Charlie, 61
Kindle Fire, 55, 69, 86, 140, 143. *Ver também* Fire, tablet
Kindle, 19, 24, 32-33, 35-37, 50, 56, 66, 75, 105, 129, 147, 202, 227
Kingsley, Ben, 150
Kistler Aerospace, 286
Kiva Systems, 238-241, 318, 412
Kleber, Ralf, 212
Korrell, Elizabeth, 394
Kotas, Paul, 269, 271-272, 276
Krawiec, Peter, 88, 101, 224, 225

Krishnamurthy, Kalyan, 101
Kroger, 80, 200, 205, 212
Kruse, William, 289
Kumar, Dilip, 48
Kumar, Mahendra, 104
Kushner, Jared, 147

Lab126, 32, 33, 40, 43, 414
Labijak, Jacek, 38-39
Lai, Gary, 292
Lamontagne, Steve, 69, 70
Landry, Stephenie, 209-211, 213, 228, 256
Lauer, Matt, 171
Law, Julie, 120-121
legislação americana de telecomunicações, 401
Letter Ride, 254
Levinson, Marc, 372
Levy, Steven, 286
Lewinsky, Monica, 345
Lewis, Joe, 158, 172
Lewis, Michael, 346
Liebowitz, Jeremy, 272
Life & Style, 352
Limp, Dave, 60
Lindsay, Al, 36-39, 57
LinkedIn, 423
Lipkin, Ian, 409-410, 412, 414
Lithgow, John, 150
Lockheed Martin, 291, 300
Loja de tudo, A (Stone), 22
Lonergan, Kenneth, 150
Long Island City, Nova York, como local da HQ2, 27, 326, 331-338, 339, 341
Lopez, Jennifer, 346
Lore, Marc, 225
Los Angeles Times, 315-316
Lovato, Demi, 345
lua, 285, 287, 291, 299, 302
Lynn, Barry, 387-388

#MeToo, 167, 169, 171
Ma, Jack, 117, 187
Mackey, Deborah, 202

Mackey, John, 80, 199-202, 207, 212, 225-227
Macron, Emmanuel, 368
Macy's, 270
Majors, Lee, 155
Manchester à beira-mar, 149-151, 163, 347
Maravilhosa sra. Maisel, A, 23, 172, 307
Marino, Dan, 59
marketplace da Amazon, 18, 24-25, 177, 179, 182-98, 202, 263, 271, 389-390, 399-402
  Amazon Exclusives, 185
  Amazon Lending, 185, 186, 398
  Brand Registry, 196
  Conferência de Vendedores de Moda, 176
  Covid-19, 413
  dados de vendedores e produtos de marca própria da Amazon, 216-219, 227, 375-376, 389, 391-393, 405
  eBay, 191
  Fulfillment by Amazon, 179-181, 183, 413
  produtos falsificados, 23, 83, 191, 193-198, 393, 399
  produtos inseguros, 191-192, 196, 404
  projeto Zero, 198
  reclamações dos vendedores sobre, 373, 389-390, 393-400, 429
  Seller Central, 191, 194
  vendedores chineses, 185-195, 197, 265, 271, 275, 306
Marketplace Pulse, 197
MARS, conferência, 348
Marte, 90, 110, 290, 302
Mary's Place, 311
Masters, Kim, 169
Matthews, Dave, 113, 346
Mattis, Jim, 381
McBath, Lucy, 393
McCurdy, Robert, 11, 12, 14
McGowan, Rose, 169
McKenna, Judith, 102

Índice

McKinsey & Company, 155, 183
McMillon, Doug, 100, 102, 103
Medioni, Gerard, 69
Medium, 123, 361-362, 375
Mehta, Apoorva, 207-208
Melchiorre, Anthony, 352, 358, 360
Meng, J. T., 214, 217, 276
MercadoLibre, 92, 93, 96
Mercedes-Benz, 258, 406
Merkel, Angela, 146
Met Gala, 195
método Lean, 235
Metro AG, 205
Meu malvado favorito 2, 178
México, 23, 91, 247
    Amazon, 91-96, 108, 158
    Walmart, 91-93, 97
Meyerson, Rob, 284, 286, 295-296, 300
Miami Palmetto Senior High School, 176, 286
Microsoft, 78, 82, 99, 108-109, 117, 121, 191, 251, 261, 310, 406
    questões antitruste, 386, 403
    computação em nuvem, 106, 110
    contrato JEDI, 382-384
Midler, Bette, 168
Milk Stork, 127
MIPCOM, 351
Miranda, Lin-Manuel, 11
Modi, Narendra, 91, 99, 100, 101, 104, 105, 408
Mohamed, Bashir, 422
Mohammed bin Salman, príncipe, 27, 342, 364
montadoras, 236
Moonves, Les, 171
Moore, Julianne, 166, 168
Moret, Stephen, 329
Morning Call, 237
Morris, Wendell, 396-397
motoristas, 25, 204, 286, 210, 226, 227, 229, 232-233, 253-254
Mountz, Mick, 239-240
MoviePass, 167

Mozart in the Jungle, 157, 159
mudanças climáticas, 346, 368
Muito velho para morrer jovem, 166
Mullally, Megan, 150
Mulligan, John, 248
Murthy, Narayana, 88, 90-91
Musk, Elon, 84, 252-253, 283, 288-291, 293, 299-302, 313-314, 320, 337, 428
Musk, Justine, 288
Myntra, 89, 99

NAACP Environmental and Climate Justice Program, 428
Nações Unidas, 367
Nadella, Satya, 384
Nadler, Jerry, 400
Nasa, 109, 112, 114, 285, 286, 291, 294
Nashville, Tennessee, 244, 320-321, 323, 327, 334
National Enquirer, 27, 340, 349. 351, 358-359, 366, 371
National Portrait Gallery, 11, 406
National Press Club, 13
NDN Collective, 428
negócio de mercearia, 69, 198, 202, 205, 207, 211, 213, 226, 227
    A&P, 372-373, 403
    Aldi Nord, 211-212
    Amazon Fresh, 80, 203-206, 211, 212, 219, 222, 223, 226, 239, 247, 258-259, 415
    Amazon Prime Now, 209-212, 219, 220, 223, 228, 229, 231, 255, 258
    Amazon Prime Pantry, 209
    projeto Copperfield da Amazon, 209
    empregos de caixa, 78
    Covid-19, 79, 260, 415
    Google Express, 93, 207-208, 210, 212, 228
    Instacart, 207, 208, 210, 212, 228, 229
    Trader Joe's, 211-212
    Webvan, 203, 205, 207, 239
    ver também Amazon Go; Whole Foods Market

Netflix, 24, 111, 151-154, 156, 158-159, 172, 426
Neuberger Berman, 200-201, 226
New America, 375, 387-388
New Kingdom, The, 366
New York Post, 330, 356, 362
New York Times, 65, 136, 140, 335, 374
   denúncia sobre o ambiente de trabalho na Amazon, 108, 123-124, 126, 128, 133, 315
New Yorker Presents, The, 158
New Yorker, 169, 345, 350
Newell Brands, 272
Niekerk, David, 124-127, 235, 236, 247
Nielsen, 219
Nike, 195
Nordstrom, 118, 270
Northrop Grumman, 299-300
Nova York, cidade de
   escritórios da Amazon, 338
   funcionários de publicidade, 267
   Long Island City como local da HQ2, 27, 323, 324, 327-338, 340, 341, 354
NSO Group, 365
Nuance, 37, 47

O'Dell, Trip, 256
O'Neill, Gerard K., 301
Obama, Barack, 147
   administração, 123, 290, 317, 332, 390
Obama, Michelle, 11, 147
Ocasio-Cortez, Alexandria, 27, 328, 330-331
Oceanco, 369
Olsavsky, Brian, 263
Omidyar, Pierre, 136
One Web, 298
OnePlus, 89
Onetto, Marc, 180, 235-238, 241, 242
Operação Skyfall, 269
Oracle, 110-112, 188, 382-383
Organização Mundial da Saúde, 411
Oscars, 144, 249

OSHA, 241
Osowski, Lukasz, 38
Outcast Agency, 345
Overstock, 395

pandemia de Covid-19, 11, 15, 29, 387, 390, 411-426
   Amazon Pharmacy, 428
   demandas dos clientes durante a quarentena, 405, 412, 413, 416
   entregas de mercearia, 79, 260, 416
   escudos faciais e máscaras, 416
   proeminência pública de Bezos, 411-412
   riqueza de Bezos, 29, 425
   S Team, 414-415, 416
   sindicatos, 338, 416, 419
   teste e rastreamento de contato, 416, 417, 424-425
   vacinas, 426
   vendas de itens essenciais, 413, 415, 416
Paramount Pictures, 172
Parkland, tiroteio em, 321
Paull, Michael, 160
Pecker, David, 349, 352-353, 355-356, 358-363, 366
Pegasus, 344
Pelosi, Nancy, 11
Penner, Greg, 102
People's Production Company, 156
Pérez Sagaón, Abril, 96-97
Perry, Katy, 346
Perticucci, Roy, 417
pesquisa e desenvolvimento (P&D)
   despesas, 78
Peterson, Matt, 110
Piacentini, Diego, 82, 84, 88, 90-91, 94, 113, 117
Pichai, Sundar, 381, 392
Pitt, Brad, 346
Plugable Technologies, 191, 398
Pluimer, Larry, 196
Poitier, Sidney, 155

Índice

Politico, 138
Poovalingam, Vinoth, 88
PopSockets, 390
Porter, Brad, 423-424
Prakash, Shailesh, 137, 143-144
Prasad, Rohit, 45-48, 53, 57, 63
Prêmio de Igualdade Nacional, 317
Prêmio de Viagem Espacial, 297-298
Prêmio Retrato de uma Nação, 11
Price, Frank, 155
Price, Roy, 150-151, 154-172
Prione Business Services, 88-89
Prisoner (Rezaian), 145
Procter & Gamble, 218, 263, 268
produto mínimo viável, 58
produtos de marca própria da Amazon, 213-219, 226, 228, 275-276
    Basics, 214, 216, 218, 275, 395, 398, 401
    Bloom Street, 213-215
    dados de vendedores terceirizados, 216-218, 226, 375-376, 389, 391-394, 404
    Elements, 211, 212
    Essentials, 217
    funcionários das equipes, 215-218, 227, 275, 390
    Wickedly Prime, 215
programa Apollo, 285, 291, 299
projeto Kuiper, 429
ProPublica, 254, 257
publicidade, 25, 83, 87, 93, 138, 254-257, 306, 404, 409
    anúncios de busca e produtos patrocinados, 271-276, 281
    banners, 254, 269, 270, 276
    dados do cliente, 269
    equipe sediada em Nova York, 267-268
    introdução na Amazon, 267
    na Índia, 97
    no México, 94
    pesquisa do Google, 93, 94, 96-98, 271, 272
    serviço Product Ads, 270

Super Bowl, 58, 302
Washington Post, 145
Puerini, Gianna, 66-68, 70, 73, 76, 78-79
Purohit, Jagdish Raj, 103-104

questões antitruste, 373-374, 387, 400-401
    Amazon, 19, 20, 188, 326, 373, 376, 386-393, 406, 430
    depoimento de Bezos à Câmara, 393-395
    Google, 279, 375, 389, 400
    Microsoft, 386, 403
Quidsi, 20, 208, 225, 239
Quinn, Sally, 147
quinto risco, O (Lewis), 346

Rabbit, 211, 255-256
Raghavan, Bali, 67, 69, 73
Rakuten Intelligence, 258
Ramji, Shiven, 268
Rashid, Taimur, 112
Ratner, Brett, 358
Rawlings, Mike, 320, 329
Raytheon, 46, 300
Reagan, Ronald, 138, 383
reconhecimento de fala, 39, 47, 66
    Alexa, 39, 44, 46, 48
reconhecimento de fala por computador, 39, 47, 65
    Alexa, 39, 44, 47
reconhecimento de voz, 39, 47, 66
    Alexa, 39, 44, 47, 48
Reddit, 63
rede de centros de atendimento de pedido da Amazon, *ver* redes de transporte e logística da Amazon
redes de transporte e logística da Amazon, 25, 229, 230-270, 306, 425
    acidente da Amazon Air, 257
    acidentes fatais, 253-254
    acidentes, 254, 255
    Amazon Air, 24, 231, 249-253
    centros de triagem, 24, 230, 245-246, 253

divisão Amazon Logistics, 245-248, 253, 256-259, 412, 426
entregas dominicais, 245
FedEx, 243, 250, 251, 253, 259, 380
fiasco de Natal no Worldport, 242-244, 278
galpões aeroportuários Prime, 252-253
motoristas, 25, 204, 206, 210, 228, 229, 231, 245-247, 253-258
parceiros de entrega, 245-246, 253-258
postos de entrega, 247
problemas de segurança, 253-257
programa de drones, 250
programa Mosaic de caminhões de reboque, 246
Rabbit, aplicativo, 255-256
rede de entrega final, 245, 258-259
Serviço Postal dos Estados Unidos, 245, 246, 259, 356, 373, 380
transportadores de carga, 246
UPS, 24, 233, 243-246, 249, 250, 259, 380
ver também centros de atendimento de pedidos da Amazon
Refn, Nicolas Winding, 166
Reid, Toni, 56-57, 61
Reino Unido, 189, 266
Reliance Industries, 105, 328, 408
Reuters, 89, 226
Reveal, 241
Rezaian, Jason, 145-146
Rhimes, Shonda, 168
Riggs, Conrad, 159
Ring, 340, 390
Rivian Automotive, 14
Robb, Walter, 200
Robertson, James, 351-352, 354
robótica, 66, 238-240, 348, 413
Rodriguez, Alex, 346
Rogers, Ty, 134, 434
Rolle, Nina, 40, 309
Rolls-Royce, 300
Romanoffs, The, 166

Ronen, Assaf, 275
Rosa, Mike, 320
Rose, Charlie, 65
Rosenstein, Barry, 201
Rosetti Starr, 382
Rosseter, Megan, 223-224
Roth, Mike, 232-234, 241, 246-248, 249
Rubinstein, David, 372
Ruffin, Scott, 249-250
Rupp, Chris, 117-121, 126
Russell, David O., 166
Rússia, 148, 291-292
Ryan, Fred, 138-1390 145, 147, 364

S Team, 57, 84, 86, 91, 111, 118, 119, 122, 123, 170, 178, 182, 187, 196, 207, 210, 231, 236-238, 241, 260, 263, 265, 281, 312, 313, 339, 357, 372, 393, 426
Alexa, 60
Amazon Fresh, 204
Amazon Go, 65, 71, 73
Covid-19, 411-412, 414
HQ2, 317, 319-321, 324, 325, 337
Índia, 91, 97-98
marcas próprias da Amazon, 215, 216
publicidade, 266-268, 272-273
relatório de Herrington, 204-205
remuneração dos trabalhadores dos armazéns, 377-378
Smalls, 419
transporte aéreo, 251
vendedores baseados na China, 188, 189
Safeway, 201, 204, 207, 212
salário mínimo, 378, 424
Salke, Jennifer, 172
Samsung, 49, 89
Samuel J. Heyman Spirit of Service Award, 364
Sánchez, Eleanor, 347, 367
Sánchez, Lauren, 151, 332, 347-350, 407, 408, 427, 429
encontro com Bezos, 348

Índice

relacionamento com Bezos, 28, 302, 339-340, 342-343, 345, 347-349, 366-369
casamento com Whitesell, 151, 347-350
reportagem do *National Enquirer* sobre o relacionamento de Bezos, 28, 340, 348-341, 366
Sánchez, Michael, 346, 348-352, 355-360, 363, 366-367
Sánchez, Paul, 347-348
Sánchez, Ray, 347
Sandberg, Sheryl, 268
Sanders, Bernie, 377, 378, 395
SAP America, 382
satélites, 429
Saunders, Paul, 394-396, 398
Sawant, Kshama, 311-312, 323
Schmidt, Eric, 100, 208
Schoettler, John, 310-311, 319, 324-325, 333
Schultz, Howard, 16
Schwarzenegger, Arnold, 350
Scott, MacKenzie (ex-Bezos), 15, 22, 26-28, 33, 51, 138, 151, 158, 159, 169, 195, 261, 262, 289, 344-237
    Bystander Revolution, 345-346, 368
    divórcio, 27-28, 339-342, 355, 367, 368, 371
    acordo de divórcio, 368
    Giving Pledge, 368
    mudança de nome, 368
    filantropia, 345-346, 368, 426-427
    Traps, 74
    novo casamento, 427
Seattle, Washington, 309, 325-327
    sede da Amazon, *ver* sede da Amazon em Seattle
    Bellevue, 323, 325
    imposto sobre o número de funcionários, 325-327
Seattle Times, 309
SEC (Securities and Exchange Comission), 17

Secretaria de Estatísticas Trabalhistas dos Estados Unidos, 79
sede da Amazon em Seattle
    Edifício Blackfoot, 110
    Edifício Day 1, 165, 311, 325
    Denny Triangle, 154
    Edifício Fiona, 37, 39
    Edifício Otter, 72, 75
    Rainier Square Tower, 326
    Amazon Spheres, 165-166, 307, 349, 406
    Block 18, 29, 325-326
    South Lake Union, 21, 32, 59, 110, 154, 308
Senhor dos anéis, O (Tolkien), 163
Sequoia, 207
Service Merchandise, 231
Serviço Postal dos Estados Unidos, 244, 251, 257, 258-259, 307, 356, 373, 379-380, 383
Seymour, Greg, 295
Shanghai Snow, 168
Shark Tank, 185, 397
Shimmer, 33-34
Shopify, 400
Shotwell, Gwynne, 284, 301
Showtime, 154
Shriver, Maria, 150
Simons, Joseph, 388
Simpson, Andrea, 350-352, 354, 359
sindicatos, 142, 233, 236, 245, 337, 420, 424
    Covid-19, 337
    HQ2, 335-337, 418
    Teamsters, 233-234, 250
Singer, Marty, 355, 358-360
Siri, 36, 37, 40, 42, 44
Sirosh, Joseph, 66
SKDK, 332, 335
Slifka, Janet, 53
Smalls, Chris, 418-419, 420
Smart & Final, 208
Smart, Bradford, 124
smartphones, 49-52, 88, 103
Smith, Bob, 285, 300

Smith, Fred, 243, 251-252, 259, 364
Smith, Ryan, 317
Smithsonian Institute, 11-13, 406
Smugmug, 109
Snapchat, 117
So You Think You Can Dance, 347
Soderstrom, Tom, 110
Solidaires Unitaires Démocratiques, 416
Soloway, Jill, 158
Son, Masayoshi ("Masa"), 102
Sony Pictures, 269
Souq.com, 365
Sowers, George, 298
Space Symposium, 297, 298
SpaceNews, 291
SpaceX, 283-284, 288, 289-293, 297, 298, 301, 302, 428
    foguetes Falcon, 283-284, 298
Spacey, Kevin, 167
Spiker, 39
Sprouts Farmers Market, 213
St. Vincent, 346
Stahl, Lesley, 421
stand-up paddle, 184, 221, 397
Starbucks, 16, 70, 78, 325
Starlink, 429
Stephenson, Dave, 263-265
Stephenson, Neal, 286
Stone, Roger, 357
Stonesifer, Patty, 428
"Stop BEZOS", projeto de lei, 377
Stracher, Cameron, 353, 360
Streisand, Barbra, 346
Streitfeld, David, 123
Stringer, Tom, 331
subcomitê antitruste da Câmara dos Estados Unidos, 373, 389, 413
Sullivan, Holly, 252, 318-320, 329, 332-335, 337
SummitLA, conferência, 343
Sunrise Telecom, 103
Super Bowl, 59, 145, 303, 368
supermercados, *ver* negócios de mercearia
Susi, Steve, 270

Sutton, Nate, 218, 391
Szulczewski, Peter, 185, 186

Tal Yguado, Sharon, 163
Tambor, Jeffrey, 157-158, 167
Taobao, 83
Target, 172, 208, 232, 248, 259, 385, 395, 400
Taylor, Mitchell, 331
Taylor, Tom, 62, 180, 181
Teamsters, 233, 259
techlash, 310, 326, 372
    ver também grandes empresas de tecnologia
Telesat, 298
Tencent, 99
terremoto de Nisqually, 17
Tesco, 205
Tesla, 252-253, 283, 301, 302, 314
    Gigafactories, 84, 253, 312, 319, 337
"texto para voz" (TTS), 38
Thiel, Peter, 382
Thimsen, John, 36, 45
This Morning, 140, 158
Thompson, Ben, 117
Thompson, Bernie, 191, 398
Thomson, James, 399
Thornton, Billy Bob, 164
Thunberg, Greta, 405
Time Warner Cable, 154
Time, 16, 352, 366
Tmall, 83, 401
T-mobile, 269
Tolkien, J. R. R., 163
Top Gear, 159
Topgrading (Smart), 124
Tower Paddle Boards, 397
Toyota, 235
Toys "R" Us, 232
trabalhadores europeus, 424
Trader Joe's, 212
Transparent, 23, 151, 157-158, 162, 172
Traps (Bezos), 75
Travelodge Hotel, 311

Índice

Treasure Truck, 221-223, 226
Trend Nation, 194
True Knowledge, 44
Trump, Donald, 64, 130, 144-145, 148, 150, 299, 346, 349, 350, 356-358, 362, 363, 381, 389, 406, 411
    Amazon, 131, 198, 259, 356, 373, 383, 385
    AMI, 352, 360
    Bezos, 63, 130-133, 148-149, 373, 379-380, 383-385
    Catz, 382
    contrato JEDI, 382
    Washington Post, 27, 130-133, 142, 148-149, 356, 357, 373, 379-380, 386
Trump, Donald, Jr., 383
Trump, Ivanka, 147
TRW, 289
Tunstall-Pedoe, William, 44-45, 47
Tweedy, Jeff, 168, 346

Uber, 109, 211, 245
União Europeia, 369, 388
Unilever, 268, 278
United Launch Alliance (ULA), 291-292, 298-299
United Space Alliance, 285
United Way, 310
Universal Pictures, 155
Universidade Carnegie Mellon, 39
UPS, 232, 256-259
    entregas dominicais, 259
    parceria com a Amazon, 25, 233-234, 242-245, 249, 250, 259, 380
US Weekly, 350, 357
US West, 36
Utzschneider, Lisa, 271

Valdez, Arthur, 231-234, 241, 246-248
Vale do Silício, 16, 20, 32, 58, 109, 111, 124, 143, 190, 203, 269, 270, 273, 310, 315-316
    ver também grandes empresas de tecnologia
Valentine, Brian, 67

Van Bramer, Jimmy, 329
vans elétricas, 14
Vedder, Eddie, 310
Vedmed, Erica, 176
Vedmed, Victor, 175-177
vendas de música, 19
vendedores do marketplace, 186, 196, 233
Verizon, 406
Vestager, Margrethe, 388-389, 403
Vice News, 419
Virgin, 16
Virgínia, 27, 322, 323, 326, 327, 328, 329, 334, 341
Virtudes do medo (De Becker), 75
vírus do Nilo Ocidental, 409
visão computacional, 24, 65-66, 68-69, 73-75, 80
Vogue, 150, 344
Von Furstenberg, Diane, 367
Vonn, Lindsey, 150
Vons, 201
Vulcan Inc., 308-309, 325

Wall Street Journal, 77, 79, 144, 168, 186, 192, 219, 259, 276, 314, 315, 366, 391
Walmart, 16, 18, 19, 24, 80, 106, 123, 172, 198, 205, 224, 242, 259, 282, 376, 386, 396, 403, 409
    Flipkart, 97-100, 306, 419
    México, 91-93, 94
Walton, Sam, 280
Wandell, Morgan, 159
Warren, Elizabeth, 25, 366, 375-376, 387
Washington, D.C., escritórios da Amazon, 316
Washington Post, 28, 130-149, 150, 169, 223, 261, 282, 299, 307, 334, 345, 349, 365, 380, 406, 411, 430
    Amazon, 130-133, 140, 144, 149, 379, 386
    aplicativo Rainbow, 137, 143
    Apple, 143-144
    Arábia Saudita, 343, 362, 369
    Arc Publishing, 143

comprado por Bezos, 27, 132, 134-137, 141, 143, 149, 386
dificuldades financeiras, 134-135
escândalo Bezos-Sánchez, 359-359
gestão de Bezos, 134, 139, 165
Grupo da Panqueca, 138, 139, 141, 143, 144, 147
Índia, 409
planos de pensão, 141-142
programa de parceria,139-140
publicidade, 144
recuperação financeira, 143, 145
Rezaian, 145-146
sede, 145
Trump, 27, 130-133, 142, 148-149, 355, 356, 373, 379, 386
Zuckerberg, 134-135
Wayfair, 395
Wazir, Maria Toorpakai, 346
Webvan, 202-203, 205, 207-208, 239
Weekend, conferência, 100
Weiner, Matthew, 166
Weinstein Company, 166-167, 169
Weinstein, Harvey, 166-167, 169, 171, 350
Weinstein, Joshua, 138, 175, 281
Welch, Jack, 124, 237
Weprin, Mark, 332
Westheimer, Ruth, 345
WeWork, 196
Weymouth, Katharine, 137-138
Whitesell, Patrick, 150, 346-349
Who, 159
Whole Foods Market, 199-201, 226-227, 231, 259-260, 333, 342, 421
    Albertsons Companies, 201
    Amazon Prime Now, 212
    ausência de programa de fidelidade, 200
    cadeias regionais adquiridas, 200
    comprado pela Amazon, 25, 26, 78, 201-202, 224-227, 230, 306, 375, 389
    Covid-19, 414, 415, 422
    estrutura operacional, 200
    Instacart, 207, 212

Jana Partners, 201
marca 365 Everyday Value, 219, 223
Neuberger Berman, 200, 227
Wilke, Jeff, 18, 58, 92-96, 119, 153, 195-198, 208-209, 211, 218, 224, 226-227, 232-235, 240, 248, 254-255, 261, 263-265, 268, 272, 278, 411, 414, 426
Wilkie, Jason, 178
Williams, Cynthia, 180-181
Williams, Michelle, 150
Wimbledon, 367
Winfrey, Oprah, 168
Wintour, Anna, 11-12
Wired, 45, 61, 286
Wish.com, 186
Wooden, John, 34
Woodward, Bob, 147
World Resources Institute, 428
World Wide Web, 15, 428
Wright, Jimmy, 231
WS Retail, 89, 100
Wulff, Meghan, 118-120
Wurman, Peter, 118-122, 126

Xfinity, 154

Yahoo!, 208, 267, 271
Yale Law Journal, 328, 374, 386, 387
Yang, Steven, 190-191, 398
Yap, 37-38
Yegge, Steve, 278
YogaRat, 396
YouTube, 51

Zapolsky, David, 373, 385-386, 388, 394, 420
Zara, 193
Zhang, Danny, 186
Zillow, 122
Zoox, 302
Zuckerberg, Mark, 135-136, 351, 366-367, 390, 392
Zumwalt, Kurt, 402
Zappos, 20, 25, 208, 227, 236, 239, 375

1ª edição	JUNHO DE 2021
impressão	CROMOSETE
papel de miolo	PÓLEN SOFT 70G/M²
papel de capa	CARTÃO SUPREMO ALTA ALVURA 250G/M²
tipologia	GRANJON